Praxiswissen Joomla!

D1620561

Praxiswissen Joomla!

Tim Schürmann

Beijing · Cambridge · Farnham · Köln · Sebastopol · Taipei · Tokyo

Die Informationen in diesem Buch wurden mit größter Sorgfalt erarbeitet. Dennoch können Fehler nicht vollständig ausgeschlossen werden. Verlag, Autoren und Übersetzer übernehmen keine juristische Verantwortung oder irgendeine Haftung für eventuell verbliebene Fehler und deren Folgen.

Alle Warennamen werden ohne Gewährleistung der freien Verwendbarkeit benutzt und sind möglicherweise eingetragene Warenzeichen. Der Verlag richtet sich im wesentlichen nach den Schreibweisen der Hersteller. Das Werk einschließlich aller seiner Teile ist urheberrechtlich geschützt. Alle Rechte vorbehalten einschließlich der Vervielfältigung, Übersetzung, Mikroverfilmung sowie Einspeicherung und Verarbeitung in elektronischen Systemen.

Für Ursula, Otto und Lars

Inhalt

Teil 2: Einen Internetauftritt erstellen

Anhänge

Vorwort

Hinter dem etwas lustig klingenden Begriff Joomla! verbirgt sich ein Content-Management-System, das die Publikation und Verwaltung von Webseiten vereinfacht. Joomla! eignet sich gleichermaßen für die private Homepage wie auch für einen professionellen Internetauftritt. Dank der GNU GPL-Lizenz ist Joomla! kostenlos und liegt vollständig im sogenannten Quellcode vor, so dass man – entsprechende Motivation vorausgesetzt – das System vollständig nach seinen Wünschen verändern kann.

Über dieses Buch

Dieses Buch befasst sich mit der Installation, Konfiguration und Bedienung des kostenlosen Content-Management-Systems Joomla!. Als kapitelübergreifendes Beispiel dient dabei der Aufbau eines kleinen Kinoportals, das zunächst nur Filmkritiken verwaltet, im weiteren Verlauf aber noch um zusätzliche Funktionen verfeinert wird. Ausgangspunkt und Basis bildet die aktuelle Joomla! Version 1.5, die sich nicht nur im Aussehen von ihren Vorgängern unterscheidet.

Das Buch wurde so geschrieben, dass es sowohl als Einstieg als auch als Referenz verwendet werden kann. Aber auch an Umsteiger von einer älteren Installation wurde gedacht: So gehen alle Abschnitte ausführlich auf sämtliche Änderungen zur Vorversion ein, und ein spezielles Kapitel hilft bei der Migration. Im weiteren Verlauf wird schließlich noch gezeigt, wie man Joomla! einfach um zusätzliche Funktionalitäten erweitert.

Kenntnisse im Umgang mit anderen Content-Management-Systemen (CMS) sind im Folgenden nicht nötig. Das Buch richtet sich somit insbesondere auch an Einsteiger, die zum ersten Mal einen Internetauftritt mit einem CMS erstellen möchten. Es erleichtert jedoch das Verständnis, wenn Sie bereits eine Internetseite mit einem der herkömmlichen Editoren, wie Fusion, Dreamweaver oder Nvu, erstellt haben.

Alle Bilder und Erläuterungen in diesem Buch basieren auf der Joomla!-Version 1.5.2 mit den deutschen Sprachpaketen vom 23.03. 2008 (Version 1.0.4). Beide Komponenten finden Sie auch auf dem beiliegenden Datenträger.

Sowohl die Joomla!-Macher als auch das deutsche Übersetzerteam entwickeln ihre Pakete jedoch emsig weiter (und halten damit uns Buchautoren bis zum unausweichlichen Drucktermin ordentlich auf Trab). Um sich nicht alten Programmfehlern oder Sicherheitslücken auszusetzen, sollten Sie unbedingt immer den aktuellen Versionen von der Joomla!-Homepage den Vorzug geben – auch wenn dann in einigen wenigen Fällen die Beschriftungen der Menüs und Schaltflächen von den hier abgedruckten leicht abweichen können.

Aufbau

Teil I des Buches führt in die Grundlagen von Joomla! ein und liefert einen Schnelleinstieg. Kapitel 1 stellt Joomla! vor, geht auf seine Geschichte ein und beleuchtet die Aufgaben eines Content-Management-Systems. Kapitel 2 nennt anschließend die Voraussetzungen, die für einen Betrieb von Joomla! notwendig sind. Anschließend wird gezeigt, wie man Schritt für Schritt zur eigenen Installation gelangt.

Teil II befasst sich mit den Konzepten und Arbeitsweisen von Joomla!. Anhand des Kinoportals führen die dortigen Kapitel zunächst in die Bedienung des Content-Management-Systems ein, bevor es in Kapitel 4 an die Eingabe der Inhalte in Form von Texten geht, die schließlich in Kapitel 5 um zusätzliche Multimedia-Daten ergänzt werden. Das Anlegen und Verwalten von Menüs behandeln wir in Kapitel 6, und in Kapitel 7 werden die mitgelieferten Zusatzfunktionen in Form der sogenannten Komponenten aufzeigt. Diese realisieren beispielsweise eine Umfrage oder verwalten Werbebanner. Unterstützt werden die Komponenten durch ihre kleinen Brüder, die sogenannten Module. Sie sind Thema in Kapitel 8. Die Verwaltung von Benutzern erläutern wir in Kapitel 9. Gleichzeitig stellen wir dort das interne Nachrichtensystem vor, das eine Kommunikation der registrierten Nutzer untereinander erlaubt. In Kapitel 10 diskutieren wir sämtliche Grundeinstellungen des Content-Management-Systems, bevor wir in Kapitel 11 mit den Plugins noch kurz auf die kleinen, nützlichen Helfer im Hintergrund eingehen.

In Teil III erfahren Sie, wie man Joomla! um zusätzliche Funktionen und Möglichkeiten erweitert. Zunächst zeigen wir in Kapitel 12, wie man mithilfe von Sprachpaketen seiner Homepage und Joomla! eine fremde Mundart beibringt. Weiter geht es in Kapitel 13 mit den Templates, die das Design der späteren Homepage beschreiben. In Kapitel 14 stellen wir die verschiedenen Erweiterungsarten näher vor, bevor wir anschließend eine Auswahl der im Internet vorhandenen Erweiterungspakete präsentieren. Dazu gehören beispielsweise ein Forum oder ein Shop-System. Wie man Schritt für Schritt eigene Erweiterungen programmiert, erfahren Sie in Kapitel 15.

Zum Abschluss enthüllen wir in Teil IV noch ein paar nützliche Tipps und Tricks. Dies beginnt mit der Barrierefreiheit in Kapitel 16 und geht über die Suchmaschinenoptimierung, wichtige Informationen zur Datenbank MySQL bis zur Migration von älteren Joomla!-Versionen auf die aktuelle Version 1.5.

Typografische Konventionen

In diesem Buch werden die folgenden typografischen Konventionen verwendet:

Kursivschrift
> Wird für Datei- und Verzeichnisnamen, E-Mail-Adressen und URLs, aber auch bei der Definition neuer Fachbegriffe und für Hervorhebungen verwendet.

`Nichtproportionalschrift`
> Wird für Codebeispiele und Variablen, Funktionen, Befehlsoptionen, Parameter, Klassennamen und HTML-Tags verwendet.

`Nichtproportionalschrift fett`
> Wird für Benutzereingaben und in den Codebeispielen zur Hervorhebung einzelner Zeilen oder Abschnitte verwendet.

KAPITÄLCHEN
> Verwenden wir für Menüeinträge und GUI-Schaltflächen aller Art.

 Die Glühbirne kennzeichnet einen Tipp oder einen generellen Hinweis mit nützlichen Zusatzinformationen zum Thema.

 Der Regenschirm kennzeichnet eine Warnung oder ein Thema, bei dem man Vorsicht walten lassen sollte.

 In Kästen mit einem Mikroskop wird ein Thema genauer unter die Lupe genommen.

 Die kleine Filmklappe zeigt an, wo es um das Kinoportal geht, das sich als Beispiel durch das ganze Buch zieht.

`Joomla 1.0.x` Dieses Logo finden Sie überall, wo auf Besonderheiten der alten Version 1.0 und relevante Konsequenzen hingewiesen wird.

Ressourcen und Support

Die folgende Liste enthält wichtige Internetseiten oder Anlaufstellen rund um das Thema Joomla!:

- *http://www.joomla.org* – Die Homepage von Joomla!
- *http://www.joomla.de* – Die größte deutschsprachige Seite zum Thema Joomla!.
- *http://www.joomlaos.de* – Hier findet man zahlreiche Templates, Erweiterungen und deutsche Übersetzungen.
- *http://extensions.joomla.org* – Verzeichnis mit kostenlosen Joomla!-Erweiterungen, deren Entwicklung auf *http://www.joomlacode.org* verfolgt werden kann.

Der Autor, die Danksagung und der ganze Rest

Murphys Gesetz besagt, dass alles, was schiefgehen kann, auch schief gehen wird. Aus diesem Grund enthält das vorliegende Werk neben einem vermutlich recht hohen Zelluloseanteil und viel schwarzer Farbe auch ein paar gezielt eingestreute Fehler. Sie stammen vom Autor selbst und sind trotz der extrem strengen Blicke der Lektorin bis in die Druckerei durchgeflutscht. Dafür müsste man ihnen eigentlich Respekt zollen.

Falls Sie als Leser zufällig auf einen der angesprochenen Fehler treffen, lassen Sie ihn nicht in Freiheit sein Unwesen treiben, sondern melden Sie ihn an die E-Mail-Adresse *tischuer@yahoo.de*. Dies ist gleichzeitig der direkte Draht zum Autor, der sich selbstverständlich auch im Fall von Kommentaren oder anderen Anmerkungen auf Post freut. Seinen eigenen Internetauftritt betreibt der Diplom-Informatiker unter *http://www.tim-schuermann.de*. Bitte beachten Sie, dass auf beiden Wegen leider kein kostenloser Support angeboten werden kann.

Der Dank des Autors geht an die Lektorin Christine Haite, die zahlreiche Vorschläge und Korrekturen beigesteuert hat, sowie an die Fachgutachter Barbara Zengler und Patrick Jungbluth, die hartnäckig und unnachgiebig auf Fehlersuche gingen. Weiterer Dank gebührt Ariane Hesse und natürlich meiner Familie, ohne die diese Buchstabensuppe auf weiß gefärbten Holzabfällen niemals den Weg in die Händlerregale gefunden hätte.

Damit jetzt nicht noch mehr langweiliges Danksagungsdingsbums wertvollen Buchplatz wegnimmt, schließe ich hiermit das aktuelle Kapitel und fahre direkt mit dem eigentlichen Thema fort.

Installation und Einstieg

KAPITEL 1
Einführung

Die ersten Schritte zur eigenen Homepage führen meist über eine entsprechende Baukastenanwendung, wie Fusion, Dreamweaver oder Adobe GoLive. In ihnen entwirft man eine Internetseite wie in einem Layout- oder Grafikprogramm und lädt diese anschließend per Knopfdruck direkt auf den zuvor angemieteten Webserver. Mehr kann man mit ihnen jedoch meistens nicht anstellen.

Nicht selten steigen im Laufe der Zeit die Ansprüche. Weitere Seiten kommen hinzu, alte müssen überarbeitet und das Design muss verändert werden, bis schließlich irgendwann die Übersicht gänzlich verloren geht. Gleichzeitig schielt man neidisch auf Funktionen anderer Internetseiten. So ein schickes Forum würde den Gedankenaustausch vereinfachen, und diese Möglichkeit für Umfragen wäre doch auch ganz nett.

Eine Homepage wächst und wächst...

Vor diesem Problem steht auch Kain Anunk. Er hat seiner Kinoleidenschaft eine kleine Homepage spendiert. Auf ihr veröffentlicht er regelmäßig Filmkritiken und einige ergänzende Artikel rund um das Kinogeschehen. Dazu hat er in der Vergangenheit den freien HTML-Editor Nvu verwendet (*http://www.nvu.vom*). In ihm konnte er wie in einer Textverarbeitung seine Kritiken eingeben und anschließend gleich noch hübsch formatieren.

Auf seine flott geschriebenen Texte trudelten viele positive Reaktionen per E-Mail ein. Verschiedene Leser boten ihre Hilfe an und sendeten Kain Anunk ihre eigenen Kritiken zu. Die in den verschiedensten Formaten eingehenden Artikel konvertierte Kain Anunk zunächst mit Word in eine einfache Textdatei, um sie anschließend in Nvu zu importieren. Nach der Formatierung und einem flüchtigen Korrekturlesen schob er die fertige Seite per Knopfdruck auf seinen Webserver. Abschließend fügte er noch einen Verweis auf den neuen Artikel in der Einstiegsseite hinzu, deren neue Fassung ebenfalls auf dem Webserver landete.

Neben vollständigen Kritiken sendeten viele Leser auch einfach nur nette und interessante Kommentare zu bereits bestehenden Artikeln. Da Kain Anunk jedoch schon genug Arbeit mit der Aufbereitung der eingesandten Filmkritiken hatte und dadurch bereits weniger seiner Leidenschaft – den Kinobesuchen– nachgehen konnte, entschloss er sich schweren Herzens, derartige Anmerkungen nicht zu veröffentlichen. Zudem hatte er immer weniger Lust, jeder neuen Seite ein aufwendiges und ansprechendes Äußeres zu verpassen. So mussten viele Kritiken mit einem schlichteren Design auskommen, das sich darüber hinaus noch von der Hauptseite unterschied. Immer wieder tauchten Flüchtigkeitsfehler auf, die sich in falschen oder mit Tippfehlern gespickten Links manifestierten.

Sieht man sich Kain Anunks Situation etwas näher an, so fallen schnell zwei Probleme auf:

- Zunächst musste er ständig dieselben stupiden Aufgaben lösen. Diese erforderten einen hohen Arbeitsaufwand, waren nur umständlich durchzuführen und somit unter dem Strich auch noch zeitraubend.

- Je mehr Artikel eintrudelten, desto länger wurde die Liste auf der Einstiegsseite. Kain Anunk machte es sich diesbezüglich einfach und stellte die jeweils jüngste Kritik direkt an den Anfang. Hierdurch verlor er im Laufe der Zeit nicht nur selbst den Überblick, auch die Betrachter seiner Internetseite verschreckte er mit dieser ungeordneten Vielzahl an Informationen und Artikeln.

Die Lösung: Content-Management-Systeme

Mit solchen Problemen kämpfte nicht nur Kain Anunk, sondern in der Vergangenheit auch viele andere Betreiber von Internetportalen. Insbesondere Seiten, die Nachrichtenmeldungen in kurzen Intervallen bereitstellen, würden mit der beschriebenen Vorgehensweise innerhalb kürzester Zeit gegen die Wand fahren: Der Verwaltungsaufwand wäre in diesen Fällen schlichtweg zu hoch.

Aus diesem Grund wurden Systeme entwickelt, die dem Benutzer bei der Verwaltung und der Gestaltung seiner Inhalte behilflich sind und ihm viele Standardaufgaben abnehmen. Eine solche Software bezeichnet man als *Content-Management-System*, abgekürzt CMS. Wer es ganz genau nimmt, unterteilt die Menge der Content-Management-Systeme noch einmal nach ihrem primären Einsatzzweck. Während beispielsweise Document-Management-Systeme das staubige Aktenarchiv eines Unternehmens ersetzen, verwalten Customer-Relationship-Management-Systeme dessen Kundendaten. Das in diesem Buch vorgestellte Joomla! gehört in dieser Einteilung zur Gruppe der *Web*-Content-Management-Systeme, die vorwiegend Internetseiten als Ausgabe produzieren. In der Praxis verwendet man jedoch meist nur den Oberbegriff Content-Management-System.

Ein Content-Management-System verwaltet selbstverständlich nicht nur Kinotexte, sondern auch sämtliche anderen Medien, die auf einer Webseite angeboten werden können (wie beispielsweise Bilder), und sorgt selbstständig für deren korrekte Publikation. Verweise und Links werden im Bedarfsfall automatisch angepasst, und die Präsentation der Seiten erscheint nun ebenfalls einheitlich. Durch das eingebaute Benutzermanagement schränkt man den Zugriff auf spezielle Bereiche oder Unterseiten für bestimmte Nutzergruppen ein und erlaubt externen Autoren, ihre Artikel direkt in das System einzugeben. Aber auch dynamische Zusatzfunktionen, wie Umfragen oder Foren, schaltet man mit nur wenigen Mausklicks aktiv.

Kain Anunk könnte mit einem solchen Content-Management-System also endlich seinen Traum von einem perfekten Kinoportal realisieren: Filmkritiken und aktuelle Nachrichten aus Hollywood würden tagesaktuell von vielen Helfern eingegeben und endlich automatisch vom System übersichtlich verwaltet. Mithilfe von Umfragen ließe sich die breite Meinungen zu Filmen einfangen und in Foren ausführlich über den neuesten James Bond diskutieren.

Somit gibt es viele gute Gründe, zu einem Content-Management-System zu greifen – nicht nur für Kain Anunk.

Wie ein Content-Management-System funktioniert

Bei einem Blick auf die Funktionsweise unterscheidet man zwei Arten von Content-Management-Systemen. Zum einen sind dies Einzelanwendungen, die auf dem heimischen PC laufen (sogenannte clientseitige CMS). Sie dienen in der Regel lediglich zur bequemen Verwaltung der Internetseiten und ihrer Inhalte. Man könnte sie daher auch etwas flapsig als aufgebohrten Homepage-Baukasten bezeichnen.

Die Programme aus der zweiten Gruppe, zu der auch Joomla! gehört, laufen direkt auf dem Webserver (sogenannte serverseitige CMS). Dies bedeutet insbesondere, dass die Konfiguration, Wartung und das Eingeben von neuen Artikeln aus einem Internetbrowser heraus geschieht. Hierzu stellen die meisten Content-Management-Systeme mehrere versteckte Unterseiten bereit, über die Sie als Verwalter später das System konfigurieren und über die Autoren ihre Beiträge einreichen. Normale Besucher erlangen aufgrund der notwendigen Authentifizierung selbstverständlich keinen Zutritt zu diesen Bereichen.

Arbeitsteilung

Ein Content Management System unterscheidet strikt zwischen den eigentlichen Inhalten, wie beispielsweise Texten oder Bildern, und dem Layout. Letzteres beschreibt lediglich, wie die Inhalte auf einer Seite angeordnet werden sollen und wie die Navigation aussieht.

Ein Autor, der einen neuen Artikel hinzufügen möchte, meldet sich am System an und gibt anschließend in einer neu angezeigten Eingabemaske seinen Text ein. Sobald er damit fertig ist, speichert das CMS den neuen Artikel in einer Datenbank. In ihr werden sämtliche Seiteninhalte für einen schnellen Zugriff aufbewahrt. Damit ist die Arbeit des Autors bereits beendet. Sobald er dem Content-Management-System die Freigabe für den neuen Artikel erteilt, erscheint der Text auf der Homepage. Der Artikel erhält dabei automatisch die Formatierung, die der Besitzer oder Betreiber der Seite einmal vorgegeben hat.

Die Anforderung einer Seite

Fordert nun der Browser eines Betrachters die Internetseite beim Webserver an, so trifft diese Anfrage dort zunächst auf ein Programm, das verwirrenderweise ebenfalls als Webserver bezeichnet wird (❶) (siehe Abbildung 1-1). In der Praxis werkelt hier am häufigsten das Produkt der Apache-Organisation (*www.apache.org*). Dieses Programm nimmt die Anfrage entgegen und leitet sie direkt an Joomla! weiter (❷). Das CMS holt nun aus der Datenbank alle Inhalte, die zu der Seite gehören (❸, ❹) und setzt sie gemäß den Layoutvorgaben zusammen (❺). Bildlich kann man sich diesen Vorgang wie die Konstruktion eines Lego-Hauses vorstellen. Die genoppten Steine repräsentieren die Inhalte, die nach dem beiliegenden Bauplan so zusammengestöpselt werden, dass sie ein hübsches Häuschen ergeben. Je nachdem, wie der Bauplan aussieht, erhält man eine andere Hausfassade. Joomla! bezeichnet diese Baupläne übrigens als Templates (zu Deutsch *Vorlagen*). Die fertige Seite wird dann wieder an den Webserver gereicht (❻), der sie seinerseits über das Internet an den Browser zurückschickt (❼).

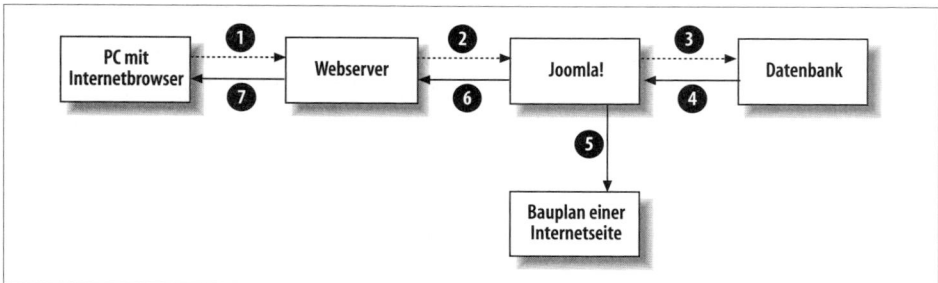

Abbildung 1-1: Von der Anfrage bis zur Auslieferung der Seite

 Im Fall der Kinoseite bestimmt Kain Anunk im CMS zunächst das Layout und wer seiner vielen Helfer überhaupt Artikel schreiben darf – um den Rest braucht er sich ab sofort keine Gedanken mehr zu machen. Die externen Autoren senden ihre Artikel nicht mehr per E-Mail an den Betreiber, sondern melden sich mit ihrem Benutzerkonto direkt beim CMS an und hinterlassen dort ihre Texte. Kain Anunk spart somit Zeit und kann sich ganz seinen eigenen Texten und vielen weiteren Kinobesuchen widmen.

Statisch versus dynamisch

Ein CMS erzeugt eine Internetseite dynamisch, also erst in dem Moment, in dem sie angefordert wurde. Dieses Vorgehen kostet jedes Mal Zeit und belastet den Server mit zusätzlicher Arbeit. Die damit erst mögliche Trennung zwischen Inhalt und Layout bringt aber auch einige handfeste Vorteile. Möchte man beispielsweise das Design umstellen, so genügt ein simpler Austausch des Templates, also des Seitenbauplans. Darüber hinaus werden erst auf diese Weise aktive Inhalte, wie Gästebücher oder Umfragen, möglich.

Vorhang auf für Joomla!

Die Geschichte von Joomla! reicht bis in das Jahr 2000 zurück. Zu diesem Zeitpunkt begann die australische Firma Miro mit der Entwicklung eines Content-Management-Systems. Ein Jahr später veröffentlichte man die bis dato erreichten Ergebnisse als Open Source-Software unter dem Produktnamen *Mambo*. Dies tat man nicht nur zu Testzwecken, sondern auch mit dem Hintergedanken, auf diese Weise den Verbreitungsgrad zu erhöhen.

2002 entschied sich Miro, bei der Lizenzvergabe zweigleisig zu fahren. Auf Basis der zu diesem Zeitpunkt aktuellen Version erschien das kommerzielle *Mambo 2002*, das später in *Jango* umbenannt wurde. Der Open Source-Gemeinde blieb jedoch die freie Variante erhalten. Mit dem *Mambo Open Source* (MOS), getauften System wollte man den Verbreitungsgrad weiter erhöhen und nebenbei den Verkauf von Jango ankurbeln. Als Lizenz wählte Miro die GNU General Public License. Hierüber freute sich die beständig wachsende Fangemeinde, stellte die Lizenz doch sicher, dass Mambo auch in Zukunft frei erhältlich sein würde. Gleichzeitig lockten diese Konditionen zahlreiche Helfer an, die die Weiterentwicklung in ihrer Freizeit tatkräftig unterstützten. Durch ihren Einsatz machte das System eine zügige Entwicklung durch.

2004 verkürzte man schließlich den Namen auf das einprägsame *Mambo*. Zu diesem Zeitpunkt hatten sich die Mitarbeiter von Miro weitestgehend aus der aktiven Entwicklung zurückgezogen, die Hauptarbeiten erledigte die mittlerweile ausschließlich aus Fans bestehende Entwicklergemeinschaft. Eben jene schlug im April 2005 vor, ihre Aktivitäten in einer Stiftung zu bündeln. Auf diese Weise wollte man zum einen die eingehenden Spenden gezielt verwalten und zum anderen die Namens- und einige Urheberrechte in das Projekt holen. Letztere waren bis zu diesem Zeitpunkt immer noch in den festen Händen von Miro. Mit diesen Aktionen wollten die Hobbyentwickler die zukünftige Weiterentwicklung des freien Content-Management-Systems absichern. Miro erklärte sich hierzu bereit und leitete die Gründung einer Stiftung in die Wege.

Als die *Mambo Foundation* im August 2005 endlich ihre Arbeit aufnahm, folgte für das Entwicklerteam jedoch eine böse Überraschung: Weder waren die internen Machtstrukturen der neuen Organisation abgesprochen, noch erfolgte ein Transfer der Namensrechte. Als die Nutzergemeinde hiervon erfuhr, entbrannten heiße Diskussionen in verschiedensten Foren. Die eigentlich betroffene Entwicklergemeinschaft meldete sich erst einige Tage später mit einem offenen Brief auf der Seite *http://www.opensourcematters.org* zu Wort. Darin erklärte man, zukünftig eigene Wege mit einem neuen System auf Basis der letzten mitentwickelten Mambo-Version zu gehen. Auch die eigens zur Absicherung der rechtlichen Situation konsultierten Anwälte des für solche Fälle eingerichteten Software Freedom Law Center gaben grünes Licht für die geplante Aufspaltung. Nur fünf Tage nach Verkündigung dieses Vorhabens ruderte Miro zurück und übertrug die noch verbliebenen Urheberrechte an die Mambo Foundation. Zu diesem Zeitpunkt waren die Gräben jedoch schon zu tief, um eine Trennung aufzuhalten. Wer letztendlich an der Aufspaltung des Mambo-Projektes Schuld hat, ist im Nachhinein nur schwer zu klären. So scheinen sowohl die Entwickler als auch Miro jeweils einen kleinen Teil zu der jetzigen Situation beigetragen zu haben.

Am 26.08.2005 erschien schließlich die erste öffentliche Vorabversion von Mambo 4.5.3 ohne Beteiligung des ursprünglichen Kernteams. Dieses präsentierte am 01.09.2005 unter dem Namen *Joomla!* sein eigenes Projekt der Öffentlichkeit. Der Begriff stammt aus der afrikanischen Sprache Swahili und ist die (englische) Lautschrift des Wortes *Jumla*. Übersetzt bedeutet es etwa so viel wie »alle zusammen« oder »in der Gesamtheit«. Das neue Wort wurde gemeinsam mit einer Marketingagentur aus den Vorschlägen der Fangemeinde zum neuen Markennamen gekürt. Gleichzeitig sicherte sich das Entwicklerteam die Namensrechte, um nicht irgendwann erneut vor den gleichen Problemen wie mit Mambo stehen zu müssen. Nur ein paar Tage später folgte der Startschuss für den Logo-Wettbewerb. Am 17.09.2005 erschien dann schließlich die erste Version von Joomla!. Sie basierte auf Mambo 4.5.2.3, in dem einige Fehler korrigiert und sämtliche Namen ausgetauscht worden waren.

 Bei den Versionsnummern greifen die Joomla!-Entwickler auf das dreistellige Schema zurück. Darin kennzeichnet die erste Ziffer das sogenannte *Major Release*. Eine Erhöhung geht hier immer auch mit tiefergehenden Änderungen am Programm einher. Die Änderung der zweiten Ziffer, der *Minor Release Number*, verweist auf einen erweiterten Funktionsumfang. Schnellt nur die dritte Ziffer, das sogenannte *Maintenance Release* in die Höhe, so wurden lediglich ein paar unliebsame Fehler beseitigt. Leider brechen die Entwickler ab und an ihre selbst auferlegten Regeln. So folgte auf Joomla! 1.0.12 direkt die Version 1.5, ein Sprung, der die umfassenden Änderungen unter der Haube verdeutlichen soll.

Die erste Version von Joomla! kam so gut an, dass schnell Sponsoren gefunden wurden und auch externe Hersteller von Erweiterungen, die sogenannten Third-Party-Entwickler, auf den neuen Zug aufsprangen. Im Oktober 2005 gewann Joomla! schließlich auf der Linuxworld in London den Preis als bestes Linux- bzw. Open Source-Projekt 2005.

Die Joomla!-Entwickler ruhten sich jedoch nicht auf ihren Lorbeeren aus, sondern setzten sich umgehend an eine Nachfolgeversion. Ihre ursprünglichen Planungen sahen vor, bereits Anfang des Jahres 2006 eine verbesserte Version 1.1 auf die Webserver loszulassen. Doch daraus wurde nichts: Die Änderungen am Code fielen schließlich so umfangreich aus, dass die Entwickler gleich einen Sprung auf die 5 nach dem Komma wagten – und den Veröffentlichungstermin mehrfach verschieben mussten. Erst im Juli 2007 erblickte der erste sogenannte *Release Candidate* das Licht der Welt. Für gewöhnlich entspricht eine so gekennzeichnete Vorabversion bis auf wenige kleinere Fehler der finalen Fassung. Zum Ärger vieler Anwender verstanden die Joomla!-Entwickler dies jedoch anders: Zwar kennzeichneten sie diese Versionen explizit als für den produktiven Einsatz zugelassen, schraubten aber auch weiterhin noch am Funktionsumfang. Hinzu kamen teilweise massive Sicherheitsprobleme, weshalb Sie alle als Release Candidate gekennzeichneten Joomla! 1.5-Versionen unbedingt links liegen lassen sollten. Die endgültige Joomla! Version 1.5 erschien schließlich erst nach drei weiteren Release Candidates am 10. Februar 2008 mit fast zwei Jahren Verspätung.

Selbst die zahlreichen Terminschwierigkeiten taten der Beliebtheit keinen Abbruch, im Gegenteil: Nach wie vor gehört Joomla! zu den bedeutendsten Content-Management-Systemen auf dem Markt, räumt immer noch Preise ab (wie den *CMS Award 07* für das beste »PHP Open Source Content-Management-System«) und steckt als treibende Kraft hinter zahlreichen Internetauftritten.

Einsatzbereiche und Vorteile von Joomla!

Joomla! ist ein besonders einfach zu bedienendes Content-Management-System, mit dem sich auch umfangreiche Internetpräsenzen spielend pflegen und gestalten lassen.

Seine Vorteile liegen in einer einfachen Bedienung und seiner Erweiterbarkeit. Von Haus aus bringt es bereits viele Funktionen wie Banner, Umfragen oder Benutzerstatistiken mit. Weitere Funktionen rüstet man bei Bedarf über eine der zahlreichen Erweiterungen nach. Joomla! eignet sich somit ideal zur Realisierung von kleinen und mittleren Internetauftritten. Da der Quellcode offen liegt, verfügte es schon kurz nach dem Start des Projektes über eine große, unterstützende Gemeinschaft, die Joomla! kontinuierlich vorantreibt und weiterentwickelt.

Bei so vielen Vorteilen sollte man jedoch nicht vergessen, dass die Wahl des richtigen Content-Management-Systems auch ein wenig von den eigenen Vorlieben abhängt. Die vielen Glaubenskriege der jeweiligen Anhänger bezeugen dies.

Nicht verschwiegen werden darf zudem, dass Joomla! bei sehr umfangreichen Internetauftritten, für die man die volle Kontrolle über jedes einzelne Element benötigt, leider passen muss. Für solche Aufgaben zieht man besser Typo3 oder ein vergleichbares System aus dieser Leistungsklasse heran. Darüber hinaus werkelt Joomla! langsamer als die Konkurrenz, wie beispielsweise *WordPress* oder *Drupal*. Dies merkt man vor allen Dingen an einer merklichen Verzögerung bei der Auslieferung einer Internetseite.

Installation

Bevor Sie nun mit viel Elan auf die Joomla!-Homepage unter *http://www.joomla.org* stürmen (siehe Abbildung 2-1), dort das aktuelle Archiv herunterladen und anschließend auf Ihren gemieteten Webserver schieben, empfiehlt es sich, ein paar Trockenübungen auf dem heimischen Computer durchzuführen. Dabei kann man das neue System nicht nur etwas besser kennenlernen, sondern auch gefahrlos verschiedene Einstellungen testen.

Gleiches gilt für geplante Updates. Je nachdem, wie umfangreich die Änderungen in neuen Joomla!-Versionen ausfallen, kann eine achtlose Installation das System teilweise oder sogar ganz unbrauchbar machen.

Generell empfiehlt es sich, einen neuen Internetauftritt zunächst auf dem heimischen PC zu entwerfen und ausgiebig auf Herz und Nieren zu prüfen. Hier stehen zudem Werkzeuge bereit, die den bequemen und schnellen Zugriff auf die zu behandelnden Ressourcen gestatten. Spätestens bei der Entwicklung von eigenen Erweiterungen werden diese zu einer wertvollen Hilfe. Weitere angenehme Nebeneffekte sind die erhöhte Antwortgeschwindigkeit und das eingesparte Übertragungsvolumen, da nicht ständig Daten zwischen dem heimischen Rechenknecht und dem Webserver ausgetauscht werden müssen. Gerade wer nicht per DSL und Flatrate an das Internet angebunden ist, wird dies zu schätzen wissen.

Aus diesen Gründen beschreiben die folgenden Schritte, wie man Joomla! Zu Hause auf dem eigenen PC installiert und zum ersten Mal startet. Anschließend zeigt ein eigener Abschnitt, wie man Joomla auf den Webserver hievt.

Voraussetzungen

Joomla! ist recht anspruchsvoll und verlangt vor seiner Installation nach einer recht heimeligen Umgebung in Form von ein paar Hilfsprogrammen. Welche dies sind, klären die folgenden Abschnitte.

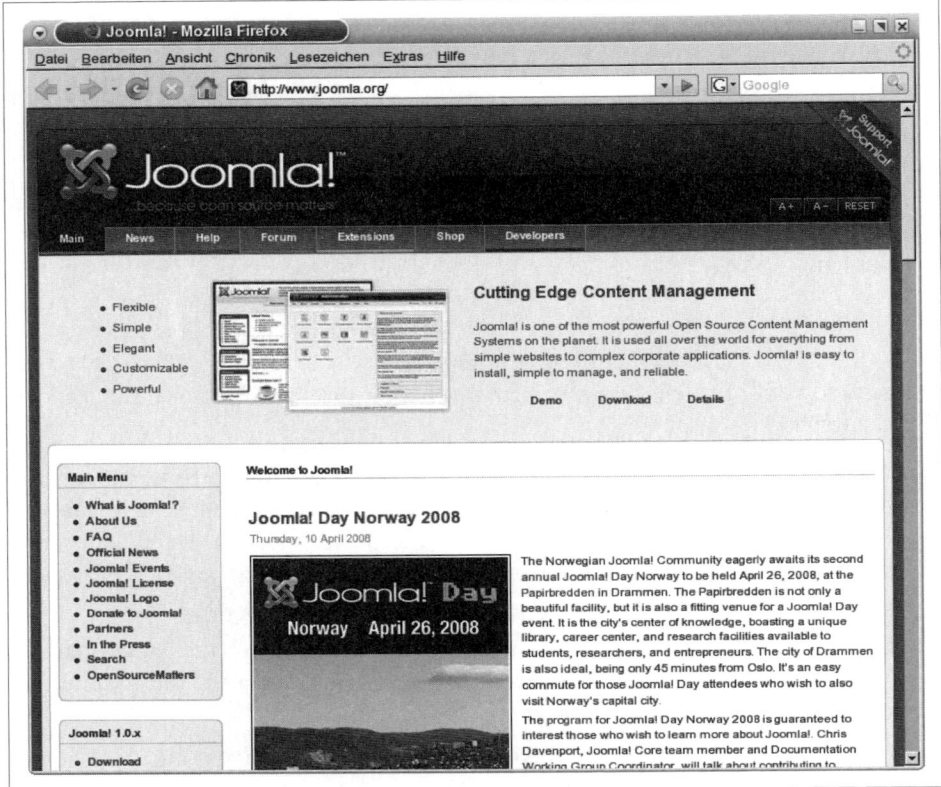

Abbildung 2-1: Die Joomla!-Homepage

Im Gegensatz zu anderen Programmen ist Joomla! keine eigenständige Anwendung. Sie können sie daher nicht einfach aus dem Internet laden und starten. Dies hat einerseits den Nachteil, dass man zusätzliche Hilfsprogramme benötigt, andererseits läuft Joomla! hierdurch unter beliebigen Betriebssystemen.

Webserver

Sobald ein Browser eine Seite anfordert, wird diese Anfrage von einer speziellen Software, dem sogenannten Webserver entgegengenommen und an Joomla! weitergereicht. Welchen Webserver Sie verwenden, bleibt Ihnen überlassen. Am häufigsten trifft man in der Praxis auf den freien und quelloffenen Apache der gleichnamigen Stiftung. Man bekommt ihn kostenlos unter *http://www.apache.org*. Für Joomla! muss er mindestens die Versionsnummer 1.3 tragen. Aber auch der IIS von Microsoft lässt sich problemlos verwenden. Wichtig ist nur, dass der präferierte Webserver in der Lage ist, *PHP-Programme* auszuführen.

PHP

PHP ist ein rekursives Akronym und steht für *PHP Hypertext Preprocessor*. In dieser einfach zu erlernenden, aber doch sehr mächtigen Programmiersprache wurde Joomla! geschrieben.

Anders als herkömmliche Programme benötigen PHP-Anwendungen zu ihrer Ausführung eine zusätzliche Hilfsanwendung, den sogenannten Parser. Er liest nacheinander jede Anweisung des PHP-Programms ein und führt sie direkt aus. Auf den Internetseiten von PHP unter *http://www.php.net* steht gleich ein ganzes System, bestehend aus besagter Gehhilfe und einigen nützlichen Zusätzen, kostenlos für verschiedene Betriebssysteme bereit. Für Apache gibt es eine Erweiterung, mit deren Hilfe der Webserver PHP-Anwendungen direkt starten kann. Joomla! kommt übrigens sowohl mit dem betagten PHP Version 4 als auch mit der aktuellen Version 5 zurecht.

 Verwenden Sie auf keinen Fall PHP 4.3.9, PHP 4.4.2 oder PHP 5.0.4. Diese Versionen weisen eklatante Sicherheitslücken auf. Da zudem PHP 4 von seinen Entwicklern/Schöpfern langsam, aber sicher aufs Altenteil abgeschoben wird, sollten Sie daher möglichst PHP 5 den Vorzug geben. Fragen Sie gegebenenfalls bei Ihrem Webspace-Provider nach einem entsprechenden Update.

Neben dem Downloadangebot bietet die PHP-Homepage auch ausführliche Informationen zu neu entdeckten und behobenen Sicherheitslecks.

MySQL

Hat der Webserver die Seitenanfrage übernommen, so startet er über seine installierte PHP-Erweiterung Joomla! und übergibt dem nun laufenden Content-Management-System die Anfrage. Joomla! wiederum schaut in einer Datenbank nach, welche Inhalte auf der angefragten Seite erscheinen sollen. Hierbei verträgt sich Joomla! derzeit ausschließlich mit MySQL ab Version 3.23. Glücklicherweise ist diese Datenbank des gleichnamigen Herstellers ebenfalls vollkommen kostenlos und im Internet unter *http://www.mysql.com* zu haben.

Alle zusammen

Damit wären auch schon alle Bestandteile beisammen. Abbildung 2-2 illustriert nochmals das Zusammenspiel der vorgestellten Komponenten, das zur Darstellung einer angeforderten Seite führt: Der Apache Webserver fängt die Abfrage ab und startet dann mithilfe von PHP das Content-Management-System Joomla!, das seinerseits bei MySQL die Seiteninhalte abholt. Sobald die Seite fertig ist, übergibt Joomla! sie wieder an den Webserver, der sie seinerseits an den Browser zurückliefert.

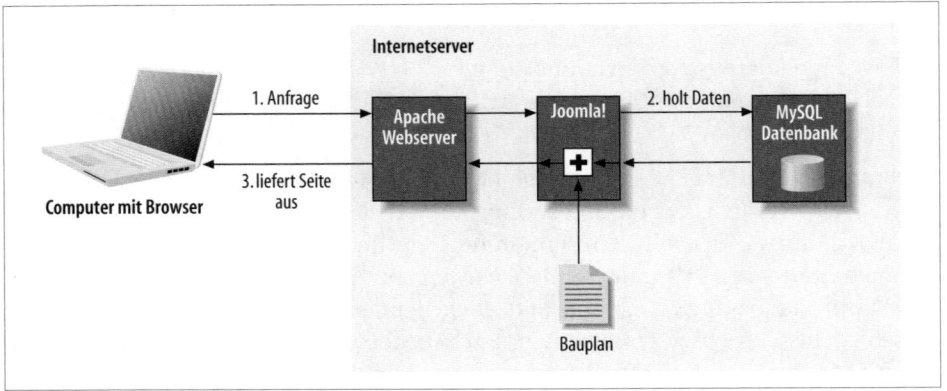

Abbildung 2-2: Der Ablauf einer Seitenanfrage

 Übrigens schreibt niemand vor, dass alle genannten Komponenten auf ein und demselben Computer laufen müssen. Umgekehrt gilt das auch für den Browser, der natürlich auf dem gleichen Computer installiert sein darf wie Joomla!.

Zusammengefasst benötigt Joomla! folgende zusätzliche Softwareprogramme:

- einen Webserver, wie zum Beispiel Apache ab Version 1.3 (*http://www.apache.org*)
- PHP ab Version 4.3.10, besser das aktuelle PHP 5 (*http://www.php.net*)
- MySQL ab Version 3.23.0 (*http://www.mysql.com*)

Schnellstart per XAMPP

Bevor Sie nun damit beginnen, alle genannten Hilfsprogramme einzeln aus dem Internet zu fischen, sollten Sie einen Blick auf XAMPP werfen. Dieses Projekt bietet alle erwähnten Komponenten – mit Ausnahme von Joomla! selbst – in einem fertig geschnürten und einfach zu installierenden Paket. Nicht umsonst steht das »AMPP« in seinem Namen für die Bestandteile Apache, MySQL, PHP und Perl. Diese eierlegende Wollmilchsau gibt es für alle gängigen Betriebssysteme unter *http://www.xampp.org* (siehe Abbildung 2-3). Das vorangestellte X in seinem Namen repräsentiert diese Vielfalt.

Windows

Windows-Anwender haben die Qual der Wahl. Wer XAMPP noch nicht hat, benötigt in jedem Fall das Basispaket (siehe Abbildung 2-4). Es wird in drei verschiedenen Geschmacksrichtungen angeboten:

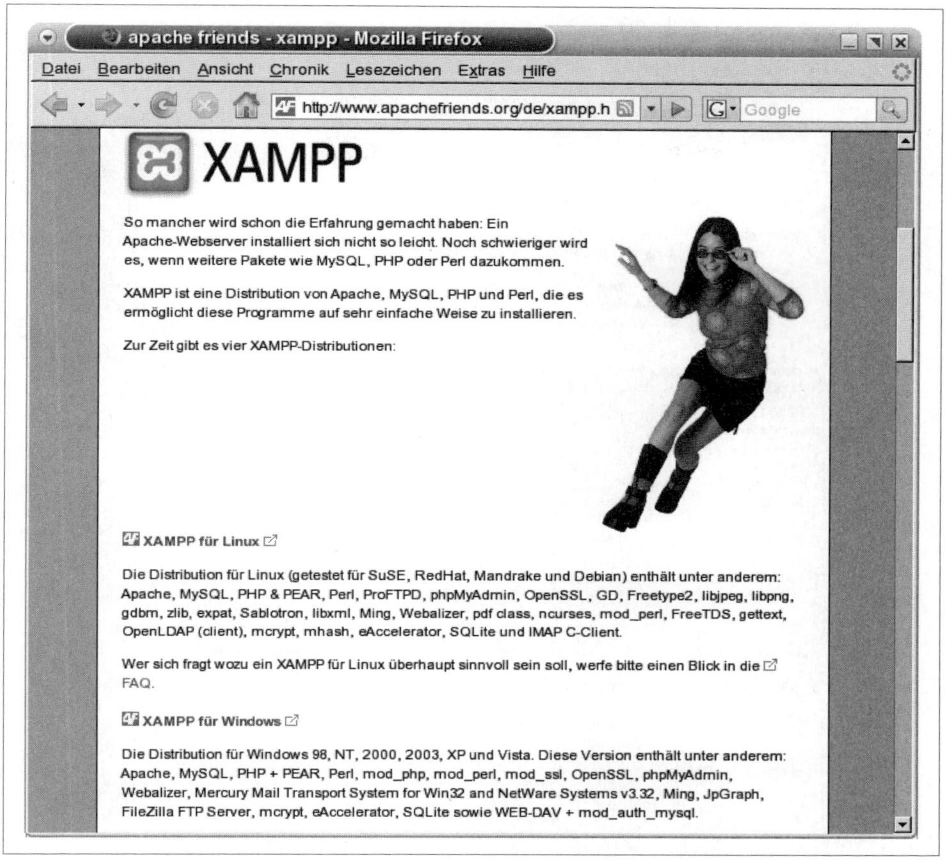

![Screenshot der XAMPP-Homepage im Mozilla Firefox Browser](apache friends - xampp - Mozilla Firefox)

XAMPP

So mancher wird schon die Erfahrung gemacht haben: Ein Apache-Webserver installiert sich nicht so leicht. Noch schwieriger wird es, wenn weitere Pakete wie MySQL, PHP oder Perl dazukommen.

XAMPP ist eine Distribution von Apache, MySQL, PHP und Perl, die es ermöglicht diese Programme auf sehr einfache Weise zu installieren.

Zur Zeit gibt es vier XAMPP-Distributionen:

XAMPP für Linux

Die Distribution für Linux (getestet für SuSE, RedHat, Mandrake und Debian) enthält unter anderem: Apache, MySQL, PHP & PEAR, Perl, ProFTPD, phpMyAdmin, OpenSSL, GD, Freetype2, libjpeg, libpng, gdbm, zlib, expat, Sablotron, libxml, Ming, Webalizer, pdf class, ncurses, mod_perl, FreeTDS, gettext, OpenLDAP (client), mcrypt, mhash, eAccelerator, SQLite und IMAP C-Client.

Wer sich fragt wozu ein XAMPP für Linux überhaupt sinnvoll sein soll, werfe bitte einen Blick in die FAQ.

XAMPP für Windows

Die Distribution für Windows 98, NT, 2000, 2003, XP und Vista. Diese Version enthält unter anderem: Apache, MySQL, PHP + PEAR, Perl, mod_php, mod_perl, mod_ssl, OpenSSL, phpMyAdmin, Webalizer, Mercury Mail Transport System for Win32 and NetWare Systems v3.32, Ming, JpGraph, FileZilla FTP Server, mcrypt, eAccelerator, SQLite sowie WEB-DAV + mod_auth_mysql.

Abbildung 2-3: Die Homepage von XAMPP unter www.xampp.org

- Die *Installer-Version* bringt ein bequemes Installationsprogramm mit.
- Das *gewöhnliche ZIP-Archiv* muss man mit einem entsprechenden Programm oder der in Windows XP eingebauten Funktion selbst entpacken.
- Das *selbstextrahierende ZIP-Archiv* erledigt diesen Vorgang hingegen per Doppelklick selbst.

Die drei Dateien hinter dem *Upgrade Package* bringen eine alte XAMPP-Version auf den neuesten Stand. In der Rubrik ADD-ONS gibt es noch einige Zusatzpakete, die Joomla! allerdings nicht benötigt. Das freie Content-Management-System würde sich sogar mit der *XAMPP Lite*-Variante zufriedengeben. In diesen Paketen steckt nur ein minimales und somit auch schlankes XAMPP.

 Falls Sie jetzt unsicher sind, sollten Sie zur Installer-Version greifen. Sie lässt sich unkompliziert installieren und bei Bedarf auch später wie jede andere Anwendung bequem deinstallieren.

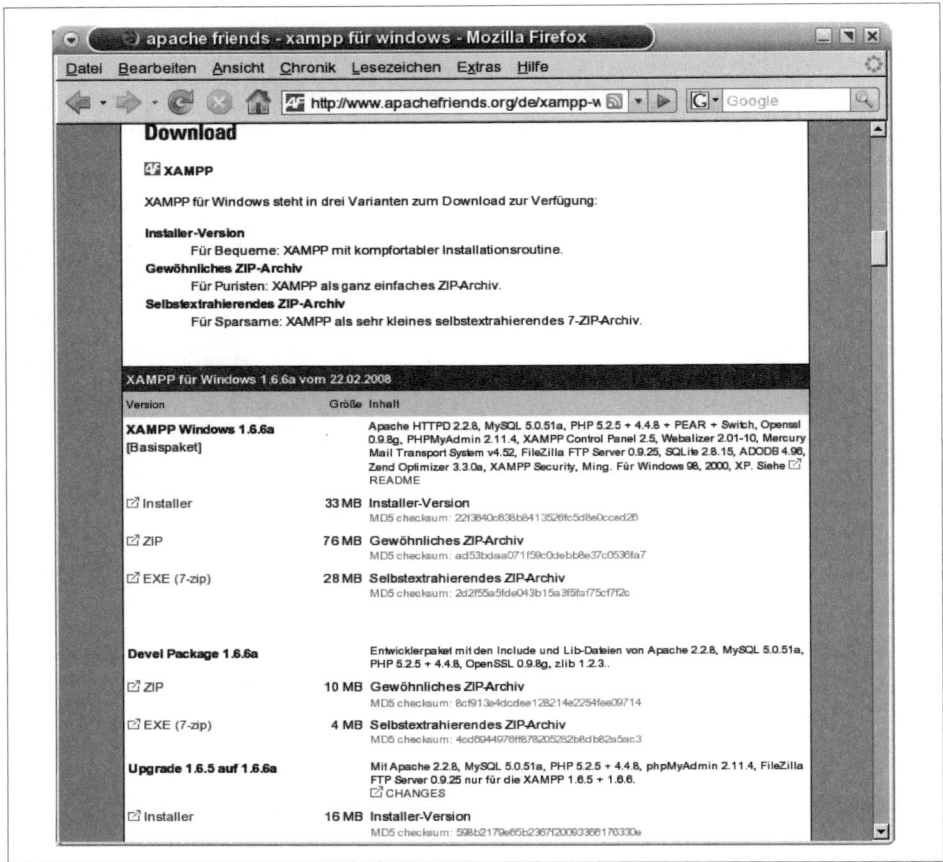

Abbildung 2-4: Die Downloadseite von XAMPP für Windows

Installer

Bei der Installer-Version starten Sie die heruntergeladene Datei einfach per Doppelklick. Sofern Sie mit Windows NT, 2000, 2003, XP oder Vista arbeiten, sollten Sie zuvor sicherstellen, dass Sie Administratorrechte besitzen. Folgen Sie nun den Anweisungen des Installationsprogramms (siehe Abbildung 2-5). Im ersten Bildschirm wählen Sie das Verzeichnis, in das die Programme installiert werden sollen. Hier können Sie die Vorgabe einfach übernehmen. Nach einem Klick auf INSTALLIEREN werden alle Komponenten eingespielt.

Ist alles fehlerfrei verlaufen, taucht nun auf dem Desktop ein neues Symbol auf. Nach einem Doppelklick darauf erscheint das XAMPP Control Panel. Das dahinter stehende Programm erreichen Sie alternativ über das Startmenü unter PROGRAMME → APACHEFRIENDS → XAMPP. Mit ihm können Sie bequem die einzelnen Programme starten und stoppen. Dazu gleich mehr.

Abbildung 2-5: Mit diesem Assistenten installiert man die Installer-Version von XAMPP für Windows.

ZIP-Archiv

Wenn Sie sich für das ZIP-Archiv entschieden haben, so benötigen Sie zum einen nicht zwingend Administratorrechte für den Installationsvorgang, und zum anderen werden auch keine Einträge in die sogenannte Registrierung, das Windows-Sammelbecken für Programmeinstellungen und Konfigurationen, geschrieben.

Unter Windows XP und Vista entpacken Sie die Datei über das Kontextmenü der rechten Maustaste. Dazu klicken Sie die entsprechende Datei im Explorer mit der rechten Maustaste an (siehe Abbildung 2-6) und wählen dort EXTRAHIEREN.... Im neuen Fenster tippen Sie anschließend das Zielverzeichnis ein, in das XAMPP installiert werden soll (Abbildung 2-7).

Benutzer von älteren Windows-Versionen müssen ein zusätzliches Werkzeug, wie zum Beispiel das kostenlose 7-Zip (*http://www.7-zip.org*) bemühen.

Beim selbstextrahierenden ZIP-Archiv genügt ein Doppelklick auf die Datei im Explorer. Wählen Sie im neu erscheinenden Fenster das Zielverzeichnis, in das XAMPP installiert werden soll.

In beiden Fällen wird im gewählten Ordner noch ein Unterverzeichnis namens *xampp* erstellt, in dem dann sämtliche Programme des Archivs landen (Abbildung 2-8). Wählen Sie beispielsweise *C:\Programme* als Pfad, so finden Sie die XAMPP-Anwendungen nach dem Entpacken in *C:\Programme\xampp*. In Abbildung 2-7 würde XAMPP folglich im Verzeichnis *C:\Programme\xampp-win32-1-6-6a\xampp* landen. Falls Sie sich für XAMPP Lite entschieden haben, heißt der entsprechende Ordner übrigens *xampplite*.

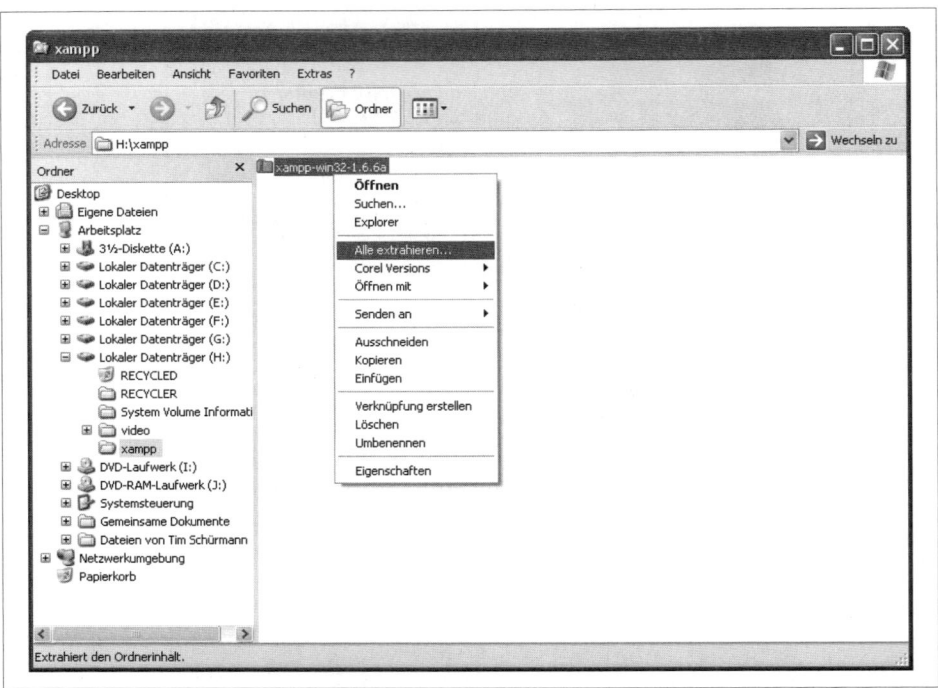

Abbildung 2-6: Unter Windows XP oder Vista installiert man das ZIP-Archiv einfach über die rechte Maustaste...

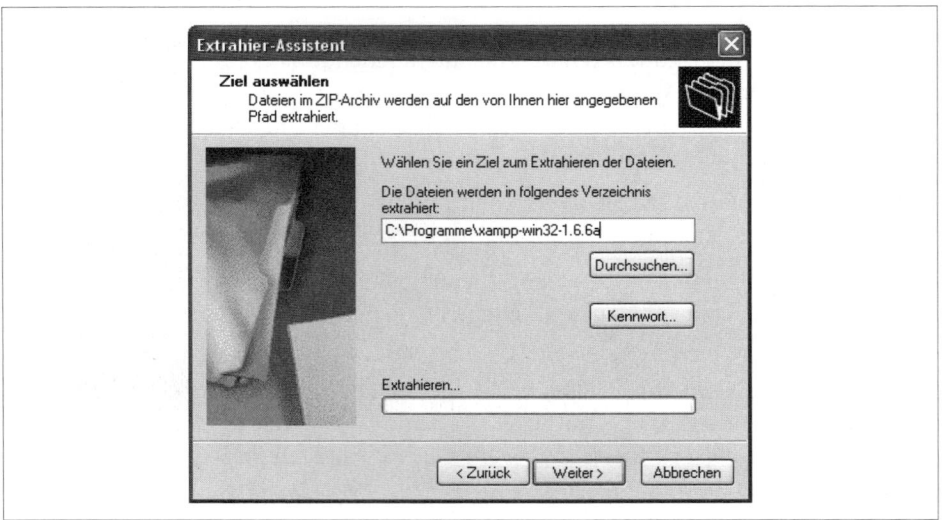

Abbildung 2-7: ... und den nachfolgenden Assistenten.

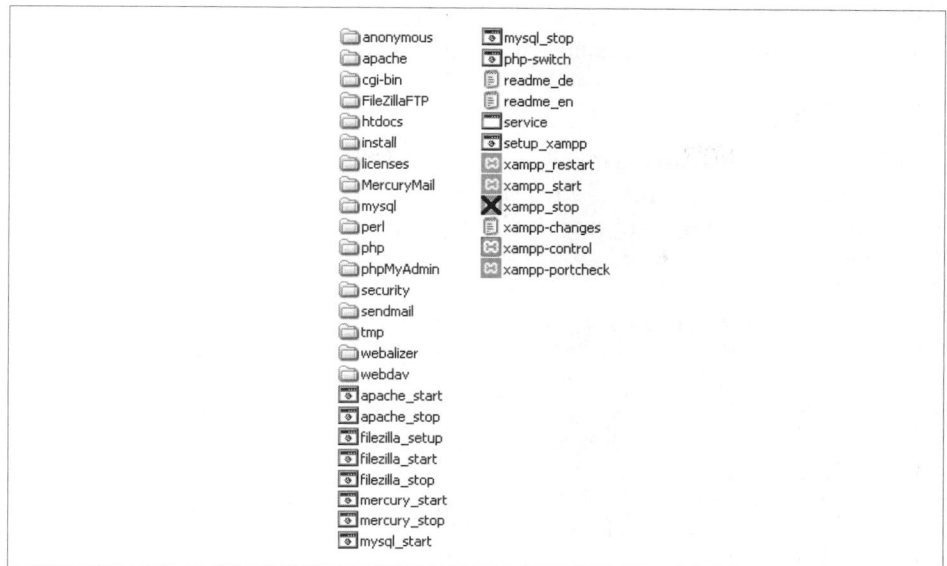

Abbildung 2-8: Nach der Installation findet man im XAMPP-Verzeichnis diese Dateien.

Um die Einrichtung zu komplettieren, starten Sie nun in diesem Verzeichnis die Datei setup_xampp.bat mit einem Doppelklick. Sie richtet alle Programme in ihrem neuen Zuhause ein (Abbildung 2-9).

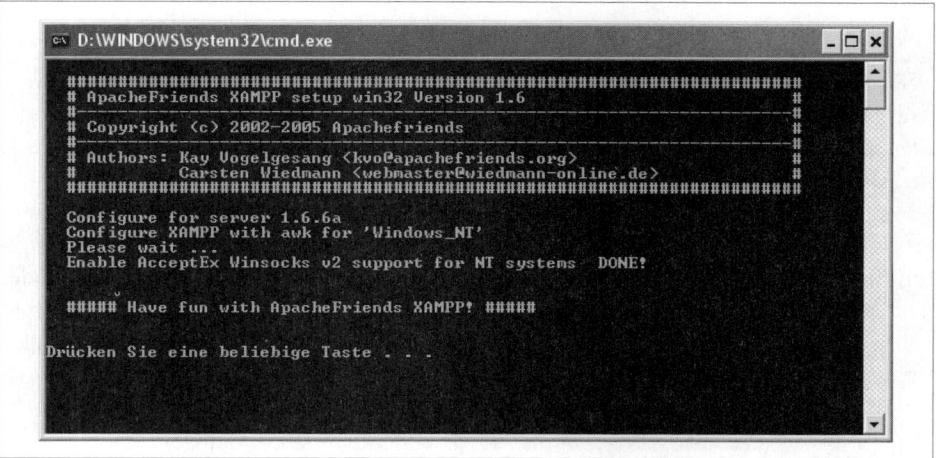

Abbildung 2-9: Hier hat gerade setup_xampp.bat die notwendige Einrichtung von XAMPP erfolgreich abgeschlossen.

Hinter dem Programm xampp-control.exe verbirgt sich das XAMPP Control Panel, über das Sie die einzelnen Programme bequem starten und stoppen können. Nach seinem Start erscheint das Fenster aus Abbildung 2-10. Beenden Sie das Control Panel ausschließlich über die dafür vorgesehene Schaltfläche EXIT.

Starten und Testen

Damit Sie mit Joomla! arbeiten können, müssen lediglich Apache und MySQL laufen. Klicken Sie daher im XAMPP Control Panel auf die entsprechenden START-Schaltflächen. Neben *Apache* und *MySQL* sollte nun ein leuchtend grün unterlegtes *Running* erscheinen (Abbildung 2-10).

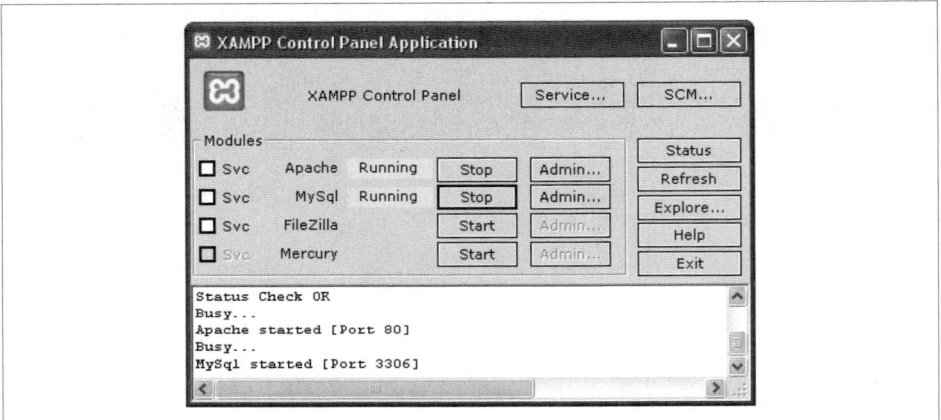

Abbildung 2-10: In diesem Beispiel zeigt das XAMPP Control Panel mit Apache und MySQL zwei laufende Programme an.

Wenn es mal schnell gehen muss, können Sie auch alternativ die Datei xampp_start. exe aufrufen, die sich im selben Verzeichnis wie die xampp-control.exe befindet (*<pfad zu xampp>\xampp*). Nach dem Aufruf von xampp_start.exe erscheinen, wie in Abbildung 2-11 gezeigt, mehrere Textmeldungen in einem neuen Fenster. Solange Letzteres geöffnet bleibt, laufen alle in XAMPP mitgelieferten Komponenten – folglich auch Apache und MySQL. Um sie ordnungsgemäß zu beenden, sollten Sie unbedingt der Versuchung widerstehen, einfach auf das kleine »x« in der Titelleiste zu klicken. Verwenden Sie stattdessen ausschließlich das Programm xampp_stop.exe. Es sorgt für ein kontrolliertes Herunterfahren der XAMPP-Komponenten. Andernfalls könnten Datenverluste die Folge sein.

 Wer xampp_start.exe über die Eingabeaufforderung aufruft, stoppt die laufenden Programme ebenfalls sanft per xampp_stop.exe.

Nach dem erstmaligen Start von Apache und MySQL meldet sich unter allen halbwegs aktuellen Windows-Versionen die eingebaute Firewall (andernfalls sollten Sie

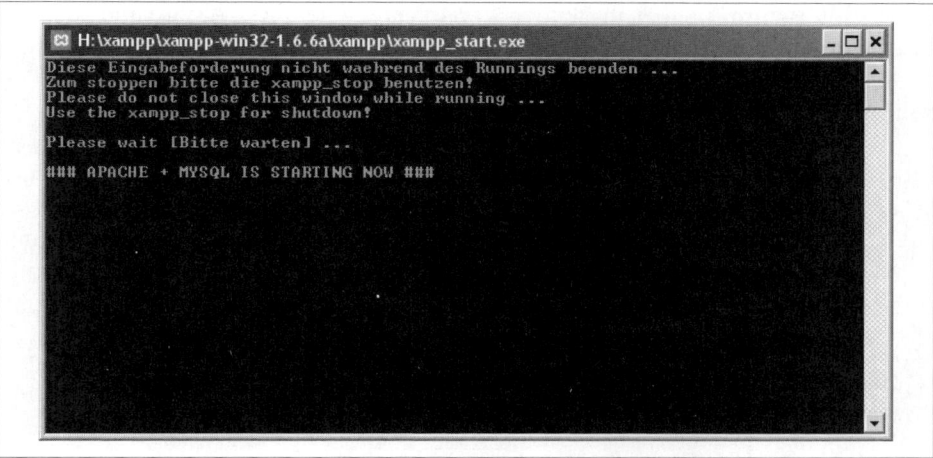

Abbildung 2-11: Wenn Sie nicht das XAMPP Control Panel wählen, bekommen Sie diese
nüchternen Ausgaben zu Gesicht.

schleunigst Ihre Sicherheitseinstellungen prüfen). Beantworten Sie ihre Fragen
jeweils mit WEITERHIN BLOCKEN (Abbildung 2-12). Damit lassen sich Apache und
MySQL nur noch von Ihrem eigenen Computer aus nutzen: Es kann folglich niemand aus dem Internet auf das Duo zugreifen und so während Ihrer Tests irgendwelchen Schabernack treiben.

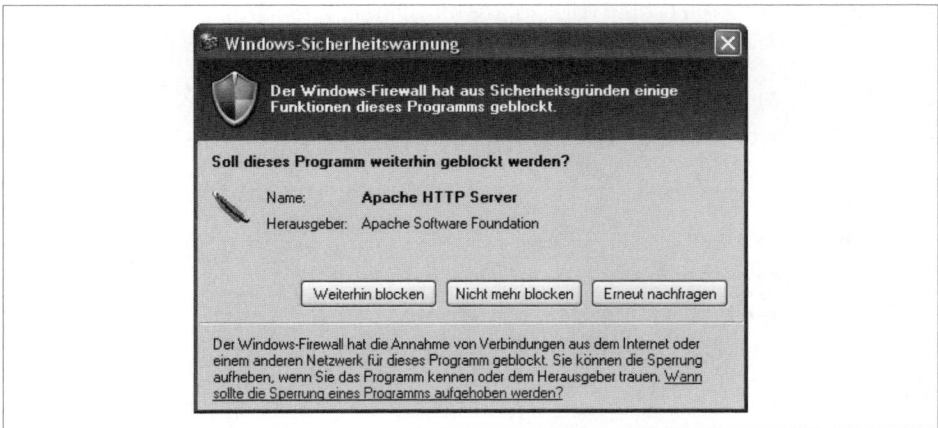

Abbildung 2-12: Die Firewall von Windows sollte sicherheitshalber auch weiterhin Anfragen von
außen abblocken.

Deinstallation

Um alle Anwendungen aus dem XAMPP-Paket wieder loszuwerden, genügt es, in
der Installer-Version das Programm uninstall.exe aufzurufen und den Anweisun-

gen am Bildschirm zu folgen. Bei den Varianten aus dem ZIP-Archiv und XAMPP Lite befördert man einfach das komplette XAMPP-Verzeichnis in den Papierkorb.

Linux

Im Vergleich zu Windows-Anwendern haben es Linux-Benutzer einfacher. Hier gibt es nur ein Paket, wie in Abbildung 2-13 zu sehen ist. Wer Software für die in XAMPP enthaltenen Anwendungen entwickeln möchte, darf sich noch das Entwicklungspaket schnappen – für Joomla! benötigt man es jedoch nicht.

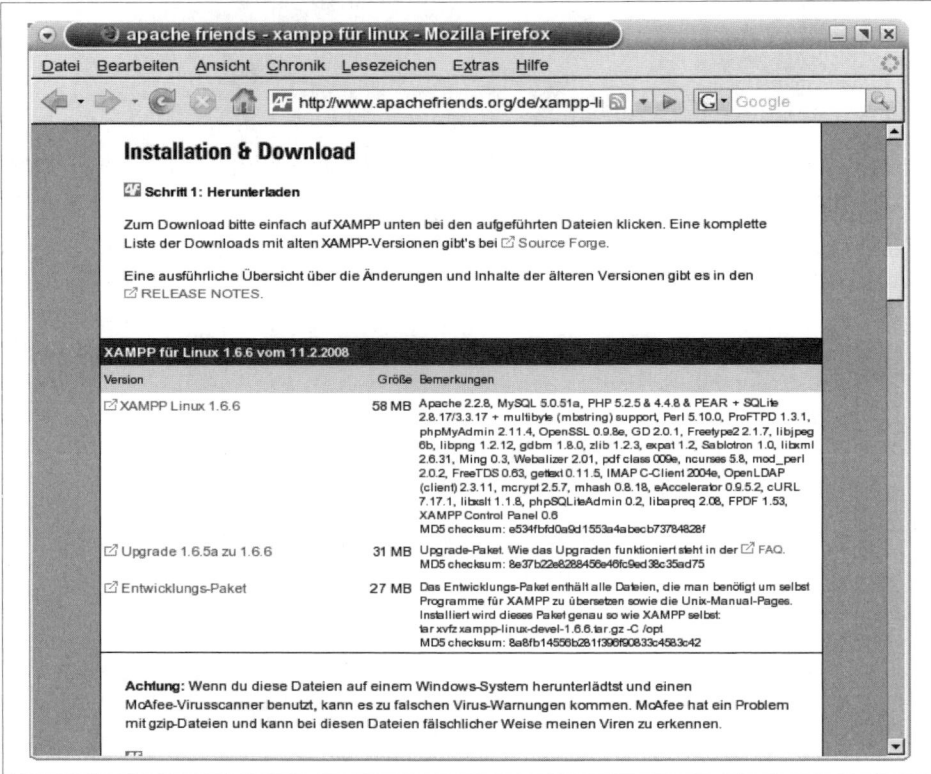

Abbildung 2-13: Die Downloadseite von XAMPP für Linux

Das Archiv einspielen

Laden Sie das XAMPP-Paket in Ihr Heimatverzeichnis herunter. Öffnen Sie nun ein Terminalfenster, und tippen Sie den folgenden Befehl ein (die *<versionsnummer>* im Dateinamen müssen Sie dabei natürlich gegen die Ihrer XAMPP-Version austauschen):

```
sudo tar xvfz xampp-linux-<versionsnummer>.tar.gz -C /opt
```

Linux fragt jetzt das Administrator- beziehungsweise root-Passwort ab, das in der Regel bei der Installation von Linux vergeben wird. Anschließend entpackt sich das gesamte Paket in das Verzeichnis */opt/lampp*. Auf dieses Installationsverzeichnis bleiben Linux-Nutzer übrigens festgenagelt; in jedem anderen Ordner verweigern die XAMPP-Programme standhaft ihre Mitarbeit.

Der Befehl

```
sudo /opt/lampp/lampp start
```

startet schließlich alle mitgelieferten Anwendungen. Die dabei durchlaufenden Textmeldungen zeigen, ob der jeweilige Start erfolgreich war, wie in Abbildung 2-14 zu sehen ist. Analog fährt ein

```
sudo /opt/lampp/lampp stop
```

alle Programme wieder herunter.

Um XAMPP unter Linux wieder loszuwerden, löschen Sie einfach als Benutzer root das Verzeichnis */opt/lampp*.

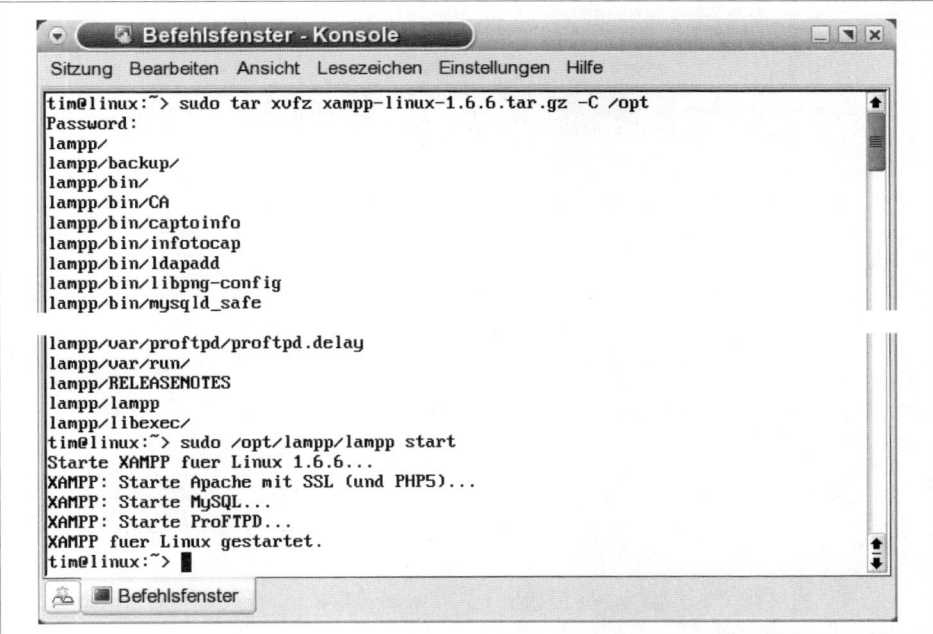

Abbildung 2-14: Dieser Ausschnitt aus einem Terminalfenster zeigt im oberen Bereich den Befehl zum Entpacken. Anschließend wurde XAMPP erfolgreich gestartet.

Erster Test

Von den gestarteten Programmen sieht man noch nicht sehr viel. Sie laufen im Hintergrund und warten auf Anfragen. Um zu schauen, ob alle XAMPP-Komponenten ordnungsgemäß lauschen, öffnen Sie ein Browserfenster und wechseln auf die Seite *http://localhost*. Diese fest definierte Adresse bezeichnet immer Ihren eigenen Computer. Sofern Apache läuft, erhalten Sie als Ergebnis die orangefarbene Begrüßungsseite von XAMPP, (siehe Abbildung 2-15).

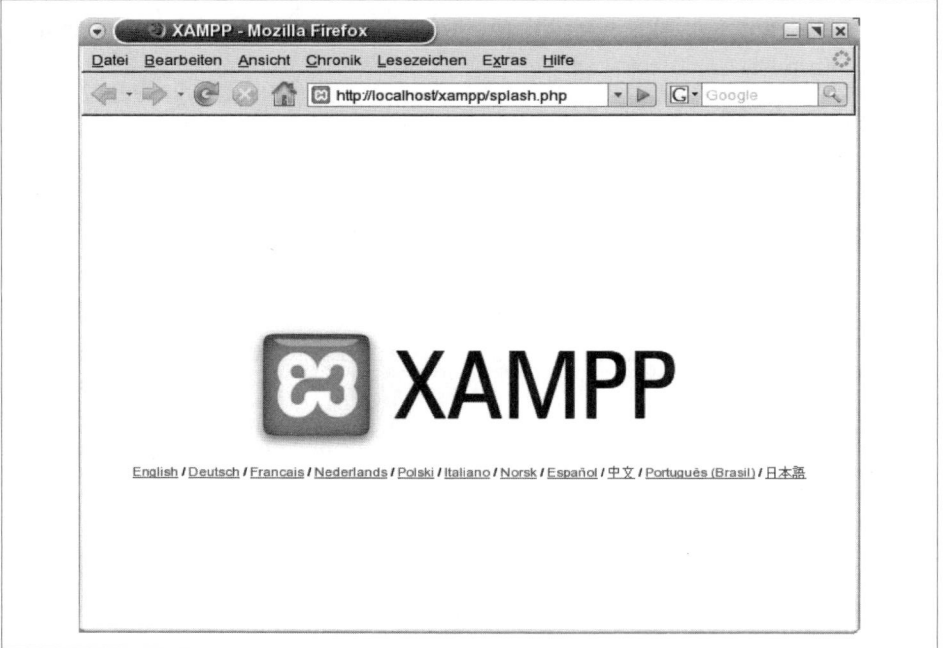

Abbildung 2-15: Diese Seite begrüßt Sie, sofern die Installation von XAMPP erfolgreich abgeschlossen wurde.

Wählen Sie eine Sprache, und klicken Sie anschließend in der linken Leiste auf STATUS. Hier erhalten Sie noch einmal eine Übersicht über die derzeit laufenden und von XAMPP mitgelieferten Komponenten (siehe Abbildung 2-16).

 Einige XAMPP-Versionen für Linux zeigen auf einigen Systemen keine Bilder an. Sofern dieses Problem auch Ihr System heimsucht, öffnen Sie die Datei */opt/lampp/etc/httpd.conf* mit einem Texteditor. Suchen Sie dort die Zeilen #EnableMMAP off und #EnableSendfile off. Bei beiden entfernen Sie die vorangestellte Raute und speichern das Ergebnis ab. Nach einem Neustart der XAMPP-Programme sollten die Bilder erscheinen.

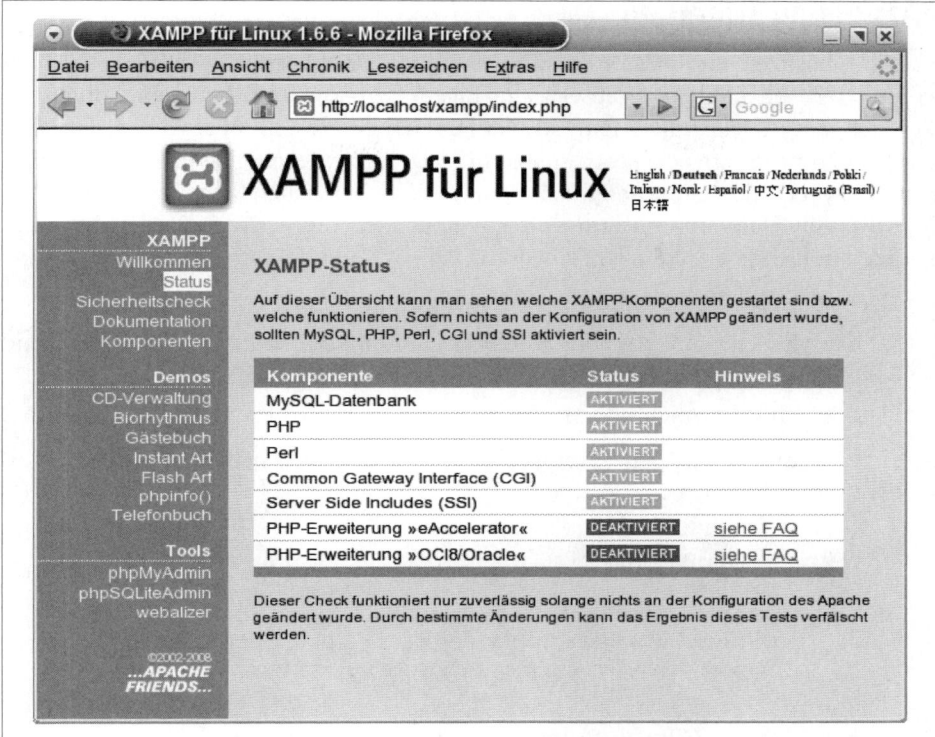

Abbildung 2-16: Das Konfigurationsmenü von XAMPP, hier unter Linux

Wenn XAMPP unter Ihrer Distribution nicht starten möchte, sollten Sie zunächst kontrollieren, ob nicht bereits schon ein anderer Webserver (Apache) oder eine MySQL-Datenbank läuft. Unter Linux sollte hier Ihr Paketmanager die entsprechenden Informationen bereithalten; Windows-Benutzer schauen unter dem Punkt SOFTWARE in der Systemsteuerung nach.

Des Weiteren wurde XAMPP für 32-Bit-Systeme erstellt. Auf reinen 64-Bit-Systemen kann es daher zu (Start-)Problemen kommen.

 Vergewissern Sie sich, dass Sie vor dem Löschen des *lampp*- beziehungsweise *xampp*-Verzeichnisses alle Komponenten über die genannten Befehle beendet haben. Ansonsten ziehen Sie den noch im Hintergrund laufenden Programmen den Boden unter den Füßen weg, was wiederum zu einem etwas mysteriösen Systemverhalten führen kann.

Eine Anlaufstelle für weitere Fragen und Probleme rund um XAMPP bietet das Forum unter *http://www.apacheforum.de*.

XAMPP und Sicherheit

Falls Sie Besitzer oder Mieter eines sogenannten Root-Servers sind, Sie also einen kompletten (physischen) Webserver in Eigenverantwortung betreiben, sollten Sie von der Idee Abstand nehmen, XAMPP einfach dorthin zu überspielen. Gleiches gilt für den produktiven Einsatz in einem Netzwerk, wie zum Beispiel dem hauseigenen Intranet. Der Grund hierfür besteht in den erheblichen Sicherheitslücken, die XAMPP von Haus aus mitbringt. Konkret nennen die XAMPP-Entwickler unter anderem folgende wesentliche Schwachstellen:

- Der MySQL-Administrator (*root*) hat kein Passwort.
- Die MySQL-Datenbank und die Konfigurationssoftware *phpMyAdmin* sind über das Netzwerk erreichbar.
- Das XAMPP-Verzeichnis ist nicht geschützt.

Alle diese Voreinstellungen ermöglichen ein bequemes Arbeiten, dürfen aber auf einem produktiven System nicht auftreten.

> Aus diesen Gründen sollten Sie selbst auf Ihrem Testsystem immer eine Firewall einrichten und diese anweisen, jegliche Zugriffsversuche von außen zu unterbinden. Ganz sicher fahren Sie, wenn Sie für den Testzeitraum die Internetverbindung kappen. Nur so schließen Sie potenzielle Einfallstore für Angreifer aus dem Internet.

Am sichersten fahren Sie, wenn Ihr gemieteter Webspace bereits ein eingerichtetes MySQL und Apache-Gespann mitbringt und dessen Einrichtung und Wartung vom Anbieter übernommen wird.

Falls Sie selbst für Ihren kompletten Webserver sorgen müssen, wie zum Beispiel im Fall eines gemieteten Root-Servers, gilt es, entsprechende Sicherungsmaßnahmen einzuleiten. Eine detaillierte Erläuterung würde jedoch den Rahmen dieses Buches sprengen. Im Handel finden Sie aber umfangreiche Literatur zu Apache und MySQL, die jeweils auch die Installation und Einrichtung eines sicheren Systems beschreibt. Möchten Sie Apache und MySQL nicht einzeln, sondern doch lieber im Rahmen von XAMPP als Komplettpaket auf Ihrem Webserver einspielen, so sollte es immer mindestens durch eine Firewall und passende Sicherheitseinstellungen abgesichert werden.

Installation von Joomla!

Sobald der Testserver auf Ihrem PC funktioniert, kann es mit der eigentlichen Joomla!-Installation weitergehen. Dazu benötigt man zunächst die Anwendung selbst. Diese erhalten Sie kostenlos auf der Joomla!-Homepage unter *http://www.*

joomla.org. Dort wechseln Sie auf der linken Seite unter JOOMLA! 1.5 zum passenden Punkt DOWNLOAD, der Sie zur Liste aus Abbildung 2-17 führt.

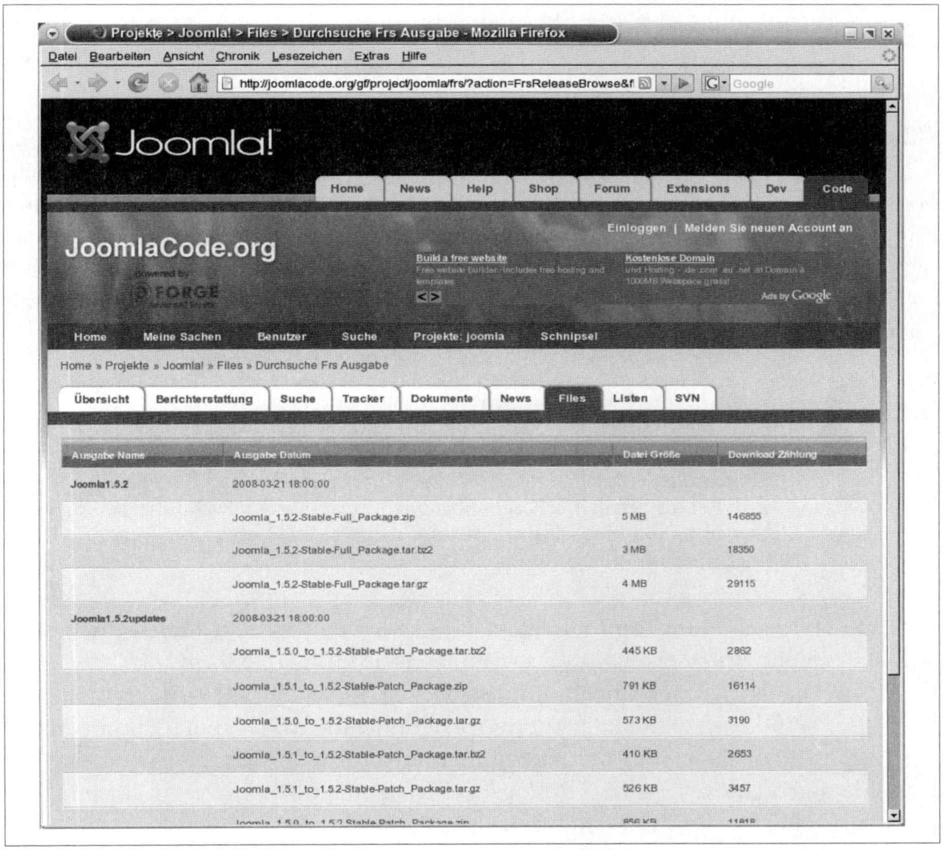

Abbildung 2-17: Die Download-Seiten mit den aktuellen Joomla!-Paketen. Hier bekommt man auch Patches, die ältere Versionen auf den derzeitigen Entwicklungsstand hieven.

Hier gibt es Joomla! in drei verschiedenen Verpackungen: Während Windows-Nutzer bevorzugt zum *ZIP*-Archiv greifen, dürften Linux-Anhänger das *tar.gz-* oder *tar.bz2*-Format bevorzugen. In allen dreien steckt der gleiche Inhalt; die unterschiedlichen Dateigrößen rühren von den unterschiedlichen Kompressionsgraden her.

> Verwenden Sie immer nur die aktuellste und als stabil gekennzeichnete Version. Welche dies ist, verrät der entsprechende Verweis auf der Joomla!-Homepage (in der linken Menüleiste im Feld DOWNLOAD LATEST). Die Vorgänger enthalten teilweise schwere Sicherheitslücken und Fehler, mit denen sich das Content-Management-System unter Umständen sogar selbst außer Gefecht setzt.

Nachdem Sie das aktuelle Archiv heruntergeladen haben, müssen Sie zunächst den Speicherort für alle vom Webserver auszuliefernden Dokumente ausmachen. In den meisten Fällen ist dies ein Unterverzeichnis mit dem Namen *htdocs*. Es enthält alle Dokumente, die über das Internet zu erreichen sind. Sofern Sie die XAMPP-Installation nutzen, steckt es direkt in Ihrem *XAMPP*-Ordner. Unter Windows ist dies beispielsweise *C:\Programme\xampp\htdocs* und unter Linux stets */opt/lampp/htdocs*.

Gibt man die Internetadresse des Computers in einen Browser ein (wie zum Beispiel *http://localhost*), so liefert Apache eine Übersicht aller hier abgelegten Dateien. Sollte jedoch ein Dokument mit dem Namen *index.html* oder *index.htm* darunter sein, so wird stattdessen einfach dieses zurückgeliefert. Dateien in einem Unterordner erreicht man, indem man deren Pfad an die Internetadresse anhängt. *http://localhost/meinedateien/buecher.html* liefert zum Beispiel die Datei *buecher.html* aus dem Unterordner *meinedateien*.

 Wenn Sie anstelle von XAMPP einen anderen Webserver verwenden, wie zum Beispiel den mitgelieferten Ihrer Linux-Distribution, so trägt das Verzeichnis für die Internetdokumente unter Umständen einen anderen Namen. Recht beliebt ist beispielsweise */var/www/ html*. Bei der Suche nach dem korrekten Ersatz für *htdocs* hilft in der Regel das Handbuch Ihrer Distribution oder des Webservers weiter (Stichwort »*DocumentRoot*«).

Für eine Testinstallation von Joomla! ist es ratsam, dem Content-Management-System ein eigenes Unterverzeichnis zu spendieren. Erstellen Sie dazu im Verzeichnis *htdocs* den neuen Ordner *joomla*, und entpacken Sie das Joomla!-Archiv dort hinein. Unter Windows geschieht Letzteres wieder über die eingebaute Funktion hinter der rechten Maustaste oder mit einem alternativen Packprogramm, wie beispielsweise dem kostenlosen 7-ZIP (*http://ww.7-zip.org*). Unter Linux entpackt man das Joomla!-Archiv auf der Kommandozeile mit den beiden Befehlen:

```
sudo mkdir /opt/lampp/htdocs/joomla
sudo tar xvfj Joomla_1.5.2-Stable-Full_Package.tar.bz2 -C /opt/lampp/htdocs/joomla
```

Der erste Befehl erstellt zunächst ein neues Unterverzeichnis, der zweite entpackt das Joomla!-Archiv, das hier unter dem Namen *Joomla_1.5.2-Stable-Full_Package. tar.bz2* firmiert. Wenn Sie lieber ein grafisches Packprogramm nutzen möchten, müssen Sie sich zuvor als Benutzer *root* anmelden, da nur dieser Schreibrechte für das Verzeichnis */opt/xampp* besitzt (im obigen Zweizeiler kümmert sich *sudo* um die nötigen Rechte).

 Überschreiben Sie niemals eine bestehende Joomla!-1.0.x-Installation mit der neuen Version 1.5! Aufgrund der umfangreichen Änderungen wird dies mit großer Wahrscheinlichkeit schiefgehen und mit einem defekten Content-Management-System enden. Der Wechsel von Joomla! 1.0.x auf Joomla! 1.5 ist nur durch eine recht umständliche Migration zu erreichen, mit der wir uns noch ausführlich in Kapitel 19 befassen.

 Wenn Sie zwei Versionen parallel betreiben müssen, wählen Sie für jede von ihnen ein eigenes Verzeichnis sowie später bei der Installation unterschiedliche Datenbanken (oder zumindest verschiedene Präfixe bei den Tabellennamen – dazu folgt im vierten Installationsschritt mehr).

Stellen Sie nun sicher, dass sowohl Apache als auch MySQL laufen (siehe vorherige Abschnitte). Öffnen Sie ein Browserfenster, und wechseln Sie zur Adresse *http://localhost/joomla*. Das freie Content-Management-System führt Sie nun in sieben Schritten zu einer fertigen Joomla!-Installation.

Schritt 1: Sprache wählen

Im ersten Dialog legen Sie zunächst die Sprache fest, in der Joomla! Sie durch den Installationsprozess führt. Sofern Sie einen deutschsprachigen Browser verwenden, sollte wie in Abbildung 2-18 bereits der passende Wert ausgewählt worden sein. Die Spracheinstellungen, die Sie hier vornehmen, beziehen sich übrigens ausschließlich auf die Installation. Damit auch die Oberfläche von Joomla! später durchgehend in Deutsch erscheint, ist ein zusätzliches Sprachpaket notwendig. Dazu folgt nach wenigen Absätzen mehr.

| Joomla 1.0.x | Unter den alten Joomla!-Versionen erfolgte die nun folgende Installation und die sich daran anschließende Einrichtung des Content-Management-Systems vollständig in Englisch. Abgesehen von einigen zusätzlichen Optionen der Version 1.5, hat sich jedoch am grundsätzlichen Ablauf nicht viel verändert.

Schritt 2: Installationsprüfung (Pre-Installation Check)

Nach einem Klick auf WEITER überprüft Joomla!, ob auch alle Voraussetzungen für einen reibungslosen Betrieb erfüllt sind.

Die nächste Seite präsentiert die Ergebnisse aller Tests. Ist etwas nicht nach Joomla!s Wunsch, bemängelt es dies mit einem roten Texthinweis, wie in Abbildung 2-19 zu sehen ist. Der oberste Bereich bezieht sich auf das installierte PHP-System. Dort sind einige Fähigkeiten aufgeführt, ohne die Joomla! nicht läuft.

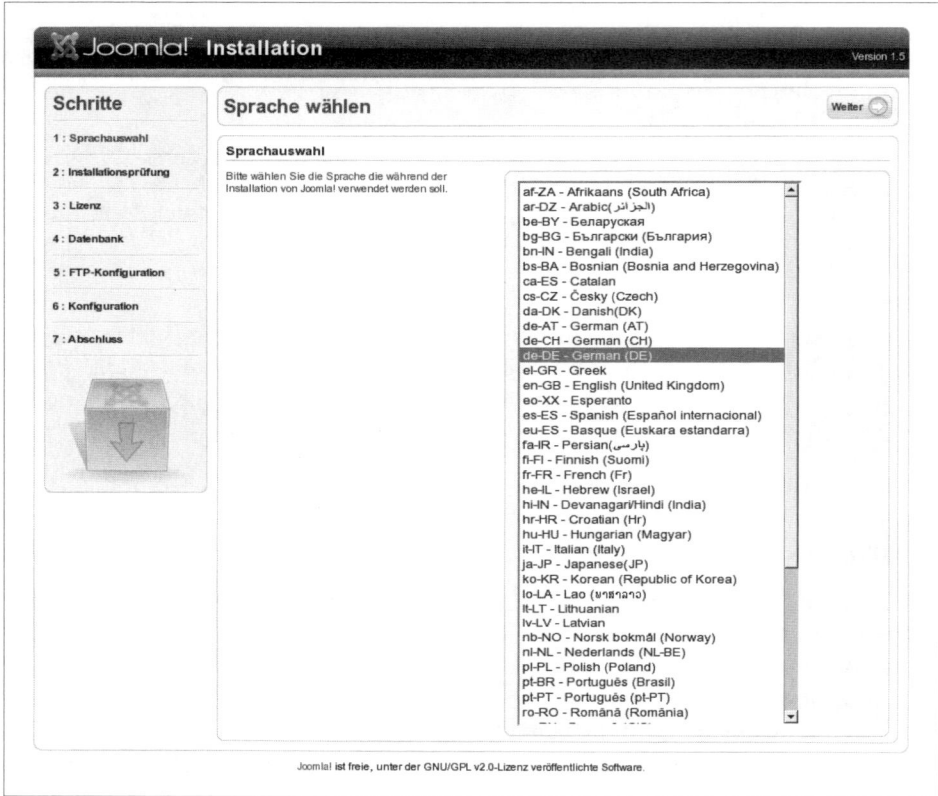

Abbildung 2-18: Die Sprachauswahl schlägt bereits Deutsch vor.

configuration.php

Unter Umständen bemängelt Joomla! eine fehlende oder nicht beschreibbare *configuration.php*. In diesem Fall fehlen dem Content-Management-System Schreibrechte auf das Joomla!-Verzeichnis.

Aus Sicherheitsgründen sollte dies am besten auch so bleiben: Je weniger man erlaubt, desto weniger Angriffspunkte besitzen Hacker. Aus diesem Grund sollte man auch nicht einfach aus Bequemlichkeit dem gesamten Joomla!-Verzeichnis großzügige Schreibrechte einräumen, sondern diese nur wohlüberlegt vergeben.

Zur Lösung des Problems stehen zwei Wege zur Auswahl:

1. Sie ignorieren den Hinweis an dieser Stelle ausnahmsweise einfach. Die dann notwendigen weiteren Schritte erklärt Joomla! am Ende der Installation.

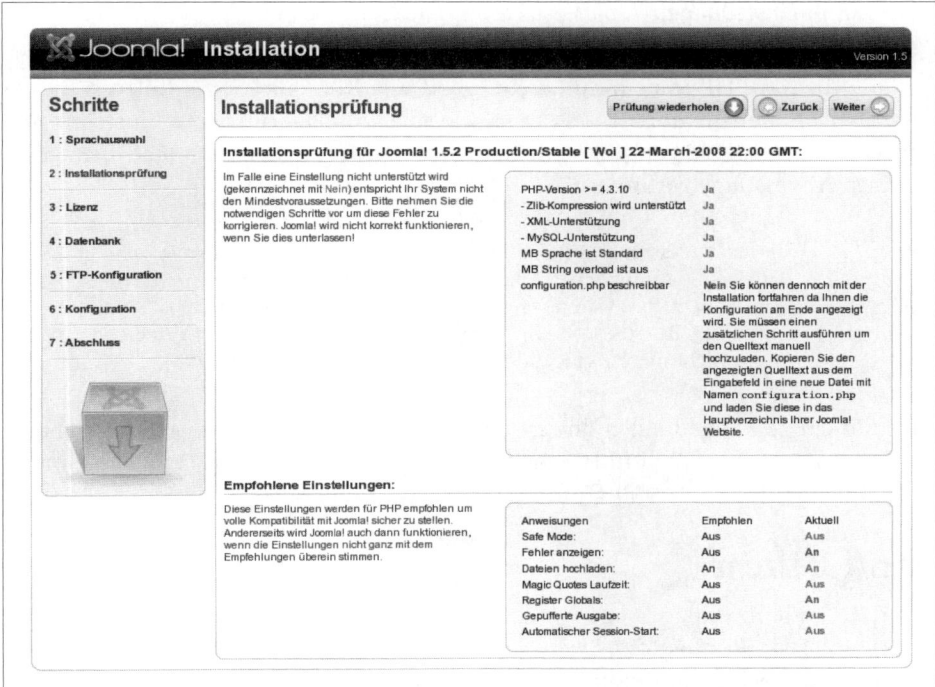

Abbildung 2-19: Dem Pre-Installation Check von Joomla! passen ein paar Einstellungen nicht.

2. Legen Sie mit einem Texteditor eine leere Datei mit dem Namen *configuration. php* im Joomla!-Verzeichnis ab. Geben Sie ihr anschließend noch die passenden Schreib- und Zugriffsrechte. Wie dies geschieht, hängt vom eingesetzten Betriebssystem ab. In der Regel erreicht man die entsprechenden Einstellungen über die Dateieigenschaften im Kontextmenü der rechten Maustaste. Die Datei *configuration.php* müssen sowohl der Eigentümer, die Gruppe, als auch alle anderen lesen, schreiben und ausführen können. Unter Linux dient hierzu beispielsweise der Kommandozeilenbefehl `chmod 777 configuration.php`. Nach der Installation sollten Sie die Rechte per `chmod 664 configuration.php` sicherheitshalber wieder einschränken.

 Wenn Sie Joomla auf einem produktiven Server installieren, sollten Sie die erste Variante wählen, da Sie dabei erst gar keine Schreibrechte ausloben. Auf einem Testsystem können Sie jedoch zum zweiten Lösungsvorschlag greifen.

Die erste Möglichkeit gilt übrigens auch für alle anderen Punkte, an denen Joomla! einen entsprechenden Hinweis einblendet. In diesen Fällen müssen Sie aber unter Umständen mit Leistungseinbußen oder fehlenden Funktionen rechnen.

Weitere PHP-Einstellungen

Unterhalb von EMPFOHLENE EINSTELLUNGEN führt die Seite weitere Voraussetzungen auf, die das PHP-System durch eine geeignete Konfiguration erfüllen sollte. In der Tabelle finden Sie unter EMPFOHLEN die von Joomla! erwarteten Einstellungen, unter AKTUELL die derzeit gültigen. Bei einer XAMPP-Installation sind hier keine weiteren Anpassungen erforderlich.

> `Joomla 1.0.x` Joomla!-Versionen vor 1.5 benötigten zusätzlich noch Schreibrechte auf eine ansehnliche Anzahl Unterverzeichnisse. Welche davon genau betroffen waren, zeigte die Seite im Bereich unter DIRECTORY AND FILE PERMISSIONS. In Joomla! 1.5 ist die Freigabe der Verzeichnisse nicht mehr zwingend notwendig (mehr dazu in Schritt 5).

Falls Sie einige Einstellungen an Apache, PHP oder am Betriebssystem verändert haben, genügt ein Klick auf die Schaltfläche PRÜFUNG WIEDERHOLEN, um Joomla! zu einem erneuten Test zu überreden.

Schritt 3: Lizenz

Hat das Content-Management-System keine Einwände mehr, bringt ein Klick auf WEITER Sie zur Anzeige der Lizenz. Die *GNU General Public License* garantiert, dass Joomla! auch zukünftig frei und kostenlos nutzbar bleibt. Akzeptieren Sie die Lizenz mit einem erneuten Klick auf WEITER.

Schritt 4: Datenbank

Nun möchte Joomla! einige Informationen zur Datenbank erfahren. Zunächst ist dies der DATENBANKTYP. Behalten Sie hier grundsätzlich die Voreinstellung *mysql* bei.

> Mehr Auswahl gestattet Ihnen Joomla! hier sowieso nicht – vielmehr wurde diese Auswahlbox im Hinblick auf die geplante Version 2.0 geschaffen, in der endlich auch andere Datenbanken als MySQL unterstützt werden sollen.

SERVERNAME gibt den Namen des Servers an, auf dem MySQL läuft. In der XAMPP-Umgebung ist das der gleiche Rechner, auf dem auch Joomla! arbeitet. Wie in den meisten Fällen lautet der korrekte Wert also **localhost**.

> Bitte beachten Sie, dass sich hier **localhost** auf den Computer bezieht, auf dem Joomla! installiert wurde. Auch wenn die Datenbank zusammen mit dem Content-Management-System auf Ihrem Internetserver **www.kinoportal.de** läuft, bleibt **localhost** hier der

richtige Wert. Relevant ist der Blickwinkel des Content-Management-Systems: Aus Sicht von Joomla! läuft MySQL auf seinem eigenen, heimischen Computer (localhost).

Bei einer lokalen Installation von XAMPP verwenden Sie unter BENUTZERNAME und PASSWORT die vorgeschlagenen Zugangsdaten, wie sie auch Abbildung 2-20 zeigt. Beachten Sie, dass in diesem Fall die Datenbank nicht über ein Passwort gesichert ist und das System somit nicht in einer produktiven Umgebung zum Einsatz kommen sollte.

Später bei der Installation auf dem Webserver erhalten Sie das passende Bündel aus Anmeldenamen und das Passwort von Ihrem Webspace-Anbieter. Sofern Sie MySQL selbst installiert haben, durften Sie die Zugangsdaten bei seiner Einrichtung selbst festlegen.

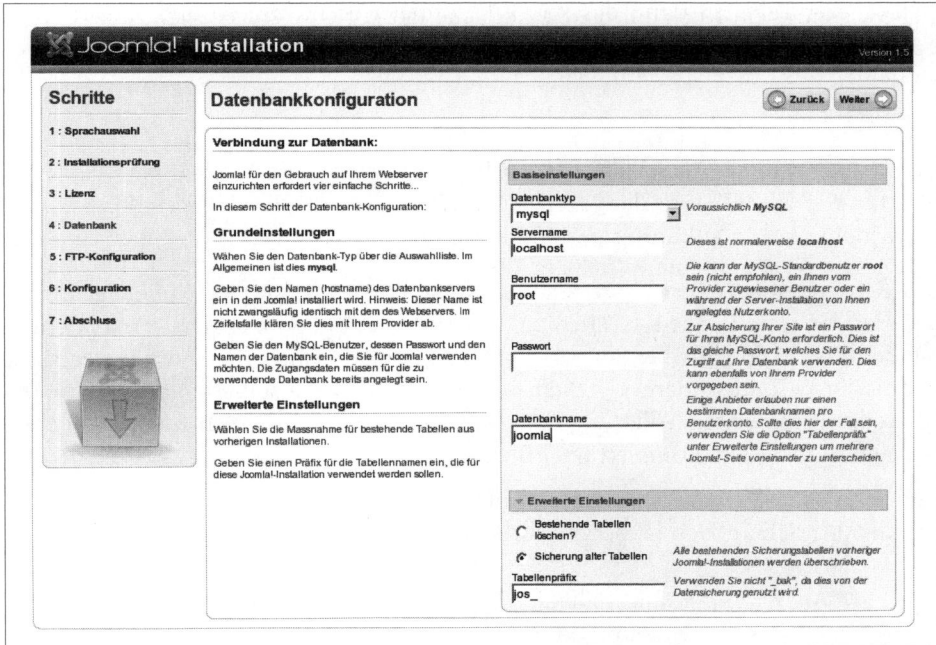

Abbildung 2-20: Der erste Schritt der Joomla!-Installation mit den Standardwerten beim Einsatz von XAMPP

Abschließend fehlt noch der Name der Datenbank. Er wird ebenfalls von Ihrem Provider vorgegeben. In allen anderen Fällen können Sie hier einen beliebigen wählen. Dies mag zunächst etwas komisch klingen, ein Datenbankprogramm kann jedoch durchaus mehrere Datenbanken für jeweils unterschiedliche Zwecke verwalten. Sofern eine Datenbank mit dem hier eingetippten Namen noch nicht existiert, wird Joomla! sie selbstständig anlegen. Im Namen dürfen dabei keine Leerzeichen enthalten sein.

Damit wären alle notwendigen Daten vorgegeben. Am unteren Rand sehen Sie noch eine graue Fläche mit der Beschriftung ERWEITERTE EINSTELLUNGEN. Sobald Sie diesen Streifen anklicken, erscheinen drei weitere Optionen.

Alle zu speichernden Daten werden innerhalb einer Datenbank in einzelnen Tabellen abgelegt. Das gilt selbstverständlich auch für die von Joomla! verwalteten Informationen, die in einem eigenen Satz von Tabellen landen. Unter TABELLENPRÄFIX können Sie eine Zeichenkette wählen, die das Content-Management-System vor alle seine Tabellennamen setzt. Das ist vor allem dann nützlich, wenn noch weitere Anwendungen die gleiche Datenbank nutzen müssen. Eine derartige Situation tritt zum Beispiel ein, wenn Sie zwei Joomla!-Portale betreiben möchten, Ihr Webspace-Provider aber nur eine Datenbank spendiert. Zudem lassen sich die zu Joomla! gehörenden Tabellen dank des Präfixes schneller identifizieren und sichern (vgl. Kapitel 18). Standardmäßig stellt das Content-Management-System jedem Tabellennamen das Kürzel *jos_* voran.

Einige Anleitungen, Hilfen und Tipps im Internet setzen dieses Präfix voraus. Sie sollten die Vorgabe daher einfach übernehmen – vorausgesetzt, Sie möchten nicht noch weitere Joomla!-Installationen betreiben.

Mit den anderen beiden Optionen sollten Sie vorsichtig und wohlüberlegt umgehen. Ist der erste Punkt BESTEHENDE TABELLEN LÖSCHEN? markiert, wirft Joomla! bei der Installation alle bereits vorhandenen Joomla!-Tabellen aus der Datenbank. Dies ist insbesondere dann nützlich, wenn Sie eine alte Installation durch eine frische ersetzen möchten. Allerdings kann man auf diese Weise auch schnell mal eben ein laufendes System komplett über Bord werfen.

Einem solchen Datenverlust beugt der Punkt SICHERUNG ALTER TABELLEN vor. Ist er aktiviert, sichert Joomla! bereits vorhandene Tabellen.

Besteht allerdings schon eine ältere Sicherung, so wird diese durch das neue Backup ersetzt und somit rücksichtslos überschrieben.

Nach einem Klick auf WEITER legt Joomla! die Datenbank nebst den benötigten Tabellen an. War das Content-Management-System damit erfolgreich, geht es mit Schritt 5 weiter.

Joomla 1.0.x   In der alten Version fanden Sie zusätzlich noch den Punkt INSTALL SAMPLE DATA. Sobald Sie ihn markierten, spielte Joomla! eine Beispielseite ein. Unter der neuen Version 1.5 erfolgt dies erst im sechsten Schritt.

Schritt 5: FTP konfigurieren

Die später in das Content-Management-System eingegebenen Texte dürfen Sie selbstverständlich auch mit anderen Medien anreichern. So wäre das Kinoportal nicht komplett ohne die Fotos berühmter Schauspieler oder kleine Filmausschnitte. Alle diese zusätzlichen Elemente schiebt Joomla! nicht in die Datenbank, sondern legt sie in einem explizit dafür eingerichteten Verzeichnis ab.

Damit das reibungslos funktioniert, musste man früheren Joomla!-Versionen entsprechende Schreibrechte auf eben jenes Verzeichnis gewähren. Dies führte jedoch immer wieder zu Sicherheits- und Zugriffsproblemen.

In der neuen Version 1.5 verwendet Joomla! deshalb alternativ den meist sowieso schon vorhandenen FTP-Zugang. Wenn Sie bereits eine eigene Internetpräsenz betreiben, wird Ihnen dieser Begriff mit großer Wahrscheinlichkeit bekannt vorkommen. Mithilfe des FTP-Zugangs hievt man die Dateien vom heimischen Computer auf den Webserver im Internet. Dort nimmt der sogenannte FTP-Server, eine ständig auf dem Server laufende Anwendung, die losgeschickten Dateien entgegen und speichert sie ab.

Das Akronym FTP steht für File Transfer Protocol. Ähnlich wie ein Polizist den Verkehr regelt, regelt es den Datenaustausch zwischen zwei Programmen. Das eine von beiden Programmen läuft auf dem heimischen PC und sendet die Daten an den Computer im Internet. Dort nimmt der erwähnte FTP-Server sie entgegen. Für alle halbwegs aktuellen Betriebssysteme steht eine ganze Reihe von kostenlosen FTP-Programmen bereit, auch XAMPP bringt ein solches Programm mit.

Bei einer Testinstallation auf dem heimischen PC über XAMPP ist dies alles selbstverständlich nicht nötig. Dort kann man Joomla! einfach bei Bedarf direkt die benötigten Schreibrechte gewähren (in der Regel über das Kontextmenü der rechten Maustaste). Lassen Sie hier somit NEIN aktiviert, und klicken Sie einfach auf WEITER. Den Warnhinweis dürfen Sie getrost abnicken. Joomla! verwendet in diesem Fall das alte System. Welchen Verzeichnissen Sie dann welche Zugriffsrechte verpassen müssen, wird gleich noch ausführlich in einem eigenen Abschnitt, »Aufspielen auf den Server – Die Installation für echte Kerle« auf Seite 47, beschrieben.

Dennoch ist die Einrichtung eines FTP-Servers auch auf dem heimischen Test-PC eine Überlegung wert: Hier können Sie nicht nur gefahrlos an allen Parametern schrauben, sondern auch die Situation auf dem späteren Webserver nachbauen und so wiederum Ihren Internetauftritt unter möglichst realen Bedingungen planen.

Falls Sie sich sich etwas näher mit diesem Thema beschäftigen möchten, sei Ihnen ein Blick auf XAMPP empfohlen. Ihm liegt mit

ProFTPD unter Linux beziehungsweise mit FileZilla unter Windows ebenfalls ein FTP-Server bei. Steuern Sie in einem Browser die Adresse *http://localhost* an, und wählen Sie dann in der linken Spalte den Eintrag DOKUMENTATION. Auf der neuen Seite führt ein Klick auf den Namen des FTP-Programms direkt zu seinem Online-Handbuch.

Falls Sie auf den FTP-Zugang zurückgreifen wollen – oder später dank Ihres Webspace-Anbieters auf den FTP-Zugang zurückgreifen müssen –, aktivieren Sie hier zunächst JA.

Damit nicht jeder Fremde nach Belieben Dateien hochladen kann, ist der Zugang normalerweise durch ein Gespann aus Benutzername und Passwort geschützt. Joomla! möchte genau diese beiden Daten unter FTP-BENUTZER und FTP-PASSWORT wissen (Abbildung 2-21).

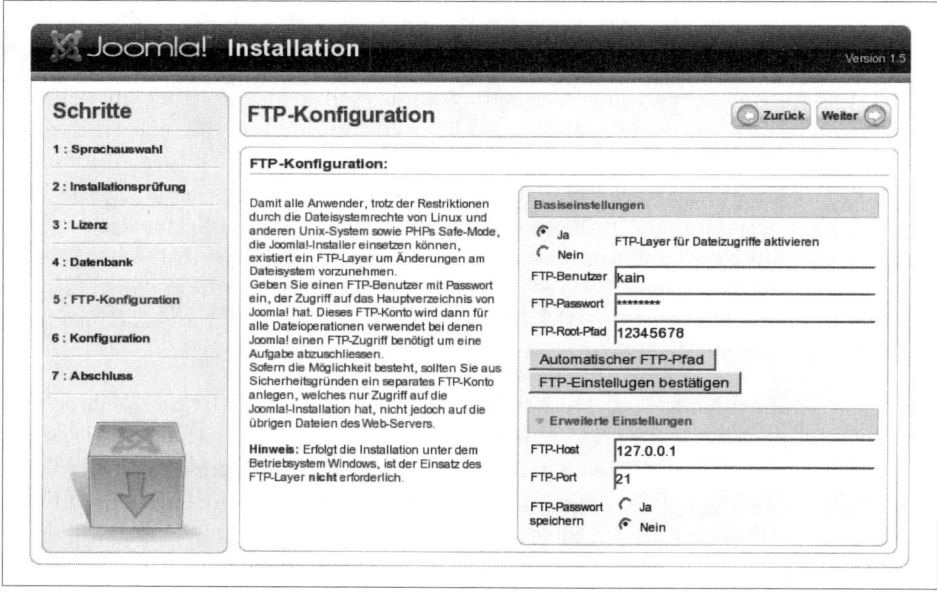

Abbildung 2-21: Im fünften Installationsschritt möchte Joomla! die Daten für einen FTP-Zugang wissen.

Allerdings sollten Sie jetzt nicht vorschnell Ihre eigenen Zugangsdaten preisgeben, die Sie von Ihrem Webhoster erhalten haben. Legen Sie stattdessen einen neuen und explizit für Joomla! gedachten FTP-Zugang an. Sofern Ihr Webhoster dies nicht gestattet, sollten Sie besser auf diese Funktion verzichten und den Punkt NEIN ankreuzen.

Die eigenen Zugangsdaten gibt man niemals her! Sollte es irgendwann ein Hacker schaffen – aus welchen Gründen auch immer – in Ihre Datenbank einzubrechen, bekäme er dort Ihre Zugangsdaten auf dem Silbertablett präsentiert. Damit könnte er dann den Server komplett übernehmen. Wenn Sie Joomla! einen eigenen FTP-Zugang spendieren, beschränken Sie seinen Aktionsradius auf das Joomla!-Installationsverzeichnis auf Ihrem Webserver. Damit wäre der erwähnte Hacker in diesem Verzeichnis gefangen und der Schaden hielte sich in Grenzen.

 Die Beschreibung, wie man ein neues FTP-Konto anlegt und einen sogenannten FTP-Server einrichtet und konfiguriert, würde den Rahmen dieses Buches sprengen. Falls Sie darüber noch keine Kenntnisse besitzen oder sich unsicher sind, sollten Sie hier ebenfalls einfach NEIN wählen.

Konnten Sie hingegen einen neuen FTP-Zugang hinzufügen, so gehört in das Feld FTP-ROOT-PFAD das Verzeichnis, in dem Joomla! selbst installiert ist, in Relation zum eigenen FTP-Hauptverzeichnis. Das klingt kompliziert, ist aber eigentlich ganz einfach: Nachdem Sie sich mit einem FTP-Programm am Webserver angemeldet haben, befinden Sie sich in einem Hauptverzeichnis, über dem es keine weitere Verzeichnisebene gibt. Joomla! möchte nun von hier aus den kompletten Pfad bis zu seinem Installationsverzeichnis wissen. Nach einem Klick auf AUTOMATISCHER FTP-PFAD versucht Joomla! dieses Verzeichnis selbst zu ermitteln. Nach einem Klick auf FTP-EINSTELLUNGEN BESTÄTIGEN testet Joomla!, ob alle zuvor eingetragenen Angaben stimmen.

Unter ERWEITERTE EINSTELLUNGEN können Sie noch die Adresse des Webservers angeben, auf dem der FTP-Server auf eingehende Daten wartet. In der Regel ist dies wieder der Computer, auf dem auch Joomla! installiert wurde, und folglich sind die bereits vorgegebenen Daten korrekt. (Die Adresse 127.0.0.1 bezeichnet den eigenen Computer aus Sicht des Content-Management-Systems.) Der FTP-PORT hängt vom verwendeten FTP-Programm ab. Entsprechende Informationen hält Ihr Webserver-Anbieter oder die Dokumentation des FTP-Servers bereit.

Schritt 6: Basiskonfiguration

Im nächsten Schritt müssen Sie sich zunächst überlegen, wie Ihre zukünftige Homepage heißen soll (Abbildung 2-22).

Für das angestrebte Kinoportal tippen Sie in das Eingabefeld hinter WEBSITE-NAME kurz und knapp »Kinoportal« ein. Dieser Titel taucht später an unterschiedlichen Stellen auf, wie beispielsweise in der Titelleiste des Internetbrowsers.

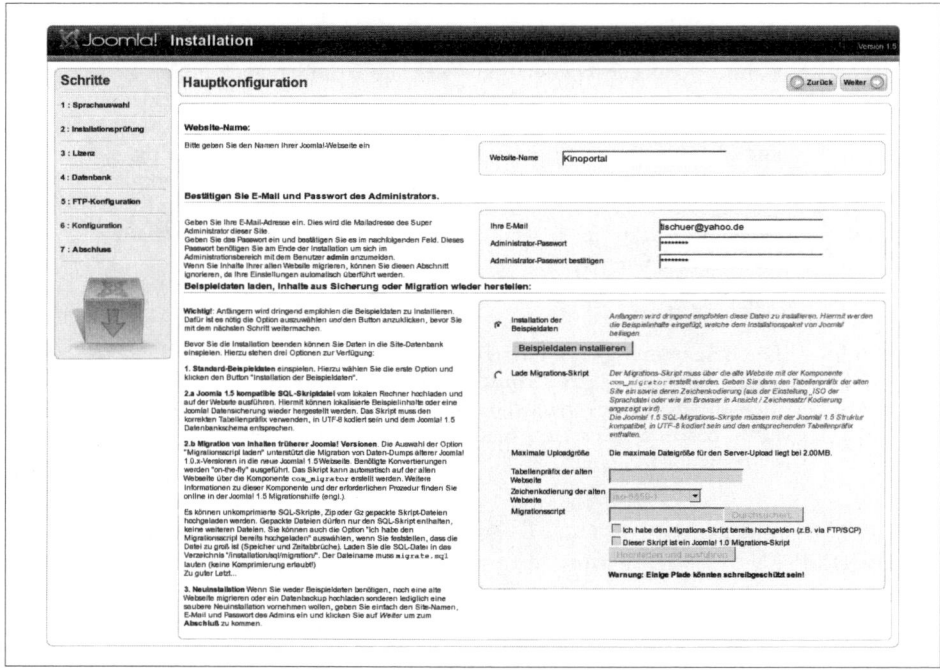

Abbildung 2-22: Die Basiseinstellungen des neuen Internetauftritts

Unter IHRE E-MAIL tragen Sie eine gültige E-Mail-Adresse ein, an die Joomla! alle wichtigen Nachrichten schicken darf. Das ADMINISTRATOR-PASSWORT ist schließlich der Schlüssel zum Heiligtum von Joomla!. Aus diesem Grund sollten Sie es sich nicht nur gut merken, sondern auch möglichst geheim halten. Wer sich mit ihm später bei Joomla! anmeldet, hat vollen Zugriff auf alle Funktionen.

| Joomla 1.0.x | In den Vorversionen zwang Ihnen Joomla! noch ein per Zufall generiertes Passwort auf. Das war zwar recht kryptisch, dafür aber auch einigermaßen sicher. Falls Sie diesen Service vermissen, sollten Sie im Internet nach sogenannten Passwortgeneratoren Ausschau halten, wie beispielsweise dem kleinen Werkzeug *pwgen*.

Die eingetippte Passwort-Zeichenkette speichert Joomla! ebenfalls in der MySQL-Datenbank. Erlangt ein Angreifer vollen Zugriff auf die Datenbank, so kann er dort auch das Passwort ändern. Allein schon aus diesem Grund sollte man in einer produktiven Umgebung besonderen Wert auf eine abgeschirmte und sichere MySQL-Installation legen.

Im unteren Teil des Bildschirms dürfen Sie die Datenbank schon vorab mit Inhalten füllen. So sorgt ein Klick auf BEISPIELDATEN INSTALLIEREN dafür, dass Joomla! eine

Beispiel-Homepage einspielt. Dabei flutet es die eben neu angelegten Tabellen mit englischen Texten. Da Letztere in den folgenden Kapiteln als Ausgangspunkt für das Kinobeispiel dienen, sollten Sie hier ruhig einen Klick auf die Schaltfläche wagen.

Haben Sie einmal geklickt, gibt es kein Zurück mehr: Die Tabellen sind dann mit den entsprechenden Beispieldaten gefüllt.

Alternativ dürfen Sie auch ein Häkchen vor LADE MIGRATIONS-SKRIPT setzen. Dieser Punkt ist für alle Nutzer einer älteren Joomla!-Version *vor* 1.5.0 gedacht. Sie können Ihren dortigen Datenbestand mithilfe einer entsprechenden Erweiterung in eine Datei pressen. Genau dessen Dateinamen möchte Joomla! 1.5 nun im Eingabefeld MIGRATIONSSKRIPT wissen. Ein Klick auf DURCHSUCHEN... hilft bei der Auswahl. Sofern Sie in Ihrer alten Joomla!-Installation ein Tabellenpräfix verwendet haben (wie beim Installationsschritt 4 beschrieben), müssen Sie dieses noch im Feld TABELLENPRÄFIX DER ALTEN WEBSEITE eintragen. Ein Klick auf HOCHLADEN UND AUSFÜHREN importiert dann schließlich den Datenbestand aus der alten Joomla!-Installation in die aktuelle Version 1.5. Weitere Informationen zu diesem Ablauf finden Sie in Kapitel 19.

`Joomla 1.0.x` Falls Sie die alte Version installieren (müssen), fragt Joomla! auf der vorletzten Seite des Installationsassistenten (STEP 3) ein paar andere Systemeinstellungen ab. Die Internetadresse, über die Joomla! erreichbar ist, und der Pfad, in dem Joomla! installiert ist, sollten bereits korrekt in den Feldern URL und PATH gesetzt sein. Die nächsten beiden Felder beziehen sich auf die Rechtevergabe. In den vorgegebenen Einstellungen setzt Joomla! bei der Erstellung von neuen Dateien oder Verzeichnissen die vom Betriebssystem vorgeschlagenen Zugriffsrechte. Möchten Sie von diesem Standard abweichen, wählen Sie im Bereich FILE PERMISSIONS den Punkt CHMOD FILES TO:. Sie dürfen dann ab sofort selbst bestimmen, wer auf neu angelegte oder hochgeladene Dateien zugreifen darf. Eine Markierung bei CHMOD DIRECTORIES TO: im Bereich DIRECTORY PERMISSIONS regelt selbiges für alle neu angelegten Verzeichnisse.

Schritt 7: Abschluss

Im siebten und letzten Schritt erscheint eine Glückwunschmeldung (siehe Abbildung 2-23). Damit wäre die Installation beendet. Notieren Sie sich nun den Namen unter BENUTZERNAME. Zusammen mit dem im vorherigen Schritt vergebenen Passwort erlangen Sie über ihn Zugang zum System als sogenannter *Super Administrator*.

Der Super Administrator darf ungehindert an allen Schrauben von Joomla! drehen. Aus diesem Grund sollten Sie das Passwort niemals weitergeben oder gar auf Ihrem Computer im Klartext speichern.

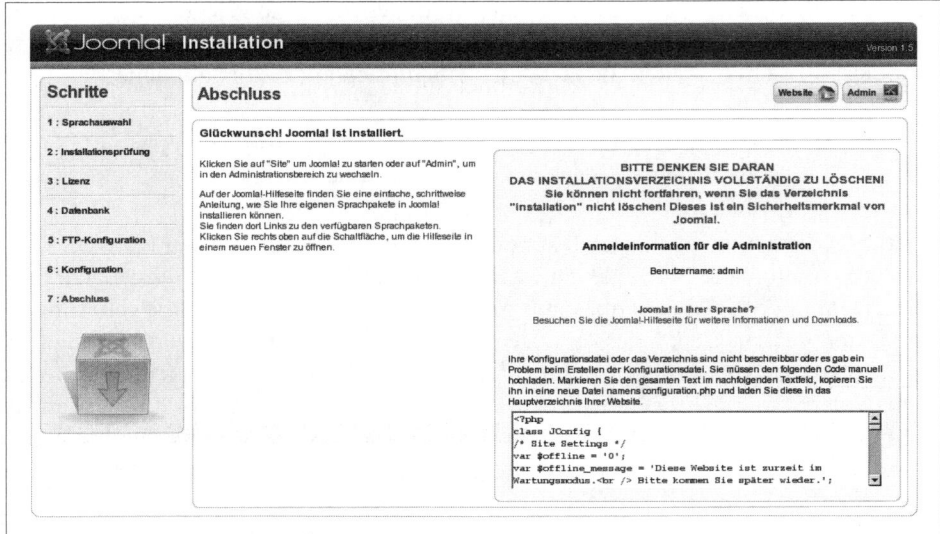

Abbildung 2-23: Der letzte Schritt auf dem Weg zur Joomla!-Installation

configuration.php zum Zweiten

Falls sich Joomla! im zweiten Installationsschritt über eine fehlende Datei namens *configuration.php* beschwert hatte und Sie diese nicht per Hand angelegt haben, müssen Sie nun selbst zu Texteditor und Mauszeiger greifen. Im unteren Bereich des Schirms zeigt Joomla! in einem Feld den Text an, der eigentlich in die besagte Datei gehört (wie auch in Abbildung 2-23 zu sehen ist). Markieren Sie ihn, und kopieren Sie ihn anschließend über die Zwischenablage in einen Texteditor. Das Ergebnis speichern Sie unter dem Namen *configuration.php* im Joomla!-Verzeichnis. (Dort finden Sie übrigens in der Datei *configuration-dist.php* eine Beispielkonfiguration.)

Installationsverzeichnis löschen

In jedem Fall fordert Joomla! Sie noch auf, das Verzeichnis *installation* zu löschen. Der Grund hierfür sind wieder einmal Sicherheitsbedenken. Putzen Sie daher das Unterverzeichnis *installation* in Ihrem Joomla!-Ordner von der Festplatte.

 Erstellen Sie in regelmäßigen Abständen eine Sicherungskopie sowohl des Joomla!-Verzeichnisses als auch der Datenbank – das gilt erst recht, wenn sich die Seiten im produktiven Einsatz befinden. In diesem Fall empfiehlt sich eine eiserne Backup-Strategie. Einen guten Einstieg in dieses Thema liefert der Wikipedia-Artikel unter *http://de. wikipedia.org/wiki/Datensicherung*. Im Notfall können Sie mit dem Backup schnell den alten Stand wiederherstellen und damit wiederum die Ausfallzeiten so gering wie möglich halten.

Beispielseite aufrufen

Um die während der Installation erzeugte Beispielseite anzuzeigen, klicken Sie auf WEBSITE. Sie gewährt einen ersten Einblick in das Leistungsspektrum von Joomla! (Abbildung 2-24). In Zukunft führt die bereits erwähnte Internetadresse *http://local-host/joomla* dorthin.

⌜Joomla 1.0.x⌝ Mit der neuen Version 1.5 erhielt die Beispielseite auch ein anderes Aussehen. Beide Fassungen verfügen aber über die gleichen Elemente an fast den gleichen Stellen.

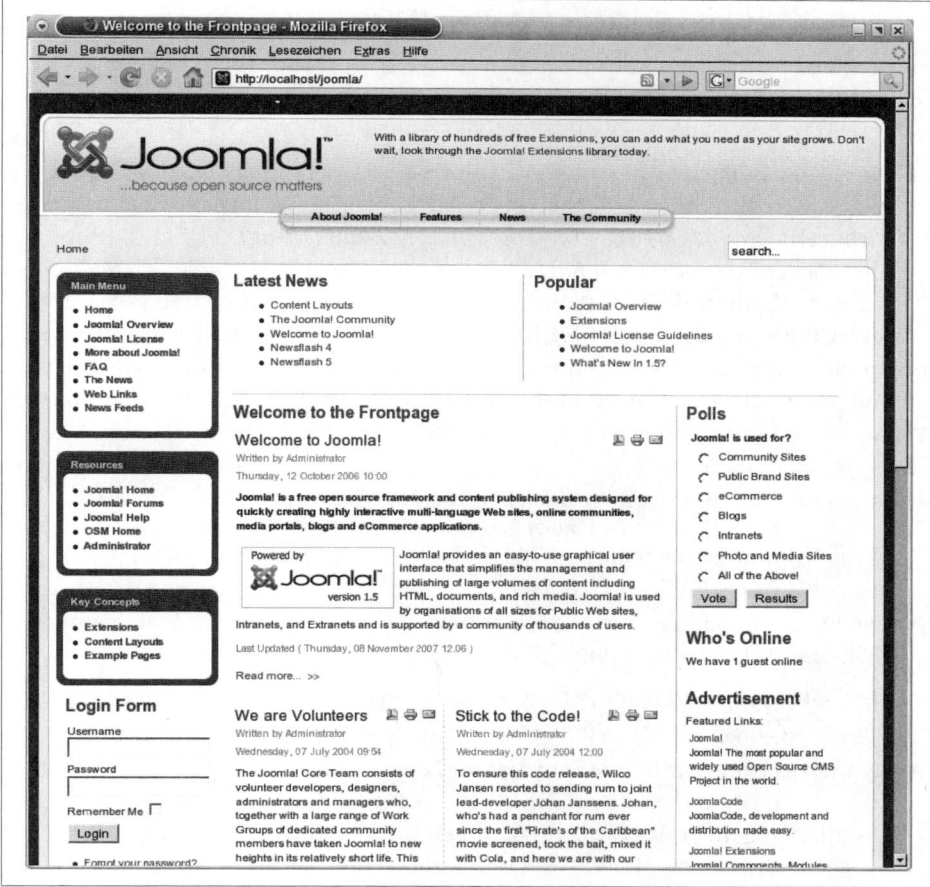

Abbildung 2-24: Die Homepage aus den mitgelieferten Beispieldaten

Man spricht Deutsch

Wie Abbildung 2-24 zeigt, liegt die dargestellte Beispielseite noch ausschließlich in Englisch vor. Doch keine Sorge: In den nachfolgenden Kapiteln wird sie sich Schritt für Schritt in eine vollständig deutsche Seite verwandeln.

Joomla! lernt neue Sprachen mithilfe sogenannter Sprachpakete, die kostenlos auf seiner Homepage bereitstehen. Sobald Sie Ihren Browser dorthin gelenkt haben, betreten Sie über die Leiste am oberen Rand den Bereich EXTENSIONS. Auf der neuen Seite finden Sie im unteren Teil die Kategorie LANGUAGES, wo Sie dem untergeordneten Link TRANSLATIONS FOR JOOMLA folgen. Suchen Sie in der langen Liste den Eintrag GERMAN, und klicken Sie dort auf DOWNLOAD.

Halten Sie auf der neuen Seite Ausschau nach den Sprachdateien für Joomla! 1.5.x (Rubrik *JoomlaCore 1.5.x*). Hier stehen Sie nun nach einer langen Wanderung vor mehreren Dateien:

- Die Datei mit *frontend* im Namen enthält die deutschen Übersetzungen für einige feste Elemente der Homepage. Sie haben hier die Wahl zwischen einer formalen Anrede mit *Sie* (*de-DE.joomla152-stable-frontend.zip*) oder einem eher lockeren, informellen Stil mit *Du* (*de-DE.joomla152-stable-frontend-informal.zip*). Anders als bei den alten Joomla!-Versionen 1.0.x können Sie derzeit leider nur eines der beiden Sprachpakete installieren. Folglich müssen Sie sich an dieser Stelle entscheiden, wie Sie Ihre Besucher später ansprechen möchten. Alle folgenden Abschnitte und Kapitel verwenden ausschließlich die formale Anrede und somit das Paket *de-DE.joomla152-stable-frontend.zip*.

 Nutzen Sie im Zweifelsfall immer die formale Anrede. Der informelle Stil wirkt gerade auf neue Besucher, die Ihre Website noch nicht kennen, anbiedernd.

- Die Datei mit *backend* im Namen enthält die deutschen Übersetzungen für die Steuerzentrale (*de-DE.joomla152-stable-backend.zip*).
- Die Datei mit *all* im Namen fasst alle zuvor genannten Übersetzungen in einem einzigen ZIP-Archiv (*de-DE.joomla152-stable-all.zip*) zusammen.
- Das letzte Paket im Bunde (mit *full* im Namen) enthält ein Joomla!-Komplettpaket, in das die deutschen Sprachpakete bereits integriert wurden. Für seine Installation genügt es, Kapitel 2 zu folgen.

 Eventuell stoßen Sie irgendwo noch auf eine Datei mit *install* im Namen. Diese ersetzt die deutschen Beschriftungen und Meldungen im Verlaufe der Joomla!-Installation, die Sie jedoch an dieser Stelle schon hinter sich gebracht haben. Sie können die Datei daher ignorieren.

Laden Sie sich nun die beiden zuerst genannten Dateien, *de-DE.joomla152-stable-backend.zip* und *de-DE.joomla152-stable-frontend.zip*, herunter.

 Falls Sie lieber zum kompletten Archiv (*de-DE.joomla152-stable-all.zip*) greifen, müssen Sie dieses anschließend direkt im Joomla!-Verzeichnis entpacken. Anders als bei den anderen Paketen sind danach keine weiteren Installationsschritte mehr nötig.

Liegen beide Dateien vor, wechseln Sie zunächst in Ihrem Browser auf die Seite *http://localhost/joomla/administrator* (siehe Abbildung 2-25).

Abbildung 2-25: Der Anmeldebildschirm der Steuerzentrale

Dies ist der Anmeldebildschirm für den Konfigurations- und Einrichtungsbereich, also für die heiligen Hallen von Joomla!. tippen Sie in das Eingabefeld neben USER-NAME den Benutzernamen `admin` und unter PASSWORD das gerade bei der Installation gewählte Passwort ein. Mit einem Klick auf LOGIN landen Sie auf der Seite aus Abbildung 2-26.

Rufen Sie dort im Hauptmenü den Punkt EXTENSIONS → INSTALL/UNINSTALL auf. Es erscheint der Bildschirm aus Abbildung 2-27.

Hier klicken Sie auf DURCHSUCHEN... (BROWSE... in einem englischen Browser) und wählen das erste der beiden gerade heruntergeladenen Archive. Die Schaltfläche UPLOAD FILE & INSTALL spielt das Sprachpaket schließlich ein. Wiederholen Sie nun den Vorgang mit dem zweiten Archiv. Sollte eine Fehlermeldung erscheinen, fehlen Joomla! die Zugriffsrechte auf die Verzeichnisse *tmp*, *language* und *administrator/language*. Sie finden die drei Kandidaten im Joomla!-Verzeichnis.

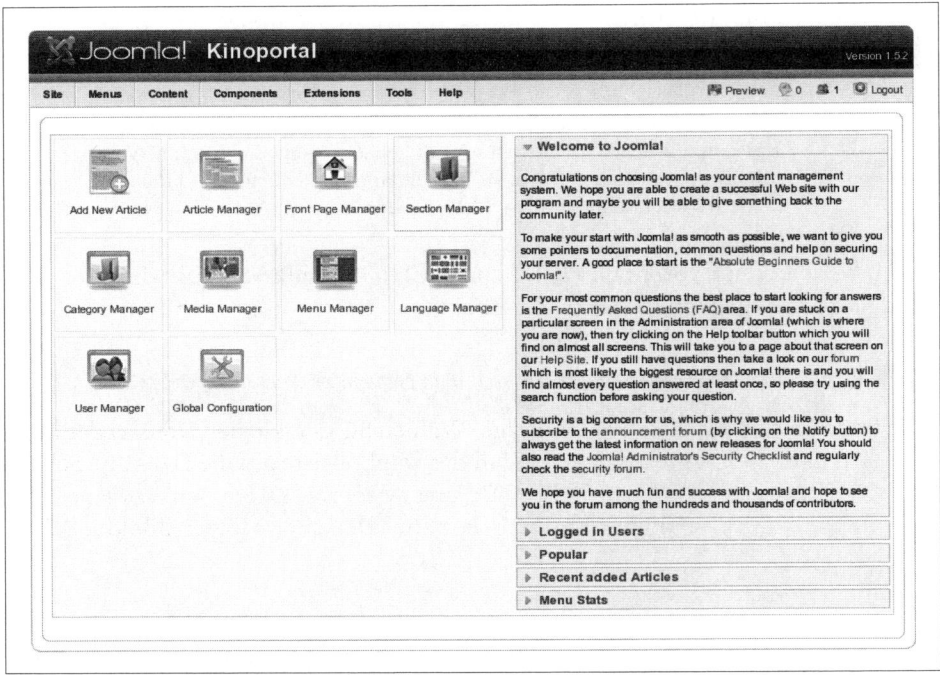

Abbildung 2-26: Das Foyer der Steuerzentrale von Joomla!

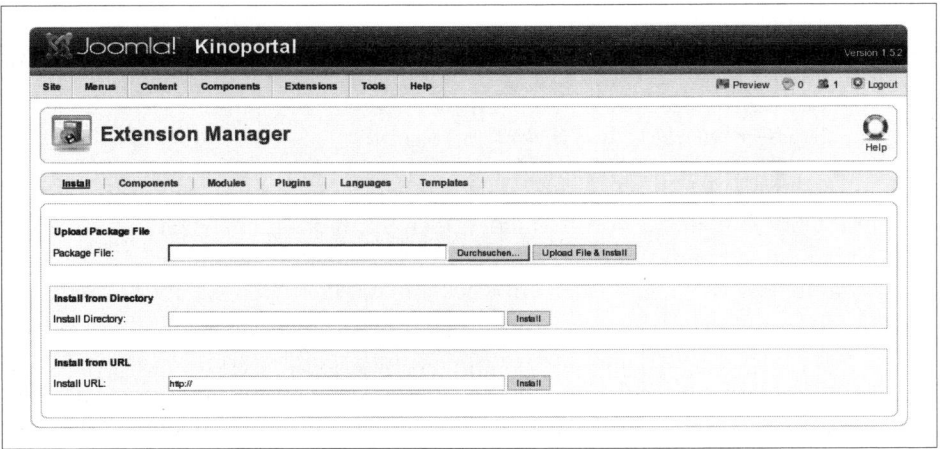

Abbildung 2-27: Der Bildschirm für die Installation von Erweiterungen

Nachdem die beiden Pakete korrekt von Joomla! installiert worden sind, wechseln Sie zum Menüpunkt EXTENSIONS → LANGUAGE MANAGER. Es erscheint die Seite aus Abbildung 2-28.

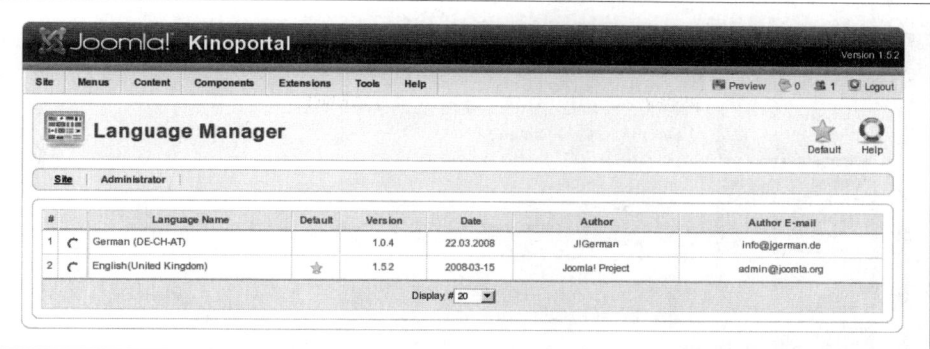

Abbildung 2-28: Im Language Manager wechselt man bequem zu einer anderen Sprache.

Dort finden Sie in der Liste zwei Einträge. Wählen Sie den kleinen Kreis in der Zeile GERMAN, und klicken Sie anschließend in der Symbolleiste auf die DEFAULT-Schaltfläche. Wählen Sie nun ADMINISTRATOR, und wiederholen Sie den Vorgang. Das Ergebnis ist eine vollständig in Deutsch erstrahlende Seite, wie sie Abbildung 2-29 zeigt.

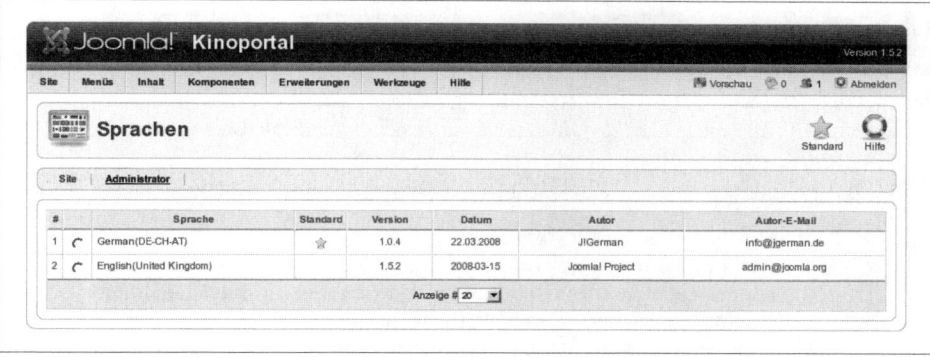

Abbildung 2-29: Der Konfigurationsbereich spricht endlich Deutsch (beachten Sie insbesondere die Menüleiste).

Zum Abschluss klicken Sie auf ABMELDEN ganz rechts oben in der Bildschirmecke. Damit landen Sie automatisch wieder beim Anmeldebildschirm. Wechseln Sie in Ihrem Internetbrowser zurück auf die Seite *http://localhost/joomla* (zum gleichen Ergebnis führt auch ein Klick auf ZURÜCK ZUR STARTSEITE). Abbildung 2-30 zeigt das ziemlich ernüchternde Ergebnis.

Offenbar wurde hier gar nichts übersetzt. Doch der Schein trügt: Achten Sie auf alle interaktiven Elemente, wie zum Beispiel die ABSTIMMEN-Schaltfläche. Joomla! kann nur die Elemente übersetzen, die auch von ihm selbst stammen. Die Texte wurden durch einen Redakteur eingetippt und bleiben somit außen vor.

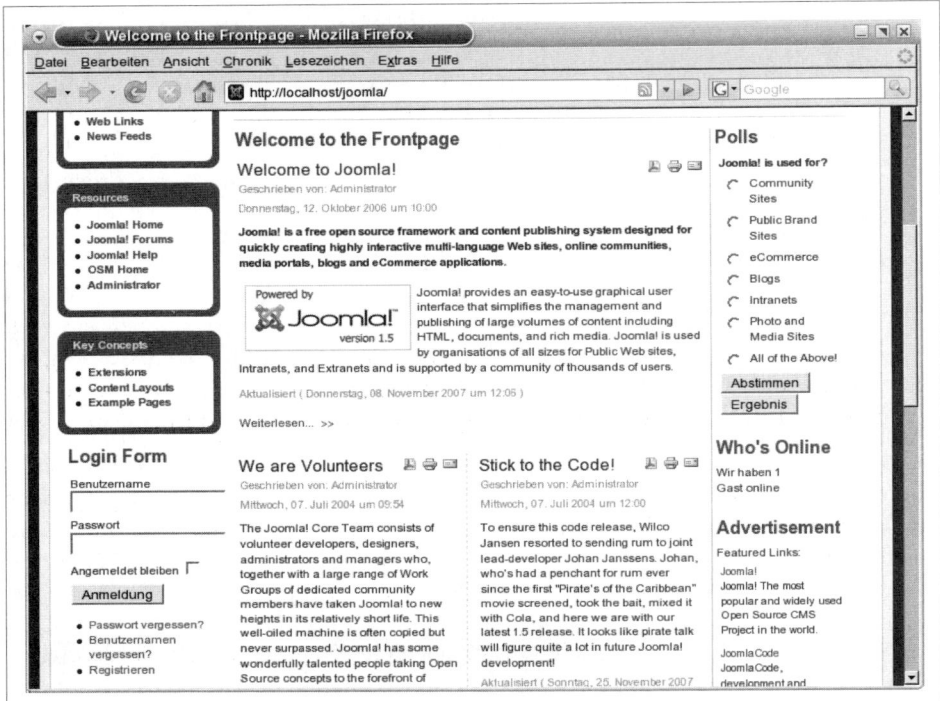

Abbildung 2-30: Der untere Teil der Homepage – hier sieht man die meisten übersetzten Elemente.

 Da die Sprachpakete unabhängig von Joomla! (weiter-)entwickelt werden, kann es passieren, dass die Bezeichnungen für Menüs und andere Elemente der Oberfläche von denen hier im Buch genannten (leicht) abweichen. Zwar versucht das deutsche Übersetzerteam seine Sprachpakete immer nur mit einer neuen Joomla!-Version zu veröffentlichen, zwischendurch erscheinende (Fehler-)Korrekturen sind jedoch in der Vergangenheit immer mal wieder vorgekommen.

Joomla 1.0.x In den Vorversionen blieb die Konfigurationsoberfläche grundsätz-lich immer in Englisch. Die für diese Version erhältlichen Sprachpa-kete übersetzen lediglich alle Beschriftungen der Homepage.

Des Weiteren räumten die Joomla!-Entwickler das Hauptmenü radi-kal auf. Während man früher ein Sprachpaket zunächst unter INSTALLERS → LANGUAGES einspielen und sich dann umständlich zu SITE → LANGUAGE MANAGER → SITE LANGUAGE durchhangeln musste, sammelt Joomla! 1.5 die notwendigen Punkte übersichtlich im Menü ERWEITERUNGEN.

Damit ist die Installation vollständig abgeschlossen, und die Konfiguration und Einrichtung der eigenen Homepage kann beginnen. Sobald Sie diese mithilfe der folgenden Kapitel abgeschlossen haben, können Sie das System in den produktiven Betrieb übernehmen. Wie eine damit verbundene Installation auf einem angemieteten Internetserver vonstatten geht, zeigt der nun folgende Abschnitt.

Aufspielen auf den Server – Die Installation für echte Kerle

Die Installation auf einem angemieteten Server im Internet funktioniert fast genau so, wie in den vorangegangenen Abschnitten beschrieben wurde. Voraussetzung ist, dass MySQL und PHP auf dem Zielcomputer bereits laufen. Die notwendige Einrichtung und Installation der beiden Komponenten übernimmt normalerweise der Provider für Sie.

Als Nächstes laden Sie sich die aktuelle Joomla!-Version herunter und entpacken sie in ein Verzeichnis Ihrer Wahl. Das weitere Vorgehen hängt nun von Ihren Zugangsmöglichkeiten ab. In der Regel erlaubt der Provider den Zugriff über den schon im Abschnitt »Schritt 5: FTP konfigurieren« auf Seite 35 erwähnten FTP-Zugang. Wählen Sie eines der zahlreichen kostenlose FTP-Programme nach eigenem Geschmack aus, und laden Sie mit seiner Hilfe das gesamte Joomla!-Verzeichnis auf den entfernten Computer. Alternativ setzen einige wenige Provider auf den Zugang mittels *ssh*, der Secure Shell. Auch hierfür gibt es entsprechende Programme, die das Hochladen der Dateien übernehmen.

Sobald alle Joomla!-Dateien auf dem Server weilen, öffnen Sie Ihr Browserfenster und verfahren so, wie im vorherigen Abschnitt beschrieben wurde. Ist Ihr Internetauftritt beispielsweise über die Seite `www.kinoportal.de` erreichbar und haben Sie Joomla! in das Unterverzeichnis *joomla* kopiert, so starten Sie den Einrichtungsvorgang, indem Sie die Seite *http://www.kinoportal.de/joomla* ansteuern.

Wenn Sie alle Schritte abgearbeitet haben, sollten Sie in einem letzten Schritt die Zugriffs- und Schreibrechte der Dateien kontrollieren. Jedes bessere FTP-Programm bietet hierfür entsprechende Optionen an. Ein Beispiel für ein zugehöriges Einstellungsfenster zeigen die Abbildungen 2-31 (SmartFTP) und 2-32 (FileZilla).

Normalerweise benötigt Joomla! nur lesenden Zugriff. Sobald Sie jedoch Erweiterungen einspielen oder Bilder zur Illustration Ihrer Texte hochladen möchten, müssen einige Verzeichnisse beschreibbar sein. Welche dies sind, erfahren Sie entweder recht unsanft durch eine Fehlermeldung oder aber in der Verwaltungszentrale von Joomla!. Dazu steuern Sie in Ihrem Browser wieder die Adresse *http://localhost/joomla/administrator* an. Als BENUTZERNAMEN tippen Sie admin ein und verwenden dann das bei der Installation vergebene Passwort. Anschließend wählen Sie aus dem Hauptmenü HILFE → SYSTEMINFO (HELP → SYSTEM INFO) und dann VERZEICHNISRECHTE (DIRECTORY PERMISSIONS).

Abbildung 2-31: *Der Eigenschaftsdialog von SmartFTP. Im unteren Teil können Sie die Zugriffsrechte der Datei korrigieren.*

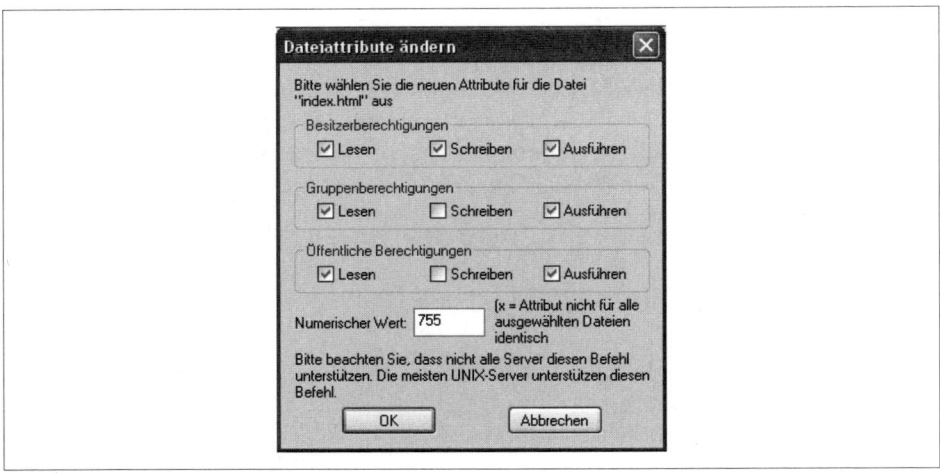

Abbildung 2-32: *Das entsprechende Fenster in FileZilla*

Joomla! präsentiert Ihnen nun eine Liste mit Verzeichnissen, auf die es gern schreibend zugreifen möchte. Für alle Einträge mit einem roten *schreibgeschützt* müssen Sie die Zugriffsrechte folglich nachjustieren. Sofern Ihr FTP-Programm einen numerischen Wert für die Zugriffsrechte verlangt, tippen Sie die **777** ein. Damit erlaubt man allen Nutzern das Lesen und Schreiben der entsprechenden Datei (weitere Informationen zu diesen Nummern finden Sie beispielsweise in der Wikipedia unter *http://de.wikipedia.org/wiki/Unix-Dateirechte*).

Es ist jedoch ratsam, einigen der Verzeichnisse die Schreibrechte nur vorübergehend zu erteilen. Dies gilt beispielsweise für die Unterverzeichnisse *components*, *modules, templates* sowie für alle Verzeichnisse unter *plugins* und *administrator*. Auf diese Weise können andere Joomla!-Benutzer oder Eindringlinge nicht einfach hinter Ihrem Rücken Erweiterungspakete oder neue Seitenvorlagen (Templates) einspielen. Falls das FTP-Programm einen numerischen Wert verlangt, wäre in diesem Fall **755** passend (der Eigentümer darf alles, die restlichen Nutzer – darunter auch Joomla! – dürfen nur lesen). Möchte man selbst derartige Elemente einspielen, ergänzt man die Schreibrechte wieder für eine kurze Zeit.

Die zwei Stolperfallen: Safe Mode und Register Globals

Treten während des Betriebs Probleme auf, wie beispielsweise bei der Installation von Sprach- oder Erweiterungspaketen, so sollten Sie zunächst den korrekten Sitz der Zugriffsrechte prüfen – vielleicht darf Joomla! überhaupt nichts in die jeweils betroffenen Verzeichnisse schreiben.

Der nächste Blick sollte der Konfiguration des PHP-Systems gelten. Dort sorgen zwei unscheinbare Funktionen mitunter für unliebsame Überraschungen und bisweilen sogar für Sicherheitsprobleme.

Safe Mode

Zum einen lässt sich PHP in den sogenannten *Safe Mode* versetzen. Ist er aktiviert, gelten verschärfte Sicherheits- und Zugriffsbedingungen. Dieser Modus wurde eingeführt, um die Sicherheit auf solchen Internetservern zu erhöhen, die sich mehrere Kunden teilen müssen. Ruft ein PHP-Programm ein anderes auf, so wird geprüft, ob beide vom gleichen Eigentümer stammen. Hiermit soll verhindert werden, dass jemand einfach PHP-Programme eines anderen Kunden aufruft und sich damit ein Hintertürchen öffnet. Mehr Informationen über den Safe Mode finden Sie auf der PHP-Homepage unter *http://de2.php.net/manual/en/features.safe-mode.php#ini.sect.safe-mode*.

Ob der Modus aktiviert wurde, zeigt auf der Administrationsoberfläche von Joomla! der Menüpunkt HILFE → SYSTEMINFO. Unter den PHP-EINSTELLUNGEN finden Sie direkt in der ersten Tabellenzeile den Eintrag *Safe Mode:* und seinen derzeitigen Wert.

`Joomla 1.0.x` In der vorherigen Joomla!-Version finden Sie den entsprechenden Eintrag unter System → System Info auf dem ersten Register.

Ein aktivierter Safe Mode zieht einige unangenehme Konsequenzen nach sich. Zwar läuft Joomla!, Erweiterungen verweigern jedoch ganz den Dienst oder lassen sich nur erschwert aufspielen. Daher sollte man den Provider bitten, den Safe Mode zu deaktivieren oder – sofern das möglich ist – den Safe Mode selbst abstellen. Im zweiten Fall suchen Sie zunächst nach der Konfigurationsdatei *php.ini*. Unter XAMPP finden Sie sie im Unterverzeichnis *etc*. Diese Datei öffnen Sie in einem Texteditor und tauschen dort die Zeile

```
Safe Mode = On
```

gegen

```
Safe Mode = Off
```

aus.

`Joomla 1.0.x` Für die alte Joomla!-Version existiert im Internet noch ein inoffizieller sogenannter *Safe Mode Patch*, der hier Abhilfe verspricht. Man sollte ihn jedoch mit Vorsicht genießen, da man so eventuell Sicherheitslücken aufreißt oder das System zerstört. Zudem darf man nicht den gleichnamigen Patch für das Content-Management-System *Mambo* verwenden.

Register Globals

Eine weitere Funktion, die für Probleme sorgen kann, heißt *Register Globals*. Ursprünglich wurde sie geschaffen, um das Leben der Programmierer zu erleichtern, sie reißt aber im Gegenzug ein Sicherheitsloch in die Anwendung: Böswillige Besucher erhalten über sie die Möglichkeit, eigene, schadhafte Daten in Joomla! zu injizieren.

 Der eigentliche technische Vorgang dürfte nur für PHP-Programmierer interessant sein: Für jeden übergebenen Wert, wie zum Beispiel aus einem Formular oder per GET gesendete Daten, erzeugt PHP automatisch jeweils eine globale Variable. Aus *http://www.kinoportal.de/meinekomponente.php?name=hans&id=251* würden beispielsweise die beiden globalen Variablen $name und $id, die die jeweiligen Werte enthalten. Diese Werte könnte ein Angreifer jedoch mühelos gegen eigene Daten austauschen, die dann global im Programm herumschwirren.

Sie sollten daher diese Funktion abschalten, wie es auch schon Joomla! während seiner Installation fordert. Dazu öffnen Sie die PHP-Konfigurationsdatei *php.ini* mit einem Texteditor. Bei XAMPP liegt sie in dessen Unterverzeichnis *etc*. Suchen Sie in ihr die Zeile

```
register_globals = On
```

und tauschen Sie sie gegen

```
register_globals = Off
```

aus. Speichern Sie Ihre Änderungen, und starten Sie anschließend XAMPP neu. Falls Ihr Webspace-Provider keinen direkten Zugriff auf die *php.ini* gestattet, bitten Sie ihn, die Änderungen durchzuführen.

Dummerweise verlangen einige (ältere) Joomla!-Erweiterungen aktivierte Register Globals. In diesem Fall müssen Sie selbst abwägen, ob Ihnen die Komponente oder eine höhere Sicherheit wichtiger sind.

Die Joomla!-Entwickler raten dringend, die Funktion abzuschalten. Das war leider nicht immer so: Einige Uralt-Varianten verlangten noch genau das Gegenteil. Ab Version 1.0.11 warnt Joomla! jedoch sogar schon auf seiner Konfigurationsoberfläche vor einem aktivierten `register_globals`.

In diesem Kapitel:
- Das Frontend
- Der Administrationsbereich (Backend)
- Allgemeine Bedienkonzepte
- Systeminformationen
- Vorschau

KAPITEL 3

Grundlagen

Wer zum ersten Mal mit Joomla! arbeitet, wird über viele neue Begriffe und Ausdrücke stolpern. Einige von ihnen kommen Ihnen vielleicht vertraut vor, andere hingegen werden Ihnen vermutlich unbekannt sein. Sieht man einmal genauer hin, so verkauft das freie Content-Management-System in vielen Fällen einfach alten Wein in neuen Schläuchen. So werden oftmals Begriffe, die im Internet bereits eine andere Bedeutung erlangt haben, innerhalb von Joomla! in einem anderen Zusammenhang verwendet. Damit Sie etwas vertrauter mit dieser teilweise verwirrenden Terminologie werden, geben die folgenden Abschnitte zunächst einen kleinen Einblick in den Aufbau und die prinzipiellen Arbeitsweisen von Joomla!.

Joomla! teilt die von ihm bereitgestellten Internetseiten in zwei Gruppen oder Bereiche. Alle Seiten, die ein Benutzer zu sehen bekommt, werden unter dem Begriff *Frontend* zusammengefasst. Die Konfiguration und Einrichtung geschieht hingegen im sogenannten *Backend*, das häufig etwas sperrig mit *Administrationsbereich* übersetzt wird (teilweise findet man auch die Bezeichnungen *Administrationsoberfläche* oder *Administratoroberfläche*). Das Backend umfasst alle Seiten, die für diese Aufgaben zuständig sind. Hierzu gehört beispielsweise die Eingabe von neuen Artikeln oder das Aktivieren eines neuen Homepage-Designs.

Das Frontend

Wechseln Sie zunächst auf die Startseite von Joomla!. Sofern Sie sich an die Installationsanleitung aus Kapitel 2 gehalten haben und XAMPP im Hintergrund läuft, erreichen Sie sie über die Adresse *http://localhost/joomla*. Es erscheint die Homepage aus Abbildung 3-1.

`Joomla 1.0.x` Die vorherige Joomla!-Version 1.0.x verpackte ihre Beispieldaten in ein etwas anderes Design, die darin auftauchenden Elemente finden sich aber auch in der neuen Fassung wieder – größtenteils sogar an derselben Stelle.

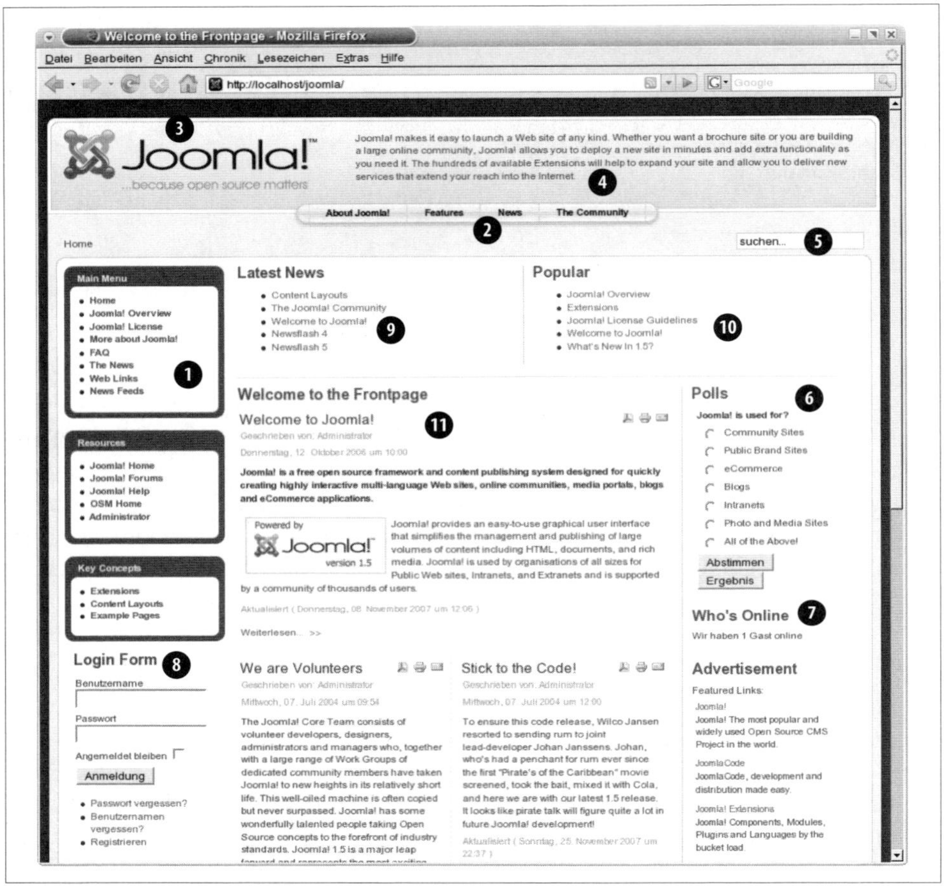

Abbildung 3-1: Die mitgelieferte Beispielseite in ihrer vollen Pracht

Die mitgelieferte Einstiegsseite im Standardlayout

Die Joomla!-Entwickler waren nicht geizig und demonstrieren mit dieser Einstiegsseite fast alle möglichen Funktionen, die Joomla! von Haus aus mitbringt. Lassen
Sie sich von der präsentierten Vielzahl an Informationen nicht irritieren. Betrachten
Sie stattdessen die einzelnen Bereiche der Eingangsseite für einen Moment, und
machen Sie sich auf diese Weise etwas mit ihrem Aufbau vertraut.

> Für den Besuch dieser Seiten genügt theoretisch schon ein alter
> Browser mit Dampfbetrieb ohne zusätzlichen Schnickschnack wie
> JavaScript oder aktivierte Cookies. Einige Spezialfunktionen, wie bei-
> spielsweise die Umfragen auf der rechten Seite, sind dann allerdings
> außer Gefecht gesetzt. Auch einige externe Erweiterungen können

hier andere oder höhere Ansprüche stellen. Wie Kapitel 16 später noch zeigen wird, ist es nicht ganz so einfach, die eigene Seite mit Rücksicht auf solche Browser zu gestalten.

Die angezeigten Texte sind die Beispieldaten, die Joomla! während der Installation wunschgemäß angelegt hat. Das ebenfalls mitgelieferte Standardlayout beherbergt auf der linken Seite ein *Hauptmenü* (MAIN MENU) ❶, das einen kleinen Kollegen mittig am oberen Rand besitzt ❷. Diese Menüs helfen dem Benutzer bei der Navigation durch den Artikeldschungel, wobei die kleinere Variante einen direkten Weg zu einigen wichtigen Basisinformationen bietet. Auf deutschen Seiten würde hierzu beispielsweise das Impressum zählen. Links unter dem Hauptmenü stehen zwei weitere Menüs, die jeweils Verweise auf spezielle oder besondere Unterseiten zusammenfassen. Unter Joomla! dürfen Sie so viele Menüs anlegen wie Sie möchten. In diesem Fall hat der Erschaffer der Beispielseite vier Stück erstellt (drei am linken Rand und das kleine waagerechte oben).

Über der waagerechten Menüleiste steht ein großes Titelbild mit der Aufschrift JOOMLA! ❸. Rechts daneben erscheint eine per Zufall ausgewählte Nachricht ❹. Letztere ändert sich bei jedem Aufruf der Homepage. Woher die dabei verwendeten Texte genau kommen und wie man sie durch eigene ersetzt, zeigt Kapitel 7.

Auf der rechten Seite findet man mehrere Sonderfunktionen. Dies beginnt am oberen Ende der Seite mit der Suchfunktion ❺. Nach dem dort eingetippten Begriff fahndet Joomla! in allen von ihm verwalteten Seiten. Direkt darunter gibt es eine kleine Umfrage (englisch POLLS) ❻.

Als Letztes folgt noch eine Anzeige mit den aktuell am System angemeldeten Benutzern ❼ (WHO'S ONLINE). Mithilfe der dahinter stehenden Benutzerverwaltung kann man den Zugriff auf bestimmte Bereiche der Homepage einschränken. Nur wer ein gültiges Nutzerkonto besitzt und sich mit seinem privaten Passwort gegenüber Joomla! authentifiziert hat, erhält Zugang zu den geschützten Unterseiten. Im Falle eines Portals mit Filmkritiken könnte man auf diese Weise Vorabversionen der Artikel einer kleinen Gruppe von Lektoren zugänglich machen. Das zugehörige Formular zur Anmeldung finden Sie auf der Homepage links unten (LOGIN FORM) ❽.

 Sie selbst besitzen bereits ein Benutzerkonto: Es trägt den Namen *admin* und besitzt das Passwort, das Sie bei der Installation vergeben haben. Mit diesem Duo steigen Sie zum sogenannten *Super Administrator* auf, der grundsätzlich Zutritt zu allen nur erdenklichen Bereichen erhält.

Neben den bereits erwähnten Menüs existiert noch ein weiteres, das sich allerdings im Moment vor neugierigen Blicken versteckt. Um es hervorzuzaubern, melden Sie sich kurz über das LOGIN FORM an. Verwenden Sie dazu **admin** als Benutzernamen und das bei der Installation vergebene Passwort. Nach einem Klick auf ANMELDEN erscheint das USER MENU unterhalb des Hauptmenüs auf der linken Seite. Es beherbergt Aktionen, die nur ein angemeldeter Benutzer ausführen darf. Hierzu zählen beispielsweise das Verfassen und Einreichen von neuen Kinokritiken. Beenden Sie Ihre Sitzung wieder über die Schaltfläche ABMELDEN.

Ganz am unteren Rand, noch unterhalb des LOGIN FORMs, steht ein einsames kleines Kästchen mit der Beschriftung FEED ENTRIES. Es sorgt für die Verteilung von sogenannten *News Feeds* im RSS-Format: Ein Mausklick in einem halbwegs aktuellen Browser genügt, und schon behalten Sie alle neuen Artikel des zukünftigen Kinoportals stets im Blick (mehr dazu folgt in Kapitel 6 und 7).

`Joomla 1.0.x` In der vorherigen Joomla!-Version gab es hierfür noch einen größeren Kasten mit der Überschrift SYNDICATE.

Im Mittelteil der Einstiegsseite thronen direkt unterhalb des waagerechten Menüs zwei größere Bereiche. Der linke präsentiert die fünf zuletzt veröffentlichten Artikel (LATEST NEWS ❾), der rechte die mit den häufigsten Aufrufen (POPULAR ❿). Letzterer weist somit gleichzeitig auf die beliebtesten Artikel hin.

Den größten Bereich der Seite beansprucht schließlich der eigentliche Inhalt der Einstiegsseite ⓫. Er besteht derzeit aus einer Komposition eines Einleitungsartikels (in der Abbildung 3-1 trägt er die Überschrift WELCOME TO JOOMLA!) und einigen weiteren Artikeln (in der Abbildung 3-1 beispielsweise WE ARE VOLUNTEERS oder STICK TO THE CODE!).

Bis auf wenige Ausnahmen sind die meisten der angezeigten englischen Texte Teil der Beispieldaten – hierzu gehören sogar die Beschriftungen der Menüs. Da sie somit nicht von Joomla!, sondern vom Betreiber der Seite vorgegeben werden, können sie auch nur von Letzterem geändert werden. Hieran sieht man zwar einerseits, wie weit die Gestaltungsfreiheit von Joomla! geht, andererseits sind auf einfachem Wege keine mehrsprachigen Internet-Auftritte möglich (weitere Informationen zu diesem Thema liefert Kapitel 12).

Das Baukastenprinzip

Durch die dezente graue oder blaue Umrandung der einzelnen Elemente sieht das Beispiellayout nicht nur chic aus, man erkennt auch, wie die Elemente zu einer kompletten Seite zusammengestöpselt wurden. Der Gestalter einer Seite kann jedes der einzelnen Elemente, wie LATEST NEWS oder POPULAR, herausnehmen und sie durch andere Elemente mit neuen Funktionen oder Inhalten ersetzen. Die Anordnung der Elemente bestimmt eine Vorlage, das sogenannte Template. Es enthält den Bauplan der gesamten Seite. Wie man vorhandene Templates ändert oder eigene erstellt, zeigt Kapitel 13.

 Bildlich können Sie sich dieses Konzept wie eine Sammlung von lee-ren Schachteln vorstellen, die zunächst mit bunten Dingen gefüllt und anschließend nach einem Lageplan so drapiert werden, dass sie ein möglichst hübsches Gesamtbild ergeben. Das Template ent-spricht in diesem Bild dem Lageplan.

Einige der angezeigten Elemente verfügen standardmäßig über einen Titel. Hierzu zählen beispielsweise das Hauptmenü mit MAIN MENU oder die Umfragen mit POLLS. Das derzeitige Layout präsentiert diesen Titel entweder in blauer Schrift (zum Beispiel bei der Umfrage) oder in Weiß auf blauem Grund (wie die Menüs).

`Joomla 1.0.x` Die alten Joomla!-Versionen brachten standardmäßig auch ein unbe-schriftetes Menü mit, das direkt unter dem Hauptmenü stand und so nur auf den zweiten Blick als eigenständiges Menü zu erkennen war.

Wählen Sie im Hauptmenü auf der linken Seite den Punkt MORE ABOUT JOOMLA!. Auf der Unterseite . Die dann erscheint (siehe Abbildung 3-2) tauchen einige Berei-che der Eingangsseite erneut auf, andere fehlen hingegen, wie beispielsweise eines der Menüs auf der linken Seite. Offenbar gibt es Elemente, die Joomla! auf allen Sei-ten mitschleppt, wohingegen man andere Bereiche nur auf der Einstiegsseite findet.

Abbildung 3-2: Der Menüpunkt »More About Joomla!« führt zu dieser Liste mit weiteren Unterseiten.

Oberhalb des Hauptmenüs erscheint eine kleine Leiste mit dem Namen der jeweils aktuell dargestellten Unterseite samt dem dorthin führenden Weg (in diesem Fall HOME >> MORE ABOUT JOOMLA!). Da diese Navigationsleiste auf der Einstiegsseite überflüssig ist, blendet Joomla! sie nur auf den Unterseiten ein.

Werfen Sie nun einen Blick auf den Inhalt der Unterseite MORE ABOUT JOOMLA!. Sie enthält lediglich eine Liste mit weiteren Verweisen. Jeder von ihnen führt zu einer Gruppe von Artikeln, die thematisch zusammengehören. Ein Klick auf THE PROJECT bringt beispielsweise eine Liste aller Artikel zum Vorschein, die vom Joomla!-Projekt selbst handeln (Abbildung 3-3).

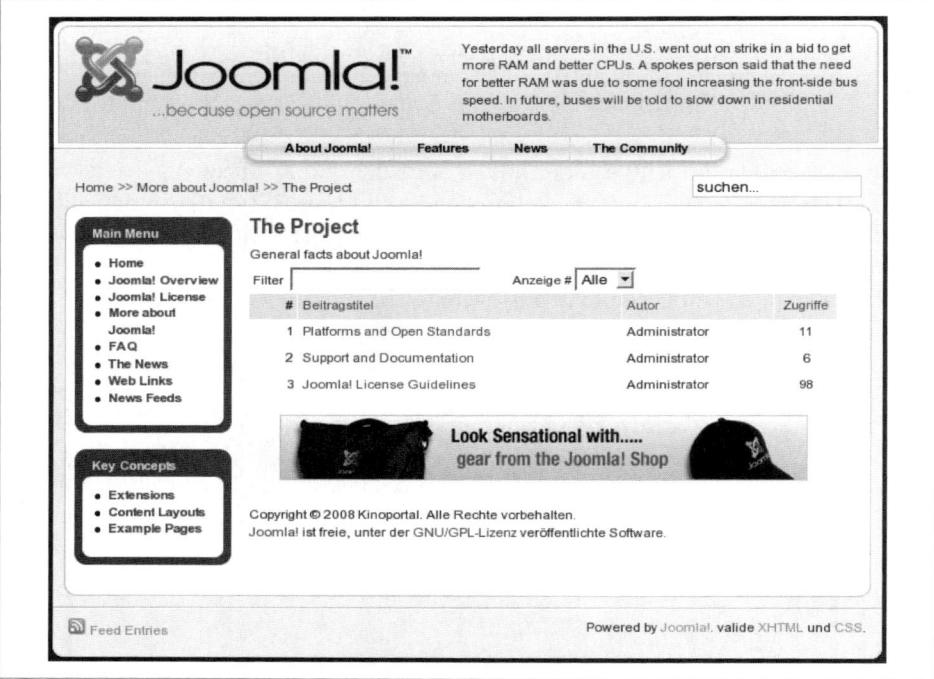

Abbildung 3-3: Die Liste mit allen verfügbaren Artikeln zum Joomla!-Projekt

Wählen Sie einen beliebigen Beitrag aus. Joomla! präsentiert dessen Text dann auf einer neuen, eigenen Seite (Abbildung 3-4).

Rechts oben neben der Nachrichtenüberschrift stehen etwas einsam drei kleine Schalter:

- Das erste Symbol erzeugt aus dem Text ein Dokument im PDF-Format.
- Der Drucker zeigt die Seite so an, dass sie sich leicht und problemlos ausdrucken lässt.
- Die Postkarte versendet den Text schließlich per E-Mail an einen Bekannten.

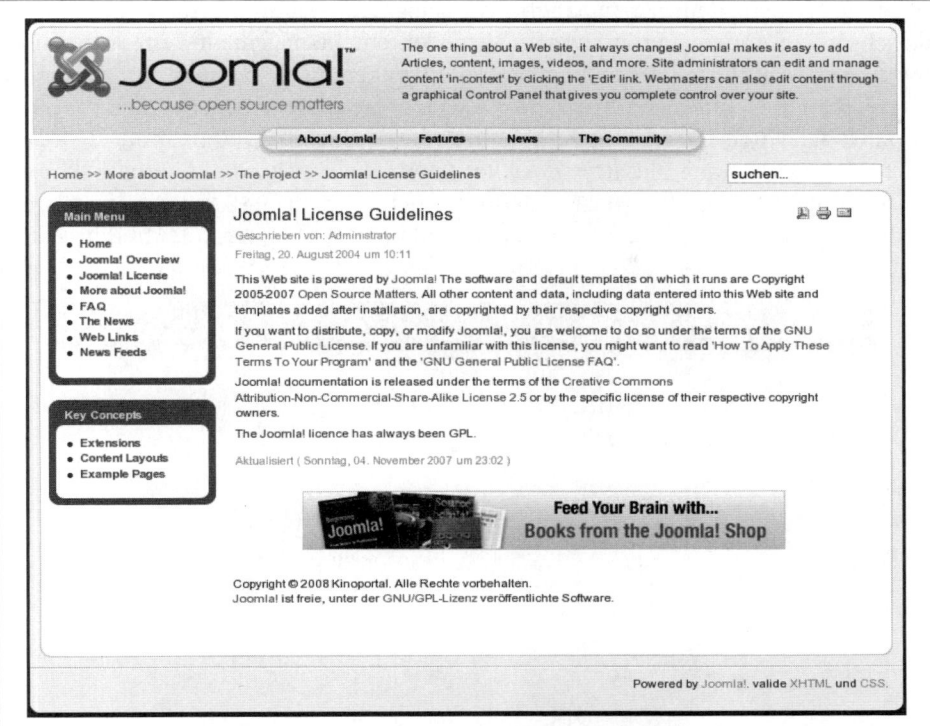

Abbildung 3-4: Der Artikel »Joomla! License Guidelines« in der Detailansicht

In den letzten beiden Fällen öffnet sich ein neues Fenster, das noch weitere Einstellungen abfragt; der PDF-Export startet hingehen ein passendes Betrachtungsprogramm auf dem Computer des Besuchers (wie zum Beispiel den bekannten Adobe Reader).

Alle bislang gezeigten Seiten fasst man unter dem Begriff *Frontend* zusammen. Normale Besucher bekommen ausschließlich diese Seiten zu Gesicht – ganz analog zu einem Kino, bei dem die Zuschauer nur den Film verfolgen können, nicht aber in den Vorführraum blicken dürfen. Irritierenderweise bezeichnet Joomla! die erste Seite, die ein Besucher von der Homepage zu sehen bekommt, fast gleichlautend als *Front Page*. Wenn Sie die deutschen Sprachpakete installiert haben, heißt sie hingegen weniger verwirrend *Startseite*.

Der Administrationsbereich (Backend)

Eine Homepage wäre ziemlich nutzlos, könnte man sie nicht nach eigenen Wünschen verändern. Für gewöhnlich ist dies die Aufgabe des jeweiligen Betreibers. Ihm erlaubt Joomla!, in einem versteckten Hinterzimmer (oder, um beim Bild des Kinosaals zu bleiben, dem Vorführraum) an seinen Einstellungen zu schrauben. Im Gegensatz zu anderen Programmen oder Content-Management-Systemen nimmt man dabei sämtliche Einstellungen und Eingaben ganz bequem auf speziellen Unterseiten des Internetauftritts vor. Zugang zu diesem sogenannten Backend gewährt die Unterseite *administrator*. Sofern Sie der Installationsanleitung aus Kapitel 2 gefolgt sind, wäre dies *http://localhost/joomla/administrator*. Alternativ können Sie auch den Eintrag ADMINISTRATOR im mittleren Menü RESSOURCES der Beispiel-Homepage anklicken. Sie landen in jedem Fall beim Bildschirm aus Abbildung 3-5.

Abbildung 3-5: Der Login-Bildschirm für den Administrationsbereich.

Die Anmeldung

Damit nicht jeder x-beliebige Besucher nach gutdünken an allen Schrauben des Systems drehen kann, verlangt Joomla! nun nach einem Benutzernamen und dem dazugehörigen Passwort. Der Benutzername des allmächtigen Seitenbetreibers lautet grundsätzlich immer *admin*. Da Joomla! ihn fest vorgibt, lässt er sich leider auch nachträglich nicht verändern. Sein PASSWORT haben Sie während des Installationsvorgangs selbst vorgegeben.

Dieser spezielle Benutzer darf wirklich *alles* – sogar das gesamte System zerstören. Nicht umsonst wird er als *Super Administrator* bezeichnet. Wenn Sie sich mit seinen Daten bei Joomla! anmelden, gilt es folglich jeden Mausklick wohlüberlegt zu setzen.

Um sicherzugehen, dass sich niemand unbefugten Zutritt verschafft, sollten Sie zum einen Ihre Zugangsdaten sicher verwahren und zum anderen weitere Sicherheitsmechanismen Ihres Webservers nutzen, allen voran den Zugriffsschutz für Verzeichnisse (beispielsweise, indem man das *administrator*-Verzeichnis mit einer sogenannten *.htaccess*-Datei für alle anderen Besucher abriegelt). Wie dies genau funktioniert, beschreibt die Dokumentation Ihres Webservers – eine ausführliche Erläuterung würde den Rahmen dieses Buches sprengen.

 Über die Benutzerverwaltung können Sie später weiteren Besuchern (eingeschränkten) Zugang zur Administrationsoberfläche gewähren. Es empfiehlt sich dann auch, ein weiteres Benutzerkonto für sich selbst anzulegen und den allmächtigen Super Administrator *admin* nur noch bei Notfällen heranzuziehen. Damit müssen Sie dann nicht mehr jeden Klick in die Waagschale werfen. Ausführliche Informationen zu diesem Thema folgen in Kapitel 9.

Die Liste neben SPRACHE regelt noch, in welcher Übersetzung der Administrationsbereich gleich erscheint. Joomla! stellt hier alle Sprachen zur Auswahl, die zuvor über ein entsprechendes Sprachpaket installiert wurden. Wenn Sie allen Schritten des vorherigen Installationskapitels 2 gefolgt sind, stehen hier ENGLISH und DEUTSCH zur Auswahl. Letzteres ist bereits die Voreinstellung und würde somit auch bei der Wahl von STANDARD verwendet. Wie Sie weitere Sprachen installieren, zeigt Kapitel 12.

Nach einem Klick auf ANMELDEN landen Sie automatisch im Administrationsbereich und somit in der Verwaltungszentrale von Joomla!. Im Gegensatz zum Frontend benötigen Sie für die Bedienung einen halbwegs frischen Browser mit aktivierten Cookies und JavaScript. Ansonsten erhalten Sie entweder nur einen Pixelbrei, oder ein Klick auf die verschiedenen Schalter und Menüpunkte verpufft wirkungslos. Sollte JavaScript nicht aktiviert sein, beschwert sich Joomla! über diesen Missstand bereits auf dem Anmeldebildschirm (Abbildung 3-6).

Abbildung 3-6: Sollte JavaScript in Ihrem Browser deaktiviert sein, bemängelt Joomla! diesen Zustand bereits im Anmeldebildschirm.

Überblick

Betrachten Sie nun den angezeigten Administrationsbereich in Abbildung 3-7.

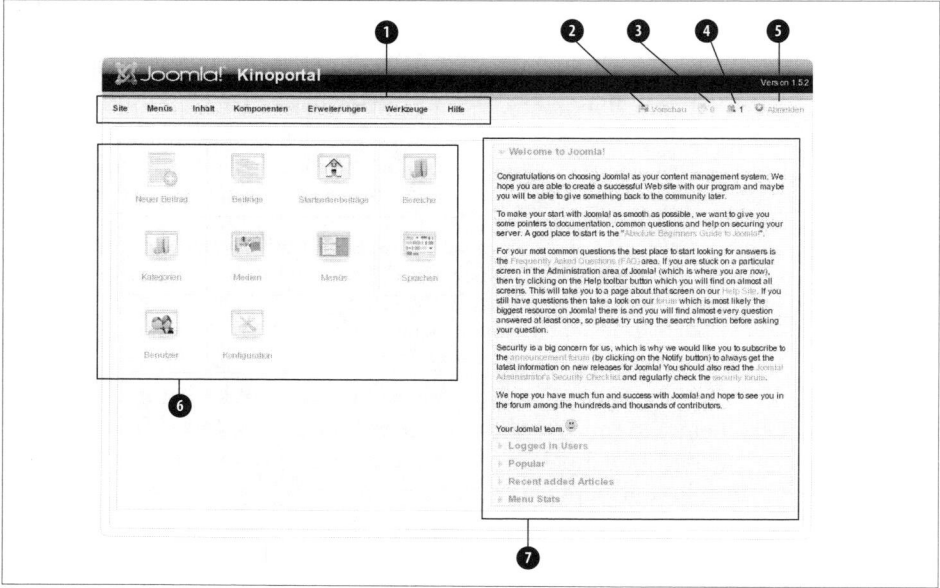

Abbildung 3-7: Die Einstiegsseite des Administrationsbereichs

Die oberste Zeile enthält das Hauptmenü ❶, über das alle Funktionen und Einstellungen des Administrationsbereichs erreicht werden können. Die Menüpunkte klappen ein Untermenü auf, wenn man den Mausanzeiger über sie zieht. Falls dies bei Ihnen nicht passiert, sollten Sie prüfen, ob der Browser oder ein Programm im Hintergrund das Anzeigen von sogenannten Pop-up-Bannern unterdrückt.

In der gleichen Zeile wie das Hauptmenü finden Sie am rechten Rand zunächst einen Schalter namens VORSCHAU ❷. Er öffnet in einem neuen Fenster den aktuellen Stand der Homepage. Dies ist äußerst nützlich, wenn Sie nach Änderungen direkt einen Kontrollblick auf das Ergebnis werfen möchten. Dank der Schaltfläche müssen Sie nicht erst wieder den Administrationsbereich verlassen.

Rechts neben dem Briefumschlag finden Sie die Anzahl aller neu eingegangenen Nachrichten ❸. Joomla! besitzt ein eigenes Nachrichtensystem, über das nicht nur die angemeldeten Mitglieder eingeschränkt kommunizieren können, sondern auch wichtige Systemnachrichten verschickt werden. Reicht beispielsweise ein Autor eine Filmkritik ein, so wird sie üblicherweise nicht direkt freigeschaltet, sondern zunächst durch einen Lektor geprüft. Dieser erhält nun automatisch über das Nachrichtensystem einen entsprechenden Hinweis. Im Menü unter WERKZEUGE → NACHRICHTEN LESEN (Joomla 1.0.x MESSAGES → INBOX) gelangen Sie zu einer Übersicht aller bislang für Sie eingegangenen privaten Nachrichten.

In der Menüleiste befindet sich direkt rechts neben dem Brief-Symbol die Anzahl der derzeit angemeldeten Benutzer ❹. Momentan ist dies nur eine Person – nämlich Sie selbst.

Über den Punkt ABMELDEN verlassen Sie den Administrationsbereich wider ❺ (alternativ führt der Menüpunkt SITE → ABMELDEN zum gleichen Ergebnis). Sollten Sie längere Zeit untätig gewesen sein, so setzt Joomla! Sie automatisch vor die Tür. Dies geschieht zum einen aus Sicherheitsgründen, und zum anderen brauchen Sie dank dieses Features nicht in Panik zu geraten, sollten Sie einmal das Abmelden vergessen oder den Browser einfach gedankenlos geschlossen haben.

 Andererseits können Sie hierdurch auch bereits getätigte Eingaben verlieren, wenn beispielsweise ein dringender Telefonanruf Sie vom Computer und somit von der Arbeit fernhält. Daher sollten Sie immer über die entsprechenden Schaltflächen Ihre Eingaben zwischenspeichern.

Falls Sie irgendwann einmal Hilfe benötigen, genügt der Aufruf von HILFE → JOOMLA! HILFE. Das Content-Management-System öffnet dann die Online-Hilfe. Diese greift allerdings teilweise auf die entsprechenden Seiten der Joomla!-Homepage zurück (siehe Abbildung 3-8). Sie müssen daher über eine bestehende Internetverbindung verfügen – andernfalls erscheint auf dem Schirm anstelle der erwarteten Hilfe nur eine Fehlermeldung.

Joomla 1.0.x In der Vorgängerversion 1.0 erreichte man die Seiten noch etwas schneller über eine entsprechende Schaltfläche in einer separaten Symbolleiste. Joomla! 1.5 blendet dieses Symbol nur noch in bestimmten Fällen ein. Ein Klick darauf öffnet ein neues Fenster mit einer Kurzbeschreibung der gerade angezeigten Seite.

SITE → KONTROLLZENTRUM bringt Sie wieder zurück zum Eingangsbildschirm.

 Verzichten Sie im Administrationsbereich auf die ZURÜCK- und VORWÄRTS-Schaltflächen Ihres Browsers. Dies bringt Joomla! unter Umständen komplett aus dem Tritt. Nutzen Sie zur Navigation ausschließlich die angebotenen Menüs und Symbole.

Joomla 1.0.x In der Vorgängerversion von Joomla! erschien direkt unter der Menüleiste noch die sogenannte *Infobar*. An ihr konnte man immer ablesen, wo Sie sich gerade innerhalb des Administrationsbereichs befanden. Den vordersten Teil in der Infobar bildete stets der Name der Homepage, während die folgenden, etwas kryptischen Namen wie *com_admin* die gerade aktive sogenannte Komponente nannten. Was es damit genau auf sich hat, klären die Kapitel 6 und 15.

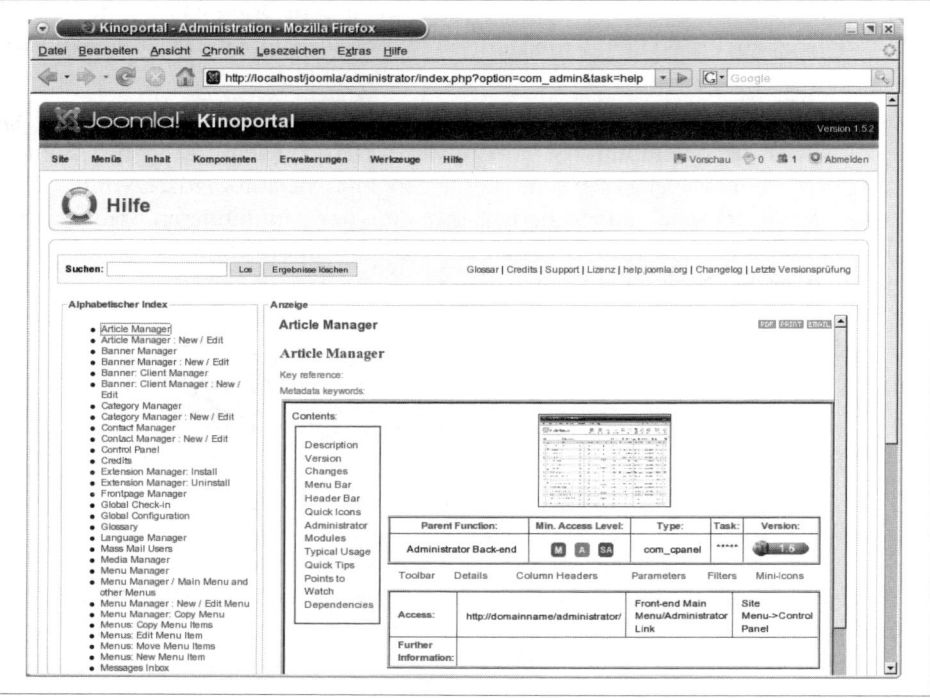

Abbildung 3-8: Die eingebaute Online-Hilfe

Der Bereich unterhalb des Menüs ist der sogenannte *Arbeitsplatz* (*Workspace*). Sein Inhalt wechselt je nach aufgerufenem Menüpunkt und präsentiert die jeweils zu manipulierenden Einstellungen.

Derzeit ist hier das Kontrollzentrum (*Control Panel)* aktiv. Es bildet die Startseite des Administrationsbereichs und erscheint immer direkt nach der Anmeldung oder wenn Sie im Menü auf SITE → KONTROLLZENTRUM klicken. Auf seiner linken Seite findet man eine Reihe von Symbolen, die direkt zu den entsprechenden Aufgaben-gebieten springen. Hierdurch muss man sich nicht erst mühsam durch die Menüs hangeln (❻ in Abbildung 3-7).

Auf der rechten Seite sehen Sie gleich mehrere Listen ❼. Sie enthalten die wichtigs-ten Informationen und Einstellungen auf einen Blick:

- Das Register WELCOME TO JOOMLA! enthält einen kurzen Begrüßungstext (Abbildung 3-9).

- Unter LOGGED IN USERS erscheinen alle derzeit angemeldeten Benutzer (Abbil-dung 3-10). Im Moment sind dies nur Sie selbst, also eine Person. Der Eintrag *Super Administrator* in der Spalte BENUTZERGRUPPE weist darauf hin, dass Sie derzeit an wirklich allen Einstellungen unter Joomla! schrauben und sägen dür-fen. Andere Benutzer mit weniger Rechten haben hier andere Einträge (mehr dazu in Kapitel 9). Mit einem Klick auf das rote Kreuz können Sie einen Benutzer zwangsweise vom System abmelden. Sind mehr als zehn Benutzer im System eingeloggt, können Sie mithilfe der Pfeile ZURÜCK und NÄCHSTE eine Seite weiterblättern. Mit der Ausklappliste neben ANZEIGE # stellen Sie dann zudem ein, wie viele Einträge auf einer Seite angezeigt werden sollen.

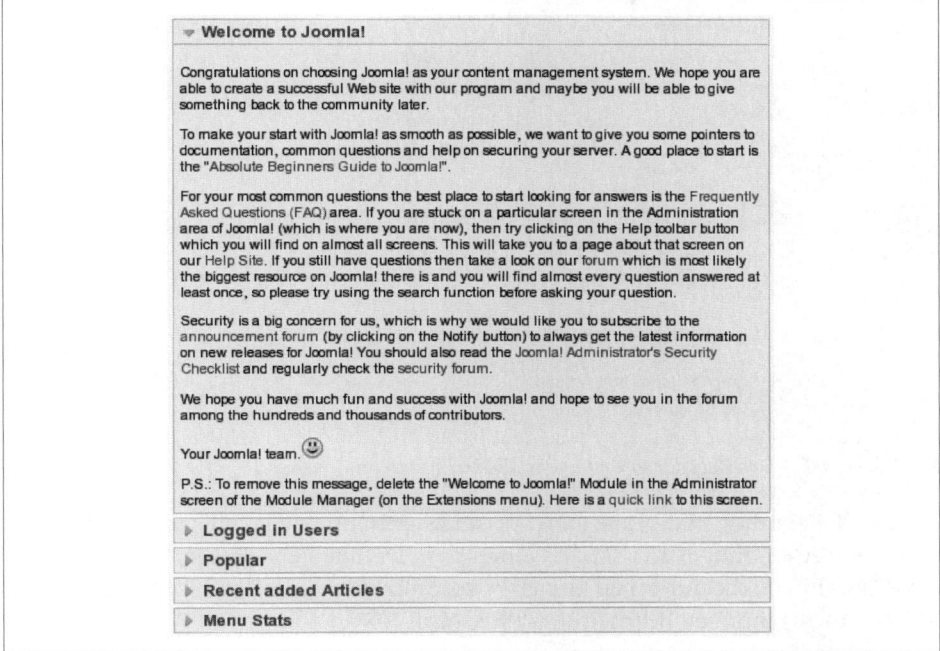

Abbildung 3-9: Das Register »Welcome to Joomla!« im Kontrollzentrum

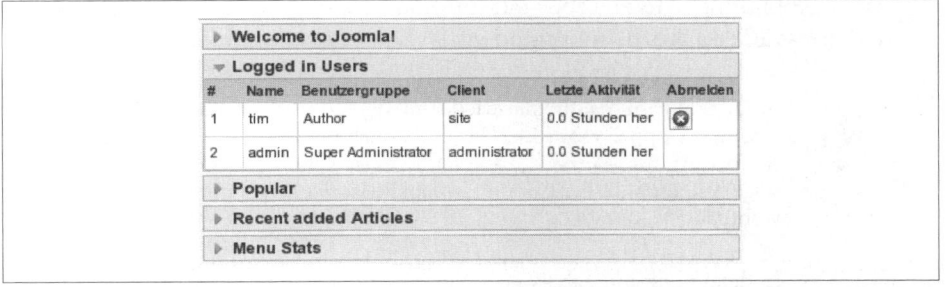

Abbildung 3-10: Das Register »Logged in Users« im Kontrollzentrum. Hier hat sich neben dem Super Administrator auch noch ein weiterer, normaler Benutzer namens tim auf der Homepage angemeldet.

- Hinter POPULAR finden Sie eine kleine Statistik mit den am häufigsten angeklickten Elementen (Abbildung 3-11). Damit können Sie genau verfolgen, welche Artikel am beliebtesten sind. Neben dem Erstellungsdatum (ERSTELLT) werden auch die Anzahl der Aufrufe (ZUGRIFFE) aufgeführt.

▶ Welcome to Joomla!		
▶ Logged in Users		
▼ Popular		
Beliebte Beiträge	**Erstellt**	**Zugriffe**
Joomla! Overview	2006-10-09 07:49:20	146
Extensions	2006-10-11 06:00:00	100
Joomla! License Guidelines	2004-08-20 10:11:07	99
Welcome to Joomla!	2006-10-12 10:00:00	92
What's New In 1.5?	2006-10-11 22:13:58	88
Content Layouts	2006-10-12 22:33:10	69
Joomla! Features	2006-10-08 23:32:45	59
Stick to the Code!	2004-07-07 12:00:00	55
We are Volunteers	2004-07-07 09:54:06	54
The Joomla! Community	2006-10-12 16:50:48	50
▶ Recent added Articles		
▶ Menu Stats		

Abbildung 3-11: Das Register »Popular« im Kontrollzentrum

- Die Liste unter RECENT ADDED ARTICLES präsentiert die zuletzt erstellten Beiträge (Abbildung 3-12). Rechts hinter dem Datum steht dessen Autor (ERSTELLER). Ein Klick auf einen der hier aufgeführten Artikel öffnet ihn direkt in einem zugehörigen Bearbeitungsbildschirm.

- Das letzte Register, MENU STATS, beherbergt eine Liste aller derzeit zugänglichen Menüs nebst der Anzahl der jeweils enthaltenen Einträge (# EINTRÄGE), wie in Abbildung 3-13 zu sehen ist. Ein Klick auf den Menünamen führt direkt in den passenden Bearbeitungsmodus.

 In Joomla! trifft man immer wieder auf die Raute # (die auch als Gatterzaun, Doppelkreuz oder Hash bezeichnet wird). Sie steht als Abkürzung für »Anzahl«, # EINTRÄGE ist somit als »Anzahl Einträge« zu lesen. In der Computerbranche ist diese Terminologie weit verbreitet.

Joomla 1.0.x In der Vorversion gab es noch ein weiteres Register, COMPONENTS, das über alle nutzbaren optionalen Komponenten Auskunft gab. Hierbei handelt es sich um Softwarepakete, die in Joomla! eingestöpselt werden und das Content-Management-System so um Zusatzfunktionen bereichern, wie beispielsweise die Umfrage. Mit einem Klick auf den entsprechenden Namen gelangt man automatisch zu ihren zugehörigen Einstellungen. Das Kapitel 6 geht ausführlich auf Komponenten ein.

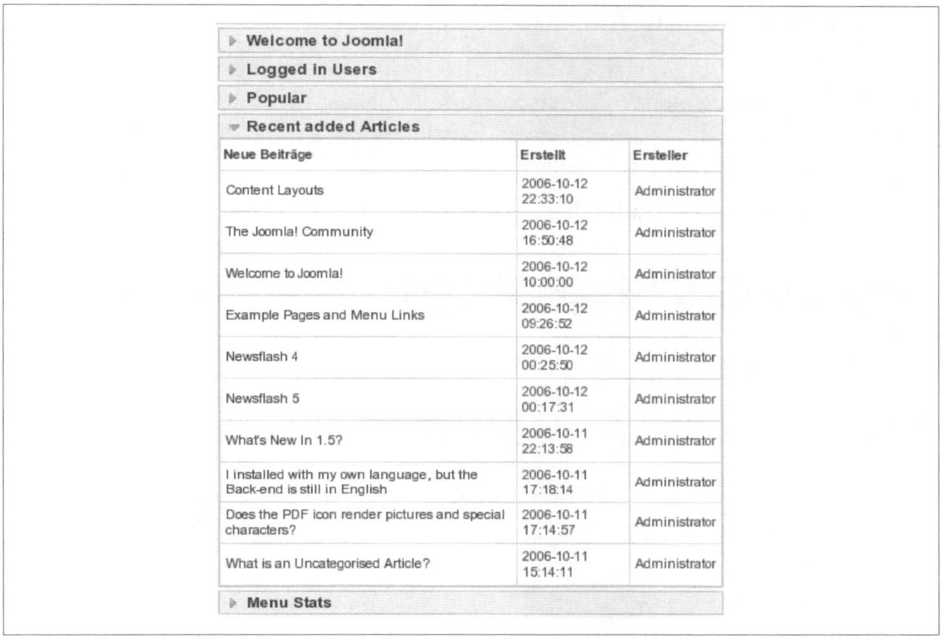

Welcome to Joomla!
Logged in Users
Popular
Recent added Articles

Neue Beiträge	Erstellt	Ersteller
Content Layouts	2006-10-12 22:33:10	Administrator
The Joomla! Community	2006-10-12 16:50:48	Administrator
Welcome to Joomla!	2006-10-12 10:00:00	Administrator
Example Pages and Menu Links	2006-10-12 09:26:52	Administrator
Newsflash 4	2006-10-12 00:25:50	Administrator
Newsflash 5	2006-10-12 00:17:31	Administrator
What's New In 1.5?	2006-10-11 22:13:58	Administrator
I installed with my own language, but the Back-end is still in English	2006-10-11 17:18:14	Administrator
Does the PDF icon render pictures and special characters?	2006-10-11 17:14:57	Administrator
What is an Uncategorised Article?	2006-10-11 15:14:11	Administrator

Menu Stats

Abbildung 3-12: Das Register »Recent added Articles« im Kontrollzentrum

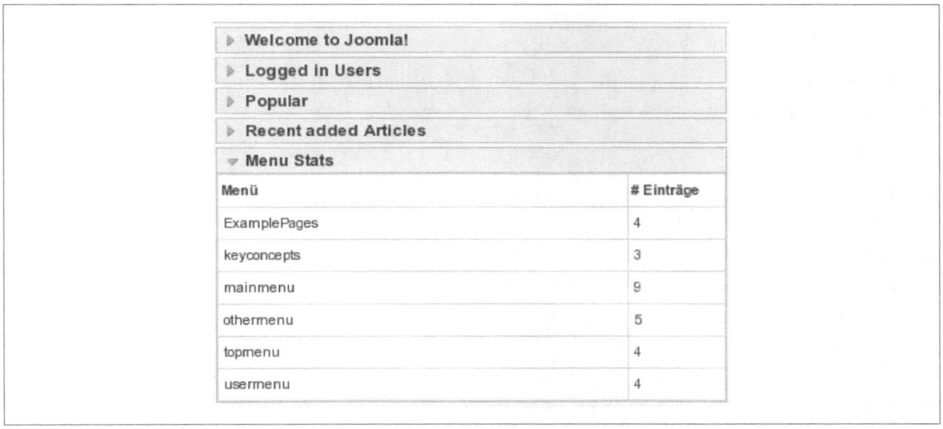

Welcome to Joomla!
Logged in Users
Popular
Recent added Articles
Menu Stats

Menü	# Einträge
ExamplePages	4
keyconcepts	3
mainmenu	9
othermenu	5
topmenu	4
usermenu	4

Abbildung 3-13: Das Register »Menu Stats« im Kontrollzentrum

Allgemeine Bedienkonzepte

Einige grundlegende Bedienkonzepte ziehen sich wie ein roter Faden durch die Administrationsoberfläche. In den folgenden Abschnitten lernen Sie die wichtigsten dieser Bedienkonzepte kennen.

Listen, Elemente und Aktionen

In der Regel gelangt man nach einem Klick auf einen Menüpunkt zunächst zu einer Liste. Wählen Sie beispielsweise den Menüpunkt INHALT → BEITRÄGE, liefert Ihnen Joomla! eine Aufstellung aller derzeit existierenden Artikel. In Abbildung 3-14 stammen diese aus den Beispieldaten.

Im Fall des Kinoportals werden hier später alle Filmkritiken aufgeführt.

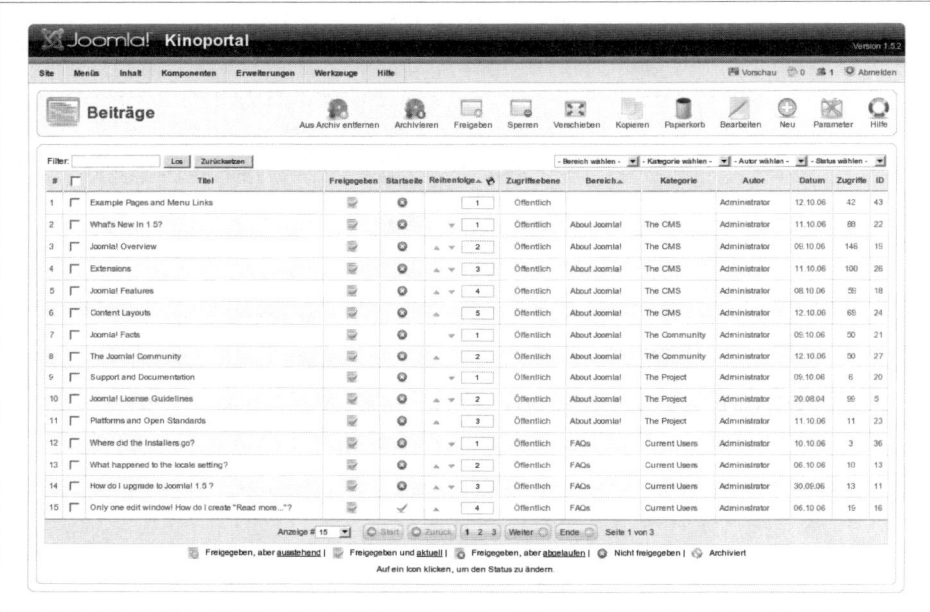

Abbildung 3-14: Die Seite »Beiträge« verwaltet alle Artikel übersichtlich in einer Liste.

Solche Listen kennt das Content-Management-System auch für seine Menüs, alle seine Benutzer, die verwalteten Werbebanner und so weiter.

Möchte man nun etwas mit einem dieser Elemente anstellen, markiert man zunächst das kleine Rechteck links neben dem Namen in der entsprechenden Zeile. Anschließend klickt man dann in der Symbolleiste direkt unterhalb des Hauptmenüs auf eine der angebotenen Aktionen. Diese Symbolleiste bezeichnet Joomla! auch als *Werkzeugleiste* (englisch *Toolbar*), da sie stets die gerade passenden Werkzeuge für eine Bearbeitung bereithält.

Elemente auswählen und bearbeiten

Probieren Sie dies einmal für den Artikel mit dem Namen *Welcome to Joomla!* aus (eventuell müssen Sie erst über die Schaltfläche WEITER am unteren Bildschirmrand

eine Seite weiterblättern.) Dies ist der Artikel, den Joomla! auch auf der Einstiegsseite präsentiert. Kreuzen Sie den Kasten in der zweiten Spalte an, und klicken Sie in
der Werkzeugleiste auf das Symbol BEARBEITEN. Es führt Sie direkt zum Bearbeitungsbildschirm für Artikel aus Abbildung 3-15.

Alternativ zur Schaltfläche BEARBEITEN können Sie auch einfach auf
den Namen des Elements in der Liste klicken. Dieser steht in allen
Übersichtstabellen immer in der dritten Spalte von links.

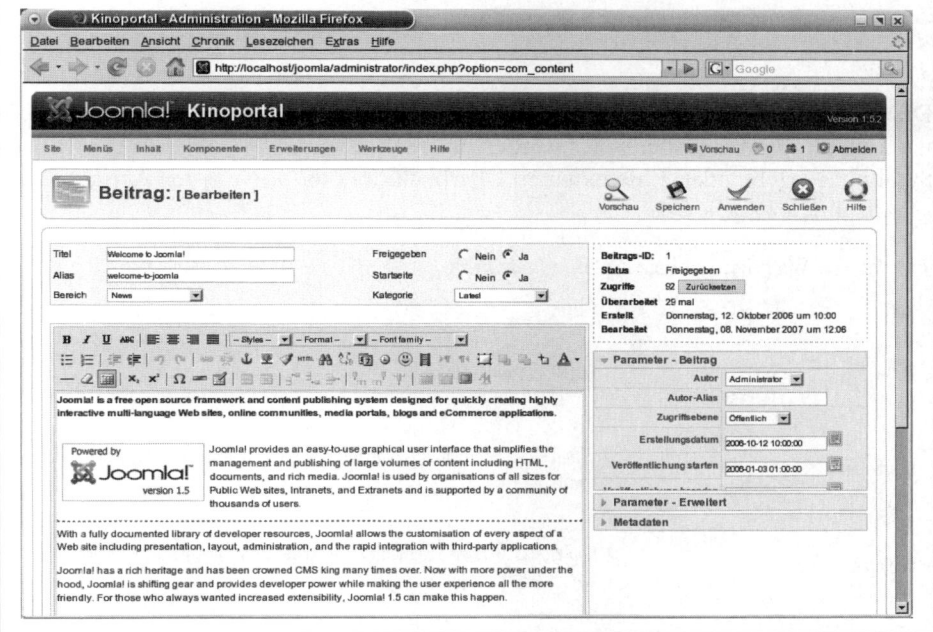

*Abbildung 3-15: Auf dieser etwas unübersichtlichen Seite bearbeiten Sie alle Texte. Hier wurde
der bestehende Artikel »Welcome to Joomla!« geöffnet.*

Da Sie hier noch nichts ändern sollten, brechen Sie den Bearbeitungsvorgang mit
einem Klick auf SCHLIEßEN ab. Sie landen dann automatisch wieder in der Liste mit
allen Beiträgen.

Möchte man eine der Funktionen aus der Werkzeugleiste auf mehrere Elemente
anwenden, so markiert man einfach alle betroffenen Zeilen. Um beispielsweise
sämtliche Artikel zu löschen, kreuzt man alle Kästchen an und wählt dann PAPIER-
KORB. Dieser Vorgang lässt sich sogar noch etwas beschleunigen: In der Zeile mit
den Überschriften gibt es ebenfalls ein kleines Kästchen. Ist es aktiviert, werden mit
einem Schlag alle seine Kollegen selektiert. Auf diese Weise kann man später mit
nur zwei Mausklicks sämtliche Filmkritiken oder hier die derzeit anwesenden Bei-

spielartikel über den Jordan schicken. In einigen wenigen Fällen weigert sich Joomla! übrigens, eine solche Aktion auszuführen – nämlich immer dann, wenn es an die lebenswichtigen Grundfunktionen geht.

 An einigen Stellen trägt der PAPIERKORB die Unterschrift LÖSCHEN. In diesem Fall wandert das entsprechende Element direkt ins Nirvana. Aus dem PAPIERKORB lässt es sich jedoch immer noch herausfischen. Joomla! führt dabei gleich zwei getrennte Papierkörbe: Alle gelöschten Menüpunkte finden Sie unter MENÜS → PAPIERKORB: MENÜ, alle entsorgten Texte hingegen unter INHALT → PAPIERKORB: BEITRÄGE. Über die zugehörigen Dialogfenster lassen sich Elemente auch wiederherstellen.

Die in der Werkzeugleiste ausführbaren Aktionen bleiben in der Regel gleich. Je nach Inhalt des Arbeitsbereiches werden einige nicht nutzbare oder wenig sinnvolle Symbole ausgeblendet. Einen kleinen Überblick über die wichtigsten Aktionen verschafft Ihnen Tabelle 3-1:

Tabelle 3-1: Wichtige Symbole und ihre Bedeutung

Icon		Funktion
Neu	Neu	Erstellt ein neues Element.
Bearbeiten	Bearbeiten	Öffnet einen Bearbeitungsbildschirm für das gerade in der Tabelle markierte Element.
Kopieren	Kopieren	Kopiert das markierte Element. In der Regel dürfen Elemente mit gleichem Namen existieren.
Verschieben	Verschieben	Verschiebt das markierte Element in eine andere Kategorie (beziehungsweise auf eine andere Unterseite).
Freigeben	Freigeben	Macht das markierte Element für Besucher sichtbar.
Sperren	Sperren	Macht das markierte Element für Besucher unsichtbar.
Papierkorb	Papierkorb	Das markierte Element wandert in den Mülleimer.
Wiederherstellen	Wiederherstellen	Holt ein Element wieder aus dem Mülleimer heraus.

Tabelle 3-1: Wichtige Symbole und ihre Bedeutung (Fortsetzung)

Icon		Funktion
Archivieren	Archivieren	Verschiebt das markierte Element in das Archiv.
Aus Archiv entfernen	Aus Archiv entfernen	Holt das markierte Element wieder aus dem Archiv heraus.
Vorschau	Vorschau	Öffnet eine Vorschau.
Deinstallieren	Deinstallieren	Deinstalliert das markierte Element.
Schließen bzw. abbrechen	Schließen	Bricht den Vorgang ab.
Speichern	Speichern	Speichert die vorgenommenen Änderungen und kehrt zur Listendarstellung zurück.
Anwenden	Anwenden	Speichert die vorgenommenen Änderungen und bleibt in dieser Darstellung.

Übersicht in Listen schaffen

Werfen Sie nun einen Blick auf das untere Ende der Liste. Dort befindet sich eine Ausklappliste mit der Beschriftung ANZEIGE # . Hier stellen Sie ein, wie viele Zeilen die Übersicht auf einmal darstellen soll. Wählen Sie dort einmal den kleinsten Wert von **5** (Abbildung 3-16).

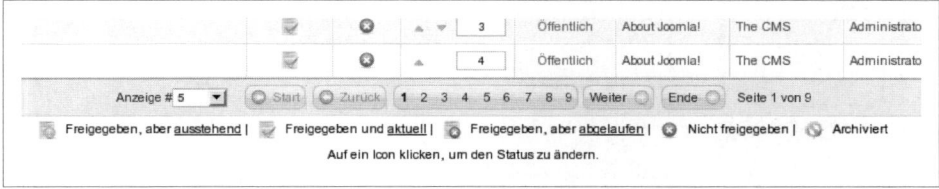

Abbildung 3-16: Hier wurde die Darstellung auf fünf Elemente pro Seite beschränkt.

Nun sind auf jeden Fall mehr Elemente in der Liste vorhanden, als angezeigt werden sollen bzw. können. In derartigen Fällen helfen die Zahlen sowie die Schaltflächen ZURÜCK und WEITER rechts neben der Ausklappliste. Über sie gelangt man an die restlichen Einträge. Klicken Sie probeweise auf die Ziffer **2**. Joomla! blättert daraufhin eine Seite weiter. START und ENDE springen direkt zur ersten bzw. letzten

Seite. Achten Sie in diesem Zusammenhang auch auf die Zeilennummern in der ersten Spalte. Sie bieten eine zusätzliche Orientierungshilfe.

Elemente auf der Homepage freischalten

In fast allen Listen existiert eine Spalte mit der Aufschrift FREIGEGEBEN (in der englischen Fassung PUBLISHED). Bei der Liste mit den Artikeln ist es die vierte Spalte von links. Die Symbole in dieser Spalte zeigen an, ob das jeweilige Element auch tatsächlich für Besucher des Internetauftritts sichtbar ist. Steht dort ein grüner Pfeil oder ein Rechteck mit einem kleinen grünen Pfeil davor, steht der zugehörige Artikel auch irgendwo auf der Homepage.

Um die Auswirkungen an einem Beispiel kennenzulernen, wählen Sie aus dem Menü den Punkt VORSCHAU (Joomla 1.0.x SITE → PREVIEW → IN NEW WINDOW). Es öffnet sich nun ein neues Browserfenster mit einer Vorschau der Homepage. Dort thront auch der bereits einschlägig bekannte *Welcome Joomla!*-Artikel. Schließen Sie die Vorschau, und wechseln Sie wieder zurück zum Fenster mit der Administrationsoberfläche. Markieren Sie dort auf die bekannte Weise die Zeile mit dem *Welcome to Joomla!*-Artikel. Klicken Sie nun in der Werkzeugleiste auf die Schaltfläche SPERREN. Aus dem grünen Häkchen ist ein rotes Kreuz geworden – ein Zeichen dafür, dass der Artikel von der Homepage verbannt wurde. Wenn Sie jetzt erneut die Vorschau starten, fehlt dort der *Welcome to Joomla!*-Artikel, wie in Abbildung 3-17 zu sehen ist.

Abbildung 3-17: Die Beispielseite ohne den »Welcome to Joomla!«-Artikel

Um ihn wieder zurückzuholen, markieren Sie erneut seine Zeile im Administrationsbereich und klicken auf FREIGEBEN. Auf diese Weise lässt sich ein Element rasch vor neugierigen Augen verstecken, ohne es gleich löschen zu müssen.

 Es geht noch etwas schneller: Um den Veröffentlichungszustand zu ändern, klicken Sie einfach direkt auf das entsprechende Symbol in der FREIGEGEBEN-Spalte.

Wer hat Zugriff?

Joomla! enthält eine Benutzerverwaltung und -steuerung. Mit ihrer Hilfe lässt sich genau festlegen, welche Besuchergruppen welche Seiten, Menüs oder interaktive Elemente überhaupt zu Gesicht bekommen.

Um nicht den Überblick über diese Rechtevergabe zu verlieren, besitzt fast jede Liste eine Spalte ZUGRIFFSEBENE. Dies gilt auch für die Liste mit den Artikeln. Die Spalte zeigt an, wer das jeweilige Element überhaupt zu Gesicht bekommt oder wer einen Bereich betreten darf. Möglich sind drei Werte:

- Steht hier *Öffentlich*, so erhält jeder Besucher Einblick.
- *Registriert* ermöglicht nur angemeldeten Benutzern den Zugriff und
- *Admins* erlaubt wiederum nur einer bestimmten Nutzergruppe den Zugriff.

Eine Änderung des aktuellen Zustandes erreicht man entweder mit einem Mausklick auf den entsprechenden Eintrag in der Spalte ZUGRIFFSEBENE oder im Bearbeitungsbildschirm des jeweiligen Elements.

 Falls ein Element nicht auf der Homepage erscheint, sollten Sie nicht vergessen, auch dessen Zugriffsrechte zu kontrollieren.

Das Kapitel 9 geht noch ausführlich auf die Benutzerverwaltung und deren Möglichkeiten ein.

Sortierreihenfolge ändern und Listen filtern

Ebenfalls in vielen Listen findet man die Spalte REIHENFOLGE, von Joomla! mitunter auch als SORTIEREN NACH, SORTIERUNG oder SORTIEREN überschrieben. Wie ihr Name bereits verrät, verändert man mit ihr die Reihenfolge der Elemente innerhalb dieser Listen.

Um die Auswirkungen besser zu verstehen, hier ein kleines Beispiel zum Mitmachen: Öffnen Sie zunächst die VORSCHAU und betrachten Sie das Menü RESOURCES am linken Seitenrand. Dessen Einträge verwaltet der Administrationsbereich hinter

MENÜS → RESOURCES. Rufen Sie diesen Punkt auf und vergleichen Sie die erscheinende Liste mit der Vorschau (wie in den Abbildungen 3-18 und 3-19 geschehen).

Klicken Sie nun im Administrationsbereich auf den kleinen grünen Pfeil nach unten, der sich in der Zeile JOOMLA! HOME und der Spalte SORTIEREN befindet. Aktualisieren Sie das Vorschaufenster und beobachten Sie dabei, wie sich auch dort die Reihenfolge ändert.

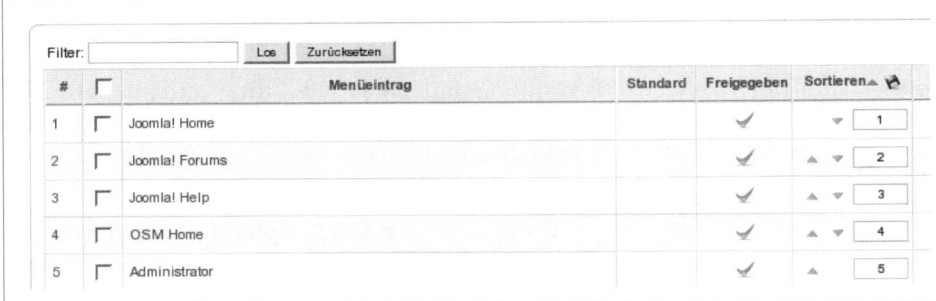

Abbildung 3-18: Hier ein Beispiel, wie Joomla! die Reihenfolge von Elementen im Administrationsbereich...

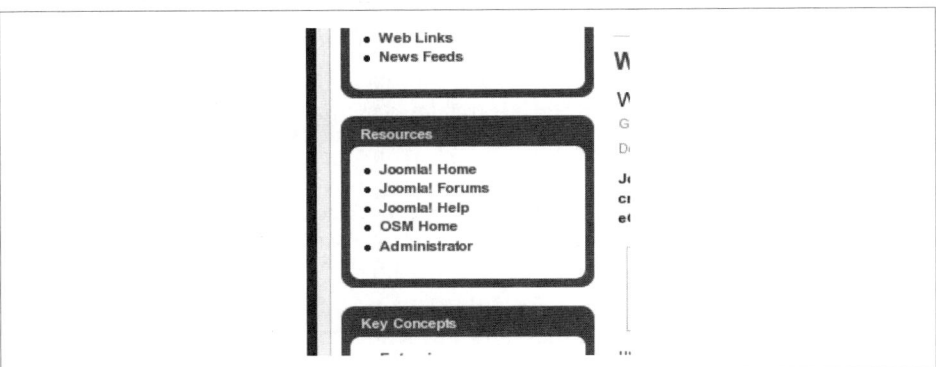

Abbildung 3-19: ... auf die Homepage überträgt (hier am Beispiel der Menüeinträge)

Joomla! übernimmt also einfach die Rangordnung aus der Liste im Administrationsbereich in die Darstellung auf der Homepage.

 Das gilt jedoch nicht immer: Teilweise muss man Joomla! erst noch explizit anweisen, die hier eingestellte Sortierung auch auf der Homepage anzuwenden. Das gilt beispielsweise für alle Listen mit Artikeln. Die entsprechenden Einstellungen verstecken sich allerdings recht gut in der (Sie lesen richtig) Menüverwaltung, mit der sich noch eingehend Kapitel 8 beschäftigt.

In einigen wenigen Listen, deren Elemente nicht auf der Homepage erscheinen, dient die Veränderung der Rangordnung lediglich der besseren Übersicht innerhalb der Liste. Mit den Pfeilen können Sie beispielsweise zusammengehörende Zeilen direkt untereinander anordnen.

Die Eingabefelder neben den grünen Pfeilen erlauben ebenfalls eine Änderung der Reihenfolge (`Joomla 1.0.x` In Joomla 1.5 wurden folglich die Spalten ORDER und REORDER zusammengelegt). Man trägt hier einfach die neue Zeilennummer ein, an der das Element ab sofort auftauchen soll, und klickt dann auf das kleine Disketten-symbol () in der Spaltenbeschriftung.

Geben Sie als Beispiel in das Feld der Zeile JOOMLA! HOME die Ziffer **1** ein. Nach einem Klick auf die Diskette in der Spaltenüberschrift sortiert Joomla! die Elemente um. Überprüfen Sie das Ergebnis wieder in der VORSCHAU.

Wechseln Sie zum Abschluss noch einmal zurück zur Liste mit allen Artikeln hinter INHALT → BEITRÄGE. Schaut man hier einmal genauer auf die Zahlen in den Einga-befeldern, entdeckt man sogar mehrfach die Zahl 1. Dieses merkwürdige Verhalten lässt sich jedoch schnell aufklären: Joomla! erlaubt die Gruppierung der Artikel in sogenannten Kategorien (Kapitel 4 wird noch umfassend auf diese Fähigkeit einge-hen). Anstatt im Administrationsbereich jede dieser Gruppen für sich allein darzu-stellen, setzt das Content Management System einfach alle Artikel in eine große Liste. Die Reihenfolge in den Eingabefeldern bezieht sich daher nur auf die Ele-mente in den jeweiligen Gruppen. Dies wird klarer, wenn Sie aus der mit – *Katego-rie wählen* – beschrifteten Liste rechts oberhalb der Liste den Punkt *Newsflash* auswählen. Damit beschränkt Joomla! die dargestellten Artikel auf diejenigen aus der Gruppe der Newsflashs – und hier stimmt nun auch endlich die Reihenfolge wieder.

Von dieser Methode der Filterung sollten Sie auch in anderen Listen regen Gebrauch machen. Wie das Beispiel der Artikel zeigt, kann es sonst recht schnell zu mangelnder Übersicht, Verwirrung und einem etwas unerklärlichen Verhalten bei der Sortierarbeit kommen.

Zusätzlich hilft das Eingabefeld FILTER. Es beschränkt die Anzeige auf genau die Elemente, die den eingetippten Begriff in ihrem Namen tragen.

Kleine Hilfen

Ab und an taucht neben Eingabefeldern oder Optionen ein kleines Ausrufezeichen auf, das wie in Abbildung 3-20 vor Gefahren warnt. Die dortigen Eingabefelder stammen übrigens aus den globalen Einstellungen (siehe Kapitel 10). Außer im Warnschild gibt es das Ausrufezeichen noch einmal in einem kleinen blauen Kreis.

Verharrt man mit dem Mauszeiger einen Moment über einem solchen Symbol, klappt ein kleines Hilfefenster (Tooltip) mit wertvollen Informationen auf.

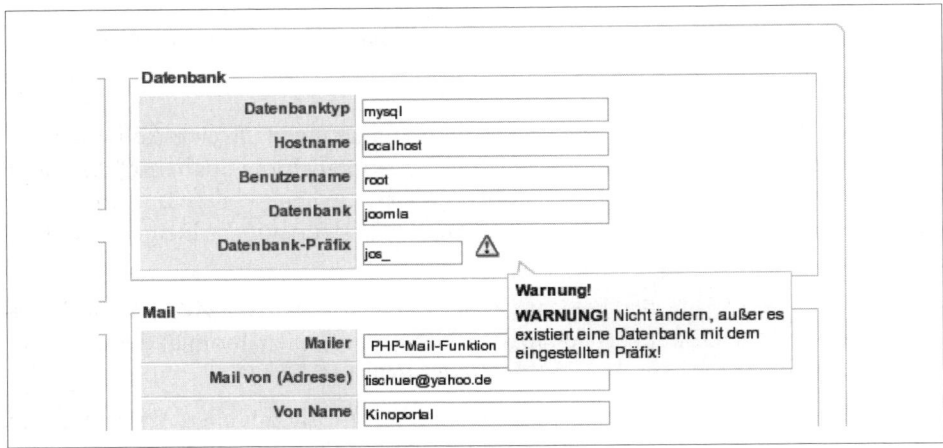

Abbildung 3-20: Verweilt man auf diesen kleinen Symbolen, so taucht ein kleines Fenster (Tooltip) mit nützlichen oder wichtigen Informationen auf.

Sperren von Inhalten

Bei der Benutzung des Administrationsbereichs ist eine Besonderheit zu beachten: Sobald Sie ein Element bearbeiten, weil Sie zum Beispiel einen alten Artikel auf den neuesten Stand bringen möchten, sperrt Joomla! es für alle weiteren Zugriffe. Kein anderer Nutzer kann ab diesem Zeitpunkt den Artikel bearbeiten. Hiermit gewährleistet das Content-Management-System, dass nicht zwei Nutzer gleichzeitig Änderungen vornehmen und man so beispielsweise eine komplett unbrauchbare Filmkritik erhält.

Von diesem Sperrvorgang bekommen sowohl der Autor als auch der Betrachter der Homepage normalerweise nichts mit. Sobald Sie Ihre Änderungen über das entsprechende Symbol in der Werkzeugleiste speichern oder die Bearbeitung über die Schaltfläche SCHLIEẞEN abbrechen, wird die Sperrung automatisch wieder aufgehoben.

Ein blockiertes Element taucht innerhalb der Administrationsoberfläche mit einem Schlosssymbol auf (🔒). Nur derjenige Benutzer, der das Element in diesem Zustand zurückgelassen hat, darf es noch bearbeiten und somit auch wieder entsperren. Für Besucher der Homepage hat dieser Zustand keine Auswirkungen. Für sie bleibt das Element auch während der Bearbeitung weiterhin zugänglich.

Ein Problem tritt jedoch dann auf, wenn der Browser plötzlich während der Bearbeitung geschlossen wird (zum Beispiel durch einen Absturz) oder wenn sich der

Autor während der Bearbeitung des Elements einfach ausloggt. Unachtsame Benutzer können auf diese Weise gleich mehrere Teile der Homepage an sich reißen. Einen Ausweg aus der Misere bietet der Menüpunkt WERKZEUGE → GLOBALES EINCHECKEN. Er veranlasst, dass die Sperrung aller Elemente auf der Stelle aufgehoben wird. Diese Reißleine darf allerdings nur ein Administrator ziehen. Sofern Sie sich mit den Daten aus der Installation angemeldet haben, sind Sie bereits als solcher unterwegs. Weiterführende Informationen zur Benutzerverwaltung finden Sie ab Seite 245.

Identifikationsnummern

Für jedes neu angelegte Element, wie zum Beispiel einen neuen Artikel oder ein neues Menü, vergibt Joomla! eine eindeutige Identifikationsnummer. Mit ihrer Hilfe kann das Content-Management-System Elemente mit gleichem Namen auseinanderhalten. So könnten beispielsweise zwei Artikel den Titel »Filmkritik Titanic« tragen – an diesem Thema haben sich ja gleich mehrere Regisseure versucht. Anhand der Identifikationsnummer kann Joomla! die Artikel dennoch voneinander unterscheiden.

Auch wenn die Identifikationsnummer in den meisten Listen eine eigenen Spalte ID erhält, kommt man mit den Ids/den Identifikationsnummern als Anwender nur selten in Kontakt – vorausgesetzt, man hat seine Titel und Überschriften möglichst eindeutig vergeben.

 Geben Sie deshalb Ihren Artikeln und Menüs möglichst eindeutige Titel und Überschriften – sie allein anhand einer nichtssagenden Identifikationsnummer auseinanderzuhalten kann recht verwirrend werden.

Systeminformationen

Unter dem Menüpunkt HILFE finden Sie noch einen weiteren Eintrag namens SYSTEMINFO. Wie in Abbildung 3-21 zu sehen ist, führt er zu einer Seite mit fünf Registern. Auf SYSTEMINFO zeigt Joomla! Informationen zum Server an. Hier stehen die eingesetzten Programme nebst ihren jeweiligen Versionsnummern.

Das nächste Register, PHP-EINSTELLUNGEN, präsentiert ein paar Informationen über die PHP-Umgebung.

Im Register KONFIGURATIONSDATEI finden Sie den Inhalt der Datei *configuration. php*. Wie Sie die etwas kryptisch anmutenden Werte komfortabel anpassen können, beschreibt Kapitel 10.

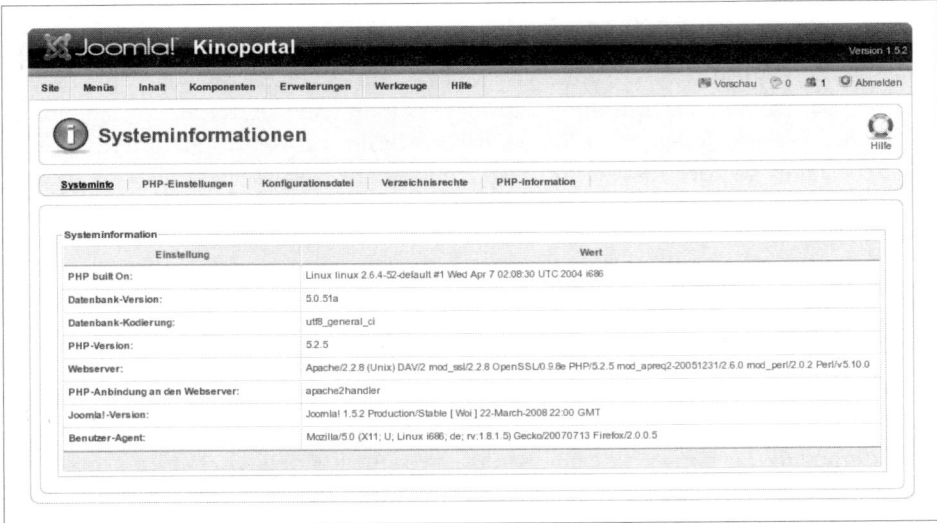

Abbildung 3-21: Die Systeminformationen des aktuellen Joomla!-Systems

Auf der Registerkarte VERZEICHNISRECHTE sind sämtliche Unterverzeichnisse der Joomla!-Installation und ihre jeweiligen Zugriffsrechte aufgeführt (Abbildung 3-22). Um alle Joomla!-Funktionen ohne Einbußen nutzen zu können, muss hier jeder Eintrag mit einem grünen *nicht schreibgeschützt* versehen sein.

 Dennoch sollten Sie darüber nachdenken, Joomla! aus Sicherheitsgründen die Schreibrechte für einige der Verzeichnisse zu entziehen. Ist beispielsweise das Unterverzeichnis *components* nur lesbar, so kann dort auch niemand ungewollt neue und eventuell sogar bösartige Komponenten installieren. Dummerweise speichern einige Erweiterungen ihre Einstellungen direkt in ihrem eigenen Komponentenverzeichnis. In diesem Fall müssen Sie entweder in den sauren Apfel beißen und den Zugriff auf die betroffenen Ordner wieder gestatten oder aber auf eine andere, gleichwertige Erweiterung ausweichen. Sofern Sie bei der Installation das FTP-System aktiviert haben, dürfen Sie hier allen Verzeichnissen die Schreibrechte entziehen.

Das letzte Register, PHP-INFORMATION, sammelt ganz unverblümt alle Daten, die Joomla! über die PHP-Umgebung ergattern kann. Hier erhält man einen Einblick in die aktivierten Funktionen und Einstellungen.

Joomla 1.0.x | Die alte Joomla!-Version fasste noch viele der hier aufgelisteten Informationen recht unübersichtlich auf der ersten Registerkarte zusammen.

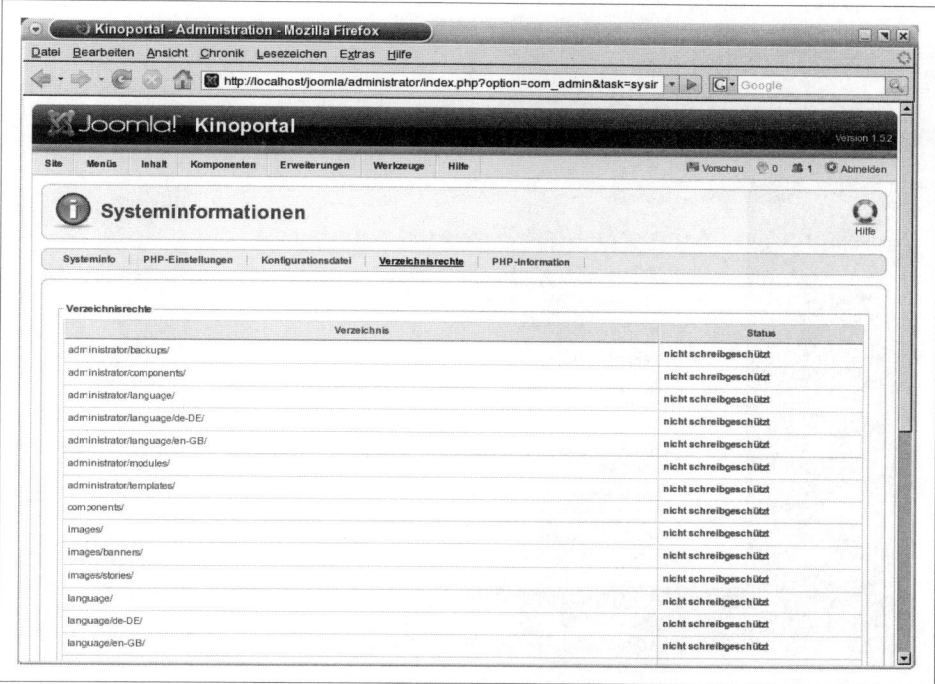

Abbildung 3-22: Hier zeigt Joomla! alle Verzeichnisse, auf die es Schreibrechte benötigt – vorausgesetzt Sie haben nicht das FTP-System bei der Installation gewählt.

Vorschau

Während man einen Internetauftritt neu entwirft, hilft ein parallel geöffnetes Vorschaufenster bei der Begutachtung der bislang durchgeführten Änderungen. Hierzu könnten Sie ein neues Browserfenster öffnen, in dem Sie dann die Startseite von Joomla! ansteuern. Alternativ bietet Joomla! zwei weitere Vorschaumöglichkeiten. Dazu zählt zum einen der bereits eingehend erwähnte Menüpunkt VORSCHAU. Er öffnet die Homepage in einem komplett neuen Fenster und bietet somit eine Seitenvorschau.

Joomla 1.0.x   In den Vorversionen steckten verschiedene Vorschauvarianten im Untermenü SITE → PREVIEW. INLINE zeigte dabei die Homepage im Arbeitsbereich an.

Darüber hinaus existiert ab und an noch ein Vorschau-Symbol in der Werkzeugleiste, dessen Reaktion vom gerade bearbeiteten Element abhängt. Ist beispielsweise gerade ein Artikel geöffnet, führt ein Klick auf VORSCHAU zu dem Ergebnis aus Abbildung 3-23: Der Text erscheint in einem hervorgehobenen Fenster. Über das kleine X kehren Sie wieder zum vorherigen Schirm zurück.

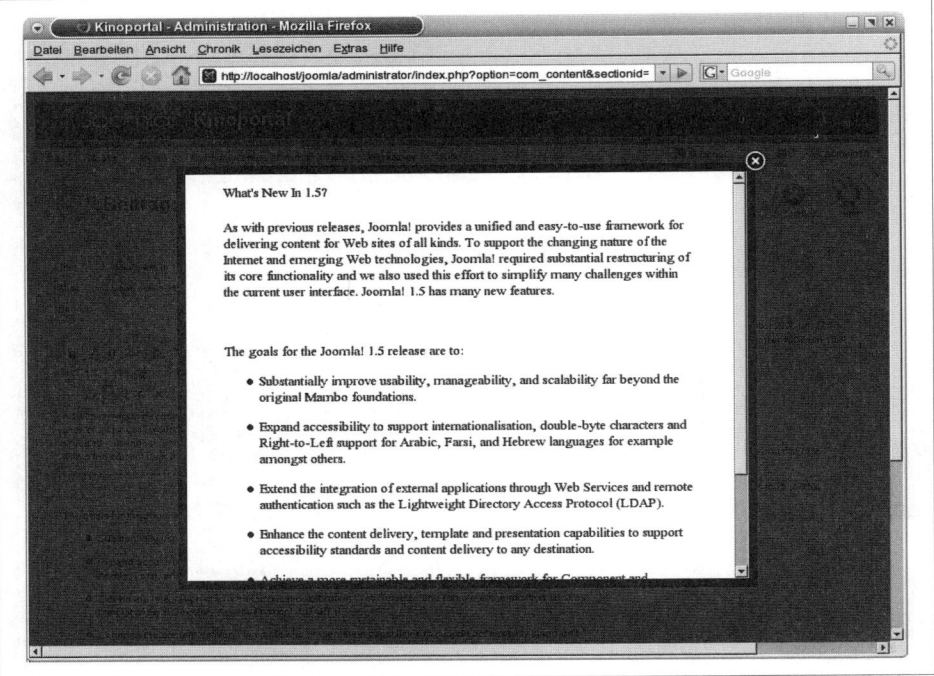

Abbildung 3-23: Die Vorschau eines Artikels, die man über die gleichnamige Schaltfläche im Hauptmenü erreicht

Bei so vielen Vorschaumöglichkeiten verwundert es etwas, dass die Entwickler den Templates, die das Design der Homepage maßgeblich bestimmen, nur eine äußerst mickerige Vorschau spendiert haben. Den entsprechenden Verwaltungsbildschirm erreichen Sie über den Menüpunkt ERWEITERUNGEN → TEMPLATES. Joomla! präsentiert nun eine Liste mit allen verfügbaren Design-Vorlagen (siehe Abbildung 3-24).

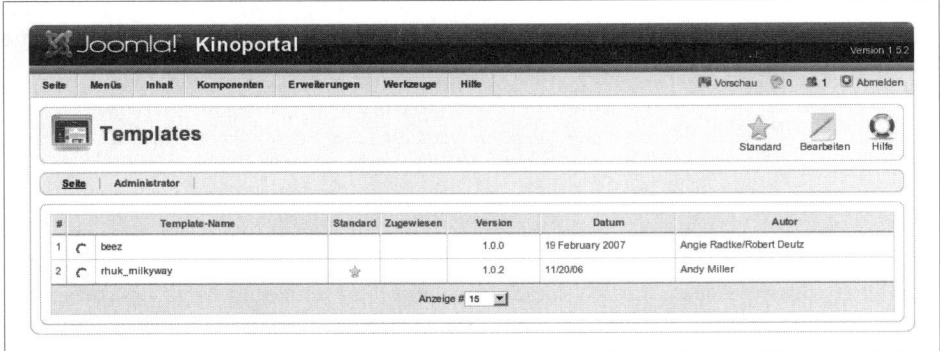

Abbildung 3-24: Diese Seite hilft beim schnellen Austausch des Homepage-Designs.

Dort stehen derzeit zwei Layouts zur Auswahl, von denen *rhuk_milkyway* aktiv ist. Sobald Sie mit dem Mauszeiger einen Moment lang über einem der beiden Einträge verweilen, erscheint ein kleines Vorschaubild. Dies eignet sich allerdings nur wenig, um einen Eindruck von der späteren Seite zu erhalten. Immerhin ist der Austausch des Layouts ohne jegliche Gefahren möglich: Um Ihrer Homepage die Vorlage *Beez* überzustülpen, markieren Sie den entsprechenden Kreis links neben dem Namen *beez* in der Liste und klicken anschließend auf STANDARD in der Symbolleiste. Damit haben Sie Ihrer Homepage mit nur zwei Mausklicks ein komplett neues Design verpasst. Jetzt können Sie zur Kontrolle einfach die normale VORSCHAU verwenden.

 Bei der Entwicklung der Vorlage *beez* wurde besonders auf die sogenannte *Barrierefreiheit* geachtet. Eine mit diesem Layout ausgestattete Seite kann somit auch von älteren Browsern oder speziellen Lesegeräten wie einer Braille-Zeile ohne Probleme gelesen werden. Das Standardlayout *rhuk_milkyway* garantiert diese beiden Punkte nicht. Mehr zum Thema Barrierefreiheit folgt in Kapitel 16.

Wenn Sie das etwas andere Aussehen nicht stört, können Sie selbstverständlich das neue Design beibehalten. Andernfalls wechseln Sie wieder nach der gleichen Methode zurück zum Standard-Template. Ihre in Joomla! gespeicherten Daten bleiben dabei immer unangetastet: Hier zeigt sich der Vorteil einer strickten Trennung von Inhalt und Layout.

Für die Templates existiert noch eine weitere, etwas versteckte Vorschaumöglichkeit. Um sie zu erreichen, klicken Sie den Namen eines Templates in der Liste an und wählen im neuen Bildschirm aus der Werkzeugleiste den Punkt VORSCHAU.

Joomla 1.0.x   In der Vorgängerversion von Joomla! fand sich diese Ansicht noch im Menü SITE → PREVIEW unter dem Punkt INLINE WITH POSITIONS wieder.

Damit präsentiert Joomla! Ihnen eine Ansicht, die der in Abbildung 3-25 ähnelt.

Diese Darstellung zeigt den Bauplan Ihrer Homepage: Jedes grau umrandete Rechteck markiert eine Position, an der Sie eigene Elemente platzieren können. Die Rechtecke entsprechen somit den eingangs erwähnten Schachteln. Für die Ausrichtung der Elemente innerhalb der Schachteln ist Joomla! selbst verantwortlich. Packen Sie beispielsweise zwei Menüs in die mit *left* beschriftete Schachtel, ordnet das Content-Management-System sie automatisch untereinander an.

Diese Darstellung des Seitenbauplans wird in den kommenden Kapiteln noch an verschiedenen Stellen äußerst nützlich sein. Insbesondere die Module greifen auf die hier gezeigten Informationen zurück (vgl. Kapitel 7).

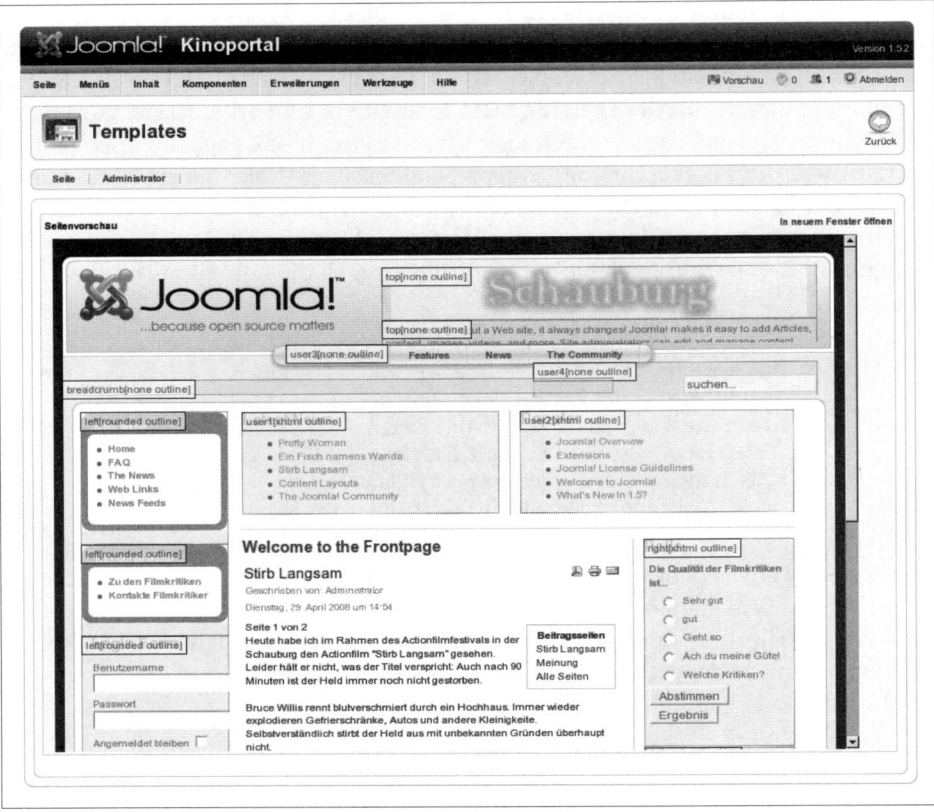

Abbildung 3-25: Diese Vorschau zeigt den Bauplan der Homepage.

Einen Internetauftritt erstellen

KAPITEL 4
Inhalte verwalten

Nachdem das Content-Management-System installiert worden ist und wenn es ordnungsgemäß läuft, wird es endlich Zeit, es mit eigenen Inhalten zu füttern.

Joomla! ist vollständig auf die Verwaltung sogenannter *Beiträge* (englisch *Articles*) ausgerichtet. Ähnlich wie Zeitungsartikel sind diese *Beiträge* ganz normale Texte, die durch Formatierungen, Bilder und Multimedia-Elemente aufgelockert werden.

`Joomla 1.0.x` In Joomla!-Versionen vor 1.5 hießen die Beiträge noch *Content Items*. Als deutscher Begriff hatte sich dafür die etwas sperrige Übersetzung *Inhaltselement* etabliert.

Jeder Beitrag erscheint später auf einer eigenen Unterseite Ihres Internetauftritts. Joomla! liefert in den Beispieldaten bereits zahlreiche Beiträge mit. Einen von ihnen zeigt Abbildung 4-1.

Dieser Beitrag trägt den Titel *Joomla! Overview* und enthält ausschließlich Text. Den Autor und das Datum der Veröffentlichung setzt Joomla! im Moment noch als Zusatzinformation selbstständig dazu. Je nach eingegebenem Text repräsentiert ein Beitrag eine Nachrichtenmeldung, einen Reisebericht oder im Fall des Kinoportals beispielsweise eine Filmkritik. In Abbildung 4-1 handelt es sich um eine kurze Vorstellung des Content-Management-Systems.

 Da Joomla! ausschließlich mit Beiträgen hantiert, schränkt dies natürlich die Handlungsfreiheit etwas ein. So ist es beispielsweise nicht ohne Weiteres möglich, ausschließlich Bilder in das Content-Management-System zu hieven, um mit ihnen dann eine Bildergalerie aufzubauen. Um dies ohne Hilfsmittel zu erreichen, könnten Sie lediglich pro Bild einen Beitrag anlegen und dort dann nur das Bild ohne jeden weiteren Text einfügen. Diese Methode ist aber weder für den Seitenbetreiber noch für den Besucher besonders bedienerfreundlich.

Wie man in Joomla! dennoch andere Daten speichert und somit aus dem Beitragskorsett ausbricht, zeigen die Kapitel 6 und 15.

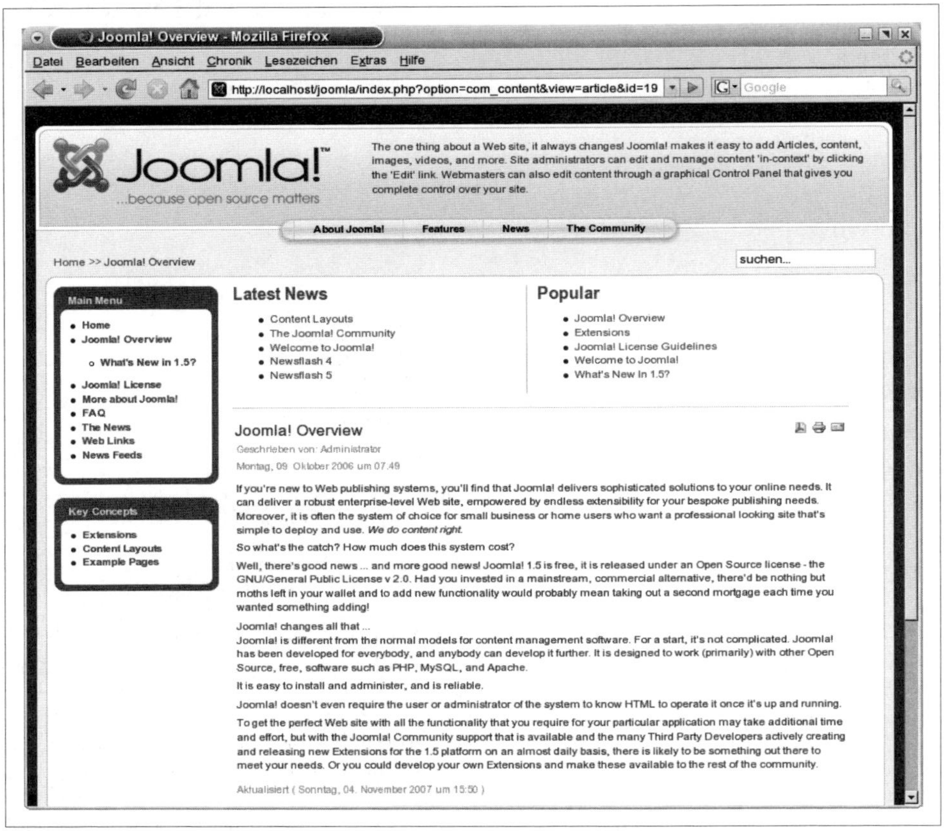

Abbildung 4-1: Ein Beispiel für einen Beitrag

Die folgenden Abschnitte zeigen, wie man auf Basis der Beiträge Schritt für Schritt einen kompletten Internetauftritt erstellt. Als Beispiel dient hierbei wieder das Kinoportal.

Strukturierung der Inhalte

Bevor Sie jetzt mit viel Elan zum Administrationsbereich spurten und voller Tatendrang in die Tastatur greifen, sollten Sie zunächst kurz über den Aufbau der zukünftigen Homepage nachdenken.

Eines von Kain Anunks Problemen aus Kapitel 1 war die mangelnde Übersichtlichkeit. Seine Homepage führte lediglich eine lange Liste mit sämtlichen Artikeln. Für die Besucher war es somit schwierig, einen bestimmten Film ausfindig zu machen. Um für etwas mehr Durchblick zu sorgen, könnte man in einem ersten Schritt alle Kritiken nach Filmgenres sortieren. Abbildung 4-2 hat dies in einem kleinen Rahmen schon einmal vorbereitet.

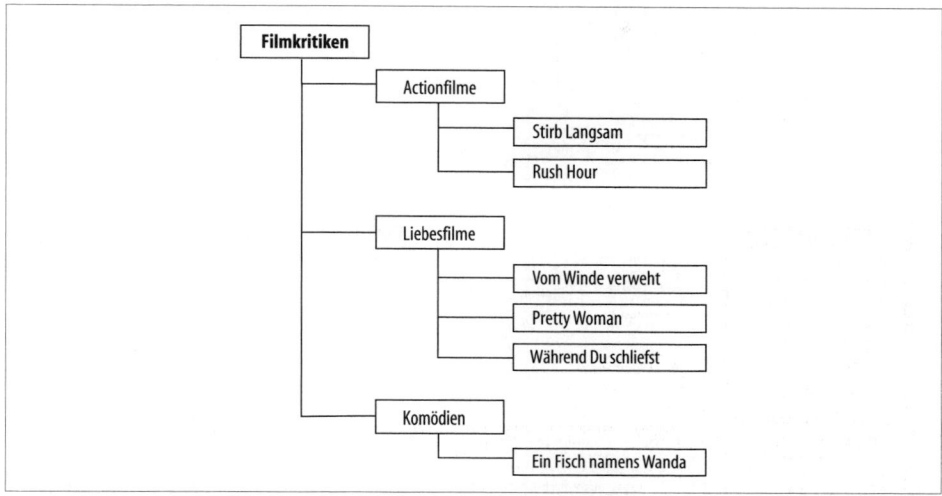

Abbildung 4-2: Ein Beispiel für die Organisation der Kinoseite

Die Startseite der Homepage führt ab sofort nur noch Links auf die verschiedenen Genres. Klickt man einen solchen Verweis an, gelangt man zu einer Liste mit allen Filmkritiken, die diesem Genre entsprechen.

Die Seiten einer jeden Homepage lassen sich in solch eine Hierarchie pressen. Wie man Letztere wählt, hängt vom konkreten Thema und den darzustellenden Inhalten ab.

Bevor Sie also eine neue Seite mit Joomla! in Angriff nehmen, überlegen Sie kurz, welche Elemente Sie den späteren Besuchern präsentieren möchten. Beim Kinoportal waren es die Filmkritiken. Versuchen Sie ruhig schon ein paar Beispiele zu finden, wie hier die Kritiken zu *Pretty Woman* oder *Ein Fisch namens Wanda*. Anschließend versuchen Sie, Gemeinsamkeiten zwischen diesen auszumachen und so Gruppen zu bilden. *Pretty Woman* und *Während du schliefst* sind beispielsweise beides Liebesfilme. Es liegt somit nahe, die Kritiken nach Genres zu sortieren. Dies ist selbstverständlich nur eine von vielen Möglichkeiten. Beispielsweise hätte man auch die Artikellänge als Sortierkriterium heranziehen können. In diesem Fall stellt sich dann aber die Frage, wie sinnvoll diese Gruppierung für die Besucher wäre. Wenn Sie also mehrere Möglichkeiten für eine Strukturierung gefunden haben, sollten Sie immer diejenige wählen, die für die Besucher (und nicht für Sie selbst) am sinnvollsten erscheint. Dazu fragen Sie sich einfach, wonach ein Gast sucht, wenn er auf Ihre Homepage stößt. Im Fall des Kinoportals wäre dies sicherlich eine Filmkritik zu einem konkreten Film, den er gesehen hat oder noch anschauen möchte. Folglich muss es ihm so einfach wie nur möglich gemacht werden, diese Kritik unter all den anderen zu finden.

Leider können Sie unter Joomla! keine beliebige Hierarchieform wählen. Stattdessen zwingt das Content-Management-System Ihnen eine ganz bestimmte Struktur auf, wie sie Abbildung 4-3 skizziert.

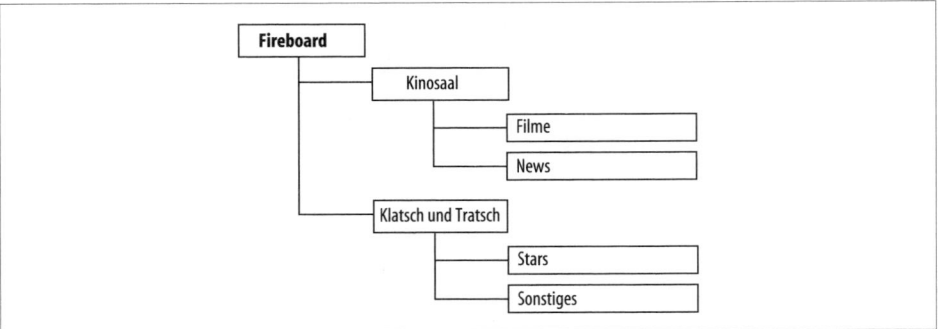

Abbildung 4-3: Aus dem Korsett einer Joomla!-Gliederung kommt man nicht raus.

Jeder Beitrag befindet sich in einer sogenannten Kategorie (*Category*), die wiederum immer einem *Bereich* (*Section*) zugeordnet ist. Diese zweistufige Gliederung darf nicht aufgebrochen werden. Ein Beitrag darf also beispielsweise nicht direkt in einem Bereich auftauchen. Das ist insbesondere dann ärgerlich, wenn man entweder gar nicht eine so tiefe Schachtelung benötigt oder aber gerne noch weitere Unterpunkte in Anspruch nehmen würde.

Es gibt allerdings eine Ausnahme: Beiträge, die weder einer Kategorie noch einem Bereich angehören, fallen unter den speziellen Bereich *Nicht kategorisiert*. Salopp könnte man also sagen, dass dieser Bereich alle Beiträge aufnimmt, die sich nirgendwo einordnen lassen. In der Praxis fallen darunter meist Texte, die partout nicht in eine Kategorie passen oder sich kaum ändern, wie zum Beispiel ein Impressum.

Joomla 1.0.x | In der Vorversion existierten noch spezielle Beiträge, der sogenannte *Static Content* (*statische Inhalte*). Dieses Konzept wurde in der Version 1.5 über Bord geworfen. Derartige Texte landen nun alle als normale Beiträge im Bereich *Nicht kategorisiert*.

 Im Fall der Filmkritiken funktioniert erfreulicherweise fast eine direkte Zuordnung, wie in Abbildung 4-4 zu sehen ist:

Hier gibt es drei Bereiche: einmal die Filmkritiken, dann einen Bereich mit Nachrichten aus dem lokalen Kinogeschehen und schließlich noch einen Bereich mit gemischten Artikeln (die sonst nirgendwo hinpassen).

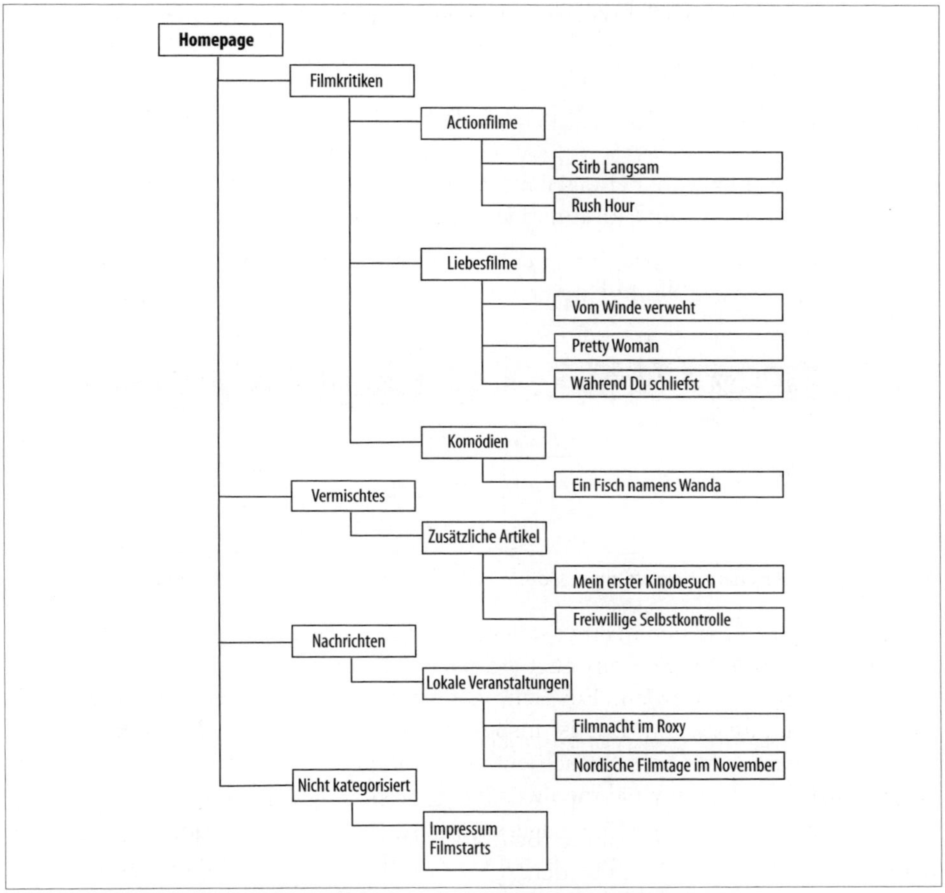

Homepage
├── Filmkritiken
│   ├── Actionfilme
│   │   ├── Stirb Langsam
│   │   └── Rush Hour
│   ├── Liebesfilme
│   │   ├── Vom Winde verweht
│   │   ├── Pretty Woman
│   │   └── Während Du schliefst
│   └── Komödien
│   └── Ein Fisch namens Wanda
├── Vermischtes
│   └── Zusätzliche Artikel
│   ├── Mein erster Kinobesuch
│   └── Freiwillige Selbstkontrolle
├── Nachrichten
│   └── Lokale Veranstaltungen
│   ├── Filmnacht im Roxy
│   └── Nordische Filmtage im November
└── Nicht kategorisiert
    └── Impressum
        Filmstarts

Abbildung 4-4: Die Struktur für das Kinoportal ist sehr Joomla!-fähig!

Der Bereich mit den Filmkritiken enthält drei Kategorien, die den verschiedenen Genres entsprechen. Unter der Kategorie *Actionfilme* findet man beispielsweise die Filmkritik zu *Stirb Langsam* und eine weitere zu *Rush Hour*.

Um sich die Gliederung zu verdeutlichen, können Sie sich die Bereiche und Kategorien als Unterseiten einer Homepage vorstellen, auf denen jeweils eine Liste mit Links zu ihren weiteren Inhalten verzweigt.

Es ist übrigens nicht tragisch, dass die letzten beiden Bereiche jeweils nur eine Kategorie beinhalten. Durch geschicktes Einbinden in die Menüs kann man die überflüssige Hierarchiestufe zumindest optisch vor den Besuchern verbergen. Wie dies genau funktioniert lesen Sie im Abschnitt »Verbindung mit einem Menüpunkt« auf Seite 101.

Nachdem die Struktur in ihren Grundzügen festgelegt wurde, geht es nun an ihre Einrichtung.

Bereiche

Für die Verwaltung von Beiträgen ist in Joomla! das Menü INHALT (CONTENT) zuständig. Um die Bereiche kümmert sich dort der gleichnamige Punkt BEREICHE.

Wenn Sie während der Installation die Beispieldaten eingespielt haben, tauchen in der Liste unter diesem Punkt bereits drei Bereiche auf (siehe Abbildung 4-5).

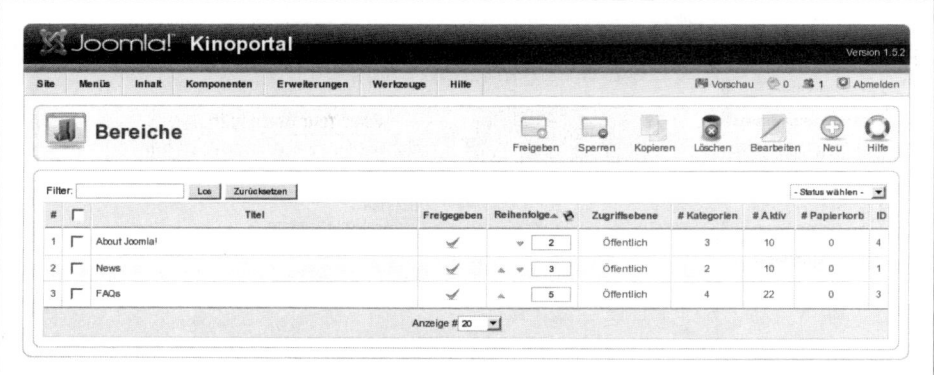

Abbildung 4-5: Die Bereiche aus den Beispieldaten

Wie die grünen Haken in der Spalte FREIGEGEGBEN zeigen, sind alle Bereiche mit ihren Kategorien auf der Homepage veröffentlicht und somit dort für Besucher zugänglich. Die Voraussetzung für einen Zugriff ist selbstverständlich, dass der Bereich in ein Menü eingebunden und damit auch tatsächlich irgendwie erreichbar ist. In den Bereich *FAQs* aus den Beispieldaten gelangt man beispielsweise über den gleichnamigen Punkt im MAIN MENU auf der Startseite. Er führt zu einer Übersicht mit allen im Bereich enthaltenen Kategorien (Abbildung 4-6).

Sobald Sie im Administrationsbereich einen Bereich sperren, indem Sie auf den kleinen grünen Haken in der Spalte FREIGEGEBEN klicken, ist dieser Bereich nicht mehr von der Homepage aus erreichbar. Der Menüpunkt, der auf diesen Bereich verweist, bleibt jedoch erhalten und führt folglich ins Nirvana. Probieren Sie dies einmal mit dem Bereich FAQ aus: Klicken Sie auf den grünen Haken, und wechseln Sie dann in der VORSCHAU im MAIN MENU zum Eintrag FAQs. Es erscheint nun der Bildschirm aus Abbildung 4-7 – der später aber leider auch jedem Besucher der Seite gezeigt werden würde.

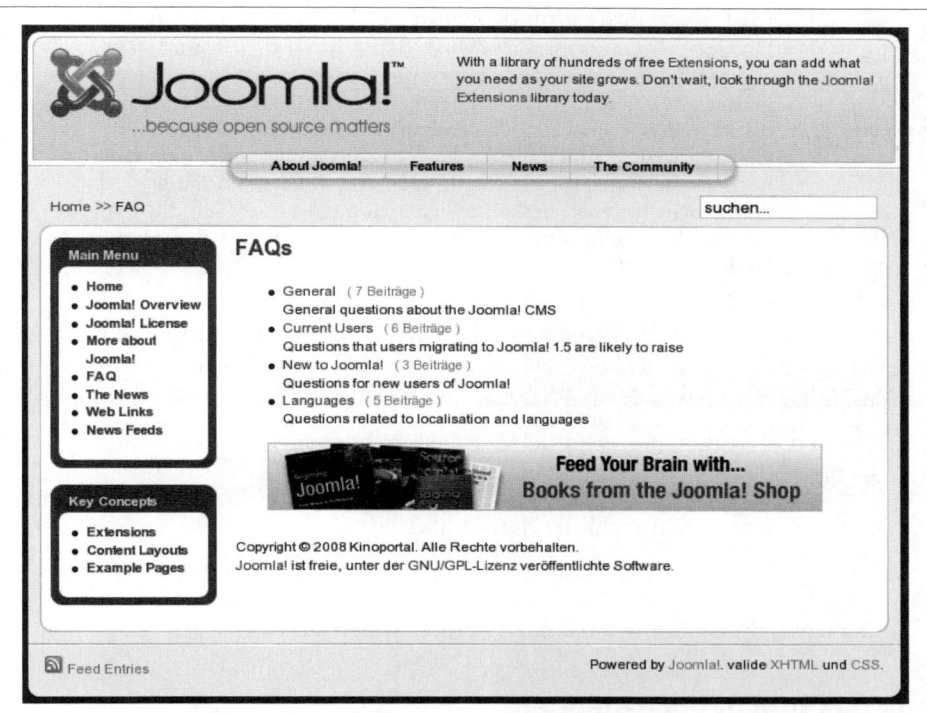

Abbildung 4-6: Der Bereich FAQs enthält die hier aufgelisteten Kategorien.

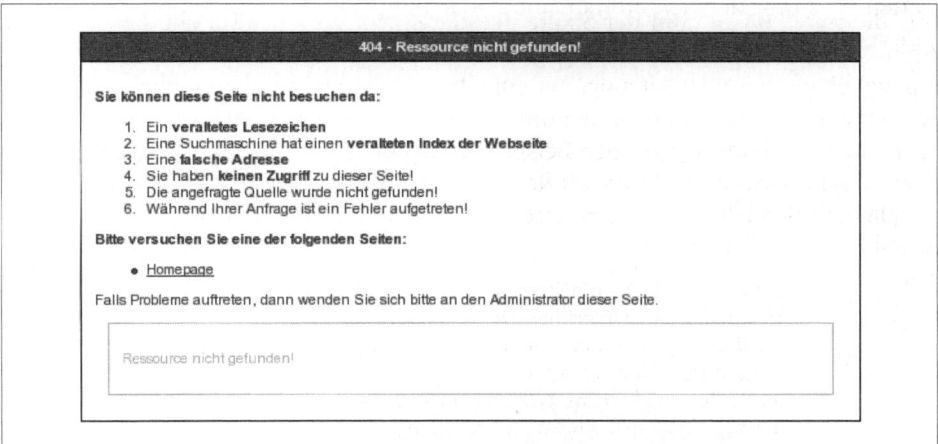

Abbildung 4-7: Der Versuch, auf einen ausgeblendeten Bereich zuzugreifen, scheitert mit dieser Fehlermeldung.

Die Sperrung eines Bereichs wirkt sich nur auf den Bereich selbst aus, nicht auf die darin enthaltenen Kategorien und Beiträge. Gäbe es beispielsweise noch einen weiteren Eintrag im MAIN MENU, der direkt zu der im Bereich FAQS enthaltenen Kategorie GENERAL springen würde, so könnten die Besucher auch nach der Sperrung immer noch in die Kategorie GENERAL wechseln. Dies ist so ähnlich, als würde man bei einer herkömmlichen Homepage lediglich die Startseite löschen – ihre Unterseiten blieben in diesem Fall auch weiterhin erreichbar.

Stellen Sie sicher, dass alle Bereiche freigegeben sind, und betrachten Sie den Aufbau der hier angezeigten Tabelle, wie sie auch in Abbildung 4-5 zu sehen ist. Sie finden in ihr alle bereits aus Kapitel 3 bekannten Spalten.

Die letzten drei Spalten beziehen sich auf die Inhalte eines Bereichs:

- \# KATEGORIEN nennt die Anzahl der enthaltenen Kategorien.
- \# AKTIV nennt die Anzahl der derzeit aktiven, also auf der Homepage sichtbaren Beiträge.
- Die Spalte \# PAPIERKORB zeigt die Anzahl der in den Papierkorb verschobenen Elemente, die ursprünglich einmal in diesem Bereich vorhanden waren.

Einen neuen Bereich anlegen

Um einen neuen Bereich zu erstellen, lässt die Werkzeugleiste gleich zwei Möglichkeiten zu: Entweder erstellt man einen neuen Bereich, oder man kopiert einen vorhandenen.

Im zweiten Fall kreuzt man den zu kopierenden Bereich in dem kleinen rechteckigen Feld links von seinem Namen an und wählt aus der Werkzeugleiste das Symbol KOPIEREN. Da Bereiche stets eindeutige Namen besitzen müssen, fragt Joomla! nun nach einem neuen Namen für die Kopie, wie in Abbildung 4-8 zu sehen ist. Alle im ursprünglichen Bereich enthaltenen Elemente werden übrigens mitkopiert. Die in Abbildung 4-8 aufgeführten Beiträge existieren somit nach einem Klick auf SPEICHERN doppelt: einmal in ihrem alten Bereich und einmal im neuen.

 Es handelt sich dabei jedoch um zwei komplett verschiedene Beiträge, die nach dem Kopieren lediglich den gleichen Inhalt besitzen. Wenn Sie also den Text des mitkopierten Beitrags ändern, verändert sich der alte nicht automatisch mit. Joomla! hat die Beiträge also tatsächlich dupliziert.

 Für das Kinoportal soll jedoch kein vorhandener Bereich kopiert, sondern ein komplett neuer Bereich geschaffen werden.

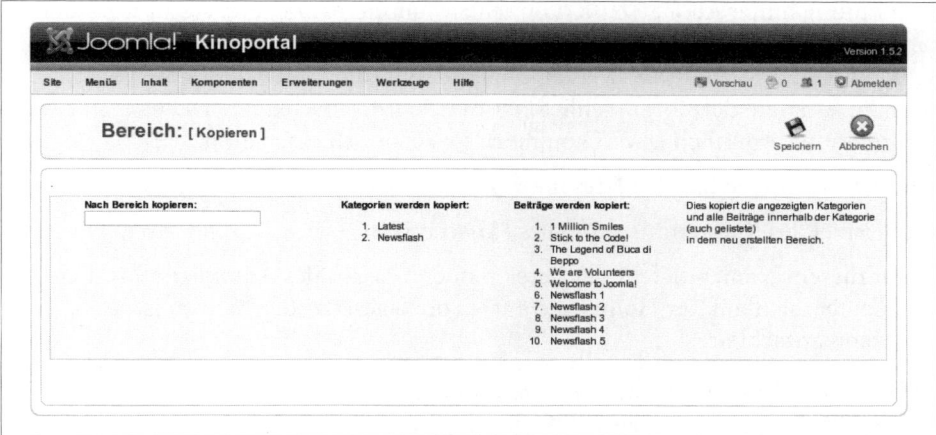

Abbildung 4-8: Joomla! möchte den Namen der Kopie wissen.

Um einen neuen Bereich für die Filmkritiken zu erstellen, klicken Sie auf das Symbol NEU in der Werkzeugleiste über der Liste mit allen Bereichen. Joomla! öffnet daraufhin den Bearbeitungsbildschirm für Bereiche (vgl. Abbildung 4-9).

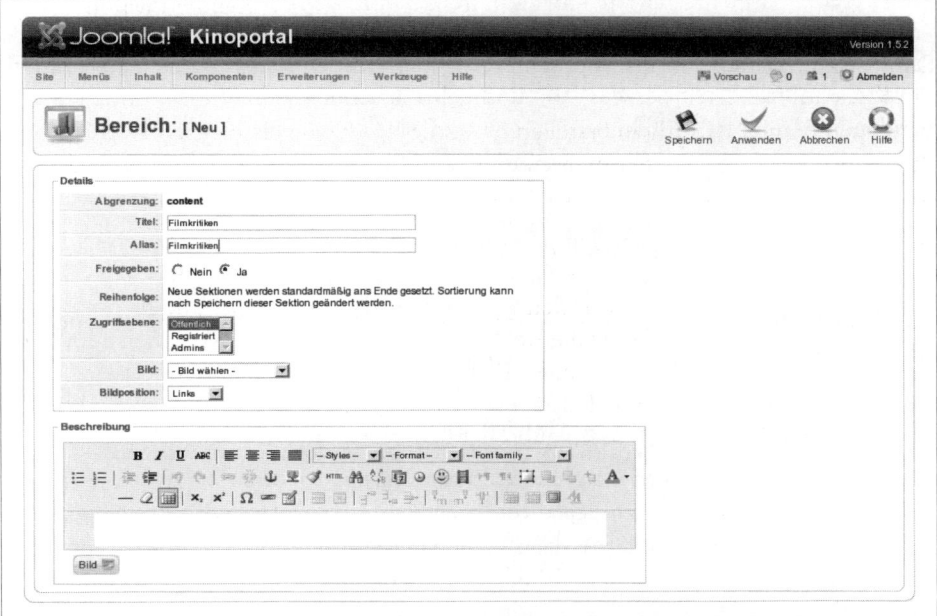

Abbildung 4-9: Dieser Bearbeitungsbildschirm öffnet sich beim Anlegen oder Editieren einer Sektion.

Den Eintrag hinter ABGRENZUNG können Sie ignorieren. Er zeigt eigentlich die sogenannte Zugriffsart an (und ist mit der Benutzerverwaltung weder verwandt noch verschwägert). Vermutlich wissen ohnehin nur die Entwickler, was das ist. In Joomla! existiert derzeit ausschließlich die Zugriffsart *content*. Daher ergibt diese Information vermutlich erst in kommenden Versionen einen Sinn.

Unter TITEL tippen Sie als Erstes die Bezeichnung für den neuen Bereich ein.

Im Beispiel des Kinoportals wäre dies **Filmkritiken**.

Unter diesem Namen taucht der Bereich in den Listen des Administrationsbereichs und später auch auf der Homepage auf – vorausgesetzt, der Bereich ist direkt über ein Menü erreichbar.

Zusätzlich dürfen Sie noch unter ALIAS einen Alias- bzw. Ersatznamen vergeben. Interessant wird diese Angabe nur im Zusammenhang mit Sonderfunktionen, wie beispielsweise einer Suchmaschinenoptimierung.

Für das Kinoportal wählen Sie einfach erneut **Filmkritiken**.

Der Alias-Name darf keine Leerzeichen enthalten. Sollten Sie dennoch welche eintippen, ersetzt Joomla! sie beim Speichern selbstständig durch Bindestriche.

Damit wären bereits alle erforderlichen Angaben für den neuen Bereich zusammen. Ein Klick auf SPEICHERN erzeugt ihn und kehrt anschließend zur Liste mit allen vorhandenen Bereichen zurück.

Die Schaltfläche ANWENDEN dient zum Zwischenspeichern. Sofern der Bereich noch nicht existiert, legt auch sie ihn neu an, bleibt aber weiterhin im Bearbeitungsbildschirm.

ABBRECHEN bricht den gesamten Vorgang gemäß seiner Beschriftung ab und verwirft sämtliche Änderungen bzw. Eingaben.

Wenn Sie einen bestehenden Bereich bearbeiten, steht anstelle der ABBRECHEN-Schaltfläche ein SCHLIESSEN-Button. Er verwirft ebenfalls alle Änderungen und kehrt zur Liste mit den Bereichen zurück.

Damit existiert nun ein neuer Bereich namens *Filmkritiken*, der aber noch nicht auf der Homepage erreichbar ist. Abhilfe schafft ein passender Menüeintrag. Dazu wechseln Sie im Hauptmenü des Administrationsbereichs zum Punkt MENÜS → MAIN MENU. Es erscheint eine neue Liste, die sämtliche Einträge des MAIN MENUs beherbergt. Dieser Liste fügen Sie nun einen neuen Eintrag über das Symbol NEU in der Werkzeugleiste hinzu. Jetzt erscheint eine lange Liste mit kryptischen Bezeichnungen. Klicken Sie hier auf BEITRÄGE. Es entfaltet sich eine weitere Liste mit weiteren kryptischen Einträgen (siehe Abbildung 4-10). Da der neue Menüeintrag auf einen Bereich verweisen soll, sind nur die beiden Einträge unter BEREICH von Interesse. Mit ihnen steuern Sie, auf welche Art und Weise die Elemente des Bereichs auf dem Bildschirm erscheinen sollen. Fürs Erste genügt ein Klick auf das BEREICHS-LAYOUT (JOOMLA!-STANDARD).

Abbildung 4-10: Die Erstellung eines neuen Menüpunktes führt über diese Liste.

Damit sieht der Besucher später eine Liste aller im Bereich enthaltenen Kategorien. Um die Bedeutung der anderen kryptischen Einträge kümmert sich später noch das Kapitel 8.

Joomla! präsentiert nun einen weiteren, extrem überladenen Bildschirm. Doch keine Angst: Hier sind derzeit nur einige wenige Einstellungen interessant. Zunächst müssen Sie unter TITEL und dem ALIAS dem neuen Menüeintrag eine Beschriftung verpassen, wie beispielsweise **Zu den Filmkritiken**. Weiter geht es auf der rechten Seite im Register PARAMETER – GRUNDLEGEND. Dort suchen Sie in der Liste BEREICH den neu angelegten Bereich *Filmkritiken* heraus. Abschließend setzen Sie noch einen Punkt vor

ANZEIGEN jeweils bei BESCHREIBUNG, BILDBESCHREIBUNG und auf dem Register PARAMETER – SYSTEM bei SEITENTITEL ANZEIGEN (Abbildung 4-11). Damit erscheinen diese Elemente später auch auf der Homepage.

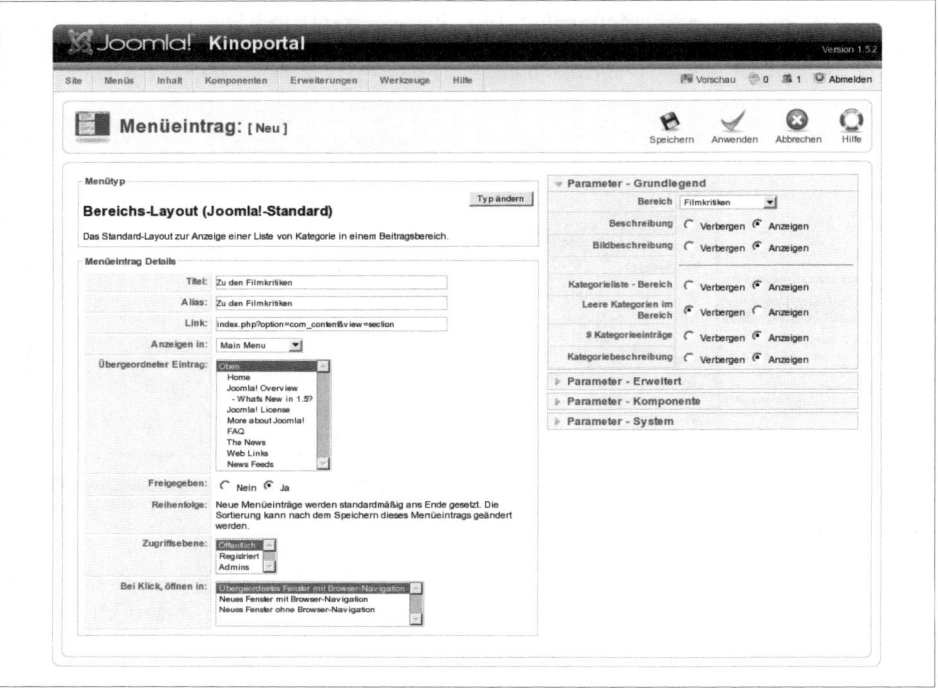

Abbildung 4-11: Dieser Bildschirm regelt das Verhalten eines Menüpunktes. Mit den hier gewählten Einstellungen wird er unter dem Namen »Zu den Filmkritiken« auf den Bereich »Filmkritiken« verweisen.

Das war schon alles. Ein Klick auf SPEICHERN legt den neuen Menüeintrag an. Ab sofort ist der neue Bereich über das Hauptmenü erreichbar. Sie können ihn in Abbildung 4-12 bewundern.

`Joomla 1.0.x` In Versionen vor Joomla! 1.5 konnte man einen Menüeintrag noch direkt im Bearbeitungsbildschirm des Bereichs anlegen. Dazu präsentierte Joomla! auf der rechten Seiten unter LINK TO MENU mehrere Einstellungen – vorausgesetzt, die Sektion wurde zuvor einmal gespeichert. Unter SELECT A MENU erschien dann eine Liste mit allen verfügbaren Menüs, aus denen man sich das gewünschte auswählte. Unter SELECT MENU TYPE tauchte dann ein Teil der oben gezeigten Liste auf, wobei Section List dem heutigen Typ BEREICHS-LAYOUT (JOOMLA!-STANDARD) entsprach. Im letzten Schritt vergab man noch unter MENU ITEM NAME eine Beschriftung für den neuen Menüeintrag. Per LINK TO MENU wurde er dann von Joomla! generiert.

Abbildung 4-12: Der neue Bereich »Filmkritiken«

Das Ergebnis wirkt allerdings noch etwas leer. Um das zu ändern, geht es noch einmal zurück in den Bearbeitungsmodus des Bereichs *Filmkritiken*. Dazu klicken Sie in der Liste hinter INHALT → BEREICHE auf den Namen FILMKRITIKEN.

Im Bereich DETAILS gibt es noch ein paar Einstellungsmöglichkeiten, die bislang noch nicht angesprochen wurden. Unter BILD können Sie ein Foto wählen. Derzeit ist die Auswahl etwas mager, aber *articles.jpg* wirkt für den Anfang und die Filmkritiken recht passend. Die in der Liste aufgeführten Bilder liegen im Verzeichnis *images/stories* der Joomla!-Installation. Wie man sie um eigene Werke bereichert, zeigt Kapitel 5.

Der nächste Punkt, BILDPOSITION, regelt, wo das Bild später auf der Seite erscheint.

Wählen Sie für das Kinoportal *Rechts*, denn an diesem Rand stört es am wenigsten.

Unter REIHENFOLGE stellen Sie ein, an welcher Position der Bereich in der vorangegangenen Übersichtsliste auftaucht. Dabei fügt Joomla! den aktuell geöffneten Bereich immer *hinter* dem hier ausgewählten ein. Wählen Sie in der Ausklappliste also beispielsweise den Bereich für die *News*, so erscheinen die *Filmkritiken* nach dem SPEICHERN in der Übersichtsliste direkt unter den *News* an dritter Position.

Die ZUGRIFFSEBENE regelt den Zugriff auf den Bereich. Wie im vorherigen Kapitel erwähnt, kann bei der Einstellung ÖFFENTLICH jeder Besucher der Homepage den Bereich einsehen. REGISTRIERT ermöglicht nur angemeldeten Benutzern den Zugriff, während ADMINS diesen nur einer bestimmten Nutzergruppe erlaubt. Kapitel 9 geht ausführlich auf die möglichen Benutzerrechte ein. Da alle Besucher die Filmkritiken lesen dürfen, bleibt es hier bei ÖFFENTLICH.

Der Eintrag unter FREIGEGEBEN steuert, ob der Bereich direkt nach dem Speichern veröffentlicht werden soll (JA) oder besser erst mal nicht (NEIN). Im Moment ist der erste Fall wünschenswert.

 Sollten Sie jedoch bereits eine Seite in den Produktivbetrieb überführt haben, empfiehlt es sich, zunächst alle neu angelegten Elemente auszublenden. Erst wenn alle Änderungen durchgeführt worden sind, setzen Sie diesen Zustand wieder auf FREIGEGEBEN zurück. Hierdurch verschrecken Sie Ihre Besucher nicht mit vorübergehenden Inkonsistenzen oder leeren Seiten.

Im großen Eingabefeld BESCHREIBUNG können Sie nun den Text eintragen, der später auf der Homepage erscheint. Er informiert dann den Betrachter der Homepage darüber, was ihn alles in diesem Bereich erwartet. Wie Sie an den entsprechenden Symbolen erkennen können, sind hier auch umfangreiche Formatierungen erlaubt. Ein Zeichenlimit gibt es nicht, dennoch sollten Sie sich an dieser Stelle kurzfassen. Ausführliche Texte gehören immer in einen eigenen Beitrag.

 Alternativ können Sie den Text auch direkt mithilfe sogenannter HTML-Befehle formatieren. Letztere steuern normalerweise bei herkömmlichen bzw. einfachen Internetseiten deren Aussehen. Eine gute Einführung in diese Thematik bietet beispielsweise die Seite *http://www.selfhtml.de*. Sie sollten jedoch vorsichtig mit diesem machtvollen Instrument umgehen und wenn möglich nur die angebotenen Formatierungsmöglichkeiten nutzen. Je nach verwendeten Befehlen greifen Sie ansonsten in das von Joomla! erzeugte Seitenlayout ein, das im Extremfall dann nur noch zerstückelt beim Betrachter ankommt. Um HTML-Befehle einzugeben, klicken Sie auf das kleine Symbol mit der Aufschrift HTML. Die Auswirkungen sehen Sie allerdings erst nach einem Klick auf VORSCHAU in der Werkzeugleiste.

 Alle für den Bereich der Filmkritiken nötigen Einstellungen sind in Abbildung 4-13 zusammengefasst.

Sichern Sie die Änderungen über die gleichnamige Schaltfläche, und wechseln Sie wieder in die VORSCHAU. Das dort nun dargestellte Ergebnis zeigt Abbildung 4-14.

Joomla 1.0.x   In der vorhergehenden Joomla!-Version gab es im Administrationsbereich noch einen bequemen Zugriff auf alle vorhandenen Bereiche, und zwar über das Menü CONTENT → CONTENT BY SECTION. Jeder Bereich hatte dort ein eigenes Untermenü, das direkt zu den enthaltenen Kategorien (ADD/EDIT ... CATEGORIES) und Beiträgen (... ITEMS) führte.

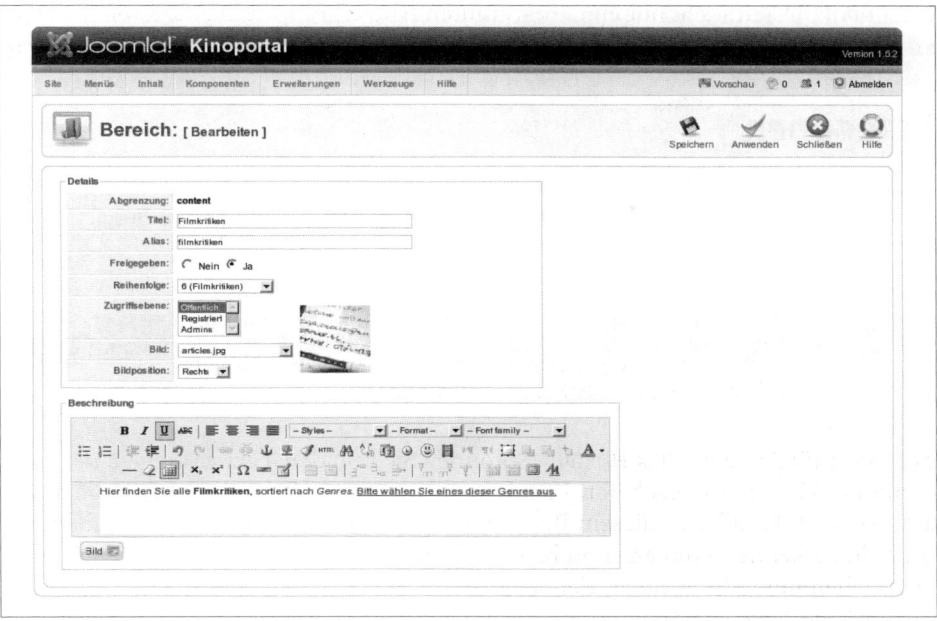

Abbildung 4-13: Die Einstellungen für den aufgebohrten und mit einem Bild verschönerten Bereich

Abbildung 4-14: Die aufgebohrte Übersichtsseite des Bereichs »Filmkritiken« auf der Homepage

Nachdem die Seite schon vollmundig die einzelnen Genres ankündigt, sollten diese schleunigst in Form von Kategorien hinzugefügt werden.

Kategorien

Die Kategorien verwalten Sie über den Menüpunkt hinter INHALT → KATEGORIEN. Die Liste, die daraufhin erscheint, führt sämtliche Kategorien in allen Bereichen auf (Abbildung 4-15).

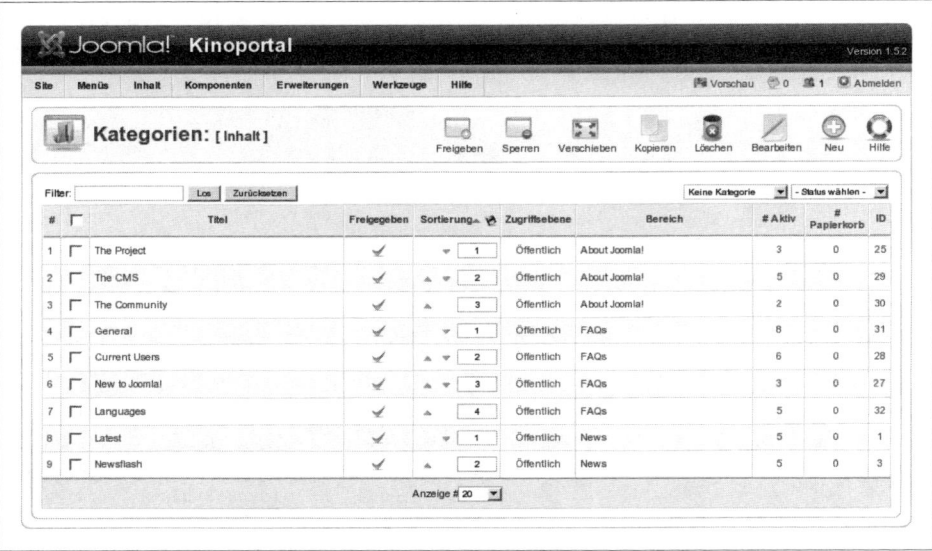

Abbildung 4-15: Alle Kategorien aus den mitgelieferten Beispieldaten

Eine neue Kategorie anlegen

 Da für das Kinoportal neue Kategorien im Bereich *Filmkritiken* angelegt werden sollen, wählen Sie aus der etwas irreführend beschrifteten Ausklappliste KEINE KATEGORIE den Punkt *Filmkritiken*. Da dem Bereich noch keine Kategorien zugeordnet wurden, ist die nun präsentierte Liste leer. Dies ändert sich umgehend, sobald Sie in der Werkzeugleiste NEU wählen.

Joomla! öffnet nun einen Bearbeitungsbildschirm, der fast exakt dem für die Bereiche gleicht (Abbildung 4-16). Einen Unterschied findet man nur in zwei kleinen Punkten: Zum einen fehlt die Angabe ABGRENZUNG, und zum anderen existiert hier eine weitere Ausklappliste BEREICH: Jede Kategorie muss immer genau einem Bereich untergeordnet sein. Welcher dies ist, bestimmen Sie in genau dieser Ausklappliste.

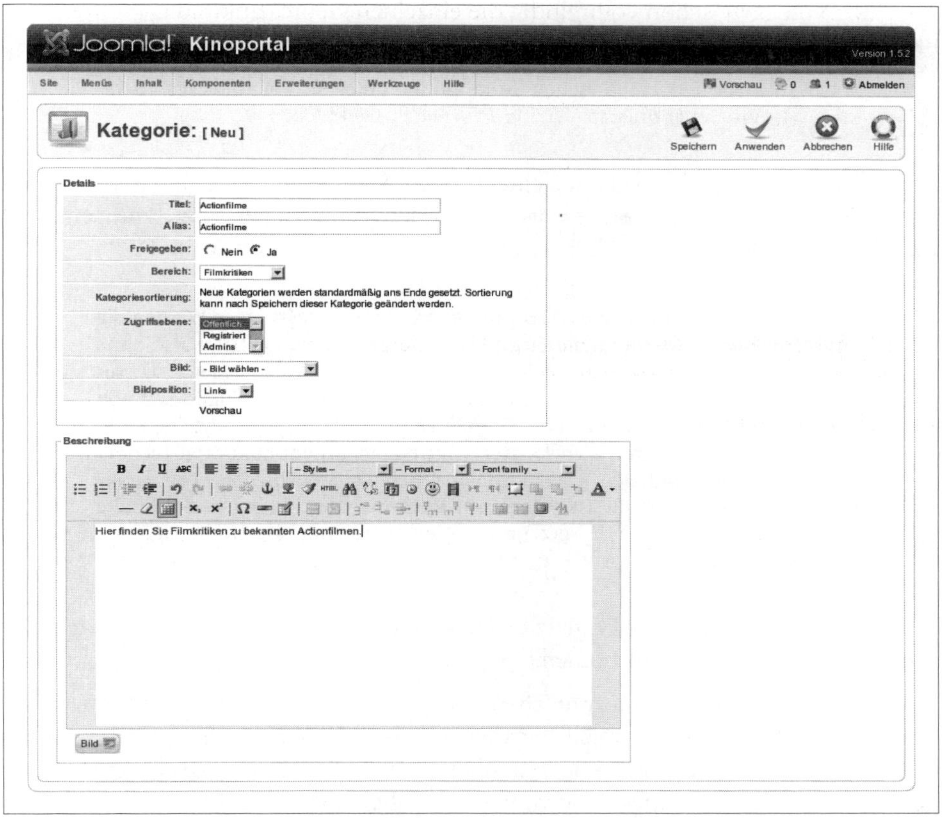

Abbildung 4-16: Der Bearbeitungsbildschirm für Kategorien ähnelt dem für Bereiche.

Für das Kinoportal erstellen Sie zunächst die Kategorie für die Actionfilme. Vergeben Sie unter TITEL und ALIAS die Bezeichnung **Actionfilme**. Abschließend stellen Sie noch unter BEREICH **Filmkritiken** ein und setzen FREIGEGEBEN auf JA. In allen anderen Felder behalten Sie die vorgegebenen Werten bei. Lediglich unter BESCHREIBUNG können Sie noch einen kurzen Informationstext für den Besucher vorgeben. Klicken Sie anschließend auf SPEICHERN in der Werkzeugleiste, um den Bearbeitungsmodus zu verlassen.

Verbindung mit einem Menüpunkt

Wie schon den Bereich *Filmkritiken* könnte man nun auch diese neue Kategorie direkt mit einem Menüpunkt verbinden. Dazu klicken Sie unter MENU → MAIN MENU wieder auf NEU und im neuen Schirm auf BEITRÄGE → KATEGORIE-LISTEN-LAYOUT (JOOMLA!-STANDARD). Dann vergeben Sie im Bearbeitungsbildschirm einen TITEL nebst ALIAS und legen unter KATEGORIE die neu erstellte Kategorie fest.

`Joomla 1.0.x` Wie schon bei den Bereichen (beziehungsweise Sections) konnte man in den Vorversionen noch direkt im Bearbeitungsbildschirm für Kategorien einen neuen Menüpunkt anlegen. Auch dieses Menü wurde in der neuen Version 1.5 ersatzlos gestrichen.

Im Kinoportal-Beispiel wurde auf einen neuen Menüpunkt jedoch verzichtet, um nicht die zu Beginn des Kapitels entworfene Hierarchie zu zerstören und somit für den Betrachter der Seite die Übersicht zu wahren (siehe Abbildung 4-4).

Verknüpft man einen Menüpunkt mit einer Kategorie, so können die Besucher direkt zu dieser Kategorie springen. Man gelangt also ohne Umweg über den Bereich gleich eine Hierarchieebene tiefer. Dieses Verhalten kann man ausnutzen, um das starre Hierarchiekorsett von Joomla! zu durchbrechen: Enthält ein Bereich nur eine einzelne Kategorie, verknüpft man Letztere mit einem Menüpunkt und blendet anschließend den übergeordneten Bereich aus (in der Liste hinter INHALT → BEREICHE mit einem Klick auf das Symbol in der Spalte FREIGEGEBEN). Dies erzeugt für den Betrachter der Homepage den Eindruck, als würde er nur eine Ebene tiefer wechseln.

 Erstellen Sie zur Übung auf die gleiche Weise noch zwei weitere Kategorien: eine für Liebesfilme und eine für Komödien.

Betrachten Sie nun die Liste mit allen Kategorien (INHALT → KATEGORIEN). Im Unterschied zur Liste der Bereiche existiert hier noch eine zusätzliche Spalte mit der Überschrift BEREICH. Sie informiert darüber, zu welchem Bereich die jeweilige Kategorie gehört. Man kann diese Zuordnung schnell ändern, indem man die betroffene Kategorie in der Liste ankreuzt und dann in der Werkzeugleiste auf VERSCHIEBEN klickt.

Rufen Sie jetzt erneut die VORSCHAU auf, und steuern Sie den Bereich *Filmkritiken* an. Die eben erzeugten Kategorien scheinen irgendwie untergetaucht zu sein, sichtbar sind sie hier jedenfalls nicht. Dies ändert sich schlagartig, sobald die eigentlichen Inhalte in Form von Beiträgen hinzukommen.

Beiträge

Sind Bereiche und Kategorien angelegt, wollen diese auch mit Inhalten gefüllt werden. Deren Verwaltung erfolgt über den Menüpunkt INHALT → BEITRÄGE. Die nun erscheinende Liste kennen Sie schon aus dem vorhergehenden Kapitel 3: Sie führt alle von Joomla! verwalteten Beiträge auf (Abbildung 4-17). Da dies eher früher als später zur Verwirrung führt, sollten Sie unbedingt von den Filtermöglichkeiten in Form der Ausklapplisten am rechten oberen Listenrand Gebrauch machen: Im ersten Feld links schränkt man die Sicht zunächst auf einen Bereich ein, im zweiten auf

---

eine Kategorie, im dritten auf einen der Autoren und im vierten schließlich noch auf alle veröffentlichten, beziehungsweise gesperrten Artikel.

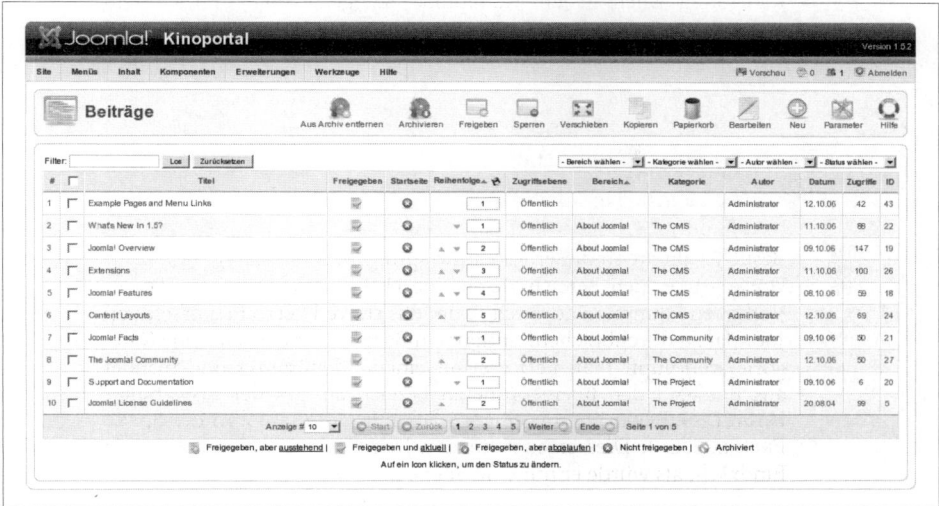

Abbildung 4-17: Die Liste mit allen in Joomla! gespeicherten Beiträgen

Der Aufbau der Liste entspricht zumindest auf der linken Seite der bereits bekannten Liste aus der Bereichs- und Kategorie-Verwaltung. In der Spalte STARTSEITE legt ein grüner Haken (✓) fest, dass dieses Element auf der Startseite der Homepage zu sehen ist. Im hinteren Bereich erfährt man, zu welchem BEREICH und welcher KATEGORIE das Element gehört. Die beiden letzten Spalten nennen noch den AUTOR und das Erstellungs-DATUM.

Wählen Sie als Filter die Kategorie *Actionfilme*. Wie erwartet ist sie noch leer, was wir aber umgehend ändern werden.

Einen Beitrag anlegen

Nach einem Klick auf den Schalter NEU in der Werkzeugleiste öffnet sich der Bearbeitungsbildschirm für Beiträge (Abbildung 4-18).

Links oben gibt es zunächst einen leicht hervorgehobenen Bereich mit den Grundinformationen. Dort tragen Sie zunächst im Feld TITEL die Überschrift für den Beitrag ein.

Für das Kinoportal soll eine neue Filmkritik her, folglich wäre hier als Titel der Filmname angebracht. Im Beispiel soll dies zunächst **Stirb Langsam** sein (siehe Abbildung 4-18).

Abbildung 4-18: Alle Einstellungen für die Filmkritik von »Stirb Langsam«

Zusätzlich dürfen Sie noch unter ALIAS einen Alias- beziehungsweise Ersatznamen vergeben. Im Beispiel tippen Sie einfach wieder **Stirb Langsam** ein.

Unter BEREICH und KATEGORIE wählen Sie den Bereich und die Kategorie aus, zu denen der Beitrag nach seiner Fertigstellung gehört.

Im Fall von *Stirb Langsam* sind dies *Filmkritiken* und *Actionfilme*.

Ein angekreuztes JA bei STARTSEITE hievt den Beitrag auf die Startseite der Homepage, ein JA bei FREIGEGEBEN stellt noch sicher, dass der Text sofort nach seiner Erstellung veröffentlicht ist.

Text eingeben

Darunter folgt nun ein größeres Eingabefeld. Es funktioniert genau wie eine kleine Textverarbeitung und ist Ihnen schon bei der Erstellung des Bereichs und der Kategorien begegnet. Zum Einsatz kommt hier der TinyMCE Editor, der nach dem *What you see is what you get*-Prinzip arbeitet. Dies bedeutet, dass Sie das Ergebnis direkt bei der Eingabe begutachten können. Einen Überblick über seine Funktionen und Symbolleisten gibt Anhang B. Prinzipiell arbeitet er genau so, wie Sie es von Ihrer Textverarbeitung her kennen. Joomla! erlaubt aber auch den Einsatz von anderen Editoren. Wie ein solcher Austausch funktioniert, erklärt Kapitel 10.

Sie dürfen somit auch an dieser Stelle nach einem Klick auf das entsprechende Symbol wieder direkt mit HTML-Befehlen arbeiten.

`Joomla 1.0.x` In den früheren 1.0.x Versionen gab es hier noch zwei Eingabefelder: Das obere mit der Beschriftung INTRO TEXT: (REQUIRED) enthielt den Aufmacher des Artikels. Er erschien später zusammen mit dem Titel und dem Erscheinungsdatum auf der Homepage. Der MAIN TEXT nahm dann ergänzende oder weiterführende Informationen auf. Ein Betrachter der Seite bekam diesen zweiten Text erst zu sehen, wenn er auf den READ MORE ...- bzw. in der deutschen Übersetzung auf den WEITER ...-Link unterhalb des Aufmachertextes klickte. Die Trennung in Aufmacher und Haupttext übernimmt in der Version 1.5 die Schaltfläche WEITERLESEN. Darüber erfahren Sie im übernächsten Abschnitt mehr.

Die Darstellung des Beitrags anpassen

Haben Sie Ihren Artikel geschrieben, ermöglichen die Register auf der rechten Seite noch weitere, feinere Einstellungen.

`Joomla 1.0.x` In den Vorversionen gab es auch hier noch das Register *Link to Menu*. Wie schon Bereiche und Kategorien ließen sich auch einzelne Inhaltselemente, also die Artikel selbst, direkt an einen Menüpunkt heften. Mit Joomla! 1.5 muss dies wieder über das Menü MENÜS geschehen.

Im oberen rechten Teil zeigt Joomla! ein paar statistische Daten des Beitrags an, darunter die Anzahl der Aufrufe (ZUGRIFFE) und der Überarbeitungen (ÜBERARBEITET).

Parameter – Beitrag

Das Register PARAMETER – BEITRAG fasst einige Grundeinstellungen zusammen:

Autor

Hier kann man den Schöpfer des Beitrags verändern. Dies ist beispielsweise dann notwendig, wenn man im Auftrag eines anderen Autors den Beitrag erstellt.

Autor-Alias

Benutzernamen sind oftmals recht kryptisch, erst recht, wenn sie von den Angemeldeten selbst gewählt wurden. Blendet man auf der Homepage nun für jeden Artikel auch den Autorennamen ein, so sieht dies meist etwas unschön aus. Aus diesem Grund erlaubt Joomla!, unter AUTOR-ALIAS einen anderen Namen zu vergeben, der dann anstelle des Benutzernamens unter dem Text erscheint.

Zugriffsebene

Die ZUGRIFFSEBENE bestimmt die Zugriffsrechte. Ist hier ÖFFENTLICH markiert, können alle Besucher den eingegebenen Text lesen, bei REGISTRIERT hingegen nur die angemeldeten. ADMINS ermöglicht feinere Einstellungen, auf die Kapitel 9 näher eingeht.

Erstellungsdatum

Normalerweise erhält der neu erstelle Beitrag das aktuelle Datum als Erstellungszeitpunkt zugewiesen. Unter ERSTELLUNGSDATUM dürfen Sie diese Angabe fälschen. Eine solche Maßnahme ist zum Beispiel dann erforderlich, wenn jemand eine Filmkritik erst eine Woche später als geplant einreicht. Ein Klick auf das nebenstehende Symbol öffnet einen kleinen Kalender, der die Eingabe vereinfacht. In diesem Fall müssen Sie sich keine Gedanken um die korrekten Datumsformate machen.

Veröffentlichung starten / Veröffentlichung beenden

Diese beiden Punkte legen fest, in welchem Zeitraum der Beitrag auf der Homepage erscheinen soll. Laut Voreinstellung beginnt die Veröffentlichung sofort und endet nie. Interessant sind diese Einstellungen, wenn es um Nachrichten geht, die ein Verfallsdatum besitzen. Beispielsweise ist die Ankündigung eines Filmabends im Mehrzweckveranstaltungssaal von Oberursel nur so lange für die Besucher interessant, wie der Filmabend noch nicht stattgefunden hat. Bitte beachten Sie, dass nach Ablauf der Zeit der Beitrag zwar auf der Homepage nicht mehr angezeigt, aber im Administrationsbereich noch als FREIGEGEBEN, also als veröffentlicht, geführt wird.

Parameter – Erweitert

Alle Einstellschrauben auf dem Registerblatt PARAMETER – ERWEITERT beziehen sich auf die Darstellung des Beitrags auf der Homepage (Abbildung 4-19).

Die meisten der hier vorhandenen Ausklapplisten stehen bereits auf GLOBALE EINSTELLUNG. In diesem Fall übernimmt Joomla! einfach die entsprechenden Werte aus den globalen Einstellungen. Ihre aktuellen Belegungen sind im Menü unter INHALT → BEITRÄGE und dort über die Schaltfläche PARAMETER erreichbar. Zu den globalen Einstellungen folgt gleich mehr im Abschnitt »Die Voreinstellungen der Beiträge« auf Seite 114.

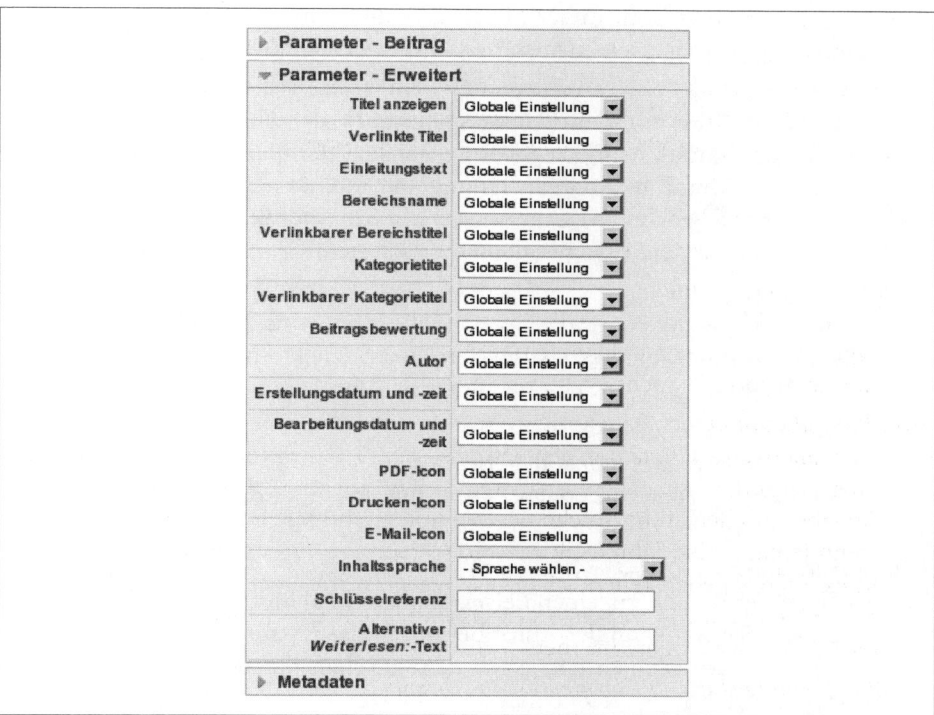

Abbildung 4-19: Das Register »Parameter – Erweitert«

Die einzelnen Punkte auf diesem Register bestimmen, ob das zugehörige Element auf der Seite erscheinen soll (ANZEIGEN bzw. JA) oder nicht (VERBERGEN bzw. NEIN):

Titel anzeigen
Die Artikelüberschrift wird ein- bzw. ausgeblendet.

Verlinkte Titel
Auf der Einstellung ANZEIGEN erscheint die Artikelüberschrift als Link, der direkt zum Haupttext des Beitrags führt – also die gleiche Wirkung wie der WEITERLESEN ...-Link besitzt (Mehr dazu finden Sie im Abschnitt »Einen langen Artikel auf mehrere Seiten verteilen« auf Seite 111).

Einleitungstext
Über die Schaltfläche WEITERLESEN unterhalb des großen Textfensters auf der linken Seite kann man den Beitrag in zwei Hälften aufspalten: in eine Einleitung und den nachfolgenden Haupttext. Steht dieser Punkt auf VERBERGEN, wird der erste Teil mit der Einleitung nicht angezeigt. Ein Ausblenden ist beispielsweise dann sinnvoll, wenn Sie die Einleitung nur dazu benutzen, um den Betrachter

auf die Seite zu locken, dieser »Locktext« aber anschließend nicht mehr im eigentlichen Beitrag erscheinen soll.

Bereichsname
Zeigt auf der Seite mit dem Beitrag später auch den Namen des Bereichs, in dem sich der Artikel befindet. Sofern zusätzlich der Name des Bereichs angezeigt wird, bestimmt hier die Einstellung ANZEIGEN, dass er als Link erscheint. Klickt ein Besucher ihn an, so gelangt er zur Seite des Bereichs (und somit zur Übersicht der auf der Seite enthaltenen Kategorien).

Verlinkbarer Bereichstitel
Sofern zusätzlich der Name des Bereichs angezeigt wird, bestimmt hier die Einstellung ANZEIGEN, dass er als Link erscheint. Klickt ein Besucher ihn an, so gelangt der Besucher zur Seite des Bereichs (und somit zur Übersicht der auf der Seite enthaltenen Kategorien).

Kategorientitel und Verlinkbarer Kategorientitel
Arbeiten analog zum vorherigen Punkt, nur dass hier die Kategorie betroffen ist.

Beitragsbewertung
Ermöglicht es Besuchern, einen Beitrag mit maximal fünf Punkten zu bewerten. Mit diesem System kann der Autor beispielsweise feststellen, wie gut die Filmkritik den Lesern gefallen hat. Nach dem gleichen Muster bewertet beispielsweise auch der Internet-Buchhändler Amazon.de seine Produkte. Auf der Homepage erscheint hinter BENUTZERBEWERTUNG der Durchschnitt aller abgegebenen Bewertungen, gefolgt von einem Schrägstrich und der Anzahl der abgegebenen Bewertungen.

Autor
Der für den Text verantwortliche Autor wird eingeblendet. Im Fall der Filmkritiken ist diese Angabe sinnvoll, was generell für redaktionell betreute Inhalte gilt.

Erstellungsdatum und -zeit sowie Bearbeitungsdatum und -zeit
Zu jedem Beitrag erscheint das Datum seiner Erstellung, beziehungsweise das Datum der letzten Änderung. Beide Punkte sind insbesondere bei redaktionellen Inhalten sowie Nachrichten sinnvoll.

PDF-Icon
Blendet später neben dem Text ein kleines, graues Symbol ein, über das sich der Betrachter den Text als PDF-Datei herunterladen kann (siehe Kapitel 3, Abschnitt »Das Frontend« auf Seite 53).

Drucken-Icon
Blendet später neben dem Text ein kleines Symbol ein, das nach einem Mausklick den Betrag druckerfreundlich aufbereitet und in einem neuen Browserfenster präsentiert. (siehe Kapitel 3, Abschnitt »Das Frontend« auf Seite 53).

E-Mail-Icon

Fügt dem Text ein kleines Symbol hinzu, über das der Betrachter den Seiteninhalt via E-Mail versenden kann (siehe Kapitel 3, »Das Frontend« auf Seite 53).

Inhaltssprache

Dieser Punkt gibt vor, in welcher Sprache der Text geschrieben wurde. Zur Auswahl stehen hier alle unter Joomla! installierten Sprachen.

Schlüsselreferenz

Hier können Sie einen beliebigen Text eingeben, der innerhalb von Joomla! als Referenz auf diesen Beitrag benutzt wird. Zusatzmodule verwenden diese Zeichenkette beispielsweise, um das Element schneller auffinden zu können. Im Zusammenhang mit dem Kinoportal wäre beispielsweise ein Index aller Filmkritiken denkbar, der die Texte anhand ihrer Referenz verwaltet und aufspürt.

Alternativer Weiterlesen:-Text

Auf der Homepage erscheint für gewöhnlich nur ein Einleitungstext. Mit einem Mausklick auf den darunter platzierten WEITERLESEN...-Link gelangen die Besucher dann zum kompletten Beitrag. Über dieses Feld können Sie dem Link eine andere Beschriftung verpassen, wie zum Beispiel »Hier entlang«.

Metadaten

Auf dieser Registerkarte finden Sie mehrere Eingabefelder, die sogenannte Metadaten aufnehmen. Diese umschreiben noch einmal kurz und bündig, um was es sich im Beitrag dreht. Über diese Informationen freuen sich insbesondere Suchmaschinen, die besonders die SCHLÜSSELWÖRTER bei der Auswertung von Suchanfragen heranziehen. Da Joomla! später die Metadaten in der ausgelieferten Seite versteckt, bleiben sie für normale Besucher Ihrer Homepage unsichtbar.

Auch Joomla! zieht die Schlüsselwörter für verschiedene Zusatzfunktionen heran. Mehr erfahren Sie in Kapitel 6.

Im Gegensatz zur BESCHREIBUNG sollten Sie bei den Metadaten keinen freien Text, sondern durch Kommata getrennte Begriffe eingeben.

Intern steckt Joomla! die beiden Feldinhalte in die HTML-Befehle
`<meta name="description" content="..." />` und
`<meta name="keywords" content="..." />`.

Zusätzlich zu den hier angegebenen Texten packt das Content-Management-System noch die korrespondierenden Einträge aus den globalen Einstellungen (SITE → KONFIGURATION, Register SITE, Bereich METADATEN) mit dazu.

Bilder in Beiträge einbauen

Derzeit besteht die Filmkritik noch aus einer hässlichen Textwüste. Um sie mit einem Foto aus dem Film etwas aufzulockern, fahren Sie zunächst mit der Eingabemarke an die Stelle im Text, an der das Bild später erscheinen soll. Klicken Sie anschließend auf die Schaltfläche BILD am linken unteren Bildschirmrand. Nun erscheint das Fenster aus Abbildung 4-20.

Abbildung 4-20: Übernahme eines Bildes in einen Beitrag

Dort haben Sie nun zwei Möglichkeiten:

Im oberen Teil zeigt Ihnen Joomla! alle ihm bereits bekannten Bilder an. Zur besseren Übersichtlichkeit sind sie zu verschiedenen Unterverzeichnissen zusammengefasst. Die Navigation erfolgt wie im Dateimanager Ihres Betriebssystems. Sofern Ihnen eines der Bilder zusagt, klicken Sie es an. Der Name erscheint nun im Feld BILD-URL. Unter BILDBESCHREIBUNG dürfen Sie noch eine solche vergeben, während der BILDTITEL eine Bildunterschrift aufnimmt. Diese wird jedoch nur dann angezeigt, wenn das Kästchen BILDUNTERSCHRIFT ein Kreuzchen trägt. Die AUSRICHTUNG bestimmt schließlich noch, ob das Bild später auf der Homepage links- oder rechtsbündig ausgerichtet werden soll.

Sofern Sie kein passendes Bild gefunden haben, klicken Sie einfach auf DURCHSUCHEN... und wählen ein beliebiges Bild auf Ihrer Festplatte aus. Ein anschließendes UPLOAD STARTEN hievt die zugehörige Datei auf den Webserver. Anschließend lässt es sich dort wie beschrieben auswählen.

Über die Schaltfläche EINFÜGEN schiebt Joomla! das Bild in den Text. Möchten Sie es später wieder loswerden, löschen Sie es einfach so im Text, als wäre es ein einzelnes Zeichen.

`Joomla 1.0.x` In den Joomla!-Versionen vor 1.5 gestaltete sich das Einfügen von Bildern noch extrem umständlich. Zunächst musste man auf dem Register IMAGE die im Text auftauchenden Bilder in die Liste CONTENT IMAGES übernehmen und anschließend im Beitrag an den entsprechenden Stellen den Platzhalter {mosimage} eintippen. Er wurde bei der Auslieferung der Seite automatisch durch das jeweils nächste Bild aus der Liste ersetzt – umständlicher ging es kaum noch.

 Der Texteditor bietet ein kleines Symbol mit einem Baum an (🌳). Sobald Sie es anklicken, öffnet sich im Browser Mozilla Firefox ein Fenster, das die Position des Bildes abfragt. Nach einem Klick auf INSERT wird im Hintergrund der für diese Zwecke zuständige HTML-Befehl <img> eingefügt. Ein solches Bild schmuggeln Sie allerdings an Joomla! vorbei und sind somit selbst für die Erreichbarkeit des Bildes verantwortlich.

Einen langen Artikel auf mehrere Seiten verteilen

Die meisten Betrachter empfinden lange Bildschirmseiten mit viel Text als eher unangenehm. Für Autoren von Filmkritiken ergibt sich somit ein Problem: Einerseits hat man viel zu schreiben, andererseits möchte man die Augen der Leser nicht ermüden oder sie sogar zum vorzeitigen Wegklicken animieren. Joomla! löst das Problem, indem es lange Text in kleinere handlichere Teile zerlegt.

Aufmacher

Zunächst sollte man sich überlegen, wie man einen Besucher der Homepage überhaupt dazu bewegt, einen längeren Artikel zu lesen. Am besten ködert man ihn mit einer kurzen, mitreißenden Einleitung, die gleichzeitig noch einen Einblick in das behandelte Thema gewährt. Einen solchen Werbetext bezeichnet man als *Intro*, *Vorspann* oder *Aufmacher*. Mit diesem Trick arbeitet übrigens auch fast jede Zeitschrift: Unter dem Titel folgt immer eine kleine Zusammenfassung des eigentlichen Artikels. Auf diese Weise muss der Leser nicht erst mehrere Abschnitte durcharbeiten, nur um zu merken, dass ihn das Thema eigentlich gar nicht interessiert. Gleichzeitig sollte die Einleitung so gestaltet sein, dass sie zum Weiterlesen animiert.

Eine solche Einleitung ist auch bei Internetseiten sinnvoll: Auf der Startseite der Homepage weckt der Aufmacher den Appetit auf den vollständigen Artikel, zu dem dann eine kleine, beigefügte WEITERLESEN-Schaltfläche führt.

Um Joomla! mitzuteilen, welcher Teil Ihres Beitrags der Aufmacher und welcher der Haupttext ist, platzieren Sie die Textmarke genau an der Stelle im Text, an der der Aufmacher endet. Anschließend genügt ein Klick auf die Schaltfläche WEITERLESEN am unteren Rand.

Ab sofort erscheint auf allen Seiten, die mehrere Beiträge in der Übersicht präsentieren (wie beispielsweise die Einstiegsseite Ihrer Homepage), nur noch der Aufmacher nebst einer WEITERLESEN...-Schaltfläche. Wenn Sie die Trennung wieder loswerden wollen, löschen Sie einfach die eingezogene Linie aus dem Text.

Unterseiten

Nachdem der Leser geködert ist, dürfen Sie seine Augen nicht durch zu viel Text ermüden. Damit dies nicht passiert, erlaubt Joomla! die Aufspaltung des Haupttextes in weitere Teile. Jeder dieser Teile erscheint dann auf einer eigenen Bildschirmseite.

Um eine solche Aufteilung vorzunehmen, fahren Sie wieder mit der Eingabemarke an die Stelle, an der eine Seite beginnen soll. Anschließend klicken Sie auf SEITENUMBRUCH am unteren Rand. Daraufhin erscheint das Fenster aus Abbildung 4-21.

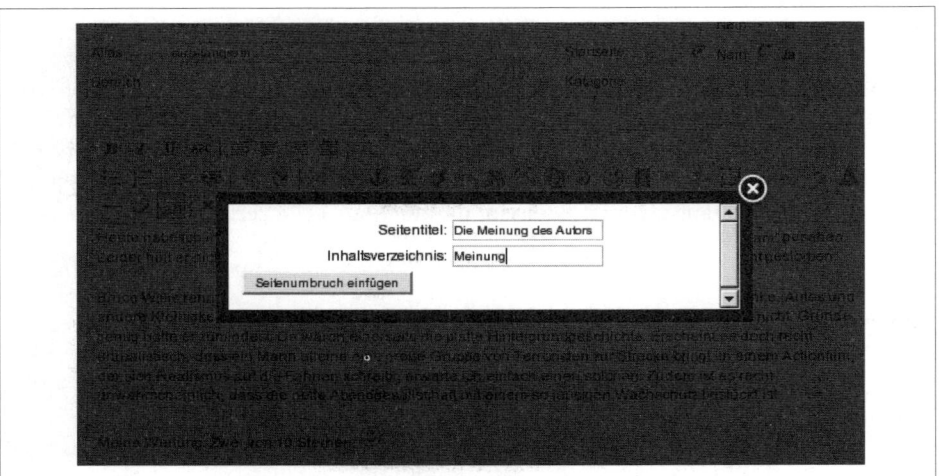

Abbildung 4-21: Das Einfügen eines Seitenumbruchs

Damit der Besucher später schneller zwischen den einzelnen Unterseiten hin und her springen kann, erstellt Joomla! automatisch ein kleines Menü. Der Begriff hinter INHALTSVERZEICHNIS gibt an, unter welchem Eintrag die neue Seite dort erreichbar ist. Diese Beschriftung sollten Sie möglichst kurz und knackig wählen. Den Text hinter SEITENTITEL hängt das Content-Management-System hinter den Titel des Beitrags. Damit weiß der Leser, auf welcher Unterseite er sich befindet. In Zeitschriften entspricht dies den Zwischenüberschriften im Text.

Durch einen Klick auf SEITENUMBRUCH EINFÜGEN wird dieser schließlich angelegt. Das Ergebnis auf der Homepage zeigt Abbildung 4-22.

Abbildung 4-22: Das kleine Menü auf der rechten Seite erlaubt einen schnellen Wechsel zwischen den einzelnen Unterseiten.

Über WEITER und ZURÜCK blättert man zwischen den einzelnen Seiten hin und her. Die erste Seite erreicht man im kleinen Menü übrigens immer über den Titel des Beitrags (in Abbildung 4-22 STIRB LANGSAM), der Punkt ALLE SEITEN zeigt den gesamten Text auf einer einzigen Seite an.

Joomla 1.0.x Das Anlegen einer neuen Seite wurde in Joomla! 1.5 extrem vereinfacht. In den Vorversionen musste man noch den kryptischen Textbefehl {mospagebreak} in den Beitrag schmuggeln. Überall wo er auftauchte, fügte Joomla! einen Seitenumbruch ein. Für die Menüeinträge musste man den Befehl sogar zu einem kryptischen Gebilde der Form {mospagebreak heading=Erste Seite&title=Naechste Seite} erweitern. Hinter title= folgte die Überschrift der neuen Seite, dem nur beim ersten Umbruch notwendigen heading= folgte der Titel der ersten Seite. Beide Parameter wurden durch das & voneinander getrennt.

Und alles zusammen

 Wechseln Sie in die VORSCHAU, und steuern Sie im Hauptmenü den Bereich mit den FILMKRITIKEN an. Dort erscheint die Kategorie *Actionfilme*. Wenn Sie dem Link folgen, gelangen Sie zur Liste mit allen darin enthaltenen Beiträgen. Im Moment ist dies mit *Stirb Langsam* nur einer. Klicken Sie auf den Titel, um die Kritik vollständig einzusehen.

Legen Sie nach dem gezeigten Schema noch ein paar weitere Kritiken an. Denken Sie dabei auch an die anderen beiden Kategorien.

 Sollte der neue Artikel nicht auftauchen, stimmt möglicherweise etwas mit dem Veröffentlichungszeitpunkt nicht. Rufen Sie in diesem Fall noch einmal den Bearbeitungsbildschirm des Beitrags auf, und stellen Sie sicher, dass das ERSTELLUNGSDATUM *vor* dem aktuellen Datum und der aktuellen Uhrzeit liegt. Probeweise können Sie ihn hier manuell um einen Tag zurückdatieren. Erscheint jetzt der Beitrag nach dem Speichern auf der Homepage, so stimmen möglicherweise die globalen Zeiteinstellungen nicht. Wie man sie unter SITE → KONFIGURATION auf dem Register SERVER anpasst, zeigt Kapitel 12.

Die Voreinstellungen der Beiträge

Wenn man viele Beiträge anlegt, wird es schnell lästig, immer alle Parameter einstellen und kontrollieren zu müssen. Sollen beispielsweise alle Beiträge eine Bewertungsmöglichkeit erhalten und mit dem Namen des Autors versehen werden, muss man für jeden neuen Beitrag bei diesen beiden Einstellungen einen Haken setzen.

Um sich Arbeit zu sparen, existieren die Voreinstellungen. Sie verstecken sich in der Werkzeugleiste auf der Seite mit allen Beiträgen (INHALT → BEITRÄGE). Ein Klick auf das Symbol PARAMETER führt zum Fenster aus Abbildung 4-23.

Alle hier eingestellten Vorgaben gelten grundsätzlich für alle Beiträge – vorausgesetzt, man überschreibt sie nicht explizit für einen Beitrag in dessen Bearbeitungsbildschirm. Die meisten Einträge dürften Ihnen daher auch schon aus eben jenem Bearbeitungsbildschirm bekannt vorkommen:

Nicht zugängliche Links anzeigen

Wenn auf einen Beitrag nur registrierte Benutzer zugreifen können, so taucht er in den Listen auf der Homepage normalerweise erst dann auf, wenn sich der Besucher über das Login-Formular angemeldet hat.

Sofern hier JA angekreuzt ist, werden die *Links*, die zu diesem Beitrag führen, für alle Benutzer sichtbar. Nach einem Klick darauf fordert Joomla! den Besucher auf, sich anzumelden. Der Beitrag selbst bleibt also weiterhin nur für angemeldete Benutzer sichtbar.

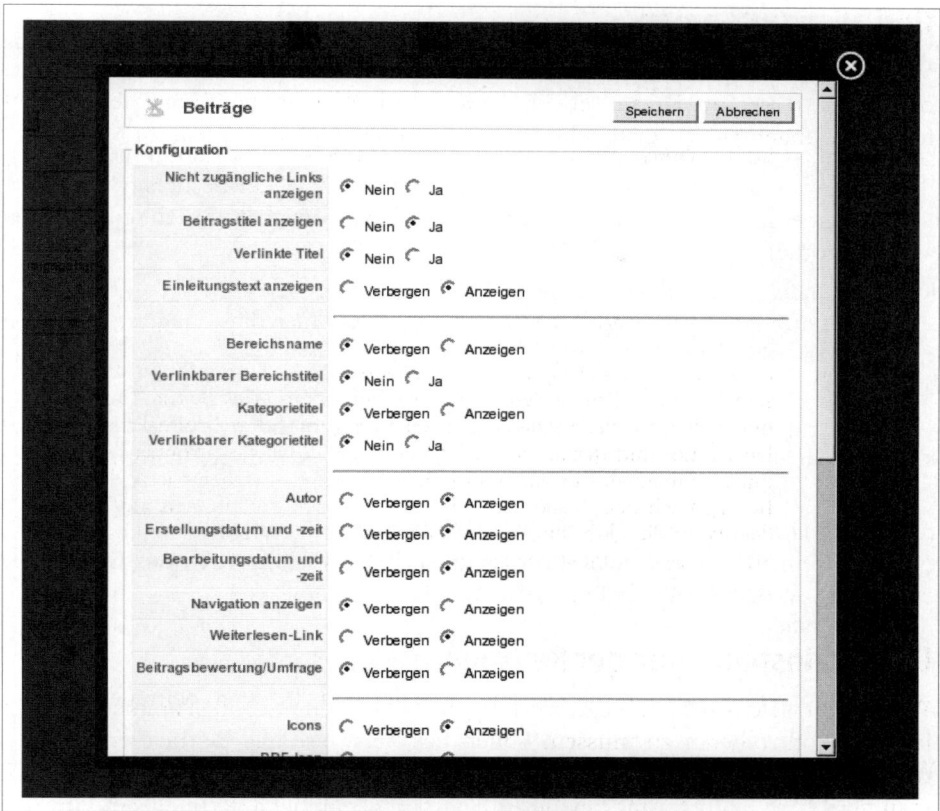

Abbildung 4-23: Diese Voreinstellungen gelten für alle Beiträge.

Beitragstitel anzeigen

Die Artikelüberschrift wird ein- bzw. ausgeblendet.

Verlinkte Titel

Mit der Einstellung ANZEIGEN erscheint die Artikelüberschrift als Link, der direkt zum Haupttext des Beitrags führt – also die gleiche Wirkung wie der WEITERLESEN ...-Link besitzt. (Mehr dazu erfahren Sie im Abschnitt »Einen langen Artikel auf mehrere Seiten verteilen« auf Seite 111).

Einleitungstext anzeigen

Über die Schaltfläche WEITERLESEN unterhalb der Texteingabe kann man den Beitrag in zwei Hälften aufspalten: in eine Einleitung und in den folgenden Haupttext. Steht dieser Punkt auf VERBERGEN, wird der erste Teil mit der Einleitung nicht angezeigt. Ein Ausblenden ist beispielsweise dann sinnvoll, wenn Sie die Einleitung nur dazu benutzen, um den Betrachter auf die Seite zu locken, dieser »Locktext« aber anschließend nicht mehr auf der vollständigen Textseite erscheinen soll.

Bereichsname

Zeigt auf der Seite mit dem Beitrag später auch den Namen des Bereichs, in dem sich der Artikel befindet.

Verlinkbarer Bereichstitel

Sofern zusätzlich der Name des Bereichs angezeigt wird, bestimmt hier die Einstellung ANZEIGEN, dass er als Link erscheint. Klickt ein Besucher ihn an, so gelangt er zur Seite des Bereichs (und somit zur Übersicht der in ihr enthaltenen Kategorien).

Kategorietitel und Verlinkbarer Kategorietitel

Arbeiten analog zum vorherigen Punkt, nur dass hier die Kategorie betroffen ist.

Autor

Der für den Text verantwortliche Autor wird eingeblendet. Im Fall der Filmkritiken ist diese Angabe sinnvoll, was generell für redaktionell betreute Inhalte gilt.

Erstellungsdatum und -zeit sowie Bearbeitungsdatum und -zeit

Zu jedem Beitrag erscheint das Datum seiner Erstellung bzw. das Datum der letzten Änderung. Beide Punkte sind insbesondere bei redaktionellen Inhalten sowie Nachrichten sinnvoll.

Navigation anzeigen

Über entsprechende Links kann man zwischen den einzelnen Beiträgen hin und her blättern.

Weiterlesen-Link

Bei Beiträgen, die neben einem Aufmacher auch einen Haupttext besitzen, wird am unteren Rand des Aufmachers eine WEITERLESEN-Schaltfläche eingeblendet, über die man Zugang zum Haupttext erhält.

Beitragsbewertung/Umfrage

Ermöglicht es Besuchern, einen Beitrag mit maximal fünf Punkten zu bewerten. Mit diesem System kann der Autor beispielsweise feststellen, wie gut die Filmkritik den Betrachtern gefallen hat. Nach dem gleichen Muster bewertet beispielsweise auch der Internet-Buchhändler Amazon.de seine Produkte. Auf der Homepage erscheint hinter BENUTZERBEWERTUNG der Durchschnitt aller abgegebenen Bewertungen, gefolgt von einem Schrägstrich und der Anzahl der abgegebenen Bewertungen.

Icons

Die (nachfolgenden) Funktionen zur PDF-Erzeugung, Druckansicht und zum E-Mail-Versand aktiviert man für gewöhnlich über entsprechende kleine Symbole. Alternativ kann man sie aber auch mit VERBERGEN in einfache Text-Links umwandeln.

PDF-Icon

Blendet später neben dem Text ein kleines graues Symbol ein, über das sich der Betrachter den Text als PDF-Datei herunterladen kann (siehe Kapitel 3, Abschnitt »Das Frontend« auf Seite 53).

Drucken-Icon

Blendet später neben dem Text ein kleines Symbol ein, das nach einem Mausklick den Beitrag druckerfreundlich aufbereitet und in einem neuen Browserfenster präsentiert (siehe Kapitel 3, Abschnitt »Das Frontend« auf Seite 53).

E-Mail-Icon

Fügt dem Text ein kleines Symbol hinzu, über das der Betrachter den Seiteninhalt via E-Mail versenden kann (siehe Kapitel 3, Abschnitt »Das Frontend« auf Seite 53).

Zugriffe

Joomla! zeigt auf der Homepage an, wie viele Besucher ein Beitrag bereits hatte (oder mit anderen Worten: wie oft auf die Seite zugegriffen wurde).

Für jeden Feedeintrag anzeigen

Auf Wunsch liefert Joomla! auch sogenannte Newsfeeds aus. Hier bestimmen Sie, welcher Text in diesem Newsfeed mitgesendet werden soll. Standardmäßig ist dies nur der *Einleitungstext*. Dies ist auch zu empfehlen, da die Newsfeeds sich ansonsten mit dem gesamten Text nur aufblähen und somit ihre eigentliche Funktion als schneller Nachrichtenticker torpediert wird. Weitere Informationen zu den Newsfeeds liefern noch die Kapitel 6 und 7.

Wie bereits in den vorherigen Abschnitten erwähnt wurde, dürfen Sie Ihre Texte auch mit HTML-Befehlen anreichern bzw. »aufhübschen«. Dabei besteht allerdings die Gefahr, dass ein Autor diese Freiheiten zu stark ausreizt und das Layout somit vollkommen durcheinanderbringt. Darüber hinaus könnten böswillige Autoren auf diesem Wege recht leicht schadhaften Programmcode einschmuggeln.

Aus diesen Gründen darf man im unteren Bereich FILTER den Gebrauch von HTML-Befehlen, den sogenannten Tags, einschränken. Zunächst legt man unter FILTERGRUPPEN alle Benutzergruppen fest, auf die der Filter angewendet werden soll.

Anschließend regelt der FILTERTYP, welche Befehle erlaubt oder verboten sind:

- KEIN HTML untersagt jeglichen Gebrauch von HTML.
- Im Fall der NEGATIVLISTE (STANDARD) lässt Joomla! alle HTML-Tags und Attribute durchgehen, mit Ausnahme einiger Befehle, die beim Einschmuggeln von fremdem Programmcode helfen könnten. (Konkret verboten sind die Tags `applet`, `body`, `bgsound`, `base`, `basefont`, `embed`, `frame`, `frameset`, `head`, `html`, `id`, `iframe`, `ilayer`, `ilink`, `meta`, `name`, `object`, `script`, `style`, `title`, `xml` sowie die Attribute `action`, `background`, `codebase`, `dynsrc` und `lowsrc`.)

- Die POSITIVLISTE dreht dies um und erlaubt ausschließlich die oben genannten Befehle.

Weitere Tags können Sie selbst über FILTER-TAGS hinzufügen, und zusätzliche Attribute fügen Sie über das Feld FILTER-ATTRIBUTE der Negativliste hinzu. Mehrere Einträge trennen Sie dort durch Kommata oder Leerzeichen.

 Die Filterung führt Joomla! ungeachtet des verwendeten Texteditors durch. Selbst beim bislang eingesetzten TinyMCE-Editor löscht das Content-Management-System die hier festgelegten HTML-Befehle vor dem Speichern. Dummerweise wirft dieser Editor jedoch selbst großzügig mit HTML-Befehlen um sich. Unter dem Strich kann dies dann dazu führen, dass ein Autor seine Filmkritik mit viel Liebe formatiert, das Content-Management-System diese Arbeit jedoch beim Speichern kommentarlos vernichtet.

Dem steht wiederum der Sicherheitsgewinn gegenüber: Sofern Sie in Ihrem Internetauftritt den Autoren nicht trauen können, sollten Sie hier KEIN HTML aktivieren und die betroffenen Personengruppen über die aktive Filterung (und die möglichen Konsequenzen) informieren.

Startseite

Die Einstiegsseite der Homepage (englisch Front Page) behandelt Joomla! gesondert. Für die Verwaltung ist der Bildschirm hinter INHALT → STARTSEITENBEITRÄGE zuständig (Abbildung 4-24).

Abbildung 4-24: Diese Liste verwaltet alle Beiträge, die auf der Startseite sichtbar sind.

In diesem Bildschirm sind alle Beiträge aufgeführt, die auf der Startseite erscheinen. Ihre Rangfolge innerhalb der Liste beeinflusst auch ihre Position auf der Einstiegsseite. Dazu ein kleines Beispiel: Wechseln Sie zur VORSCHAU, und vergleichen Sie die dargestellten Beiträge mit der Liste. Sofern Sie während der Installation auch die Beispieldaten eingespielt haben, sind dies im Moment fünf Beiträge: drei aus dem Bereich *News* und zwei *FAQ*-Artikel. Ändern Sie nun einmal probeweise die Reihenfolge der Elemente mit den grünen Pfeilen innerhalb der Liste, und beobachten Sie das Ergebnis auf der Einstiegsseite.

Für das Kinoportal stören diese Beispieltexte, weshalb Sie sie im nächsten Schritt gegen die letzten Kritiken austauschen. Dazu kreuzen Sie als Erstes das kleine Kästchen neben TITEL in der Überschriftenleiste an. Hierdurch werden alle Beiträge in der Liste markiert. Wählen Sie nun aus der Werkzeugleiste ENTFERNEN, und schon sind die Einträge Geschichte. Doch keine Angst: Das ENTFERNEN bezieht sich hier lediglich auf die Anzeige in der Startseite. Die Beiträge selbst sind nach wie vor vorhanden und auch nicht versehentlich in den Mülleimer gewandert. Wenn Sie nun die Startseite Ihrer Homepage aufrufen, erhalten Sie eine recht leere Seite.

Jetzt geht es im Administrationsbereich über das Menü INHALT → BEITRÄGE wieder zurück zur Liste mit allen Beiträgen. Sie finden dort die Spalte STARTSEITE. Alle Beiträge mit einem grünen Haken (✓) erscheinen zusätzlich auf der Einstiegsseite.

Klicken Sie dort bei den drei zuletzt eingegebenen Filmkritiken auf das rote Kreuz. Abbildung 4-25 zeigt die Auswirkungen auf die Startseite.

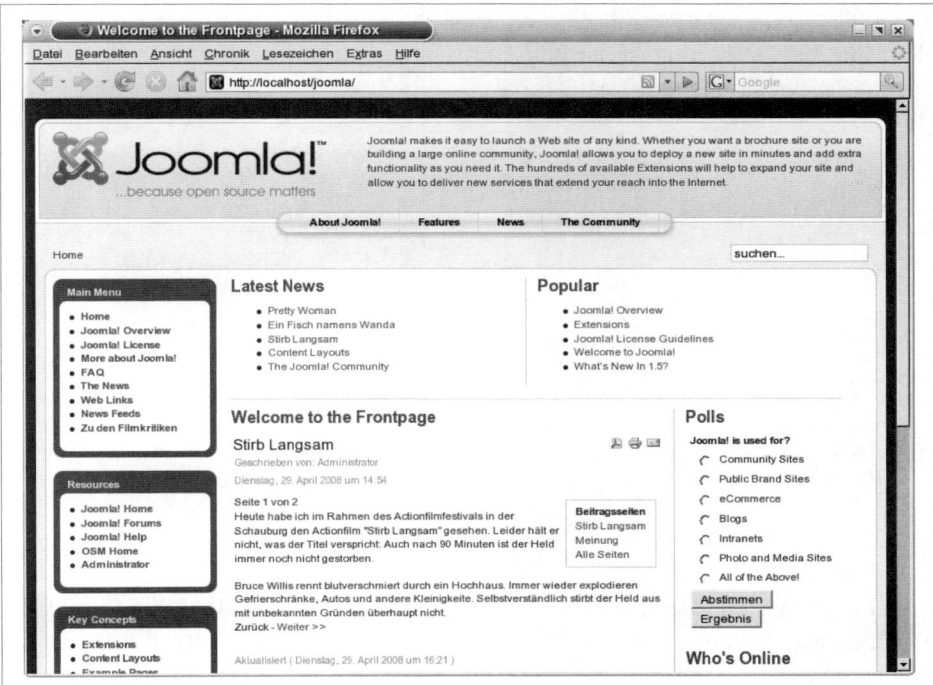

Abbildung 4-25: Die Einstiegsseite für das Kinoportal

 Wenn Sie auf diese Weise zu viele Beiträge auf die Startseite hieven, würden diese nur noch in einer Liste am unteren Rand der Seite landen. Sobald ein Beitrag auf der Startseite erscheint, ist er übrigens dennoch über den bekannten Weg erreichbar. Die Veröffentlichung auf der Startseite ist somit ein Zusatzangebot.

Archivieren

Bestimmte Beiträge haben irgendwann ausgedient. Beispielsweise könnte der Filmabend im Mehrzweckveranstaltungssaal in Oberursel vorbei sein. Damit ist auch der entsprechende Ankündigungstext hinfällig. Man könnte diesen Beitrag nun einfach löschen, indem man in der Liste unter INHALT → BEITRÄGE das Kästchen vor dem Namen ankreuzt und dann PAPIERKORB wählt. Vielleicht möchte man aber irgendwann noch einmal den Text nachlesen oder ihn für kommende Veranstaltungen wiederverwenden. Für solche Zwecke stellt Joomla! ein Archiv bereit. Um einen Beitrag in das Archiv zu verschieben, markiert man ihn in der Liste und klickt dann auf den Schalter ARCHIVIEREN. Hierdurch wird der betroffene Beitrag auch gleichzeitig gesperrt und somit von der Homepage genommen.

Einen Überblick über alle archivierten Beiträge erhalten Sie, indem Sie in der kleinen Liste STATUS WÄHLEN (rechts über der großen Liste mit allen Beiträgen) den Punkt ARCHIVIERT selektieren (Abbildung 4-26).

Abbildung 4-26: Eine archivierte Filmkritik

[Joomla 1.0.x] In Joomla!-Versionen vor 1.5 gab es noch explizit den sogenannten *Archive Manager* (erreichbar über CONTENT → ARCHIVE MANAGER). Er nahm alle archivierten Beiträge auf und funktionierte ähnlich wie der im nächsten Abschnitt angesprochene Papierkorb.

Um einen Beitrag wieder aus dem Archiv an die frische Luft zu befördern, markiert man ihn wie gewohnt und wählt anschließend AUS ARCHIV ENTFERRNEN in der Werkzeugleiste.

Papierkorb (Trash-Manager)

Sobald ein Beitrag nicht mehr gebraucht wird – die Vorankündigung zum Filmabend war wirklich grauenhaft geschrieben – und seine Archivierung nicht lohnt,
kann man ihn einfach löschen. Die Liste mit allen Beiträgen (hinter SITE → BEI-
TRÄGE) enthält in ihrer Werkzeugleiste eigens für diese Zwecke das Symbol mit der
Aufschrift PAPIERKORB. Klickt man es an, wandern alle angekreuzten Elemente in
den Mülleimer.

Damit sind diese Beiträge aber noch nicht verloren. Den Inhalt des Papierkorbs finden Sie hinter INHALT → PAPIERKORB: BEITRÄGE. Abbildung 4-27 zeigt als Beispiel
die gelöschte Kritik zu *Stirb Langsam*.

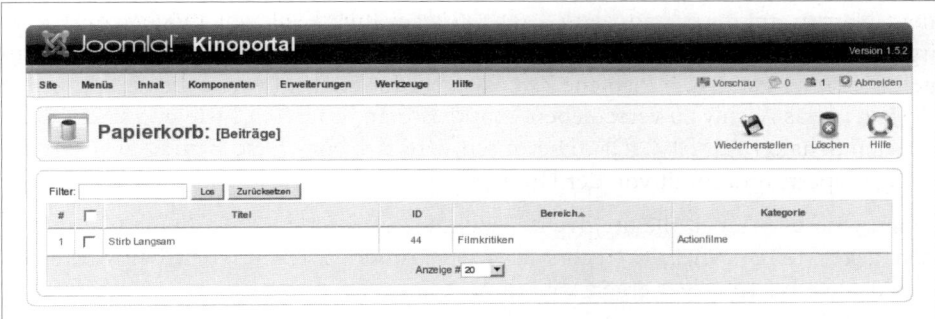

Abbildung 4-27: Der Inhalt des Papierkorbs, in den hier zuvor ein Beitrag geworfen wurde

Hier besteht nun die letzte Möglichkeit, einen versehentlich gelöschten Beitrag wie-
derzubeleben. Dazu markiert man den kleinen Kasten links vom Namen, wählt in
der Werkzeugleiste den Punkt WIEDERHERSTELLEN und bestätigt die Sicherheitsabfrage. Soll das Element hingegen für immer aus Ihren Augen verschwinden, wählen
Sie stattdessen aus der Werkzeugleiste LÖSCHEN.

 Für Menüeinträge bietet Joomla! einen eigenen Papierkorb, zu erreichen über MENÜS → PAPIERKORB: MENÜ. Er funktioniert ganz
genauso wie der Papierkorb für Beiträge.

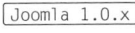 In Joomla!-Versionen vor 1.5 hieß der Papierkorb noch Trash-Mana-
ger und versteckte sich hinter SITE → TRASH MANAGER. Zudem war
er sowohl für Beiträge als auch gleichzeitig für Menüs zuständig.

KAPITEL 5

Medien verwalten

Im letzten Kapitel wurde gezeigt, wie Joomla! Inhalte in Bereiche und Kategorien gliedert. Deren jeweilige Übersichtsseiten präsentieren auf Wunsch auch ein kleines Pictogramm (Abbildung 5-1). Wählt man die Abbildung geschickt, sieht der Besucher schon auf den ersten Blick, wo er sich gerade befindet und welche Beiträge ihn erwarten.

Filmkritiken

Hier finden Sie alle **Filmkritiken**, sortiert nach *Genres*. <u>Bitte wählen Sie eines dieser Genres aus.</u>

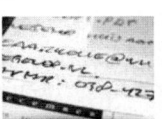

- Actionfilme (2 Beiträge)
  Hier finden Sie Filmkritiken zu bekannten Actionfilmen.
- Liebesfilme (1 Beiträge)
- Komödien (1 Beiträge)

Abbildung 5-1: Die Übersichtsseite für den Bereich »Filmkritiken« zeigt neben einer Auswahl der enthaltenen Kategorien auch auf Wunsch eine kleine Grafik.

Aber auch bei den Artikeln helfen Bilder, den Text aufzulockern und Abläufe verständlicher darzustellen. Bei unserem Kinoportal können wir Kritiken mit Fotos aus dem jeweiligen Film aufpeppen. Joomla! bringt leider nur eine kleine, begrenzte Auswahl an Bildern mit. So dürfte schnell der Wunsch entstehen, diesen Pool um eigenes Material zu erweitern.

Sämtliche Bilddateien liegen im Joomla!-Unterverzeichnis *images*. Man könnte nun die eigenen Fotos einfach dort hinein kopieren. Dies ist jedoch alles andere als ratsam: Läuft Joomla! bereits auf einem Server im Internet, müsste man die Bilddateien je nach Zugang per FTP- oder per ssh-Programm hochladen. Sobald mehrere Benutzer ihre Kritiken schreiben möchten, müsste man jedem dieser Autoren entweder einen eigenen, zusätzlichen FTP-Zugang spendieren, oder aber die Autoren müssten sich einen Zugang teilen. Dies erzeugt jedoch zum einen erheblichen admi-

nistrativen Aufwand, und zum anderen riskiert man wieder schnell Sicherheitsprobleme – schließlich kann man sich nie sicher sein, was ein böswilliger Autor mit den
neu gewonnenen Rechten so alles in das System einschleust.

Medien einstellen und Ordnung schaffen

Aus diesem Grund gibt es in Joomla! eine eingebaute Medienverwaltung (englisch
Media Manager). Wie ihr Name schon andeutet, verwaltet sie nicht nur Bilder, sondern alle Dokumente, mit denen man die Beiträge irgendwie aufpeppen oder ergänzen kann. Hierunter fallen neben Videos im Flash-Format beispielsweise auch
Excel- oder Word-Dokumente. In der Praxis wird man die Medienverwaltung
jedoch am häufigsten mit Bildern oder Fotos füttern (schließlich kann man nicht
davon ausgehen, dass jeder Besucher einen Flash-Player installiert hat). Die Medienverwaltung hilft nicht nur beim Hochladen der Dateien, sondern erlaubt auch
die übersichtliche Gruppierung der Medien in weiteren Unterverzeichnissen.

Überblick verschaffen

Da die von ihr verwalteten Bilder und Dokumente in verschiedenen Bereichen von
Joomla! bereitstehen, finden Sie die Medienverwaltung im Menü SITE. Der dortige
Eintrag MEDIEN führt direkt zum Bildschirm aus Abbildung 5-2. Sofern Sie sich
während der Installation gegen den FTP-Zugang entschieden haben, benötigt
Joomla! Schreibrechte auf das Verzeichnis *images* und seine Unterverzeichnisse.
Gegebenenfalls müssen Sie dies über die entsprechenden Befehle oder Programme
nachholen (wie das funktioniert, zeigte bereits Kapitel 2). Beachten Sie jedoch, dass
dies unter Umständen ebenfalls zu Sicherheitsproblemen führen kann: Sobald es
einem Angreifer gelänge, die Kontrolle über Joomla! zu erlangen, dürfte er auch
diese Verzeichnisse manipulieren.

Im großen Mittelteil zeigt die Medienverwaltung alle Dokumente des aktuellen Verzeichnisses in einer kleinen Vorschau an. Jeder Kasten entspricht genau einer Datei.
Unterhalb des Symbols ist der Dateiname aufgeführt.

Detaillierte Informationen erhalten Sie, wenn Sie auf das Register DETAIL-ANSICHT
wechseln. Hier präsentiert Joomla! die vorhandenen Dateien in einer Liste, in der
auch die jeweilige Dateigröße und bei Bildern deren Maße erscheinen (Abbildung
5-3).

Über die letzte Spalte können Sie eine Datei oder ein Verzeichnis wieder vom Webserver entfernen. Dazu kreuzen Sie das Kästchen bei allen überflüssigen Kandidaten
an und wählen in der Werkzeugleiste LÖSCHEN. Alternativ befördert ein Klick auf
das kleine rote X die Datei sofort ins Jenseits. In der Thumbnail-Ansicht funktioniert das Löschen nach den gleichen Prinzipien, wobei sich das Kästchen und das
rote Kreuz unter den jeweiligen Vorschaubildern befinden .

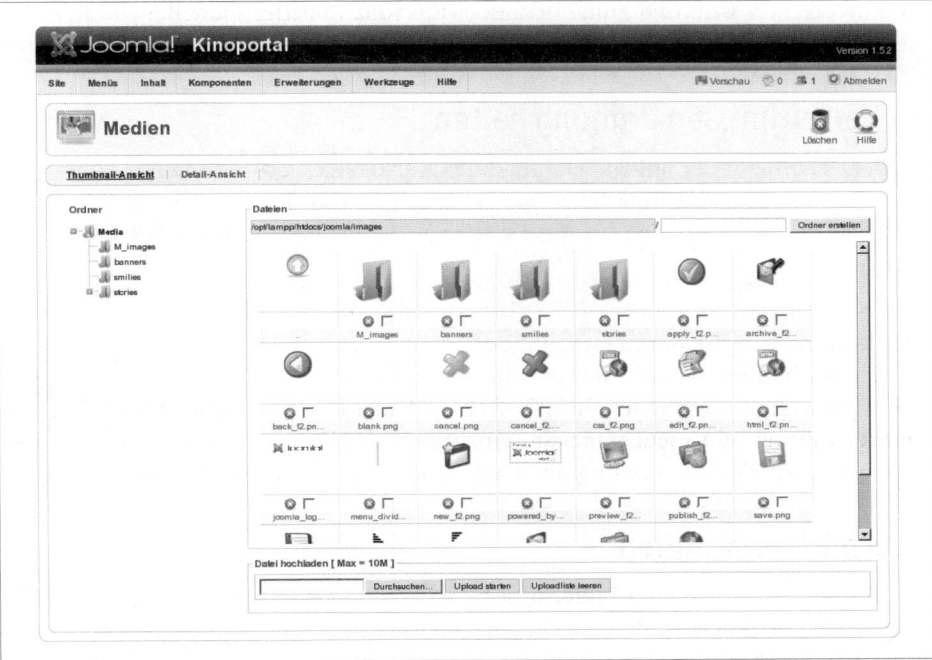

Abbildung 5-2: Der Verwaltungsbildschirm für Medien

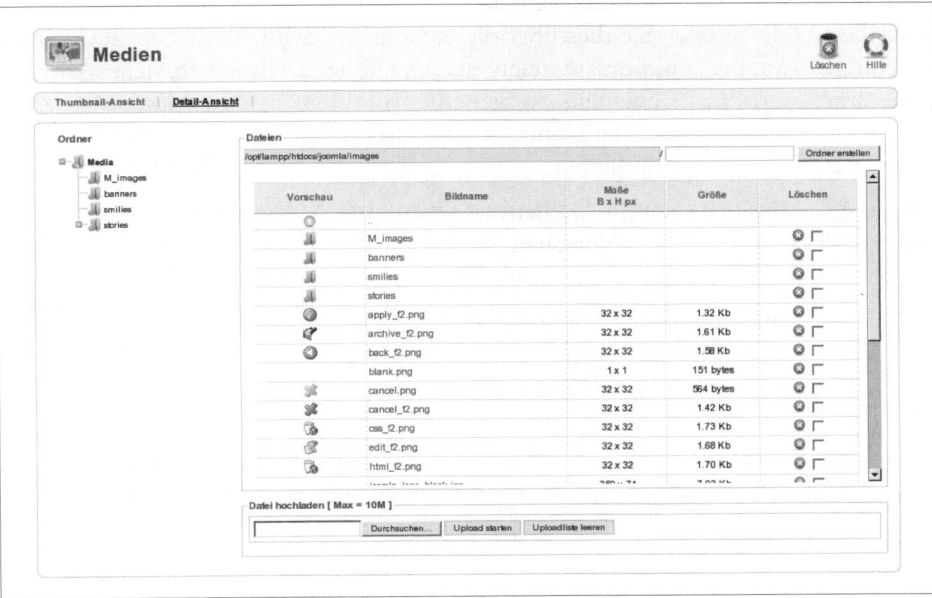

Abbildung 5-3: Die Detailansicht der Medienverwaltung liefert auch die Abmessungen und
Dateigrößen.

Egal, in welcher Ansicht Sie sich befinden: Ein Klick auf ein Bild bringt es in seiner vollen Pracht auf den Schirm.

Mit Verzeichnissen Ordnung halten

Mit dem Baum auf der linken Seite im Bereich ORDNER wechselt man das Verzeichnis. Gleiches erledigt ein gezielter Mausklick auf eines der Ordnersymbole in der großen Vorschau. Der nach oben gerichtete grüne Pfeil 🔵 führt wieder eine Ebene nach oben.

Joomla! bringt von Haus aus schon ein paar vordefinierte Ordner mit. Im Einzelnen sind dies:

images/	Verschiedene Bilder und Symbole für unterschiedliche Gelegenheiten
images/M_images	Kleinere Symbole für die Homepage, wie zum Beispiel die Bilder für die PDF-, Print- und E-Mail-Funktionen
images/stories	Bilder für die Übersichtsseiten von Kategorien und Bereichen sowie die Beiträge (daher auch der Name *stories*). Darüber hinaus nutzen einige Module und Komponenten die in diesem Ordner liegende Grafiksammlung.
/images/banners	Werbebanner für die gleichnamige Komponente
/images/smilies	Mehrere Smileys

Um ein neues Unterverzeichnis anzulegen, geben Sie seinen Namen in das Feld links neben der Schaltfläche ORDNER ERSTELLEN ein und klicken ihn anschließend an.

 Im Kinoportal könnte das zum Beispiel der Ordner *filmstars* sein, in dem die Autoren Fotos von Schauspielern ablegen dürfen.

 Wenn Ihre Beiträge häufig viele Bilder umfassen, lohnt es sich, die Seitenstruktur noch einmal im Ordner *images/stories* mit Unterverzeichnissen nachzubilden. Damit würden dann beispielsweise alle Bilder zur Filmkritik zu *Stirb Langsam*, im Verzeichnis *images/stories/filmkritiken/actionfilme/stirblangsam* liegen. Auf diese Weise behält man den Überblick über das Bildmaterial, und die verschiedenen Autoren kommen sich beim Hochladen nicht gegenseitig in die Quere.

 Klappt das Anlegen von Verzeichnissen nicht, so könnte die Ursache darin liegen, dass die bei der Installation eingegebenen Daten für den FTP-Zugang nicht stimmen oder aber die PHP-Umgebung im sogenannten *Safe Mode* läuft. (Weitere Informationen zum Safe Mode liefert auch Kapitel 2).

Bilder und Dokumente hochladen

Um nun eigene Bilder oder Dokumente hinzuzufügen, gibt man ihren Dateinamen im Feld DATEI HOCHLADEN ein. Die Schaltfläche DURCHSUCHEN... hilft bei der Auswahl.

Im Dateiauswahlfenster Ihres Betriebssystems dürfen Sie beliebig viele Dokumente selektieren. Joomla! lädt sie dann gleich in einem Rutsch hoch.

Ein anschließender Klick auf UPLOAD STARTEN genügt, und schon wandert die Datei in das aktuelle Verzeichnis. (In älteren Joomla!-Versionen vor 1.5 versteckt `Joomla 1.0.x` sich die entsprechende Schaltfläche in der Werkzeugleiste.)

Joomla! legt alle Medien ausschließlich im Verzeichnis *images* oder in einem seiner Unterordner ab. Es ist also für einen angemeldeten Benutzer nicht möglich, irgendwo im Joomla!-System beliebige Dateien zu platzieren.

Standardmäßig sind Dateien bis zu einer Größe von 10.000.000 Bytes erlaubt. (Vorsicht: Das sind weniger als 10 Mbyte.) Den genannten Wert können Sie unter SITE → KONFIGURATION im Register MEDIEN ändern. Zusätzlich hängt der genannte Wert noch von der PHP-Konfiguration und somit letztendlich auch vom Internet-Provider ab. Je nach gemietetem Paket sind hier größere oder kleinere Dateien erlaubt.

Die Medienverwaltung verdaut übrigens ausschließlich Bilder in den Formaten *gif*, *png*, *jpg*, *ico* und *bmp* sowie Dokumente mit den Endungen *pdf*, *swf* (Flash), *doc* (Word), *xls* (Excel), *ppt* (PowerPoint), *txt* (einfache Texte), *csv* (Tabellen als Comma Separated Values) nebst denen der OpenOffice.org-Programme. Wenn Sie versuchen, eine andere Datei hochzuladen, verweigert sich Joomla!. Hierzu gehören zum Beispiel auch Film- oder Musikdateien. In einem solchen Fall bleibt nur die Möglichkeit, die Dokumente per Hand in ein Verzeichnis außerhalb von Joomla! zu laden und dann im Text über entsprechende HTML-Befehle einen Link auf die jeweilige Datei zu setzen.

Bilder einbinden

Nachdem die Bilder im *Media Manager* gelandet sind, möchte man sie auch irgendwie in die eigene Homepage einbinden. Das genaue Vorgehen hängt davon ab, auf welcher Seite die Grafik eingefügt werden soll. In einigen Fällen, wie zum Beispiel beim Erstellen eines Bereichs, zeigt Joomla! eine Auswahl von Bildern in einer Liste an (Abbildung 5-4). Das dortige Angebot stammt jedoch ausschließlich aus dem

Verzeichnis *images/stories*. Möchten Sie mit Ihrem Foto einen Bereich oder eine Kategorie verschönern, müssen Sie es folglich mit der Medienverwaltung in genau diesem Verzeichnis ablegen.

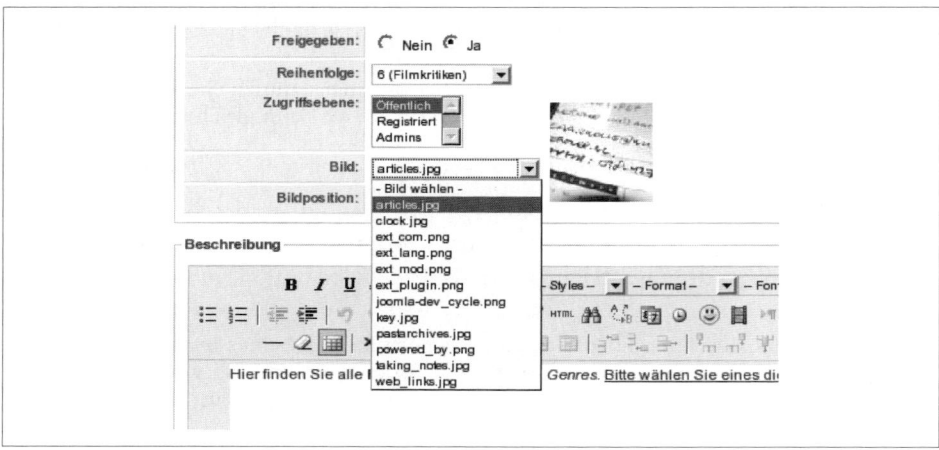

Abbildung 5-4: Die hier beim Anlegen eines Bereichs angebotenen Bilder stammen ausschließlich aus dem Verzeichnis »images/stories«.

Wenn Sie das Bild hingegen direkt in einen Beitrag integrieren möchten, klicken Sie im entsprechenden Bearbeitungsbildschirm auf die Schaltfläche BILD ganz links unten. Es öffnet sich dann eine Miniaturausgabe der Medienverwaltung, aus der man das Bild dann bequem auswählt und einfügt. Weitere Informationen zu diesem Thema lieferte bereits Kapitel 4.

Joomla 1.0.x In den ersten Joomla!-Versionen stammten die dort präsentierten Fotos noch standardmäßig aus dem Unterverzeichnis *images/stories* (siehe Kapitel 4). Bei Inhaltselementen, wie zum Beispiel einer Filmkritik, musste man ein Bild noch über eine Verknüpfung einfügen. Dazu wählte man zunächst im Media Manager das gewünschte Foto und klickte auf das kleine Stiftsymbol direkt unter seinem Vorschaubild. Dies füllte dann das Feld IMAGE/URL CODE. Den dort angezeigten Text musste man nun über die entsprechenden Menüpunkte des Internetbrowsers kopieren und anschließend an der Stelle in seinen Text einfügen, an der das Bild erscheinen sollte. Wie Kapitel 4 bereits zeigte, wurde dieser Vorgang unter Joomla! 1.5 drastisch vereinfacht. Dort steht nun ein komfortables Auswahlfenster zur Verfügung.

Rechtliche Aspekte

Gerade bei einem Kinoportal ist es oftmals mehr als verlockend, einfach das Bild eines Schauspielers oder einer Filmszene von irgendeiner Seite im Internet herunterzuladen und es in die eigene Filmkritik zu integrieren. Dieser Versuchung sollte man jedoch unter allen Umständen widerstehen: Jedes Bild-, Ton- und Textmaterial ist urheberrechtlich geschützt. Ein Einsatz auf der eigenen Homepage sollte nur nach Rücksprache mit dem jeweiligen Rechteinhaber erfolgen. Bei Bildern ist dies meist der Fotograf oder eine Bildagentur. Sieht man einfach darüber hinweg, kann dies recht schnell zu einer Abmahnung und sogar zu Schadensersatzforderungen führen.

In diesem Kapitel:
- Banner – die Bannerwerbung
- Kontakte
- Newsfeeds
- Umfragen
- Such-Statistiken
- Weblinks

KAPITEL 6

Komponenten – Nützliche Zusatzfunktionen

Nachdem in den vorangegangenen Abschnitten die zukünftige Homepage mit *Inhalten* gefüllt wurde, gilt es nun, sie mit ein paar interessanten *Zusatzfunktionen* aufzupeppen. Beispielsweise könnte man eine kleine Umfrage zum letzten Indiana-Jones-Film starten, und eine Link-Sammlung mit Verweisen auf die Kinos der Umgebung wäre auch nicht schlecht. Derartige Aufgaben übernehmen unter Joomla! die sogenannten *Komponenten*. Eine Komponente ist ein Erweiterungspaket, das Joomla! um zusätzliche Funktionen bereichert. Ein Beispiel wären die bereits eingebauten Umfragen oder die Anzeige von Werbebannern.

Komponenten sind wie Bauklötzchen

 In der Softwareentwicklung versteht man unter einer Komponente allgemein ein Stück Software, das eine ganz bestimmte Aufgabe erledigt. Wie Letzteres geschieht, ist dabei zunächst vollkommen unwichtig. Man kann sich eine Komponente somit wie einen schwarzen Kasten, eine sogenannte Black Box vorstellen. Vorn gibt man irgendwelche Daten hinein, woraufhin die Komponente dann etwas mehr oder weniger Nützliches damit anstellt.

Derartige Komponenten lassen sich wie Bauklötze zu einer kompletten Anwendung zusammenstöpseln, ganz ähnlich wie bei einem Haus aus LEGO-Steinen. Joomla! ist selbst ein Beispiel für eine Anwendung, die vollständig aus einzelnen Komponenten besteht.

Joomla! bringt standardmäßig schon ein paar nützliche Komponenten mit (siehe Abbildung 6-1), die im Folgenden etwas näher vorgestellt werden sollen. Selbstverständlich bleibt es Ihrem eigenen Geschmack überlassen, welche dieser Funktionen Sie in Ihre Seiten übernehmen möchten.

 Kapitel 17 beschäftigt sich mit der Frage, wie man zusätzliche Erwei-
terungen in das freie Content-Management-System einspielt und wie
man eigene Komponenten erstellt

Abbildung 6-1: Diese Komponenten bringt Joomla! bereits ab Werk mit.

Alle bereits installierten Komponenten verwaltet Joomla! im Menü KOMPONENTEN
des Administrationsbereichs. Sehen Sie doch einmal nach, was Sie bisher in diesem
Menü vorfinden (Abbildung 6-1). Jeder Eintrag entspricht genau einer bereits mitgelieferten Komponente, die die folgenden Abschnitte der Reihe nach von oben
nach unten vorstellen.

Banner – die Bannerwerbung

Der Betrieb eines Internetauftritts nagt beständig am eigenen Geldbeutel – schließlich erbringen die Webhoster ihre Leistungen nicht umsonst. Es liegt also nahe, auf
der eigenen Seite etwas Werbung zu schalten, um so zumindest einen Teil der Kosten wieder hereinzubekommen. Bei diesem Unterfangen hilft die Komponente *Banner*. Wie ihr Name schon andeutet, kümmert sie sich um die Schaltung von
sogenannten Werbebannern. Hierbei bucht ein Kunde einen gut einsehbaren Platz
auf der Homepage. Gleichzeitig stellt er ein Bild zur Verfügung, das später nicht nur
die angemietete Werbefläche zieren, sondern auch bei einem Mausklick direkt auf
seine eigenen Internetseiten führen soll.

 Im Kinoportal könnte beispielsweise das hiesige Programmkino »Schauburg« den
Platz auf der Homepage buchen.

Drängen gleich mehrere Werbekunden auf die Internetseite, wählt die zuständige
Joomla!-Komponente bei jedem Seitenaufruf ein anderes Werbebildchen aus – entweder per Zufall oder abwechselnd in einer vorgegebenen Reihenfolge.

Werbekunden verwalten

Bevor ein Banner auf der Homepage landet, benötigt man zunächst einen Werbenden. Joomla! nennt diese Menschengruppe *Kunden* (im Englischen *Clients*) und verwaltet sie unter KOMPONENTEN → BANNER → KUNDEN. Dahinter verbirgt sich der Schirm aus Abbildung 6-2.

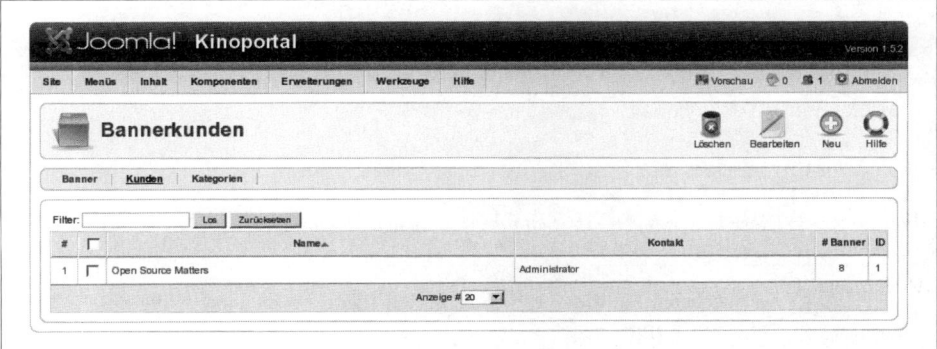

Abbildung 6-2: Die Liste mit allen existierenden Kunden

Mit den Beispieldaten wurde der Kunde *Open Source Matters* angelegt. Er ist derzeit mit satten acht Werbebildchen vertreten, wie die Spalte # BANNER verrät. Direkt links daneben verrät die Spalte KONTAKT den jeweiligen Ansprechpartner bei der werbenden Firma.

Um einen neuen Kunden zu erstellen, klickt man in der Werkzeugleiste auf die Schaltfläche NEU. In das nun angezeigte Formular gibt man unter NAME den Namen des Kunden ein, unter KONTAKTNAME und KONTAKT E-MAIL die jeweils aktuellen Kontaktdaten eines Ansprechpartners, und unter EXTRA-INFORMATIONEN dürfen noch ein paar Zusatzinformationen landen.

Legen Sie für das Kinobeispiel die *Schauburg* als Kunden an, wie in Abbildung 6-3 zu sehen ist.

Ein Klick auf SPEICHERN führt wieder zurück zur Liste.

Ist der Werbevertrag ausgelaufen, so entfernen Sie den entsprechenden Kunden einfach aus dem System, indem Sie den kleinen Kasten vor seinem Namen markieren und dann auf LÖSCHEN klicken.

Banner-Kategorien anlegen

Sofern das Internetportal floriert und viele Firmen einen Werbeplatz buchen, kann man die Banner-Bilder noch einmal in Gruppen zusammenfassen. Analog zu den Beiträgen bezeichnet Joomla! diese Gruppen als *Kategorien*.

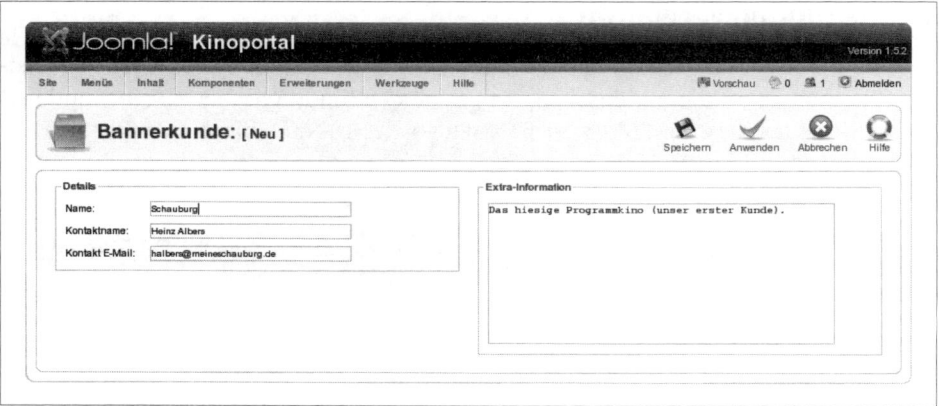

Abbildung 6-3: Diese Daten legen die »Schauburg« als neuen Kunden an.

 Verwechseln Sie die Werbe-Kategorien nicht mit denen für die Beiträge aus Kapitel 4.

Diese Gruppierung dient zum einen der Übersicht – mit 100 und mehr Bannern zu jonglieren kann schnell zu einem kleinen Chaos führen –, zum anderen kann man später aber auch die Anzeige auf Werbebanner aus einer dieser Kategorien beschränken.

 Auf diese Weise lassen sich sogar themenbezogene Kampagnen schalten: Im Beispiel des Kinoportals könnte man alle Anzeigen, die für das Filmfestival im Juli werben, in einer eigenen Kategorie zusammenfassen. Zwei Wochen vor Beginn des Festivals weist man Joomla! an, nur noch Anzeigen aus eben jener Kategorie zu verwenden.

Joomla 1.0.x Die Kategorien wurden erst mit Joomla! 1.5 eingeführt. Zuvor musste man noch ohne auskommen.

Da unter Joomla! 1.5 jedes Werbebanner mindestens einer Kategorie zugeordnet sein muss, geht es als Nächstes zum Menüpunkt KOMPONENTEN → BANNER → KATEGORIEN. Alternativ können Sie auch einfach auf das Register KATEGORIEN, direkt oberhalb der Kunden-Liste wechseln. In beiden Fällen landen Sie beim Schirm aus Abbildung 6-4.

Joomla! liefert in den Beispieldaten bereits zwei Kategorien mit. Eine neue Kategorie erstellen Sie wie gewohnt mit einem Klick auf die entsprechende Schaltfläche der Werkzeugleiste. Es erscheint dann das Fenster aus Abbildung 6-5.

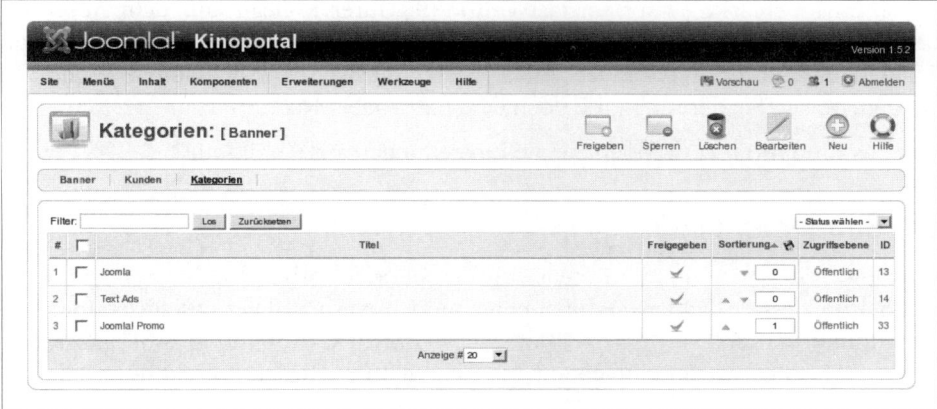

Abbildung 6-4: Die Liste mit allen derzeit vorhandenen (Werbe-)Kategorien

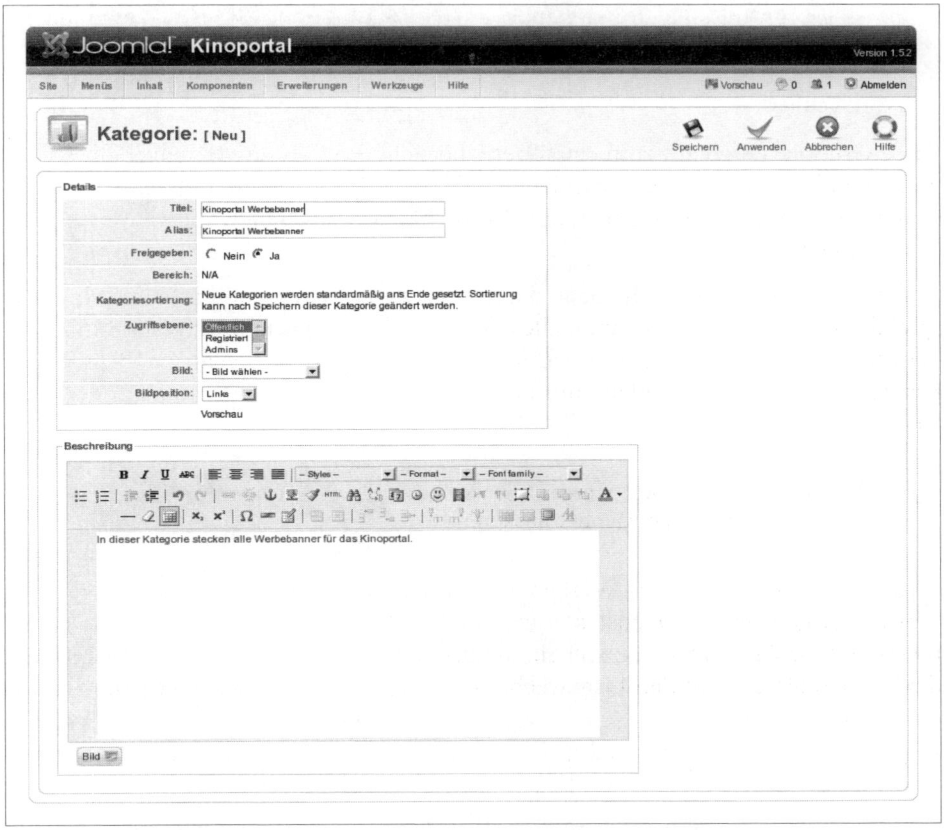

Abbildung 6-5: Anlegen einer neuen (Werbe-)Kategorie

Diese Eingabemaske entspricht fast vollständig ihrer Kollegin aus dem Abschnitt »Kategorien« auf Seite 100: Unter TITEL verpassen Sie zunächst der Kategorie einen Namen und unter ALIAS einen Alias- beziehungsweise Ersatznamen. Wenn Sie mögen, dürfen Sie der Kategorie noch eine BESCHREIBUNG verpassen.

 Für das Kinoportal verwenden Sie die Einstellungen aus Abbildung 6-5.

Die Banner einbinden

Sind eine Kategorie und mindestens ein Werbekunde vorhanden, müssen im nächsten Schritt dessen Banner-Grafiken eingebunden werden. Dies geschieht über den Menüpunkt KOMPONENTEN → BANNER → BANNER (Abbildung 6-6). Alternativ können Sie auch wieder einfach auf das gleichnamige Register direkt unterhalb der Werkzeugleiste wechseln.

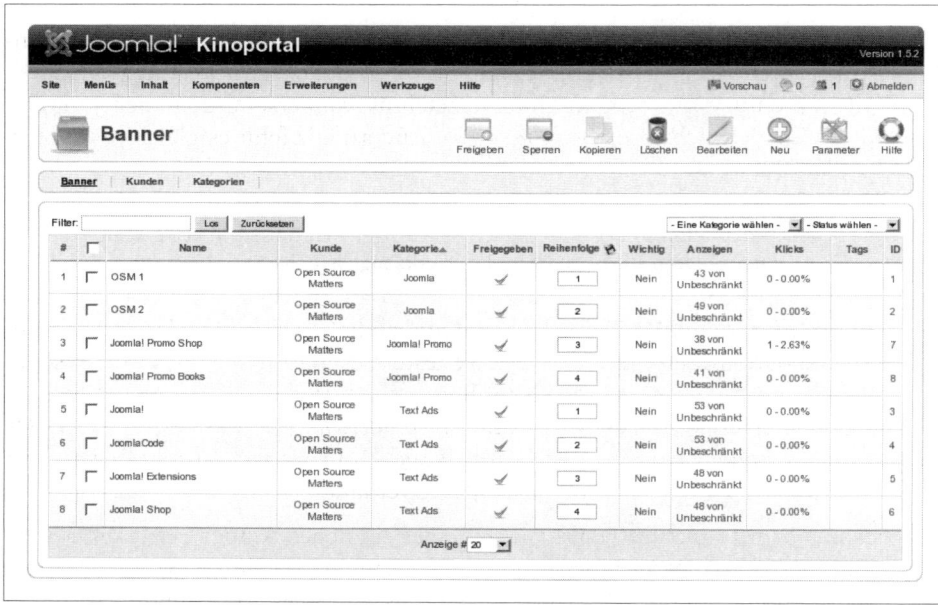

Abbildung 6-6: Die Liste mit allen Werbebannern aus den mitgelieferten Beispieldaten

In der erscheinenden Liste zählt die Spalte ANZEIGEN, wie oft das Werbebanner bereits auf der Homepage angezeigt wurde. Die dortige zweite Zahl hinter VON führt hingegen darüber Buch, wie viele Seitenaufrufe noch übrig sind, bevor das Banner wieder für immer in der Versenkung verschwindet. Steht dort wie in der Abbildung 6-4 UNBESCHRÄNKT, läuft der Werbevertrag nie aus.

Die Spalte KLICKS zählt, wie oft Besucher schon auf das Werbebanner geklickt haben. Der Prozentwert hinter dem Bindestrich besagt, wie viel Prozent der Besucher dies waren, und weist somit darauf hin, welches Werbeangebot für die Besucher verführerischer war.

`Joomla 1.0.x` In den Versionen vor Joomla! 1.5 waren diese vier Werte in jeweils einer eigenen Spalte untergebracht.

Die Spalte WICHTIG verrät schließlich noch, ob das jeweilige Banner bevorzugt auf der Homepage erscheint.

 Über die Schaltfläche PARAMETER in der Werkzeugleiste können Sie eine Protokollierung der Banneraufrufe veranlassen. Diese Daten können im Streitfall mit den Werbekunden nützlich sein. Im Gegenzug wandern bei gut besuchten Internetauftritten recht schnell viele Informationen in die Datenbank.

Die folgenden Schritte setzen voraus, dass das Werbebild bereits über die Medienverwaltung unter SITE → MEDIEN auf den Server geladen wurde – und zwar unbedingt in das dafür vorgesehene Unterverzeichnis *banners* (also in der Joomla!-Installation im Verzeichnis */images/banners*). Andernfalls fehlt es gleich in der entsprechenden Auswahlliste.

`Joomla 1.0.x` In den alten Versionen existierte hier eigens zu diesem Zweck noch eine Schaltfläche UPLOAD in der Werkzeugleiste.

Die Bildgröße ist Joomla! prinzipiell egal, dennoch haben sich für Werbebanner im Internet Standardgrößen etabliert. Die weiteste Verbreitung hat dabei das sogenannte Fullbanner-Format von 468 x 60 Bildpunkten (Pixel). Weitere gängige Formate nennt beispielsweise Wikipedia unter *http://de.wikipedia.de/Werbebanner*. Als Dateiformat kommen *png*, *jpg* oder *gif* in Frage – nur sie werden später von den Internetbrowsern der Besucher ohne Probleme verdaut.

Im nächsten Schritt muss auf Basis dieses Bildes ein neues Banner eingerichtet werden. Klicken Sie dazu in der Werkzeugleiste der Bannerverwaltung (KOMPONENTEN → BANNER → BANNER) auf NEU. Es erscheint das Formular aus Abbildung 6-7.

In ihm müssen nun die folgenden Punkte ergänzt werden:

Name
 Zunächst vergibt man hier einen möglichst aussagekräftigen Namen für das neue Banner.

Alias
 Ein Alias- beziehungsweise Ersatzname. Er dient hauptsächlich internen Zwecken, beispielsweise hilft er bei der Suchmaschinenoptimierung.

Abbildung 6-7: Diese Einstellungen komplettieren die Einrichtung eines Banners für die »Schauburg«.

Banner anzeigen

> Hier möchte Joomla! wissen, ob die Werbetafel überhaupt auf der Homepage erscheinen soll.

Wichtig

> Bei einem *Ja* wird dieses Banner bevorzugt behandelt.

Reihenfolge

> Auf der Homepage kann immer nur jeweils eine Werbegrafik erscheinen. Um hier niemanden zu benachteiligen, setzt Joomla! mit jedem Seitenaufruf ein anderes Banner auf die Homepage. Diese Zahl hier regelt die Abspielreihenfolge der Banner und beantwortet somit die Frage, wann welches Banner als Nächstes an der Reihe ist.

Kategorie

> Die Kategorie, unter der Joomla! die Werbetafel einsortieren soll. Für das Kinoportal wäre dies **Kinoportal Werbebanner**.

Name (unterhalb der Kategorie)

Der Kunde, dem die Werbetafel gehören soll. Im Beispiel ist dies das Kino **Schauburg**.

Anzeigen erworben

Gibt die Anzahl der gekauften Einblendungen an. Beispielsweise könnte das lokale Kino einen Geldbetrag für 100 Einblendungen überwiesen haben. Als Einblendung gilt hier jeder Seitenaufruf, bei dem das Werbebanner erscheint. Gibt es beispielsweise nur das Banner der Schauburg und rufen 100 Menschen die Homepage auf, so ist das Soll bereits erfüllt. Joomla! nimmt die Werbung dann automatisch von der Homepage. Ist hingegen der Punkt UNBESCHRÄNKT markiert, gibt es keine derartige Begrenzung: Der Werbevertrag gilt dann auf unbestimmte Zeit.

Klick-URL

Klickt ein Besucher der Homepage auf das Werbebanner, so wird er auf die hier angegebene Internetseite weitergeleitet.

Klicks

So oft wurde bereits das Werbebanner von Besuchern angeklickt. Da das Banner gerade erst erstellt wird, steht der Zähler noch auf *0*. Später können Sie ihn per KLICKS ZURÜCKSETZEN manuell auf diesen Ausgangswert stellen. Dieser Zählerstand ist insbesondere für eine Abrechnung mit dem Werbenden interessant und gibt darüber hinaus Hinweise, wie »beliebt« das Banner war.

Angepasster Bannercode

In einigen Fällen rückt ein Werbekunde nicht nur eine Grafik, sondern auch gleich ein Stück Programmcode heraus. Letzterer gehört dann in dieses Feld.

Beschreibung/Anmerkungen

Hier dürfen Sie weitere Bemerkungen oder Anmerkungen zum Werbebanner eintragen.

Banner-Bildwahl

Hier wählt man die Banner-Grafik, woraufhin unter BANNERBILD eine kleine Vorschau erscheint.

Tags

Sie können Joomla! später anweisen, die Werbebanner so zu wählen, dass ihr Inhalt zum gerade gezeigten Artikel passt. Beispielsweise würde eine Werbung für einen Abenteuer-Urlaub in Amerika doch prima zur Filmkritik von »Stirb Langsam« passen. Da den Besucher der Film interessiert, dürfte er vermutlich auch an einem Abenteuer-Urlaub Interesse zeigen.

Damit Joomla! eine solche kontextabhängige Werbeeinblendung vornehmen kann, durchsucht es die Schlüsselwörter des jeweils angezeigten Artikels (siehe Abschnitt »Beiträge« auf Seite 102) nach den hier unter TAGS eingegebenen Stichwörtern.

Damit das Zusammenspiel klappt, müssen zusätzlich noch die sogenannten Module ins Boot geholt werden. Aus diesem Grund erfolgt eine genauere Beschreibung dieses interessanten Mechanismus erst im nächsten Kapitel 7, im Abschnitt über das Banner-Modul.

 Für das Kinoportal-Beispiel nehmen Sie nun die Einstellungen vor, wie sie in Abbildung 6-7 zu sehen sind.

Nach einem Klick auf SPEICHERN kehren Sie automatisch zur Liste mit allen Werbebannern zurück.

Damit erscheint das neue Banner allerdings noch nicht automatisch auf der Homepage. Um dies zu ändern, wählen Sie aus dem Hauptmenü ERWEITERUNGEN → MODULE und suchen in der erscheinenden Liste den Eintrag BANNERS. Dieser kümmert sich um die eigentliche Darstellung der Werbebanner auf der Homepage. Klicken Sie ihn an, um Zugriff auf seinen Einstellungsbildschirm zu erhalten. Auf dessen rechter Seite finden Sie das Register MODULPARAMETER (wie in Abbildung 6-8). Dort stellen Sie unter BANNERKUNDE die Schauburg ein und wählen bei KATEGORIE den Eintrag »Kinoportal Werbebanner«.

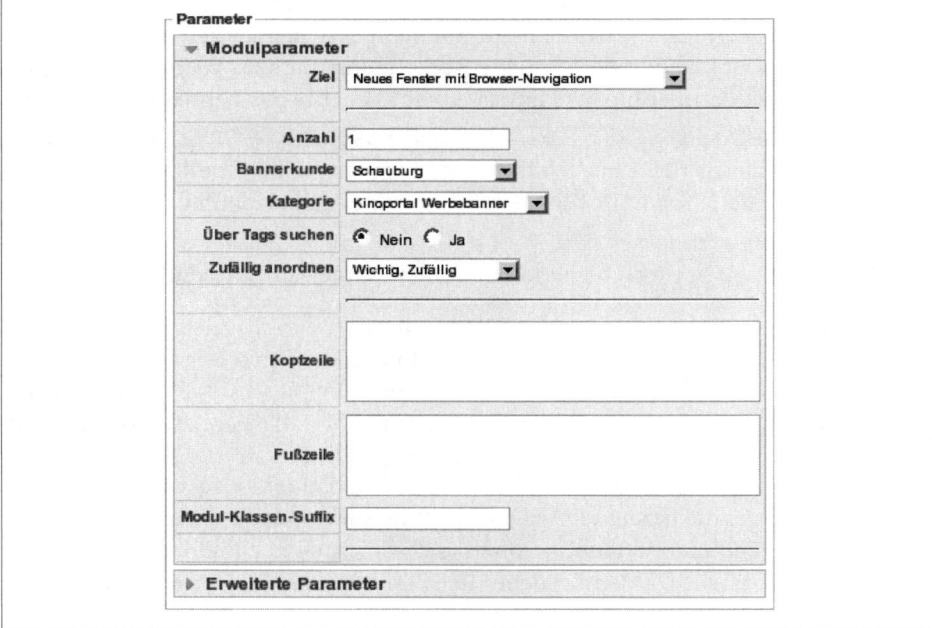

Abbildung 6-8: Die Modulparameter für die Anzeige von Werbebannern

Damit zeigt sich das neue Werbebanner der Schauburg endlich auf der Homepage, wie in Abbildung 6-9 zu sehen ist. Was es mit den Modulen und dem komischen Einstellungsbildschirm aus Abbildung 6-8 genau auf sich hat, wird gleich im nächsten Kapitel 7 erklärt. Dort erfahren Sie dann auch, wie man das Banner an einer etwas günstigeren Stelle auf der Homepage positioniert.

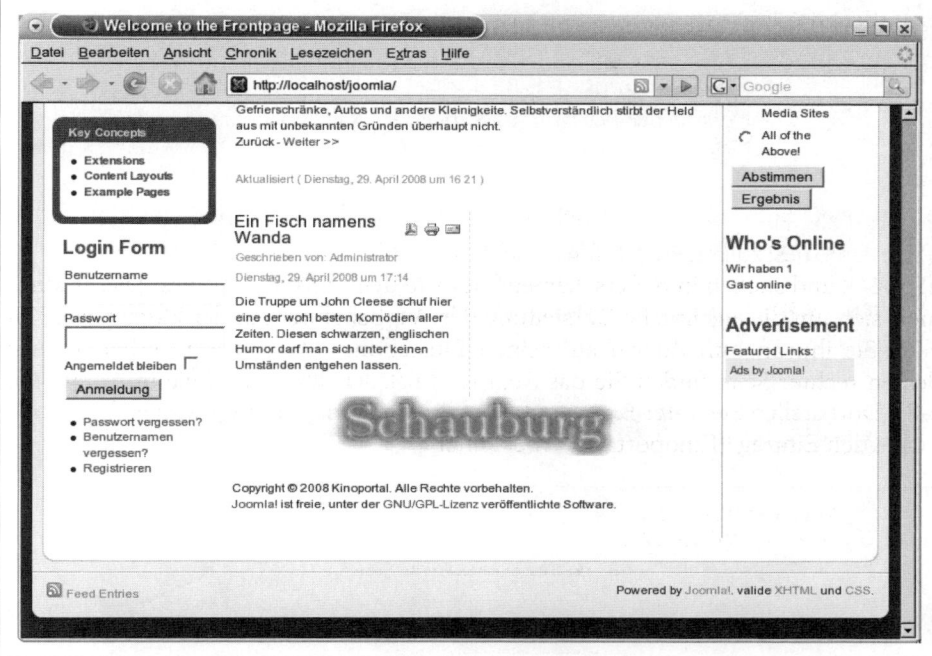

Abbildung 6-9: Das neue Banner auf der Homepage

Kontakte

Das Kinoportal floriert, es gibt fleißige Autoren, die Filmkritiken beisteuern, und die hohen Besucherzahlen sprechen für sich. Einige der Besucher würden jedoch gern mit den Autoren Kontakt aufnehmen. Genau für diesen Zweck existiert die Komponente *Kontakte* (englisch *Contacts*). Sie verwaltet alle Kontaktpersonen und stellt über das verbundene Modul entsprechende Formulare auf der Homepage bereit.

Für die Verwaltung aller Kontaktmöglichkeiten ist das Menü hinter KOMPONENTEN → KONTAKTE zuständig.

Kategorien für die Kontakte anlegen

Alle erreichbaren Personen gruppiert Joomla! in sogenannten Kategorien. Letztere erweisen sich insbesondere in Firmen als nützlich, wenn beispielsweise die Kontaktaufnahme sofort in die jeweils zuständige Abteilung dirigiert werden soll. In einem solchen Fall könnte eine der Kategorien »Vertrieb« lauten, eine andere »Support«. Dort würde man dann die entsprechenden Kontaktdaten der jeweiligen Mitarbeiter finden. Joomla! selbst verlangt, dass sich jeder Kontakt in genau einer Kategorie befindet.

 Verwechseln Sie nicht die hier behandelten Kategorien für Kontakte mit denen der Beiträge aus Kapitel 4, »Kategorien« auf Seite 100. Beide haben nichts miteinander zu tun.

Die Beispielhomepage, die während der Installation eingespielt wurde, enthält bereits eine einsame Kategorie namens *Contacts*. Für einfache Internetauftritte reicht dies im Allgemeinen aus. Wer mehr benötigt, ruft den Menüpunkt KOMPO-NENTEN → KONTAKTE → KATEGORIEN auf. Es erscheint nun die Seite aus Abbildung 6-10.

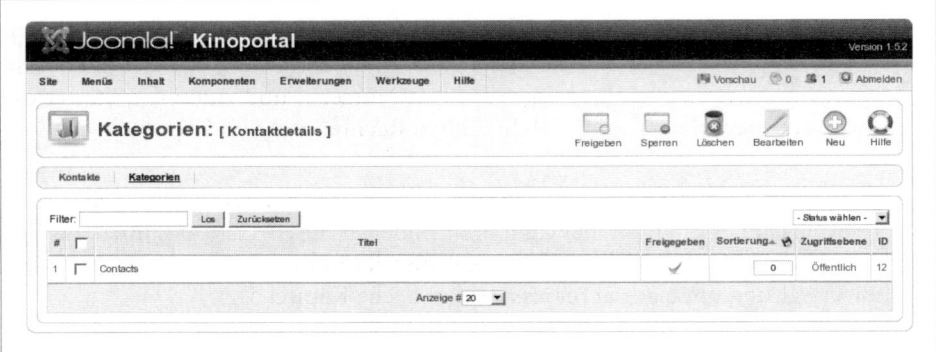

Abbildung 6-10: Der Verwaltungsbildschirm für die Kontaktkategorie

Sie präsentiert in einer Liste alle bereits existierenden Kategorien – was im Moment nur eine einzige ist. Mit dem Button NEU in der Werkzeugleiste legt man eine neue Kategorie an. Dabei werden die folgenden Parameter abgefragt:

Titel
Der Name der Kategorie, der später auch auf der Homepage als Überschrift erscheint.

Alias
Ein Alias- beziehungsweise Ersatzname für die Kategorie. Er dient hauptsächlich internen Zwecken, beispielsweise hilft er bei der Suchmaschinenoptimierung.

Freigegeben
Legt fest, ob die Kategorie für die Besucher auf der Homepage sichtbar ist.

Bereich

Nur die Joomla!-Entwickler selbst wissen, warum dieser Eintrag hier existiert. Da die Kategorien für die Kontakte nicht noch einmal in Bereiche gruppiert werden können, bleibt diese Einstellung ungenutzt. Möglicherweise ist geplant, eine solche Unterteilung in zukünftige Joomla!-Versionen einzubauen oder sie durch Erweiterungen nachzurüsten.

Kategoriesortierung

Später auf der Homepage stellt Joomla! alle Kategorien in einer Liste zur Auswahl. In welcher Zeile dort die hier gerade bearbeitete Kategorie erscheint, regelt diese Aufklappliste. Eine Kategorie mit besonders wichtigen Kontaktdaten könnten Sie so direkt an den Anfang der Liste hieven. Beachten Sie, dass die hier gerade bearbeitete Kategorie immer *hinter* der in der Ausklappliste gewählten landet. Letztere erscheint übrigens erst dann, wenn dieser Kontakt mit einem Klick auf die entsprechende Schaltfläche in der Werkzeugleiste angelegt wurde.

Zugriffsebene

Bestimmt, wer diese Kategorie einsehen darf. *Öffentlich* erlaubt dies allen Besuchern, *Registriert* nur allen angemeldeten Nutzern, und *Admins* gestattet dies nur einer speziellen Gruppe. Mehr zu den Rechten folgt im Kapitel 9.

Bild

Hier darf man ein Bild aussuchen, das dann auf der zur Kategorie gehörenden Internetseite erscheint. Alle wählbaren Bilder in dieser Liste stammen aus dem Verzeichnis *images/stories* der Joomla!-Installation und können mit der Medienverwaltung um eigene ergänzt werden (siehe Kapitel 5).

Bildposition

Bestimmt, wo das Bild später auf der Seite erscheint.

Beschreibung

Hier darf man noch eine Beschreibung der Kategorie eintippen, beispielsweise **Hier finden Sie die Kontaktadressen aller Filmkritiker.** Da der Text später Ihren Besuchern auf der Homepage dabei hilft, die passende Kontaktperson zu finden, sollten Sie diese Möglichkeit unbedingt annehmen und ein paar knappe Worte über die enthaltenen Kontaktdaten verlieren.

Für das Kinoportal empfiehlt sich zum Beispiel eine Rubrik für die fleißigen Filmkritiker. Die dafür nötigen Daten zeigt Abbildung 6-11.

Nachdem die Kategorie einmal per ANWENDEN oder SPEICHERN angelegt wurde, ist die zugehörige Seite auf der Homepage für Besucher noch nicht erreichbar – es fehlt schlichtweg ein passender Menüpunkt. Folglich muss schleunigst ein neuer her. Das dazu nötige Vorgehen ähnelt dem für die Kategorien der Beiträge aus Kapitel Kapitel 4, »Kategorien« auf Seite 100:

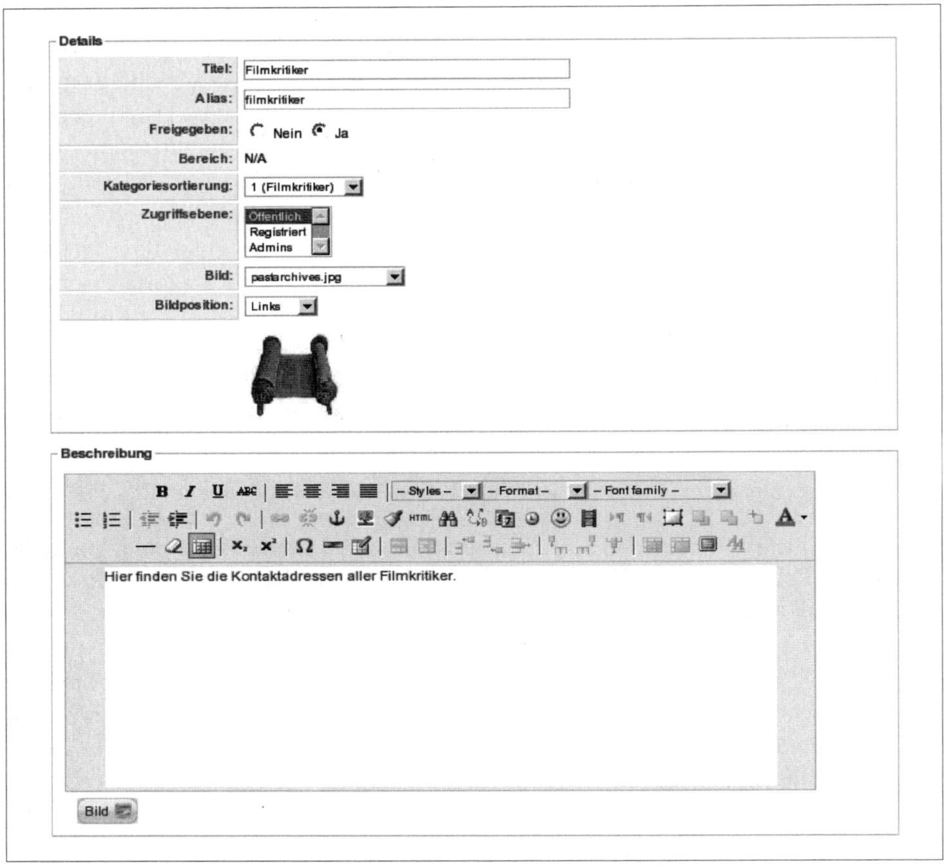

Abbildung 6-11: Diese Daten führen zu einer neuen Kategorie, die später die Kontakte der Filmkritiker aufnimmt.

Im Beispiel der Filmkritiker soll ein Menüpunkt im *Main Menu* zur eben angelegten Kategorie und somit zu den Kontaktdaten aller Filmkritiker führen. Dazu wählen Sie im Hauptmenü MENÜS → MAIN MENU und klicken anschließend auf NEU in der Werkzeugleiste. Im neuen Bildschirm finden Sie unter INTERNER LINK den Punkt KONTAKTE, den Sie mit einem Mausklick aufklappen. Weiter geht es über KONTAKT-KATEGORIE-LAYOUT zur nächsten Seite. Dort vergeben Sie unter TITEL und ALIAS die Beschriftung des neuen Menüpunktes, wie beispielsweise **Kontakte Filmkritiker**. Im Bereich PARAMETER – GRUNDLEGEND selektieren Sie unter KATE-GORIE WÄHLEN den Eintrag *Filmkritiker* und klicken zum Abschluss auf SPEICHERN. Weiterführende Informationen zu den Menüs folgen im Kapitel 8.

Auf der Homepage erscheint nun im *Main Menu* der neue Eintrag KONTAKTE FILM-KRITIKER, der zu einer Liste mit allen Kontaktdaten der Filmkritiker führt. Bis auf die Überschrift ist die Seite allerdings noch recht leer – was schlicht und ergreifend daran liegt, dass noch gar keine Kontaktadressen der Filmkritiker eingegeben wurden. Dies holen wir im nun folgenden Abschnitt umgehend nach.

<blockquote>

Joomla 1.0.x   In den Versionen vor Joomla! 1.5 konnte man eine Kategorie noch direkt in ihrem eigenen Bearbeitungsbildschirm mit einem Menüpunkt verknüpfen. Dazu markierte man zunächst das Menü, in dem der neue Eintrag erscheinen sollte, wählte als MENU TYPE den Punkt *Contact Category Table* und vergab unter MENU ITEM NAME noch den Namen des neuen Menüs. Ein Klick auf LINK TO MENU legte die Verknüpfung an. In der neuen Version 1.5 wurde dieser Komfort jedoch ersatzlos gestrichen – hier muss man immer über die Menü-Verwaltung gehen.

</blockquote>

Kontakte einrichten

Nachdem die Kategorien erstellt worden sind, wird es höchste Zeit, sie mit Leben zu füllen. Dazu ruft man den Punkt KOMPONENTEN → KONTAKTE → KONTAKTE auf. Es erscheint der Bildschirm aus Abbildung 6-12 mit einer Liste aller existierenden Kontaktmöglichkeiten (im Englischen firmiert diese Seite als *Contact Manager*). Nach der Installation von Joomla! ist dies lediglich der etwas merkwürdig betitelte Kontakt *Name* aus den Beispieldaten.

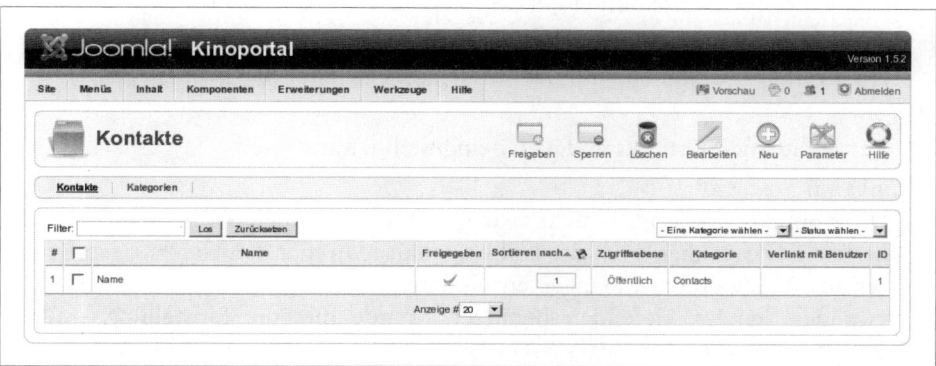

Abbildung 6-12: Die Verwaltung aller Kontaktpersonen

Um einen neuen Kontakt, wie zum Beispiel für einen neu hinzugekommenen Filmkritiker anzulegen, klickt man auf die Schaltfläche NEU in der Werkzeugleiste. Sie führt zu einem ziemlich großen Formular. Diese gliedert sich in die folgenden Abschnitte:

<blockquote>

Joomla 1.0.x   In den Vorversionen waren die im Folgenden aufgeführten Einstellungen noch auf verschiedene Karteireiter verteilt.

</blockquote>

Unter DETAILS (Abbildung 6-13) werden nun die Basisdaten abgefragt:

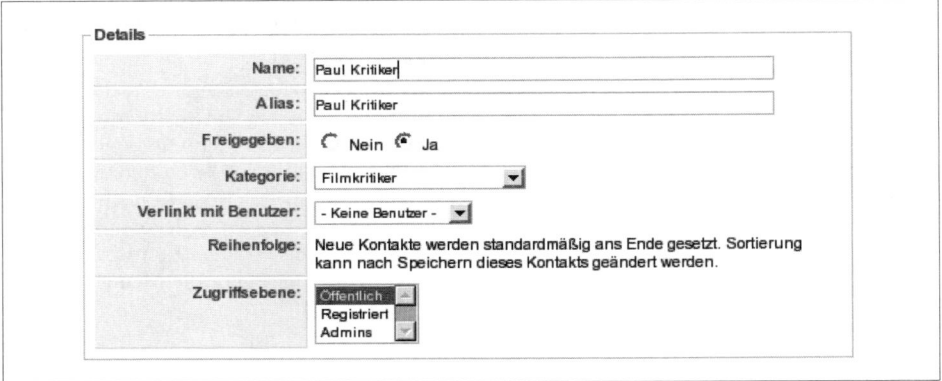

Abbildung 6-13: Diese Daten führen zu einem Kontaktformular für den fiktiven Kritiker »Paul Kritiker«.

Name
> Der vollständige Name der Kontaktperson

Alias
> Ein Alias- beziehungsweise Ersatzname. Er dient hauptsächlich internen Zwecken – beispielsweise hilft er bei der Suchmaschinenoptimierung.

Freigegeben
> Legt fest, ob der Kontakt auf der Homepage erscheint (bei *Ja*).

Kategorie
> Verfrachtet den Kontakt in die hier eingestellte Kategorie.

Verlinkt mit Benutzer
> Die Kontaktperson muss nicht zwangsweise ein Benutzerkonto unter Joomla! besitzen. Sofern dies doch der Fall ist, wählt man hier den zugehörigen Benutzer aus. Das Content-Management-System verknüpft dann diesen neuen Kontakt mit dem existierenden Benutzer. Wurde hier die Einstellung – *Keine Benutzer* – gewählt, so existiert in Joomla! kein zugehöriges Benutzerkonto. Mehr zu den Benutzerkonten folgt in Kapitel 9.

Reihenfolge
> Später auf der Homepage stellt Joomla! die Kontakte in einer Liste zur Auswahl. In welcher Zeile jener Liste der hier gerade bearbeitete Kontakt erscheint, regelt diese Aufklappliste. Einen besonders wichtigen Ansprechpartner könnten Sie so direkt an den Anfang der Liste hieven. Beachten Sie, dass der hier gerade bearbeitete Kontakt immer *hinter* dem in der Ausklappliste gewählten landet. Letztere erscheint übrigens erst dann, wenn dieser Kontakt mit einem Klick auf die entsprechende Schaltfläche in der Werkzeugleiste angelegt wurde.

Zugriffsebene

Bei *Öffentlich* sehen alle Besucher diese Kontaktmöglichkeit, bei *Registriert* nur alle angemeldeten Benutzer. *Admins* erlaubt nur einer speziellen Gruppe den Zugriff. Weitere Informationen hierzu folgen in Kapitel 9.

Information

Alle in diesem Bereich vorhandenen Eingabefelder enthalten die allseits bekannten Adressdaten, wie zum Beispiel die Angabe der Straße, des Wohnorts oder der E-MAIL-Adresse (Abbildung 6-14).

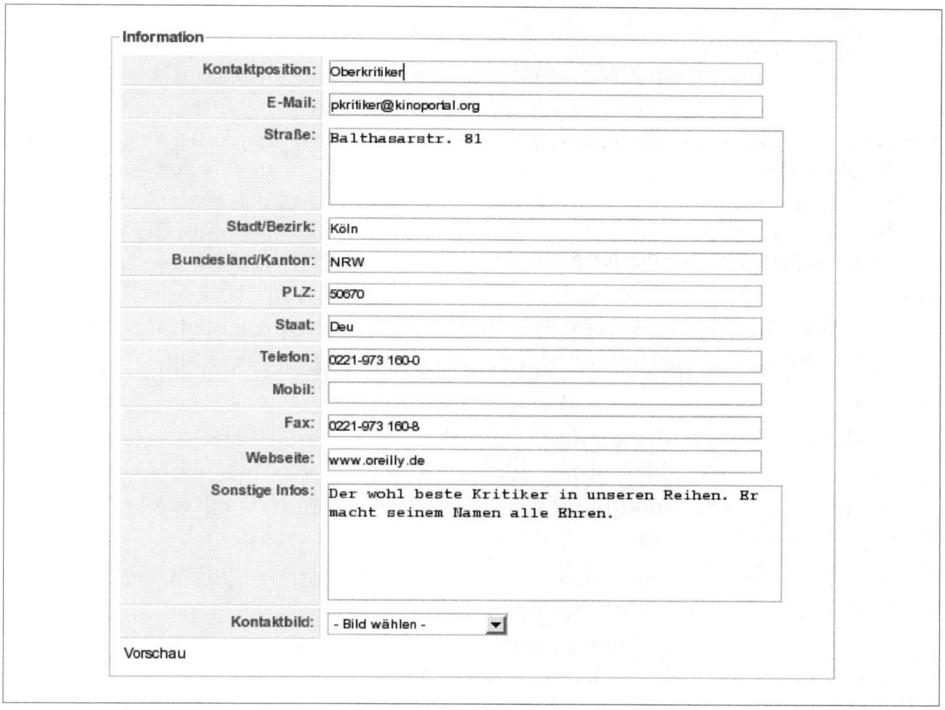

Abbildung 6-14: Weitere Informationen zum fiktiven Kritiker »Paul Kritiker«

SONSTIGE INFOS beherbergt zusätzliche Informationen, die noch nicht durch die anderen Felder abgedeckt sind. Zusätzlich dürfen Sie die Kontaktseite noch mit einem Foto aufpeppen. Die Liste unter KONTAKTBILD entnimmt ihr Angebot aus dem Ordner *images/stories*, das Sie mit der Medienverwaltung aus Kapitel 5 um eigene Bilder ergänzen können. Im Fall des Kinoportals bieten sich hier beispielsweise Porträts der Autoren an.

Sämtliche Angaben im Bereich *Information* sind übrigens optional. Sie entscheiden also selbst, welche Daten später auf der Homepage landen sollen.

Auf der rechten Seite gibt es noch drei weitere Register im Bereich *Parameter*, die die Darstellungsweise der bis hierin eingegebenen Kontaktdaten beeinflussen.

Kontaktparameter: Die Optionen in diesem Register regeln, welche der Kontaktinformationen überhaupt später auf der Homepage erscheinen. Beispielsweise sorgt ein Klick auf VERBERGEN bei *Telefon* dafür, dass auf der späteren Kontaktseite die Telefonnummer der Kontaktperson fehlt. Besonders nützlich ist diese Funktion, um E-Mail-Adressen oder eben Rufnummern vor den Besuchern (vorübergehend) zu verstecken.

 Geben Sie wirklich nur die Informationen preis, die für eine Kontaktaufnahme mindestens erforderlich sind. Auf gedankenlos veröffentlichte E-Mail-Adressen stürzen sich Spam-Versender schneller als hungrige Wespen auf einen Erdbeerkuchen.

Erweiterte Parameter: Auf Kontaktseiten ist es häufig üblich, neben der Telefonnummer ein kleines Symbol mit einem Hörer einzublenden. Auf diese Weise wird sie für den Besucher der Seite schneller als solche erkennbar. Joomla! kennt derartige Symbole nicht nur für die Telefonnummer, sondern auch für fünf weitere Informationen, wie beispielsweise die Adresse. Das Register ERWEITERTE PARAMETER führt alle Elemente auf, die mit einem Symbol bedacht werden können.

Die erste Einstellung, ICONS/TEXT, legt fest, ob den sechs Feldern auf der Kontaktseite ein Symbol (*Icons*), ein Text (*Text*) oder nichts (*Keine*) vorangestellt wird. Entscheidet man sich für die Grafiken, so kann man das jeweils zu verwendende Piktogramm in den Ausklapplisten der nächsten sechs Parameter frei wählen – es muss also vor der Telefonnummer nicht zwangsweise ein Hörersymbol erscheinen. Die zur Auswahl stehenden Bilder stammen übrigens aus dem Unterverzeichnis *images/M_images* der Joomla!-Installation, das Sie selbstverständlich um eigene Bilder ergänzen dürfen (mehr dazu in Kapitel 5).

E-Mail-Parameter: Dieses Register schaltet ein Formular ein, über das die Besucher eine Nachricht an die Kontaktperson senden können. Ein solches Formular hat den Vorteil, dass die E-Mail-Adresse der Kontaktperson nicht direkt preisgegeben wird, was wiederum Spam vorbeugt.

Im Einzelnen stehen folgende Einstellungen zur Verfügung (Abbildung 6-15):

E-Mail-Formular
    Aktiviert oder deaktiviert das E-Mail-Formular. Im ersten Fall erscheinen dann auf der Homepage Eingabefelder, in die der Besucher seine Nachricht eingeben muss.

Beschreibungstext
    Ein kurzer Beschreibungstext für das E-Mail-Formular.

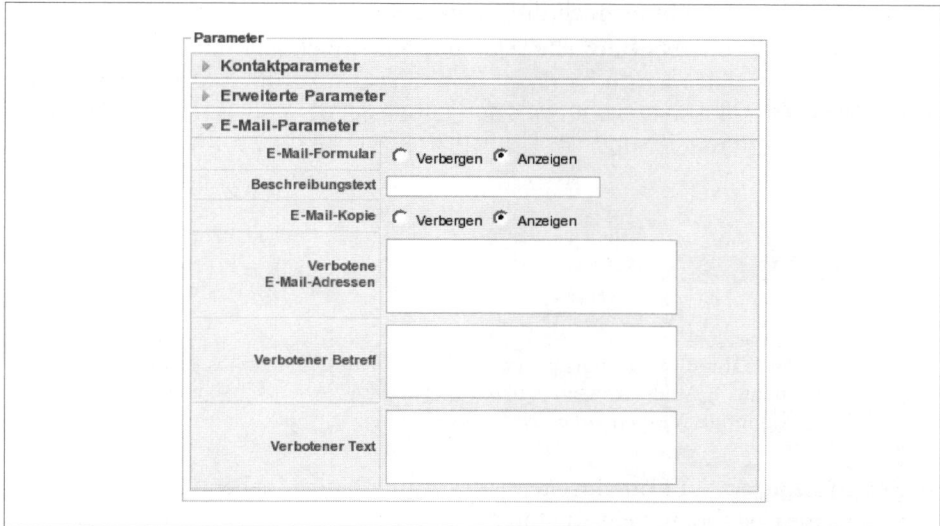

Abbildung 6-15: Die Einstellungen für ein E-Mail-Formular

E-Mail-Kopie

Auf Wunsch kann sich der Besucher eine Kopie seiner Nachricht zusenden lassen. Dieser Service steht allerdings nur dann zur Verfügung, wenn hier *Anzeigen* gewählt wurde.

Verbotene E-Mail-Adressen

Joomla! blockiert alle hier eingetragenen E-Mail-Adressen. Ihren Besitzern ist es dann nicht mehr möglich, über das Formular eine Nachricht zu versenden. Diese sogenannte Blacklist ist insbesondere dann nützlich, wenn ein Besucher der Homepage durch Pöbeleien oder Spam-Versand auffällt. Sobald seine E-Mail-Adresse diesem Feld hinzugefügt wurde, kann er das Formular nicht mehr verwenden (es sei denn, er besorgt sich eine neue E-Mail-Adresse).

Mehrere E-Mail-Adressen sind bei der Eingabe jeweils durch ein Semikolon zu trennen.

Verbotener Betreff

Dieses Feld funktioniert analog zum vorherigen: Alle hier eingetragenen Wörter sind in der Betreffzeile des Formulars verboten. In der Regel sind dies Schimpf- oder ähnliche Reizwörter. Auch in diesem Feld müssen die einzelnen Wörter jeweils durch Semikolons voneinander getrennt werden.

Verbotener Text

Dieses Feld funktioniert analog zum vorherigen: Alle hier eingetragenen Wörter sind in der eigentlichen Nachricht verboten. Auch in diesem Feld müssen die einzelnen Wörter jeweils durch Semikolons voneinander getrennt werden.

Im Beispiel des Kinoportals wurde Paul Kritiker mit den Einstellungen aus den Abbildungen 6-13 und 6-14 bedacht. Da im Kinobeispiel die Kontakte in der Kategorie *Filmkritiker* gelandet sind, gelangt man über den zuvor eingerichteten Menüpunkt KONTAKTE FILMKRITIKER an das entsprechende Kontaktformular, wie in Abbildung 6-16 zu sehen ist.

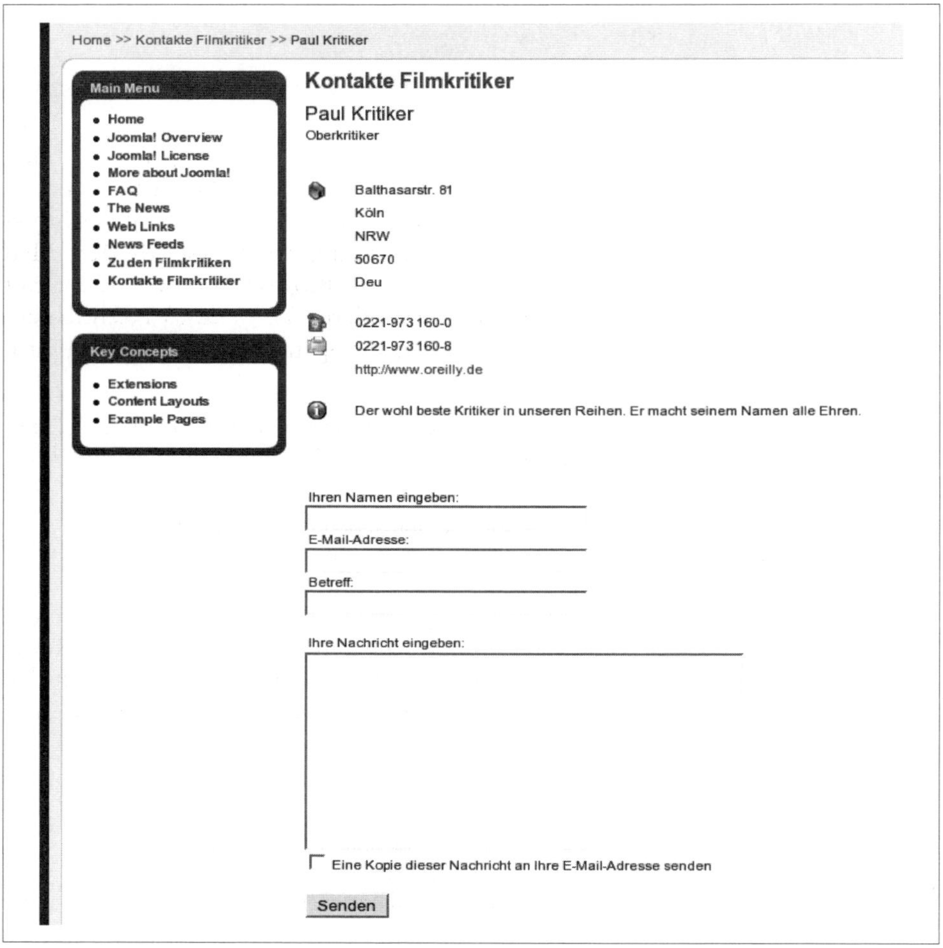

Home >> Kontakte Filmkritiker >> Paul Kritiker

Main Menu
- Home
- Joomla! Overview
- Joomla! License
- More about Joomla!
- FAQ
- The News
- Web Links
- News Feeds
- Zu den Filmkritiken
- Kontakte Filmkritiker

Key Concepts
- Extensions
- Content Layouts
- Example Pages

Kontakte Filmkritiker

Paul Kritiker
Oberkritiker

Balthasarstr. 81
Köln
NRW
50670
Deu

0221-973 160-0
0221-973 160-8
http://www.oreilly.de

Der wohl beste Kritiker in unseren Reihen. Er macht seinem Namen alle Ehren.

Ihren Namen eingeben:

E-Mail-Adresse:

Betreff:

Ihre Nachricht eingeben:

☐ Eine Kopie dieser Nachricht an Ihre E-Mail-Adresse senden

Senden

Abbildung 6-16: Das Kontaktformular für »Paul Kritiker« auf der Homepage

 Damit auch der Betreiber des Kinoportals über ein entsprechendes Formular erreichbar ist, kann man auf die beschriebene Weise noch eine zusätzliche Kategorie nebst passendem Kontakt einrichten und diese dann in das Menü am oberen Rand (das *Top Menu*) einbinden. Auf diese Weise lässt sich schnell ein kleines und vom deutschen Recht gefordertes Impressum schaffen.

Newsfeeds

Das Internet ist voller Informationen, die sich ständig verändern. Viele Seiten liefern brandaktuelle Nachrichten im Sekundentakt oder aktualisieren wichtige Beiträge in raschen Zeitabständen. Ist man auf viele dieser Internetquellen angewiesen oder an ihren Inhalten interessiert, müsste man immer wieder alle Seiten nach neuen Informationen abklappern – schließlich weiß man nie, wann eine Internetseite ihre Texte aktualisiert. Um dieses zeitaufwendige Problem zu lösen, wurde das Konzept der sogenannten Nachrichtenkanäle, englisch Newsfeeds, ins Leben gerufen. Dabei packt jede Internetseite die Schlagzeilen ihrer aktuellsten Beiträge in eine spezielle Textdatei. Ein Internetbrowser oder ein spezielles Auswertungsprogramm sammelt diese kleinen Dateien ein, wertet sie aus und stellt sie übersichtlich und optisch ansprechend in einer Liste dar. Nach einer festgelegten Wartezeit schaut der Browser dann selbstständig nach einer aktualisierten Fassung der Newsfeed-Datei. Man könnte auch sagen, die Internetseiten »füttern« den Browser auf diese Weise mit Nachrichten. Im Ergebnis erhält man so die moderne Form eines Nachrichtentickers, mit der der Browser-Benutzer stets alle neu eingetrudelten Beiträge im Blick behält.

Auch Joomla! ist in der Lage, solche Newsfeeds einzusammeln und die darin gespeicherten Informationen in seine eigenen Seiten zu integrieren.

 Joomla! kann nicht nur Newsfeeds von anderen Seiten abholen, sondern auch selbst welche erstellen. Wie das funktioniert, wird in Kapitel 7 erklärt.

Im Beyspiel des Kinoportals könnte man auf der Homepage eine Liste mit Newsfeeds rund um das Thema Film anbieten. Setzt man dabei auf Newsfeeds mit den aktuellsten Nachrichten aus der Branche, erhält man nebenbei und ohne viel Aufwand sogar ein kleines Nachrichtenportal.

 Anbieter von Newsfeeds sehen es für gewöhnlich nicht gern, wenn ihre mühsam gesammelten Daten plötzlich auf einer anderen Internetseite auftauchen. Sie sollten daher die jeweiligen Seitenbetreiber vorab um Erlaubnis fragen. Andernfalls riskieren Sie unter Umständen eine kostenpflichtige Abmahnung.

Kategorisierung der Newsfeeds

Da bei vielen abonnierten Newsfeeds schnell der Überblick verloren gehen kann, erlaubt Joomla! die Gruppierung der Nachrichtenkanäle in sogenannten Kategorien. Auf diese Weise lassen sich Newsfeeds mit ähnlichem Inhalt oder Themenbezug bequem zusammenfassen. Jeder Newsfeed muss dabei genau einer Kategorie angehören.

Die Kategorien für Newsfeeds haben nichts mit denen für Beiträge aus Kapitel 4, »Kategorien« auf Seite 100 zu tun.

Für die Verwaltung der Kategorien ist der Bildschirm hinter dem Menüpunkt KOMPONENTEN → NEWSFEEDS → KATEGORIEN zuständig (im Englischen firmiert diese Seite als *Category Manager*). In Abbildung 6-17 listet er die vier Newsfeed-Kategorien aus den bei der Installation von Joomla! eingespielten Beispieldaten auf.

Abbildung 6-17: Der Verwaltungsbildschirm für Newsfeed-Kategorien

Um eine neue Kategorie zu erstellen, wählen Sie NEU in der Werkzeugleiste. Das nun erscheinende Formular fragt folgende Daten ab (Abbildung 6-18):

Titel
Der Name der Kategorie. Er erscheint später auch als Überschrift auf der Homepage.

Alias
Ein Alias- beziehungsweise Ersatzname. Er dient hauptsächlich internen Zwecken – beispielsweise hilft er bei der Suchmaschinenoptimierung.

Freigegeben
Legt fest, ob die Kategorie für die Besucher auf der Homepage sichtbar ist.

Bereich
Nur die Joomla!-Entwickler selbst wissen, warum dieser Eintrag hier existiert. Da die Kategorien für die Newsfeeds nicht noch einmal in Bereiche gruppiert werden können, bleibt diese Einstellung ungenutzt. Möglicherweise ist geplant, eine solche Unterteilung in zukünftige Joomla!-Versionen einzubauen oder sie durch Erweiterungen nachzurüsten.

Kategoriesortierung

Später auf der Homepage stellt Joomla! alle Kategorien in einer Liste zur Auswahl. In welcher Zeile jener Liste die hier gerade bearbeitete Kategorie erscheint, regelt diese Aufklappliste. Eine Kategorie mit besonders wichtigen Newsfeeds könnten Sie so direkt an den Anfang der Liste hieven. Beachten Sie, dass die hier gerade bearbeitete Kategorie immer *hinter* der in der Ausklappliste gewählten landet. Letztere erscheint übrigens erst dann, wenn die Kategorie mit einem Klick auf die entsprechende Schaltfläche in der Werkzeugleiste angelegt wurde.

Zugriffsebene

Legt die Zugriffsrechte fest. *Öffentlich* erlaubt allen Besuchern den Zugriff, *Registriert* nur allen angemeldeten und *Admins* nur einer bestimmten Gruppe. Mehr zu den Rechten folgt in Kapitel 9.

Bild

Das hier ausgewählte Bild erscheint später auf der Übersichtsseite der Kategorie. Die Liste holt ihre Bilder aus dem Verzeichnis *images/stories* der Joomla!-Installation. Eigene Bilder fügt man über die Medienverwaltung hinzu (vgl. Kapitel 5).

Bildposition

Bestimmt, wo das Bild erscheint.

Beschreibung

Hier darf man eine Beschreibung der Kategorie wie beispielsweise `Hier finden Sie alle Newsfeeds zum Thema Kino.` eintippen. Der Text erscheint später auch auf der Homepage und erklärt den Besuchern, welche Newsfeeds sie in dieser Kategorie vorfinden.

Im Fall des Kinoportals legt man am besten zunächst eine Kategorie *Kino-Nachrichten* an, wie in Abbildung 6-18 zu sehen ist.

Nachdem die Kategorie existiert, könnte man nun einen neuen Menüeintrag anlegen, der auf diese neue Newsfeed-Kategorie verweist. Sofern Sie die Beispieldaten bei der Joomla!-Installation eingespielt haben, existiert im MAIN MENU bereits der Eintrag NEWS FEEDS. Er führt zu einer Liste mit allen vorhandenen Newsfeed-Kategorien (Abbildung 6-19).

Ein Mausklick auf eine der Kategorien führt den Betrachter dann direkt auf eine Übersichtsseite mit einer Auswahl der vorhandenen Newsfeeds in dieser Kategorie. Deren Anzahl zeigt Joomla! in der Seite aus Abbildung 6-19 in den Klammern an.

Allerdings taucht die frisch angelegte Kino-Nachrichten-Kategorie gar nicht auf. Dies liegt daran, dass sie noch keine Newsfeeds enthält. Dies ändert sich gleich im nachfolgenden Abschnitt.

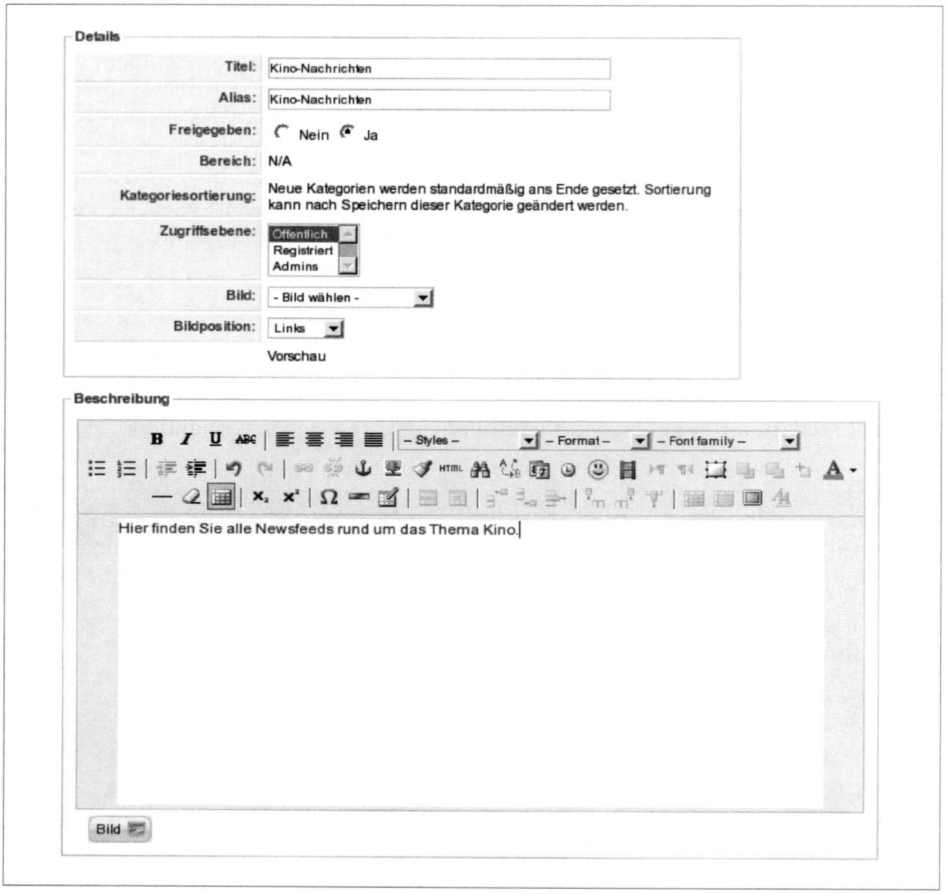

---Details---

Titel:	Kino-Nachrichten
Alias:	Kino-Nachrichten
Freigegeben:	◯ Nein ◉ Ja
Bereich:	N/A
Kategoriesortierung:	Neue Kategorien werden standardmäßig ans Ende gesetzt. Sortierung kann nach Speichern dieser Kategorie geändert werden.
Zugriffsebene:	Öffentlich / Registriert / Admins
Bild:	- Bild wählen -
Bildposition:	Links
	Vorschau

---Beschreibung---

B *I* <u>U</u> ABC | — Styles — | — Format — | — Font family —

Hier finden Sie alle Newsfeeds rund um das Thema Kino.

Bild

Abbildung 6-18: Mit diesen Einstellungen legt man eine neue Kategorie an, die später alle Newsfeeds aufnimmt, die sich um das Thema »Kino« drehen.

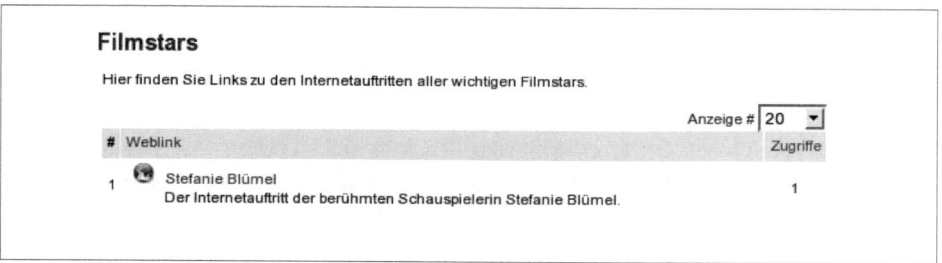

Filmstars

Hier finden Sie Links zu den Internetauftritten aller wichtigen Filmstars.

Anzeige # 20

#	Weblink	Zugriffe
1	Stefanie Blümel Der Internetauftritt der berühmten Schauspielerin Stefanie Blümel.	1

Abbildung 6-19: Der Main Menu-Eintrag »News Feeds« führt zu dieser Übersicht mit allen Newsfeed-Kategorien.

Joomla 1.0.x In den Vorversionen konnte man einen neuen Menüpunkt für eine Newsfeed-Kategorie noch direkt in ihrem Bearbeitungsbildschirm anlegen. In Joomla! 1.5 klafft an dieser Stelle ein großer, weißer Bereich, und ein Menüpunkt lässt sich nur noch über das entsprechende Menü anlegen. Wie das genau funktioniert, verrät Kapitel 8.

Newsfeeds einrichten

Liegt mindestens eine Kategorie vor, kann es endlich an die Einrichtung eines Newsfeeds gehen. Dazu ruft man im Menü den Punkt KOMPONENTEN → NEWSFEEDS → FEEDS auf. Die neue Seite präsentiert Abbildung 6-20. Alternativ können Sie auch einfach auf das gleichnamige Register FEEDS direkt unterhalb der Werkzeugleiste wechseln. Falls Sie während der Installation von Joomla! auch das Einspielen der Beispieldaten gestattet haben, sind hier bereits 10 Newsfeeds vorhanden.

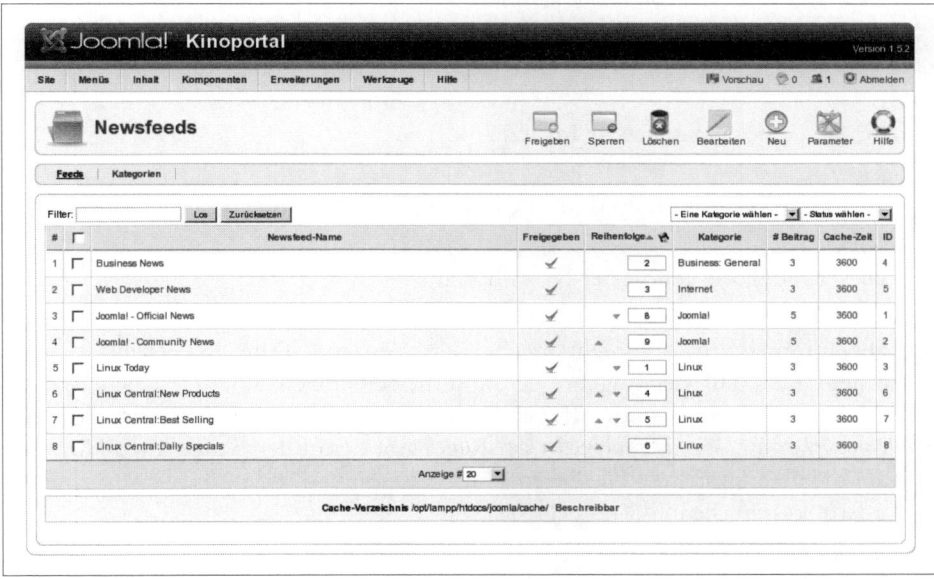

Abbildung 6-20: Der Newsfeed-Manager

Um eine Nachrichtenquelle einzubinden, klicken Sie auf die Schaltfläche NEU in der Werkzeugleiste. Das daraufhin erscheinende Formular (siehe Abbildung 6-21) fragt die folgenden Parameter ab:

Name
Der Name des Newsfeeds. Er erscheint später auch als Überschrift auf der Homepage.

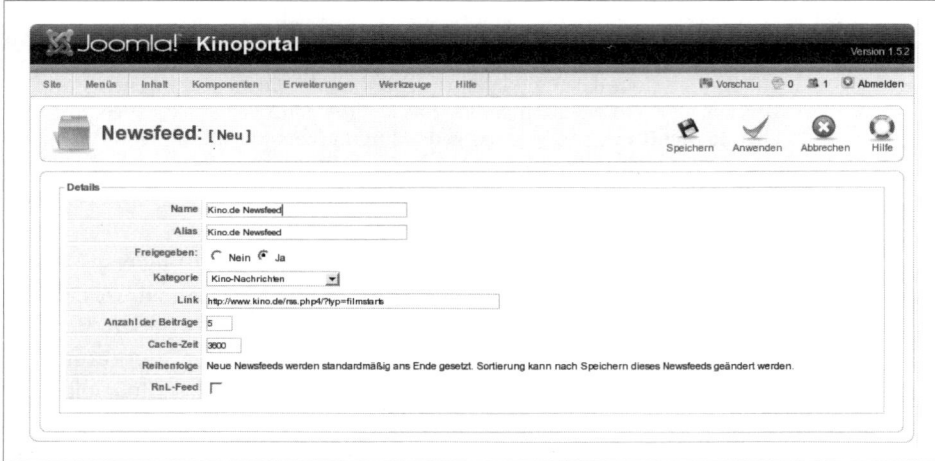

Abbildung 6-21: *In diesem Beispiel wird ein Newsfeed erzeugt, der die Filmpremieren der aktuellen Woche von kino.de bezieht.*

Alias

Ein Alias- beziehungsweise Ersatzname.

Freigegeben

Legt fest, ob der Newsfeed für die Besucher auf der Homepage sichtbar ist.

Kategorie

Dieser Kategorie gehört der Newsfeed an.

Link

Die Internetadresse zur entsprechenden Newsfeed-Datei. Sie ermittelt man, indem man auf der zugehörigen Internetseite nach einem kleinen Symbol sucht, das mit *RSS* oder *XML* beschriftet ist. Ein Klick darauf fördert die benötigte Internetadresse zutage. In der Regel gibt es auf den Seiten auch Hinweise auf die bereitgestellten Newsfeeds. Hat man die passende Adresse ausgemacht, überträgt man sie in dieses Feld.

Anzahl der Beiträge

In der Regel liefert ein Newsfeed nicht nur immer die letzte, sondern auch noch ein paar der vorhergehenden Nachrichten mit. Die hier eingetippte Zahl legt fest, wie viele Schlagzeilen Joomla! auf der Homepage anzeigen soll.

Cache-Zeit

Joomla! schaut in regelmäßigen Abständen unter der eingetragenen Internetadresse nach, ob es bereits eine neue Version der Newsfeed-Datei gibt. Wie lange die Wartezeit zwischen diesen Nachfragen in Sekunden sein soll, tragen Sie in dieses Eingabefeld ein. Bei einer Seite, die in sehr schnellen Zyklen neue Nachrichten generiert (wie beispielsweise ein Börsenticker), kann man hier den Standardwert entsprechend verringern, ansonsten sollte man ihn beibehalten.

Reihenfolge

Später auf der Homepage stellt Joomla! die Newsfeeds in einer Liste zur Auswahl. In welcher Zeile jener Liste der hier gerade bearbeitete Newsfeed erscheint, regeln Sie in dieser Aufklappliste. Einen besonders wichtigen Newsfeed könnten Sie so direkt an den Anfang der Liste hieven. Beachten Sie, dass der hier gerade bearbeitete Newsfeed immer *hinter* dem in der Ausklappliste gewählten landet. Die Aufklappliste erscheint übrigens erst dann, wenn der Newsfeed mit einem Klick auf die entsprechende Schaltfläche in der Werkzeugleiste angelegt wurde.

RnL-Feed

Ein angekreuztes Feld bewirkt, dass der Newsfeed von rechts nach links (Right to Left) angezeigt wird. Dies ist nur in Ländern beziehungsweise Sprachen notwendig, in denen man von rechts nach links liest.

Die Einstellungen aus Abbildung 6-21 erzeugen einen Newsfeed, der stündlich Meldungen über Filmpremieren direkt von der Seite *http://www.kino.de* bezieht.

Sind alle Eingabefelder gefüllt, führt ein Klick auf SPEICHERN wieder zurück zur Liste mit allen Newsfeeds. Dort informiert noch einmal die Spalte KATEGORIE über die zugewiesene Newsfeed-Kategorie, ANZAHL DER BEITRÄGE über die Anzahl der gleichzeitig anzuzeigenden Schlagzeilen und CACHE-ZEIT über die Wartezeit zwischen zwei Aktualisierungen in Sekunden.

Die Newsfeeds auf der Homepage

Die Besucher des Kinoportals erreichen jetzt über den Menüeintrag NEWS FEEDS im MAIN MENU die Liste aus Abbildung 6-22. Da die Kategorie *Kino-Nachrichten* einen Newsfeed enthält, taucht sie dort zusammen mit ihrer Beschreibung auf.

Ein Mausklick auf *Kino-Nachrichten* zeigt die Inhalte dieser Kategorie an. Wie Abbildung 6-23 beweist, enthält die Kategorie im Moment nur einen einzigen, einsamen Newsfeed namens *Kino.de Newsfeed*.

 Selbstverständlich können Sie einen Newsfeed auch direkt auf der Homepage für Besucher zugänglich machen. Hierzu ist ein spezieller Menüeintrag notwendig. Wie man einen solchen Eintrag anlegt, beschreibt das Kapitel 8. Insbesondere wenn man mehrere Newsfeeds angelegt hat, ist eine Verknüpfung des Menüs mit der Kategorie jedoch der elegantere und übersichtlichere Weg.

Ein weiterer Klick auf den *Kino.de Newsfeed* führt dann endlich zu dessen Schlagzeilen (Abbildung 6-24).

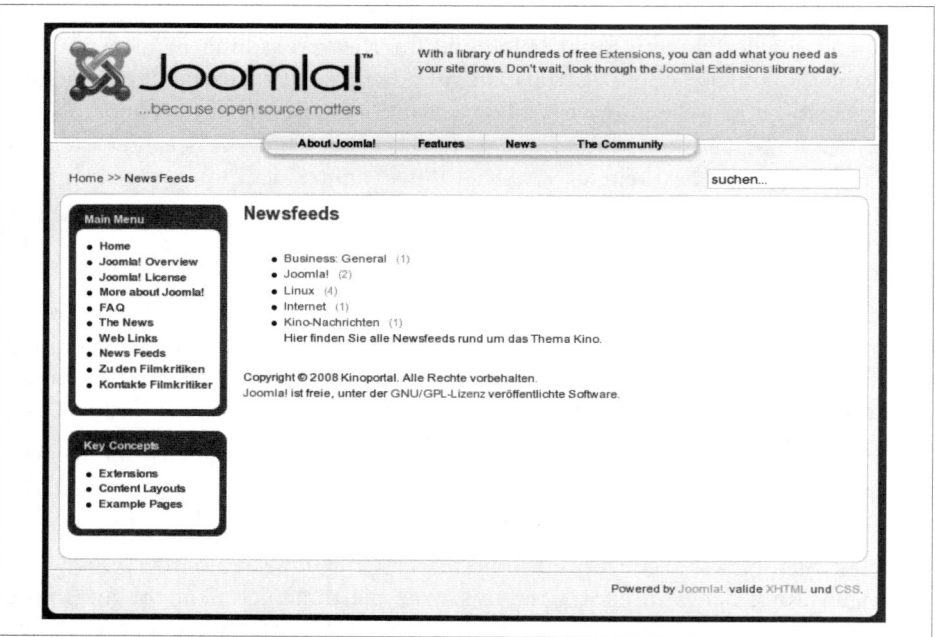

Abbildung 6-22: Die »Kino-Nachrichten«-Kategorie auf der Homepage

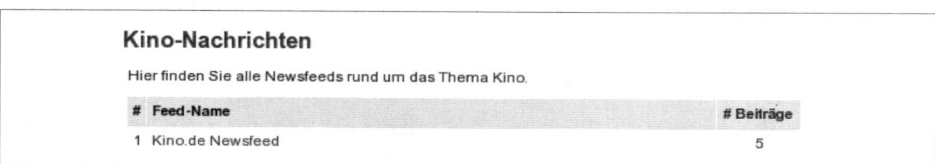

Abbildung 6-23: Die Kategorie »Kino-Nachrichten« enthält derzeit nur einen Newsfeed.

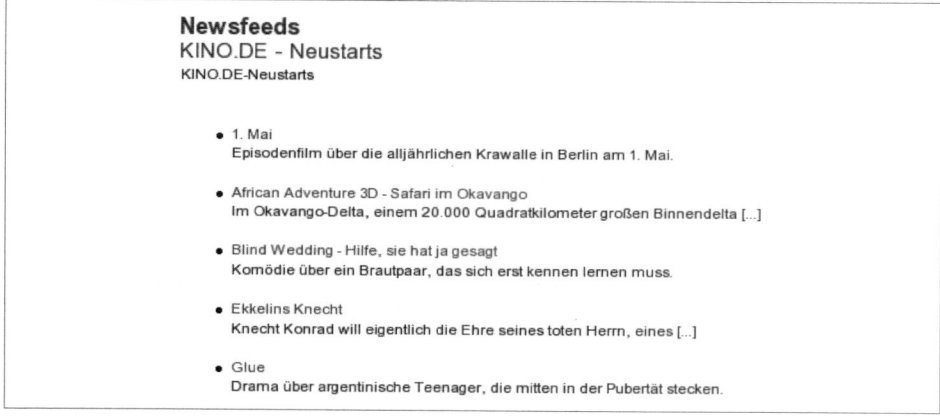

Abbildung 6-24: Und so sieht der Newsfeed dann auf der Homepage aus.

Sofern Sie Joomla! auf einem Computer im Heimnetzwerk oder lokal installiert haben, benötigen Sie eine funktionierende Internetverbindung. Ansonsten werden zwar die angelegten Newsfeeds angezeigt, nicht aber ihre Artikel abgeholt. Die Seite mit den Artikeln bleibt dann einfach leer. Die blau hervorgehobenen Nachrichtenüberschriften führen übrigens direkt zur kompletten Meldung auf *http://www.kino.de*.

Umfragen

Egal ob Nachrichtenportal oder Bundesregierung – jeder Internetauftritt, der etwas auf sich hält, führt heutzutage regelmäßige Umfragen (englisch Polls) durch. Auf diese Weise animiert man seine Besucher zum Mitmachen und erfährt ganz nebenbei noch ihre Vorlieben oder Wünsche – die man dann wiederum zur Verbesserung oder Erweiterung des eigenen Auftritts heranziehen kann.

Im Fall des Kinoportals könnte man beispielsweise eine Abstimmung über den möglichen Ausgang der nächsten Oscar-Verleihung oder die allgemeine Qualität der derzeit verfügbaren Filmkritiken durchführen.

Die Verwaltung der Umfragen übernimmt die gleichnamige Komponente hinter KOMPONENTEN → UMFRAGEN. Nach ihrem Aufruf präsentiert sie alle bislang durchgeführten und noch laufenden Umfragen. In Abbildung 6-25 ist dies nur eine einzige aus den Beispieldaten – nämlich genau diejenige, die auch auf der Homepage um Klicks bittet.

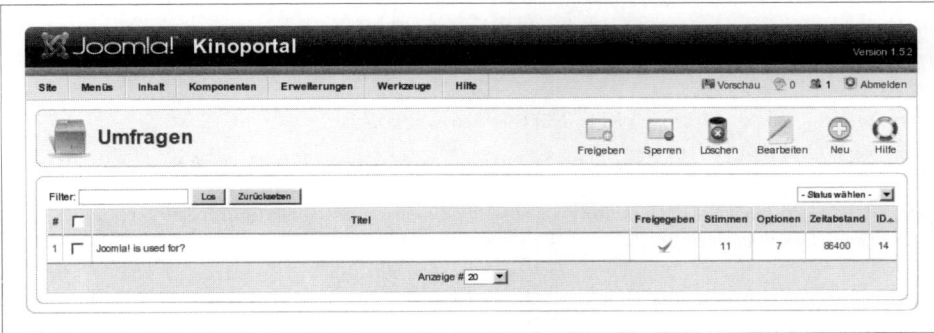

Abbildung 6-25: Der Umfragen-Manager

Bereits abgelaufene Abstimmungen sollten Sie nicht gleich dem Mülleimer zuführen, sondern sie zunächst über die Werkzeugleiste SPERREN. Auf diese Weise blendet man die alten Umfrageergebnisse nur aus und kann sie so bei Bedarf via FREIGEBEN schnell wieder zurückholen – beispielsweise dann, wenn man neue Umfrageergebnisse mit älteren vergleichen möchte.

Die Spalte Optionen zeigt an, über wie viele Auswahlmöglichkeiten die jeweilige Umfrage verfügt. Alle bisher abgegebenen Stimmen zählt die gleichnamige Spalte. Die unter Zeitabstand eingetragene Spanne muss ein Besucher warten, bevor er wieder an der Umfrage teilnehmen darf. Damit soll verhindert werden, dass ein Besucher versehentlich zweimal auf Abstimmen klickt und somit das Ergebnis verfälscht.

Umfragen erstellen

Um eine neue Umfrage ins Leben zu rufen, klickt man auf die Schaltfläche Neu in der Werkzeugleiste.

Für das Kinoportal könnte man beispielsweise wissen wollen, wie gut die Kritiken ankommen. Die dafür notwendigen Einstellungen zeigt Abbildung 6-26.

Abbildung 6-26: Hier ein Beispiel für eine Umfrage, die sich mit der Qualität der veröffentlichten Filmkritiken beschäftigt.

In das etwas irreführend beschriftete Feld Titel gehört der einleitende Text der Umfrage. In der Regel ist das die (Multiple-Choice-)Frage, die man den Besuchern im Rahmen der Abstimmung stellt.

Im Fall des Kinoportals wäre dies beispielsweise **Die Qualität der Filmkritiken ist...**

In das Feld Alias gehört wieder ein Alias- beziehungsweise Ersatztitel. Er dient hauptsächlich internen Zwecken – beispielsweise hilft er bei der Suchmaschinenoptimierung.

Zeitabstand enthält eine Zeitangabe in Sekunden. Nachdem ein Besucher per Mausklick sein Votum abgegeben hat, muss er dieses Intervall warten, bevor er erneut an der Umfrage teilnehmen darf. Wie bereits erwähnt wurde, verhindert man auf diese Weise, dass ein Besucher die ABSTIMMEN-Schaltfläche aus Versehen zweimal hintereinander anklickt und somit das Ergebnis verfälscht.

 Allerdings verhindert dies nicht, dass der Besucher nach Ablauf der Zeit noch einmal wiederkommt und erneut seine Stimme abgibt.

FREIGEGEBEN regelt wie immer, ob die Umfrage auf der Homepage sichtbar ist.

In allen restlichen Feldern auf der rechten Seite geben Sie die verschiedenen Abstimmungspunkte ein. Joomla! kann hier maximal 12 mögliche Antworten verwalten.

 Man sollte hier mindestens zwei Felder ausfüllen, da eine leere Umfrage unter Umständen zu einem Datenbankfehler führen kann.

Joomla 1.0.x   In den Vorversionen konnte man noch unter SHOW ON MENU ITEMS festlegen, auf welchen Unterseiten der Homepage die Umfrage erscheinen sollte. In Joomla! 1.5 regelt man die Sichtbarkeit über das zugehörige Modul. Wie dies genau funktioniert, zeigt Kapitel 7.

Die Einstellungen für die Umfrage des Kinoportals sehen Sie in Abbildung 6-26.

SPEICHERN Sie anschließend die neue Umfrage über die gleichnamige Schaltfläche in der Werkzeugleiste.

 Die in der Werkzeugleiste erreichbare VORSCHAU funktioniert erst, wenn die Umfrage per SPEICHERN oder ANWENDEN generiert wurde.

Die Umfrage auf der Homepage

Damit existiert zwar eine neue Umfrage, wie aber schon ein kurzer Blick in die Vorschau beweist, glänzt sie dort noch durch ihre Abwesenheit. Um diesen Zustand zu ändern, ruft man im Hauptmenü den Punkt ERWEITERUNGEN → MODULE auf und sucht in der neu erscheinenden Liste den Eintrag POLLS. Nach einem Klick darauf wechselt Joomla! zu einem etwas überladenen Bearbeitungsbildschirm. Dort wählt man im Bereich MODULPARAMETER aus der Liste hinter UMFRAGE die eben erzeugte Umfrage aus (*Die Qualität der Filmkritiken ist...*). Nach einem Klick auf SPEICHERN erscheint die neue Abstimmung auf der Homepage.

Was es mit dem Bearbeitungsbildschirm und den Modulen im Speziellen auf sich hat, erklärt das direkt folgende Kapitel 7. Für den Moment genügt es zu wissen, dass die Komponente selbst lediglich die Umfrage zur Verfügung stellt. Für ihre Anzeige auf der Homepage ist hingegen ein sogenanntes Modul verantwortlich.

Im Fall des Kinoportals sieht das Ergebnis wie in Abbildung 6-27 aus.

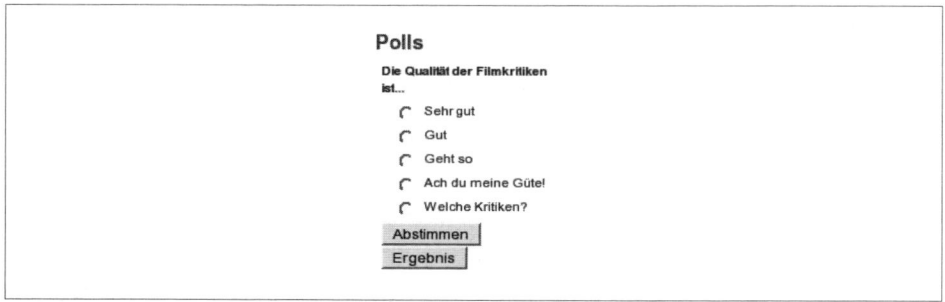

Abbildung 6-27: So sieht die Umfrage für das Kinobeispiel auf der Homepage aus.

Nachdem ein Besucher eine der angebotenen Optionen angekreuzt und auf ABSTIM-
MEN geklickt hat, erscheint eine grafische Auswertung der Ergebnisse, wie in Abbildung 6-28 zu sehen ist. Zu dieser Ansicht gelangt man auch direkt über die
Schaltfläche ERGEBNIS, direkt unter dem eigentlichen Abstimmungsknopf. Er dient
als Abkürzung für Besucher, die zwar am Ergebnis der Umfrage interessiert sind,
selbst aber nicht teilnehmen wollen.

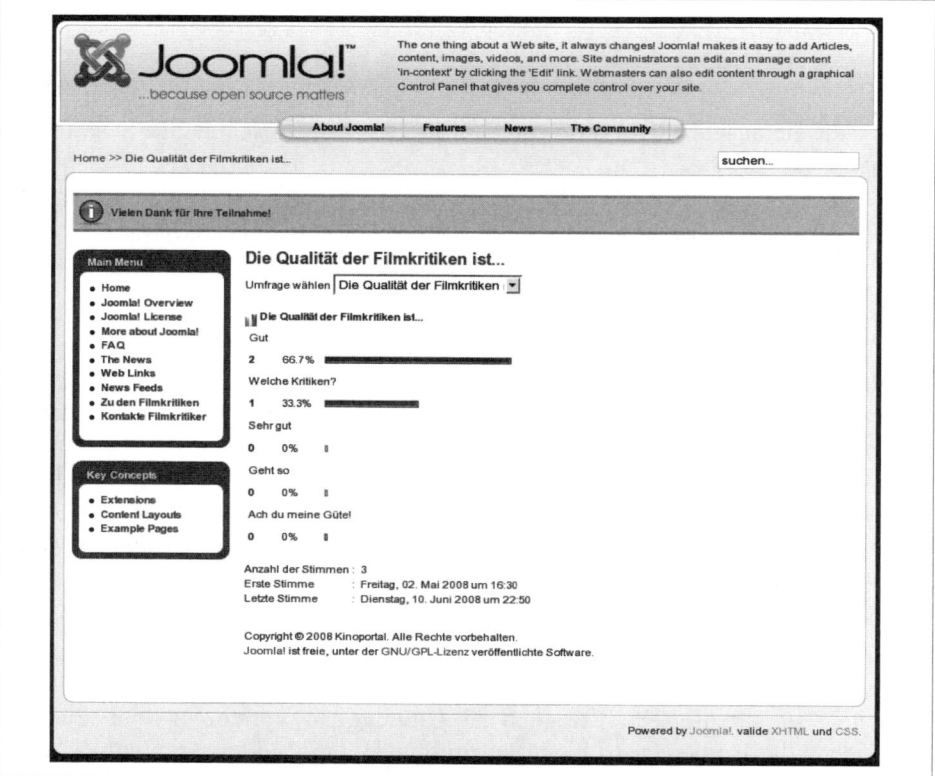

Abbildung 6-28: Das Abstimmungsergebnis

Such-Statistiken

Sofern Sie während der Joomla!-Installation die Beispieldaten eingespielt haben, finden Sie auf der Homepage rechts oberhalb der Umfrage ein kleines SUCHEN-Feld. Wenn Sie dort einen Begriff eingeben und auf die Enter-Taste drücken, sucht das Content-Management-System Ihren Begriff im gesamten Internetauftritt und gibt anschließend alle gefundenen Stellen aus.

Ein Besucher nutzt diese Funktion immer dann, wenn er einen bestimmten Beitrag nicht schnell genug finden konnte. Häufige Suchanfragen weisen somit auf einen fehlerhaften oder suboptimalen Aufbau der Homepage hin – denn andernfalls hätten die Besucher den wesentlich bequemeren Weg über das Menü genommen.

Wird beispielsweise extrem oft nach der Filmkritik zu »Stirb Langsam« gesucht, so sollte man sie vielleicht auf die Startseite übernehmen.

Um herauszubekommen, welche Begriffe wie oft gesucht wurden, muss eine entsprechende Buchführung her. Diese stellt eine Komponente hinter KOMPONENTEN → SUCHEN bereit. Wie Abbildung 6-29 zeigt, führt der Menüpunkt zu einem etwas kargen Bildschirm.

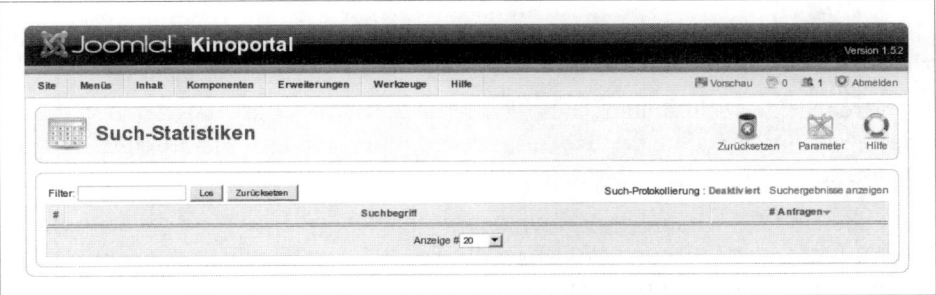

Abbildung 6-29: Dieser Bildschirm protokolliert alle jemals verwendeten Suchbegriffe.

Wie der rot leuchtende Text DEAKTIVIERT bereits dezent andeutet, sammelt Joomla! standardmäßig keine Informationen über die gesuchten Begriffe.

Um die Such-Statistik zu aktivieren, klicken Sie in der Werkzeugleiste auf den PARAMETER-Button. Im nun erscheinenden Fenster existieren genau zwei Einstellungen: Sobald Sie SUCHSTATISTIKEN ERFASSEN auf JA stellen, protokolliert Joomla! penibel jede Suchanfrage.

Der zweite Parameter, ERSTELLUNGSDATUM ANZEIGEN, hat nichts mit der Protokollierung zu tun, sondern bezieht sich auf die Darstellung der Suchergebnisse. Diese präsentiert Joomla! auf der Homepage in einer mehr oder weniger langen Liste. Handelt sich bei einer der Fundstellen um einen Beitrag, so zeigt das Content-Management-System standardmäßig auch dessen Erstellungsdatum, wie in Abbildung 6-30 zu sehen ist (letzte Zeile).

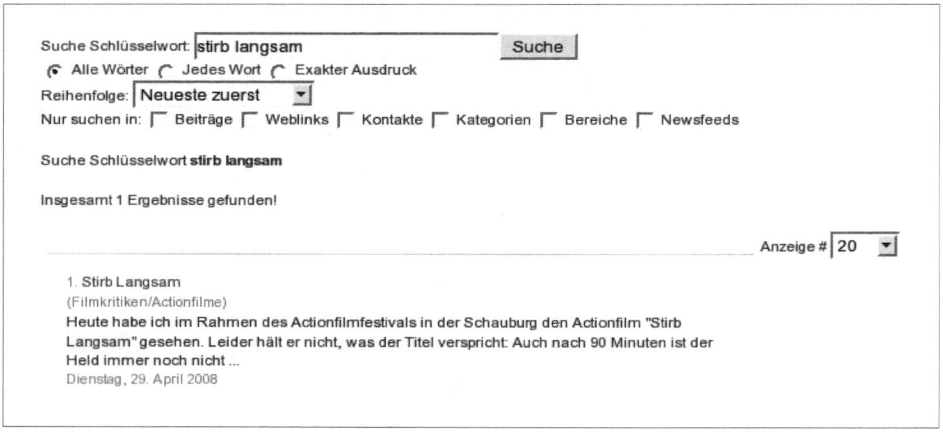

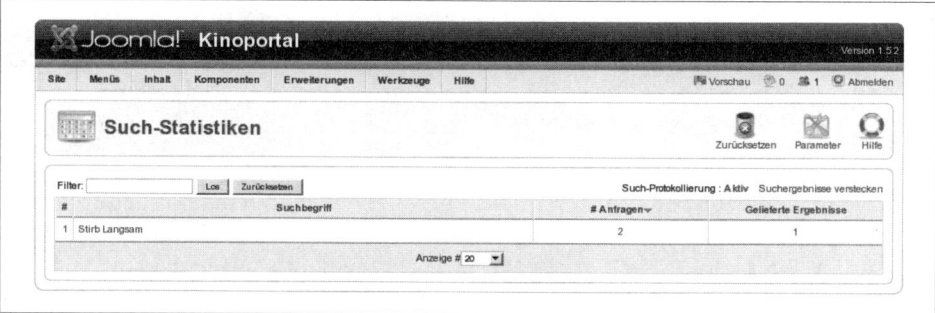

Abbildung 6-30: Steckt das gesuchte Wort in einem Beitrag, nennt Joomla! auch dessen
    Erstellungsdatum in seinen Suchergebnissen.

Auf diese Weise sieht der Suchende sofort, ob der Beitrag eventuell schon veraltet
ist. Möchten Sie das Datum in den Suchergebnissen nicht mit aufführen, setzen Sie
ERSTELLUNGSDATUM ANZEIGEN auf VERBERGEN.

Um die Erstellung von Such-Statistiken anzuwerfen, setzen Sie ein Kreuz bei JA und
klicken anschließend auf SPEICHERN, um die Änderungen zu übernehmen.

Probieren Sie dies selbst einmal aus: Wechseln Sie in die VORSCHAU der Homepage,
tippen Sie in das Suchfeld **Stirb langsam** ein, und betätigen Sie anschließend die
Eingabetaste. Wiederholen Sie diesen Vorgang ein zweites Mal.

Wenn Sie nun zurück in den Administrationsbereich wechseln und die Seite aktualisieren (entweder im Browser oder indem Sie aus dem Menü erneut KOMPONEN-
TEN → SUCHE wählen), erscheinen in der Liste alle bislang gesuchten Begriffe. Die
Spalte # ANFRAGEN zeigt, wie oft nach dem Begriff gesucht wurde (Abbildung
6-31).

Abbildung 6-31: Wie diese Statistik verrät, wurde über die Homepage zweimal nach dem Begriff
    »Stirb Langsam« gesucht.

Nachdem eine Suche ausgeführt wurde, merkt sich Joomla! das Ergebnis in einem Zwischenspeicher (Cache). Sofern kurze Zeit später der gleiche Begriff erneut angefragt wird, greift Joomla! einfach auf seinen Zwischenspeicher zu und spart sich somit die zeitaufwendige Suche in der Datenbank. Mehr zu diesem Thema folgt in Kapitel 7. Wie oft das Content-Management-System tatsächlich seine Nase in die Datenbank stecken musste, erfahren Sie nach einem Klick auf SUCHERGEBNISSE ANZEIGEN. Es erscheint jetzt noch eine dritte Spalte mit dem Titel GELIEFERTE ERGEBNISSE und der gewünschten Information.

In Abbildung 6-31 wurde über die Homepage zweimal nach dem Begriff *Stirb Langsam* gesucht. Joomla! musste aber nur einmal tatsächlich auf die Suche gehen – danach lagen die Ergebnisse im Zwischenspeicher und konnten bei der folgenden Anfrage einfach von dort herausgeholt werden.

Weblinks

Als vorbildlicher Gastgeber und Internetredakteur sollte man seinen Besuchern auch immer eine Seite mit Links zu weiterführenden und/oder vertiefenden Informationen anbieten. Das Kinoportal könnte zum Beispiel Verweise auf die Seiten aller Kinos der näheren Umgebung bereitstellen. Zusätzlich ließen sich auch die Internetauftritte der Schauspieler hier auflisten. Zwar könnte man auch direkt in den Filmkritiken einen Link einfügen, sie auf einer eigenen Seite zu bündeln, hat jedoch gleich mehrere Vorteile: So kann man hier auch Links angeben, die nicht in den Artikeln auftauchen oder die nur in zweiter Linie etwas mit dem Angebot zu tun haben. Darüber hinaus muss ein Besucher auf der Suche nach einem Link nicht erst die ganzen Filmkritiken durchwühlen, sondern bekommt hier eine zentrale Anlaufstelle.

Sofern Sie bei der Installation von Joomla! die Beispieldaten installiert haben, führt der Menüpunkt WEB LINKS auf der Homepage zu einigen Beispiel-Links. Da solche Listen erfahrungsgemäß sehr umfangreich werden können, gruppiert Joomla! thematisch zusammengehörige Links in Kategorien.

 Diese Kategorien für Links sind weder verwandt noch verschwägert mit ihren gleichnamigen Kollegen für die Beiträge aus Kapitel 4, »Kategorien« auf Seite 100.

Link-Kategorien einrichten

Beispielsweise könnte man alle Links, die zu den Internetseiten von Prominenten führen, in einer Kategorie *Filmstars* zusammenfassen.

Joomla! verlangt, dass jeder Link genau einer Kategorie angehört. Aus diesem Grund lohnt zunächst ein Blick auf ihre Verwaltung unter KOMPONENTEN →

WEBLINKS → KATEGORIEN. In der nun angezeigten Liste erscheinen alle bereits existierenden Kategorien. In Abbildung 6-32 sind dies die beiden aus den Beispieldaten.

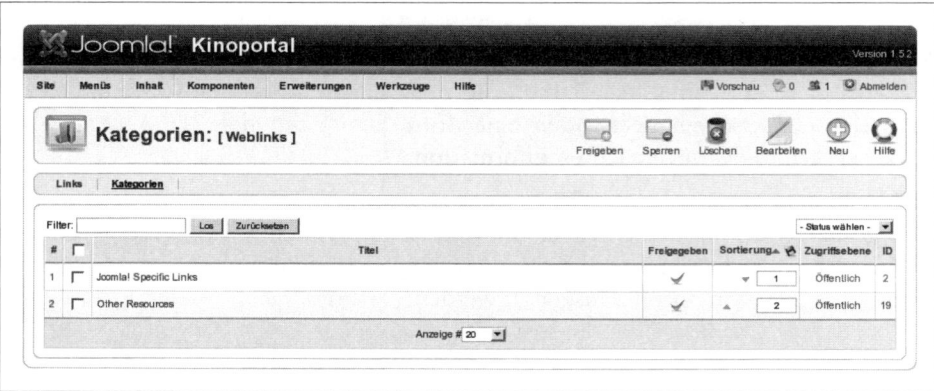

Abbildung 6-32: Der Verwaltungsbildschirm für die Weblinks-Kategorien

Um eine neue Kategorie hinzuzufügen, wählt man in der Werkzeugleiste NEU. Joomla! möchte nun folgende Informationen wissen (vgl. Abbildung 6-33):

Titel

Der Name der Kategorie, der später auch auf der Homepage als Überschrift erscheint.

Alias

Ein Alias- beziehungsweise Ersatzname für die Kategorie. Er dient hauptsächlich internen Zwecken, beispielsweise hilft er bei der Suchmaschinenoptimierung.

Freigegeben

Legt fest, ob die Kategorie für die Besucher auf der Homepage sichtbar ist.

Bereich

Nur die Joomla!-Entwickler selbst wissen, warum dieser Eintrag hier existiert. Da die Kategorien für die Links nicht noch einmal in Bereiche gruppiert werden können, bleibt diese Einstellung ungenutzt. Möglicherweise ist geplant, eine solche Unterteilung in zukünftige Joomla!-Versionen einzubauen oder sie durch Erweiterungen nachzurüsten.

Kategoriesortierung

Später stellt Joomla! alle Kategorien in einer Liste auf der Homepage zur Auswahl. In welcher Zeile dort die hier gerade bearbeitete Kategorie erscheint, regelt diese Aufklappliste. Eine Kategorie mit besonders wichtigen Weblinks könnten Sie so direkt an den Anfang der Liste hieven. Beachten Sie, dass die hier gerade bearbeitete Kategorie immer *hinter* der in der Ausklappliste gewählten landet. Letztere erscheint übrigens erst dann, wenn die Kategorie mit einem Klick auf die entsprechende Schaltfläche in der Werkzeugleiste angelegt wurde.

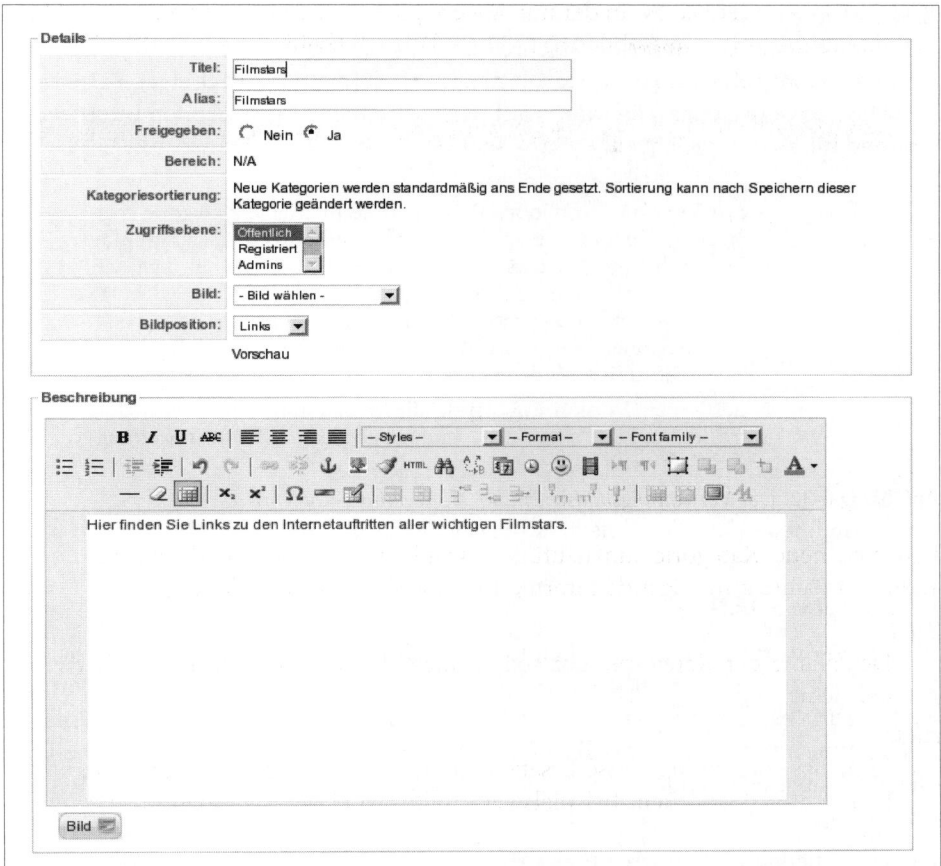

Abbildung 6-33: Diese Einstellungen führen zu einer neuen Kategorie »Filmstars«.

Zugriffsebene

Bestimmt, wer diese Kategorie einsehen darf. *Öffentlich* erlaubt dies allen Besuchern, *Registriert* nur allen angemeldeten Nutzern, und *Admins* gestattet dies nur einer speziellen Gruppe. Mehr zu den Rechten folgt in Kapitel 9.

Bild

Hier kann man ein Bild auswählen, das dann auf der zur Kategorie gehörenden Internetseite angezeigt wird. Die in der Liste aufgeführten Bilder stammen aus dem Verzeichnis *images/stories* der Joomla!-Installation und können mit der Medienverwaltung um eigene Bilder ergänzt werden (siehe Kapitel 5).

Bildposition

Regelt, ob das Bild später auf der linken oder rechten Seite erscheint.

Beschreibung

Hier können Sie noch eine Beschreibung der Kategorie vergeben, beispielsweise **Hier finden Sie Links zu den Internetauftritten aller wichtigen Filmstars.** Der Text erscheint später auch auf der zur Kategorie gehörenden Internetseite und hilft somit gleichzeitig den Besuchern bei der Orientierung.

`Joomla 1.0.x` In den Versionen vor Joomla! 1.5 konnte man eine Kategorie hier noch zusätzlich mit einem Menüpunkt verknüpfen. Dazu wählte man zunächst aus der entsprechenden Liste das Menü, in dem der neue Eintrag auftauchen sollte, markierte unter SELECT MENU TYPE den Typ *Weblink Category Table* und vergab unter MENU ITEM NAME noch einen Namen für den neuen Menüpunkt. Ein Klick auf LINK TO MENU richtete den neuen Punkt ein.

In der neuen Version 1.5 wurde dieser Komfort jedoch ersatzlos gestrichen – hier muss man immer über die Menü-Verwaltung gehen.

 Die Einstellungen für die Filmstar-Kategorie im Kinoportal zeigt Abbildung 6-33.

Links verwalten

Für die Verwaltung der eigentlichen Links wählt man den Menüpunkt KOMPONEN-TEN → WEBLINKS → LINKS. Alternativ können Sie auch wieder einfach auf das Register LINKS direkt unterhalb der Werkzeugleiste wechseln. Der erscheinende Bildschirm, im Englischen als *Web Link Manager* bezeichnet, präsentiert eine Liste aller bislang existierenden Links. Die Einträge aus Abbildung 6-34 stammen aus den Beispieldaten.

Um einen neuen Link hinzuzufügen, klickt man auf die Schaltfläche NEU. Anschließend erscheint das Formular aus Abbildung 6-35, das folgende Eingaben erfordert:

Name

Der Name des Links. Diese Bezeichnung muss der Benutzer später anklicken, um auf die unter URL eingetippte Seite zu gelangen.

Alias

Ein Alias- beziehungsweise Ersatzname. Er dient hauptsächlich internen Zwe-cken – beispielsweise hilft er bei der Suchmaschinenoptimierung.

Freigegeben

Legt fest, ob der Link auf der Internetseite erscheint.

Kategorie

In Joomla! muss jeder Link genau einer Kategorie angehören. Welche dies ist, bestimmt der hier gewählte Eintrag.

URL

Hier hinein gehört die Internetadresse, auf die der Link zeigen soll.

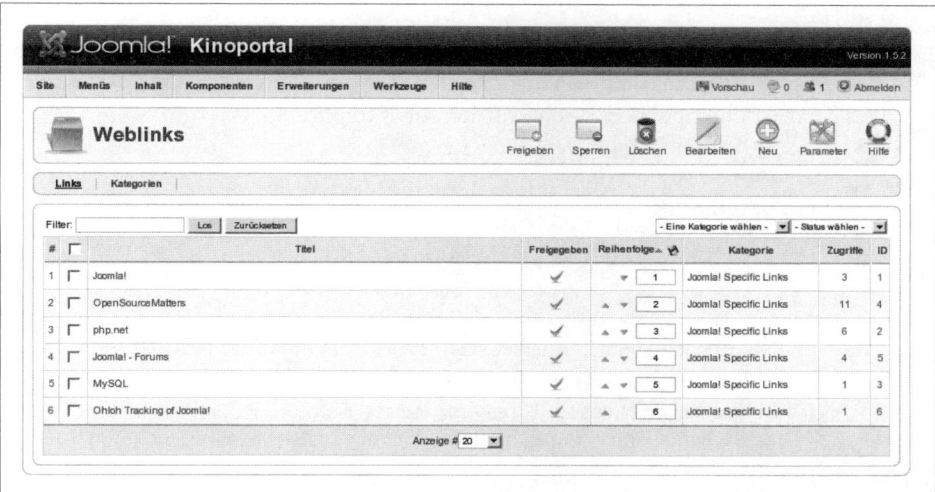

Abbildung 6-34: Der Verwaltungsbildschirm für Weblinks

Reihenfolge

Später auf der Homepage stellt Joomla! die Links in einer Liste zur Auswahl. In welcher Zeile jener Liste der hier gerade bearbeitete Link erscheint, regelt diese Aufklappliste. Einen besonders wichtigen Link könnten Sie so direkt an den Anfang der Liste hieven. Beachten Sie, dass der hier gerade bearbeitete Link immer *hinter* dem in der Ausklappliste gewählten landet. Letztere erscheint übrigens erst dann, wenn der Link mit einem Klick auf die entsprechende Schaltfläche in der Werkzeugleiste angelegt wurde.

Ziel

Hier bestimmen Sie, was nach einem Klick auf den Link passiert. Entweder erscheint die dahinter stehende Seite im gleichen Fenster (*Übergeordnetes Fenster mit Browser-Navigation*), in einem neuen Fenster mit allen Navigationsmöglichkeiten (*Neues Fenster mit Browser-Navigation*) oder in einem neuen, nackten Fenster ohne die sonst üblichen Symbolleisten (*Neues Fenster ohne Browser-Navigation*).

Beschreibung

Die hier eingetippte Beschreibung informiert den Besucher darüber, was sich hinter dem entsprechenden Link verbirgt.

Ein großer Fan von Stefanie Blümel könnte beispielsweise zu ihrer Homepage einen Link einrichten, wie in Abbildung 6-35 zu sehen ist. Auf der Homepage sieht das Ergebnis dann wie in Abbildung 6-36 aus.

Ein Klick auf SPEICHERN führt wieder zurück zur Liste mit allen angelegten Links. Die Spalte ZUGRIFFE zeigt dort an, wie oft die Besucher bereits diesem Link gefolgt sind. KATEGORIE nennt die zugeordnete Kategorie.

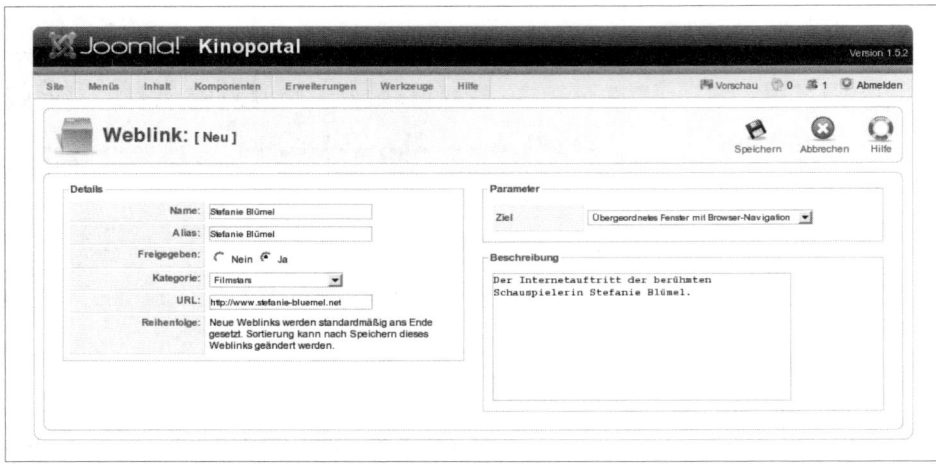

Abbildung 6-35: Hier entsteht ein Weblink auf die Seite der berühmten Boulevard-Schauspielerin »Stefanie Blümel«.

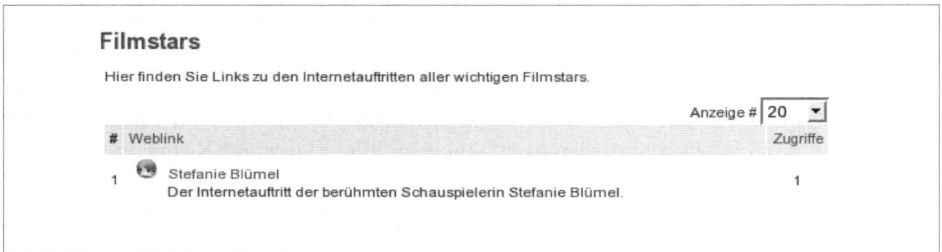

Abbildung 6-36: Und so sieht der Link dann in der Link-Sammlung auf der Homepage aus.

 Auf der Homepage erreichen Sie alle Link-Kategorien über den Punkt WEB LINKS im Hauptmenü. Von dort aus gelangen Sie schließlich auch auf die Übersichtsseite der *Filmstars*-Kategorie aus Abbildung 6-36.

 Selbstverständlich können Sie auch einen neuen Menüpunkt einrichten, der direkt zur Kategorie *Filmstars* führt. Wie dies funktioniert, zeigt das Kapitel 8.

KAPITEL 7

Module – Die kleinen Brüder der Komponenten

In den vorangegangenen Kapiteln wurden Beiträge angelegt, Medien verwaltet und Zusatzfunktionen wie Umfragen oder Newsfeeds in den entstehenden Internetauftritt eingebunden. Eine wesentliche Frage blieb dabei jedoch unbeantwortet: Wie verändert man die Anordnung der Elemente auf der Homepage? Die Notwendigkeit für einen solchen Eingriff verdeutlicht vor allem das Werbebanner, das derzeit am unteren Rand der Seite um Aufmerksamkeit buhlt – solch eine ruhige Lage werden die Werbekunden sicherlich keine zweite Saison buchen. Doch wie schiebt man das Banner an eine prominentere Position, wie zum Beispiel den oberen Rand? Auf der Suche nach einer Antwort trifft man auf die kleinen Brüder der Komponenten: die Module.

Um dem Geheimnis auf die Spur zu kommen, wechseln Sie über das Menü ERWEITERUNGEN → TEMPLATES in die Template-Verwaltung, klicken dort *rhuk_milkyway* an und wählen anschließend aus der Werkzeugleiste die VORSCHAU.

Joomla 1.0.x   In den Versionen vor Joomla! 1.5 steckte die gleiche Ansicht noch hinter SITE → PREVIEW → INLINE WITH POSITIONS.

Joomla! stellt die aktuelle Homepage nun als Ansammlung von Kästchen dar, wie in Abbildung 7-1 zu sehen ist. An jeder dieser Stellen darf ein Menü, aber auch ein beliebiges anderes Element wie ein Werbebanner oder eine Umfrage stehen. Anschaulich kann man sich die einzelnen Rechtecke wie Schachteln vorstellen, in die man derartige Elemente legen darf.

Die Anordnung der Schachteln zueinander bestimmt ein sogenanntes Template. Es umfasst jedoch nur einen groben Bauplan der Homepage und besagt nicht, welche Schachtel welche Elemente enthält. Auf den ersten Blick hat man als Homepage-Betreiber also die freie Wahl bei der Positionierung.

Leider gibt es hierbei eine Ausnahme. Die im vorangegangenen Kapitel 6 vorgestellten Komponenten sind echte Schwergewichte. Sie haben nicht nur jeweils eine große Aufgabe zu lösen, auch ihre Ausgaben sind nicht selten so umfangreich, dass sie dafür ordentlich Platz beanspruchen. Aus diesem Grund gingen die Joomla!-Entwickler auf Nummer sicher und wiesen ihnen einen festen, aber ausreichend großen Platz auf der Homepage zu. In Abbildung 7-1 ist dies der große Bereich in der Mitte (unter *Welcome to the Frontpage*), in dem später beispielsweise die Filmkritik zu *Stirb Langsam* erscheint.

Abbildung 7-1: Die Rechtecke sind Platzhalter für die Module. Jedes Kästchen ist von einer gepunkteten Linie umgeben, und sein Name erscheint in roter Schrift in der linken oberen Ecke.

Damit wären die anderen Schachteln eigentlich nutzlos. Glücklicherweise gibt es auch kleine und schlankere Komponenten, die eine überschaubare Ausgabe produzieren. Sie darf man an einem der verbleibenden Plätze einsetzen. Um diese Sonderstellung hervorzuheben und sie von den restlichen, dicken Komponenten aus Kapitel 6 abzugrenzen, bezeichnet man sie als *Module*.

Module, Komponenten und Templates: Ein komplexes Zusammenspiel

Diese kleinen Brüder der Komponenten lösen meist nur eine kleine Aufgabe, für die sie oftmals sogar die Hilfe eines ihrer großen Geschwister in Anspruch nehmen. Ein Beispiel für eine solche Kooperation liefert das Werbebanner: Das Banner-Modul zeigt auf der Homepage eine Werbegrafik an. Sobald der Benutzer sie anklickt, übergibt das Modul diese Information an die bereits in Kapitel 6 vorgestellte Komponente. Letztere registriert den Mausklick für die Abrechnung mit dem Kunden und leitet den Besucher schließlich auf das fremde Angebot weiter.

Vielfach trifft man auch auf Module mit etwas mehr Intelligenz. Sie nehmen in der Regel auf der einen Seite ein Datenpaket entgegen und geben es auf der anderen Seite einfach wieder als hübsche Grafik aus.

> Anschaulich kann man sich dies wie einen Diaprojektor vorstellen: Hinten kommt ein kleines, zunächst nicht erkennbares Dia hinein, und vorn wird ein hübsches Bild auf eine Leinwand geworfen.

Hierzu zählt beispielsweise das Modul *Random Image*. Es wählt aus einer Liste von Bildern eines zufällig aus und präsentiert es anschließend auf der Homepage.

Wie »dumm« ein Modul ist, entscheidet ausschließlich sein Entwickler. Ihm allein bleibt es überlassen, wie viele Funktionen und Aufgaben er seinem Produkt überträgt. Gleiches gilt übrigens auch für die Komponenten. Niemand schreibt vor, dass sie tatsächlich eine größere Aufgabe lösen müssen. So könnte man eine Komponente auch zur Anzeige von Werbebannern degradieren. Ihre (eventuell erzeugten) Ausgaben bleiben jedoch auf den angesprochenen Bildschirmbereich beschränkt.

Das komplexe Zusammenspiel der kleinen Module, funktionsschweren Komponenten und der Templates veranschaulicht noch einmal Abbildung 7-2.

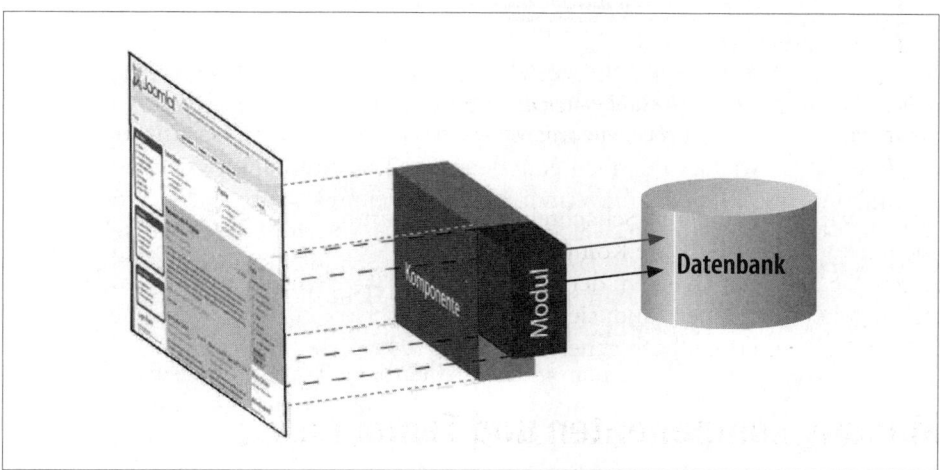

Abbildung 7-2: Der Aufbau von Joomla! als Explosionszeichnung

Wie Abbildung 7-2 zeigt, setzt Joomla! eine Seite nach den Regeln im Template zusammen. Um die noch leeren Stellen in diesem Bauplan zu füllen, bemüht Joomla! die dort vom Benutzer eingesetzten Module.

Soll beispielsweise eine Umfrage im Kasten *right* erscheinen, bittet Joomla! das Modul *Polls*, diesen Platz mit grafischen Elementen zu füllen. *Polls* holt dann aus der Datenbank alle Auswahlmöglichkeiten und zeigt sie in einem Formular an. Klickt der Benutzer auf ABSTIMMEN, reicht das Modul die Auswahl an die für diese Angelegenheiten zuständige Komponente namens *com_poll* weiter. Letztere übernimmt nun die Kontrolle, schlägt in der Datenbank die bislang eingereichten Werte nach, berechnet daraus die Prozentangaben und stellt dieses Ergebnis nun selbst in der Hauptfläche auf der Homepage dar.

Da die Begriffe reichlich verwirrend sind, sind sie hier noch einmal zusammengefasst:

- Das *Template* beschreibt, welche Elemente wo erscheinen. (Es bildet somit den Bauplan der Homepage.)
- Eine *Komponente* realisiert eine ganz bestimmte Funktion, ihre Ausgaben erscheinen immer im Hauptbereich der Seite (da, wo bislang immer die Texte der Beiträge erschienen).
- *Module* realisieren ebenfalls eine bestimmte, aber meist kleinere Funktion. Der Homepagebetreiber darf selbst bestimmen, wo ihre Ausgaben auf der Seite landen. Häufig arbeitet ein Modul mit einer Komponente zusammen.

 In einer LEGO-Welt wären Komponenten die dicken Duplo-Brocken und Module die kleinen Einer-Bausteine. Das Template entspricht in diesem Bild dem mitgelieferten Aufbauplan.

Sieht man einmal genauer hin, so gibt es eigentlich keinen triftigen Grund, zwischen Komponenten und Modulen zu unterscheiden: Beide erfüllen eine ganz bestimmte Aufgabe, deren Ergebnisse sie auf der Homepage präsentieren. Warum die Joomla!-Entwickler dennoch eine derartige Trennung mit den erwähnten Einschränkungen wählten, bleibt vermutlich ihr Geheimnis – zumal jeder Programmierer selbst entscheiden kann, welche Funktionen er in ein Modul und welche er in eine Komponente verpackt. Dafür existieren noch nicht einmal (verbindliche) Richtlinien. Erst aus programmiertechnischer Sicht lässt sich diese Trennung zumindest ansatzweise begründen. Dazu erfahren Sie mehr in Kapitel 15.

Verflixt kompliziert, möchte man meinen. Allerdings hat diese Arbeitsteilung auch den Vorteil, dass man die einzelnen Teile flexibel austauschen und umbauen kann. Gibt es beispielsweise ein Modul, das die Umfrageergebnisse noch hübscher und schneller anzuzeigen vermag, so reicht es aus, das kleine Modul zu ersetzen. Der Rest des Joomla!-Systems bleibt dabei unangetastet.

Für die Verwaltung der Module ist der Bildschirm hinter dem Menüpunkt ERWEITERUNGEN → MODULE zuständig (im Englischen heißt diese Seite *Module Manager*).

Genau zwischen der nun erscheinenden Liste und der darüberliegenden Werkzeugleiste finden Sie die beiden Punkte SITE und ADMINISTRATOR. Sofern SITE aktiviert ist, führt die große Liste darunter alle Module auf, die ihr Werk auf der Homepage verrichten und somit den Besuchern nützen. Hinter ADMINISTRATOR verstecken sich hingegen alle Module, die sich um den Administrationsbereich kümmern.

`Joomla 1.0.x` In den Versionen vor Joomla! 1.5 steckten die jeweiligen Bildschirme noch hinter den Menüpunkten MODULES → SITE MODULES beziehungsweise MODULES → ADMINISTRATION MODULES.

Das mag auf den ersten Blick etwas verwirrend klingen. Der Administrationsbereich ist jedoch eigentlich nichts anderes als eine kleine Joomla!-Homepage mit einem ganz speziellen Zweck – nämlich dem der Konfiguration. Das Hauptmenü am oberen Rand funktioniert daher genau so wie die Menüs auf Ihrer Homepage: Auch für deren Anzeige ist ein Modul zuständig. Sofern Sie nicht auf Basis von Joomla! ein eigenes Content-Management-System entwickeln möchten, sind hier jedoch glücklicherweise keinerlei Änderungen erforderlich. Es besteht im Gegenteil sogar die Gefahr, dass Sie sich selbst für immer aussperren. Bis auf wenige Ausnahmen werden Sie somit ausschließlich auf dem Register SITE unterwegs sein.

Im Englischen fasst man alle Module für die Homepage unter dem Begriff *Site Modules* zusammen, während ihre Kollegen für den Administrationsbereich als *Administration Modules* bekannt sind. Da Letztere normalerweise weder angetastet noch ergänzt werden, verwendet man häufig den Begriff *Modules* synonym zu den *Site Modules*. In den deutschen Übersetzungen ist allgemein nur von *Modulen* die Rede. Diese gebräuchliche Konvention soll auch in allen folgenden Abschnitten zur Anwendung kommen.

Achten Sie in den folgenden Abschnitten immer darauf, dass Sie sich bei den Modulen für die Homepage befinden, in der erwähnten Zeile also SITE aktiviert ist.

Die Gestaltung der Homepage über Module

Wählt man im Hauptmenü des Administrationsbereichs den Punkt ERWEITERUNGEN → MODULE und klickt dann direkt unter der Werkzeugleiste auf das Register SITE (am linken Fensterrand), erscheint eine recht lange Liste mit allen vorhandenen Modulen, wie in Abbildung 7-3 zu sehen ist.

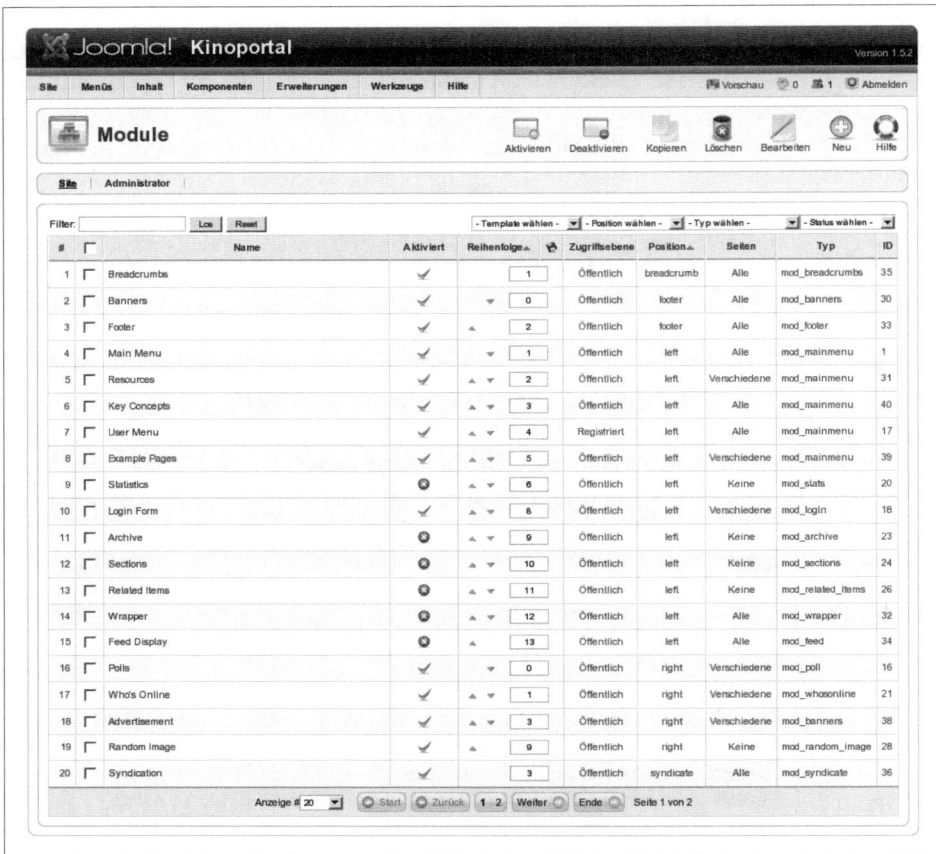

Abbildung 7-3: Die Module-Verwaltung für die so genannten Site Modules

Jede Zeile zeigt ein Modul, von denen einige allerdings nicht auf der Homepage erscheinen – erkennbar am roten Kreuz in der Spalte AKTIVIERT. Der Name des Moduls in der Spalte NAME prangt übrigens auch später als Überschrift auf der Homepage. Ein gutes Beispiel dafür ist das Modul für die Umfragen: In der Liste taucht es als *Polls* auf. Dies ist die gleiche Bezeichnung, die als Titel über der Abstimmung auf der Homepage erscheint (Abbildungen 7-4 und 7-5).

15	☐	Feed Display
16	☐	Polls
17	☐	Who's Online
18	☐	Advertisement

Abbildung 7-4: Der Name des Moduls...

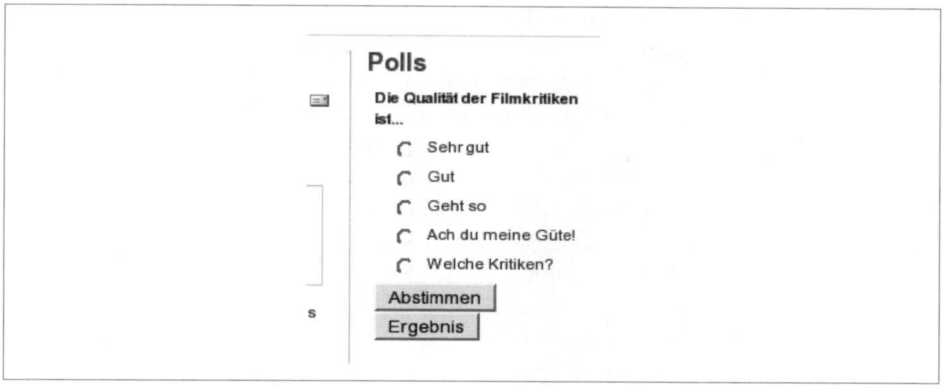

Abbildung 7-5: ... ist gleichzeitig sein Titel auf der Homepage.

Die Spalte POSITION verrät, an welcher Stelle auf der Homepage das zugehörige Modul erscheint (oder mit anderen Worten: Das ist der Name der Schachtel, in dem sich das Modul aufhält). Die bereits bekannte Vorschau aus Abbildung 7-1 zeigt alle verfügbaren Positionen nebst den zugehörigen Namen. Letztere findet man dann in der besagten Spalte wieder. Wie Abbildung 7-3 zeigt, tauchen manche Beschriftungen mehrfach auf (insbesondere *left*). Dies weist dezent darauf hin, dass Sie durchaus mehrere Module in eine Schachtel packen dürfen. So könnten Sie beispielsweise auch das (Werbe-)*Banner* zum *Login Form* packen. Da die einzelnen Bereiche des verwendeten Templates jedoch auf die derzeitigen Inhalte optimiert wurden, könnte das Ergebnis etwas zerpflückt aussehen.

Befinden sich mehrere Module gemeinsam in einem Bereich, so werden sie dort automatisch übereinandergestapelt. Ein Paradebeispiel ist die Leiste am linken Homepage-Rand, in der sich gleich mehrere Menüs und das *Login Form* tummeln. Die Abfolge, in der die Elemente dort erscheinen, entspricht exakt derjenigen aus der Spalte REIHENFOLGE. Möchten Sie beispielsweise das Anmeldeformular über dem Hauptmenü anzeigen lassen, so genügt es bereits, das entsprechende Modul mit den kleinen, grünen Pfeilen vor das Modul des Hauptmenüs (*Main Menu*) zu schieben.

Die Spalte SEITEN zeigt, auf welchen Unterseiten das Modul auftaucht. Bei *Alle* hat der Besucher dessen Ausgaben immer im Blick, bei *Keine* erscheint es nirgendwo. Da das *Login Form*-Modul nur auf der ersten und somit nur auf einem Teil aller Seiten auftaucht, bekommt es ein *Verschiedene* verpasst.

Schließlich besitzt jedes Modul noch einen sogenannten *Typ*, den die gleichnamige Spalte verrät. Er legt fest, welche Inhalte das Modul ausgibt. Im Fall des Typs *mod_mainmenu* liegt ein Menü vor, wohingegen ein Modul vom Typ *mod_login* ein Anmeldeformular auf der Homepage präsentiert.

Um nun endlich das Werbebanner vom unteren Rand zu lösen, muss man zunächst ein lauschiges Plätzchen dafür ausmachen. Werfen Sie dazu noch einmal einen Blick auf Abbildung 7-1, oder wechseln Sie alternativ in die Templatevorschau, indem Sie ERWEITERUNGEN → TEMPLATES wählen, dann *rhuk_milkyway* anklicken und schließlich die VORSCHAU aktivieren. Für das Banner bietet sich die Position *top* an. Mit diesem Wissen geht es wieder zurück zur Modulverwaltung hinter ERWEITERUNGEN → MODULE. Für das Werbebanner verantwortlich war das Modul *Banners*. Mit einem gezielten Klick auf einen Namen öffnen sich seine Einstellungen. Auf der linken Seite im Bereich DETAILS finden Sie die POSITION des Moduls. Die Ausklappliste führt sämtliche Bereiche auf, die das Template anbietet. Für das Werbebanner wählen Sie hier das anvisierte *top* und speichern die Änderungen über die gleichnamige Schaltfläche. Wie die VORSCHAU beweist, haben Sie dem Modul *Banners* damit eine prominentere Position zugewiesen (Abbildung 7-6).

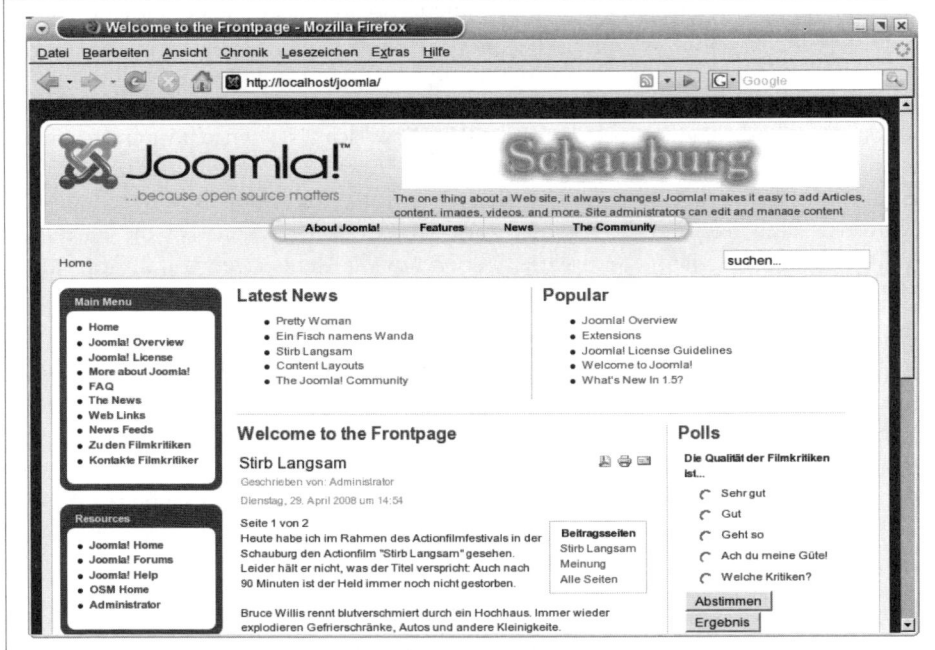

Abbildung 7-6: Das Werbebanner wurde an die Position »top« versetzt.

Nach dem gleichen Schema dürfen Sie auch alle anderen existierenden Module nach Belieben umsortieren – die Ausklappliste POSITION kennt jedes Modul. Dabei sollten Sie jedoch im Auge behalten, dass die einzelnen Bereiche im Template unterschiedliche Ausmaße besitzen. Ein großes Modul in einem kleinen Bereich kann Ihnen folglich den Gesamteindruck der Homepage ruinieren.

Beim Blick in die Einstellungen des *Banners*-Moduls dürften Ihnen sicherlich die erschreckend vielen Parameter und Stellschrauben aufgefallen sein. Um diesen Optionswust kümmert sich der gleich folgende Abschnitt »Eigenschaften eines Moduls verändern« auf Seite 182. Zuvor soll aber kurz noch ein neues Modul erstellt werden.

Neue Module

Das Kinoportal floriert und findet schnell einen Sponsor. Als Gegenleistung für seine regelmäßigen Finanzspritzen möchte er jedoch mit einem zusätzlichen, permanenten Werbebanner auf der Homepage vertreten sein. Die Aufnahme in das bereits existierende Banner fällt somit flach. Die Lösung ist ein zweites Banner-Modul, das zusätzlich an prominenter Stelle auf der Homepage positioniert wird.

Um einen zweiten Kasten mit der aufdringlichen Reklame anzulegen, klicken Sie in der Werkzeugleiste auf die Schaltfläche NEU.

`Joomla 1.0.x` In den Versionen vor Joomla! 1.5 musste man immer ein bereits bestehendes Modul kopieren. Die Schaltfläche NEW erstellte grundsätzlich immer nur ein Modul des Typs *User*. Glücklicherweise haben die Joomla!-Entwickler dieses merkwürdige Verhalten in Joomla! 1.5 abgeschafft.

Es erscheint nun die Seite aus Abbildung 7-7.

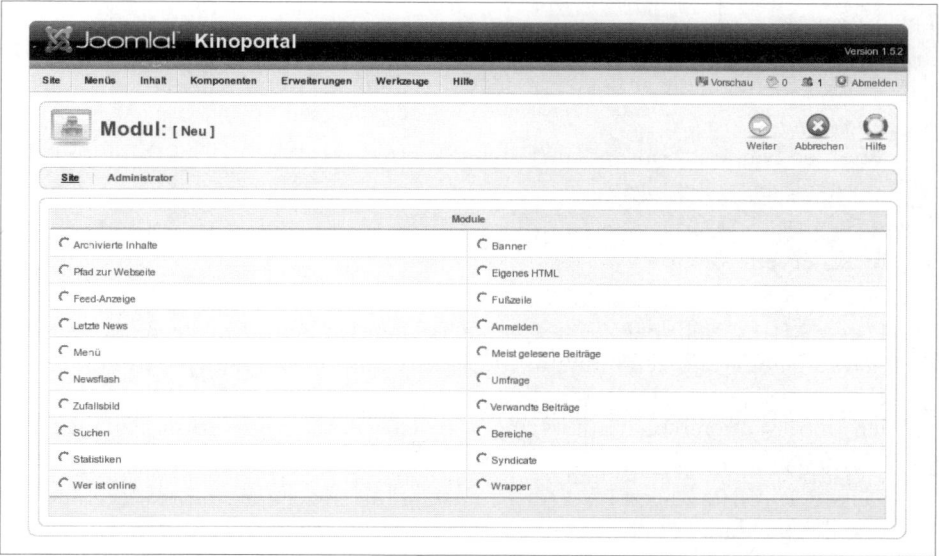

Abbildung 7-7: In diesem Bildschirm bestimmt man zunächst den Typ des neuen Moduls.

Hier wählen Sie zunächst, welche Aufgabe das neue Modul erledigen soll. (Damit legen Sie gleichzeitig seinen Typ fest.) Standardmäßig stehen hier folgende Modultypen zur Auswahl (in alphabetischer Reihenfolge):

Anmelden
> Stellt ein Formular bereit, über das sich registrierte Besucher anmelden können. (Dahinter stelckt das bekannte LOGIN FORM.)

Archivierte Inhalte
> Das Modul zeigt alle Monate, in denen archivierte Beiträge existieren.

Banner
> Präsentiert ein Werbebanner.

Bereiche
> Präsentiert eine Liste mit allen vorhandenen (Beitrags-)Bereichen.

Eigenes HTML
> Dieses Modul stellt einen Text auf der Homepage dar. Zur Formatierung stehen entweder die bereits bekannten Symbole des TinyMCE-Editors bereit, oder man tippt über das HTML-Symbol direkt sogenannte HTML-Befehle ein.

Feed-Anzeige
> Stellt Newsfeeds dar. Das Modul funktioniert genau so wie die entsprechende Komponente aus Kapitel 6.

Fußzeile
> Das Modul präsentiert am unteren Bildschirmrand die Joomla!-Copyright-Informationen. Eigene Texte können nicht verwendet werden.

Letzte News
> Präsentiert eine Liste mit den zuletzt erstellten Beiträgen. Ausgenommen davon bleiben Beiträge, die auf der Startseite der Homepage erscheinen.

Meist gelesene Beiträge
> Wie der Name schon andeutet, präsentiert dieses Modul eine Liste mit den meistgelesenen Beiträgen.

Menü
> Realisiert ein Menü.

Newsflash
> Dieses Modul zieht per Zufall einen existierenden Beitrag aus einer vorgegebenen Kategorie und zeigt ihn an. Mit jedem Aufruf der Homepage erscheint so ein anderer Beitrag. Das Modul eignet sich somit ideal, um wichtige Schlagzeilen zu präsentieren oder auf (wenig beachtete) Artikel aufmerksam zu machen.

Pfad zur Webseite (Breadcrumbs)
> Zeigt den vollständigen Pfad zur Unterseite (die sogenannten Breadcrumbs). In den Beispieldaten erscheint diese Anzeige direkt oberhalb des MAIN MENU.

Statistiken

Das Modul stellt verschiedene statistische Informationen dar, beispielsweise die Anzahl der bisherigen Besucher oder die Menge der Beiträge in der Datenbank.

Suchen

Stellt ein kleines Eingabefeld bereit, über das der Besucher die Homepage nach einem Begriff durchsuchen kann.

Syndicate

Im Gegensatz zum Modul *Feed-Anzeige* erstellt *Syndicate* selbst einen Newsfeed – und zwar für die Seite, auf der das Modul erscheint.

Umfrage

In Zusammenarbeit mit der gleichnamigen Komponente ermöglicht das Modul die Durchführung von Umfragen oder Abstimmungen.

Verwandte Beiträge

Zu dem jeweils aktuell dargestellten Text sucht dieses Modul nach ähnlichen oder verwandten Beiträgen in der Datenbank. Als Basis für die Suche dienen dem Modul die Schlüsselwörter aus den Metadaten der Beiträge.

Wer ist online

Das Modul gibt Auskunft darüber, wie viele Gäste und wie viele angemeldete Besucher derzeit die Homepage betrachten.

Wrapper

Bindet eine externe Internetseite in die von Joomla! produzierte Homepage ein.

Zufallsbild

Wählt per Zufall ein Bild aus einem vorgegebenen Verzeichnis aus und zeigt es an.

Eine ausführlichere Beschreibung dieser einzelnen Möglichkeiten folgt direkt im nächsten Abschnitt.

Aus diesem Angebot wählen Sie die passende Aufgabe aus, indem Sie den zugehörigen Eintrag in seinem kleinen Kreis ankreuzen und danach in der Werkzeugleiste den Punkt WEITER aktivieren. Noch schneller geht es, wenn Sie den Namen einfach direkt anklicken.

Zusammen mit den Beispieldaten hat Joomla! bereits bei der Installation einige Module eingerichtet, die teilweise deaktiviert sind. Im Idealfall brauchen Sie diese nur an die eigenen Bedürfnisse anzupassen. In der Regel tragen sie als Titel die englische Übersetzung ihres Typs. So steckt hinter dem LOGIN FORM ein Modul vom Typ *Anmelden*, und das standardmäßig deaktivierte FEED DISPLAY sorgt für die *Feed-Anzeige*.

Um im Kinoportal einen zweiten Kasten mit der aufdringlichen Werbung für den Sponsor anzulegen, klicken Sie einfach auf BANNER. Es öffnet sich nun ein Bearbeitungsbildschirm, der im nächsten Abschnitt beschrieben wird.

Eigenschaften eines Moduls verändern

Egal ob Sie nach dem obigen Schema ein neues Modul erstellen oder ein bestehendes in der Liste hinter ERWEITERUNGEN → MODULE anklicken, Sie landen jedes Mal in einem ziemlich überfüllt wirkenden Bildschirm, wie beispielsweise dem aus Abbildung 7-8. Er präsentiert alle Eigenschaften und Stellschrauben des Moduls.

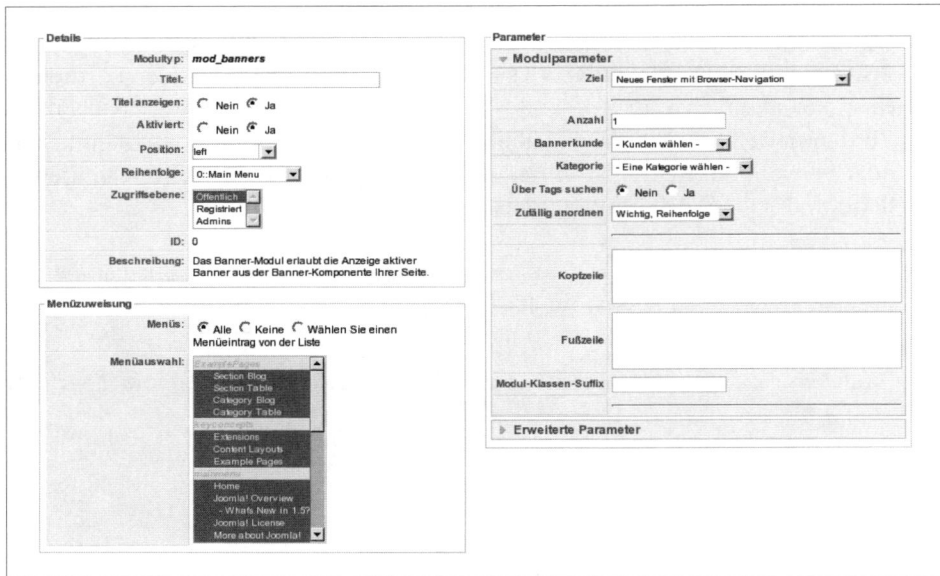

Abbildung 7-8: Die etwas unübersichtlichen Einstellungen eines nagelneuen Banner-Moduls

Der Bereich DETAILS enthält einige allgemeine Einstellungen, die Sie bei jedem Modul antreffen:

Modultyp

> Joomla! verwendet intern etwas kryptischere Bezeichnungen für die einzelnen Modultypen als noch im letzten Dialog aus Abbildung 7-7 So firmiert beispielsweise eine *Umfrage* als *mod_polls*. Zu dem von Ihnen gewählten Modultyp können Sie hier seinen intern genutzten Namen ablesen.

> In der Regel dürfen Sie diese merkwürdige Bezeichnung einfach ignorieren. Sie wird erst dann interessant, wenn Sie eigene Module entwickeln möchten (mehr dazu finden Sie in Kapitel 15).

Titel

Der Name des Moduls

Titel anzeigen

Bestimmt, ob der gerade gewählte Name als Überschrift auf der Homepage erscheinen soll. Beispiele hierzu liefern auf der mitgelieferten Beispiel-Homepage das Hauptmenü, das Anmeldeformular oder die Umfrage auf der rechten Seite. Ohne einen Titel kommen beispielsweise das Werbebanner in der Mitte oder das Menü am oberen Rand aus.

Aktiviert

Legt fest, ob das Modul überhaupt auf der Homepage erscheinen soll.

Position

Platziert das Modul auf der Seite. Die Aufklappliste enthält dazu alle möglichen Positionen des derzeit aktiven Templates. Wo sich welche dieser Positionen befinden, zeigt die entsprechende Vorschau des Templates. Sie erreichen sie über ERWEITERUNGEN → TEMPLATES, wo Sie das Template anklicken und anschließend aus der Werkzeugleiste VORSCHAU wählen. Mehr zu den Positionen in Templates liefert Kapitel 13.

Reihenfolge

Sofern mehreren Modulen die gleiche POSITION (siehe vorherigen Parameter) zugewiesen wurde, legen Sie hierüber die Darstellungsreihenfolge auf der Homepage fest. Das neue Modul wird dabei immer *nach* dem in der Liste gewählten Modul eingeordnet.

 Sobald Sie die POSITION verändern, müssen Sie das Modul erst noch über die gleichnamige Schaltfläche einmal speichern, bevor Sie hier die Reihenfolge anpassen können.

Zugriffsebene

Sie bestimmt, wer das Modul zu Gesicht bekommt. *Öffentlich* erlaubt allen Besuchern den Zugriff, *Registriert* nur den angemeldeten und *Admins* einer ganz bestimmten Benutzergruppe (mehr dazu finden Sie in Kapitel 9).

ID

Eine interne Verwaltungsnummer, die Joomla! automatisch vergibt.

Beschreibung

Hier informiert Joomla! Sie über den späteren Leistungsumfang des Moduls.

Für das neue Werbebanner im Kinoportal tippen Sie unter Titel **Noch eine Werbung** ein und wählen als Position wieder *top*. Alle anderen Einstellungen in diesem Bereich belassen Sie auf ihren Vorgaben.

Links unten finden Sie den Bereich MENÜZUWEISUNG. Dort steuern Sie, auf welchen Seiten das neue Modul später erscheinen soll. Standardmäßig sind dies immer

Alle. Damit ist das Modul immer sichtbar, egal auf welche Unterseite der Besucher auch wechselt.

Soll das neue Modul beispielsweise nur auf allen Seiten mit Filmkritiken auftauchen, aktivieren Sie zunächst den Punkt *Wählen Sie einen Menüeintrag von der Liste* und markieren dann in der Liste den Eintrag *Zu den Filmkritiken*. Damit erscheint das neue Modul auf allen Unterseiten, die über diesen Menüpunkt erreichbar sind. Mehrere Seiten wählt man aus, indem man beim Klicken die Strg-Taste gedrückt hält.

Die Liste enthält alle bisher angelegten und veröffentlichten Menüpunkte. Leere Menüs und alle nicht veröffentlichten Punkte sind hier somit nicht vertreten.

Das Werbebanner des Sponsors soll auf allen Seiten erscheinen. Klicken Sie daher *Alle* an.

Die Einstellungen und Optionen, die im Bereich PARAMETER auf der rechten Seite angeboten werden, hängen vom jeweiligen Modultyp ab. Nur das Feld MODUL-KLASSEN-SUFFIX taucht immer auf. Es verlangt als Eingabe eine sogenannte CSS-Klasse, mit deren Hilfe man in die Anzeige des Moduls eingreifen kann. Der hier eingegebene Begriff wird dabei als Erweiterung (Suffix) an die CSS-Klasse (wie zum Beispiel *table.moduletable*) des Moduls angehängt. Auf diese Weise kann man dem Modul einen eigenen Stil verpassen (mehr dazu finden Sie in Kapitel 13).

Alle weiteren Einstellungen auf dieser Seite behandeln die nachfolgenden Abschnitte getrennt für jeden mitgelieferten Modultyp.

Anmelden

Über ein Modul dieses Typs melden sich registrierte Benutzer am Joomla!-System an (siehe Abbildung 7-9). Sofern sich die Besucher selbst ein neues Benutzerkonto beschaffen dürfen, zeigt das *Anmelden*-Modul eine entsprechende Option (mehr zur Benutzerverwaltung finden Sie in Kapitel 9).

Nach dem erfolgreichen Einloggen wechselt das *Anmelden*-Modul seinen Inhalt und zeigt ab sofort einen Schalter zum Abmelden.

Das Modul verlangt auf dem Register MODULPARAMETER folgende Eingaben:

Caching
Dieser Eintrag ist eigentlich überflüssig, da er mit *Niemals* nur eine Einstellung zur Auswahl lässt. Seinem Namen nach würde er eigentlich einen Zwischenspeicher (Cache) aktivieren, der die Inhalte des Moduls für eine schnellere Auslieferung puffert. Warum die Entwickler den Punkt unbenutzbar hinterlassen haben, bleibt vermutlich wieder einmal ihr Geheimnis.

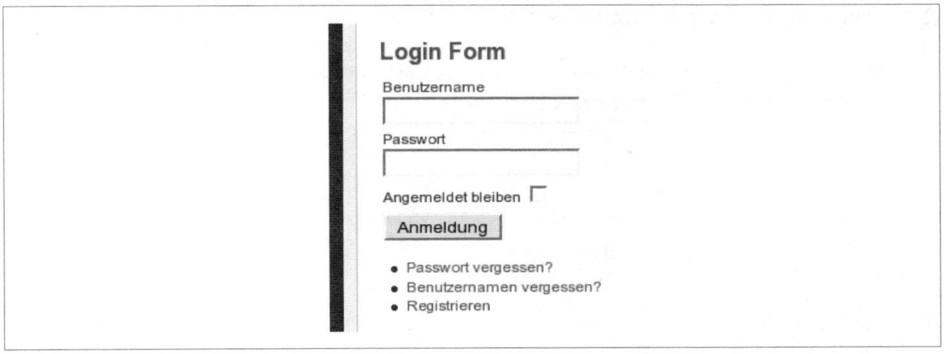

Abbildung 7-9: Die Benutzeranmeldung

Kopfzeile

Der hier eingegebene Text erscheint direkt unter dem *Titel* (also der Überschrift) des Moduls.

Fußzeile

Der hier eingegebene Text erscheint am Ende des *Anmelden*-Moduls.

Anmeldeweiterleitungsseite

Sofern die Anmeldung erfolgreich war, springt Joomla! automatisch auf die hier eingestellte Unterseite der Homepage. Ist das Feld leer, bleibt es bei der aktuellen Seite.

Abmeldeweiterleitungsseite

Nachdem sich ein Besucher wieder abgemeldet hat, wechselt Joomla! automatisch auf diese Internetseite. Ist das Feld leer, bleibt es bei der aktuellen Seite.

Begrüßung

Nach dem Anmelden erscheint anstelle der Eingabefelder ein Button zum Abmelden. Sofern man hier *Ja* wählt, zeigt Joomla! darüber einen Begrüßungstext in der Form *Hallo, Benutzername.*

Name/Benutzername

Sofern GRUß aktiviert ist, bestimmt diese Einstellung, ob nach dem *Hallo* der vollständige *Name* oder nur der *Benutzername* folgt.

Anmeldeformular verschlüsseln

Erzwingt, dass der Browser den eingetippten Benutzernamen und das Passwort verschlüsselt per SSL-Verfahren an das Content-Management-System sendet. Aktivieren Sie diesen Punkt nur, wenn Joomla! über das https://-Protokoll erreichbar ist (Informationen hierzu liefert Ihnen das Handbuch zu Ihrem Webserver).

`Joomla 1.0.x` In den Versionen vor Joomla! 1.5 konnte man zusätzlich noch eine Login- und Logout-Message aktivieren. Der Besucher bekam in diesem Fall eine Willkommens- beziehungsweise Abschiedsnachricht in einem neuen Fenster präsentiert.

Archivierte Inhalte

Ein Modul dieses Typs ermöglicht einen Zugang zu den im Archiv gespeicherten Elementen. Dazu zeigt es auf der Homepage eine Liste mit allen Kalendermonaten, in denen archivierte Beiträge existieren (siehe Abbildung 7-10).

Abbildung 7-10: Aus diesen Monaten stammen die archivierten Beiträge.

Klickt der Besucher der Seite auf einen Monat, erscheinen kurze Textausschnitte dieser Beiträge. Vollständig anzeigen lassen kann man sie jedoch nicht.

Register »Modulparameter«

Anzahl

> Bestimmt die Anzahl der anzuzeigenden Beiträge. Damit verhindert man, dass bei vielen archivierten Beiträgen das Modul auf der Homepage aus allen Nähten platzt.

Register »Erweiterte Parameter«

Caching

> Aktiviert einen Zwischenspeicher (*Cache*), der den Inhalt dieses Moduls puffert. Dadurch muss das Modul seine Ausgaben nicht immer wieder erneut zusammenstellen und kann somit wiederum Anfragen schneller bedienen. Im Gegenzug kostet diese Funktion wertvollen Hauptspeicher, und man läuft zudem Gefahr, dass das Modul veraltete Informationen ausspuckt. Die genauen Parameter, wie beispielsweise die Cache-Größe, werden den *globalen Einstellungen* hinter SITE → KONFIGURATION entnommen.

Banner

Ein Modul dieses Typs zeigt ein Werbebanner an. Das Modul verlangt auf dem Register MODULPARAMETER folgende Eingaben:

Ziel

> Sobald der Besucher auf das Werbebanner klickt, wird er auf die Internetseite des Werbenden weitergeleitet (siehe dazu auch Abschnitt »Banner – die Bannerwerbung« auf Seite 132). Der hier eingestellte Wert bestimmt, in welchem Fenster diese Seite erscheint. Die beiden Einträge *Neues Fenster mit Browser-Navigation* und *Neues Fenster ohne Browser-Navigation* öffnen jeweils ein

neues Fenster. Im zweiten Fall (*ohne Browser-Navigation*) fehlt im Fenster allerdings die sonst übliche Symbolleiste mit den Navigationsschaltflächen.

Die Einstellung *Übergeordnetes Fenster mit Browser-Navigation* öffnet die neue Seite im aktuellen Browserfenster.

Anzahl
So viele Werbebanner bringt das Modul gleichzeitig auf den Schirm.

Bannerkunde
Die Werbung dieses Kunden wird angezeigt (zum Anlegen von Kunden siehe Abschnitt »Banner – die Bannerwerbung« auf Seite 132).

Kategorie
Aus dieser Banner-Kategorie entnimmt das Modul die anzuzeigenden Werbetafeln (zum Anlegen von Banner-Kategorien siehe Abschnitt »Banner – die Bannerwerbung« auf Seite 132).

Über Tags suchen
Steht hier der Schalter auf *Ja*, wählt das Modul die Werbetafel passend zum gerade angezeigten Beitrag. Bei einer Filmkritik zu *Stirb Langsam* würde das Modul beispielsweise automatisch zu einem Banner für Abenteuerurlaub greifen.

Damit dies reibungslos klappt, muss man jedoch zum einen die Beiträge mit Schlüsselwörtern in ihren Metadaten ausstatten (siehe dazu Kapitel 4) und zum anderen den Werbebannern sogenannte Tags verpassen (wie das geht, zeigt der Abschnitt »Banner – die Bannerwerbung« auf Seite 132). Das Modul gleicht diese Tags mit den Schlüsselwörtern ab. Bei einer hohen Übereinstimmung wird dann das Banner zum Beitrag angezeigt. Aus diesem Grund ist es wichtig, die Tags und Schlüsselwörter wohlüberlegt zu wählen.

Zufällig anordnen
Das Modul zieht die gerade angezeigte Werbetafel entweder per Zufall aus der angegebenen Kategorie (*Wichtig, Zufällig*) oder hält sich an die darin vorgegebene Reihenfolge (*Wichtig, Reihenfolge*). Mehr zu den Banner-Kategorien finden Sie im Abschnitt »Banner – die Bannerwerbung« auf Seite 132.

Kopfzeile und Fußzeile
Der hier eingetippte Text erscheint zusätzlich über beziehungsweise unterhalb des Werbebanners auf der Homepage.

Register »Erweiterte Parameter«

Caching
Aktiviert einen Zwischenspeicher (*Cache*), der den Inhalt dieses Moduls puffert. Dadurch muss das Modul seine Ausgaben nicht immer wieder erneut zusammenstellen und kann somit wiederum Anfragen schneller bedienen. Im

Gegenzug kostet diese Funktion wertvollen Hauptspeicher, und man läuft zudem Gefahr, dass das Modul veraltete Informationen liefert.

Caching-Zeit
Gibt die Zeit vor, die die Daten im Zwischenspeicher vorgehalten werden.

Um das zweite Werbebanner des wichtigen Sponsors fertigzustellen, wählen Sie einen beliebigen BANNERKUNDERN und eine KATEGORIE. Falls Sie möchten, können Sie hinter KOMPONENTEN → BANNER auch noch einen speziellen Werbekunden einrichten und diesen dann hier auswählen. Alle anderen Einstellungen sind wie so oft bereits korrekt belegt. Folglich genügt es, das neue Modul zu speichern. Anschließend können Sie es in der VORSCHAU bewundern.

Bereiche

Ein Modul dieses Typs zeigt eine Liste mit allen Bereichen an, die bereits Kapitel 4 vorgestellt hat (siehe Abbildung 7-11).

Abbildung 7-11: Mit dem Bereiche-Modul kann man schnell auf alle Bereiche zugreifen.

Ein Klick auf einen der Einträge führt direkt zur entsprechenden Übersichtsseite des gewählten Bereichs.

Das Modul verlangt auf dem Register MODULPARAMETER folgende Eingaben:

Anzahl
Bestimmt die Anzahl der gleichzeitig dargestellten Bereiche. Bei sehr vielen Bereichen sorgt die Zahl hier dafür, dass das Modul auf der Homepage nicht aus allen Nähten platzt.

> In einem solchen Fall sollten Sie allerdings dringend darüber nachdenken, ob die Gliederungsstruktur Ihrer Homepage nicht eine Überarbeitung vertragen könnte.

Nicht zugängliche Links anzeigen
Bei einem *Nein* zeigt das Modul nur die Bereiche an, auf die der Besucher auch zugreifen darf. Mehr zu den Benutzerrechten folgt in Kapitel 9.

Register »Erweiterte Parameter«

Caching
Aktiviert einen Zwischenspeicher (*Cache*), der den Inhalt dieses Moduls puffert. Dadurch muss das Modul seine Ausgaben nicht immer wieder erneut zusammenstellen und kann somit wiederum Anfragen schneller bedienen. Im

Gegenzug kostet diese Funktion wertvollen Hauptspeicher, und man läuft zudem Gefahr, dass das Modul veraltete Informationen ausspuckt.

Caching-Zeit
Gibt die Zeit vor, die die Daten im Zwischenspeicher vorgehalten werden.

Eigenes HTML

Ein Modul dieses Typs zeigt den Text auf der Homepage an, den Sie im Bereich ANGE-PASSTE AUSGABE eingetippt haben. Der dort wohnende TinyMCE-Editor ist Ihnen schon in den vorherigen Kapiteln begegnet. Seine Bedienung erfolgt wie bei einer herkömmlichen Textverarbeitung (seine Symbole werden in Anhang B ausführlich vorgestellt).

Neben den von ihm angebotenen Formatierungsmöglichkeiten dürfen Sie nach einem Klick auf das HTML-Symbol hier übrigens auch alle sogenannten HTML-Befehle verwenden, die die Grundlage einer jeden Internetseite bilden (mehr Informationen zu HTML liefert die Internetseite *http://www.selfhtml.de*).

Feed-Anzeige

Analog zur Komponente aus Kapitel 6 zeigt ein solches Modul einen Newsfeed an. Dabei handelt es sich um kleine Dateien, die der Betreiber einer Homepage zusätzlich bereitstellt. Meist enthalten Sie Kurznachrichten oder Informationen zur letzten Aktualisierung auf der Homepage. Ein Besucher kann diese Dateien über seinen Browser abonnieren und bleibt so immer auf dem Laufenden.

Auch Joomla! holt diese Newsfeeds auf Wunsch von einer Seite ab und präsentiert die darin gespeicherten Informationen auf seinen eigenen Seiten. Genau diese Aufgabe übernimmt das Modul *Feed-Anzeige* (Abbildung 7-12).

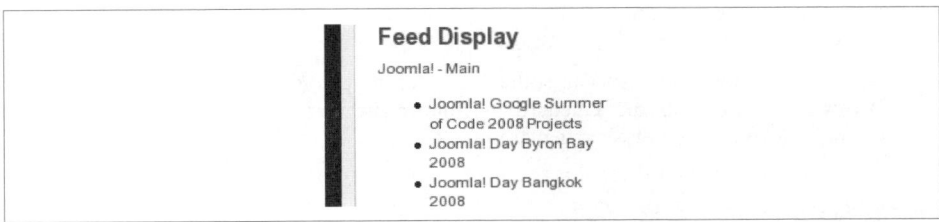

Abbildung 7-12: Das Modul zur Newsfeed-Anzeige präsentiert hier einen Newsfeed der Joomla!-Homepage.

An dieser Stelle zeigt sich deutlich, wie verschwimmend die Grenzen zwischen Modulen und Komponenten sind: Für ein und dieselbe Aufgabe – nämlich die Anzeige von Newsfeeds – existiert sowohl ein Modul als auch eine Komponente. Diese Doppelung ist nur aufgrund der für Module und Komponenten geltenden Einschränkungen notwendig. Ob Sie die Anzeige eines Newsfeeds der Komponente aus Abschnitt »Newsfeeds« auf Seite 151 oder einem Modul überlassen, hängt ausschließlich davon ab, wo dessen Informationen auf der Homepage erscheinen sollen: Soll Joomla! sie im Hauptbereich präsentieren, greifen Sie zur Komponente, andernfalls zum hier beschriebenen Modul.

Das Modul verlangt auf dem Register MODULPARAMETER folgende Eingaben:

Feed-URL

Die Internetadresse zur entsprechenden Newsfeed-Datei. Den Feed-URL ermittelt man, indem man auf der zugehörigen Internetseite nach einem kleinen Symbol sucht, das mit *RSS* oder *XML* beschriftet ist. Ein Klick darauf führt direkt zur besagten Datei. In der Regel gibt es auf den Seiten auch Hinweise auf die bereitgestellten Newsfeeds. Hat man die passende Adresse ausgemacht, überträgt man sie in dieses Feld.

RTL-Feed

Sofern die Inhalte des Newsfeeds von rechts nach links gelesen werden (Right to Left), muss man diesen Schalter auf *Ja* setzen. Dies ist nur in Ländern beziehungsweise bei Sprachen notwendig, in denen man von rechts nach links liest.

Feed-Titel

Sofern der Newsfeed eine Überschrift enthält, wird diese bei einem *Ja* später auf der Homepage angezeigt.

Feed Beschreibung

Einige Newsfeeds enthalten eine Beschreibung ihrer Inhalte. Bei einem Kinoportal könnte eine solche beispielsweise lauten: »Dieser Newsfeed präsentiert die letzten Filmpremieren«. Wenn man hier *Ja* wählt, erscheinen diese Informationen auf der Homepage.

Feed-Bild

Zeigt das zum Newsfeed gehörende Bild an.

Beiträge

In der Regel liefert ein Newsfeed nicht nur die letzte, sondern auch noch ein paar der vorhergehenden Nachrichten mit. Die hier eingetippte Zahl legt fest, wie viele von ihnen auf der Homepage angezeigt werden sollen.

Beitragsbeschreibung

Die im Newsfeed enthaltenen Nachrichten dürfen neben der obligatorischen Schlagzeile auch einen erläuternden Text enthalten. Wenn Sie *Ja* wählen, wird dieser Text auf der Homepage angezeigt.

Wortanzahl

Die Beschreibungstexte (siehe vorheriger Punkt) können recht lang werden. Mit einem Negativbeispiel geht hier die Joomla!-Homepage voran. Damit man mit diesen Textmassen nicht das schöne Homepage-Layout zerschießt, darf man hier die Beschreibungen auf die eingetragene Anzahl Wörter zurechtstutzen. Bei einer 0 zeigt Joomla! den gesamten Text.

Register »Erweiterte Parameter«

Caching
Aktiviert einen Zwischenspeicher (*Cache*), der den Inhalt dieses Moduls puffert. Dadurch muss das Modul seine Ausgaben nicht immer wieder erneut zusammenstellen und kann somit wiederum Anfragen schneller bedienen. Im Gegenzug kostet diese Funktion wertvollen Hauptspeicher, und man läuft zudem Gefahr, dass das Modul veraltete Informationen liefert.

Caching-Zeit
Gibt die Zeit vor, die die Daten im Zwischenspeicher vorgehalten werden.

Kontrollieren Sie nach der Aktivierung des Moduls dessen Ausgaben in der VORSCHAU. Bei langen Beiträgen kann es Ihnen zum einen das Seitenlayout zerstören zum anderen benötigt es sehr viel Hauptspeicher. Fehlt letzterer, unterschlägt Joomla! die Darstellung der Homepage mit einer hässlichen Fehlermeldung. In einem solchen Fall können Sie nur noch das Modul wieder deaktivieren oder müssen die PHP-Konfigurationsdatei *php.ini* anpassen. Bei XAMPP liegt sie im Unterverzeichnis *etc*. Öffnen Sie sie mit einem Texteditor, und stöbern Sie mit seiner Hilfe die Zeile `memory_limit = 8M` auf. Ändern Sie die Zahl auf den benötigten, höheren Wert, wie zum Beispiel 15. Speichern Sie die Datei, und starten Sie anschließend Ihren Webserver beziehungsweise XAMPP neu. Jetzt sollte das Modul wieder funktionieren.

Footer

Ein Modul dieses Typs blendet am unteren Rand der Homepage einen Hinweistext auf das Joomla!-Projekt ein. Eigene Texte können hier nicht verwendet werden – folglich bietet es auch keine weiteren Parameter.

Letzte News

Ein Modul dieses Typs listet die zuletzt veröffentlichten Beiträge auf, wie in Abbildung 7-13 zu sehen ist.

Besonders sinnvoll ist diese Anzeige, wenn auf der Homepage Nachrichten oder in kurzen Abständen viele neue Artikel veröffentlicht werden. Auf diese Weise sieht ein Besucher sofort, welche Meldungen die aktuellsten sind.

Das Modul verlangt auf dem Register MODULPARAMETER folgende Eingaben:

Anzahl
Anzahl der Listeneinträge

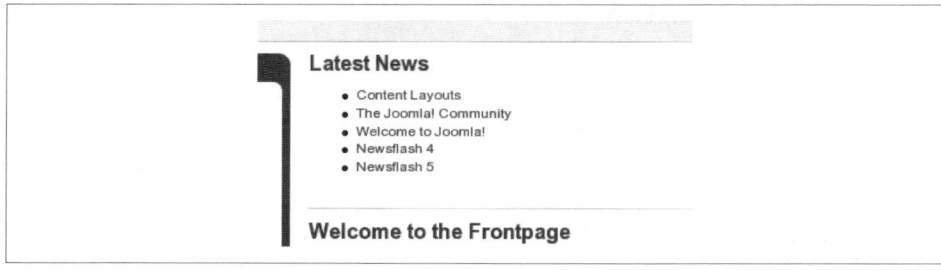

Abbildung 7-13: Die neuesten Nachrichten von der in Joomla! mitgelieferten Beispielseite

Reihenfolge

Bestimmt die Sortierung der Beiträge in der Liste: Weiter oben landen entweder die neuesten (*Vor kurzem zuerst hinzugefügt*) oder die zuletzt veränderten (*Vor kurzem zuerst geändert*).

Autoren

Damit diese Einstellung Wirkung zeigt, muss sich zunächst ein Besucher auf der Homepage anmelden. Ein *Zugefügt oder von mir verändert* beschränkt dann die Liste auf alle Beiträge, die aus der Feder des angemeldeten Benutzers stammen. Umgekehrt verbannt *Nicht von mir zugefügt oder geändert* alle Artikel aus der Liste, bei denen der Benutzer seine Finger mit im Spiel hatte.

Startseitenbeiträge

Steht diese Einstellung auf *Anzeigen*, erscheinen Beiträge auch dann in der Liste, wenn sie selbst schon auf der Startseite zu sehen sind. Für gewöhnlich ist dies nicht notwendig: Wenn ein Beitrag auf der Startseite steht, gehört er offensichtlich zu den wichtigsten und meistgelesen Texten (zumindest sollte er dies sein).

Bereich-ID

Jeder Bereich bekommt eine interne Nummer zugewiesen. Die entsprechenden Zuordnungen finden Sie in der Spalte ID in der Liste hinter INHALT → BEREICHE (siehe Kapitel 4 und 3). Setzt man nun in dieses Feld eine Folge der Identifikationsnummern, so bezieht das Modul seine Beiträge nur noch aus den zugehörigen Bereichen. Beachten Sie, dass die IDs im Eingabefeld jeweils durch ein Komma voneinander zu trennen sind.

Kategorie-ID

Dieses Feld arbeitet analog zur BEREICH-ID: Das Modul zeigt nur noch Beiträge aus den hier eingetragenen Kategorien.

`Joomla 1.0.x` In den Vorversionen gab es noch den *Module Mode*. Er bestimmte, woher das Modul seine Daten bezog. So konnte es nur dynamische (*Content Items only*), nur statische (*Static Content Items only*) oder beide (*Both*) Inhalte berücksichtigen. Da in Joomla! 1.5 die Unterscheidung zwischen statischen und dynamischen Inhalten wegfällt, war auch dieser Punkt überflüssig.

Register »Erweiterte Parameter«

Caching

Aktiviert einen Zwischenspeicher (*Cache*), der den Inhalt dieses Moduls puffert. Dadurch muss das Modul seine Ausgaben nicht immer wieder erneut zusammenstellen und kann somit wiederum Anfragen schneller bedienen. Im Gegenzug kostet diese Funktion wertvollen Hauptspeicher, und man läuft zudem Gefahr, dass das Modul veraltete Informationen liefert.

Caching-Zeit

Gibt die Zeit vor, die die Daten im Zwischenspeicher vorgehalten werden.

Meistgelesene Beiträge

Ein Modul dieses Typs zeigt eine Liste der am häufigsten aufgerufenen Seiten an (Abbildung 7-14). Sie spiegeln demnach die beliebtesten (englisch »most popular«) Beiträge wieder.

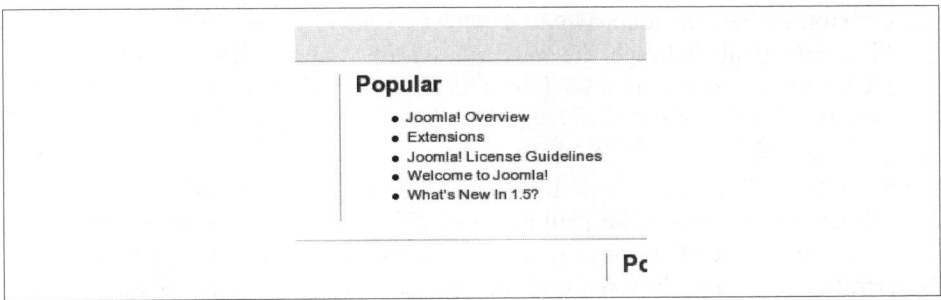

Abbildung 7-14: Diese Elemente sind die Meistgelesenen.

Das Modul verlangt auf dem Register MODULPARAMETER folgende Eingaben:

Startseitenartikel

Bei *Anzeigen* nimmt das Modul auch solche Beiträge in seine Liste auf, die auf der Startseite der Homepage erscheinen.

Eine Deaktivierung ist beispielsweise dann sinnvoll, wenn auf der Startseite durchweg nur beliebte Beiträge erscheinen. In diesem Fall würden sie noch einmal in der Liste des Moduls auftauchen und so anderen Beiträgen wertvollen (Werbe-)Platz wegnehmen.

Anzahl

Anzahl der Listeneinträge

Kategorie-ID

Jede Kategorie bekommt eine interne Nummer zugewiesen. Die entsprechenden Zuordnungen finden Sie in der Spalte ID in der Liste hinter INHALT → KATEGORIEN (vgl. Kapitel 4 und 3). Setzt man nun in dieses Feld eine Folge der

Identifikationsnummern, so bezieht das Modul seine Beiträge nur noch aus den zugehörigen Kategorien. Beachten Sie, dass die IDs im Eingabefeld jeweils durch ein Komma voneinander zu trennen sind.

Bereichs-ID

Dieses Feld arbeitet analog zur Kategorie-ID: Das Modul zeigt nur noch Beiträge aus den hier eingetragenen Bereichen.

`Joomla 1.0.x` In den Vorversionen gab es noch den *Module Mode*. Er bestimmte, woher das Modul seine Daten bezog. So konnte es nur dynamische (*Content Items only*), nur statische (*Static Content Items only*) oder beide (*Both*) Inhalte berücksichtigen. Da in Joomla! 1.5 die Unterscheidung zwischen statischen und dynamischen Inhalten wegfällt, war auch dieser Punkt überflüssig.

Register »Erweiterte Parameter«

Caching

Aktiviert einen Zwischenspeicher (*Cache*), der den Inhalt dieses Moduls puffert. Dadurch muss das Modul seine Ausgaben nicht immer wieder erneut zusammenstellen und kann somit wiederum Anfragen schneller bedienen. Im Gegenzug kostet diese Funktion wertvollen Hauptspeicher, und man läuft zudem Gefahr, dass das Modul veraltete Informationen liefert.

Caching-Zeit

Gibt die Zeit vor, die die Daten im Zwischenspeicher vorgehalten werden.

Menü

Dieser Typ dient als Ausgangspunkt für sämtliche Menüs (Abbildung 7-15). Dazu zählen neben dem Hauptmenü auf der linken Seite auch waagerechte Menüs wie das im oberen Teil der Homepage.

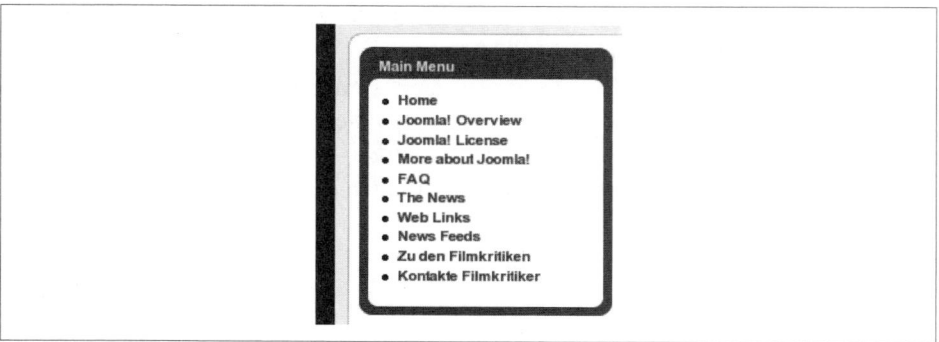

Abbildung 7-15: Das Hauptmenü ist wohl die bekannteste Variante eines Menüs.

Das Modul verlangt auf dem Register MODULPARAMETER folgende Eingaben:

Menüname

Hier ist eines der existierenden Menüs zu wählen, dessen Menüpunkte das Modul später auf der Homepage präsentiert. Eigene Menüs können in der Menü-Verwaltung hinter MENÜS → MENÜS definiert werden. Wie dies im Einzelnen funktioniert, zeigt Kapitel 8.

Menüstil

In den Vorversionen von Joomla! hatte man noch die Wahl zwischen verschiedenen Menüstilen. Beispielsweise konnte man das Menü horizontal oder vertikal anordnen lassen. Mittlerweile erfolgt die Formatierung eines Menüs über verschiedene Mechanismen im Template (dazu später mehr im entsprechenden Kapitel). Folglich wird nur noch die *Listen*darstellung unterstützt.

`Joomla 1.0.x`

Um zu den Vorgängern kompatibel zu bleiben, bietet Joomla! hier auch noch die alten Anzeigeformen an. Sie tragen zur Unterscheidung ein *Kompatibilität* im Namen.

Startebene

Das Modul zeigt nur alle Menüpunkte ab dieser Hierarchie- beziehungsweise Gliederungsebene an (vgl. hierzu auch Kapitel 8).

Schlussebene

Das Modul zeigt nur alle Menüpunkte bis zu dieser Hierarchie- beziehungsweise Gliederungsebene an (vgl. hierzu auch Kapitel 8).

Untermenüs immer anzeigen

Enthält ein Menüeintrag weitere Unterpunkte, so legt hier ein *Ja* fest, dass diese grundsätzlich immer eingeblendet bleiben. Damit ist komplette Gliederung von Anfang an für den Besucher sichtbar. Im anderen Fall klappen die einzelnen Unterpunkte erst nach einem Klick auf ihren jeweils übergeordneten Eintrag auf.

Zielposition

JavaScript-Programmierer können hier Werte eingeben, um ein Popup-Fenster zu positionieren.

Register »Erweiterte Parameter«

Leerzeichen anzeigen

Bestimmt, ob die Ausgabe Leerzeichen enthalten darf.

Caching

Insbesondere wenn ein Menü Hintergrundbilder verwendet, können die Ladezeiten und als Folge die Reaktionszeiten von Joomla! nach oben schnellen. Ist dieser Punkt aktiviert, hält Joomla! das Menü in einem Zwischenspeicher (*Cache*) vorrätig und verringert so die Antwortzeiten.

Menü-Klassen-Suffix

Funktioniert analog zum Modul-Klassensuffix: Der hier eingestellte Text wird den Menü-Klassen vorangestellt.

Maximale Menütiefe

Ein Menü darf mehrere Gliederungsstufen umfassen (ein Menüpunkt besitzt einen Unterpunkt, der wieder einen Unterpunkt besitzt und so weiter). Über den hier eingetragenen Wert bestimmt man, bis zu welcher Tiefe das Modul die Menüpunkte noch berücksichtigt.

 Sollte Ihr Menü mehr als die hier standardmäßig festgelegten 10 Gliederungsstufen umfassen, sollten Sie dessen Aufbau noch einmal überdenken: Ab diesem Punkt wird es für Ihre Besucher schwer, sich in dem Wust aus Unterpunkten noch zurechtzufinden.

Register »Vorgängerversion Parameter«

`Joomla 1.0.x` Die hier aufgeführten Einstellungen stammen noch aus den alten Versionen und wurden aus Kompatibilitätsgründen in Joomla! 1.5 übernommen. Es ist damit zu rechnen, dass sie in kommenden Versionen gänzlich verschwinden.

Menüicons anzeigen

Einige Templates bringen Bilder mit, die dann unter die einzelnen Menüpunkte gelegt werden. Dieser Punkt aktiviert oder deaktiviert diese mitgelieferten Symbole. Auf die Darstellung im mitgelieferten Beispieltemplate der Version 1.5 hat dies keine Auswirkung.

Menüicon-Ausrichtung

Die Symbole der Menüpunkte können *links* oder *rechts* von der Beschriftung platziert werden.

Menü erweitern

Bei einem *Ja* sind alle vorhandenen Untermenüs stets sichtbar.

Vorgänger aktivieren

Setzt die Aktivierungs-ID auch bei allen Eltern in der Menühierarchie.

Volles aktives Hervorheben

Bei einem *Ja* werden aktive Menüeinträge hervorgehoben (mehr zu den Typen finden Sie in Kapitel 8).

Bild für Zeileneinzug

Dieser Punkt legt fest, welches Symbol als Gliederungspunkt vor einem aufgeklappten Menüeintrag stehen soll. Diese Bildchen können entweder aus dem Template stammen (*Template*), aus den Joomla!-Standardeinstellungen (*Joomla!-Standardbilder*) oder aus den Einstellungen unter ZEILENEINZUG BILD 1 bis ZEILENEINZUG BILD 6 (Einstellung *Nutze untere Parameter*). Mit der Auswahl *Keine* erscheinen keine Symbole vor den Unterpunkten.

Zeileneinzug Bild 1–6

Bestimmt ein Symbol für die entsprechende Gliederungsstufe. Die zur Auswahl stehenden Bilder stammen aus dem Verzeichnis *images/M_images* der Joomla!-Installation und können über die Medienverwaltung ergänzt werden (siehe Kapitel 5).

Trennzeichen

Um bei horizontalen Menüs die einzelnen Einträge auch optisch voneinander zu trennen, kann man hier ein entsprechendes Zeichen vorgeben. Dieses wird dann von Joomla! zwischen jeweils zwei Menüpunkte eingefügt.

Schlusstrennzeichen

Analog zum Trennzeichen, nur dient dieses Zeichen als Abschlusselement ganz links und ganz rechts im Menü.

Newsflash

Ein Modul dieses Typs wählt per Zufall einen Beitrag aus und stellt dessen Anfang dar. In den Beispieldateien, die in Joomla! enthalten sind, erscheint der Newsflash ganz rechts oben auf der Homepage, wie in Abbildung 7-16 zu sehen ist.

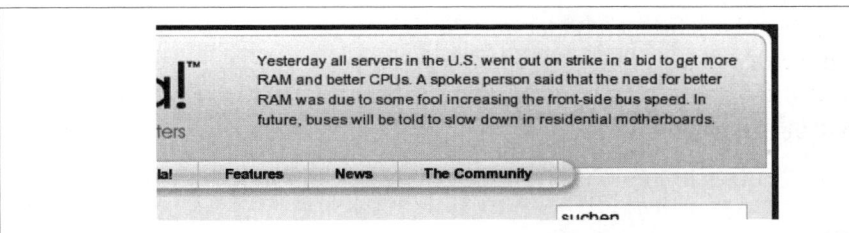

Abbildung 7-16: Ein Beispiel für einen Newsflash

Das Modul verlangt auf dem Register MODULPARAMETER folgende Eingaben:

Kategorie

Legt die Kategorie fest, aus der die anzuzeigenden Texte stammen.

Layout

Bestimmt, wie der Inhalt dargestellt wird. *Einen Beitrag zufällig wählen* lädt bei jedem Neuladen der Seite zufällig ein anderes Element. Zusätzlich besteht die Möglichkeit, mehrere Beiträge aus der gewählten Kategorie gleichzeitig darzustellen. Deren Anordnung kann entweder *horizontal* oder *vertikal* geschehen.

Bilder anzeigen

Die in den Texten enthaltenen Bilder werden mitangezeigt.

Verlinkte Titel

Wählt man hier *Ja*, kann der Besucher über einen Klick auf die Beitragsüber-
schrift direkt zum zugehörigen Beitrag springen. Voraussetzung dafür ist, dass
die Überschrift unter *Beitragstitel* aktiviert wurde.

Weiterlesen

Blendet einen entsprechenden Schalter ein, über den ein Besucher zum kompletten Text gelangt.

Beitragstitel

Die Überschrift des Beitrags wird angezeigt.

Anz. der Beiträge

Sofern das Modul mehrere Beiträge gleichzeitig anzeigen soll (siehe Einstellung
Layout), legt man hier deren Anzahl fest.

Register »Erweiterte Parameter«

Caching

Aktiviert einen Zwischenspeicher (*Cache*), der den Inhalt dieses Moduls puffert. Dadurch muss das Modul seine Ausgaben nicht immer wieder erneut
zusammenstellen und kann somit wiederum Anfragen schneller bedienen. Im
Gegenzug kostet diese Funktion wertvollen Hauptspeicher, und man läuft
zudem Gefahr, dass das Modul veraltete Informationen liefert.

Caching-Zeit

Gibt die Zeit vor, die die Daten im Zwischenspeicher vorgehalten werden.

Pfad zur Webseite

Damit der Benutzer immer weiß, wo er sich gerade auf der Homepage befindet,
blenden Module dieses Typs stets den Weg zur aktuellen Seite ein. Abbildung 7-17
veranschaulicht dies noch einmal:

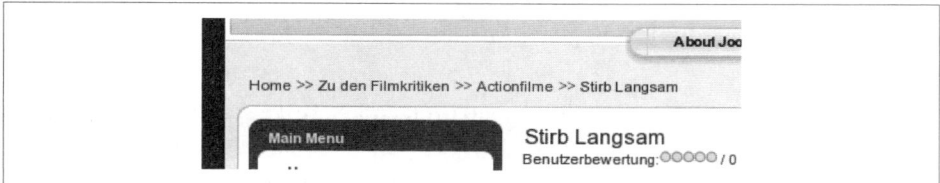

Abbildung 7-17: Der Pfad zu einer Unterseite

Von der Homepage (*Home*) aus gelangt man via *Zu den Filmkritiken* zur Übersichtsseite der Kategorie *Actionfilme*, von der aus es weiter zur Filmkritik zu *Stirb Langsam* geht. Mit einem Klick auf eine der vorherigen Stationen springt der Besucher
dann schnell wieder zurück. Das gleiche Prinzip verwendet übrigens auch der
Dateimanager von Windows Vista.

In Anlehnung an Hänsel und Gretel, die mit einer Brotkrumenspur wieder den Weg nach Hause fanden, bezeichnet man einen solchen Pfad im Englischen auch als *Breadcrumbs*. Diese Hilfe sollten Sie insbesondere immer dann anbieten, wenn Ihre Seitenstruktur recht verschachtelt oder komplex ist.

Ein Modul dieses Typs bietet auf dem Register MODULPARAMETER folgende Einstellmöglichkeiten:

Home anzeigen
> Legt fest, ob immer auch die Startseite im ganzen Pfad erscheinen soll (in Abbildung 7-17 das *Home* ganz links).

Text für die Startseite
> Die Beschriftung des vordersten Links im Pfad, der wieder zurück zur Startseite führt. Standardmäßig verwendet das Modul wie in Abbildung 7-17 *Home*.

> Diese Angabe ist notwendig, da die Startseite Ihrer Homepage keinen eigenen Namen beziehungsweise keine eigene Überschrift besitzt.

Trennzeichen
> Zwischen den einzelnen Elementen des Pfades taucht dieses Trennzeichen auf. Standardmäßig sind dies zwei spitze Klammern. Alternativ werden in der Praxis auch Schrägstriche (/) oder Pfeile (?) verwendet.

Register »Erweiterte Parameter«

Caching
> Aktiviert einen Zwischenspeicher (*Cache*), der den Inhalt dieses Moduls puffert. Dadurch muss das Modul seine Ausgaben nicht immer wieder erneut zusammenstellen und kann somit wiederum Anfragen schneller bedienen. Im Gegenzug kostet diese Funktion wertvollen Hauptspeicher, und man läuft zudem Gefahr, dass das Modul veraltete Informationen liefert.

Caching-Zeit
> Gibt die Zeit vor, die die Daten im Zwischenspeicher vorgehalten werden.

Suchen

Ein Modul dieses Typs stellt ein Eingabefeld bereit, mit dessen Hilfe Besucher die Seite nach einem bestimmten Begriff durchsuchen können (Abbildung 7-18). Das Ergebnis der Suche präsentiert Joomla! in einer mehr oder weniger langen Liste, analog zu denen der bekannten Internetsuchmaschinen.

Hinter den Kulissen leitet das Suchmodul die Anfrage an die Komponente *Suchen* weiter (die auch hinter KOMPONENTEN → SUCHEN steckt), die dann gemeinsam mit ein paar Plugins aus Kapitel 11 die eigentliche Suche in der Datenbank übernimmt.

Abbildung 7-18: Die minimalistische Version des Suchmoduls

Das Modul verlangt auf dem Register MODULPARAMETER folgende Eingaben:

Boxbreite
Anzahl der Zeichen, die das Suchfeld aufnehmen kann

Text
Der hier eingegebene Text wird im Suchfeld als Vorgabe angezeigt. In Abbildung 7-18 ist dies *suchen...*

Suchen-Schaltfläche
Standardmäßig stößt das Drücken der Eingabetaste den Suchvorgang an. Über diese Einstellung kann man zusätzlich noch einen kleinen Knopf aktivieren, der die gleiche Aufgabe übernimmt.

 Viele Besucher dürften nicht wissen, dass Sie die Suche auch über die Eingabetaste einleiten können (schließlich ist das nicht selbstverständlich). Blenden Sie daher die Schaltfläche ruhig per *Ja* ein.

Schaltflächenposition
Die Position der Schaltfläche in Relation zum Eingabefeld. *Unten* platziert es beispielsweise direkt unterhalb des Feldes.

Suchen-Schaltfläche als Bild
Stellt die Schaltfläche nicht mit einer Beschriftung, sondern als kleines Symbol dar.

Schaltflächentext
Die Beschriftung der Schaltfläche. Um den Besucher nicht in die Irre zu führen, sollte man hier klare Begriffe wählen, wie beispielsweise *Suchen* oder *Los*.

Register »Erweiterte Parameter«

Caching
Aktiviert einen Zwischenspeicher (*Cache*), der den Inhalt dieses Moduls puffert. Dadurch muss das Modul seine Ausgaben nicht immer wieder erneut zusammenstellen und kann somit wiederum Anfragen schneller bedienen. Im Gegenzug kostet diese Funktion wertvollen Hauptspeicher, und man läuft zudem Gefahr, dass das Modul veraltete Informationen liefert.

Caching-Zeit
> Gibt die Zeit vor, die die Daten im Zwischenspeicher vorgehalten werden.

Statistiken

Ein Modul dieses Typs gibt Informationen zur Homepage und zum System aus, auf dem Joomla! läuft. Eine Beispielausgabe zeigt Abbildung 7-19.

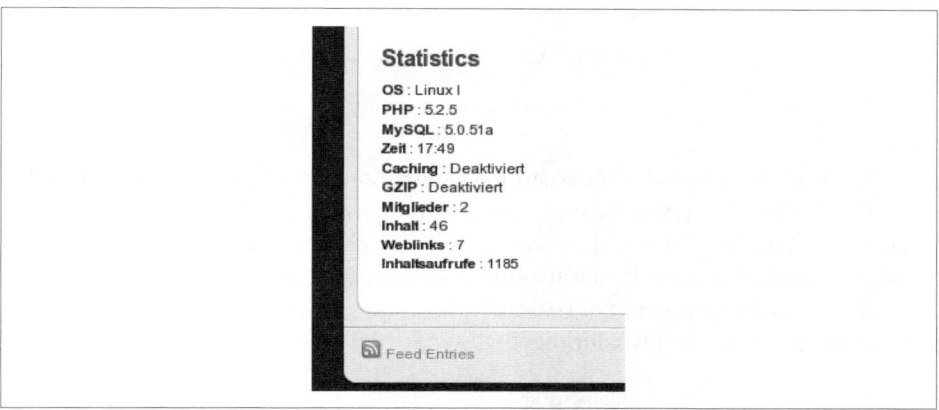

Abbildung 7-19: Beispiel für die Ausgaben eines Statistik-Moduls

 In einer produktiven Umgebung sollten Sie die Angaben zum System immer deaktivieren, da Angreifer andernfalls wertvolle Informationen über potenzielle Schwachpunkte erhalten.

Das Modul verlangt auf dem Register MODULPARAMETER folgende Eingaben:

Serverinfo
> Bei einem *Ja* spuckt das Modul Informationen über den Computer aus, auf dem Joomla! läuft.

Seiteninfo
> Bei einem *Ja* liefert das Modul Informationen über die Homepage-Einstellungen.

Zugriffszähler
> Bei einem *Ja* zeigt das Modul, wie oft der Homepage bereits ein Besuch abgestattet wurde.

Zähler hochsetzen
> Legt den Anfangswert des ZUGRIFFSZÄHLERS auf die hier eingetragene Zahl fest. Diese Funktion ist besonders für Seitenbetreiber interessant, die Ihre Seite neu aufsetzen (müssen), den alten Stand aber nicht verlieren wollen.

Register »Erweiterte Parameter«

Caching

Aktiviert einen Zwischenspeicher (*Cache*), der den Inhalt dieses Moduls puffert. Dadurch muss das Modul seine Ausgaben nicht immer wieder erneut zusammenstellen und kann somit wiederum Anfragen schneller bedienen. Im Gegenzug kostet diese Funktion wertvollen Hauptspeicher, und man läuft zudem Gefahr, dass das Modul veraltete Informationen liefert.

Caching-Zeit

Gibt die Zeit vor, die die Daten im Zwischenspeicher vorgehalten werden.

Syndicate

Ein Modul dieses Typs erstellt einen Newsfeed. Wie bereits im Abschnitt »Newsfeeds« auf Seite 151 beschrieben wurde, sind dies kleine Nachrichtenticker, die ein Browser von Joomla! abonnieren kann. Immer wenn ein neuer Beitrag oder eine neue Nachricht erstellt wird, geht eine Kurzfassung über den Newsfeed an alle Abonnenten. Letztere müssen auf diesem Weg nicht erst Ihre Homepage besuchen, nur um zu erfahren, ob es Neuerungen gibt, und wenn ja, welche (Abbildung 7-20).

Abbildung 7-20: Ein Modul des Typs »Syndicate« stellt einen Newsfeed mit den aktuellsten Artikeln bereit, den man mit einem Klick auf dieses kleine Symbol unbürokratisch abonnieren kann.

Den Aufbau von Newsfeeds regeln derzeit gleich mehrere Quasi-Standards. Am weitesten verbreitet ist das RSS-Format in der Version 2.0.

 Lustigerweise hat sich mit den Versionen auch das Akronym verändert: In Version 0.91 stand es noch für *Rich Site Summary*, in der Version 1.0 dann für *RDF Site Summary,* und schließlich ist es heute die Abkürzung von *Really Simple Syndication*. Als Grundlage dient in allen Fällen das textbasierte Austauschformat XML.

 Sofern Ihr Browser keine Newsfeeds unterstützt, können Sie sich dennoch die Datei als Klartext anschauen. Dazu genügt die Eingabe der Internetadresse zu der entsprechenden Datei. Um Newsfeeds zu nutzen, brauchen Sie die Interna aber nicht zu kennen. Wer dennoch weitere Informationen sucht, findet unter *http://www.w3c.org* eine entsprechende Anlaufstelle.

Auf Wunsch erzeugt das Syndicate-Modul auch Newsfeeds im Konkurrenzformat ATOM 1.0.

`Joomla 1.0.x` Die Vorversionen von Joomla! 1.5 kannten zusätzlich noch die News-feed-Formate OPMLund ATOM 0.3 sowie RSS in den Versionen 0.9 und 1.0.

Das Modul verlangt auf dem Register MODULPARAMETER folgende Eingaben:

Caching
Dieser Eintrag ist eigentlich überflüssig, da er mit *Niemals* nur eine Einstellung zur Auswahl lässt. Seinem Namen nach würde er eigentlich einen Zwischen-speicher (Cache) aktivieren, der die Nachrichten für eine schnellere Ausliefe-rung puffert. Warum die Entwickler den Punkt unbenutzbar hinterlassen haben, bleibt vermutlich wieder einmal ihr Geheimnis.

Text
Dieser Text erscheint neben dem kleinen Symbol auf der Homepage (siehe Abbildung 7-20).

Format
Wählt das entsprechende Newsfeed-Format.

Umfrage

Ein Modul dieses Typs sorgt für die Anzeige von Umfragen (siehe Abbildung 7-21).

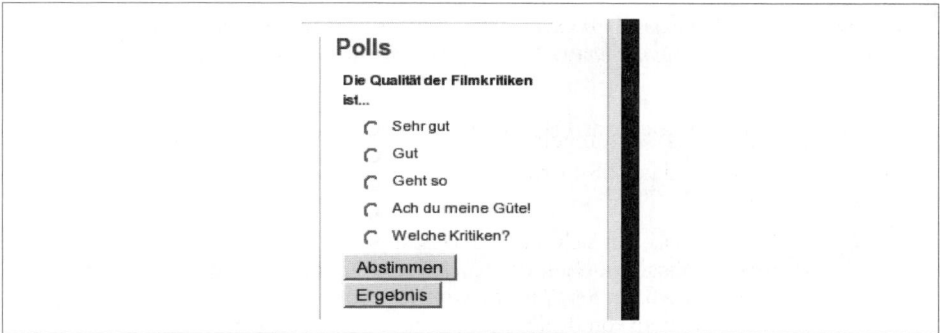

Abbildung 7-21: Bei der Durchführung von Umfragen hilft ein gleichnamiges Modul.

Da die eigentliche Konfiguration in der zugehörigen Komponente geschieht, gibt es hier nur drei Einstellungen:

Umfrage
Wählt die durchzuführende Umfrage aus. Eigene Umfragen legen Sie hinter KOMPONENTEN → UMFRAGEN an.

Register »Erweiterte Parameter«

Caching
> Aktiviert einen Zwischenspeicher (*Cache*), der den Inhalt dieses Moduls puffert. Dadurch muss das Modul seine Ausgaben nicht immer wieder erneut zusammenstellen und kann somit wiederum Anfragen schneller bedienen. Im Gegenzug kostet diese Funktion wertvollen Hauptspeicher, und man läuft zudem Gefahr, dass das Modul veraltete Informationen liefert.

Caching-Zeit
> Gibt die Zeit vor, die die Daten im Zwischenspeicher vorgehalten werden.

Weitere Informationen zu den Umfragen finden Sie im Abschnitt »Umfragen« auf Seite 159.

Verwandte Beiträge

Ein Modul dieses Typs präsentiert eine Liste mit allen Beiträgen, die mit dem derzeit angezeigten Text thematisch verwandt sind. Enthält beispielsweise die derzeit dargestellte Filmkritik den Begriff *Julia Roberts* und taucht dieser Name noch in einer Nachricht auf, so würde Letztere im Modul *Verwandte Beiträge* auftauchen.

Ob ein Beitrag mit einem anderen thematisch verwandt ist, ermittelt das Modul durch einen Vergleich ihrer Schlüsselwörter. Diese können in den Metadaten der Beiträge vergeben werden (wie das genau funktioniert, erklärt Kapitel 4). Damit also im obigen Beispiel die Nachricht über Julia Roberts in der Liste des Moduls auftaucht, müsste ihr Name als Schlüsselwort sowohl in der Nachricht als auch in der Filmkritik enthalten sein.

Das Modul verlangt auf dem Register MODULPARAMETER folgende Eingaben:

Datum anzeigen
> Blendet zusätzlich noch das Datum ein.

Register »Erweiterte Parameter«

Caching
> Aktiviert einen Zwischenspeicher (*Cache*), der den Inhalt dieses Moduls puffert. Dadurch muss das Modul seine Ausgaben nicht immer wieder erneut zusammenstellen und kann somit wiederum Anfragen schneller bedienen. Im Gegenzug kostet diese Funktion wertvollen Hauptspeicher, und man läuft zudem Gefahr, dass das Modul veraltete Informationen liefert.

Caching-Zeit
> Gibt die Zeit vor, die die Daten im Zwischenspeicher vorgehalten werden.

Wer ist online

Ein Modul dieses Typs informiert darüber, wie viele Besucher sich gerade auf der Seite tummeln. Ein Beispiel zeigt Abbildung 7-22. Angemeldete Benutzer erscheinen mit ihrem Namen in einer Liste, alle anderen werden als Gäste gezählt.

Abbildung 7-22: Derzeit schaut sich nur ein Gast auf der Seite um.

Das Modul verlangt auf dem Register MODULPARAMETER folgende Eingaben:

Caching

Dieser Eintrag ist eigentlich überflüssig, da er mit *Niemals* nur eine Einstellung zur Auswahl lässt. Seinem Namen nach würde er eigentlich einen Zwischenspeicher (Cache) aktivieren, der die Statistik für eine schnellere Auslieferung puffert. Warum die Entwickler den Punkt unbenutzbar hinterlassen haben, bleibt vermutlich ihr Geheimnis.

Anzeige

Diese Option bestimmt, welche Besuchergruppen das Modul in seine Statistik mit einbezieht. *# Gäste/Mitglieder* beschränkt sich auf die *Anzahl* der derzeit angemeldeten Benutzer und Gäste. *Mitgliedernamen* zeigt nur die Namen der derzeit eingeloggten Benutzer, und *Beide* vereint beide Informationen.

Wrapper

Ein Modul vom Typ Wrapper bettet eine (externe) Internetseite in einem abgetrennten Bereich auf der Homepage ein. Bei Bedarf wird dieser Bereich um zusätzliche Bildlaufleisten ergänzt. Auf diese Weise könnte man beispielsweise Informationsseiten über Spezialeffekte einer befreundeten Seite in das Kinoportal integrieren.

 Auf diese Weise machen Sie sich fremde Seiten zu eigen. Um dadurch nicht Probleme mit dem Urheberrecht zu bekommen und im schlimmsten Fall eine Abmahnung zu kassieren, sollten Sie den konkurrierenden Seitenbetreiber immer vorher um Erlaubnis bitten. Darüber hinaus sind Sie ab sofort für die integrierten Inhalte mit verantwortlich. Sollten dort also beispielsweise rechtswidrige Texte erscheinen, könnte man Sie ebenfalls haftbar machen.

Das Register MODULPARAMETER bietet folgende Einstellungen an:

URL
> Die Internetadresse, unter der die einzubindende Seite zu erreichen ist.

Scrollbalken
> Ein *Nein* verbietet die Anzeige von zusätzlichen Bildlaufleisten, ein *Ja* erzwingt sie. *Auto* erzeugt sie automatisch bei Bedarf.

Breite
> Breite des Bereichs, in dem die Seite angezeigt wird. Sie dürfen den Abstand entweder in Pixeln (Bildpunkten) oder relativ über einen Prozentwert eintragen.

Höhe
> Höhe des Bereichs, in dem die Seite angezeigt wird. Sie dürfen den Abstand entweder in Pixeln (Bildpunkten) oder relativ über einen Prozentwert eintragen.

Autom. Höhe
> Bei einem *Ja* wird die Höhe automatisch ermittelt.

Protokoll hinzufügen
> Sofern im Feld URL das Protokoll (*http://* oder *https://* zu Beginn der Adresse) fehlt, ergänzt Joomla! diese Angabe selbstständig – vorausgesetzt, hier ist *Ja* angekreuzt.

Zielname
> Dieses Feld spricht primär Programmierer an: Die externe Seite wird über den HTML-Befehl `iframe` eingebunden. Hier hinein gehört dessen Name.

Register »Erweiterte Parameter«

Caching
> Aktiviert einen Zwischenspeicher (*Cache*), der den Inhalt dieses Moduls puffert. Dadurch muss das Modul seine Ausgaben nicht immer wieder erneut zusammenstellen und kann somit wiederum Anfragen schneller bedienen. Im Gegenzug kostet diese Funktion wertvollen Hauptspeicher, und man läuft zudem Gefahr, dass das Modul veraltete Informationen liefert.

Caching-Zeit
> Gibt die Zeit vor, die die Daten im Zwischenspeicher vorgehalten werden.

Zufallsbild

Ein Modul dieses Typs wählt per Zufall ein Bild aus und zeigt es auf der Homepage an (Abbildung 7-23). Im Beispiel des Kinoportals könnte man es dazu verwenden, verschiedene nostalgische Filmplakate zu präsentieren, und somit gleichzeitig an die gute alte Zeit erinnern. Aber auch in Foto- oder Kunstportalen sorgen zufällig gezogene Bilder für Auflockerung und machen Appetit auf die eigentliche Sammlung.

Random Image

Abbildung 7-23: Ein Zufallsbild-Modul hat hier zufällig eine schmucke Kinoportal-Tasse gewählt.

Das Modul verlangt auf dem Register MODULPARAMETER folgende Eingaben:

Bildtyp

Legt das Bildformat fest, wie zum Beispiel *gif*, *png* oder *jpg*. Beschränken Sie sich möglichst auf die drei genannten Formate, da nur diese von den meisten Browsern ohne Probleme erkannt/verarbeitet werden.

Bildverzeichnis

Bestimmt das Verzeichnis, aus dem ein Bild per Zufall gezogen werden soll. Der hier eingetippte Pfad ist dabei relativ zum Joomla!-Verzeichnis anzugeben. Liegen die Bilder zum Beispiel im Verzeichnis *http://www.kinoportal.de/images/stories*, so gehört der Eintrag *images/stories* in das Feld.

 Da dieses Verzeichnis unter den Fittichen der Medienverwaltung steht, liegt es nahe, diese auch für die Verwaltung der hier benötigten Bilder heranzuziehen. Beispielsweise könnten Sie mit ihr das Verzeichnis *images/zufall* anlegen, das dann ausschließlich die Bilder für das *Zufallsbild*-Modul aufnimmt. (Weitere Informationen zur Medienverwaltung finden Sie im Kapitel 5.)

Link

Der Besucher gelangt nach einem Klick auf das Bild zur hier eingetragenen Internetadresse.

Breite (px)

Die Breite des Bildes in Pixeln (Bildpunkten). Fehlt hier ein Eintrag, wird das Bild automatisch in den vom Modul bereitgestellten Kasten gequetscht.

Höhe (px)

Die Höhe des Bildes in Pixeln (Bildpunkten). Fehlt hier ein Eintrag, wird das Bild automatisch in den vom Modul bereitgestellten Kasten gequetscht.

Register »Erweiterte Parameter«

Caching

Aktiviert einen Zwischenspeicher (*Cache*), der den Inhalt dieses Moduls puffert. Dadurch muss das Modul seine Ausgaben nicht immer wieder erneut zusammenstellen und kann somit wiederum Anfragen schneller bedienen. Im

Gegenzug kostet diese Funktion wertvollen Hauptspeicher, und man läuft zudem Gefahr, dass das Modul veraltete Informationen liefert.

Caching-Zeit
Gibt die Zeit vor, die die Daten im Zwischenspeicher vorgehalten werden.

Template Chooser

Joomla 1.0.x In den Versionen vor Joomla! 1.5 gab es noch ein weiteres Modul namens *Template Chooser*. Es erlaubte dem Besucher der Homepage, ein anderes Template für die Seite zu wählen. Warum dieses Modul gehen musste, bleibt ein Geheimnis der Joomla!-Entwickler – konnten doch über diesen Weg behinderte Menschen auf ein anderes, barrierefreies Layout der Seite umschalten.

Weitere Einstellungen

Wie eingangs erwähnt wurde, beziehen einige der Module ihre anzuzeigenden Daten von den zugehörigen Komponenten. Dies gilt beispielsweise für die Umfragen oder die Werbebanner. Um nun nicht nur die Darstellung, sondern auch das Verhalten zu ändern, müssen Sie die entsprechenden Komponenten konfigurieren. Wie dies im Einzelnen funktioniert und welche Komponenten standardmäßig zur Verfügung stehen, zeigte bereits das vorherige Kapitel 6.

Möchte man ein Modul wieder loswerden, weil beispielsweise der Banneraustausch beendet ist, markiert man das kleine Kästchen bei dem entsprechenden Kandidaten in der Liste hinter ERWEITERUNGEN → MODULE und klickt dann auf LÖSCHEN in der Werkzeugleiste.

Auf diese Weise lassen sich auch Module ins Jenseits befördern, die eine Kernfunktionalität bereitstellen. Achten Sie folglich peinlich genau darauf, welches Modul Sie gerade markiert haben. Dies gilt insbesondere für die im folgenden Abschnitt vorgestellten Administrator-Module. Ansonsten kann es passieren, dass Sie sich aus Ihrem System aussperren.

Adminstrator-Module

Rufen Sie im Menü des Administrationsbereichs den Punkt ERWEITERUNGEN → MODULE auf, und klicken Sie im Streifen unterhalb der Werkzeugleiste auf ADMINISTRATOR. Joomla! präsentiert Ihnen nun in der Liste alle Module, die ihre Arbeit im Administrationsbereich verrichten (Abbildung 7-24).

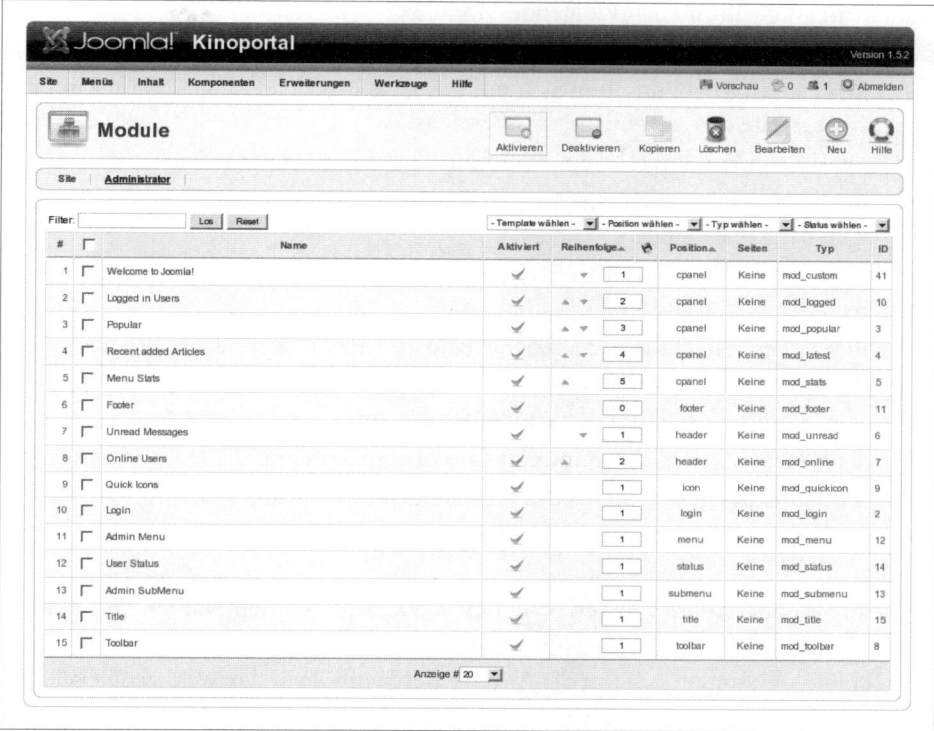

Abbildung 7-24: Die Module für den Administrationsbereich im Überblick

`Joomla 1.0.x` Die Joomla!-Versionen vor 1.5 versteckten diese Liste noch hinter dem Menüpunkt MODULES → ADMINISTRATOR MODULES.

Beispielsweise sorgt das Modul *Admin Menu* dafür, dass am oberen Seitenrand das Hauptmenü erscheint.

Die Einrichtung der Module erfolgt genau so, wie im vorherigen Abschnitt für die Module der Homepage gezeigt wurde. Da im normalen Betrieb jedoch keine Änderungen an den bestehenden Einstellungen erforderlich sind, soll im Folgenden nur ein kurzer Überblick über die vorhandenen Module gegeben werden.

 Bei Experimenten mit den hier angebotenen Modulen besteht immer die Gefahr, dass man sich selbst aus dem Administrationsbereich aussperrt. Sie sollten daher Änderungen niemals auf einem produktiven System durchführen.

Standardmäßig trifft man auf folgende Module:

- *Welcome to Joomla!, Logged in Users, Popular, Recent added Articles, Menu Stats*: Die Module kümmern sich um das jeweils gleichnamige Register auf der Einstiegsseite des Administrationsbereichs.
- *Footer*: Zeigt am unteren Seitenrand die Copyright-Informationen an.
- *Unread Messages*: Zeigt die Anzahl der ungelesenen Nachrichten rechts oben neben der Menüzeile an.
- *Online Users*: Zeigt die Anzahl der derzeit angemeldeten Benutzer rechts oben neben der Menüzeile an.
- *Quick Icons:* Stellt die Schaltflächen auf der Einstiegsseite im Arbeitsbereich des Control Panels dar.
- *Login*: Kümmert sich um den Anmeldebildschirm.
- *Admin Menu*: Stellt das Hauptmenü am oberen Seitenrand.
- *User Status*: Zeigt den Status des angemeldeten Benutzers.
- *Admin SubMenu*: Kümmert sich um die Anzeige der Unterpunkte im Hauptmenü.
- *Title*: Blendet auf der linken Seite der Werkzeugleiste den Namen beziehungsweise den Titel der gerade geöffneten Seite ein.
- *Toolbar*: Kümmert sich um die Anzeige der Symbole in der Werkzeugleiste.

Sollten Sie wider Erwarten doch einmal mit den hier aufgeführten Modulen in Kontakt treten müssen, finden Sie weitere Informationen in der Joomla!-Online-Hilfe.

Menüs

Im Kinoportal gibt es bereits zahlreiche Beiträge und verschiedene, in den vorangegangenen Kapiteln freigeschaltete Zusatzfunktionen. Diese muss der Besucher aber auch irgendwie erreichen können.

Die Navigation auf der erstellten Homepage erfolgt über Menüs. Im Gegensatz zu anderen Content-Management-Systemen entkoppelt Joomla! die Inhalte von den einzelnen Menüeinträgen. Man erzeugt also zunächst Bereiche, Kategorien und Beiträge, die man dann im zweiten Schritt nach den eigenen Vorstellungen mit den Menüpunkten verbindet. Auf diese Weise erreicht man eine höhere Flexibilität bei der Gestaltung.

Die mitgelieferten Menüs

In den Beispieldaten liefert Joomla! bereits sechs Menüs aus. Fünf davon sehen Sie in Abbildung 8-1. Dies sind am linken Bildschirmrand das Hauptmenü (*Main Menu*), darunter folgen die Menüs *Resources* und *Key Concepts*. Auf das *Top Menu* trifft man am oberen Rand der Homepage. Es enthält Einträge zu den wichtigsten und zentralen Inhalten.

Standardmäßig nicht sichtbar sind das *User Menu* und die *Example Pages*. Erstes erscheint nur, nachdem sich ein registrierter Benutzer über das Login-Feld links unten auf der Startseite angemeldet hat, und die Example Pages sehen Sie erst nach einem Klick auf den gleichnamigen Eintrag im *Key Concepts*-Menü.

Menüs verwalten

Für die Verwaltung der Menüs ist im Administrationsbereich der gleichnamige Menüpunkt MENÜS → MENÜS zuständig. Die dahinter stehende Seite aus Abbildung 8-2 präsentiert eine Liste, die alle derzeit existierenden Menüs aufführt (im Englischen heißt diese Seite MENU MANAGER).

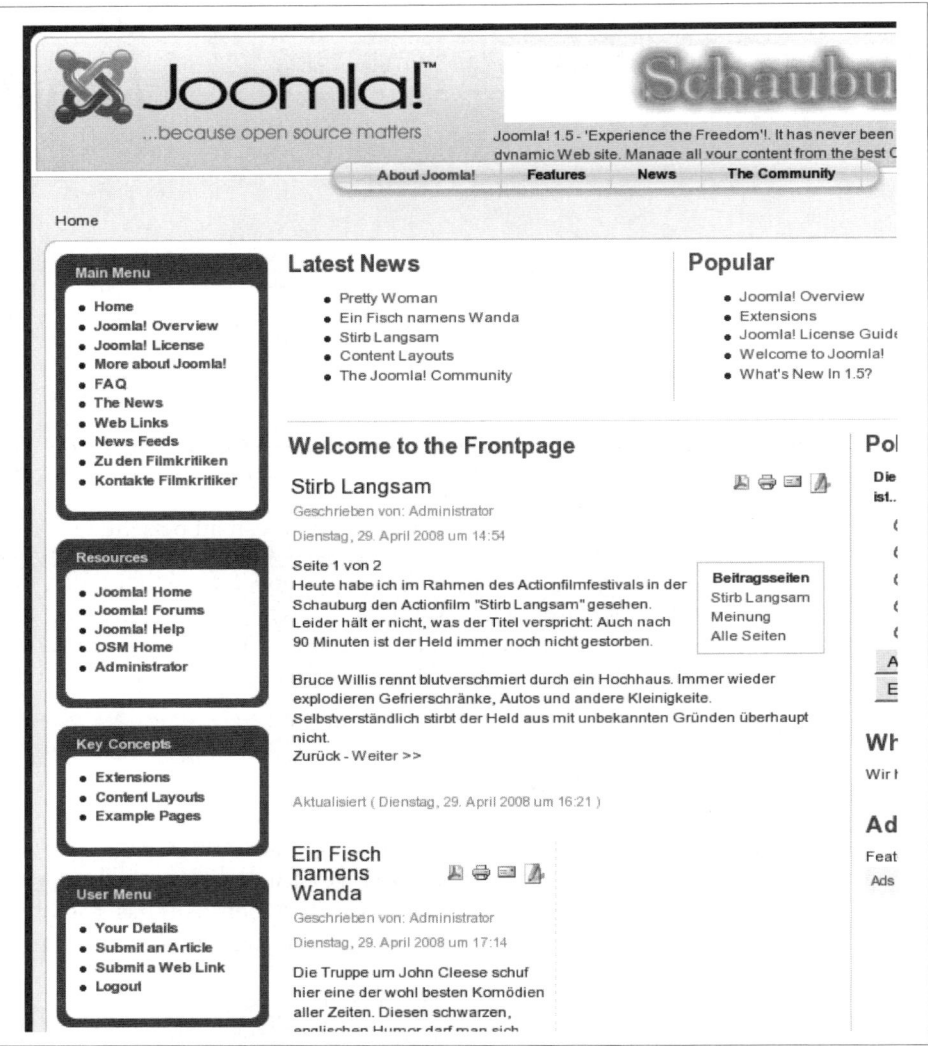

Abbildung 8-1: Die Beispiel-Homepage mit (fast) allen Menüs

Rechts neben dem Menünamen zeigt die Spalte MENÜS ein kleines Symbol. Ein Klick darauf würde zu einer Liste mit allen in diesem Menü vorhandenen Einträgen führen (dazu gleich mehr im Abschnitt »Menüeinträge verwalten« auf Seite 218).

Die nächsten drei Spalten zeigen an, wie viele Menü*einträge* des Menüs derzeit

- veröffentlicht (# FREIGEGEBEN),
- auf der Homepage nicht sichtbar (# GESPERRT) oder
- im Mülleimer (# PAPIERKORB) gelandet sind.

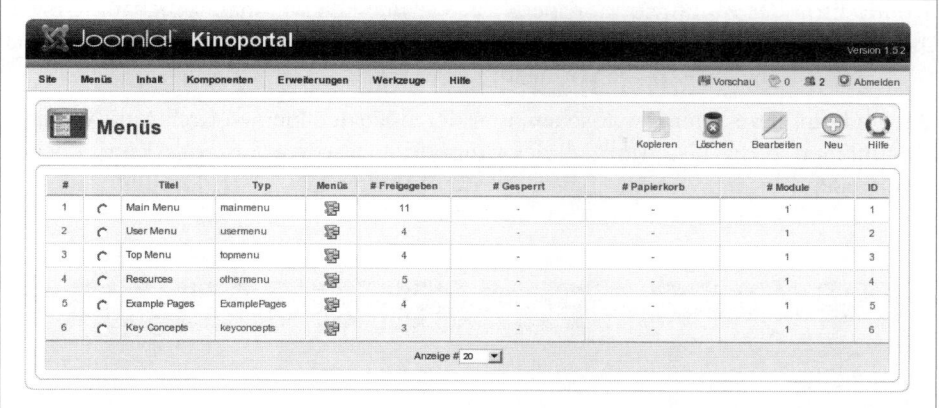

Abbildung 8-2: Diese Seite verwaltet alle vorhandenen Menüs. Hier sind es die sechs aus den mitgelieferten Beispieldaten.

Die Menüverwaltung hinter MENÜ → MENÜS legt nur den Aufbau beziehungsweise die Gliederung der der einzelnen Menüs fest. Deren Darstellung auf der Homepage übernimmt jeweils ein entsprechendes Modul aus dem Abschnitt »Menü« auf Seite 194. Es hindert Sie aber niemand daran, einfach ein weiteres Modul einzurichten, das das gleiche Menü visualisiert. Damit wäre das Menü dann zweimal auf der Homepage vorhanden – ob dies sinnvoll ist, steht auf einem anderen Blatt. Die vorletzte Spalte in der Liste, # MODULE, zählt jedenfalls mit, wie viele Module das jeweilige Menü auf der Homepage anzeigen. Normalerweise ordnet man jedem Menü genau ein Modul zu, folglich sollte hier überall eine 1 erscheinen.

 Dies ist wieder ein gutes Beispiel für die Trennung von Inhalt und Darstellung: Den Aufbau des Menüs legt die Menüverwaltung fest, während sich ein Modul um die Anzeige auf der Homepage kümmert.

Die fertigen Menüs aus den Beispieldaten liefern in den meisten Fällen schon ein recht gutes Ausgangsmaterial, aus dem sich mit wenigen Mausklicks die Menüs für den eigenen Internetauftritt bauen lassen.

In den folgenden Abschnitten soll es deshalb zunächst um die Bearbeitung bestehender und den Aufbau neuer Menüs gehen.

Menüs löschen

Für das Kinoportal ist das *Resources*-Menü eigentlich überflüssig. Schlimmer noch: Es enthält mit dem Eintrag ADMINISTRATOR einen direkten Verweis auf den Anmeldebildschirm des Administrationsbereichs – schließlich will man unbekannte Besucher nicht direkt auf den Eingang zum Verwaltungstrakt aufmerksam machen und sie so auf kriminelle Gedanken bringen.

Um ein komplettes Menü zu löschen, markieren Sie den kleinen Kreis links vor dem Menünamen in der Liste (im Fall des Kinoportals also vor *Resources*) und klicken anschließend in der Werkzeugleiste auf den Schalter LÖSCHEN. Joomla! zeigt nun den Warnhinweis aus Abbildung 8-3.

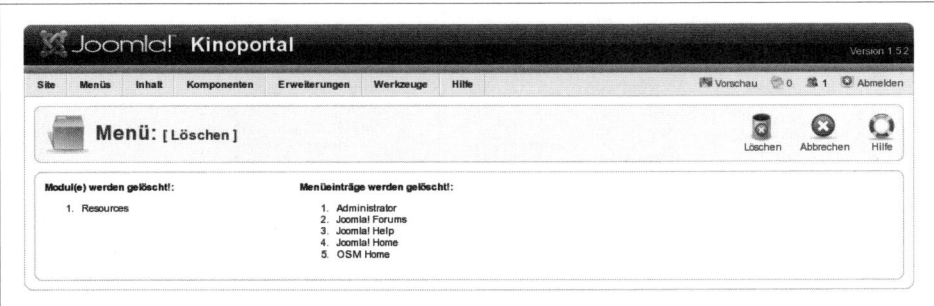

Abbildung 8-3: Bevor ein Menü gelöscht wird, zeigt Joomla! diesen Warnhinweis.

Dort sind alle Elemente aufgelistet, die nach einem erneuten Klick auf LÖSCHEN für immer verschwinden werden. Im Beispielfall sind keine wertvollen Elemente betroffen, so dass Sie mit ruhigem Gewissen den Vorgang bestätigen dürfen. Ein anschließender Blick auf die Homepage zeigt das nach oben aufgerückte Menü KEY CONCEPTS (siehe Abbildung 8-4).

Wie ein Blick auf dessen Einträge offenbaren, ist auch dieses Menü für das Kinoportal eigentlich überflüssig. Schicken Sie es daher wie seinen Kollegen ins Nirvana.

Neue Menüs anlegen

Das Anlegen eines komplett neuen Menüs klappt fast genauso schnell wie das Löschen. Nach einem Klick auf das Symbol NEU in der Symbolleiste verlangt Joomla! lediglich nach den vier Eingaben aus Abbildung 8-5.

EINDEUTIGER NAME ist der interne Name für das Menü, quasi sein Fingerabdruck oder Identifikationsname. Er muss unter allen Menüs eindeutig sein und darf keine Leerzeichen enthalten. Für ein neues Menü im Kinoportal könnte man beispielsweise *kino_menue* wählen. Bis auf ganz wenige Ausnahmen verwendet in Zukunft nur Joomla! selbst diesen kryptischen Bezeichner – Sie werden mit ihm folglich nur in wenigen Fällen noch einmal in Berührung kommen.

Abbildung 8-4: Am nachgerückten Menü »Key Concepts« erkennt man, dass das »Ressources«-Menü Geschichte ist.

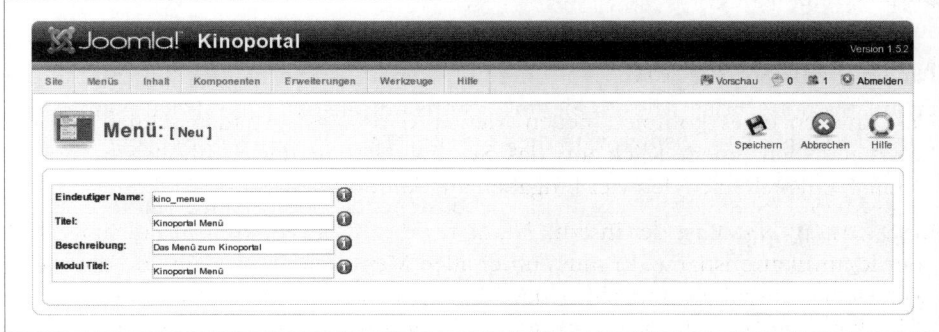

Abbildung 8-5: Joomla! braucht nur diese vier Informationen für ein neues Menü.

Unter TITEL dürfen Sie einen ausführlicheren und von Menschen besser lesbaren Namen für das neue Menü vergeben. Hier sind auch wieder Leerzeichen erlaubt. Unter diesem Namen finden Sie das Menü auch im Administrationsbereich wieder.

Eine ergänzende BESCHREIBUNG gehört in das dritte Feld. Sie dient rein zur Information und sollte kurz den Zweck des Menüs umreißen.

Sobald Joomla! das Menü anlegt, erstellt es für Sie automatisch ein passendes (standardmäßig aber deaktiviertes) Modul vom Typ *Menü*. Den Namen dieses neuen Moduls tippen Sie in das Feld MODUL TITEL ein. Er bildet dann auch gleichzeitig die Überschrift, die das Menü auf der Homepage ziert. Das neue Modul finden Sie bei seinen Kollegen unter ERWEITERUNGEN → MODULE.

`Joomla 1.0.x` In den Versionen vor Joomla! 1.5 war das Anlegen eines Menüs noch wesentlich unkomplizierter. Dort genügte ein eindeutiger Name des Menüs im Feld MENU NAME (entspricht in Joomla! 1.5 dem *eindeutigen Namen*) und die auf der Homepage verwendete Überschrift unter MODULE TITLE (entspricht in Joomla! 1.5 dem *Modul Titel*).

Das war es schon. Ein Klick auf SPEICHERN führt wieder zurück zur Liste mit allen Menüs.

Um das Menü auf die Homepage zu hieven, wechseln Sie zur Liste mit den Modulen hinter ERWEITERUNGEN → MODULE. Hier taucht nun das zum Menü gehörende Modul auf. Es trägt genau den Namen, den Sie zuvor unter MODUL TITEL eingetippt haben. Geben Sie das Modul über einen Klick auf den roten Kreis in der Spalte AKTIVIERT frei, und betrachten Sie das Ergebnis in der Vorschau.

 Dieses Modul schiebt Joomla! standardmäßig auf die linke Seite zu den anderen Modulen. Im Template heißt dieser Bereich *left*. Mehr dazu finden Sie in Kapitel 7 und 13.

Das Ergebnis sieht etwas mager aus: Lediglich die Überschrift erscheint. Wie Abbildung 8-6 zeigt, fehlen sowohl der blaue Rand wie auch ein paar Einträge.

Zunächst zum blauen Rand: Um ihn zu aktivieren, ist ein kleiner Vorgriff auf die Templates notwendig. Klicken Sie im Administrationsbereich auf den Namen des neuen Moduls – im Beispiel wäre dies KINOPORTAL MENÜ. Damit gelangen Sie zu seinen Einstellungen. Auf dem Register ERWEITERTE PARAMETER finden Sie den Punkt MODUL-KLASSEN-SUFFIX. In das nebenstehende Feld tippen Sie nun **_menu** ein (wie in Abbildung 8-7).

Diesen Text heftet Joomla! nun dem Modul an (genauer gesagt: dem Namen der CSS-Klasse). Das Template weiß erst mit dieser Gedächtnisstütze, dass es das Modul wie die übrigen Menüs formatieren soll. Wie der Mechanismus dahinter genau funktioniert, zeigt später noch Kapitel 13.

Abbildung 8-6: Ein neues, nacktes Menü namens »Kinoportal Menü«

Abbildung 8-7: Mit diesem Klassensuffix erscheint das Modul auf der Homepage ...

Wählen Sie nun noch unter REIHENFOLGE das *Main Menu*. Damit stellen Sie sicher, dass das neue *Kinoportal Menü* direkt unter dem Hauptmenü seine neue Heimat findet. SPEICHERN Sie die Änderungen ab, und rufen Sie die VORSCHAU auf. Das Ergebnis zeigt Abbildung 8-8.

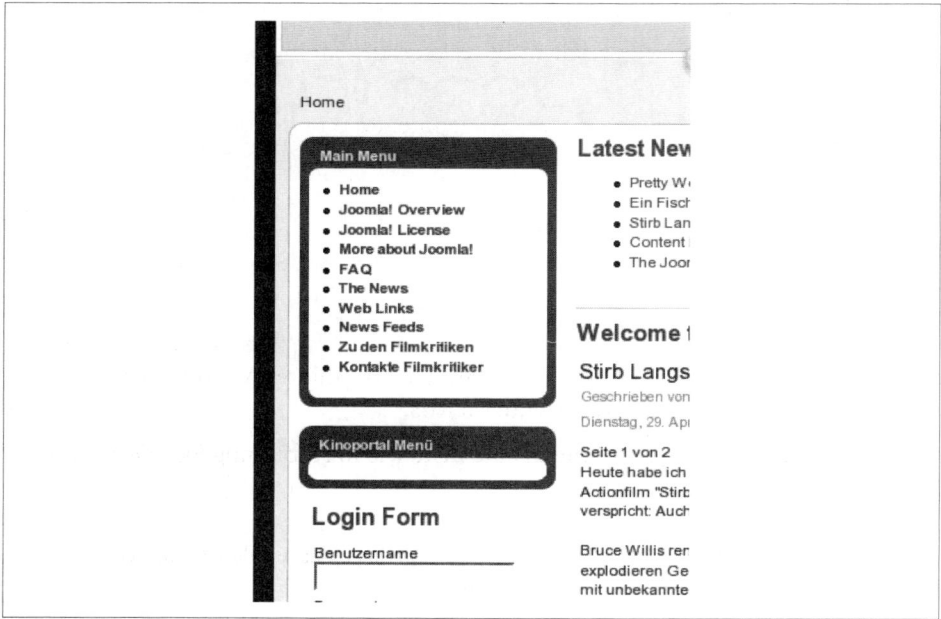

Abbildung 8-8: ... wie die anderen Menüs.

Allerdings fehlen immer noch entsprechende Menüeinträge. Um genau die kümmern sich die nächsten Abschnitte. Wechseln Sie dazu wieder zurück zur Menüverwaltung unter MENÜS → MENÜS.

Menüs umbenennen und kopieren

Um den (eindeutigen) Namen oder die Beschreibung eines Menüs zu ändern, markieren Sie einfach den kleinen Kreis in der Liste und klicken in der Werkzeugleiste auf BEARBEITEN. Genauso kopieren Sie ein Menü: Markieren Sie den kleinen Kreis des entsprechenden Kandidaten, und wählen Sie anschließend das Symbol KOPIEREN. Dabei dupliziert Joomla! auch gleich sämtliche Menüeinträge des Originals.

Menüeinträge verwalten

Jedes ordentliche Menü besteht aus mehreren Einträgen. Klickt der Benutzer auf einen solchen Menüpunkt, gelangt er zu einer der vielen Unterseiten, die (hoffentlich) der Beschriftung des Eintrags entspricht. Dies ist jedoch nur eine Aufgabe der Menüeinträge:

* Sie geben dem Benutzer einen Überblick über das Angebot der Homepage. (Was beziehungsweise welche Informationen bietet der Internetauftritt an?)

- Sie dienen zur Gliederung des Inhalts. (Was findet der Besucher wo?)
- Sie leiten den Benutzer gezielt in die Tiefen der Homepage. (Wie gelangt der Besucher dorthin?)
- Sie verweisen auf ähnliche externe Angebote. (Wo findet der Benutzer ähnliche oder weiterführende Internetauftritte?)

Es ist also wichtig, sich ein paar Gedanken über die Menüstrukturen zu machen und die Menüpunkte entsprechend abzuändern. Das gilt erst recht für den momentanen Zustand der Beispiel-Homepage, in der noch Kraut und Rüben herrschen.

Um die Menüeinträge zu verändern, wählen Sie entweder aus dem Hauptmenü des Administrationsbereichs den Punkt MENÜS und dann das Menü, dessen Einträge Sie bearbeiten möchten, oder Sie klicken in der Liste hinter MENÜS → MENÜS auf das entsprechende Symbol in der Spalte MENÜS.

In jedem Fall erscheint wieder einmal eine Liste wie in Abbildung 8-9. Dort sind die Einträge des *Main Menu* aufgelistet.

 Über die Schaltfläche MENÜS in der Werkzeugleiste gelangt man wieder zurück zur Liste mit allen Menüs.

Untermenüs erscheinen eingerückt. In Abbildung 8-9 gilt dies beispielsweise für *What's New in 1.5?*. Auf der Homepage erscheint ein solcher Eintrag erst, wenn der Besucher den übergeordneten Punkt – in diesem Fall also *Joomla! Overview* – angeklickt hat.

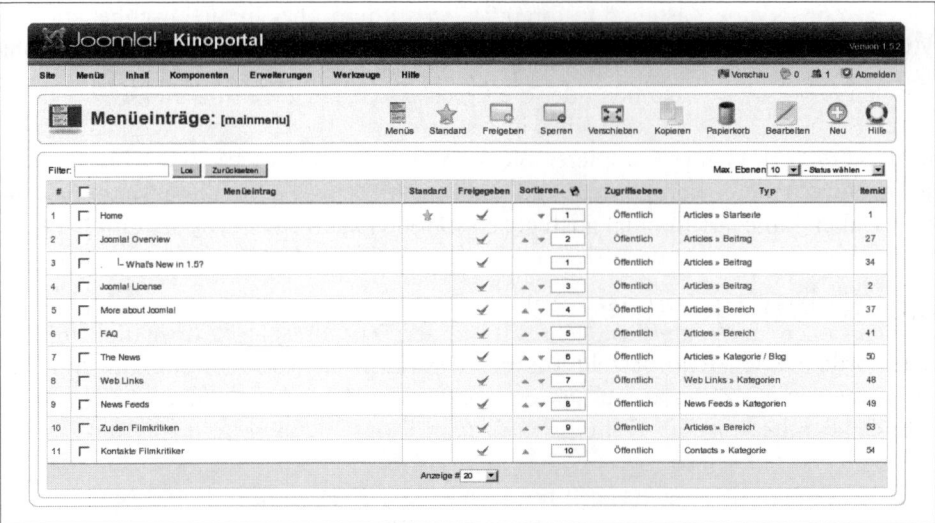

Abbildung 8-9: Alle derzeitigen Menüpunkte des Hauptmenüs »Main Menu«

In der Spalte STANDARD funkelt nur ein kleiner, gelber Stern. Steuert ein neuer Besucher erstmalig die Homepage an, greift sich Joomla! genau diesen Menüpunkt aus dieser Liste und liefert die dahinterliegende Seite als Startseite des Internetauftritts aus. Sie ändern diese Zuordnung, indem Sie den entsprechenden Menüeintrag in seinem kleinen Kästchen ankreuzen und dann in der Werkzeugleiste den Punkt STANDARD bemühen.

Probieren Sie dies ruhig einmal aus: Schließen Sie zunächst alle Vorschaufenster auf Ihre Homepage. Markieren Sie nun das kleine Kästchen vor der Zeile *FAQ*, und klicken Sie anschließend in der Symbolleiste auf STANDARD. Der gelbe Stern prangt nun in der neuen Zeile. Rufen Sie die VORSCHAU auf. Dort erscheint jetzt als Startseite die Auswahl aller *FAQs*. Kehren Sie wieder zum Administrationsbereich zurück, und setzen Sie die Einstiegsseite nach dem gerade gezeigten Prinzip wieder auf *Home*.

> `Joomla 1.0.x` In den Versionen vor Joomla! 1.5 konnte man die Einstiegsseite noch nicht so bequem versetzen. Dort *musste* ein Menü mit dem Namen *mainmenu* existieren. Steuerte nun ein neuer Besucher erstmalig die Homepage an, griff Joomla! immer den obersten Menüpunkt aus dieser Liste und lieferte die dahinterliegende Seite als Startseite des Internetauftritts aus. Eine neue Startseite konnte man nur dadurch erreichen, dass man einen anderen Menüpunkt über die kleinen Pfeile an die erste Stelle des Menüs setzte.

 Im Fall des Kinoportals sind die Menüpunkte *More about Joomla!*, *Joomla! License* sowie *Joomla! Overview* überflüssig und können daher gelöscht werden. Kreuzen Sie dazu das kleine Kästchen in ihren Zeilen an, und klicken Sie anschließend auf PAPIERKORB in der Werkzeugleiste. Beim zuletzt genannten Punkt *Joomla! Overview* müssen Sie seinen untergeordneten Punkt nicht extra markieren: Sein Vater reißt ihn automatisch mit in den Mülleimer.

In der Tabelle können Sie die Position des Menüpunktes innerhalb des Menüs über die grünen Pfeile in der Spalte SORTIEREN verschieben. Wie so häufig verändern Sie damit auch seine Position im Menü auf der Homepage – die dortige Anordnung der einzelnen Menüpunkte entspricht exakt der hier in der Liste vorherrschenden Reihenfolge.

Rechts neben der Spalte SORTIEREN informiert ZUGRIFFSEBENE über die Zugriffsrechte, ITEMID über die interne Bearbeitungsnummer des Menüpunktes und TYP darüber, was die Zielseite anzeigt (der sogenannte Typ, dazu erfahren Sie in wenigen Zeilen mehr).

> `Joomla 1.0.x` In den Vorversionen von Joomla! existierten noch rot hervorgehobene Einträge. Sie führten direkt zu dem Element, das mit dem jeweiligen Menüpunkt verknüpft wurde.

Menüeinträgen eine neue Heimat geben

Sollten Sie aus Versehen einen Menüeintrag in genau das falsche Menü eingeordnet haben, kreuzen Sie einfach wieder sein Kästchen an und wählen dann in der Werkzeugleiste VERSCHIEBEN. Es erscheint ein neuer Bildschirm, in dessen Liste Sie eine neue Heimat wählen. Über einen erneuten Klick auf VERSCHIEBEN wandert der Eintrag schließlich in seine neue Umgebung.

Beim Kinoportal soll nun endlich das im vorherigen Abschnitt frisch angelegte Menü ein paar Einträge erhalten. Dazu markieren Sie in der Liste die Menüpunkte *Zu den Filmkritiken* und *Kontakte Filmkritiker* – Letzteres natürlich nur, wenn Sie im Abschnitt »Kontakte« auf Seite 141 die entsprechenden Beispiele mitgemacht haben. Anschließend klicken Sie auf VERSCHIEBEN und selektieren in der Liste den Eintrag *kino_menue* (Abbildung 8-10).

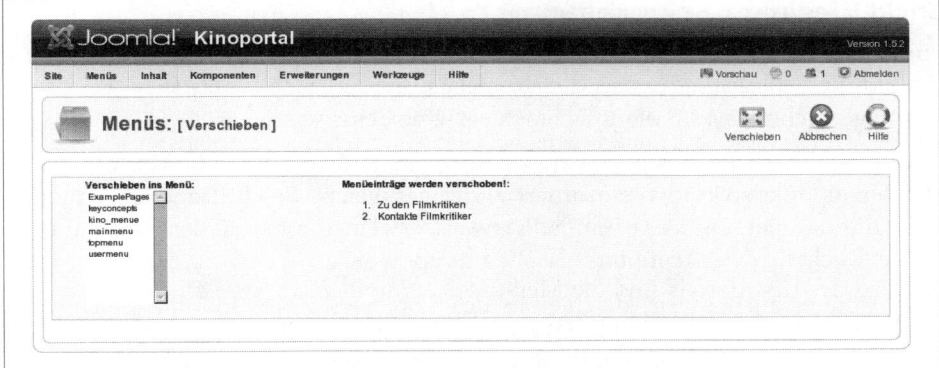

Abbildung 8-10: Die zwei Menüpunkte finden im Menü »kino_menue« eine neue Heimat.

Mit einem weiteren Klick auf VERSCHIEBEN landen die beiden Menüpunkte in ihrem neuen Menü *Kinoportal Menü*, dessen Inhalt Joomla! auch sogleich in der Liste präsentiert. Über die VORSCHAU können Sie das Ergebnis auf der Homepage bewundern.

Menüeintrag anlegen

Sobald das Kinoportal einen größeren Bekanntheitsgrad erreicht, sind Kooperationen mit anderen Filmfans nicht auszuschließen. Beispielsweise könnte man eine Partnerschaft mit dem Betreiber einer Seite über Filmmusik eingehen. In diesem Fall ist es üblich, dass man über einen Link auf die Partner-Homepage verweist. Eine solche Verknüpfung soll nun im Hauptmenü auftauchen. Dazu wechseln Sie zunächst wieder zu MENÜS → MAIN MENU.

Hinter einem Menüeintrag steckt nichts anderes als ein Verweis auf eine Internetseite. Dies kann eine von Joomla! bereitgestellte Unterseite oder aber, wie jetzt gerade im Kino-Beispiel, eine externe Internetseite sein.

Bei Verweisen auf externe Seiten ist jedoch Vorsicht geboten: In erster Linie dienen Menüs zur Navigation im eigenen Internetauftritt. Aus diesem Grund sollten Menüeinträge, die auf externe Seiten verweisen, immer gesondert, am besten in einem eigenen Menü erscheinen. Andernfalls läuft man Gefahr, den Besucher zu verwirren.

Um einem Menü einen neuen Menüpunkt hinzuzufügen, klickt man einfach auf den Schalter NEU in der Werkzeugleiste. Die Einrichtung erfolgt nun in mehreren, aufeinander aufbauenden Schritten.

Schritt 1: Festlegen des Menüeintragstyps

Im ersten Schritt legen Sie fest, auf was der neue Menüpunkt verweisen soll. Wie Abbildung 8-11 zeigt, können dies beispielsweise Bereiche, Kategorien, Kontakte, Umfrageergebnisse oder natürlich auch einzelne Beiträge sein.

Die Auswahl hier im ersten Schritt sagt noch nichts darüber aus, in welchem Menü der Menüpunkt später wo einsortiert wird oder welche Beschriftung er trägt, sondern nur darüber, auf *was* er einmal verweist. Welcher konkrete Beitrag dann nach einem Klick auf den Menüpunkt erscheint, regeln Sie erst in Schritt 5.

Man könnte auch sagen, die hier in der Liste verfügbaren Wahlmöglichkeiten bestimmen den *Typ* des neuen Menüpunktes. Die formale, offizielle Bezeichnung dafür lautet *Menütyp*, teilweise trifft man auch auf den etwas sperrigeren Namen *Menüeintragstyp*.

Falls Sie mit diesen Fachbegriffen nichts anfangen können, dürfen Sie sie auch getrost wieder vergessen. Merken Sie sich nur, dass Sie hier für den neuen Menüpunkt festlegen, auf *was* er später verweisen soll (ein Beitrag, das Inhaltsverzeichnis einer Kategorie, den Inhalt eines Bereichs, ...).

Dieses Konzept ist ziemlich wirr. Um etwas mehr Licht in die Sache zu bringen, stellen Sie sich das Schaufenster einer kleinen Zoo-Handlung vor. Dort steht ein kleiner Holzkäfig mit süßen Hamstern neben einem Aquarium mit Goldfischen. Beide Tierarten unterscheiden sich deutlich voneinander: Der eine kann im Element des anderen nicht überleben (es sei denn, der Hamster lernt schwimmen).

Gleiches gilt für die in Joomla! gespeicherten Daten: Die Umfrageergebnisse unterscheiden sich sichtbar von den Beiträgen – auf der einen Seite warten die nackten Zahlen, auf der anderen lange Texte. Folglich müssen beide auch unterschiedlich auf der Homepage präsentiert werden.

In diesem ersten Schritt müssen Sie sich zwischen Käfig und Aquarium entscheiden, also auf welche Tierart – Pardon – auf welche Daten der neue Menüpunkt zukünftig verweisen soll. Die »Tierart« bezeichnet Joomla! dabei als *Menütyp*.

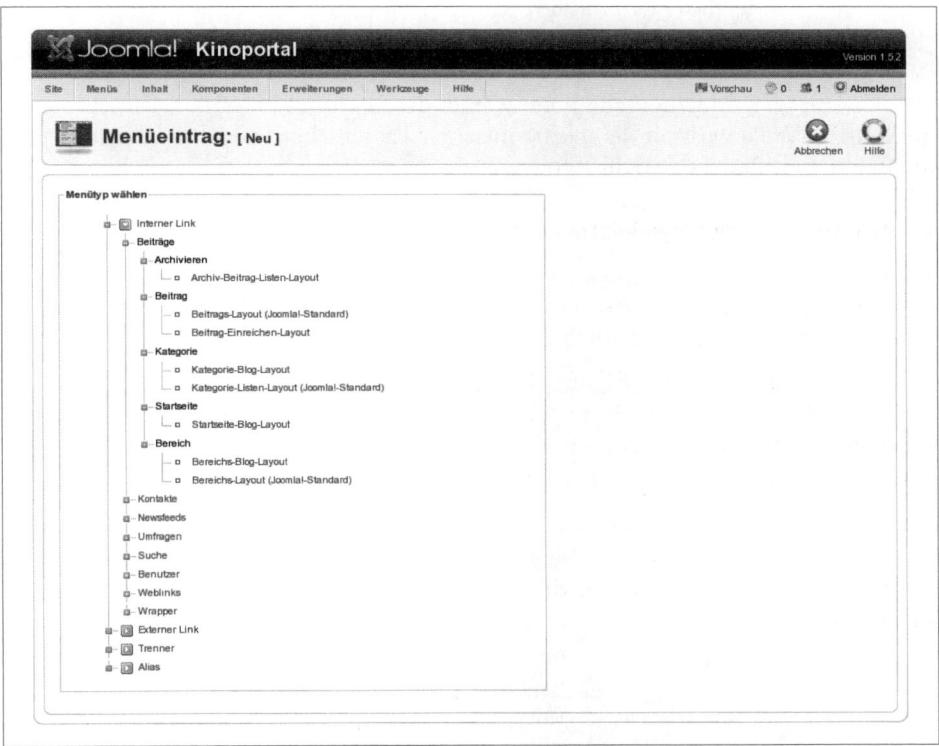

Abbildung 8-11: Ein Menüpunkt besitzt immer einen bestimmten Typ. Beim Erstellen eines neuen Eintrags muss man ihn in diesem Fenster festlegen.

Wie Abbildung 8-11 zeigt, hat man dabei die Qual der Wahl: Für fast jeden Zweck existiert ein eigener Menütyp. Zur besseren Übersicht gruppiert Joomla! immerhin alle möglichen Punkte.

Joomla 1.0.x Hier haben die Joomla!-Entwickler gegenüber den Vorversionen kräftig aufgeräumt. Die einzelnen Menütypen gab es zwar schon vorher, dort aber unter anderem Namen und in einer anderen Sortierung.

In einigen Fällen müssen Sie zusätzlich noch entscheiden, wie dieses Ziel nach dem Anklicken des Menüeintrags dargestellt werden soll. Klickt der Betrachter zum Beispiel auf einen Menüpunkt vom Typ *Kategorie-Listen-Layout (Joomla! Standard)*, erscheint anschließend eine Liste mit allen Beiträgen aus der mit dem Menüpunkt verknüpften Kategorie.

 Joomla! verkompliziert an dieser Stelle einmal wieder unnötig: Eigentlich gibt es keinen (technischen) Grund, warum man bereits jetzt das Aussehen der späteren Seite (unverrückbar) festlegen muss.

Bei den Einträgen taucht auch immer wieder der Begriff des *Blog* auf. Dieser hat nur in zweiter Linie etwas mit den elektronischen Tagebüchern zu tun, die sich derzeit im Internet großer Beliebtheit erfreuen. Hier wird dieser Begriff lediglich in Anlehnung an deren optischen Aufbau verwendet, wie in Abbildung 8-12 zu sehen ist.

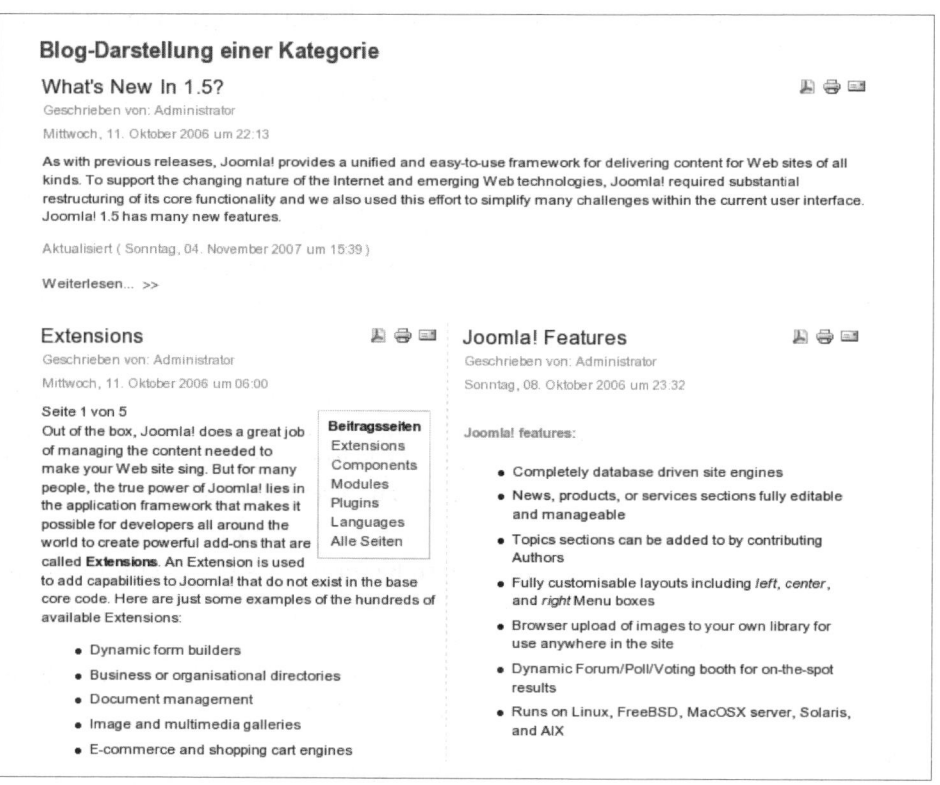

Abbildung 8-12: Ein Beispiel für eine Blog-Darstellung

Joomla 1.0.x Die ansonsten übliche *Standard*-Darstellung als Liste (in den Vorversionen als *Table* bezeichnet) sehen Sie in Abbildung 8-13.

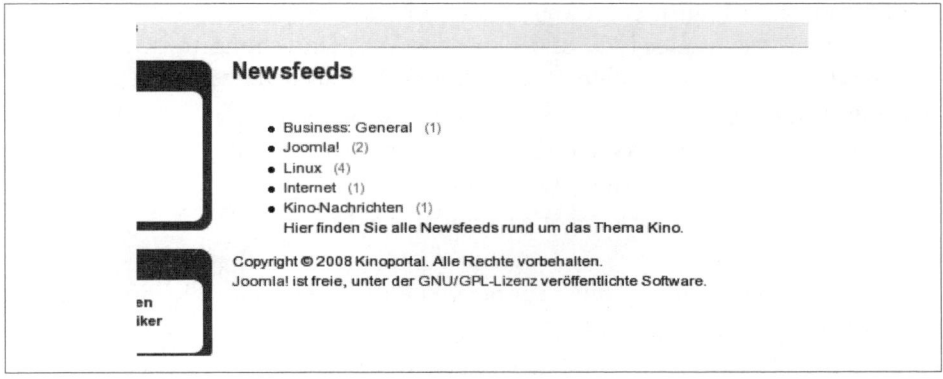

Abbildung 8-13: Ein Beispiel für eine Listen-Darstellung

Wissen Sie schon, welche Art von Menüeintrag Sie anlegen wollen (soll es ein Käfig oder doch lieber ein Aquarium sein)? Die folgende Beschreibung soll Ihnen bei der Auswahl helfen.

Für den neuen Menüpunkt im Kinoportal ist *Externer Link* genau der Richtige.

Interner Link

Wenn der neue Menüpunkt auf eine Seite verweisen soll, die aus Joomla! selbst stammt, dann kommen nur die hier enthaltenen Einträge in Frage. Hierzu gehören beispielsweise die Übersichtsseiten für Kategorien oder die einzelnen Beiträge, aber auch die von den installierten Komponenten erzeugten Seiten, wie die Ergebnisse einer Umfrage.

Beiträge: Wenn Sie Ihren Besuchern die Möglichkeit bieten möchten, Beiträge einzureichen und darzustellen, dann sind Sie hier richtig. In dieser Rubrik finden Sie alle Menütypen, die in irgendeiner Weise mit den Beiträgen zusammenhängen. Ein Klick auf einen solchen Menüpunkt führt dann zu folgenden Ergebnissen:

Archiv-Beitrag-Listen-Layout
Führt zu einer Liste mit allen archivierten Beiträgen. Als Bonus ermöglicht die Zielseite eine Suche nach einem bestimmten Datum.

Beitrags-Layout (Joomla!-Standard)
Führt zu einem einzelnen Beitrag. (Nach einem Klick auf den neuen Menüpunkt erscheint der Beitrag auf einer eigenen Seite.)

Beitrag-Einreichen-Layout
Führt zu einer Seite, auf der ein Besucher der Homepage einen neuen Beitrag zur Veröffentlichung einreichen kann.

Für gewöhnlich muss ein Administrator oder Moderator anschließend den Beitrag zunächst begutachten und dann zur Veröffentlichung freischalten. Wie dieses Verfahren genau abläuft, zeigt das Kapitel zur Benutzerverwaltung 9.

Kategorie-Blog-Layout
Stellt die Beiträge einer Kategorie in Blog-Form dar.

Kategorie-Listen-Layout (Joomla!-Standard)
Stellt die Beiträge einer Kategorie in einer Liste dar.

Startseite-Blog-Layout
Ein solcher Menüpunkt führt zur Startseite der Homepage, die ihre Elemente immer in Blog-Form präsentiert.

Bereichs-Blog-Layout
Stellt die Kategorien eines Bereichs in Blog-Form dar.

Bereichs-Layout (Joomla!-Standard)
Stellt die Kategorien eines Bereichs in einer Liste dar.

Kontakte: Um passende Ansprechpartner für die Sorgen und Nöte der Besucher kümmert sich die Komponente Kontakte (siehe Abschnitt »Kontakte« auf Seite 141). Sobald mindestens eine Kontaktperson existiert, führen die hierüber angelegten Menüpunkte direkt zu den entsprechenden Kontaktformularen. Dabei stehen folgende Ansichten bereit:

Kontakt-Kategorie-Layout
Stellt eine Liste mit allen Kontakten dar. Diese stammen dabei aus einer der vorhandenen Kontakt-Kategorien.

Kontakt-Layout (Joomla!-Standard)
Ein einzelner Kontakt wird ausführlich angezeigt.

Newsfeeds: Wenn Sie über die gleichnamige Komponente Newsfeeds eingebunden haben, können Sie hierüber einen Menüpunkt anlegen, der direkt zu deren Inhalten führt (siehe Abschnitt »Newsfeeds« auf Seite 151). Dabei stehen folgende Ansichten zur Auswahl:

Newsfeed-Kategorie-Listen-Layout
Zeigt eine Liste mit allen vorhandenen Newsfeed-Kategorien an.

Newsfeed-Listen-Layout
Zeigt eine Liste mit allen Newsfeeds aus einer der vorhandenen Newsfeed-Kategorien.

Newsfeed-Layout (Joomla!-Standard)
Zeigt den Inhalt eines Newsfeeds an.

Umfragen: Sofern Sie bereits Umfragen durchgeführt haben, sind deren Ergebnisse standardmäßig nur über den entsprechenden Schalter im Umfragenmodul abrufbar. Um direkt zu einem alten Ergebnis zu springen, legen Sie hierfür lieber einen Menüpunkt an. Auf diese Weise können Sie auch Ergebnisse von Umfragen einblenden, die nicht mehr auf der Homepage zur Abstimmung stehen (siehe Abschnitt »Umfragen« auf Seite 159).

Suche: Die mit der Komponente *Suchen* angelegten Menüpunkte führen zu einem umfangreichen Suchformular, dessen Funktionen über das kleine Suchen-Feld rechts oben in der Ecke hinausgehen. Ein derartiger Menüeintrag ist insbesondere bei großen, umfangreichen Internetauftritten ratsam. Bei kleinen Seiten reicht bereits das standardmäßig aktivierte Suchen-Feld. Das dahinter stehende Modul wechselt nach der Eingabe eines Begriffs übrigens zum gleichen Suchformular.

Benutzer: Die mit der Komponente *Benutzer* angelegten Menüpunkte führen zu Seiten, die sich um die Benutzerverwaltung drehen (siehe auch Kapitel 9).

Überlegen Sie sich, ob Sie eine Benutzerverwaltung benötigen. Dies ist immer dann der Fall, wenn Sie bestimmte Seiten nur einem kleinen Besucherkreis zugänglichen machen wollen oder wenn neben Ihnen noch weitere Personen den Inhalt der Homepage gestalten sollen. In allen anderen Fällen sollten Sie die Benutzerverwaltung deaktivieren und folglich auch keine entsprechenden Menüeinträge anbieten: Zum einen räumt dies etwas auf der Homepage auf, und zum anderen eliminieren Sie so ein potenzielles Einfallstor für Angreifer.

Insgesamt stehen folgende Ansichten zur Auswahl:

Login-Layout (Joomla!-Standard)
Führt zu einem Bildschirm, über den sich registrierte Benutzer am System anmelden können. Sofern Sie bereits das entsprechende *Login Form*-Modul auf Ihrer Homepage verwenden, benötigen Sie einen derartigen Menüpunkt eigentlich nicht.

Registrierungs-Layout (Joomla!-Standard)
Führt zu einem Bildschirm, über den sich Besucher ein Benutzerkonto verschaffen können. Dieses Angebot ist nicht ganz risikolos, da sich ein böswilliger Besucher auf diese Weise gleich mehrere Konten spendieren und damit Schindluder treiben könnte. Mehr zu dieser Problematik und möglichen Gegenmaßnahmen folgt in Kapitel 9.

Passwort-Vergessen-Layout (Joomla!-Standard)
Dieser Menüpunkt wurde falsch beschriftet, tatsächlich geht es hier um den Benutzernamen. Hat ein registrierter Benutzer diesen vergessen, können Sie ihm eine rettende Hand reichen: Der hierüber angelegte Menüpunkt führt auf ein spezielles Formular, auf der ein vergesslicher Benutzer seine E-Mail-Adresse hinterlässt. Joomla! schickt ihm dann seinen Benutzernamen zu. Die E-Mail-Adresse muss dabei mit derjenigen identisch sein, die der Benutzer bei seiner

Registrierung angegeben hat. Ein vergessenes Passwort kann er über diesen Punkt übrigens nicht anfordern.

Sie erreichen diesen Schirm übrigens auch über den entsprechenden Link im Anmeldeformular (LOGIN FORM).

Passwort-Zurücksetzen-Layout (Joomla!-Standard)
Auch im Falle eines vergessenen Passwortes hält Joomla! eine Gedächtnisstütze bereit. Der hierüber angelegte Menüpunkt führt auf eine Seite, auf der ein vergesslicher Benutzer seine E-Mail-Adresse hinterlässt. Joomla! schickt ihm dann ein spezielles Text-Kürzel zu. Die E-Mail-Adresse muss dabei mit derjenigen identisch sein, die der Benutzer bei seiner Registrierung angegeben hat. Mithilfe des Text-Kürzels kann der Benutzer dann ein neues Passwort vergeben.

Sie erreichen diesen Schirm übrigens auch über den entsprechenden Link im Anmeldeformular (LOGIN FORM).

Benutzer-Layout (Joomla!-Standard)
Der hierüber angelegte Menüpunkt führt zu einem Begrüßungsbildschirm.

Benutzer-Formular-Layout
Der hierüber angelegte Menüpunkt führt zu einem Bearbeitungsbildschirm, in dem der registrierte Benutzer seine persönlichen Daten nachträglich ändern darf. Diese umfassen beispielsweise seinen Namen, seine E-Mail-Adresse oder sein Passwort.

Weblinks: Die hierüber angelegten Menüpunkte führen zu den Weblinks, die über die gleichnamige Komponente angelegt wurden (siehe Abschnitt »Weblinks« auf Seite 165). Dabei stehen folgende Ansichten bereit:

Weblink-Kategorie-Listen-Layout
Zeigt eine Liste mit allen vorhandenen Weblink-Kategorien.

Kategorie-Listen-Layout (Joomla!-Standard)
Präsentiert in einer Liste alle Weblinks aus einer Weblink-Kategorie.

Weblink einrichten Layout
Der hierüber angelegte Menüpunkt führt zum einem Formular, über das ein Besucher einen Weblink zur Veröffentlichung vorschlagen kann.

Wrapper: Der Wrapper bindet eine (externe) Internetseite in die eigene ein. Diese wird dabei in einem Bereich der eigenen Seite eingeblendet, der je nach gewählten Einstellungen noch mit Bildlaufleisten versehen wird (technisch gesehen erfolgt die Einbindung über den HTML-Befehl iframe).

Von einem Wrapper sollten Sie aus gleich mehreren Gründen Abstand nehmen:

- Zunächst einmal integrieren Sie eine fremde Seite in die eigene Homepage. Dies wirkt auf Besucher irritierend – erst recht, wenn die integrierte Seite ein anderes Layout aufweist.

- Darüber hinaus machen Sie sich den Inhalt zwar zu eigen, haben aber keine Kontrolle darüber. Das ist insbesondere dann brenzlig, wenn die integrierte Seite (plötzlich) gegen geltendes Recht verstößt. In diesem Fall könnte man Sie ebenfalls haftbar machen.
- Zu guter Letzt verletzen Sie unter Umständen das Urheberrecht. Sie sollten daher vor einer Übernahme der Seite den anderen Seitenbetreiber um Erlaubnis fragen.

Folglich sollten nur dann eine externe Seite in den eigenen Auftritt einbinden , wenn Sie wirklich gute Gründe dafür haben.

Externer Link

Der hierüber angelegte Menüpunkt verweist auf eine externe Internetseite. Sobald der Besucher auf den neuen Menüeintrag klickt, leitet ihn Joomla! automatisch auf diese Internetseite weiter.

Trenner

Ein derartiger Menüpunkt ist gar kein Menüpunkt, sondern nur ein lebloser Dummy. Joomla! zeigt ihn zwar auf der Homepage wie einen normalen Punkt an, nur lässt er sich nicht anklicken. Abbildung 8-14 zeigt ein Beispiel.

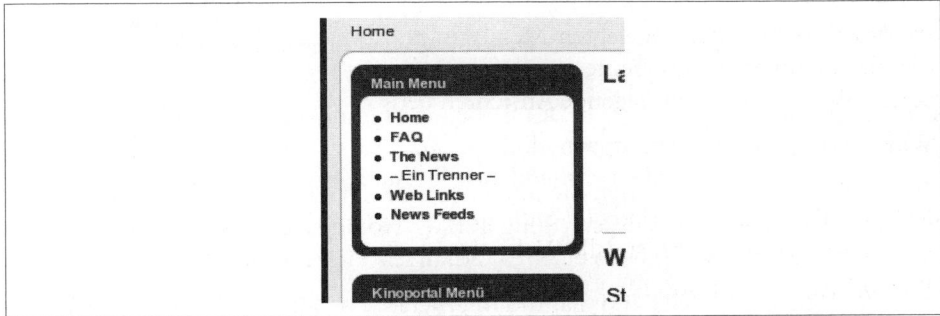

Abbildung 8-14: Ein Beispiel für einen Trenner

Der Trenner steht somit eigentlich ziemlich nutzlos im Menü herum. Dennoch hat er seine Daseinsberechtigung:

- Zunächst kann man ihn zur Gruppierung von Menüeinträgen verwenden, indem man ihm weitere Punkte unterordnet: In den Beispieldaten gab es den Eintrag *Joomla! Overview*, dem der Punkt *What's New in 1.5.* untergeordnet war. Der Besucher konnte nun beide Menüpunkte anklicken. Was aber, wenn man den übergeordneten Punkt lediglich als Überschrift für die untergeordneten Menüeinträge verwenden möchte? In diesem Fall greift man zu einem

Trenner. Wie man Menüelemente in einer Hierarchie anordnet, wird gleich in Schritt 3 erklärt.

- Man könnte den Trenner verwenden, um den Appetit auf zukünftige, aber für die Besucher noch nicht zugängliche Bereiche der Homepage anzuregen.

Alias

Dieser Eintrag erstellt einen Alias für einen bestehenden Menüpunkt. Der hierüber angelegte Eintrag verhält sich exakt wie sein Vorbild. Er übernimmt sogar alle seine Einstellungen.

Schritt 2: Grundeinstellungen vornehmen

Sobald Sie sich für einen Menütyp entscheiden haben, landen Sie in den Einstellungen des nun neu angelegten Menüpunktes (Abbildung 8-15 zeigt die Einstellungen für einen Menüpunkt vom Typ *Externer Link*). Die Seite besteht wieder aus mehreren Bereichen:

Links oben steht noch einmal groß der Menütyp zusammen mit einer kurzen Beschreibung. Über die Schaltfläche TYP ÄNDERN kehren Sie zur vorherigen Auswahl zurück und dürfen einen anderen Typ wählen.

`Joomla 1.0.x` Die nachträgliche Änderung des Menütyps war in den Versionen vor Joomla! 1.5 noch nicht möglich. Hatte man sich dort verklickt, musste man den Menüeintrag löschen und einen neuen erstellen.

Darunter finden Sie im Bereich DETAILS einige Grundeinstellungen, die für jeden Menüpunkt gleich aussehen (Abbildung 8-15).

Zunächst gibt man dem neuen Menüeintrag unter TITEL einen neuen Namen. Dies ist auch gleichzeitig seine Beschriftung auf der Homepage. Das Eingabefeld neben ALIAS verlangt wie immer nach einem alternativen Titel für interne Zwecke.

Im Feld neben LINK zeigt Joomla! die Internetadresse an, auf die der neue Menüpunkt zeigt. Bei internen Seiten wird der korrekte Verweis automatisch fest vorgegeben, und das Eingabefeld bleibt für weitere Änderungen geschlossen. Es gibt aber eine Ausnahme: Sofern Sie einen *externen Link* anlegen, gehört in dieses Feld die Internetadresse der externen Seite.

Unter ANZEIGEN IN in wählen Sie das Menü aus, in dem der neue Menüpunkt später auf der Homepage erscheinen soll.

 Beim Aufbau der Menüs sollten Sie sich an die Hierarchie halten, die Sie zu Beginn des Kapitels 4 ausgetüftelt haben. Fassen Sie dabei (thematisch) zusammengehörige Menüpunkte in jeweils einem eigenen Menü zusammen. Im Kinoportal stecken beispielsweise derzeit

alle Menüpunkte, die irgendwas mit Kritiken zu tun haben, gemeinsam im Menü *Kinoportal Menü*.

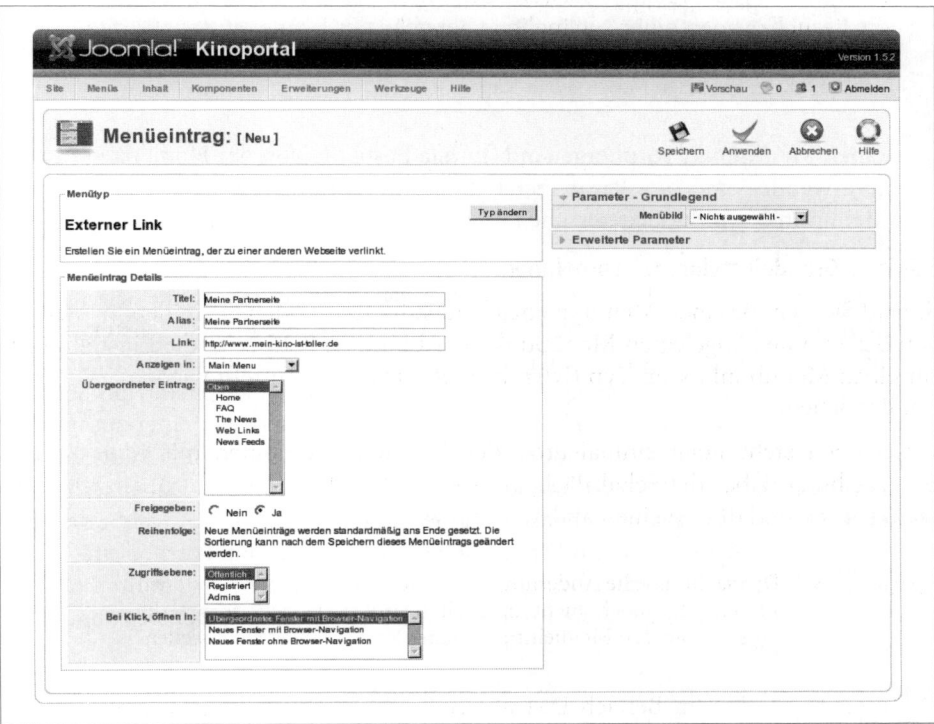

Abbildung 8-15: Der Bearbeitungsbildschirm für einen Menüeintrag mit den Vorgaben für das Kinoportal-Beispiel

Ergänzend bestimmt die REIHENFOLGE, an welcher Stelle der Menüpunkt innerhalb des Menüs auftaucht. Ein neu erstellter Menüpunkt wird grundsätzlich immer ans Ende des Menüs verfrachtet.

 Auch hier sollten Sie sich genau überlegen, welchen Menüpunkt Sie an welcher Stelle platzieren. Als Faustregel gilt: Je wichtiger und bedeutender ein Menüeintrag ist, desto höher sollte er im Menü aufsteigen.

Ob jemand (und wer genau) den Menüpunkt zu Gesicht bekommt, regeln die ZUGRIFFSEBENE und FREIGEGEBEN. Steht der zuerst genannte Parameter auf *Öffentlich*, sieht jeder Besucher den Menüpunkt. Bei *Registriert* sehen ihn nur die angemeldeten Benutzer, und *Admins* beschränkt den Zugriff auf eine bestimmte Nutzergruppe.

Man könnte ein ganzes Menü verstecken, indem man alle enthaltenen Punkte eines Menüs auf *Registriert* setzt. Eine bessere Methode bietet jedoch der Umweg über ein neues Menü-Modul, auf das man dann den Zugriff mit den entsprechenden Methoden einschränkt. Weitere Informationen zu den Benutzerrechten liefert Kapitel 9, mehr Informationen zu Modulen finden Sie in Kapitel 7.

Um einen Menüpunkt vorübergehend für *alle* Besucher von der Homepage zu nehmen, verwendet man den Parameter FREIGEGEBEN. Seine Einstellung zeigt an, ob der Menüpunkt auf der Seite erscheinen (*Ja*) oder dort doch besser noch nicht auftauchen soll (*Nein*).

Wichtig ist noch der Punkt BEI KLICK, ÖFFNEN IN. Er bestimmt, ob die Seite, auf die der neue Menüpunkt führt, im aktuellen oder einem neuen Browserfenster erscheinen soll. Bei Seiten, die von Joomla! selbst stammen, sollte hier immer *Übergeordnetes Fenster mit Browser-Navigation* markiert sein. Damit erscheint die Seite im aktuellen Fenster, und man erhält als Nebeneffekt den Eindruck einer zusammenhängenden Homepage. Die beiden anderen Möglichkeiten öffnen hingegen ein neues Fenster, was ein Besucher immer auch als Bruch empfindet. Daher sollte man diesen Weg·nur immer dann gehen, wenn die Zielseite nicht zum Angebot der eigenen Homepage gehört – wie im Kinobeispiel der Link auf eine Partnerseite. *Neues Fenster mit Browser-Navigation* öffnet die Zielseite in einem normalen Browserfenster, während *Neues Fenster ohne Browser-Navigation* ein neues Fenster ohne Symbolleiste erzwingt.

Im Beispiel der Partnerseite für das Kinoportal wählen Sie die Einstellungen aus Abbildung 8-15. Klicken Sie aber noch nicht auf SPEICHERN.

Schritt 3: Menüeinträge hierarchisch ordnen

Sie haben bei den Grundeinstellungen Ihren Menüpunkt schon einer bestimmten Stelle in einem Menü zuordnen können. Dort tummelt er sich momentan noch gleichberechtigt neben allen anderen Einträgen. Wie Sie es aber aus dem Hauptmenü eines normalen Anwendungsprogramms kennen, sind oft Untermenüs sinnvoll, die bestimmte verwandte Einträge gruppieren und erst beim Aktivieren eines übergeordneten Eintrags sichtbar werden. Auch die Menüeinträge für Ihre Homepage-Besucher lassen sich auf diese Weise ordnen. Gleichzeitig lässt sich so auch zum einen die Struktur des Internetauftritts wiedergeben und zum anderen die Übersicht für den Betrachter verbessern. Letzteres ist insbesondere bei vielen Menüpunkten hilfreich.

Auch wenn Joomla! eine Tiefe von bis zu 20 Ebenen verdaut, sollten Sie von einer solch monströsen Hierarchie in der Praxis Abstand nehmen. Bei Menüs mit mehr als drei verschachtelten Stufen kann die durch die Gliederung gewonnene Übersicht schnell wieder verloren gehen.

In der Liste hinter ÜBERGEORDNETER EINTRAG erscheinen alle bestehenden Menüpunkte (betrachten Sie dazu noch einmal Abbildung 8-15). Sobald Sie einen von
ihnen selektieren, wird der neu erstellte Menüpunkt automatisch zu dessen Unterpunkt. Würden Sie also beispielsweise *The News* markieren, so ordnet ihm Joomla!
den hier gerade angelegten Menüpunkt unter. Ein Besucher müsste dann auf der
Homepage zunächst THE NEWS anklicken, um auch an den neuen Menüpunkt zu
gelangen. Die Abbildungen 8-15, 8-16 und 8-17 zeigen dazu ein weiteres Beispiel.

Falls *Oben* markiert ist, erscheint der neue Menüpunkt auf gleicher Augenhöhe mit
seinen restlichen Kollegen.

Beim Aufbau einer Menühierarchie sollten Sie sich (grob) an der
bereits zu Beginn des Kapitels 4 festgelegten Struktur Ihrer Homepage orientieren. Damit finden sich die späteren Besucher schneller
auf Ihrer Homepage zurecht.

Ob Joomla! die Untermenüs erst nach einem Klick auf den übergeordneten Eintrag oder immer anzeigt, bestimmt das für die Anzeige
des Menüs zuständige Modul. Um dessen Einstellungen kümmert
sich ausführlich Kapitel 7.

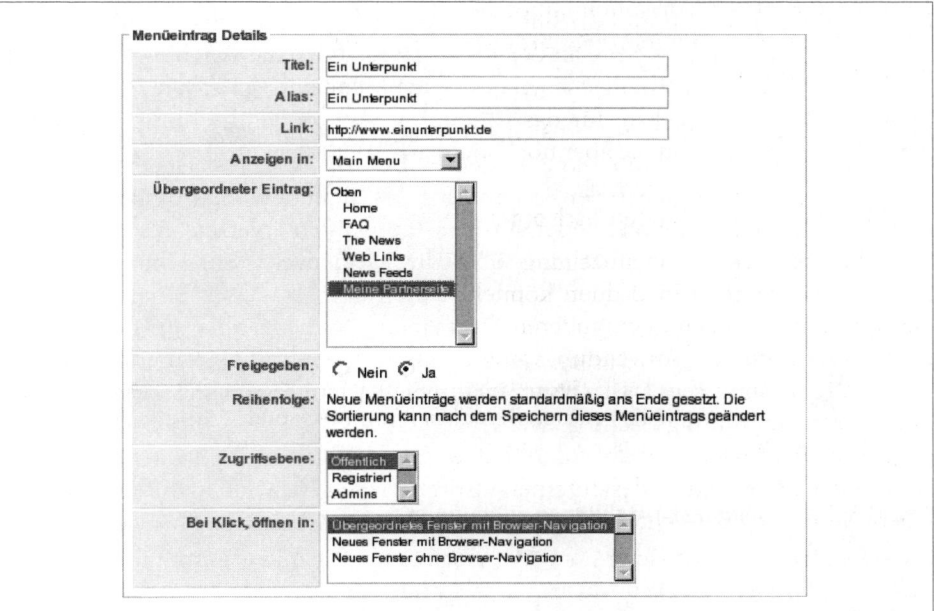

Abbildung 8-16: Der neue Menüpunkt »Ein Unterpunkt« mit diesen Einstellungen ...

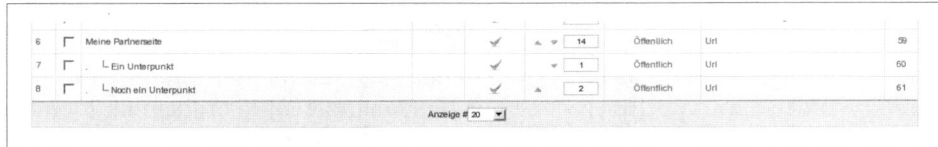

6	☐	Meine Partnerseite		✓	▲ ▼	14	Öffentlich	Url	59
7	☐	└ Ein Unterpunkt		✓	▼	1	Öffentlich	Url	60
8	☐	└ Noch ein Unterpunkt		✓	▲	2	Öffentlich	Url	61

Anzeige # 20 ▼

Abbildung 8-17: ... erscheint dann eine Hierarchieebene tiefer in der Menü-Verwaltung ...

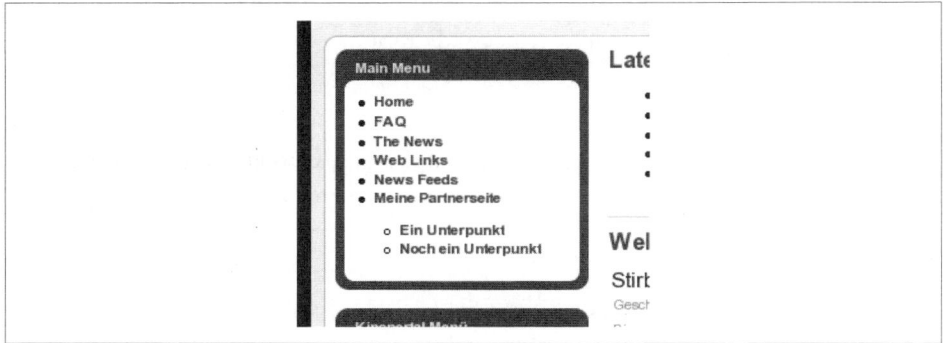

Abbildung 8-18: ... und schließlich so auf der Homepage.

Schritt 4: Den Menüeinträgen Bilder zuordnen

Nachdem in Schritt 2 und 3 die linke Seite des Bearbeitungsbildschirms abgehakt wurde, ist nun die rechte Seite an der Reihe. Dort finden Sie gleich mehrere Register, deren Inhalte vom jeweiligen Typ des neuen Menüeintrags abhängen.

In einem dieser Register versteckt sich immer auch eine Einstellung namens MENÜ-BILD. Sie ordnet dem Menüpunkt ein (kleines) Bild zu. Letzteres erscheint dann auf der Homepage immer neben der Beschriftung des Menüpunktes (Abbildung 8-19). Zur Auswahl stehen hier alle Bilder aus dem Joomla!-Unterverzeichnis (*images/stories*). Eigene Grafiken ergänzt man über die Medienverwaltung hinter SITE → MEDIEN (mehr finden Sie dazu in Kapitel 5).

> Übrigens ist nicht immer sichergestellt, dass das Bild auch tatsächlich erscheint. Dies hängt von den Einstellungen des für die Darstellung des Menüs zuständigen *Moduls* ab. Mehr finden Sie dazu im Abschnitt »Menü« auf Seite 194.

Schritt 5: Typabhängige Einstellungen vornehmen

Zusätzlich zu der Einstellung für Bilder erscheint auf den Registern im rechten Teil des Bearbeitungsbildschirms noch eine mehr oder weniger üppige Auswahl weiterer Einstellungen. Welche Optionen hier genau angeboten werden, hängt vom gewählten Menüeintragstyp ab. Abbildung 8-20 zeigt ein Beispiel für einen neuen Menüpunkt vom Typ *Kategorie-Listen-Layout (Joomla! Standard)*.

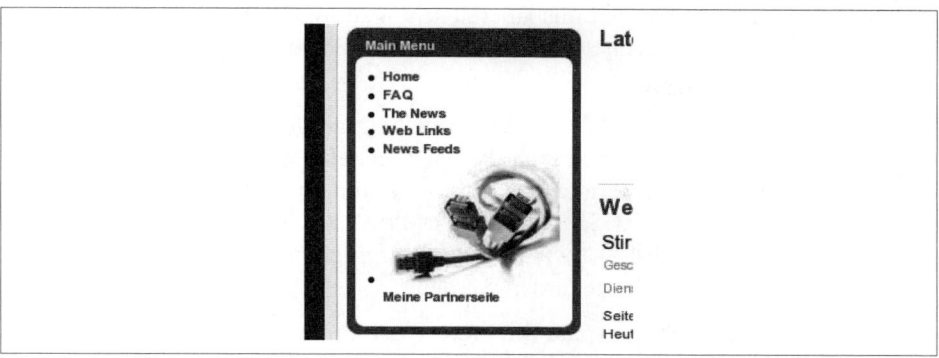

Abbildung 8-19: Hier wurde dem Verweis auf die Partnerseite das ziemlich voluminöse Bild »web_links.jpg« zugewiesen.

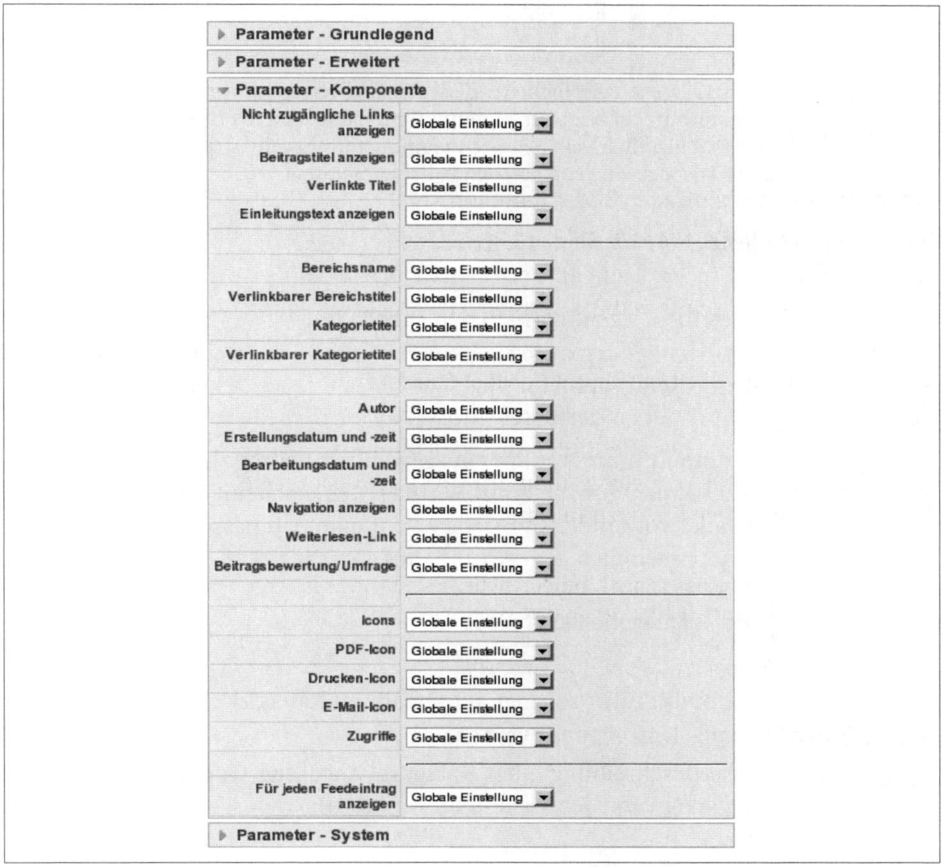

▷ **Parameter - Grundlegend**

▷ **Parameter - Erweitert**

▽ **Parameter - Komponente**

Nicht zugängliche Links anzeigen	Globale Einstellung ▾
Beitragstitel anzeigen	Globale Einstellung ▾
Verlinkte Titel	Globale Einstellung ▾
Einleitungstext anzeigen	Globale Einstellung ▾
Bereichsname	Globale Einstellung ▾
Verlinkbarer Bereichstitel	Globale Einstellung ▾
Kategorietitel	Globale Einstellung ▾
Verlinkbarer Kategorietitel	Globale Einstellung ▾
Autor	Globale Einstellung ▾
Erstellungsdatum und -zeit	Globale Einstellung ▾
Bearbeitungsdatum und -zeit	Globale Einstellung ▾
Navigation anzeigen	Globale Einstellung ▾
Weiterlesen-Link	Globale Einstellung ▾
Beitragsbewertung/Umfrage	Globale Einstellung ▾
Icons	Globale Einstellung ▾
PDF-Icon	Globale Einstellung ▾
Drucken-Icon	Globale Einstellung ▾
E-Mail-Icon	Globale Einstellung ▾
Zugriffe	Globale Einstellung ▾
Für jeden Feedeintrag anzeigen	Globale Einstellung ▾

▷ **Parameter - System**

Abbildung 8-20: Sofern man einen Menüpunkt vom Typ »Kategorie-Listen-Layout (Joomla! Standard)« anlegt, darf man an sehr vielen Stellschrauben drehen.

Glücklicherweise setzt Joomla! hier überall schon sinnvolle Werte, so dass Sie sich in den meisten Fällen einfach zurücklehnen und lässig auf Speichern klicken dürfen.

Ist bei einer Option der Punkt *Globale Einstellung* ausgewählt, so verwendet das Content-Management-System einfach die entsprechenden Werte aus den globalen Einstellungen. Letztere verbergen sich zum einen hinter Site → Konfiguration und zum anderen hinter der Schaltfläche Voreinstellungen, die Sie sowohl bei der Beitragsverwaltung (Inhalt → Beiträge) als auch bei den jeweiligen Komponenten in deren Werkzeugleiste finden werden.

Es gibt allerdings auch ein paar kleinere Ausnahmen: Bei einigen Menüeintragstypen müssen jeweils zwei oder drei Einstellungen *unbedingt* von Ihnen selbst nachjustiert oder zumindest kontrolliert werden. Die folgenden Tabellen nennen alle derartigen Punkte, die durchweg im Register Parameter → Grundlegend stecken.

 Sie sind nicht verpflichtet, diese Einstellungen anzupassen. Im schlimmsten Fall zeigt der Menüpunkt dann jedoch ins Leere. Klickt ein Besucher einen solchen Menüeintrag an, präsentiert Joomla! auf der Homepage eine entsprechende Fehlermeldung.

Beiträge → Archivieren → Archiv-Beitrag-Listen-Layout

Sortieren
Legt die Sortierreihenfolge innerhalb der Tabelle fest.

Beiträge → Beitrag → Beitrags-Layout (Joomla!-Standard)

Beitrag wählen
Der neue Menüpunkt führt zum hier ausgewählten Beitrag. Um letztgenannten festzulegen, klickt man zunächst auf Wählen. Es erscheint ein neues Fenster mit einer Liste aller vorhandenen Beiträge. Hat man den passenden Beitrag ausgemacht, klickt man einfach auf seinen Namen.

Beiträge → Kategorie → Kategorie-Blog-Layout

Kategorie
Der neue Menüpunkt führt zur hier ausgewählten Kategorie.

Beschreibung
Legt fest, ob die Beschreibung einer Kategorie angezeigt werden soll (wie eine solche Beschreibung vergeben wird, zeigt Kapitel 4).

Bildbeschreibung
Kategorien und Bereichen kann auch ein Bild oder eine Grafik zugeordnet werden. Sie dient primär zur Auflockerung der entsprechenden Übersichtsseite.

Die Einstellung hier regelt, ob das Bild dargestellt werden soll (mehr zu diesem Thema finden Sie in Kapitel 4).

Führende

Der neue Menüpunkt führt auf eine Seite, in der alle Elemente in Blog-Form angezeigt werden. Die Elemente, die im oberen Teil dieser Seite erscheinen, nehmen dabei immer die gesamte zur Verfügung stehende Seitenbreite ein. Die Elemente im unteren Teil der Seite müssen sich hingegen in mehrere Spalten quetschen (vgl. auch Abbildung 8-12).

Diese Einstellung regelt nun, wie vielen Elementen im oberen Teil die gesamte Seitenbeite zur Verfügung steht. Standardmäßig ist dies nur ein Element.

Intro

In diesem Feld steht die Anzahl der im mehrspaltigen Teil angezeigten Artikel. Stehen beispielsweise zwei Spalten zur Verfügung und hier der Wert 4, so werden im unteren Bereich vier Beiträge in zwei Spalten angezeigt.

Spalten

Sofern es mehr Elemente gibt, als unter # FÜHRENDE eingestellt ist, erscheint der Rest in mehreren Spalten im unteren Teil dieser Seite (vgl. auch Abbildung 8-12). Die Zahl gibt hier an, wie viele Spalten Joomla! dort bereitstellen soll.

Links

Sofern sehr viele Elemente vorhanden sind, wird die Blog-Darstellung recht unübersichtlich. In diesen Fällen wird man nur die wichtigsten oder aktuellsten Elemente darstellen und die restlichen als Links am unteren Seitenrand aufführen. Die Einstellung hier regelt, wie viele Links dies sind.

Beiträge → Kategorie → Kategorie-Listen-Layout (Joomla!-Standard)

Kategorie

Der neue Menüpunkt führt zur hier ausgewählten Kategorie.

Tabellenüberschriften

Die Namen der Tabellenspalten werden anzeigt oder ausgeblendet.

Datumsspalte

In der Tabelle erscheint auf Wunsch eine Spalte mit dem Erstellungsdatum.

Datumsformat

Hier legt man fest, wie das Datum in der entsprechenden Spalte anzeigt werden soll. In Deutschland verwendet man meist das Format Tag-Monat-Jahr, in Amerika hingegen Monat-Tag-Jahr.

Das Format wird in diesem Eingabefeld durch ein kryptisches Muster definiert, wie es die PHP-Funktion `strftime` erwartet. Sofern Sie sich mit der PHP-Programmierung nicht auskennen, lassen Sie das Feld einfach leer. In diesem Fall übernimmt Joomla! das Datumsformat aus dem gerade aktiven Sprachpaket.

Filter

Auf Wunsch aktiviert dieser Punkt eine Filtermöglichkeit. Das zugehörige Eingabefeld blendet alle Zeilen in der Tabelle aus, die nicht den eingetippten Suchtext enthalten. Hiermit kann der Betrachter die angezeigte Datenmenge reduzieren.

Filterfeld

Bestimmt die Tabellenspalte, auf die sich der Filter bezieht.

Beiträge → Startseite → Startseite-Blog-Layout

 # Führende

Der neue Menüpunkt führt auf eine Seite, in der alle Elemente in Blog-Form angezeigt werden. Die Elemente, die im oberen Teil dieser Seite erscheinen, nehmen dabei immer die gesamte zur Verfügung stehende Seitenbreite ein. Die Elemente im unteren Teil der Seite müssen sich hingegen in mehrere Spalten quetschen (vgl. auch Abbildung 8-12).

Diese Einstellung regelt nun, wie vielen Elementen im oberen Teil die gesamte Seitenbeite zur Verfügung steht. Standardmäßig ist dies nur ein Element.

 # Intro

In diesem Feld steht die Anzahl der im mehrspaltigen Teil angezeigten Artikel. Stehen beispielsweise zwei Spalten zur Verfügung und hier steht der Wert 4, so werden im unteren Bereich vier Beiträge in zwei Spalten angezeigt.

Spalten

Sofern es mehr Elemente gibt, als unter # FÜHRENDE eingestellt ist, erscheint der Rest in mehreren Spalten im unteren Teil dieser Seite (vgl. auch Abbildung 8-12). Die Zahl gibt hier an, wie viele Spalten Joomla! dort bereitstellen soll.

 # Links

Sofern sehr viele Elemente vorhanden sind, wird die Blog-Darstellung recht unübersichtlich. In diesen Fällen wird man nur die wichtigsten oder aktuellsten Elemente darstellen und die restlichen als Links am unteren Seitenrand aufführen. Die Einstellung hier regelt, wie viele Links dies sind.

Beiträge → Bereich → Bereichs-Blog-Layout

Bereich

Der neue Menüpunkt führt zum hier ausgewählten Bereich.

Beschreibung

Im Fall von *Anzeigen* erscheint die Beschreibung des Bereichs am oberen Rand (wie eine solche vergeben wird, zeigt Kapitel 4).

Bildbeschreibung

Bereichen kann auch ein Bild oder eine Grafik zugeordnet werden. Die Grafik bzw. das Bild dient primär zur Auflockerung der entsprechenden Übersichtsseite. Die Einstellung hier regelt, ob das Bild dargestellt werden soll (mehr zu dem Thema finden Sie in Kapitel 4).

Führende

Der neue Menüpunkt führt auf eine Seite, in der alle Elemente in Blog-Form angezeigt werden. Die Elemente, die im oberen Teil dieser Seite erscheinen, nehmen dabei immer die gesamte zur Verfügung stehende Seitenbreite ein. Die Elemente im unteren Teil der Seite müssen sich hingegen in mehrere Spalten quetschen (vgl. auch Abbildung 8-12).

Diese Einstellung regelt nun, wie vielen Elementen im oberen Teil die gesamte Seitenbeite zur Verfügung steht. Standardmäßig ist dies nur ein Element.

Intro

In diesem Feld steht die Anzahl der im mehrspaltigen Teil angezeigten Artikel. Stehen beispielsweise zwei Spalten zur Verfügung und hier steht der Wert 4, so werden im unteren Bereich vier Beiträge in zwei Spalten angezeigt.

Spalten

Sofern es mehr Elemente gibt, als unter # FÜHRENDE eingestellt ist, erscheint der Rest in mehreren Spalten im unteren Teil dieser Seite (vgl. auch Abbildung 8-12). Die Zahl gibt hier an, wie viele Spalten Joomla! dort bereitstellen soll.

Links

Sofern sehr viele Elemente vorhanden sind, wird die Blog-Darstellung recht unübersichtlich. In diesen Fällen wird man nur die wichtigsten oder aktuellsten Elemente darstellen und die restlichen als Links am unteren Seitenrand aufführen. Die Einstellung hier regelt, wie viele Links dies sind.

Beiträge → Bereich → Bereichs-Layout (Joomla!-Standard)

Bereich

Der neue Menüpunkt führt zum hier ausgewählten Bereich.

Beschreibung

Im Fall von *Anzeigen* erscheint die Beschreibung des Bereichs am oberen Rand (wie eine solche Beschreibung vergeben wird, zeigt Kapitel 4).

Bildbeschreibung

Bereichen kann auch ein Bild oder eine Grafik zugeordnet werden. Sie dient primär zur Auflockerung der entsprechenden Übersichtsseite. Die Einstellung hier regelt, ob das Bild dargestellt werden soll (mehr zu dem Thema finden Sie in Kapitel 4).

Kategorieliste → Bereich

Der neue Menüeintrag führt normalerweise zu einer Liste mit allen Kategorien aus diesem Bereich. Steht die Einstellung hier auf *Verbergen*, unterdrückt Joomla! die gesamte Liste. Der Benutzer sieht somit nur noch eine leere Seite mit dem Titel des Bereichs.

In der Praxis dürfte dieser Punkt somit kaum zum Einsatz kommen: Wenn Sie den Zugriff auf die Inhalte des Bereichs unsichtbar machen möchten, sollten Sie lieber auf den Menüpunkt verzichten beziehungsweise diesen ausblenden. Eine leere Seite irritiert den Besucher und kann ihn sogar vergraulen.

Leere Kategorien im Bereich
Sofern hier *Verbergen* aktiviert wurde, erscheinen in der Liste ausschließlich Kategorien, die tatsächlich auch Beiträge enthalten. Alle leeren Kategorien bleiben hingegen ausgeblendet.

 # Kategorieeinträge
Sofern *Anzeigen* aktiviert wurde, zeigt Joomla! zu jeder Kategorie an, wie viele Beiträge in ihr enthalten sind.

Kategoriebeschreibung
Sofern *Anzeigen* aktiviert wurde, zeigt Joomla! auch die Beschreibung einer jeden Kategorie an. Dieser Text erscheint in der Liste immer unterhalb des Kategorienamens. Wie man eine Beschreibung vergibt, zeigt Kapitel 4.

Kontakte → Kategorie → Kontakt-Kategorie Layout

Kategorie wählen
Der neue Menüpunkt führt zur hier ausgewählten Kontakt-Kategorie.

Kontaktbild
Blendet auf der Seite mit den Kontaktdaten ein Bild ein. Das Bild muss sich im Unterordner */images/stories* der Joomla!-Installation befinden. Eigene Bilder legt man dort am besten über die Medienverwaltung ab (siehe Kapitel 5).

Bildausrichtung
Bestimmt, ob das KONTAKTBILD *Links* oder *Rechts* auf der Seite erscheint.

Limit Box
Blendet eine sogenannte Limitbox ein. Sie erscheint über der Tabelle und bestimmt, wie viele Einträge darin gleichzeitig erscheinen. Sollten mehr Einträge vorhanden sein, kann der Besucher über entsprechende Links am unteren Rand der Tabelle zu den nächsten Einträgen blättern.

Zeige Feedlink
Regelt, ob Joomla! einen Newsfeed für diese Seite generieren soll. Steht diese Einstellung auf *Nein*, versteckt Joomla! für diese Seite den Link auf das Modul *Syndicate* (in den mitgelieferten Beispieldaten steht der Link ganz unten links auf der Seite).

Mehr zu von Joomla! generierten Newsfeeds erfahren Sie im Abschnitt »Syndicate« auf Seite 202.

Kontakte → Kontakt → Kontakt-Layout (Joomla! Standard)

Kontakt wählen

Bestimmt die Kontaktperson, deren Daten nach einem Klick auf den Menüpunkt angezeigt werden sollen.

Dropdown

Bei Anzeigen erscheint auf der Kontaktseite eine Ausklappliste über den eigentlichen Adressdaten, die alle Kontakte der aktuellen Kategorie zur Schnellauswahl anbietet.

Kategorie als Pfad anzeigen

Die *Kontakt*-Kategorie erscheint auch in den Breadcrumbs (siehe auch Kapitel 7).

Newsfeeds → Alle Kategorien → Newsfeed-Kategorie-Listen-Layout

Limitbox anzeigen

Blendet eine sogenannte Limitbox ein. Sie erscheint über der Tabelle und bestimmt, wie viele Einträge darin gleichzeitig erscheinen. Sollten mehr Einträge vorhanden sein, kann der Besucher über entsprechende Links am unteren Rand der Tabelle zu den nächsten Einträgen blättern.

Beschreibung

Sofern hier *Anzeigen* eingestellt ist, erscheint über der Liste mit allen existierenden Newsfeed-Kategorien der im nachfolgenden Feld eingetippte Text.

Beschreibungstext

Der hier eingetippte Text erscheint auf der Homepage. Hier können Sie beispielsweise eine Beschreibung wie beispielsweise »Bitte wählen Sie die Gruppe mit Newsfeeds, die Sie interessiert.« vergeben.

Bild

Blendet auf der Zielseite das hier gewählte Bild ein. Dort dient es lediglich zur optischen Auflockerung.

Alle hier zur Auswahl stehenden Dateien stammen aus dem Verzeichnis *images/stories* der Joomla!-Installation. Eigene Bilder können Sie über die Medienverwaltung hinzufügen (mehr dazu finden Sie in Kapitel 5).

Bildausrichtung

Legt fest, ob das Bild links oder rechts auf der Seite erscheint.

Newsfeeds → Kategorie → Newsfeed-Listen-Layout

Kategorie

Joomla! listet alle Newsfeeds auf, die aus der hier gewählten Kategorie stammen.

Limitbox anzeigen

Blendet eine sogenannte Limitbox ein. Sie erscheint über der Tabelle und bestimmt, wie viele Einträge darin gleichzeitig erscheinen. Sollten mehr Einträge vorhanden sein, kann der Besucher über entsprechende Links am unteren Rand der Tabelle zu den nächsten Einträgen blättern.

Newsfeeds → Einzelnes Feed → Newsfeed-Layout (Joomla!-Standard)

Feed

Joomla! zeigt die Nachrichten des hier gewählten Newsfeeds an.

Suche → Suche → Suche

Suchbereiche verwenden

Wählt man hier *Ja*, so kann der Benutzer die Suche nach einem Begriff zusätzlich auf bestimmte Bereiche beschränken. Beispielsweise könnte er nur in den Kontakten oder nur in den Newsfeeds und Weblinks suchen lassen.

Erstellungsdatum anzeigen

Zu jedem gefundenen Beitrag erscheint auch sein Erstellungsdatum. Dies ist insbesondere dann sinnvoll, wenn Sie in Joomla! Nachrichten verwalten.

Weblinks → Alle Kategorien → Weblink-Kategorie-Listen-Layout

Bild

Der neue Menüpunkt führt zu einer Liste mit allen Kategorien, die hier mit einem Bild oder einer Grafik aufgepeppt werden kann. Sie dient rein zur optischen Auflockerung. Das Bild muss im Verzeichnis *images/stories* der Joomla!-Installation liegen. Eigene Dateien fügt man über die Medienverwaltung hinzu (siehe auch Kapitel 5).

Bildausrichtung

Legt fest, ob das Bild auf der linken oder rechten Seite erscheint.

Zeige Feedlink

Bei einem *Ja* generiert Joomla! einen Newsfeed für die Zielseite. Mehr Informationen zu den von Joomla! produzierten Newsfeeds liefert der Abschnitt »Syndicate« auf Seite 202.

Weblinks → Kategorie → Kategorie-Listen-Layout (Joomla!-Standard)

Kategorie

Der Menüpunkt führt zu einer Liste mit allen Weblinks aus dieser Kategorie.

Zeige Feedlink

Bei einem *Ja* generiert Joomla! einen Newsfeed für die Zielseite. Mehr Informationen zu den von Joomla! produzierten Newsfeeds liefert der Abschnitt »Syndicate« auf Seite 202.

Wrapper → Wrapper → Wrapper

Wrapper-URL
Die Internetadresse der Seite, die Joomla! einbinden soll.

Scrollbalken
Legt fest, ob Bildlaufleisten (englisch Scrollbars) immer (*Ja*), nie (*Nein*) oder nur dann angezeigt werden sollen, wenn die Seite zu groß ist (*Auto*).

Breite
Bestimmt, wie viel Platz die eingebundene Seite in der Breite einnehmen darf (in Prozent des zur Verfügung stehenden Platzes).

Höhe
Bestimmt, wie viel Platz die eingebundene Seite in der Höhe einnehmen darf (in Pixel).

Sofern der von Ihnen gewählte Menütyp in dieser Aufzählung auftauchte, sollten Sie die in der zugehörigen Tabelle genannten Einstellungen prüfen, beziehungsweise ergänzen. Bei allen übrigen Menütypen, also einem Menüpunkt auf

- Umfragen
- Eine Seite aus der Benutzerverwaltung
- Weblinks → Weblink → Weblink-Einreichen-Layout
- Externer Link
- Trenner
- Alias

sind keine weiteren Einstellungen notwendig.

Falls Sie doch noch ein wenig Feintuning betreiben und somit an den restlichen Schrauben drehen möchten, sollten Sie einen Blick in die beiliegende CD werfen. Auf ihr finden Sie eine Referenz mit sämtlichen Einstellungen für alle von Joomla! 1.5 angebotenen Menütypen. Jeder Punkt erhält dort selbstverständlich eine ausführliche Erklärung.

Im Beispiel des Kinoportals könnte man dem externen Link noch ein Menübild zur Seite stellen. Da dies jedoch den schönen Gesamteindruck des Menüs zerstören würde, behalten Sie einfach alle weiteren Einstellungen bei und verlassen diesen Bildschirm über die SPEICHERN-Schaltfläche in der Werkzeugleiste. Ab sofort existiert im *Main Menu* ein Eintrag, der direkt auf die Partnerseite führt, wie in Abbildung 8-21 zu sehen ist.

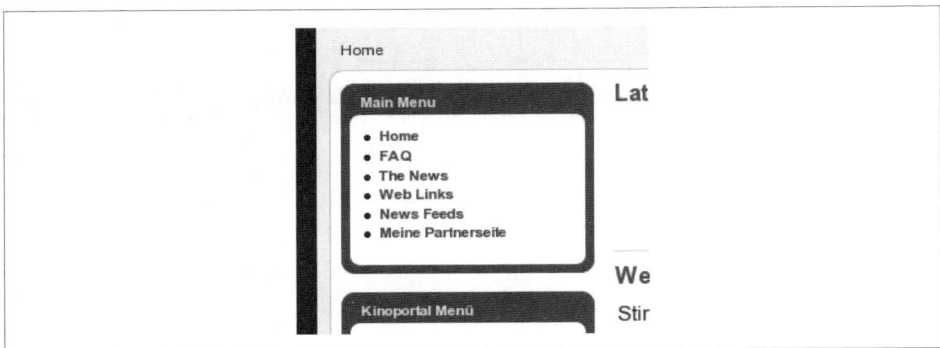

Abbildung 8-21: Der fertige Link auf der Homepage

KAPITEL 9
Benutzerverwaltung und -kommunikation

Das Kinoportal wird immer populärer. Um nun auch anderen Autoren das Schreiben von Filmkritiken zu gestatten, muss man ihnen Zugriff auf die entsprechenden Funktionen des Joomla!-Systems gewähren. Hierfür ist die Benutzerverwaltung (englisch *User Manager*) hinter dem Menüpunkt SITE → BENUTZER zuständig. Die Seite aus Abbildung 9-1 zeigt eine Liste mit allen derzeit eingerichteten Benutzern an.

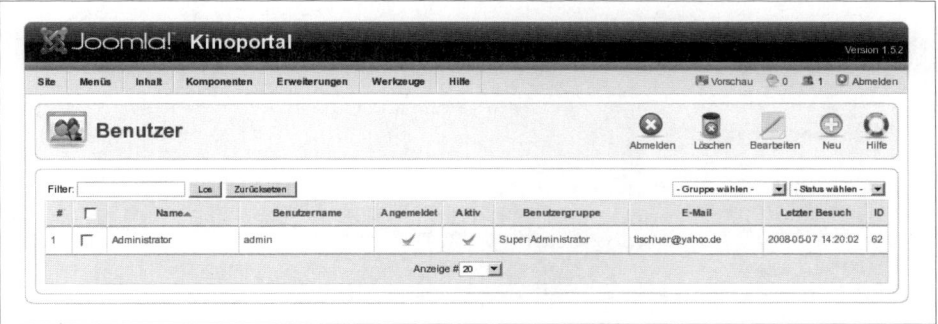

Abbildung 9-1: Die Benutzerverwaltung

Direkt nach der Installation von Joomla! ist das nur der *Administrator* – also Sie selbst. Wie die Spalte BENUTZERGRUPPE verrät, gehört er zu der Gruppe der *Super Administrator*en. Diesen Benutzern ist einfach alles erlaubt. So dürfen sie sich nicht nur auf der Homepage über das LOGIN FORM anmelden, sondern auch das Backend aufrufen und dort an sämtlichen Schrauben drehen.

 Aus diesem Grund sollten Sie das bei der Installation festgelegte Passwort niemals weitergeben.

Die Spalte E-MAIL zeigt noch, wie der Benutzer per elektronischer Post zu erreichen ist, während LETZTER BESUCH das Datum der letzten Anmeldung auf der Homepage enthält. Letzteres bezieht sich ausschließlich auf einen Besuch im Frontend und nicht auf den Administrationsbereich.

Nach einem Klick auf den grünen Haken in der Spalte AKTIV kann sich der entsprechende Benutzer nicht mehr am System anmelden. Dies ist zum Beispiel dann sinnvoll, wenn der Benutzer auf der Homepage Schindluder getrieben hat und man ihn so erstmal in Quarantäne nimmt. Ein gesperrtes Konto wird in der genannten Spalte durch ein rotes Kreuz anstelle des grünen Hakens angezeigt.

 Achten Sie genau darauf, wessen Konto Sie hier auf Eis legen: Ein unachtsamer Klick genügt, und schon haben Sie sich selbst ausgesperrt.

Neue Benutzerkonten anlegen

Um nun einem neuen Autor das Schreiben von Filmkritiken zu gestatten, muss man zunächst ein Benutzerkonto für ihn anlegen. Dazu klicken Sie in der Werkzeugleiste auf NEU, woraufhin sich das Formular aus Abbildung 9-2 öffnet.

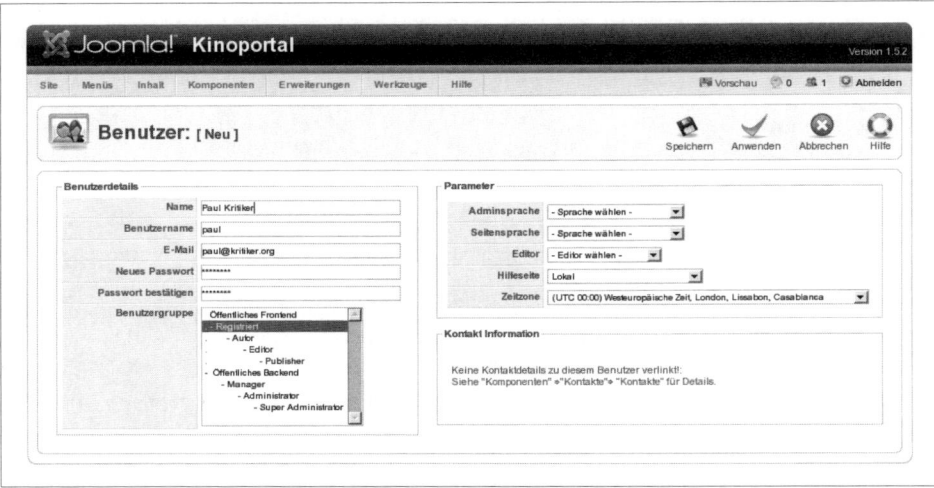

Abbildung 9-2: Dieses Formular führt zu einem neuen Benutzerkonto.

Zunächst füllt man die persönlichen Daten auf der linken Seite unter BENUTZERDETAILS aus. Dazu gehören:

Name
Dies ist der vollständige Name des Benutzers, wie zum Beispiel **Paul Kritiker.**

Benutzername

Mit diesem Namen meldet sich der neue Benutzer später am System an. Der Benutzername muss nicht mit dem *Namen* identisch sein und sollte keine Leerzeichen enthalten. In der Liste mit allen Benutzern hinter SITE → BENUTZER taucht dieser Name in der Spalte BENUTZERNAME auf. Der Administrator heißt beispielsweise *admin*.

E-Mail

Unter dieser E-Mail-Adresse ist der Benutzer zu erreichen. Sie muss übrigens eindeutig sein, zwei Benutzer dürfen folglich nicht die gleiche E-Mail-Adresse verwenden. Auf diese Weise wird verhindert, dass sich ein Besucher mehrere Nutzerkonten verschafft.

Dieses Verhalten konnte man in den Versionen vor Joomla! 1.5 noch in den `Joomla 1.0.x` globalen Einstellungen deaktivieren.

Neues Passwort

Mit dem hier eingegebenen Passwort meldet sich der neue Benutzer später am System an. Es dient somit ausschließlich zur Authentifizierung. Der zugehörige Benutzer kann dieses Passwort später selbst jederzeit ändern.

Lässt man dieses Feld frei, so generiert Joomla! zufallsgesteuert selbst ein Passwort, das es dann dem Benutzer per E-Mail zuschickt. Dieses Vorgehen hat den Vorteil, dass man sich als Administrator nicht selbst immer Passwörter ausdenken muss. Zudem gerät man nicht in Verdacht, die Passwörter seiner Benutzer zu kennen.

Gibt man selbst ein Passwort vor, so sollte man immer ein möglichst schwer zu erratendes wählen, das Ziffern sowie Groß- und Kleinbuchstaben enthält. Insgesamt sollte es aus mindestens 8 Zeichen bestehen. Eigennamen, Geburtsdaten und ähnliche persönliche Informationen sind tabu. Knackprogramme, die sich auf das Erraten von Passwörtern spezialisiert haben, arbeiten mit Namenlisten und Wörterbüchern, die sie in kurzer Zeit durchprobieren. Verwenden Sie daher niemals Passwörter, die im Lexikon oder Duden auftauchen. Im Internet gibt es verschiedene kostenlose Programme, die helfen, sichere Passwörter zu generieren.

Paswort bestätigen

Die Wiederholung des Passwortes, um Tippfehler auszuschließen.

Benutzergruppe

Damit fremde Benutzer kein Schindluder treiben, sollte man ihre Handlungsmöglichkeiten einschränken. Joomla! stellt eigens zu diesem Zweck sechs Benutzergruppen zur Verfügung, die ihre Mitglieder jeweils mit unterschiedlich umfangreichen Befugnissen ausstatten.

Um einen Benutzer in die Schranken zu weisen, überlegt man sich zunächst, welche Aktionen man ihm zugestehen möchte, und ordnet ihn dann über diese Liste in die passende Gruppe ein. Dabei gilt die Fausregel: Je weiter ein Begriff in der Liste nach rechts eingerückt erscheint, desto mehr Aktionen dürfen ihre Mitglieder ausführen.

 In Joomla! entscheidet folglich die Gruppenzugehörigkeit über die Zugriffsrechte eines Nutzers. Dummerweise ist man dabei auf genau die sechs vorgegebenen Gruppen beschränkt. Weder darf man eigene Gruppen anlegen noch die Befugnisse der vorhandenen anpassen. In der Praxis stößt man deshalb schnell an die Grenzen dieses rudimentären Benutzermanagements. Wer dann feiner verteilte Rechte möchte, muss zu einer externen Erweiterung greifen.

Die Mitglieder der Gruppen im oberen Bereich unter *Öffentliches Frontend* können sich lediglich auf der Homepage anmelden Der Zutritt zum Administrationsbereich bleibt ihnen somit verwehrt. Im Einzelnen ist ihnen Folgendes erlaubt:

- *Registriert*: Benutzer dieser Gruppe dürfen nach der Anmeldung Bereiche einsehen, die normale Besucher nicht zu Gesicht bekommen.
- *Autor*: Benutzer dieser Gruppe dürfen zusätzlich Beiträge schreiben und ihre eigenen ändern. Die Homepage stellt hierzu nach der Anmeldung entsprechende Funktionen bereit.
- *Editor*: Wie *Autor*, darf aber zusätzlich *alle* Beiträge ändern (egal, ob diese von ihm selbst oder einem anderen Autor erstellt wurden).
- *Publisher*: Hat die gleichen Rechte wie ein *Editor*, seine Beiträge werden jedoch direkt auf *Freigegeben* geschaltet (vgl. Kapitel 4).
- Den Mitgliedern von Gruppen aus dem Bereich *Öffentliches Backend* erlaubt Joomla! sogar den Zugriff auf den Administrationsbereich:
- *Super Administrator*: Er darf alles.
- *Administrator*: Im Gegensatz zum Super Administrator darf er *nicht* Benutzer in die Gruppe der Super Administratoren verschieben, die globalen Einstellungen ändern (Site → Konfiguration), E-Mails an alle Benutzer absenden sowie Templates und Sprachdateien installieren.
- *Manager*: Im Vergleich zum einfachen *Administrator* ist ihm zusätzlich untersagt, Benutzer zu verwalten sowie Module und Komponenten zu installieren.

 Wählen Sie die Gruppenzugehörigkeit mit Bedacht. Ein Zugriff auf alle Funktionen ist nicht ratsam, selbst dann, wenn man den Autoren blind vertraut. Es bleibt in einem solchen Fall stets ein Restrisiko, dass einer der Benutzer – sei es aus Versehen oder mit voller Absicht

– Einstellungen ändert, die sich auf den Betrieb der Homepage auswirken oder ihn sogar ganz lahmlegen. Ein Super Administrator sollte beispielsweise nur genau einmal existieren. Auch Sie selbst als Betreiber der Seite sollten sich ein eigenes Benutzerkonto anlegen und den Super Administrator ausschließlich für Notfälle verwenden.

Auf der rechten Seite im Bereich PARAMETER finden sich noch ein paar weitere Einstellungen:

Adminsprache

In der hier eingestellten Sprache erscheint der Administrationsbereich, sobald sich der Benutzer angemeldet hat (vorausgesetzt, er besitzt die nötigen Rechte dazu).

Seitensprache

Die Homepage erscheint in dieser Sprache, sobald sich der Benutzer auf ihr angemeldet hat. Diese Spracheinstellung betrifft allerdings nur die von Joomla! generierten Elemente, wie etwa Schaltflächen, und nicht die Texte der Beiträge.

Editor

Sobald ein Benutzer einen neuen Beitrag einreichen möchte, gibt Joomla! ihm einen kleinen Texteditor an die Hand, in dem er seinen Artikel mehr oder weniger komfortabel eintippen kann.

Standardmäßig verwendet Joomla! für solche Zwecke den *TinyMCE*-Editor, den Sie schon aus den vorangegangenen Kapiteln her kennen dürften. Alternativ darf man hier dem Benutzer auch ein karges Eingabefeld (*No Editor*) vorsetzen, das allerdings nicht die Eingabe von HTML-Befehlen verhindert. Einen Autor, der die Freiheiten des TinyMCE-Editor zu weit auskostet und in Folge dessen das Seitenbild zerstört, kann man durch einen derartigen Tausch also nicht zügeln. Allerdings stellt ein schlichtes Eingabefeld weniger Leistungsansprüche an die Browser der Besucher. Einem sehbehinderten Autor, der auf einen Screenreader oder gar eine Braillezeile angewiesen ist, kann man beispielsweise mit einem Tausch das Leben drastisch erleichtern.

Hilfeseite

Bestimmt den Standort der Hilfe-Seiten, die der Benutzer zu Gesicht bekommt. Bei *Lokal* verwendet Joomla! die mitgelieferten Seiten, anderenfalls präsentiert es die Inhalte der gewählten Internetseite.

Zeitzone

Zu jedem Beitrag wird auch sein Erstellungsdatum gespeichert und angezeigt. Sofern die Autoren über die ganze Welt verstreut sind und somit in verschiedenen Zeitzonen leben, würden diese Datumsangaben vollständig durcheinandergeraten. Aus diesem Grund kann man hier festlegen, in welcher Zeitzone sich der Benutzer gerade befindet.

Der Bereich KONTAKT-INFORMATION rechts unten ist derzeit noch leer. Er füllt sich erst, wenn Sie einen Kontakt (via KOMPONENTEN → KONTAKTE → KONTAKTE) diesem Benutzer zugeordnet haben. Dann erscheinen in diesem Bereich Informationen über den verknüpften Kontakt, den man mit einem Klick auf KONTAKTDETAILS ÄNDERN nachträglich korrigieren kann (mehr Informationen zu den Kontakten finden Sie im Abschnitt »Kontakte« auf Seite 141).

Seiten für Benutzer im Frontend

Nach der Anmeldung über das LOGIN FORM kann jeder Benutzer auf der Homepage seine persönlichen Daten, wie E-Mail-Adresse und Passwort auf einer entsprechenden Seite einsehen und ändern (Abbildung 9-3).

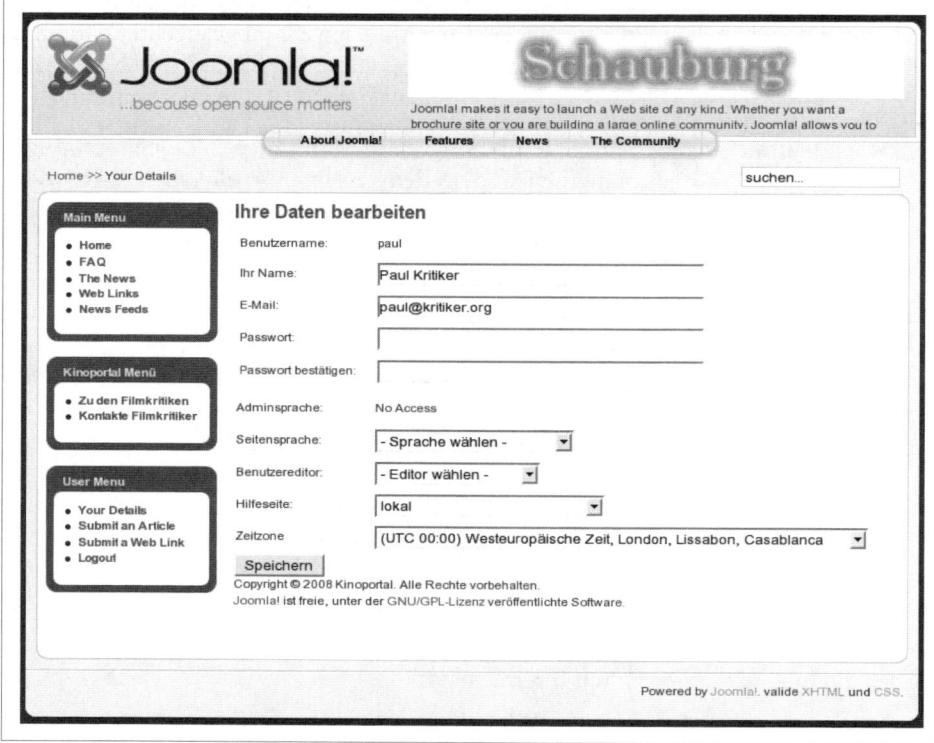

Abbildung 9-3: In dieser Maske darf ein Benutzer seine persönlichen Daten ändern. In der mitgelieferten Beispiel-Homepage führt der Menüeintrag »Your Details« im »User Menu« dorthin.

Zutritt zu dieser Seite verschafft ein neuer Menüpunkt vom Typ *Benutzer-Layout (Joomla! Standard)* aus der Gruppe *Benutzer* (wie man Menüs erstellt, lernen Sie in

Kapitel 8). Falls Sie bei der Installation von Joomla! die Beispieldaten eingespielt haben, finden Sie einen passenden Menüeintrag namens YOUR DETAILS bereits im USER MENU.

Wie Abbildung 9-3 zeigt, hat ein Benutzer auch Einfluss auf die Sprache des Back- beziehungsweise Frontends, auf den von ihm bevorzugten Editor für neue Beiträge, auf die Hilfe-Seite und auf die Zeitzone, in der er sich befindet. Wenn Ihnen diese Befugnisse zu weit gehen, werfen Sie einen Blick in die globalen Einstellungen hinter SITE → KONFIGURATION. Setzt man dort auf der Registerkarte SYSTEM im Bereich BENUTZER den Punkt PARAMETER IM FRONTEND auf *Verbergen*, so entzieht Jooma! dem Benutzer alle Optionen unterhalb des Passworts.

Das in den Beispieldaten mitgelieferte USER MENU kennt noch zwei weitere Einträge: SUBMIT AN ARTICLE und SUBMIT A WEB LINK. Beide führen jeweils zu einem Formular, über das der Benutzer einen neuen Beitrag beziehungsweise einen Weblink einreichen kann. Diese Bildschirme sind jeweils abgespeckte Varianten ihrer Kollegen aus dem Administrationsbereich (INHALT → BEREICH → NEU beziehungsweise KOMPONENTEN → WEBLINKS → LINKS → NEU). Die hier präsentierten Einstellungen und Eingabefelder wurden lediglich etwas anders angeordnet.

Wenn Sie diese beiden Menüpunkte selbst anlegen wollen oder müssen, verwenden Sie für die Beiträge den Menütyp BEITRAG-EINREICHEN-LAYOUT und für die Weblinks das WEBLINK-EINREICHEN-LAYOUT.

Werfen Sie auch einen Blick auf die Liste mit den Menütypen aus Kapitel 8 in der Gruppe BENUTZER. Die darüber angelegten Menüpunkte führen zu weiteren für Benutzer hilfreichen Unterseiten.

Benutzer zwangsweise abmelden

Die Benutzerverwaltung (hinter SITE → BENUTZER) hat neben dem Anlegen, Löschen und Bearbeiten von Benutzern auch noch eine weitere interessante Funktion zu bieten. Über die Schaltfläche ABMELDEN in der Werkzeugleiste kann man einen derzeit angemeldeten Benutzer schnell und unkompliziert vor die Tür setzen. Voraussetzung ist, dass Sie zuvor den oder die betroffenen Benutzer in dem kleinen Kästchen links von ihrem Namen markiert haben.

Man sollte sich jedoch genau überlegen, ob man den Benutzer zwangsweise ausloggt. Bearbeitet er nämlich gerade ein Element, wie zum Beispiel eine Filmkritik, so führt das nicht nur zu einem verärgerten Autor. Joomla! sperrt in diesem Fall auch den Artikel für alle weiteren Bearbeitungen. Hiermit soll vermieden werden, dass zwei Benutzer gleichzeitig an einem Text werkeln und so Inkonsistenzen entstehen. Die Sperre bleibt jedoch auch beim Abmelden bestehen und wird erst wieder aufgehoben, wenn der bearbeitende Benutzer das Element speichert oder den Bearbeitungsvorgang ausdrücklich abbricht. Mehr zu gesperrten Elementen finden Sie in Kapitel 3.

Zugriffsrechte und die »Special User«

Nicht immer ist es wünschenswert, dass alle Besucher sämtliche Inhalte einer Homepage zu sehen bekommen. Aus diesem Grund darf man den Zugriff auf die sichtbaren Elemente der Homepage, wie zum Beispiel die einzelnen Menüpunkte oder einen Beitrag, für bestimmte Nutzergruppen einschränken. Hierzu heftet man jedem dieser Elemente eines von drei möglichen Etiketten an. Diese Etiketten tragen die Namen *Öffentlich*, *Registriert* oder *Admins* und teilen Joomla! mit, welche Benutzergruppen das betroffene Element überhaupt zu Gesicht bekommen dürfen.

 Früher hieß *Admins* noch *Special*. Dies galt sogar noch für die Joomla!-Version 1.5.0. Auf die alte Bezeichnung stoßen Sie noch an allen Ecken und Enden des Internets. Darüber hinaus verwendet ihn ein englischsprachiges Joomla!. Warum das deutsche Übersetzerteam in den aktuellen Sprachdateien den alteingesessenen Begriff plötzlich mit *Admins* übersetzt, bleibt vermutlich für immer ein Rätsel.

Die Zuweisung der Etiketten erfolgt im jeweils für das entsprechende Element zuständigen Bearbeitungsbildschirm. Abbildung 9-4 zeigt dies am Beispiel eines Beitrags (aktivieren Sie den Menüpunkt INHALT → BEITRÄGE, und klicken Sie dann einen der Beiträge an). Sie finden die entsprechende Einstellung namens ZUGRIFFS-EBENE auf dem Register PARAMETER-BEITRAG.

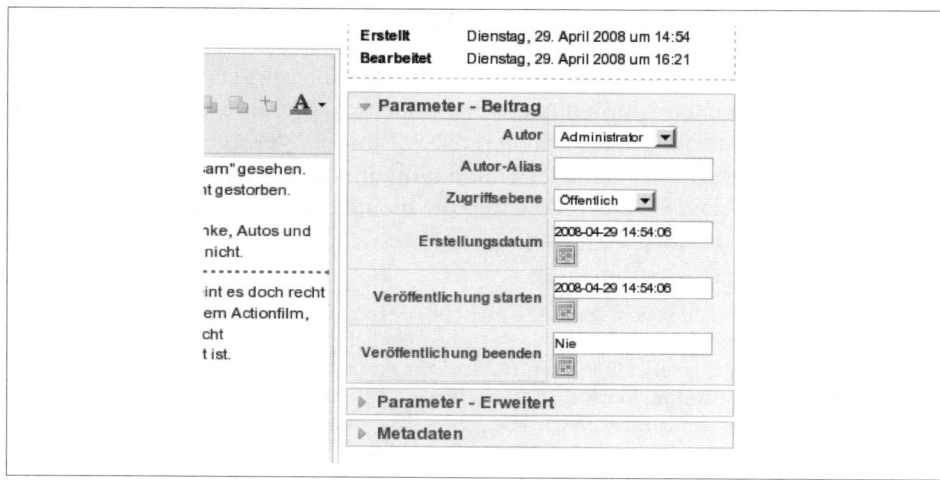

Abbildung 9-4: Die Zugriffsebene regelt, welche Benutzer den Beitrag einsehen können.

Meist existiert zusätzlich in den Übersichtslisten explizit eine Spalte ZUGRIFFS-EBENE, die ebenfalls die derzeit gültigen Zugriffsbeschränkungen für jedes Element nennt (Abbildung 9-5).

 Mit einem Klick auf den entsprechenden Eintrag in der Spalte ZU-GRIFFSEBENE können Sie schnell die Zugriffsbeschränkungen ändern.

Abbildung 9-5: Die Spalte Zugriffsebene zeigt an, wer das jeweilige Element anschauen beziehungsweise benutzen darf.

Setzt man ein Element, wie zum Beispiel einen Beitrag, auf den Wert *Öffentlich*, so können ihn alle Besucher sehen, bei *Registriert* hingegen nur die angemeldeten.

Unter *Admins* fallen alle registrierten Benutzer, die mindestens die Rechte eines Editors haben. Ein Menü(-Modul), das als Zugriffsebene den Wert *Admins* aufweist, bekommen somit nur Benutzer der Gruppen *Editor*, *Publisher*, *Manager*, *Administrator* und *Super Administrator* zu Gesicht.

 Denken Sie daran, dass jedes Menü von einem Modul auf der Homepage angezeigt wird. Um den Zugriff auf das Menü zu unterbinden, müssen Sie folglich die Zugriffsebene des *Moduls* anpassen. Analoges gilt auch für alle anderen Dinge, die über Module ihren Weg auf die Homepage finden.

Leider kann man in Joomla! von Haus aus keine feineren Zugriffsbeschränkungen anlegen. Man muss daher wohl oder übel mit den drei genannten Einstellungen auskommen. Aus diesem Grund sollten Sie sich genau überlegen, welchen Personen man welche Benutzergruppe zuweist.

 Ein weiteres Problem ergibt sich bei Menüpunkten. Verweist ein per *Registriert* versteckter Menüpunkt auf eine Filmkritik, die per *Öffentlich* allen Besuchern den Zugriff erlaubt, so kann ein beliebiger Besucher zwar nicht über den Menüpunkt zum Artikel gelangen. Kennt er jedoch die Internetadresse des Artikels oder reimt er sich diese aufgrund seiner Joomla!-Kenntnisse selbst zusammen, kann er immer noch direkt zum Artikel springen. Um dies zu unterbinden, muss man auch bei der Kritik die Zugriffsebene auf *Registriert* stellen.

 Im Beispiel des Kinoportals empfiehlt sich ein mehrstufiges System. Neue Benutzer, die Filmkritiken einreichen möchten, bekommen zunächst den Rang eines *Editors*. Damit können sie zwar eigene Artikel schreiben, aber nicht online stellen. Es ist also ein *Publisher* notwendig, der die Kritiken prüft und gegebenenfalls korrigiert. Auf diese Weise stellt man gleichzeitig einen bestimmten Qualitätsstandard sicher. Benutzer, die schon einige Artikel geschrieben und sich bewährt haben, adelt man dann zum *Publisher*. Ist die Seite hoch frequentiert, empfiehlt sich noch ein helfende Hand, die als *Administrator* die Benutzerverwaltung übernimmt.

 Wenn ein Benutzer mit geringen Rechten einen neuen Beitrag einreicht, bleibt der Artikel zunächst im Administrationsbereich unter INHALT → BEITRÄGE gesperrt. Gleichzeitig erhalten die Personen mit genügend Rechten eine Meldung über das interne Nachrichtensystem (dazu folgt in wenigen Abschnitten mehr). In dieser Meldung wird auf den Beitrag hingewiesen. Sobald einer der Empfänger den neuen Artikel geprüft hat, gibt er ihn einfach frei (siehe dazu auch Kapitel 4).

Auf kleineren Seiten ohne versteckte Elemente, auf denen die Anzahl der Autoren überschaubar bleibt, kann man auch auf eine Anmeldung über die Homepage verzichten. Stattdessen bekommen die Mithelfer sofort den Status *Manager* und reichen ihre Artikel direkt über den Administrationsbereich ein.

Automatische Registrierung

Stellt man auf dem Kinoportal begehrte Seiten nur für angemeldete Benutzer zur Verfügung, so steigt das Verlangen der Besucher nach einem eigenen Benutzerkonto. Damit der Administrator nicht auch noch seinen gesamten Feierabend damit verbringen muss, massenweise Besucher anzulegen, existiert in Joomla! eine automatische Registrierung. Das Modul zur Benutzeranmeldung auf der Homepage (LOGIN FORM) stellt in diesem Fall einen weiteren Link namens REGISTRIEREN zur Verfügung, über den sich jeder Besucher selbst ein Konto verschaffen kann (Abbildung 9-6).

Um diese Hilfe ein- beziehungsweise auszuschalten, ruft man die globalen Einstellungen unter SITE → KONFIGURATION auf (Abbildung 9-7).

Dort gibt es auf dem Register SYSTEM im Bereich BENUTZER den Punkt BENUTZERREGISTRIERUNG ERLAUBEN. Steht er auf *Ja*, so dürfen sich die Besucher über das gezeigte Formular selbst registrieren. Sie landen dabei automatisch in der Gruppe, die unter BENUTZERGRUPPE NEU REGISTRIERTER BENUTZER eingestellt ist.

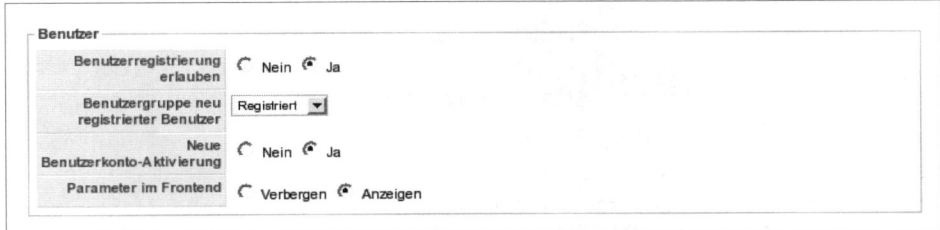

Abbildung 9-6: Über den Link »Registrieren« des »Login Forms« gelangen die Besucher der Homepage auf ein Formular, über das sie ein eigenes Benutzerkonto anfordern können.

Abbildung 9-7: Steht hier »Benutzerregistrierung erlauben« auf »Ja«, dürfen sich Benutzer selbst registrieren.

Doch Vorsicht! Eine solche automatische Registrierung durch die Benutzer sollte man nur gestatten, wenn man selbst oder eine andere vertrauenswürdige Person ein Auge auf die Aktivitäten hat. Joomla! legt bei jeder Registrierung ohne zu murren ein neues Konto an. Ein realer Benutzer könnte sich folglich beliebig viele Konten erschleichen. Da nützt es auch nicht viel, dass die E-Mail-Adressen eindeutig sein müssen: Der böswillige Benutzer denkt sich kurzerhand irgendwelche Fantasieadressen aus. Um dem zumindest eine Hürde in den Weg zu legen, kann man in den globalen Einstellungen noch den

Schalter NEUE BENUTZERKONTO-AKTIVIERUNG auf *Ja* umlegen. In diesem Fall sendet Joomla! dem neuen Benutzer eine E-Mail. Erst wenn er den darin befindlichen Link anklickt, wird das Konto endgültig freigeschaltet.

Darüber hinaus kann diese Form der Registrierung zu vielen Karteileichen führen, wenn sich zum Beispiel Besucher der Seite registrieren, sie das entsprechende Konto aber nie wieder in Anspruch nehmen. Aus diesem Grund sollte man in regelmäßigen Abständen in der Benutzerverwaltung aufräumen und veraltete Datensätze entfernen.

Das interne Nachrichtensystem

Dem Super-Administrator bleibt das Privileg vorbehalten, Briefe über das eingebaute Nachrichtensystem zu verschicken.

 Als Empfänger kommen nur Personen in Frage, die Zutritt zum Backend haben, also Manager, Administratoren und Super Administratoren.

Aber auch Joomla! selbst hat ab und an das Bedürfnis, mit einem der Administratoren zu reden. Letzteres ist zum Beispiel immer dann der Fall, wenn jemand einen neuen Beitrag, wie zum Beispiel eine Filmkritik, einreicht.

Empfangene Nachrichten

Sobald eine Nachricht eingeht, landet sie im Joomla!-eigenen Postkasten (englisch *Inbox*). Über den Menüpunkt WERKZEUGE → NACHRICHTEN LESEN im Administrationsbereich gelangt der Super Administrator zu einer Liste mit allen empfangenen Meldungen (Abbildung 9-8).

`Joomla 1.0.x` In füheren Joomla!-Versionen war das Menü noch unter MESSAGES → INBOX zu finden.

Manager und einfache Administratoren müssen hingegen das Briefsymbol in der Menüleiste bemühen, da bei ihnen der entsprechende Menüpunkt fehlt.

Die Spalte VON verrät, von wem diese Nachricht stammt. DATUM nennt das Sendedatum, und GELESEN vermerkt, ob der Postkastenbesitzer die Meldung bereits gelesen hat. Zusätzlich zeigt das kleine Brief-Symbol in der Menüleiste, wie viele Nachrichten noch ungelesen im Postkarten schlummern.

Um eine der Nachrichten anzusehen, klicken Sie einfach auf ihren Titel. Auf der nun erscheinenden Seite können Sie mit einem Klick auf ANTWORTEN direkt eine Antwort verfassen.

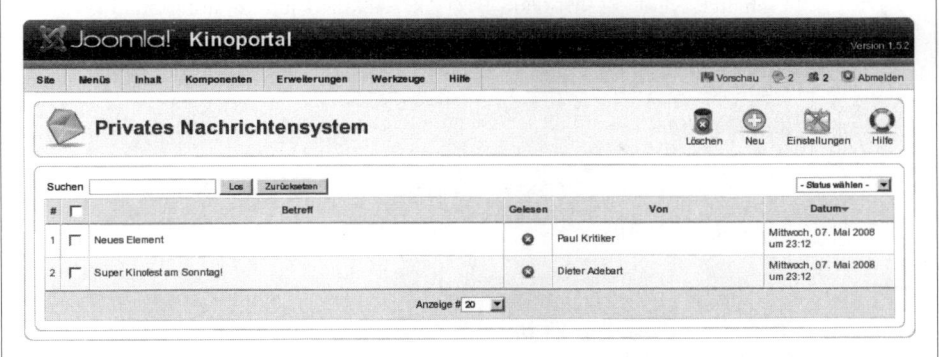

Abbildung 9-8: Hier sieht man zwei eingegangene Nachrichten. Die obere weist darauf hin, dass der Benutzer »Paul Kritiker« auf der Homepage einen neuen Artikel zur Veröffentlichung eingereicht hat.

Nachrichten verschicken

Man erzeugt eine neue Nachricht, indem man entweder aus dem Menü WERK-ZEUGE → NACHRICHT SCHREIBEN wählt oder aber im Postkasten (WERKZEUGE → NACHRICHTEN LESEN) in der Werkzeugleiste auf NEU klickt.

Im nun angezeigten Formular stellt man unter AN: den Empfänger ein, tippt im Eingabefeld BETREFF das Thema ein und schüttet schließlich unter NACHRICHT sein Herz aus. Ein Klick auf SENDEN schickt den Brief auf die Reise.

Einstellungen für das Nachrichtensystem

Einstellungen rund um das Nachrichtensystem erlaubt die Schaltfläche EINSTEL-LUNGEN im Bildschirm hinter WERKZEUGE → NACHRICHTEN LESEN (in alten Joomla!-Versionen `Joomla 1.0.x` unter MESSAGES → CONFIGURATION), siehe Abbildung 9-9. Hier stehen drei Punkte zur Auswahl:

- POSTEINGANG SPERREN schließt auf Wunsch das Postfach ab. Bei einem *Ja* weist Joomla! sämtliche Zustellversuche ab.

- BENACHRICHTIGUNG BEI NEUER NACHRICHT ist insbesondere dann sinnvoll, wenn Sie nur selten den Administrationsbereich besuchen. Steht die Einstellung auf *Ja*, benachrichtigt Joomla! den Postfachinhaber per E-Mail, sobald eine neue Nachricht eingegangen ist.

- NACHRICHTEN AUTOMATISCH LÖSCHEN bestimmt, wie viele Tage Joomla! Nachrichten aufbewahren soll. Sobald eine Nachricht diese Lagerfrist überschreitet, entfernt das Content-Management-System sie automatisch aus dem Posteingang.

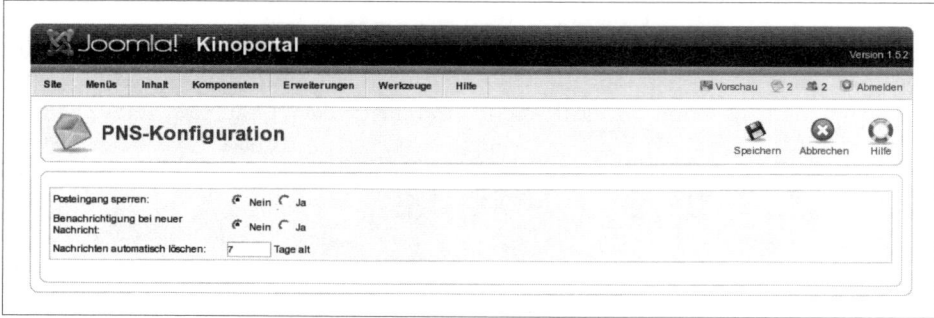

Abbildung 9-9: Der ziemlich sparsam gehaltene Konfigurationsdialog für das Nachrichtensystem

Massen-E-Mail

Der Betreiber des Kinoportals erfährt, dass nächsten Samstag kurzfristig ein interessantes Sonderprogramm im Multiplexkino seiner Heimatstadt angesetzt wurde. Um nun alle registrierten Benutzer davon zu informieren, kann man auf die *Massenmail*-Funktion (englisch *Mass Mail*) zurückgreifen. Sie versendet eine E-Mail an eine bestimmte Gruppe von registrierten Nutzern. Eine solche Rundmail ist auch dann äußerst nützlich, wenn im System plötzlich mal etwas klemmt oder Wartungsarbeiten anstehen, die einen Zugriff oder gar die Erreichbarkeit der Homepage beeinträchtigen.

Sie sollten diese Funktion nur für die genannten Zwecke heranziehen. Andernfalls könnte es passieren, dass sich die Empfänger über zu viel unnötige Post beschweren.

Für einen Massenversand müssen allerdings ein paar Voraussetzungen erfüllt sein. Zunächst einmal muss jeder Benutzer über eine gültige E-Mail-Adresse verfügen, die in seinem Profil eingetragen ist (siehe Abschnitt »Neue Benutzerkonten anlegen« auf Seite 246). Darüber hinaus muss man die entsprechenden Felder in den globalen Einstellungen unter SITE → KONFIGURATION auf dem Register SERVER im Bereich MAIL mit korrekten Werten gefüllt haben. Das nachfolgende Kapitel 10 geht auf die dort geforderten Parameter noch ausführlich ein.

Stimmen alle Einstellungen, ruft man im Menü den Punkt WERKZEUGE → MASSEN-MAIL auf.

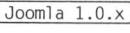 In den Versionen vor Joomla! 1.5 versteckte sich der Massenversand von E-Mails noch in einer eigenen Komponente hinter COMPONENTS → MASS MAIL.

Es öffnet sich nun das Formular aus Abbildung 9-10, in dem man in der Liste unter GRUPPE zunächst die Empfänger einstellt. – *Alle Benutzergruppen* – sendet die Nachricht an wirklich alle registrierten Benutzer. Sämtliche anderen Einträge entsprechen den im Abschnitt »Zugriffsrechte und die ›Special User‹« auf Seite 252 vorgestellten Nutzergruppen. Beachten Sie dabei auch die Einrückungen nach rechts: Sofern Sie MAIL AN UNTERGRUPPEN aktivieren, bezieht Joomla! alle untergegliederten Gruppen noch in den Versand mit ein.

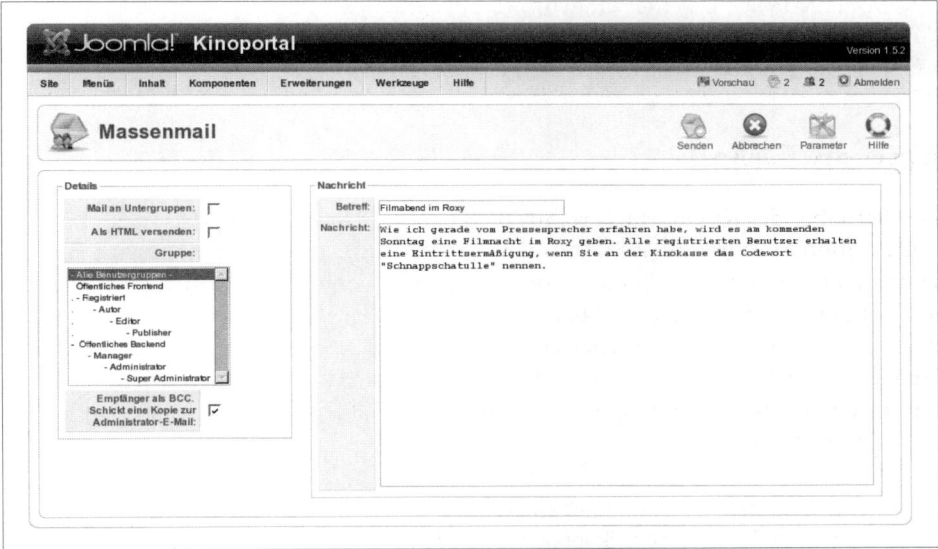

Abbildung 9-10: Die Funktion zum Versenden von Massenmails

Vergeben Sie nun noch auf der rechten Seite eine Betreffzeile im entsprechenden Eingabefeld, und schreiben Sie Ihre NACHRICHT. Falls Sie ALS HTML VERSENDEN angekreuzt haben, dürfen Sie hier sogar HTML-Befehle verwenden, um den Nachrichtentext etwas hübscher zu gestalten. Eine Vorschau des Ergebnisses bietet die Massenmail-Funktion allerdings nicht.

Sofern der langatmig benannte Punkt EMPFÄNGER ALS BCC, SCHICKT EINE KOPIE ZUR ADMINISTRATOR-E-MAIL abgehakt ist, setzt Joomla! alle Empfänger auf BCC (die Blind Carbon Copy). Diese Funktion dürften Sie auch von Ihrem E-Mailprogramm her kennen: Sie sorgt dafür, dass die Empfänger die E-Mail-Adressen der anderen Empfänger gar nicht erst zu Gesicht bekommen. Schon aus Gründen des Datenschutzes sollten Sie diese Funktion immer aktiviert lassen.

Bevor Sie die Nachricht mithilfe der Schaltfläche SENDEN abschicken, sollten Sie noch ein Blick in die PARAMETER hinter der gleichnamigen Schaltfläche in der Werkzeugleiste werfen. Joomla! bietet hier zwei Optionen an:

- BETREFF VORANGESTELLT: Der hier eingetippte Text wird stets den Betreff-Zeilen Ihrer Nachrichten vorangestellt. Hiervon sollten Sie regen Gebrauch machen, damit die späteren Empfänger die Nachrichten einfacher filtern und somit von Spam trennen können.

- Im Kinoportal-Beispiel könnte man die Zeichenkette **[Kinoportal]** voranstellen, so dass beim Empfänger dann eine Betreffzeile à la *[Kinoportal] Filmabend im Roxy* ankommt.

- MAILANHANG: Der hier eingetippte Text erscheint immer am Ende einer jeden Nachricht. Üblich sind hier Informationen zum Absender, wie beispielsweise: *Diese Nachricht wurde Ihnen vom Kinoportal geschickt.*

KAPITEL 10

Globale Einstellungen

Im Menü des Administrationsbereichs findet man unter SITE → KONFIGURATION (englisch GLOBAL CONFIGURATION) gleich einen bunten Strauß an Parametern. Beispielsweise liegt hier die Vorgabe, welcher Texteditor standardmäßig zu verwenden ist.

Alle hier aufgeführten Daten stammen größtenteils aus der Datei *configuration.php*, die Joomla! während der Installation angelegt hat. Sind dieser Datei die Schreibrechte entzogen, können die hier angezeigten Grundeinstellungen folglich nicht verändert werden. Allerdings hat dies auch den Vorteil, dass ein anderer Benutzer mit Administratorrechten hier nicht einfach wildern kann. Sie sollten daher nach einer Änderung dieser Einstellungen die genannte Datei unbedingt wieder mit Schreibrechten versehen.

Übrigens tummelt sich im gleichen Verzeichnis wie die *configuration. php* noch eine Datei mit dem Namen *configuration.php-dist*. Darin finden Sie alle Voreinstellungen. Geraten Ihnen die globalen Einstellungen einmal durcheinander, haben Sie hier noch einen – wenn auch sehr rudimentären – Rettungsring.

Die globalen Einstellungen sind auf mehrere Register verteilt, die jeweils ein bestimmtes Thema abhandeln.

Joomla 1.0.x | Die Vorversionen besaßen dieselben Einstellungen, nur auf andere Register verteilt. Darüber hinaus sind in Joomla! 1.5 einige der Optionen aus der globalen Konfiguration abgewandert. Diese Optionen findet man nun hinter der Schaltfläche PARAMETER oder EINSTELLUNGEN, die immer mal wieder auftaucht, wie beispielsweise bei den Beiträgen unter INHALT → BEITRÄGE.

Register Site

Das Register SITE enthält alle Einstellungen, die sich auf die Homepage beziehen (Abbildung 10-1).

Abbildung 10-1: Das Register Site

Bereich Seite

Der Bereich SEITE enthält allgemeine Einstellungen rund um die Homepage.

Seite offline

Steht der Schalter hier auf *Ja*, wird das gesamte Frontend offline genommen. Joomla! zeigt dann allen Besuchern folgende Meldung:

Die eigentliche Homepage ist somit für Besucher nicht mehr einsehbar. Nur Administratoren dürfen sich noch über das Formular mit ihrem Benutzernamen und Passwort anmelden und die Seite betrachten.

Diese Option sollten Sie beispielsweise immer dann einsetzen, wenn umfangreiche Wartungsarbeiten anstehen.

Offline-Nachricht

Wird der Internetauftritt per SEITE OFFLINE vom Netz genommen, zeigt Joomla! diesen Text als Erklärung für Besucher an.

Seitenname

Der Name des Internetauftritts, wie beispielsweise **Mein Kinoportal**. Er erscheint unter anderem in der Titelleiste des Browsers.

Standard WYSIWYG Editor

Hier können Sie den Editor aussuchen, der standardmäßig zur Eingabe von Texten verwendet wird. Zur Auswahl stehen der *TinyMCE*-WYSIWYG-Editor und ein einfaches Eingabefeld (*No Editor*).

Listenlänge

Hier stellt man ein, wie viele Einträge die Listen im Administrationsbereich standardmäßig auf einmal anzeigen. Die hier vorgenommene Einstellung wird erst beim nächsten Login wirksam.

Feedlänge

Die von Joomla! selbst generierten Newsfeeds enthalten maximal so viele Einträge.

Bereich Metadaten

Der Bereich METADATEN enthält Informationen, die Joomla! unsichtbar in jede ausgelieferte Seite integriert. Diese Daten werten unter anderem auch Internet-Suchmaschinen aus. Letztere beschneiden jedoch teilweise die entsprechenden Felder, um so etwaigem Spam zuvorzukommen. Aus diesem Grund sollten Sie sich bei den folgenden Angaben stets kurz fassen. Da die hier eingetippten Informationen in allen Seiten der Hompage erscheinen, sollte man zudem nur Begriffe und Erläuterungen verwenden, die sich auf den gesamten Auftritt beziehen. Für die einzelnen Beiträge können dann noch zusätzliche Metadaten vergeben werden (mehr dazu in finden Sie in Kapitel 4). Bei allen anderen Unterseiten führt der Weg zu ergänzenden Metadaten über den entsprechenden Menüeintrag (siehe Kapitel 8).

HTML-Profis dürfte interessieren, dass Joomla! die Daten über das <meta>-Tag in der ausgelieferten Seite versteckt. Wie das Ergebnis aussieht, verrät Ihnen die sogenannte Seitenquelltext-Ansicht Ihres Browsers.

Globale Metadaten-Beschreibung

Hier hinein gehört eine Beschreibung der Seite. Sie sollte knapp und präzise sein. Beim Kinoportal könnte sie zum Beispiel so lauten: **Hier finden Sie Filmkritiken und vieles Weitere rund um das Thema Kino**.

Globale Metadaten-Schlüsselwörter

Hier können Sie Schlüsselwörter angeben, die im besten Fall die Ergebnisse von Suchmaschinen beeinflussen. Jeder eingegebene Begriff muss dabei durch ein Komma von seinen umstehenden Kollegen getrennt werden. Für das Kinoportal könnte solch eine Liste folgendermaßen aussehen: **Kino, Kinoportal, Film, Filme, Filmkritiken**.

Zeige Title-Metadaten

Versteckt auch den jeweiligen Seitentitel in den Metadaten (über ein entsprechendes <meta>-Tag).

Zeige Autor-Metadaten

Versteckt auch den Namen des jeweiligen Autors in den Metadaten (über ein entsprechendes <meta>-Tag).

Bereich SEO

SEO steht für *Search Engine Optimization*, zu Deutsch *Suchmaschinenoptimierung*. Die hier angebotenen Einstellungen sorgen dafür, dass Internetsuchmaschinen die von Joomla! verwalteten Beiträge leichter finden und durchstöbern können.

Mit diesem recht komplexen Thema beschäftigen wir uns noch eingehend in Kapitel 17.

Suchmaschinenfreundliche URLs

Bei einem *Ja* übersetzt Joomla! die ziemlich kryptischen Adressen seiner Unterseiten, wie beispielsweise

http://localhost/joomla/index.php?option=com_content&task=view&id=2&ItemId=1

in ein besser lesbares Format, das insbesondere Suchmaschinen besser verdauen. Aus der obigen Adresse würde beispielsweise

http://localhost/joomla/index.php/Zu-den-Filmkritiken/33-Actionfilme

Dies funktioniert übrigens auch ohne die Hilfe von *mod_rewrite* (siehe den nächsten Punkt).

Nutze Apache mod_rewrite

mod_rewrite ist eine Erweiterung für den Apache Webserver, die ebenfalls die Internetadressen in ein weniger kryptisches Format umwandelt. Sobald Sie hier ein *Ja* setzen, nutzt Joomla! dieses Angebot und muss sich folglich nicht mehr selbst um die Übersetzung der Adressen kümmern.

Das klappt allerdings nur, wenn zum einen Ihr Webhoster den Einsatz von *.htaccess*-Dateien erlaubt und Sie zum anderen im Joomla!-Verzeichnis die Datei *htaccess.txt* in *.htaccess* umbenennen.

Mehr Informationen zu *mod_rewrite* liefert das Kapitel 17, Wikipedia unter *http://de.wikipedia.org/wiki/Rewrite-Engine* oder die Seite *http://modrewrite.de*.

Ein Suffix an URLs anhängen

Sofern Sie sich für SUCHMASCHINENFREUNDLICHE URLs entschieden haben, können Sie hiermit den übersetzten Adressen noch eine Dateiendung spendieren. Bei Beiträgen lautet sie üblicherweise *.html*. Die Suchmaschinen können damit bereits im Vorfeld besser abschätzen, welche Inhalte auf der Seite warten.

Register System

Das Register SYSTEM enthält alle Einstellungen, die sich auf den laufenden Betrieb beziehen.

Bereich System

Im Bereich SYSTEM finden Sie allgemeine Einstellungen zum System (Abbildung 10-2).

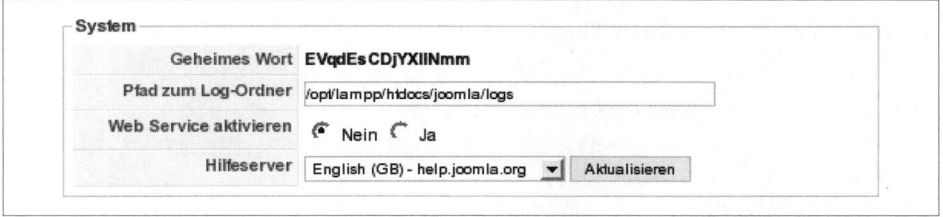

Abbildung 10-2: Die System-Einstellungen

Geheimes Wort

Diese Zeichenkette hat Joomla! generiert. Sie ist für jede Joomla!-Installation einmalig und wird für einige Sicherheitsfunktionen herangezogen.

Pfad zum Log-Ordner

Joomla! protokolliert alle seine Tätigkeiten und legt das Ergebnis in diesem Ordner ab.

Dies macht Joomla! allerdings erst, wenn das Plugin *System – Log* aktiviert wurde. Dazu wechseln Sie im Hauptmenü zum Punkt ERWEITERUNGEN → PLUGINS, suchen in der Liste das genannte Plugin und klicken auf das rote Symbol in der Spalte AKTIVIERT. Genauere Informationen hierzu folgen im nächsten Kapitel 11.

Web Service aktivieren
Aktiviert eine Schnittstelle, über die externe Programme von Drittanbietern mit Joomla! in Kontakt treten können. Hierzu zählt beispielsweise das Programm SITEman (*http://www.joomlatools.org/*). Die Kommunikation erfolgt dabei über den XML-RPC-Standard. Mehr zu diesem Thema finden Sie unter *http://www.xmlrpc.com* und *http://www.joomla.org/component/option,com_jd-wp/Itemid,105/p,47/.*

 Hiermit öffnen Sie ein mögliches Einfallstor für Angreifer. Aktivieren Sie daher diese Schnittstelle nur, wenn Sie sie auch wirklich benötigen.

Hilfeserver
Bestimmt die Bezugsquelle für die Online-Hilfe.

Bereich Benutzer

Die Einstellungen in diesem Bereich beziehen sich auf die Benutzerverwaltung (Abbildung 10-3).

Abbildung 10-3: Die Benutzereinstellungen

Benutzerregistrierung erlauben
Ist diese Option aktiviert, dürfen sich Besucher über das *Login Form* selbst ein Benutzerkonto erstellen. Sie sollten mit dieser Möglichkeit bedachtsam umgehen, da sich so jeder Besucher auch beliebig viele Konten beschaffen kann. Andererseits entlastet es den Administrator von der zeitraubenden Arbeit der Benutzerkonteneinrichtung.

Benutzergruppe neu registrierter Benutzer
Sofern sich die Besucher der Seite selbst ein Nutzerkonto anlegen dürfen, gehören sie automatisch zu dieser Gruppe.

Neue Benutzerkonto-Aktivierung
Damit niemand mit dem Namen seines Nachbarn ein Benutzerkonto anlegen kann, versendet Joomla! bei der Option *Ja* eine Bestätigungs-E-Mail. Sie wird

an die bei der Registrierung angegebene E-Mail-Adresse geschickt. Erst ein Klick auf den darin befindlichen Link schaltet das neue Nutzerkonto frei. Diese Option sollte man immer aktivieren, wenn man den Besuchern die Registrierung überlässt. Auf diese Weise kann man den Missbrauch wenigstens etwas erschweren.

Parameter im Frontend

Jeder angemeldete Benutzer kann seine persönlichen Daten, wie E-Mail-Adresse oder Passwort, auf einer dafür bereitgestellten Seite ändern. Steht hier ein *Ja*, darf er dort noch weitere Einstellungen vornehmen. Im Einzelnen sind dies die Sprache des Frontends, der ihm zur Verfügung stehende Editor für neue Beiträge, die für ihn gültige Hilfe-Seite und die Zeitzone, in der er sich befindet.

Bereich Medien

Die Einstellungen in diesem Bereich beziehen sich auf die Medien-Verwaltung (Abbildung 10-4).

Abbildung 10-4: Der Bereich Medien

Erlaubte Endungen

Joomla! lädt nur Dateien mit einer der hier aufgeführten Endungen lauf den Webserver. Auf diese Weise lässt sich verhindern, dass beispielsweise böswillige Nutzer das Kinoportal als Ablagefläche für ihre MP3-Dateien benutzen. Die Dateiendungen müssen hier jeweils durch ein Komma voneinander getrennt werden.

Maximale Größe (in Bytes)

Die hochzuladenen Dateien dürfen diese Größe nicht überschreiten. Andernfalls weigert sich Joomla!, sie auf den Server zu hieven.

Pfad zum Medienordner

Hier steht das Verzeichnis, in dem standardmäßig alle (hochgeladenen) Dateien landen. Die Pfadangabe erfolgt relativ zum Joomla!-Verzeichnis. Aus historischen Gründen liegen alle Dateien standardmäßig im Unterverzeichnis *images*.

Pfad zum Bilderordner

Hier steht das Verzeichnis, in dem sich alle (hochgeladenen) Bilder befinden. Die Pfadangabe erfolgt relativ zum Joomla!-Verzeichnis. Aus historischen Gründen liegen alle selbst hochgeladenen Bilder standardmäßig im Unterverzeichnis *images/stories*.

Nicht immer steckt in einer hochgeladenen Datei das drin, was draufsteht. So könnte ein findiger Benutzer Ihrer Seite einer MP3-Datei den Namen *bild.jpg* geben. Solch einen Identitätsfälscher würde Joomla! passieren lassen. Glücklicherweise existieren für PHP die beiden Erweiterungen *MIME Magic* (*http://us3.php.net/ mime_magic*) und *Fileinfo* (*http://us3.php.net/manual/de/ref.fileinfo.php*). Sie lassen sich nicht vom Dateinamen blenden, sondern analysieren den Inhalt der Datei. Als Ergebnis liefern sie dann ihren wahren Typ zurück. Sofern eine der beiden genannten Erweiterungen auf dem Server installiert ist, prüft Joomla! mit ihr jede hochgeladene Datei und weist sie im Fall der Fälle ab. Die nächsten Einstellungen regeln das entsprechende Verhalten:

Blockierte Uploads

Sofern beide Erweiterungen fehlen, dürfen bei einem *Ja* sicherheitshalber nur noch Manager und Administratoren Dateien auf den Server laden.

Überprüfung von Dateitypen

Bei einem *Ja* prüft Joomla! jede hochgeladene Datei mit einer der Erweiterungen. Durchgelassen werden nur solche Dateien, die tatsächlich den Formaten aus dem Feld ERLAUBTE ENDUNGEN entsprechen.

Erlaubte Bildendungen (Dateitypen)

Joomla! lädt nur Bilder mit den hier aufgeführten Endungen auf den Webserver. Auch hier müssen die Dateiendungen wieder jeweils durch ein Komma voneinander getrennt werden.

Ignorierte Endungen

Dateien mit den hier eingetragenen Dateiendungen winkt Joomla! ohne jegliche Prüfung durch.

 Dieses Feld sollte möglichst immer leer bleiben. Die Gefahr, dass ein böswilliger Benutzer durch dieses Schlupfloch schädliche Programme oder urheberrechtlich geschütztes Material hochlädt, ist einfach zu groß.

Welche Dateien auf den Server hochgeladen werden dürfen, prüfte Joomla! bislang einmal anhand der Dateiendung sowie durch eine Analyse ihres Inhaltes. Es gibt aber noch eine dritte Testmöglichkeit:

Sobald ein Browser eine Datei an den Webserver sendet, schickt er immer auch ein paar Zusatzinformationen mit. Darunter befindet sich auch der sogenannte *MIME-Typ* (auch als *Internet Media Type* oder *Content-Type* bezeichnet). Er gibt an, was für Daten da über das Netz wandern. Die Angabe *text/plain* kennzeichnet beispielsweise reinen Text, wohingegen *image/jpeg* auf ein JPEG-Bild hinweist. Diese Angaben kann nun Joomla! auswerten und so beispielsweise bestimmte Inhalte vom Hochladen ausschließen – oder sie zulassen.

Erlaubte Dateitypen
> Alle Dateien mit den hier eingetragenen MIME-Typen dürfen auf den Server wandern.

Verbotene Dateitypen
> Alle Dateien mit den hier eingetragenen MIME-Typen blockiert Joomla! beim Versuch, sie hochzuladen.

Eine Liste mit allen derzeit gültigen MIME-Typen finden Sie unter *http://www.iana.org/assignments/media-types/*.

Bereich Debug

Die Einstellungen in diesem Bereich dienen zur Diagnostik bei Problemen und sind besonders für Entwickler von Erweiterungen interessant (Abbildung 10-5).

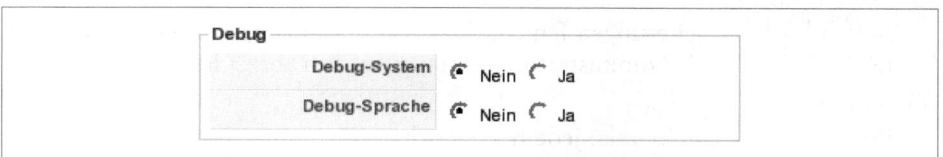

Abbildung 10-5: Der Bereich Debug

 Programmierer sprechen vom Debuggen, wenn Sie auf Fehlersuche gehen. Der etwas merkwürdige Begriff stammt noch aus einer Zeit, als Computer so groß wie Kleiderschränke waren. Hin und wieder verirrten sich kleine Käfer, englisch Bugs, in die mit Röhren vollgestopften Rechner und sorgten dort für einen Kurzschluss. Die Techniker durften sich folglich als Kammerjäger betätigen und den Computer »entwanzen«, also »debuggen«. Dieser Begriff hat sich bis heute als Synonym für die Fehlersuche in Programmen gehalten.

Debug-System
> Ist diese Option aktiviert, wird Joomla! geschwätziger und plaudert alle seine (intern) durchgeführten Aktionen auf der Homepage aus – darunter auch den

Kommunikationsverkehr mit der Datenbank. Da diese Ausgaben im produktiven Einsatz stören, sollten Sie hier nur dann *Ja* wählen, wenn Sie eigene Komponenten entwickeln und dabei auf Fehlersuche gehen oder aber Fehler im Betrieb auftauchen.

 Zudem könnten diese Informationen von kundigen Angreifern für einen Einbruch missbraucht werden.

Debug-Sprache
Es erscheinen auf der Homepage Informationen zum aktuell verwendeten Sprachpaket, darunter beispielsweise alle nicht übersetzten Texte.

Bereich Cache

Alle Elemente, die Sie auf der Homepage sehen, muss Joomla! erst erzeugen: Bei einer Anfrage greift es zunächst in die Datenbank, stellt die Inhalte zusammen, berechnet zum Beispiel bei Umfragen noch Zwischenergebnisse und hübscht das Ergebnis mithilfe des Templates optisch auf. Dies alles nimmt recht viel Zeit und Rechenleistung in Anspruch. Um den Besucher der Seite nicht lange warten zu lassen, puffert Joomla! auf Wunsch die einmal erstellten Ergebnisse in einem Zwischenspeicher. Bei der nächsten Anfrage greift das Content-Management-System einfach auf die darin abgelegten Zwischenergebnisse zurück. Dadurch fallen insbesondere die zeitraubenden Datenbankanfragen weg. Erst wenn ein Element – beispielsweise durch den Benutzer – aktualisiert wurde, erstellt Joomla! es neu.

In diesem Bereich können Sie nun Einfluss auf den internen Zwischenspeicher nehmen (Abbildung 10-6).

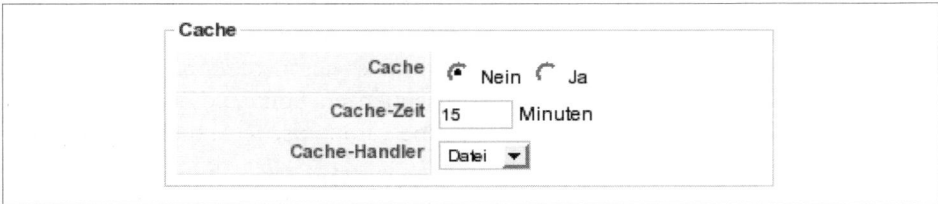

Abbildung 10-6: Die Einstellungen für den Zwischenspeicher

Cache
Hiermit aktiviert man den Zwischenspeicher – oder verbietet wahlweise seine Nutzung mit *Nein* komplett.

Cache-Zeit
Gibt die Sekunden an, die ein gepuffertes Element maximal im Cache verbleiben darf. Sobald seine Zeit abgelaufen ist, wird das Element auf jeden Fall aktualisiert.

Cache-Handler

Hier können Sie die Stelle auswählen, die den Cache aufnimmt. Joomla! ermittelt die zur Verfügung stehenden Möglichkeiten selbst. In der Regel bedeutet dies, dass hier nur ein Eintrag *Datei* existiert. In diesem Fall würden die im Cache gespeicherten Daten in einer Datei auf dem Webserver landen (den Cache realisiert also eine Datei).

Dies hier ist nicht der einzige Platz, an dem Sie einen Zwischenspeicher aktivieren können. Auch einige Module kennen einen solchen Cache.

Bereich Session

Im Bereich SESSION finden Sie Einstellungen zum sogenannten Session-Management, mit dessen Hilfe Joomla! einzelne Besucher voneinander unterscheidet (Abbildung 10-7).

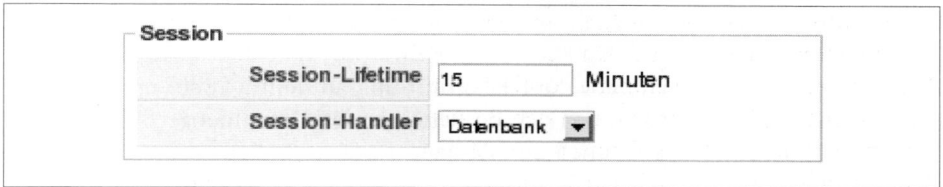

Abbildung 10-7: Der Bereich Session

Session-Lifetime

Es ist alles andere als trivial, zu ermitteln, ob ein Besucher noch auf der Seite aktiv ist. Das Ausbleiben von Mausklicks kann nicht als Kriterium herangezogen werden – schließlich muss der Betrachter einen Artikel auch irgendwann lesen. Die hier vorhandene Zahl löst das Problem, indem Joomla! einfach nach den entsprechend verstrichenen Sekunden ohne Aktivitäten annimmt, dass der Besucher nicht mehr auf der Seite verweilt. Dies hat insbesondere für angemeldete Benutzer und Administratoren Konsequenzen. Sollte die Zeit ohne jegliche Aktivitäten verstreichen, führt Joomla! eine automatische Abmeldung durch.

Session-Handler

Hier können Sie eine Stelle auswählen, an der die Informationen über die Session (vorübergehend) abgelegt werden. Joomla! ermittelt die auf Ihrem System zur Verfügung stehenden Möglichkeiten selbst und bietet sie hier an.

Register Server

Hier finden Sie Einstellungen und Parameter, die sich auf den Server beziehen. Dies umfasst sowohl die Hardware als auch die darauf laufenden für Joomla! lebenswichtigen Dienste, wie Datenbank oder Webserver.

Bereich Server

Hier finden Sie alle Einstellungen, die den Webserver betreffen (Abbildung 10-8).

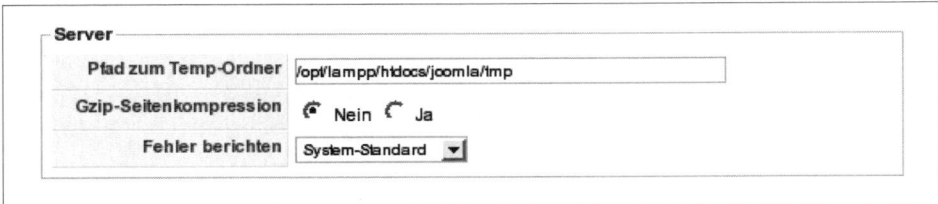

Abbildung 10-8: Die Einstellungen zum Webserver

Pfad zum Temp-Ordner

Der Pfad zu einem (beschreibbaren) Ordner, in dem Joomla! temporäre Daten ablegen darf. Für gewöhnlich ist dies der Unterordner *tmp* der Joomla!-Installation.

GZIP-Seitenkompression

Komprimiert eine Seite vor ihrer Übermittlung an den Browser im GZIP-Format. Damit schrumpfen zwar die zu übertragenden Datenmengen, der Browser muss diese Technik aber auch unterstützen.

Fehler berichten

Aktiviert das Diagnose-System von PHP. Damit erscheinen dessen Fehler und Warnung direkt auf der Homepage. Diese Option geht somit Hand in Hand mit dem Bereich DEBUG auf dem Register SYSTEM.

Standard übernimmt die Einstellungen der PHP-Umgebung gemäß den Einträgen in der *php.ini*-Konfigurationsdatei. *Keine* unterdrückt sämtliche vom PHP ausgehenden Meldungen, *Einfach* gibt alle Meldungen der Kategorien *E_ERROR*, *E_WARNING* und *E_PARSE* aus, und *Maximum* liefert alles, was das PHP-System hergibt (Kategorie *E_ALL*).

Bereich Zeitzone

Diese Einstellung bestimmt die Zeitzone, in der sich die Homepage befindet (Abbildung 10-9). Steht der Server, auf dem Joomla! läuft, beispielsweise in Deutschland, so müssen Sie in der Liste den Eintrag mit *Berlin* suchen. Diese Angabe ist wichtig, da sich einige Funktionen und Komponenten auf diese Zeitangaben stützen.

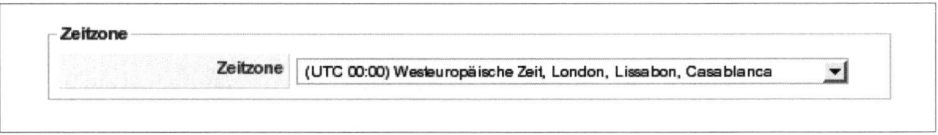

Abbildung 10-9: Die Zeitzone, in der sich der Server mit der Joomla!-Installation derzeit befindet

Bereich FTP

Hier tauchen die Angaben zum FTP-Zugang aus der Installation auf und können nachträglich abgeändert werden (weitere Informationen dazu finden Sie in Kapitel 2). Zur Erinnerung: Sollte Ihr Webserver-Betreiber das Hochladen von Dateien per PHP verbieten, können Sie auf einen FTP-Zugang ausweichen.

FTP aktivieren
Schaltet den FTP-Zugriff auf den Joomla!-Server ein und aus.

FTP-Host
Die IP-Adresse des FTP-Servers. Diesen Wert erhalten Sie von Ihrem Webserver-Betreiber. Meist ist dies schon 127.0.0.1, also der Computer, auf dem auch Joomla! läuft.

FTP-Port
Der sogenannte Port, an dem der FTP-Server lauscht. Diesen Wert erhalten Sie entweder von Ihrem Webserver-Betreiber oder entnehmen ihn der Dokumentation Ihres FTP-Programms.

FTP-Benutzername
Der Benutzername für den FTP-Zugang. Diesen erhalten Sie von Ihrem Webserver-Betreiber.

FTP-Passwort
Das Passwort für den FTP-Zugang. Auch dieses erhalten Sie von Ihrem Webserver-Betreiber.

FTP-Root
Das Verzeichnis, in dem Joomla! selbst installiert ist, in Relation zum eigenen FTP-Hauptverzeichnis (also der Pfad, der nach dem Anmelden per FTP-Programm bis zur Joomla!-Installation zurückzulegen ist).

Bereich Datenbank

Hier sind alle Einstellungen zur Datenbank zusammengefasst (Abbildung 10-10). Es sind exakt dieselben, wie sie schon bei der Installation von Joomla! abgefragt wurden (mehr dazu finden Sie in Kapitel 2). Bevor Sie an diesen Werten etwas ändern, sollten Sie genau überlegen, was Sie tun. Normalerweise ist nach der Joomla!-Installation keine Änderung erforderlich. Bei einem Umzug des Internetauftritts auf einen anderen Server oder bei Änderungen in der Datenbank können diese Einstellungen jedoch Joomla! wieder flottmachen.

Datenbanktyp
Der Name der verwendeten Datenbank. Derzeit unterstützt Joomla! ausschließlich MySQL.

Hostname
Der Name des Computers, auf dem die Datenbank läuft, wie zum Beispiel *localhost* bei einer lokalen Installation oder *kinoportal.de.*

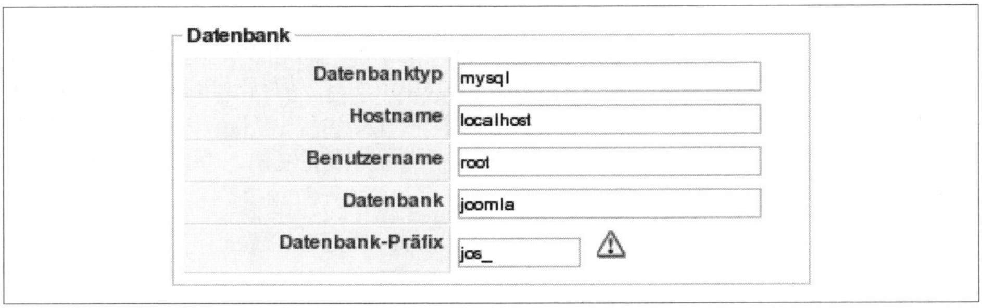

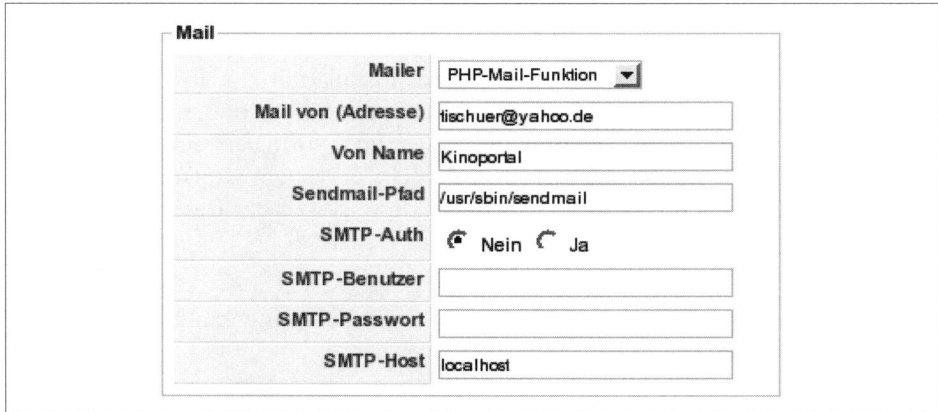

Abbildung 10-10: Die Einstellungen rund um die Datenbank

Benutzername

> Der Benutzername der MySQL-Datenbank. Ihn bekommt man in der Regel vom Betreiber des Servers zugewiesen. Beim Einsatz von XAMPP ist dies root.

Datenbank

> Der Name der von Joomla! genutzten Datenbank.

Datenbank-Präfix

> Dieses Präfix stellt Joomla! allen seinen Tabellen innerhalb der Datenbank voran. Das Content-Management-System ist übrigens nicht in der Lage, selbst Tabellen anzulegen. Wenn Sie also hier ein anderes Präfix eintragen, müssen bereits die zugehörigen Joomla!-Tabellen existieren.

Bereich Mail

Immer wenn Joomla! E-Mails versenden muss, wie zum Beispiel im Falle eines Rundbriefs oder bei einer wichtigen Systemnachricht an den Administrator, verwendet das Content-Management-System die hier eingetragenen Daten (Abbildung 10-11).

Abbildung 10-11: Die Grundeinstellungen zum Mail-Versand

Mailer

Legt fest, wer den eigentlichen Versand der E-Mails übernimmt. Dies kann entweder die in PHP integrierte E-Mail-Funktion sein (*PHP-Mail-Funktion*), das Programm *Sendmail*, das hierzu auf dem Server installiert sein muss, oder ein beliebiger *SMTP-Server*. Letzteren stellen auch viele Freemail-Provider bereit.

Mail von (Adresse)

Diese E-Mail-Adresse erscheint als Absender in allen versendeten E-Mails.

Von Name

Dieser Name wird als Absender in den E-Mails angezeigt.

Sendmail-Pfad

Sofern man unter MAILER das Hilfsprogramm *Sendmail* bevorzugt, muss man hier noch den Pfad samt Programmnamen eintragen. Das so entstehende Kommando ruft Joomla! dann für den Versandvorgang auf.

SMTP-Auth

Soll der Versand über einen *SMTP-Server* geschehen, so legt hier *Ja* fest, dass genau dieser Server eine Authentifizierung mit Benutzername und Passwort verlangt. Aufgrund des zunehmenden Spams ist dies mittlerweile bei fast allen SMTP-Servern Standard.

SMTP-Benutzer

In dieses Feld gehört der Benutzername, der für eine Anmeldung am SMTP-Server erforderlich ist.

SMTP-Passwort

In dieses Feld gehört das Passwort, das für eine Anmeldung am SMTP-Server erforderlich ist.

SMTP-Host

Der Name des SMTP-Servers. Für den korrekten Wert sollte man sich an den Provider wenden. Meist ist dies *smtp.dercomputer.de* oder *mail.dercomputer.de*.

Plugins

Eine Theatervorstellung wäre ohne die vielen guten Geister im Hintergrund zum Scheitern verurteilt: angefangen bei den Bühnenarbeitern, über die Maske bis hin zur Requisite, die im Fundus nach geeigneten Gegenständen sucht.

Auch Joomla! kennt solche unsichtbaren Helferlein, die Module und Komponenten bei ihrer Arbeit unterstützen. Diese sogenannten *Plugins* sind mit kleinen Robotern vergleichbar, die im Hintergrund jeweils eine ganz bestimmte, spezialisierte Aufgabe erfüllen.

In der Joomla!-Version 1.5.2 sind einige der Plugins immer noch nicht ausgereift. Das bekommt man vor allem dann zu spüren, wenn man von den Vorgaben abweicht. Setzen Sie daher bei Problemen oder einem merkwürdigen Verhalten alle Einstellungen am besten wieder auf ihre Standardwerte zurück.

Grundlagen

Sofern Sie dem Kinobeispiel aus den vorherigen Kapiteln gefolgt sind, haben Sie schon mehrfach die Dienste von Plugins in Anspruch genommen. Beispielsweise schickt die Suchfunktion gleich mehrere auf genau diese Aufgabe spezialisierte Plugins los, die das bestehende Textmaterial nach passenden Fundstellen durchkämmen. Andere Plugins wiederum tauschen in Beiträgen schnell noch bestimmte Textpassagen aus, bevor diese den Browser des Besuchers erreichen. Sogar den TinyMCE-WYSIWYG-Editor, der an allen Ecken und Enden des Administrationsbereichs auftaucht, stellt ein entsprechendes Plugin bereit.

Joomla 1.0.x In den Vorversionen hießen Plugins noch *Mambots*. Diese Wortschöpfung ist eine Mischung aus dem Namen des Vor-Vorgängersystems Mambo und »Robot« beziehungsweise dessen Kurzform »Bot«.

Für gewöhnlich kommt weder ein Administrator noch ein Besucher mit den installierten Plugins in Kontakt. Das Wissen um die kleinen Helfer kann allerdings äußerst nützlich sein – beispielsweise dann, wenn etwas plötzlich nicht mehr funktioniert oder Sie gezielt eine bestimmte Funktion deaktivieren möchten. Beispielsweise könnten Sie die Suche in den Kontaktdaten komplett unterbinden, indem Sie einfach das dafür zuständige Plugin deaktivieren. Umgekehrt bieten einige standardmäßig deaktivierte Plugins nützliche Zusatzfunktionen, wie beispielsweise eine automatische Formatierung von Programmcode in Artikeln.

 Das Wissen um die aktiven Plugins kann zudem bei Sicherheitsproblemen hilfreich sein. Sollte beispielsweise eine Sicherheitslücke in einem der Helfer bekannt werden, lässt er sich vorübergehend außer Gefecht setzen, bis ein entsprechendes Update bereitsteht. Auf die gleiche Weise knipsen Sie auch dem TinyMCE-Editor das Licht aus und verhindern so, dass ein randalierender Besucher über ihn schadhaften HTML-Code einschleust. (mehr zum Thema HTML und was sich hinter dem Akronym genau verbirgt, folgt in Kapitel 13.)

Welche Plugins Joomla! von Haus aus mitbringt, zeigt die Liste hinter dem Menüpunkt ERWEITERUNGEN → PLUGINS (Abbildung 11-1).

Joomla 1.0.x   In früheren Joomla!-Versionen hieß dieser Bereich noch *Mambot Manager*.

Joomla! gruppiert alle Plugins nach ihren jeweiligen Aufgabengebieten. Um was sich ein Plugin genau kümmert, verrät die Spalte TYP . Joomla! unterscheidet dabei zwischen Plugins für

- die Benutzeranmeldung (*authentication*)
- die Manipulation von Inhalten (*content*)
- die Eingabe von Texten (*editors*)
- die Erweiterung der Texteditoren um zusätzliche Funktionen (*editors-xtd*)
- die Unterstützung der Suchfunktion (*search*)
- die Bereitstellung von speziellen Systemfunktionen (*system*)
- die Verwaltung von Benutzern (*user*)
- den Aufruf von Programmfunktionen nach dem sogenannten XML-RPC-Standard (*xmlrpc*).

Joomla 1.0.x   Neu in der Joomla!-Version 1.5 sind die Typen *authentification*, *system*, *user* und *xmlrpc*.

Mit einem Klick auf den Namen eines Plugins gelangen Sie zu seinen Einstellungen. Abbildung 11-2 zeigt als Beispiel die Einstellungen des Plugins *Search – Contacts*, das in allen Kontaktdaten nach einem Suchbegriff fahndet.

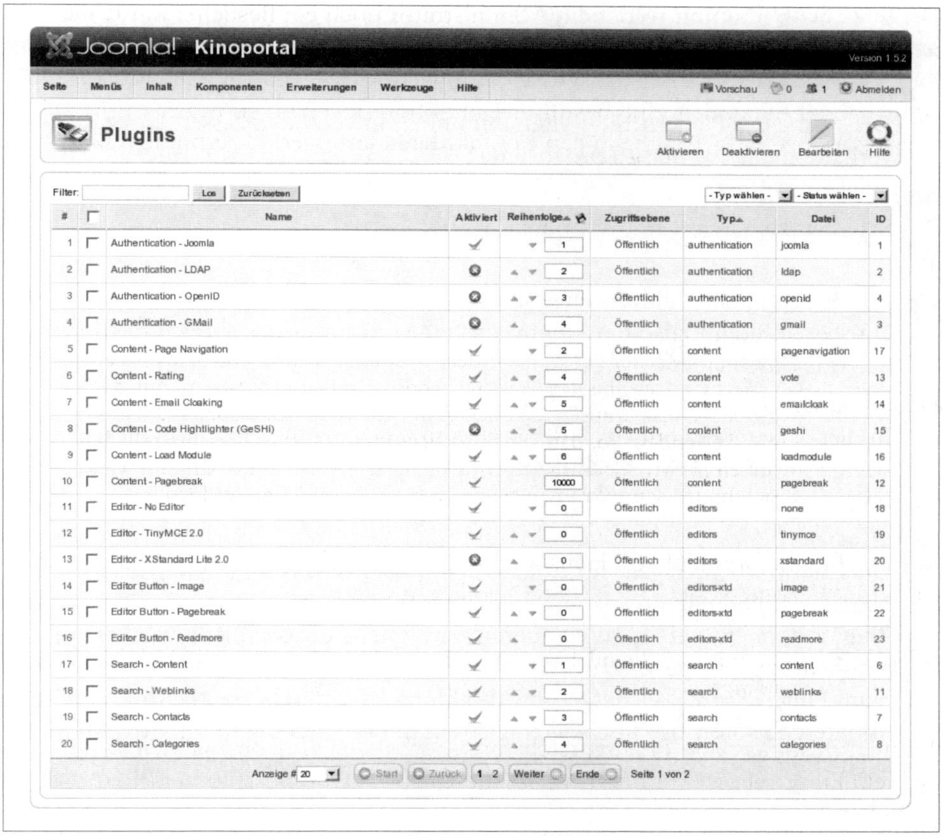

Abbildung 11-1: Der Bildschirm zur Verwaltung von Plugins

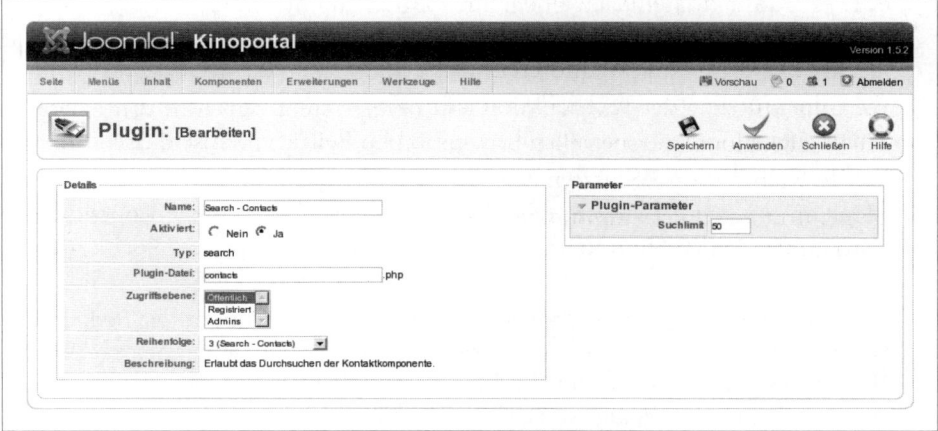

Abbildung 11-2: Die Einstellungen des Plugins »Search – Contacts«

Die linke Seite unter DETAILS ist für alle Plugins gleich. Sie liefert hauptsächlich ein paar grundlegende Informationen:

Name

Der Name des Plugins. Sie sollten ihn immer unverändert lassen, um kein Fehlverhalten von Joomla! zu provozieren.

Aktiviert

Schaltet das Plugin ein (*Ja*) und aus (*Nein*).

Typ

Das Plugin gehört dieser Kategorie an. In Abbildung 11-2 handelt es sich um ein *search*-Plugin, also ein Plugin, das einen bestimmten Bereich des Internetauftritts durchsucht.

Plugin-Datei

In dieser Datei befindet sich der Programmcode des Plugins. Von diesem Wert sollten Sie unbedingt die Finger lassen. Er ist nur für Joomla!-Entwickler von Interesse.

Zugriffsebene

Die Zugriffsebene regelt, für welche Benutzergruppe das Plugin aktiv wird. Die Vorgabe sollten Sie nur dann ändern, wenn Sie zum einen die Funktionen des Plugins kennen und Sie zum anderen seine Dienste ausschließlich einer speziellen Benutzergruppe zugänglich machen wollen. Würden Sie beispielsweise beim Plugin *Search – Contacts* in Abbildung 11-2 den Wert *Registriert* wählen, könnten ab sofort nur noch alle registrierten Besucher die Kontaktdaten durchsuchen.

Reihenfolge

Bei einigen Plugins spielt es eine Rolle, in welcher Reihenfolge Joomla! sie ausführt. So ist es beispielsweise ein Unterschied, ob man zunächst die Beiträge oder die Kontaktdaten nach einem Suchbegriff durchforstet.

Über die hier bereitgestellte Ausklappliste dürfen Sie diese Reihenfolge nun beeinflussen. In Abbildung 11-2 führt die Liste beispielsweise sämtliche Suchplugins auf. Das Plugin *Search – Contacts* steht dabei an dritter Stelle: Zuvor sucht Joomla! einen Begriff noch in den Beiträgen, anschließend in den Weblinks und erst danach in den Kontaktdaten.

Möchten Sie nun erzwingen, dass Joomla! immer als Erstes die Kontaktdaten durchsucht, stellen Sie unter REIHENFOLGE einfach eine höhere Position ein – im Beispiel also vor allen anderen an der Stelle *0 Erstes*.

Allerdings ist die Ausführungsreihenfolge nur seltenen von großer Bedeutung: So sammelt die Suchfunktion grundsätzlich alle Ergebnisse der Search-Plugins ein, sortiert sie bei Bedarf um und fasst sie schließlich für die Homepage auf einer einzigen Seite wieder zusammen.

Die Einstellungen auf der rechten Seite unter PARAMETER hängen vom jeweiligen Plugin ab. Ihre Vorstellung übernehmen die nun folgenden Abschnitte.

Authentification-Plugins

Bei jeder Anmeldung am Content-Management-System müssen Sie Joomla! Ihren Benutzernamen und Ihr Passwort nennen. Eines der Plugins aus der Gruppe *Authentification* überprüft daraufhin die Gültigkeit Ihrer Daten. Die bisherigen Joomla!-Versionen schlugen dazu einfach in ihrer Datenbank nach. Ab Joomla! 1.5 läuft eines der neuen Plugins aber auch wahlweise eine andere Stelle an. Beispielsweise fragt das Plugin *Authentification – GMail* beim E-Mail Dienst von Google nach, ob dort ein Benutzerkonto mit den eingetippten Daten besteht. Sofern dies der Fall ist, gestattet Joomla! den Zutritt. Auf diese Weise muss man sich im Idealfall nur einmal anmelden.

Zukünftig soll diese Plugin-Art auch noch die Erstellung sogenannter Bridges vereinfachen. Dabei reicht das Plugin die Anmeldedaten an ein externes System, wie zum Beispiel ein Forum, weiter. Auf diese Weise muss sich der Benutzer nicht doppelt anmelden (zunächst bei Joomla! und anschließend noch einmal am Forum). Für die beliebte Forensoftware phpBB existiert bereits ein Authentification-Plugin, das auf die beschriebene Weise als Bridge arbeitet.

Authentification – Joomla!

Dieses Plugin schlägt in der Joomla!-Datenbank den eingetippten Benutzernamen und das Passwort nach. Da es somit die bereits einschlägig bekannte Standard-Anmeldeprodzedur realisiert, sollten Sie es nur in absoluten Ausnahmefällen deaktivieren.

Authentification – LDAP

Viele Firmen speichern die Benutzerdaten ihrer Mitarbeiter auf einem speziell dafür eingerichteten Server. Ähnlich wie bei einem Telefonbuch können dann andere Programme die dortigen Informationen bei Bedarf abfragen.

Die Kommunikation mit einem solchen Verzeichnisdienst über ein Netzwerk regeln verschiedene Standards. Der mittlerweile am häufigsten verwendete Standard heißt *Lightweight Directory Access Protocol*, kurz LDAP.

Das Plugin *Authentification – LDAP* kontaktiert nun auf Wunsch (als sogenannter LDAP-Client) einen solchen LDAP-Server und gleicht die dort gespeicherten Daten mit den zuvor eingetippten Anmeldedaten ab. Damit das reibungslos klappt, verlangt das Plugin in seinen Einstellungen verschiedene Basisinformationen (Abbildung 11-3). Wenn Sie beziehungsweise Ihre Institution über einen Verzeichnisdienst verfügen, werden Sie die erforderlichen Parameter kennen. In allen anderen Fällen lassen Sie das Plugin deaktiviert.

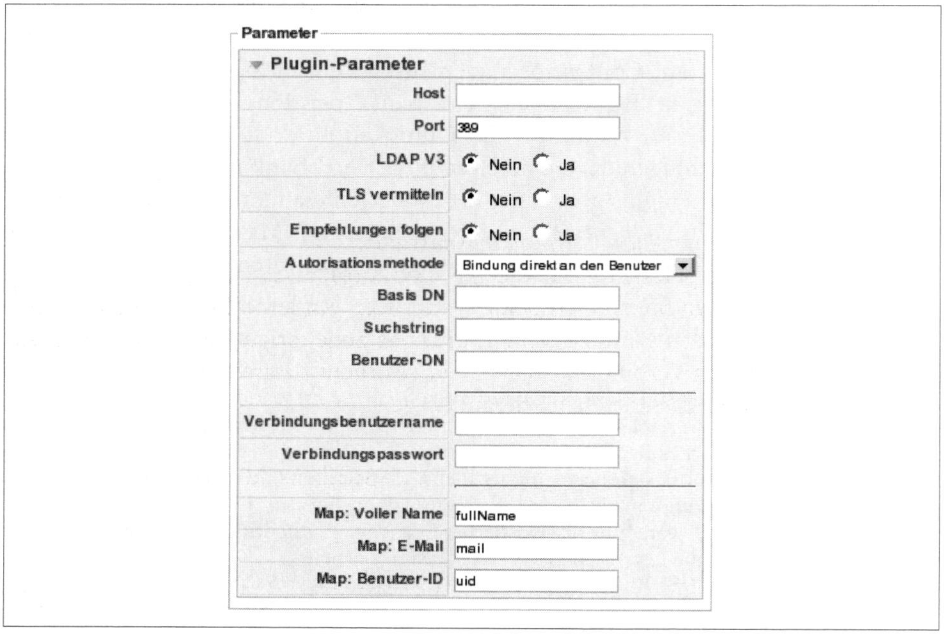

Abbildung 11-3: Die Einstellungen des LDAP-Plugins

Host

Rechnername des LDAP-Servers, beispielsweise *ldap.meinserver.de*.

Port

TCP-Port, an dem der LDAP-Server auf eingehende Anfragen lauscht.

LDAP V3

Bei einem *Ja* verwendet Joomla! die LDAP-Version 3, andernfalls noch die alte Version 2.

TLS vermitteln

Bei einem *Ja* versucht Joomla!, eine TLS-Verschlüsselung mit dem LDAP-Server zu vereinbaren.

Empfehlungen folgen

Bei einem *Ja* setzt Joomla! das LDAP_OPT_REFERRALS-Flag. Dies ist im Zusammenspiel mit einem Windows 2003-Server notwendig.

Autorisationsmethode

Legt fest, mit welcher Methode sich das Plugin am LDAP-Server anmeldet (*bind*).

Basis DN

Bestimmt den Punkt, von dem aus das Verzeichnis durchsucht werden soll.

Suchstring

Die hier eingetippte Suchanfrage wird vom Plugin verwendet, um die Benutzerdaten im Verzeichnis aufzustöbern. Die Anfrage muss dem LDAP-Standard entsprechen. Die Zeichenkette [search] ersetzt Joomla! dabei durch die Benutzeranmeldung. Ein Beispiel für einen Anfragetext wäre uid=[search].

Benutzer-DN

Mit der hier eingetragenen Anfrage ermittelt das Plugin die sogenannte Benutzer-DN.

Verbindungsbenutzername und Verbindungspasswort

Die Verbindungsparameter für die DN-Lookup-Phase. Für einem anonymen DN-Lookup lassen Sie einfach beide Felder leer. Andernfalls vergeben Sie hier den entsprechenden Benutzernamen und das zugehörige Passwort. Das Passwort wird bei den Verbindungsmethoden »Authentifizieren, dann binden« und »Authentifizierung vergleichen« herangezogen.

Map: Voller Name

In dieses Feld gehört der Name des LDAP-Attributs, das den vollständigen Namen des Benutzers enthält.

Map: E-Mail

In dieses Feld gehört der Name des LDAP-Attributs, das die E-Mail-Adresse des Benutzers enthält.

Map: Benutzer-ID

In dieses Feld gehört der Name des LDAP-Attributs, das die Benutzer-ID des Benutzers enthält.

Mehr zum Konzept der Verzeichnisdienste und zum LDAP-Standard finden Sie im Internet, beispielsweise unter *http://de.wikipedia.org/wiki/Lightweight_Directory_Access_Protocol*.

Authentification – OpenID

Wenn Sie dieses Plugin aktivieren, geschieht die Authentifizierung per OpenID-Standard. Dazu muss Joomla! unter PHP5 laufen. Weitere Informationen liefert beispielsweise *http://de.wikipedia.org/wiki/OpenID*.

Authentification – GMail

Die Authentifizierung läuft über den gleichnamigen E-Mail-Dienst von Google. Das Plugin prüft, ob der Joomla!-Benutzer ein gültiges Konto bei *Google Mail* besitzt. Auf diese Weise können sich Joomla!-Benutzer mit ihren *Google Mail*-Zugangsdaten am Content-Management-System anmelden.

Weitere Informationen zu *Google Mail* finden Sie unter *http://mail.google.com* oder *http://de.wikipedia.org/wiki/Gmail*.

Content-Plugins

Plugins der Kategorie *Content* manipulieren einen Text auf eine bestimmte Art und Weise.

Content – Page Navigation

Bei einem mehrseitigen Beitrag stellt dieses Plugin die *Weiter-* und *Zurück*-Verweise bereit, über die Sie die einzelnen Seiten umblättern können (Abbildung 11-4).

Abbildung 11-4: Die Seitennavigation auf der Homepage

In den Einstellungen des Plugins dürfen Sie rechts oben unter POSITION festlegen, wo es diese Verweise einblenden soll: entweder wie gewohnt am unteren oder alternativ am oberen Ende des Beitrags. Da die Besucher ansonsten nur noch über das kleine Inhaltsverzeichnis zwischen den Seiten navigieren können, sollten Sie das Plugin standardmäßig aktiviert lassen.

Content – Rating

Dieses Plugin kümmert sich um die Bewertungen, die Besucher für jeden Beitrag abgeben können (Abbildung 11-5).

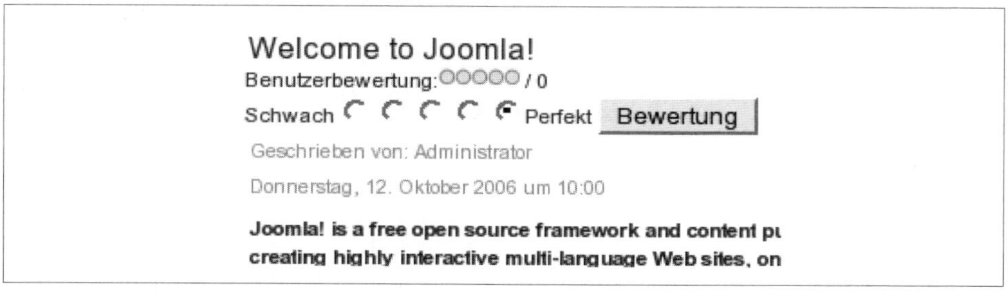

Welcome to Joomla!
Benutzerbewertung: ○○○○○ / 0
Schwach ⌒ ⌒ ⌒ ⌒ ⌒ Perfekt [Bewertung]
Geschrieben von: Administrator
Donnerstag, 12. Oktober 2006 um 10:00

Joomla! is a free open source framework and content pu
creating highly interactive multi-language Web sites, on

Abbildung 11-5: Mit diesen Schaltern bewerten Besucher einen Beitrag.

Damit diese Funktion auch auf der Homepage erscheint, muss für den Beitrag das Bewertungssystem aktiviert sein (mehr dazu finden Sie in Kapitel 4).

Content – Email Cloaking

Dieses Plugin versteckt alle E-Mail-Adressen in Beiträgen vor Spam-Programmen (der englische Begriff »Cloaking« wird hier im Sinne von »Verhüllen« gebraucht). Spam-Programme grasen das Internet nach E-Mail-Adressen ab, um sie dann im nächsten Schritt mit Werbung zu bombardieren.

In den Einstellungen erlaubt das Plugin zwei Betriebsmodi: Entweder stellt es die E-Mail-Adressen als einfachen Text dar (*Nicht verlinkter Text*) oder es versteckt sie hinter einem Link (*Als linkbare »mailto« Adresse*). Klickt ein Besucher einen solchen Link an, öffnet sich automatisch sein E-Mail-Programm. Zusätzlich tarnt das Plugin die E-Mail-Adresse durch den Einsatz von JavaScript. Folglich müssen die Besucher der Homepage diese Programmiersprache in ihrem Browser aktiviert haben – andernfalls bleibt das E-Mail-Programm geschlossen.

Mittlerweile kommen die Programme der Spammer auch mit solchen Tarnungen zurecht. Ein Allheilmittel gegen unerwünschte Werbung bietet das Plugin somit zwar nicht, es blockt aber zumindest viele einfache E-Mail-Sammler ab. Da man mithilfe des Plugins die Arbeit der Spam-Versender zumindest erschwert, sollten Sie es möglichst aktiviert lassen.

Content – Code Highlighter (GeSHi)

Dieses Plugin ist besonders für Programmierer und Entwickler interessant, die beispielsweise Tutorials auf ihrer Homepage veröffentlichen wollen.

Für gewöhnlich zeigt Joomla! jeden Artikel als schwarze Textwüste an und übernimmt auch noch eigenmächtig den Zeilenumbruch. Für Programmcode ist dieses Verhalten jedoch alles andere als optimal: Ein Programmierer, der auf diesem Weg seine Arbeit vorstellen möchte, erhält auf der Homepage nur ein unleserliches Durcheinander.

An dieser Stelle springt nun das Plugin ein: Es formatiert den Quellcode in Ihren Artikeln und hebt ihn gleich noch gut lesbar hervor. Zusätzlich beherrscht es sogar das sogenannte *Syntax-Highlighting*, das die einzelnen Befehle der jeweiligen Programmiersprache farblich hervorhebt (daher auch der Name GeSHi, der *Generic Syntax Highlighter*).

`Joomla 1.0.x` In der Vorversion gab es zusätzlich noch das Plugin *Code Support*. Es funktionierte ähnlich wie das GeSHi-Plugin, war aber weniger leistungsfähig – beispielsweise kannte es kein Syntax-Highlighting. Aus diesem Grund strichen es die Joomla!-Entwickler in der Version 1.5.

Um diese automatische Formatierung zu nutzen, müssen Sie lediglich das Plugin aktivieren und dann in Ihrem Beitrag den Quellcode zwischen die Befehle `<pre>` und `</pre>` klemmen – Sie können folglich in Ihren Beiträgen munter normalen, erklärenden Text mit Code mischen. Die verwendete Programmiersprache teilen Sie dem Plugin über den Parameter `xml:lang` mit, um den Sie noch den ersten Befehl erweitern:

```
<pre xml:lang="css">
   body { color: red; background: #eeeeee; }
</pre>
```

Joomla 1.0.x   In den Versionen vor Joomla! 1.5.0 hieß der Parameter noch kurz lang.

Das Ergebnis auf der Homepage zeigt Abbilung 11-6:

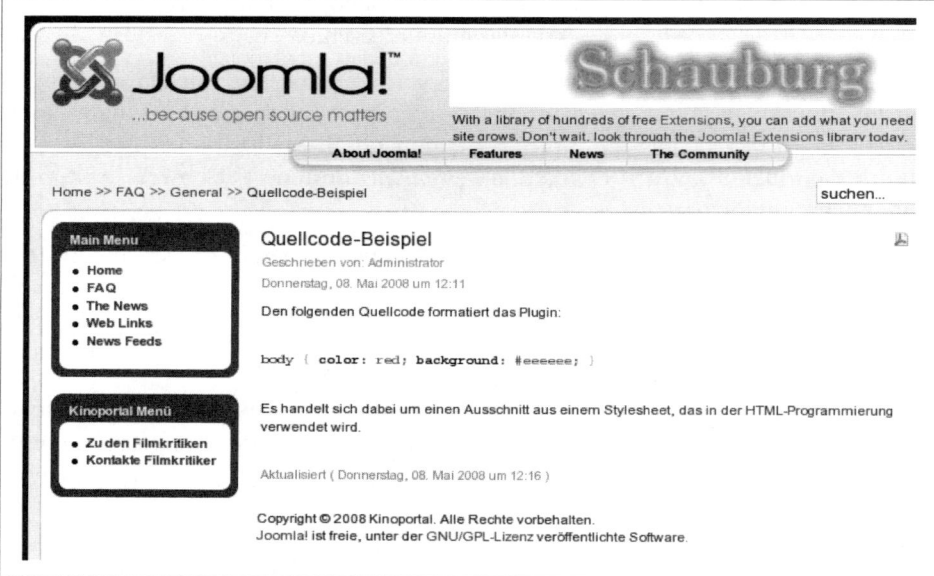

Abbildung 11-6: Das GeSHi-Plugin formatiert den Quellcode.

 Der in Joomla! zur Eingabe der Beiträge verwendete TinyMCE-Editor ist zwar komfortabel, greift aber immer wieder eigenmächtig in Ihren Quellcode ein. Beispielsweise entfernt er immer wieder den lang-Parameter. Sie sollten ihn daher unbedingt in den globalen Einstellungen (unter SITE → KONFIGURATION) gegen seinen sparsameren Kollegen austauschen.

Neben CSS kennt das Plugin unter anderem folgende Sprachen:

- CSS: `lang="css"`
- HTML4: `lang="html4strict"`
- JavaScript: `lang="javascript"`
- PHP: `lang="php"`
- PHP Brief: `lang="php-brief"`
- SQL: `lang="sql"`
- XML: `lang="xml"`

Das Plugin selbst basiert auf einer kastrierten Fassung der separat erhältlichen Software GeSHi. Dies hat den Vorteil, dass sich weitere Sprachen ganz einfach nachrüsten lassen. Dazu laden Sie sich die aktuelle Version von GeSHi unter *http://www.qbnz.com/highlighter/* herunter und entpacken sie in ein Verzeichnis Ihrer Wahl. Kopieren Sie anschließend alle Dateien aus dem Unterverzeichnis *geshi/geshi* in den Ordner */libraries/geshi/geshi* der Joomla!-Installation.

Content – Load Module

Dieses Plugin liefert auf den ersten Blick ein etwas unsinniges Ergebnis, indem es ein Modul mitten in einem Beitrag einblendet.

Normalerweise stellt das Template benannte Positionen bereit, an denen dann die Ausgaben der Module landen. Trägt man nun in einem Artikel den Befehl `{mloadposition user1}` ein, so fügt das Plugin an dieser Stelle alle Module ein, die normalerweise an der Position *user1* erscheinen würden. Auf diese Weise könnte man beispielsweise ein Menü in eine Filmkritik einbetten.

Hilfreich ist dieses Plugin besonders bei selbst geschriebenen Modulen, die von vornherein auf eine Integration mit einem Beitrag ausgelegt wurden.

Das Plugin kennt folgende Betriebsmodi, die besonders für Template-Entwickler von Interesse sind (mehr zu den etwas kryptischen folgt in Kapitel 13):

- *Mit Tabelle umgeben – Spalten:* Sofern an der Position mehrere Module stehen, werden sie untereinander platziert. Im Hintergrund packt das Plugin die Module in die entsprechenden Zellen einer HTML-Tabelle.
- *Mit Tabelle umgeben – Horizontal*: Sofern an der Position mehrere Module stehen, werden sie nebeneinander platziert. Im Hintergrund packt das Plugin die Module in die entsprechenden Zellen einer HTML-Tabelle.

- *Mit Divs umgeben*: Sofern an der Position mehrere Module stehen, werden sie jeweils mit dem HTML-Befehl <div> eingerahmt. Die genaue Formatierung erfolgt dann über ein Stylesheet.

- *Mehrfach mit Divs umgeben*: Arbeitet wie *Mit Divs umgeben*, nur dass diesmal mehrere verschachtelte <div>-Tags verwendet werden. Die genaue Formatierung erfolgt dann wieder über ein entsprechendes Stylesheet.

- *Nicht umgeben – reiner Inhalt*: Die Ausgaben der Module werden direkt, also ohne eine Einfassung ausgegeben. Bei den mitgelieferten Modulen führt das zu einer etwas durcheinandergewürfelten Darstellung. Diese Einstellung ist insbesondere dann sinnvoll, wenn die einzelnen Module ihre Formatierung selbst übernehmen.

Content – Pagebreak

Bei einem mehrseitigen Beitrag sorgt dieses Plugin für ein kleines Inhaltsverzeichnis (wie in Abbildung 11-7), ergänzt also das *Page Navigation*-Plugin. Darüber hinaus erzeugt es den eigentlichen Seitenumbruch in einem Artikel. (Wie man Seitenumbrüche in einen Beitrag einfügt, haben Sie bereits in Kapitel 4 gesehen.)

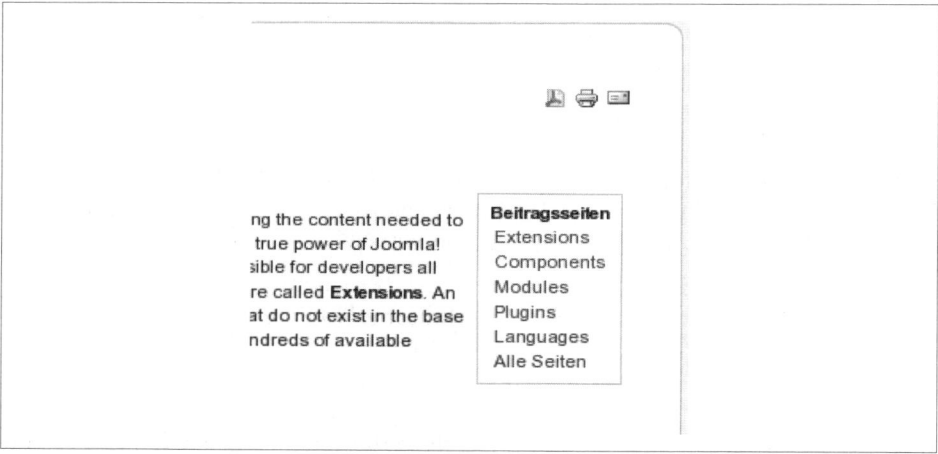

Abbildung 11-7: Das Plugin »Content – Pagebreak« erzeugt ein solches Inhaltsverzeichnis.

In seinen Einstellungen erlaubt das Plugin auf dem Register PLUGIN-PARAMETER folgende Optionen:

Plugin aktivieren
    Schaltet das Plugin ein (*Ja*) und aus (*Nein*).

Seitentitel
    Bei einem *Ja* fügt das Plugin die beim Anlegen des Seitenumbruchs vorgegebenen Titel- und Header-Attribute dem Seitentitel hinzu.

Inhaltsverzeichnis

Blendet das Inhaltsverzeichnis ein (*Zeigen*) oder aus (*Verbergen*). Unabhängig von der Einstellung wird der Seitenumbruch weiterhin ausgeführt. Um diesen zu unterbinden, müssten Sie das Plugin komplett deaktivieren.

In früheren Joomla!-Versionen war diese Einstellung noch in der globalen Konfiguration untergebracht (SITE → KONFIGURATION). `Joomla 1.0.x`

Alles zeigen

Steht diese Einstellung auf *Zeigen*, blendet das Plugin im Inhaltsverzeichnis den Punkt *Alle Seiten* ein. Er fasst wiederum alle Unterseiten auf einer einzigen großen Seite zusammen.

Editor-Plugins

Jedes Plugin aus dieser Kategorie stellt einen Editor zur Eingabe von (längeren) Texten bereit. Dem äußerst komfortablen TinyMCE-Editor begegnen Sie beispielsweise bei der Eingabe eines neuen Beitrags.

Welchen Editor (und somit welches Plugin) Joomla! standardmäßig verwendet, legen Sie in der globalen Konfiguration hinter SITE → KONFIGURATION unter STANDARD-WYSIWYG-EDITOR fest. In seiner Aufklappliste finden Sie alle aktivierten Editor-Plugins.

Editor – No Editor

Der Name dieses Plugins ist etwas irreführend: Natürlich erlaubt auch dieses Plugin die Eingabe von Texten. Im Gegensatz zu seinen Kollegen liefert es allerdings nur ein einsames Textfeld (das große, leere gelbe Feld aus Abbildung 11-8).

Da es keine weiteren Eingabehilfen anbietet, wie es ein ausgewachsener Texteditor tut, stellt es also in gewissem Sinne keinen Editor (»No Editor«) dar.

Editor – TinyMCE 2.0

Den Editor, den dieses Plugin anbietet, dürfe vermutlich fast jeder Joomla!-Benutzer kennen. Er ist nach der Installation der Standardeditor und bietet umfangreiche Hilfsfunktionen bei der Texteingabe (Abbildung 11-9). So viel Komfort kostet: Damit er verwendet werden kann, muss in den Browsern seiner Benutzer JavaScript aktiviert sein.

Das Plugin besitzt eine etwas ungewöhnliche und teilweise auch gewöhnungsbedürftige Arbeitsweise: Aus den eingegebenen Texten produziert der TinyMCE-Editor waschechten HTML-Code, also den Stoff, aus dem eine Internetseite aufgebaut ist. Das Ergebnis speichert er anschließend in der Datenbank. Joomla! selbst greift

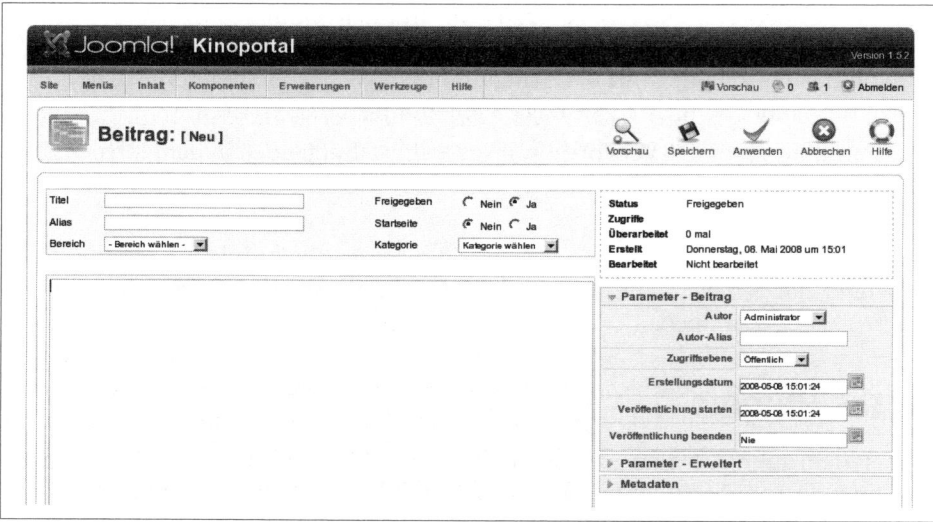

Abbildung 11-8: Der »No Editor« in Aktion, hier bei der Eingabe eines neuen Beitrags

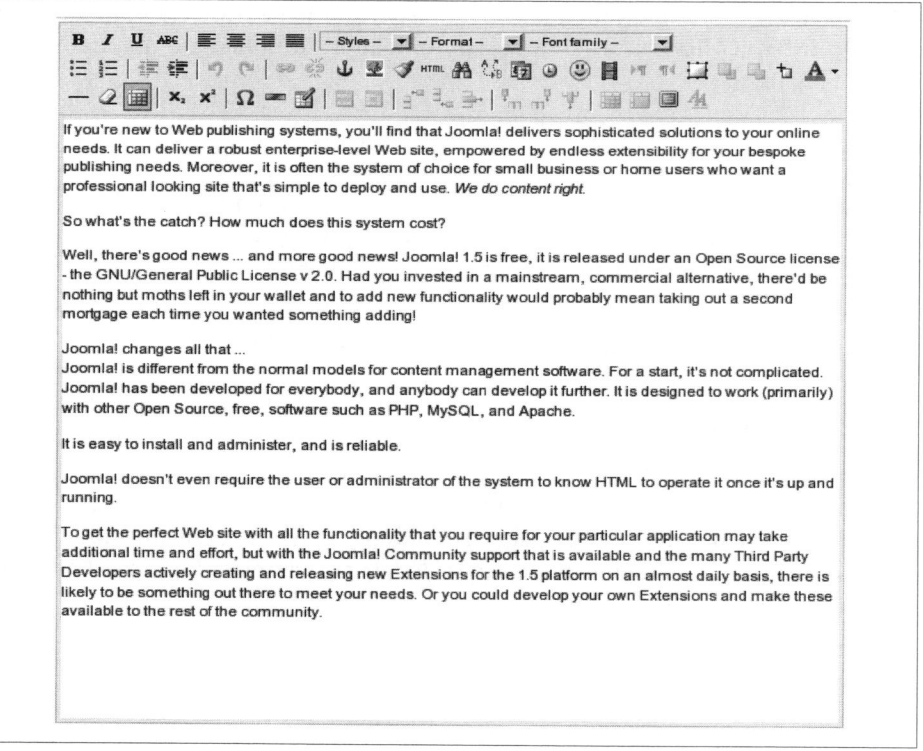

Abbildung 11-9: Der TinyMCE-Editor bei der Eingabe eines Beitrags

sich nun einfach den fertigen Textbaustein und liefert ihn so, wie er ist, an den Browser der Besucher aus.

 Um zu sehen, was der Editor aus dem eingegebenen Text fabriziert, erstellen Sie probeweise einen neuen Beitrag und speichern ihn nur ab (Schaltfläche ANWENDEN). Klicken Sie nun auf das HTML-Symbol des TinyMCE-Editors. Im neuen Fenster zeigt er Ihnen nun, wie der Text in der Datenbank ausschaut. Ihr Browser sorgt dann für die korrekte Interpretation dieses Zeichenwirrwars.

Normalerweise bekommt man von diesen ganzen Vorgängen im Hintergrund nichts mit. Da Joomla! jedoch einfach das fertige Ergebnis des TinyMCE-Editors ausgibt, könnte ein böswilliger Benutzer auf die Idee kommen, einen neuen Beitrag anzulegen und diesen mit eigenem schädlichen HTML-Code zu spicken. Damit dies nicht passiert, klopft der TinyMCE-Editor den eingegebenen Text auf mögliche Probleme ab und greift bei Bedarf eigenmächtig in den Beitrag ein (mehr zum Thema HTML liefert Kapitel 13).

Wie weitreichend seine Befugnisse dabei sind, regeln Sie in seinen Einstellungen auf der rechten Seite unter PARAMETER. Dort dürfen Sie an den folgenden, nicht gerade wenigen Schrauben drehen.

Register PLUGIN-PARAMETER

Funktionalität
Die Einstellung *Einfach* beschneidet den Funktionsumfang.

 Auf diese Weise können Sie dem Missbrauch der ansonsten zur Verfügung stehenden Funktionen vorbeugen.

Beim Starten, Code säubern
Sobald Joomla! dem Plugin einen Text zur Bearbeitung übergibt, wischt es schon einmal vorab feucht durch. Dabei entfernt es beispielsweise überflüssige oder unsichtbare Zeichen.

Beim Speichern, Code säubern
Bevor der Editor den eingetippten Text (wieder) an Joomla! übergibt, räumt diese Option ihn noch einmal auf (*Immer*). *Niemals* schaltete diese Prüfung hingegen komplett ab.

Entities nicht reinigen
Bei den Aufräumaktionen bleiben die sogenannten HTML-Entities unangetastet. Steht die Einstellung auf *Nein*, wirft das Plugin sie gnadenlos über Bord.

Warnung speichern

Verlässt man den Editor, ohne vorher seine Änderungen am Text gespeichert zu haben, erscheint eine kleine Warnmeldung – das allerdings auch nur, wenn hier *Ja* gewählt wurde.

Komprimierte Version

Der TinyMCE-Editor ist ein recht großes Softwarestück, das jedes Mal vom Joomla!-Server in den Browser geladen und dann dort ausgeführt werden muss. Setzt man diese Einstellung auf *An*, liefert Joomla! eine komprimierte Fassung aus. Diese ist zwar kleiner, bereitet aber manchen Browsern Kopfzerbrechen – beispielsweise auch dem Internet Explorer. Sofern Ihre Seite möglichst viele Menschen erreichen soll, behalten Sie daher besser die Vorgabe *Aus* bei.

Urls

Legt fest, ob der Editor die Internetadressen *Absolut* oder *Relativ* zur Joomla!-Homepage behandeln soll.

Textrichtung

In vielen Sprachen schreibt man von rechts nach links, wie beispielsweise im Arabischen. Dem trägt der Editor mit dieser Einstellung Rechnung: Wählen Sie aus der Liste einfach die bevorzugte Schreibrichtung.

Leider können Sie später im Editor die Schreibrichtung nicht ad hoc ändern, was die Eingabe von sprachlich gemischten Texten erschwert.

Automatische Sprachauswahl

Bei einem *Ja* verwendet die Benutzeroberfläche des Editors die gleiche Sprache wie Joomla!.

Das funktioniert allerdings nur, wenn TinyMCE die eingestellte Sprache kennt. In der Standardauslieferung trifft das jedoch nur auf Englisch zu. Weitere Sprachdateien für TinyMCE gibt es unter *http://tinymce.moxiecode.com/*. Sie gehören in das Unterverzeichnis */plugins/editors/tinymce/jscripts/tiny_mce/langs* Ihrer Joomla!-Installation.

Möchten Sie den Editor zwingen, eine bestimmte Sprache zu sprechen, so setzen Sie hier ein *Nein* und geben dann im nachfolgenden Eingabefeld das zugehörige Sprachkürzel ein.

Sprach-Code

Das Sprachkürzel, beispielsweise en für Englisch oder de für Deutsch.

Auch hier gilt, dass die zugehörige Sprachdatei installiert sein muss.

Verbotene Elemente

Alle hier eingetippten HTML-Befehle (Tags) wirft der Editor automatisch über Bord.

Template-CSS-Klassen

Zur Formatierung der Texte in seinem Eingabefeld verwendet das Plugin standardmäßig das Stylesheet aus der Datei *editor_content.css*. Damit erhalten Sie schon beim Eintippen eine ungefähre Vorstellung davon, wie der Beitrag später auf der Homepage aussehen wird.

Sofern das genannte Stylesheet nicht vorhanden ist, greift der Editor zur Datei *template_css.css*. Möchten Sie Letzteres erzwingen, stellen Sie hier auf *Ja* um.

Angepasste CSS-Klassen

Soll TinyMCE für seine Vorschau ein ganz bestimmtes Stylesheet verwenden, so tippen Sie hier seinen Dateinamen ein (einschließlich des kompletten Pfades dorthin).

Neue Zeilen

HTML kennt zwei Möglichkeiten für einen Zeilenumbruch: entweder das Tag <p> oder seinen Kollegen <br>. Welches dieser beiden Tags das Plugin für seine Zeilenumbrüche verwendet, geben Sie hier über die Ausklappliste vor.

Falls Sie keine Erfahrungen mit HTML besitzen, behalten Sie hier die Einstellung *»p«-Elemente* bei.

Erweiterte gültige Elemente

Alle hier eingetippten HTML-Elemente ignoriert der Editor bei seinen Aufräumaktionen.

Register Erweiterte Parameter

Hier legen Sie zunächst unter WERKZEUGLEISTE fest, ob die Symbolleiste am oberen Rand des großen Eingabefeldes (*Oben*) oder am unteren (*Unten*) erscheinen soll.

Alle nachfolgenden Punkte schalten die entsprechenden Symbole – und damit die dahinterstehenden Funktionen – ein (*Anzeigen*) oder aus (*Verbergen*). Die Funktionen im unteren Bereich sind dabei generell nur dann zugänglich, wenn Sie auf dem Register PLUGIN-PARAMETER die Einstellung FUNKTIONALITÄT auf *Erweitert* gesetzt haben.

Erklärungsbedürftig wären damit nur noch die Eingabefelder:

- HTML HÖHE und BREITE geben in Pixeln die Ausmaße des Fensters an, das bei einem Klick auf das HTML-Symbol aufspringt.
- Mit einem Mausklick auf das Datumssymbol fügt der TinyMCE-Editor das aktuelle Datum in den Text ein. Wie dieser formatiert wird, bestimmt die kryptische Zeichenfolge im Feld DATUMSFORMAT. Darin steht %Y für das Jahr, %m für den Monat und %d für den Tag. Am 12. Mai 2008 würde der Editor folglich das

Datum 2008-05-12 ausspucken. Um die in Deutschland übliche Datumsformatierung zu erhalten, tippen Sie hier %d.%m.%Y ein.

- Analoges gilt für die Uhrzeit: Im Feld ZEITFORMAT steht %H für die Stunde, %M für die Minuten und %S für die Sekunden.

Editor – XStandard Lite 2.0

Dieser Editor ist standardmäßig deaktiviert – nicht ganz ohne Grund: In der Vergangenheit gab es beim Einsatz des Plugins immer wieder Probleme. Darüber hinaus setzt es die Installation einer ActiveX-Komponente voraus, was wiederum nur unter Windows funktioniert und damit ein potenzielles Einfallstor für Schadprogramme ist. Für den ebenfalls beliebten Browser Firefox gibt es zwar mittlerweile ebenfalls ein Plugin, das aber aufgrund seiner massiven Kinderkrankheiten kaum für einen ernsthaften Einsatz taugt.

 Wenn Sie Ihren Internetauftritt nicht nur auf die Windows-Benutzer beschränken möchten, sollten Sie auf den TinyMCE-Editor ausweichen.

Unter der Haube arbeitet XStandard Lite genauso wie sein TinyMCE-Kollege. Dennoch kennt das Plugin in seinen Einstellungen gerade einmal zwei Parameter:

Editor-Modus
Dieser Parameter regelt, wie der Text im Eingabefeld erscheint. Bei *WYSIWYG* zeigt der Editor den Beitrag, so wie er auch auf der Homepage erscheint, *Quelle* zeigt ihn im Quellcode an (die gleiche Ansicht erreicht man in TinyMCE über das HTML-Symbol), und *Screen Reader* bereitet ihn so auf, dass ihn auch blinde Menschen mit einer entsprechenden Software vorgelesen bekommen können (im Wesentlichen handelt es sich dabei um reinen Text ohne Formatierungen).

Word Wrap
Setzt die Standardansicht des Editors.

Editors-xtd Plugins

Die Plugins aus dieser Kategorie erzeugen die Schaltflächen unterhalb des Texteditors (Abbildung 11-10).

Sie fügen bestimmte Sonderelemente in den Text ein, und zwar

- ein Bild (*Editor Button – Image*)
- einen Seitenumbruch (*Editor Button – Pagebreak*) und
- einen Weiterlesen-Link (*Editor Button – Readmore*).

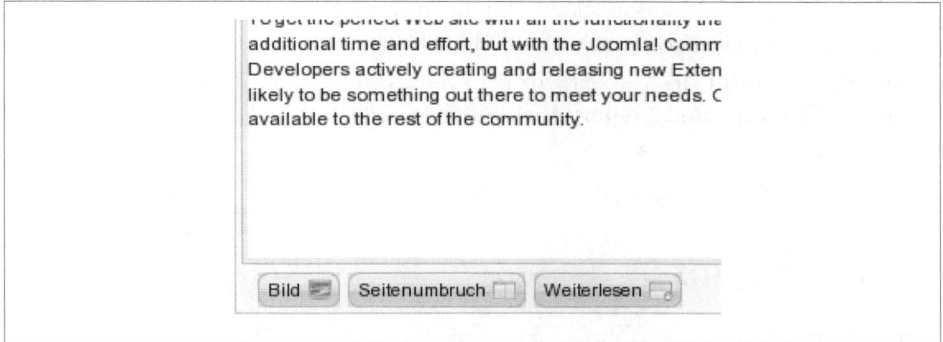

Abbildung 11-10: Hinter diesen drei Schaltflächen steckt jeweils ein Plugin.

 Wer sich mit der HTML-Programmierung auskennt, sollte unbedingt einen Blick hinter die Kulissen werfen: Die Plugins sind eigentlich strohdumm, und ein Klick auf die Schaltflächen fügt lediglich den zugehörigen HTML-Code ein. Leider versteckt ihn der TinyMCE-Editor sofort, gibt ihn aber bei einem Klick auf das HTML-Symbol wieder preis. Ein Seitenumbruch besteht beispielsweise aus dem Befehl `<hr title="Der Seitentitel" alt="Alias für Inhalt" class="system-pagebreak" />`, ein Bild integriert das bekannte `<img>`-Tag.

Search-Plugins

Jedes Plugin aus dieser Kategorie nimmt vom Suchen-Modul einen Begriff entgegen und stöbert diesen dann in einem ganz bestimmten Bereich der Datenbank auf. Zur Verfügung stehen dabei:

- *Search – Content*: Durchsucht alle Beiträge.
- *Search – Weblinks*: Durchsucht die von der Weblink-Komponente verwalteten Links.
- *Search – Contacts*: Durchsucht alle Kontakte.
- *Search – Categories*: Durchsucht die Texte aller Kategorien.
- *Search – Sections*: Durchsucht die Texte aller Sektionen.
- *Search – Newsfeeds*: Durchsucht alle Newsfeeds.

Die Plugins sind alle standardmäßig aktiviert. Nur wenn Sie nicht möchten, dass einer der Bereiche durchsucht wird, sollten Sie das dazugehörige Plugin abschalten.

In den Einstellungen eines jeden Such-Plugins finden Sie den Parameter SUCHLIMIT. Er bestimmt, wie viele Fundstellen das Plugin maximal zurückliefert. *Search – Content* gestattet darüber hinaus noch folgende Einstellungen:

Beiträge
> Bei einem *Ja* durchsucht das Plugin die Beiträge.

Nicht kategorisierte Beiträge
> Das Plugin berücksichtigt auch alle Beiträge, die keiner Kategorie angehören.

Archivierte Beiträge
> Auch die archivierten Beiträge werden durchsucht.

System-Plugins

Die Plugins aus dieser Kategorie liefern unterschiedliche Leistungen ab, greifen aber alle in das Innerste von Joomla! ein.

> Bevor Sie an den Einstellungen der folgenden Plugins drehen, sollten Sie sich folglich genau überlegen, was Sie tun.

System – SEF

Auf Wunsch verpasst Joomla! allen seinen Seiten suchmaschinenfreundliche Internetadressen (Search Engine Friendly, kurz SEF). Damit sollen die Suchmaschinen leichter alle in Joomla! gespeicherten Beiträge aufspüren können. Das SEF-Plugin unterstützt dieses Vorgehen, indem es in jedem ausgelieferten Artikel sämtliche Links durch die entsprechenden suchmaschinenfreundlichen Pendants ersetzt (weitere Informationen dazu liefern die Kapitel 10 und 17).

> Wenn Sie die SEF-Funktion nutzen, müssen Sie auch immer dieses Plugin aktivieren. Ansonsten kommt es zu Inkonsistenzen, über die wiederum die Suchmaschinen bei Ihrer Arbeit stolpern.

> Das Plugin arbeitet sogar unabhängig von der Apache-Erweiterung *mod_rewrite*. (Mehr zu diesem Thema finden Sie in Kapitel 10 und Kapitel 17.)

System – Debug

Dieses Plugin generiert Ablaufprotokolle und sammelt Informationen, die bei der Fehlersuche helfen (sogenannte Debug-Informationen). Im Gegensatz zu seinem gleich noch vorgestellten Kollegen *System – Log* liefert das Plugin *System – Debug* Informationen, die sich primär an Entwickler und Programmierer richten. Gerade das Protokoll der SQL-Abfragen kann jedoch auch in anderen Fällen äußerst hilfreich sein. Hegen Sie beispielsweise einen Einbruchsverdacht, enthüllt es unerlaubte Datenbankzugriffe – und deckt die betroffenen Tabellen gleich mit auf.

In seinen Einstellungen können Sie festlegen, welchen Daten es sammeln beziehungsweise generieren soll:

Zeigt Protokoll der SQL-Abfragen an
Zeichnet jede Anfrage an die Datenbank auf.

Zeigt Speichernutzung an
Beobachtet die Auslastung des Hauptspeichers.

Zeigt nicht übersetzte Sprachenzeichenketten an
Liefert alle Texte der Joomla!-Benutzeroberfläche, für die eine Übersetzung in die aktuell installierte Sprache fehlt.

Alle gesammelten Informationen zeigt Joomla! ungeniert auf jeder Seite an – vorausgesetzt, Sie haben ihm dies in der globalen Konfiguration unter SITE → KONFIGURATION im Bereich DEBUG erlaubt (mehr zum Thema finden Sie in Kapitel 10).

System – Legacy

Dieses Plugin gaukelt älteren Erweiterungen vor, sie würden noch unter der Joomla!-Version 1.0.x laufen. In vielen Fällen genügt dies bereits, um vergreiste Komponenten, Module und Mambots (die jetzigen Plugins) zu einer Zusammenarbeit zu bewegen.

Sollte es dennoch Fehlermeldungen hageln, können Sie zusätzlich in den Einstellungen den Punkt *Vorgänger-URLs benutzen* aktivieren. Damit verwendet Joomla! das in der alten Version gültige Verfahren zur Weiterleitung. Das hilft vor allem in Situationen, in denen Joomla! eine andere Seite nachlädt, dabei jedoch mit einer Fehlermeldung aus den Latschen kippt.

 Versuchen Sie möglichst ohne die alten Plugins auszukommen. Dies dürfte im Moment zwar noch etwas schwierig sein, es bewahrt Sie aber vor einigen Problmen und viel Ärger.

Weitere Informationen zu diesem Thema finden Sie in Kapitel 19.

System – Cache

Um die Auslieferungszeiten zu verkürzen, hält Joomla! einmal erstellte Seitenteile auf Wunsch in einem Zwischenspeicher, dem sogenannten Cache, vor. Zusätzlich zu dem bereits bekannten Caching aus Kapitel 10 puffert das Plugin *System – Cache* auch noch die komplette, an den Browser ausgelieferte Internetseite. (Das Plugin setzt also noch einmal einen weiteren Cache oben drauf.)

Dieses Plugin ist standardmäßig deaktiviert, weil es in der Vergangenheit in bestimmten Situationen zu Problemen kam. Sollten Sie ein Fehlverhalten bemerken, deaktivieren Sie zunächst dieses Plugin, und schalten Sie erst danach auch den Cache in den globalen Einstellungen aus. Es kann ebenfalls helfen, den Cache einmal komplett zu löschen.

In seinen Einstellungen bietet das Plugin die Möglichkeit, diesen Seitencache in den Browser des Besuchers zu verlagern (BROWSER-CACHE BENUTZEN). Die Seiten müssen damit gar nicht erst durch das relativ lahme Internet wandern.

Die CACHE-LEBENSDAUER bestimmt, wie lange der Cache eine Seite maximal vorhält, bevor sie als veraltet gilt und Joomla! eine neue Fassung erstellen muss.

System – Log

Dieses Plugin erstellt ein Protokoll aller wichtigen Joomla!-Tätigkeiten. Beispielsweise zeichnet es jeden fehlgeschlagenen Anmeldungsversuch auf.

 Aus dem Protokoll können Sie auch Einbruchversuche ablesen. Tauchen beispielsweise sehr viele fehlgeschlagene Anmeldungen in kurzer Zeit auf, versucht offensichtlich jemand, sich mit aller Gewalt Zugang zum Content-Management-System zu verschaffen. Sobald Sie Joomla! in einer produktiven Umgebung verwenden, sollten Sie auch dieses Plugin aktivieren.

Die Protokolldateien landen in dem Ordner, der in der globalen Konfiguration unter SITE → KONFIGURATION auf der Registerkarte SYSTEM im Eingebefeld PFAD ZUM LOG-ORDNER eingetragen ist.

 Gerade bei etwas größeren Auftritten nehmen die Log-Dateien recht schnell ziemlich große Ausmaße an. Sie sollten sie deshalb in einen Ordner außerhalb des Joomla!-Verzeichnisses verschieben, der genügend Speicherplatz bietet. Denken Sie aber daran, dass Joomla! auf dieses Verzeichnis Schreibrechte benötigt.

System – Remember Me

Normalerweise muss sich ein Benutzer bei jedem Besuch erneut mit seinem Benutzernamen und Passwort anmelden. Davon wird er allerdings befreit, wenn er im LOGIN FORM einen Haken bei ANGEMELDET BLEIBEN setzt. Hinter genau dieser Funktion steckt das Plugin *System – Remember Me*. Im Hintergrund verpackt es das Passwort und den Benutzernamen gut verschlüsselt in ein sogenanntes Cookie, das anschließend in den Browser des Besuchers wandert. Sobald dieser erneut die Seite betritt, dient das Cookie als Ausweis, der den Zutritt zu den geschützten Seiten ohne erneute Anmeldung erlaubt. Dies klappt allerdings nur, wenn man sich nicht explizit selbst ausloggt (über die angebotene Schaltfläche ABMELDEN auf der Homepage).

System – Backlink

In den Versionen vor Joomla! 1.5 besaßen Links auf Unterseiten des Internetauftritts noch einen anderen Aufbau. Wenn Sie von einer alten Joomla!-Version umsteigen oder veraltete Erweiterungen nutzen, enthalten die ausgelieferten Seiten möglicherweise noch einige dieser alten Links. Damit bei ihrem Aufruf keine Fehlermeldungen erscheinen, übersetzt dieses Plugin sie automatisch in ihre neuen Pendants. Wie diese Umwandlung vonstatten geht, dürfen Sie in den Einstellungen unter den PLUGIN-PARAMETER beeinflussen:

Suche nach Datenbankabfragen
Wenn hier *Ja* eingestellt ist, sucht das Plugin nach alten Links und leitet sie um.

Suche nach SEF
Ist hier *Ja* gewählt, benutzt das System das alte SEF-Format und leitet zum neuen Link weiter.

Versuche SEF im Vorgängermodus
Bei einem *Ja* nimmt das System das alte SEF-Format, versucht, daraus einen gültigen Link zu erstellen, und leitet dann dorthin um.

User-Plugins

Das Plugin *User – Joomla!* sorgt für die Benutzersynchronisation in Joomla!. In seinen Einstellungen dürfen Sie festlegen, dass es automatisch neue registrierte Benutzer anlegt, sofern dies möglich ist.

XML-RPC

Hinter der etwas kryptischen Abkürzung XML-RPC (für *Extensible Markup Language Remote Procedure Call*) verbirgt sich ein Standard, mit dem andere Programme Joomla! fernsteuern können. Dazu müssen die Anwendungen noch nicht einmal auf dem gleichen Computer wie Joomla! laufen, lediglich eine funktionierende Netzwerkverbindung ist notwendig.

Sie sollten gleich in mehrfacher Hinsicht überlegen, ob Sie diese Plugins aktivieren: Zum einen sind sie in der Vergangenheit durch schwerwiegende Fehler und Sicherheitslücken aufgefallen, zum anderen bieten sie hervorragende Angriffsflächen für böswillige Hacker-Angriffe.

Die XML-RPC-Schnittstelle ist somit vor allem für Programmierer interessant und füllt eigene Bücher. Mehr Informationen zu diesem Thema finden Sie aber auch im Internet, beispielsweise in der Wikipedia unter *http://de.wikipedia.org/wiki/XML-RPC*.

Die Plugins aus dieser Kategorie schalten für diesen Fernzugriff unterschiedliche Funktionen frei:

- *XML-RPC – Joomla!*: Ermöglicht den Zugriff auf die Joomla!-Kernfunktionen.
- *XML-RPC – Blogger API*: Liefert eine kleine Schnittstelle, um Blogger-Posts zu lesen, zu modifizieren und zu löschen. In den Einstellungen des Plugins bestimmen Sie, in welcher Kategorie neue Posts landen sollen (NEUE BEITRÄGE) und den Bereich, aus dem neue Posts geliefert werden (Beitrag BEARBEITEN).

Joomla! erweitern

In diesem Kapitel:
- Sprachpakete beschaffen und installieren
- Joomla! komplett auf eine Sprache umstellen
- Eigene Sprachpakete erstellen

KAPITEL 12
Sprachpakete

Nach seiner Installation erscheint Joomla! ausschließlich in Englisch. In Kapitel 2 wurde bereits gezeigt, dass man dem Content-Management-System über sogenannte Sprachpakete auch andere Sprachen beibringen kann. Dieses Kapitel gibt nun einen etwas tieferen Einblick in die dahinterstehenden Mechanismen.

Joomla! kann nur die von ihm bereitgestellten Elemente übersetzen. Alle Texte, die der Benutzer oder die Autoren eintippen, bleiben in ihrer Ausgangssprache. Um diesen Sprachenmix zu beseitigen, bleibt Ihnen vorerst nichts anderes übrig, als alle Elemente im Administrationsbereich durchzugehen und ihnen einen deutschen Namen zu verpassen. Erst entsprechende Erweiterungen, wie etwa *Joom!Fish*, versprechen diese Sysiphosarbeit überflüssig zu machen.

Sprachpakete beschaffen und installieren

Auf der Joomla!-Homepage finden Sie im Bereich EXTENSIONS ein Verzeichnis mit allen möglichen und unmöglichen Erweiterungen (*http://extensions.joomla.org* führt direkt dorthin), darunter auch den Eintrag TRANSLATIONS FOR JOOMLA! (als Unterpunkt von LANGUAGES). Hinter ihm verbirgt sich eine lange Liste mit allen derzeit zur Verfügung stehenden Sprachpaketen (Abbildung 12-1). Die orangefarbenen Sternchen zeigen an, wie gut das Übersetzungsteam nach Meinung der Nutzer gearbeitet hat.

Ein Klick auf DOWNLOAD führt direkt zur entsprechenden Downloadseite. Dort stehen gleich mehrere Dateien bereit, jeweils nach Joomla!-Version sortiert.

Achten Sie unbedingt darauf, dass Sie nur die zur eingesetzten Joomla!-Version passenden Sprachdateien herunterladen und installieren. Ansonsten könnten fehlerhafte oder unvollständige Übersetzungen die Folge sein.

Abbildung 12-1: Auf dieser Seite findet man alle existierenden Sprachpakete.

Leider sind die Dateinamen nicht normiert; jedes Übersetzungsteam kocht hier sein eigenes Süppchen. Grundsätzlich stehen hier Pakete für die folgenden Aufgaben bereit:

- Ein Paket enthält die Übersetzungen des Administrationsbereichs. Die zugehörigen Dateien tragen meist ein *backend*, *Administrator* oder *admin* im Namen.

- Ein Paket enthält die Übersetzungen der Elemente auf der Homepage. Die zugehörigen Dateien tragen meist ein *frontend* oder *site* im Namen.

- Zusätzlich gibt es ein Paket, das die beiden genannten Pakete zu einem einzigen zusammenfasst. Die entsprechende Datei trägt meist ein *all* im Namen.

Einige Übersetzerteams nehmen dem Joomla!-Benutzer etwas Arbeit ab und stellen ein Joomla!-Komplettpaket bereit, in das die jeweiligen Sprachpakete schon integriert wurden. Für eine Installation genügt es in diesem speziellen Fall, einfach dem Kapitel 2 zu folgen.

 Ein Paket, das im Namen die Bezeichnung *installation* trägt, können Sie ignorieren. Es enthält die Übersetzungen für den Joomla!-Installationsassistenten und ist somit eigentlich für die Joomla!-Entwickler gedacht – beziehungsweise für diejenigen, die ihre eigene Joomla!-Distribution schnüren möchten. Das Paket übersetzt ausschließlich die Schritte der Joomla!-Installation und muss somit vor dem allerersten Start des Content-Management-Systems per Hand in das Joomla!-Unterverzeichnis *installation/language* kopiert werden.

Wenn Sie gemäß Kapitel 15 eigene Erweiterungen installieren, benötigen Sie für jede von ihnen ein eigenes Sprachpaket. Welche Übersetzungen für die Erweiterung wo zu haben sind, sagt Ihnen für gewöhnlich deren Homepage.

 Eine alternative Bezugsquelle für die deutschen Sprachpakete bietet der Internetauftritt des Übersetzungsteams unter *http://www.jgerman.de*. Dort finden Sie auch Sprachpakete für einige ausgewählte Erweiterungen.

Hat man die gewünschte Sprachdatei auf der Platte, wählt man im Administrationsbereich den Menüpunkt ERWEITERUNGEN → INSTALLIEREN/DEINSTALLIEREN (in einem englischsprachigen Joomla! EXTENSIONS → INSTALL/UNINSTALL, in den Vorversionen `Joomla 1.0.x` INSTALLERS → LANGUAGES), wie Sie in Abbildung 12-2 sehen.

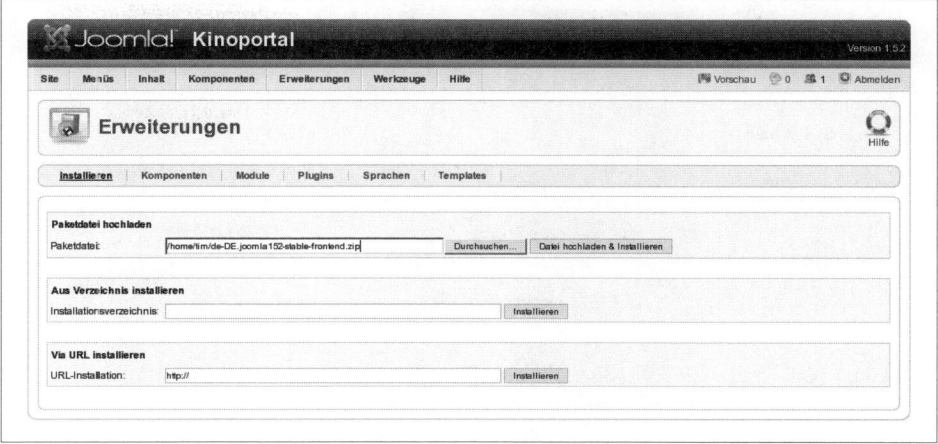

Abbildung 12-2: Über diesen Dialog spielt man die heruntergeladenen Sprachpakete ein.

Im Feld PAKETDATEI (beziehungsweise PACKAGE FILE) tippen Sie nun den Dateinamen des Sprachpakets samt Pfad ein. Alternativ können Sie über den Schalter DURCHSUCHEN... (BROWSE...) den notwendigen Eintrag etwas bequemer in einem

Fenster auswählen. Ein anschließender Klick auf DATEI HOCHLADEN & INSTALLIE-REN (UPLOAD FILE & INSTALL) spielt das Sprachpaket ein.

Sollten Sie das Sprachpaket aus Versehen bereits auf Ihrer Festplatte entpackt haben, so gehen Sie nicht den eben beschriebenen Weg, sondern tragen den Pfad dorthin in das Feld INSTALLATIONSVERZEICHNIS (INSTALL DIRECTORY) ein. Nach einem Klick auf das nebenstehende INSTALLIEREN (INSTALL) installiert das Content-Management-System die Sprachdateien aus diesem Verzeichnis.

Sind Sie noch einen Schritt weitergegangen und haben die Sprachdateien auf den Webserver kopiert, tippen Sie die gesamte Internetadresse dorthin in das Eingabe-feld URL-INSTALLATION (INSTALL URL) ein und klicken anschließend auf das nebenstehende INSTALLIEREN (INSTALL).

 Sollte eine Fehlermeldung erscheinen, fehlen Joomla! die Zugriffs-rechte auf die Verzeichnisse *language* und *administrator/language*. Sie finden die beiden Kandidaten im Joomla!-Verzeichnis.

Nach der erfolgreichen Installation landen Sie automatisch im Verwaltungsbild-schirm für die Sprachen (im Englischen firmiert diese Seite als *Language Manager*). Sie erreichen diese Liste auch über ERWEITERUNGEN → SPRACHEN (in einem engli-schen Joomla! unter EXTENSIONS → LANGUAGE MANAGER, in den Vorversionen `Joomla 1.0.x` noch über SITE → LANGUAGE MANAGER → SITE LANGUAGES), siehe Abbildung 12-3.

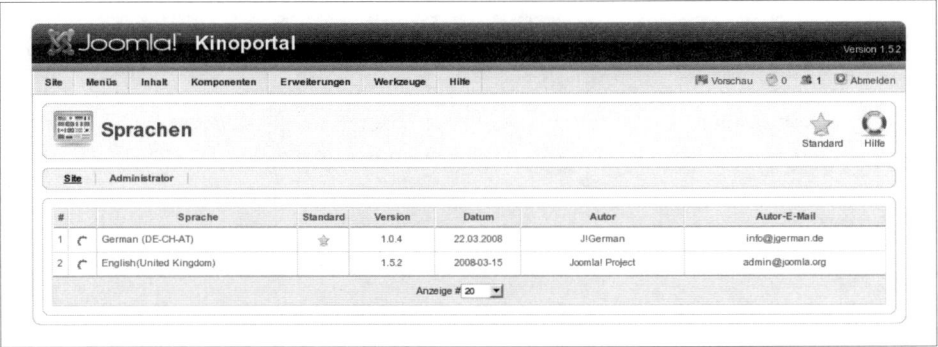

Abbildung 12-3: Diese Seite verwaltet alle installierten Sprachpakete. Hier wurde Joomla! nachträglich Deutsch beigebracht.

Der gelbe Stern in der Spalte STANDARD zeigt an, welche Sprache Joomla! derzeit »spricht«. Sie verändern diesen Zustand, indem Sie den Radiobutton vor der gewünschten Sprache markieren und anschließend in der Werkzeugleiste auf STAN-DARD klicken.

Betrachten Sie nun noch die Leiste zwischen Werkzeugliste und der Liste mit allen installierten Sprachpaketen. Sofern dort SITE aktiviert ist, zeigt die Liste darunter aller Sprachpakete für die Homepage. Bei ADMINISTRATOR erscheinen hingegen alle Sprachpakete, die für den Administrationsbereich zuständig sind. Durch diese Zweiteilung können Sie dem Frontend und dem Backend unterschiedliche Sprachen beibringen. Allerdings birgt diese Flexibilität auch eine kleine Stolperfalle: Bevor Sie die Sprache wechseln, sollten Sie immer erst kontrollieren, ob Sie dies gerade für die Homepage (SITE) oder den Administrationsbereich (ADMINISTRATOR) durchführen.

`Joomla 1.0.x` Erst seit Joomla! 1.5 kann man dem Administrationsbereich eine andere Sprache zuweisen. Davor waren Sie noch auf Englisch festgenagelt.

Joomla! komplett auf eine Sprache umstellen

Um die eigene Homepage vollständig an eine neue Sprache anzupassen, muss man folgende Stellen in Joomla! abgrasen:

- Die Spracheinstellungen auf der Seite ERWEITERUNGEN → SPRACHEN regeln auf der Registerkarte SITE die Sprache der Homepage und auf der Registerkarte ADMINISTRATOR die Sprache des Administrationsbereichs. Hier muss zumindest unter SITE die anvisierte Zielsprache eingestellt sein.

- In den globalen Einstellungen unter SITE → KONFIGURATION legt man auf der Registerkarte SERVER die korrekte ZEITZONE fest. (mehr dazu finden Sie in Kapitel 10).

- In den von Joomla! ausgelieferten Internetseiten muss die Definition für die sogenannte Zeichenenkodierung korrekt gesetzt sein. Dies geschieht im sogenannten Header der Seite (mehr dazu finden Sie in Kapitel 13).

- Bei allen veröffentlichten Modulen muss man den Titel und wenn möglich auch alle durch das Modul publizierten Texte anpassen.

- Alle Beiträge müssen in der gewünschten Sprache verfasst worden sein.

Wie man sieht, kostet es in den aktuellen Joomla!-Versionen immer noch einiges an Anstrengung, eine Seite vollständig zu lokalisieren. Ein Parallelbetrieb von mehreren Sprachen ist derzeit noch nicht möglich. Diese Fähigkeit wird vermutlich erst eine der zukünftigen Versionen mitbringen. Wer nicht so lange warten möchte, sollte einen Blick auf die Erweiterung *Joom!Fish* werfen. Sie verspricht mehrsprachige Internetauftritte.

Eigene Sprachpakete erstellen

Wenn Ihnen die Übersetzungen aus den Sprachpaketen nicht gefallen, können Sie auch selbst Hand anlegen und eine eigene Übersetzung in Angriff nehmen – wie zum Beispiel eine Variante in Plattdeutsch. Zuvor empfiehlt es sich allerdings, kurz zu klären, ob dieser doch beträchtliche Aufwand überhaupt notwendig ist.

Geht es nur um die Modifikation einiger weniger Menüpunkte, sollte man mit dem zuständigen Übersetzerteam Kontakt aufnehmen. Möglicherweise sind die Änderungsvorschläge von allgemeinem Interesse und können direkt in die aktuellen Sprachpakete übernommen werden.

Sollte hingegen der Wunsch nach einem Joomla! »op Platt« bestehen, bietet sich eine kurze Nachfrage in einem Joomla!-Forum an. Vielleicht gibt es ja schon jemanden, der eine Übersetzung in dieser Mundart in Angriff genommen hat.

Die Elemente der Homepage übersetzen

Entscheidet man sich für ein komplett selbst gebautes Joomla! »op Platt«, führt der Weg als Erstes in das Unterverzeichnis *language* der Joomla!-Installation. Dort steckt jede Sprache in einem eigenen Unterverzeichnis. Deren Namen richten sich nach der Länderkennzeichnung, wie ihn der Standard ISO 3166 vorgibt. Die ersten beiden Buchstaben benennen das Land, wie beispielsweise DE für Deutschland. Nach dem Bindestrich folgt dann die Sprachvariante, zum Beispiel AT für Österreich. Weitere Informationen zu diesen Kürzeln liefert beispielsweise die Wikipedia unter *http://de.wikipedia.org/wiki/ISO_3166*.

An diese Namenskonvention sind Sie nicht gebunden, Joomla! akzeptiert auch jeden beliebigen anderen Verzeichnisnamen. Aus Konsistenzgründen sollten Sie sich jedoch möglichst daran orientieren.

In jedem Unterverzeichnis finden Sie gleich einen ganzen Haufen Textdateien. Jede von ihnen enthält die Übersetzung für einen ganz bestimmten Teilbereich von Joomla!. Bevor es jedoch an deren Modifikation geht, erstellen Sie unter *language* einen neuen Unterordner, wie beispielsweise *dtplatt*, und kopieren alle Dateien aus dem englischen Verzeichnis *en-GB* dort hinein. Eine bestehende Sprache als Ausgangsbasis zu verwenden hat den Vorteil, dass keiner der zu übersetzenden Texte in Vergessenheit gerät, wodurch der Bildschirm an dieser Stelle leer bleiben würde. Entscheidet man sich zudem für das englische Original, sieht man wesentlich schneller, welche Texte noch nicht übersetzt wurden.

Als Letztes tauschen Sie noch bei jeder kopierten Datei den Namensbestandteil *en-GB* gegen den der zu unterstützenden Sprache aus. *en-GB.ignore.php* wird so beispielsweise zu *dtplatt.ignore.php*

Die Informationsdatei

Im nächsten Schritt machen Sie sich über die Datei mit der Endung *.xml* her – im Platt-Beispiel wäre dies *dtplatt.xml* (Vorsicht: Greifen Sie nicht zu der Datei, die auf *-install.xml* endet). Öffnen Sie sie in einem Texteditor Ihrer Wahl. Die Datei enthält ein paar Basisinformationen, die Sie später auch im Administrationsbereich wiederfinden. Tauschen Sie einfach die entsprechenden Begriffe gegen passende Werte aus.

- Zwischen `<name>` und `</name>` steht der Name der Sprache (im Beispiel **Platt-deutsch**).
- Zwischen `<tag>` und `</tag>` steht das Länderkürzel (im Beispiel **dtplatt**).
- Zwischen `<version>` und `</version>` steht die Versionsnummer der Übersetzung.
- Zwischen `<creationDate>` und `</creationDate>` steht das Datum, an dem die Übersetzung fertiggestellt wurde.
- Zwischen `<author>` und `</author>` steht der Name des Übersetzers.
- Zwischen `<authorEmail>` und `</authorEmail>` steht die E-Mail-Adresse des Übersetzers.

Die Übersetzungen

Nachdem Sie die Änderungen gespeichert haben, öffnen Sie eine der Dateien mit der Endung *.ini*. Jede von ihnen enthält die Übersetzungen genau einer Komponente, eines Moduls oder eines Plugins. Die Datei *de-DE.mod_poll.ini* enthält beispielsweise alle Beschriftungen des Moduls für die Umfragen.

 Öffnen Sie diese Datei ausschließlich mit einem Texteditor, der mit Unicode-Zeichen umgehen kann. Andernfalls sind später auf der Homepage alle Sonderzeichen und Umlaute entstellt. Moderne Texteditoren erkennen das Format automatisch. Sie können dies testen, indem Sie eine *.ini*-Datei aus dem deutschen Verzeichnis *de-DE* öffnen. Bleiben dabei die Umlaute erhalten, kann Ihr Texteditor mit dem Unicode-Standard umgehen. Mehr zum Thema Unicode und der von den *.ini*-Dateien verwendeten UTF-8-Kodierung finden Sie beispielsweise im Internet unter *http://de.wikipedia.org/wiki/Unicode* oder *http://www.unicode.org/*.

Jede der *.ini*-Dateien enthält in jeder Zeile die Übersetzung genau eines Elements auf der Homepage. Alle Zeilen, die mit einer Raute beginnen, werden später von Joomla! ignoriert. Die übrigen Zeilen starten mit einem großgeschrieben Begriff, der ein ganz bestimmtes Element auf der Joomla!-Homepage repräsentiert. Diesen internen Bezeichner haben die Joomla!-Entwickler fest vorgegeben. Anschließend steht ein Gleichheitszeichen, gefolgt von der entsprechenden Übersetzung. Dazu ein kleines Beispiel aus der Datei *de-DE.mod_poll.ini*:

```
VOTE=Abstimmen
```

Hier besitzt das Modul ein Element namens *VOTE*, das mit dem Text *Abstimmen* beschriftet ist. Es handelt sich hier folglich um die Beschriftung der ABSTIMMEN-Schaltfläche bei den Umfragen.

 Hier sehen Sie einen weiteren Grund, warum man eine bestehende Sprache als Ausgangsbasis heranziehen sollte: Nur am Text nach dem Gleichheitszeichen können Sie zweifelsfrei erkennen, welches Element der Begriff zu Beginn der Zeile repräsentiert.

 Löschen Sie eine der bestehenden Zeilen, so fällt Joomla! auf die englischen Originaltexte zurück.

`Joomla 1.0.x` In der Vorversion waren die einzelnen Zeilen noch etwas kryptischer aufgebaut:

```
DEFINE('_BUTTON_VOTE', 'W&auml;hlen');
```

Dieser Ausdruck beschrieb einst die Übersetzung für die Schaltfläche der Umfrage. Der Name des Elementes stand im vorderen Teil der Klammern, im hinteren stand die Übersetzung. Umlaute und Sonderzeichen mussten dabei noch durch ihre entsprechenden HTML-Kürzel ersetzt werden. Aus einem »ä« wurde so das etwas eigenartige ä.

Eine Sonderrolle nimmt die Datei mit der Endung *.ignore.php* ein. Sie enthält alle Begriffe, die das Suchmodul später ignorieren soll. Hierzu gehören im Deutschen beispielsweise Füllwörter wie *und, in, mit* und so weiter. Ihr Aufbau unterscheidet sich etwas von dem der anderen Dateien. So besitzt jede Zeile die Form:

```
$search_ignore[] = "und";
```

Achten Sie darauf, dass in der letzten Zeile der Datei ?> steht.

 Bei den Inhalten dieser Datei handelt es sich um PHP-Befehle. Die zu ignorierenden Wörter landen dabei in einem Array namens search_ignore.

Ein Sprachpaket erstellen

Die Übersetzung erscheint jetzt schon im Administrationsbereich von Joomla! und kann dort wie jede andere Sprache aktiviert werden. (Abbildung 12-4 zeigt dies für das »Plattdeutsch«-Beispiel.)

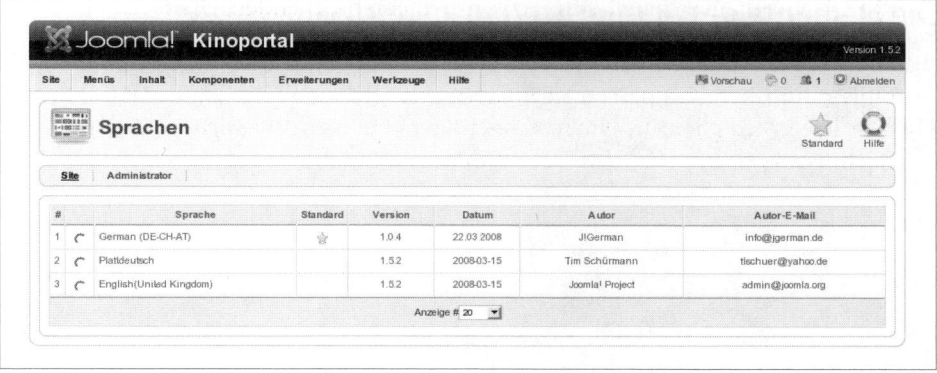

Abbildung 12-4: Die eigene Übersetzung lässt sich wie jede andere Sprache aktivieren.

Möchten Sie Ihre Ergebnisse an andere weitergeben, müssen die fertigen Dateien noch zu einem Paket geschnürt werden. Dazu ist eine weitere Datei mit der Endung -*install.xml* notwendig, beim deutschen Sprachpaket heißt sie beispielsweise *de-install.xml*. Im »Platt«-Beispiel heißt sie folglich *dtplatt-install.xml*. Ihr Aufbau entspricht dem ihrer Kolleginnen für die Erweiterungen (mehr dazu finden Sie in Kapitel 15). Für den Augenblick können Sie eine Datei aus einem bestehenden Sprachpaket ausleihen. Im oberen Teil verlangt Joomla! wieder ein paar allgemeine Informationen, wie sie auch schon in der Informationsdatei mit der Endung *.xml* auftraten.

Wichtig ist diesmal vor allem der Bereich zwischen `<files>` und `</files>`. Er listet alle Dateien auf, die zum Sprachpaket gehören. Jeder Dateiname wird dabei noch zwischen `<file>` und `</file>` gesetzt. Für das »Platt«-Beispiel sähen die Einträge folgendermaßen aus:

```
<files>
    ...
    <file>dtplatt.com_user.ini</file>
    <file>dtplatt.com_weblinks.ini</file>
    ..
</file>
```

Anhand dieser Angaben weiß Joomla! später, welche Dateien es aus dem Archiv übernehmen und im *language*-Verzeichnis ablegen muss.

Abschließend schnüren Sie die fertigen Dateien noch zu einem Archiv im ZIP-Format, das sich bequem an alle Interessenten weitergeben lässt. Die Installation erfolgt dann genau so, wie im Abschnitt »Sprachpakete beschaffen und installieren« auf Seite 303 beschrieben.

Die Elemente des Administrationsbereichs übersetzen

Bislang wurden nur die Elemente der Homepage übersetzt. Die Sprache des Administrationsbereichs passen Sie auf exakt die gleiche Weise an. Die zugehörigen Dateien liegen lediglich im Unterverzeichnis *administrator/language* des Joomla!-Verzeichnisses.

KAPITEL 13

Templates

Templates verwalten

Wie jedes Content-Management-System trennt auch Joomla! den Inhalt von der Darstellung. Diese Arbeitsweise erlaubt das dynamische und flexible Generieren der Internetseiten sowie einen schnellen Austausch des Homepage-Designs. Das grundlegende Erscheinungsbild, die Farbgebung und die Anordnung der einzelnen Inhalte steuert in Joomla! ein sogenanntes *Template*.

Abbildung 13-1 zeigt den grundlegenden Aufbau des standardmäßig mitgelieferten Templates.

Jeder grau umrandete und mit einem kleinen Namensschild versehene Kasten repräsentiert genau einen Bereich, der mit Inhalten (wie zum Beispiel einem Menü oder einem Werbebanner) gefüllt werden kann. Andere Elemente (wie die Titelgrafik und die grauen, durchgezogenen Trennlinien) sind wiederum fest durch das Template vorgegeben. Vereinfacht gesagt, enthält ein Template den Bauplan oder das Skelett der späteren Homepage. Die umrandeten Kästchen ersetzt Joomla! erst bei der Auslieferung einer angeforderten Seite durch die entsprechend zugeordneten Inhalte.

 Unter der Haube besteht ein Template lediglich aus herkömmlichen HTML- und CSS-Anweisungen, die mit einer Hand voll Spezialbefehlen angereichert werden. Ein Template unterscheidet sich folglich nicht wesentlich von jeder anderen Internetseite. Es lässt sich sogar in einem grafischen Webseiten-Baukasten wie Adobe Dreamweaver vorzeichnen. Wie einfach die Erstellung eines Templates abläuft, zeigt der Abschnitt »Eigene Templates entwickeln« auf Seite 325.

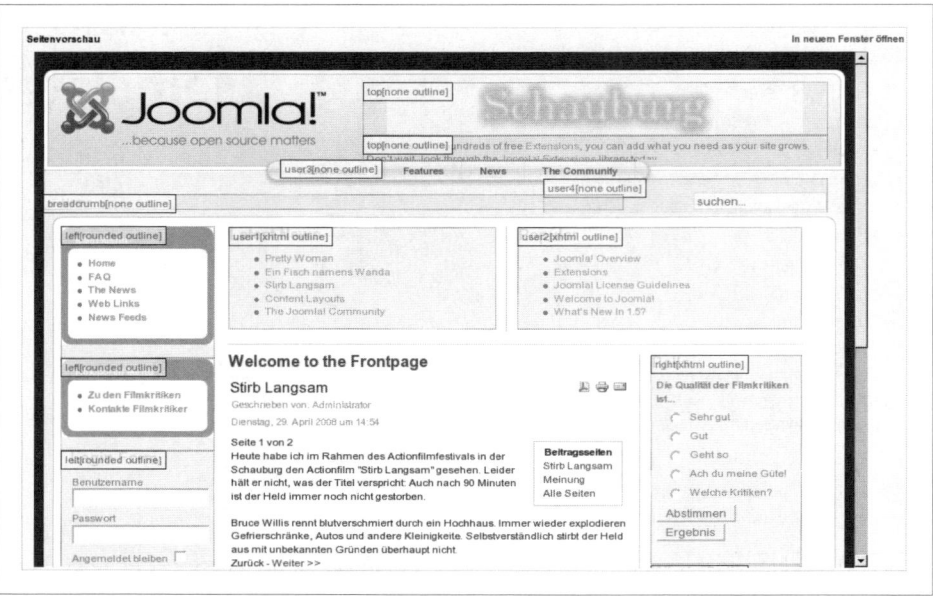

Abbildung 13-1: Der Aufbau des Standard-Templates »rhuk_milkyway«

Dieses Konzept wäre allerdings wertlos, könnte man das Template nicht gegen ein anderes Exemplar austauschen. Genau um diesen Sachverhalt kümmert sich die Template-Verwaltung hinter ERWEITERUNGEN → TEMPLATES (siehe Abbildung 13-2; im Englischen heißt diese Seite *Template Manager*). Achten Sie darauf, dass in der Leiste zwischen Werkzeugleiste und der Liste das Register SEITE aktiviert ist. Damit erscheinen in der Liste alle Templates, die das Aussehen der Homepage beeinflussen (zum Register ADMINISTRATOR folgt in wenigen Absätzen mehr).

> Joomla 1.0.x · In den Versionen vor Joomla! 1.5 versteckte sich diese Ansicht noch hinter SITE → TEMPLATE MANAGER → SITE TEMPLATES.

Wie die Liste zeigt, bringt Joomla! standardmäßig zwei Templates mit: *beez* von Angie Radtke und Robert Deutz sowie *rhuk_milkyway* von Andy Miller (alias »rhuk«).

> Joomla 1.0.x · In den Vorversionen waren es noch *madeyourweb* von Marc Hinse und *rhuk_solarflare_ii* von Andy Miller. Das Aussehen der alten Templates weicht teilweise recht deutlich von den aktuellen Varianten ab.

Welches der beiden Templates man verwendet, ist reine Geschmackssache. Während *rhuk_milkyway* leicht chaotisch wirkt, kommt *beez* sachlich und streng daher, reizt das Auge dafür aber mit seinen etwas penetranten Farben. Beide Templates

---

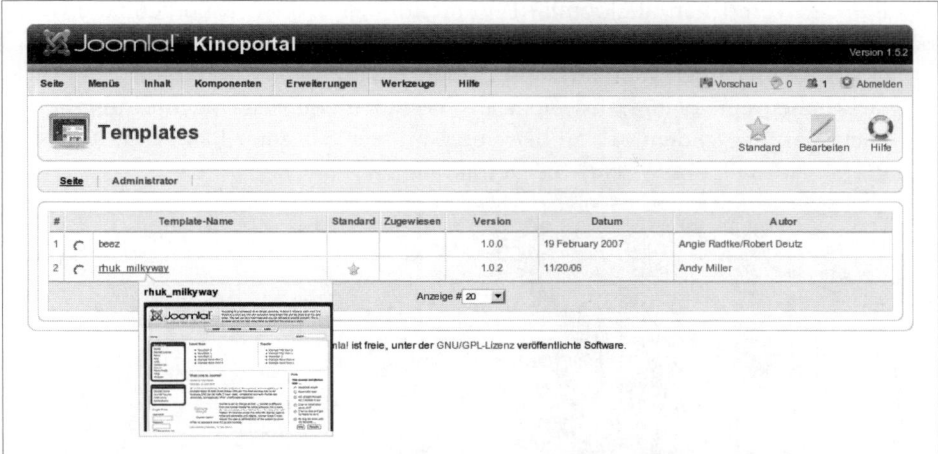

Abbildung 13-2: Die Seite zur Verwaltung der Templates. Fährt man, wie hier, mit dem Mauszeiger über den Namen eines Templates, erscheint eine kleine Vorschau.

stellen die gleichen Elemente nur in anderer Form dar. Die Version des jeweiligen Templates ist in der Spalte VERSION angegeben, und das Erstellungsdatum findet man unter DATUM.

 Die Schöpfer von *beez* haben ein besonderes Augenmerk auf die sogenannte Barrierefreiheit gelegt. Derartig gestaltete Seiten können auch von behinderten Menschen betrachtet oder rudimentär ausgestatteten Browsern dargestellt werden. Menschen mit eingeschränkter Sehkraft können beispielsweise über die Links am rechten oberen Seitenrand die Schrift vergrößern oder verkleinern. Um die Barrierefreiheit kümmern wir uns noch ausführlich in Kapitel 16.

Templates installieren

Nun sind zwei Templates nicht gerade als eine große Auswahl zu bezeichnen. Um diese Situation zu verbessern, könnte man entweder selbst zur Tastatur greifen und ein eigenes Template schreiben oder man wählt die bequemere Variante und sucht im Internet nach bereits fertigen Designs. Schier zahllose Seiten bieten dort ebenso viele Templates für alle nur erdenklichen Situationen und Anlässe an, wie beispielsweise das Angebot aus Abbildung 13-3 beweist.

Beim Stöbern sollten Sie jedoch zwei wichtige Dinge im Auge behalten:

1. *Das Urheberrecht.* Nicht alle angebotenen Templates dürfen Sie auch tatsächlich in allen Situationen kostenfrei nutzen.

2. *Die Joomla!-Version.* Greifen Sie nur zu Templates, die für Ihre Joomla!-Version gedacht sind: Vorlagen für ältere Versionen unterscheiden sich in einigen

Punkten von denen für Joomla! 1.5 und können unter Umständen zu unschönen oder nicht funktionierenden Ergebnissen führen. Aus diesem Grund blockiert Joomla! auch standardmäßig die Installation von überholten Templates. Sie können ein solches also nicht aus Versehen einspielen. Um es ungeachtet aller Warnungen dennoch zu betreiben, müssen Sie unter ERWEITERUNGEN → PLUGINS das Plugin *System – Legacy* aktivieren.

Abbildung 13-3: Freie Templates zuhauf gibt es unter http://www.joomlaos.de.

Jedes Template landet normalerweise in einer ZIP-Datei auf Ihrer Festplatte. Um die darin enthaltene Vorlage in Joomla! zu registrieren, wählen Sie im Administrationsbereich aus dem Hauptmenü den Punkt ERWEITERUNGEN → INSTALLIEREN/ DEINSTALLIEREN (in `Joomla 1.0.x` INSTALLERS → TEMPLATES SITE). Dieser führt umgehend zu der Seite aus Abbildung 13-4.

Hier klicken Sie auf DURCHSUCHEN… und wählen dann den entsprechenden Dateinamen aus. Abbildung 13-5 zeigt dies exemplarisch für das *bizcity_ii_1.5*-Template,

das auf der Seite *http://www.joomla.de* kostenlos erhältlich ist. Anschließend spielt
DATEI HOCHLADEN & INSTALLIEREN das neue Template ein. War der Vorgang
erfolgreich, bestätigt Joomla! dies in einem blauen Streifen.

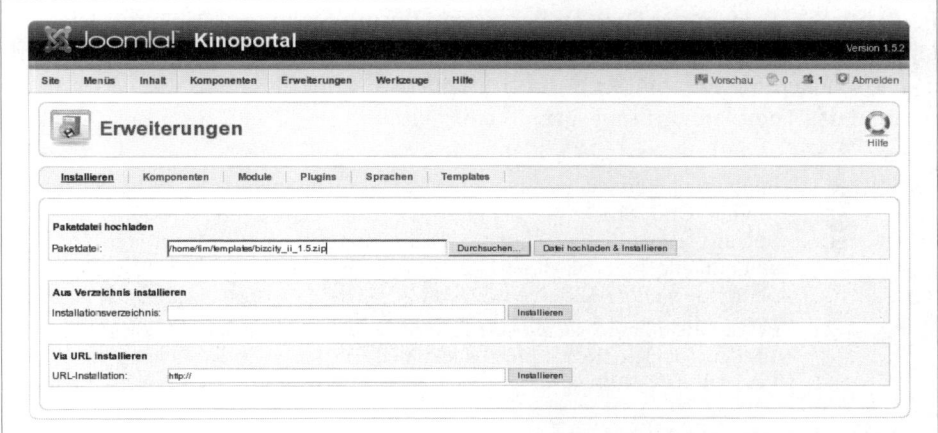

Abbildung 13-4: Über dieses Fenster installiert man ein neues Template.

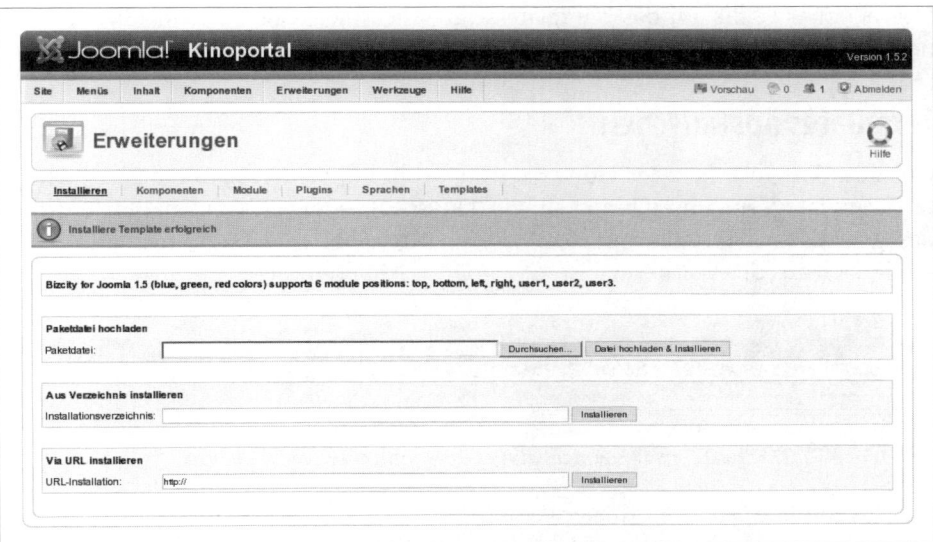

Abbildung 13-5: Die erfolgreiche Installation des »bizcity_ii«-Templates

Ist es Ihnen aus irgendwelchen Gründen nicht möglich, eine ZIP-Datei auf den Server zu laden oder kommt das Template wider Erwarten in einem anderen Paketformat, so müssen Sie das Archiv zunächst auf Ihrer eigenen Festplatte entpacken. Sie

erhalten dann ein Verzeichnis mit mehreren Dateien, das nun im zweiten Schritt auf den Server transferiert werden muss. Dabei hilft wieder der bekannte Installationsbildschirm aus Abbildung 13-4 (ERWEITERUNGEN → INSTALLIEREN/DEINSTALLIEREN). Geben Sie dort im Feld neben INSTALLATIONSVERZEICHNIS den Ordner auf der Festplatte an, in dem die Dateien des neuen Templates liegen, also zum Beispiel /home/tim/templates/bizcity_ii_1.5 oder C:\Eigene Dateien\joomla\templates\bizcity_ii_1.5. Klicken Sie anschließend auf das nebenstehende INSTALLIEREN, woraufhin Joomla! das Template ordnungsgemäß einspielt.

Im Notfall können Sie die entpackte Vorlage auch direkt in den Joomla!-Unterordner *templates* legen. Dort beherbergt jedes Verzeichnis genau ein Template. Das Content-Management-System erkennt alle hier liegenden Vorlagen automatisch und bindet sie ohne jede weitere Aktion ein.

Bei der Installation der ZIP-Datei über den Bildschirm aus Abbildung 13-4 entpackt Joomla! übrigens lediglich das Archiv in das genannte Verzeichnis.

Sofern das Template bereits entpackt auf einem (entfernten) Webserver lagert, verwenden Sie das Eingabefeld URL-INSTALLATION. Dort hinein gehört die komplette Internetadresse, die auf das Template zeigt. Auch hier registriert ein Klick auf das nebenstehende INSTALLIEREN die Vorlage unter Joomla!.

Templates austauschen

Um nun das Aussehen der Homepage zu wechseln, steuert man zunächst wieder die Template-Verwaltung hinter ERWEITERUNGEN → TEMPLATES an, aktiviert dort das gewünschte Template in dem kleinen Kreis vor seinem Namen und wählt schließlich aus der Werkzeugleiste STANDARD (Abbildung 13-6).

Abbildung 13-6: Das aktivierte »bizcity_ii«-Template ...

Der gelbe Stern in der gleichnamigen Spalte wechselt die Zeile, und ein Sprung in die VORSCHAU zeigt das Ergebnis (Abbildung 13-7).

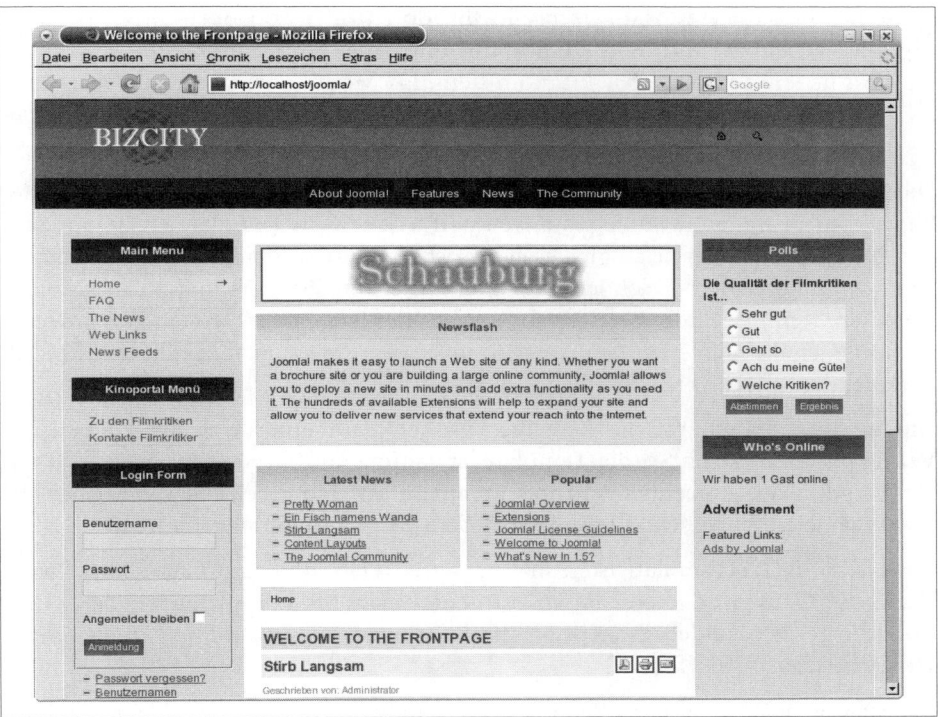

Abbildung 13-7: ... erzeugt dieses Homepage-Layout.

Möchte man nur kurz nachsehen, wie die Seite mit dem entsprechenden Template aussieht, ist diese Methode etwas umständlich. Eine kleine, schnelle Variante bietet Joomla!, wenn man den Mauszeiger auf dem Namen des Templates platziert. Wenige Millisekunden später erscheint ein kleines Fenster, das eine Vorschau auf das Template präsentiert.

In der Regel enthalten die fertigen Designs Logos und Bilder, die nicht zu Ihrem eigenen Auftritt passen. Beispielsweise schreit das Logo der Standardvorlage laut *Joomla!*, was nicht gerade zum Kinoportal passt. Sie können diese Grafiken jedoch schnell gegen eigene Varianten austauschen. Dazu installieren Sie zunächst das gewünschte Template wie gezeigt. Wechseln Sie dann in das Verzeichnis *templates* Ihrer Joomla!-Installation. Dort steckt das gerade installierte Template in einem eigenen Unterverzeichnis, in dem Sie wiederum auch alle Bilder und sonstigen, grafischen Elemente finden. Diese ersetzen Sie nun einfach durch Ihre eigenen Kreationen. Beachten Sie bei solchen Tauschaktionen aber immer die Lizenzen des jeweiligen Templates.

Probleme nach einem Template-Wechsel meistern

Nach der Installation und Aktivierung eines fremden Templates sollte man immer als Erstes in die VORSCHAU wechseln und dort prüfen, ob noch alle aktivierten Module erreichbar sind. Sollte eines von ihnen plötzlich verschwunden sein, so fehlt im neuen Template der Platz, an dem das Modul vorher verstaut war. Hier bleibt Ihnen dann nur, entweder das betroffene Modul umzusetzen oder ein anderes Template zu wählen.

Dieser vermeintliche Gedächtnisschwund lässt sich recht schnell erklären: Jeder Bereich, in dem man Module platzieren darf, erhält vom Template einen eindeutigen Namen. Dummerweise gibt es hierfür keine festen Regeln – jedes Template kann seine Bereiche bezeichnen, wie es ihm beliebt. Platziert man nun beispielsweise ein Menü in einem Bereich namens *left*, der jedoch nach einem Designwechsel im neuen Template fehlt, so weiß Joomla! nicht mehr, wohin mit dem Modul, und blendet es vorsichtshalber lieber ganz aus.

Um herauszufinden, welche Bereiche ein Template unter welchen Namen zur Verfügung stellt, rufen Sie die Templateverwaltung auf (ERWEITERUNGEN → TEMPLATES), klicken das entsprechende Template an und wechseln dann über die Werkzeugleiste in die schon bekannte VORSCHAU aus Abbildung 13-1.

Das *bizcity_ii_1.5*-Template ist ausnahmsweise so nett und zeigt nach seiner Installation die Namen der Bereiche an, in denen man Module platzieren darf. Laut Abbildung 13-5 handelt es sich um die Positionen *top*, *bottom*, *left*, *right*, *user1*, *user2* und *user3*.

Das sind zugleich diejenigen Bereiche, die fast alle Templates mitbringen. Sie können also relativ sicher sein, dass ein Modul im Kasten *left* auch nach einem Templatewechsel noch auf der Seite auftaucht. Wo dieser Kasten *left* auf der Homepage genau liegt, bestimmt allerdings das Template – wenn es der Desginer so wollte, muss das nicht zwangsweise auf der linken Seite sein.

Wie man ein Modul in einen anderen Bereich verschiebt, hat bereits Kapitel 7 gezeigt (wechseln Sie in den Bearbeitungsbildschirm des entsprechenden Moduls, und wählen Sie dort unter POSITION einen neuen Liegeplatz).

Verschiedene Designs auf einer Seite

In einigen Fällen kann es wünschenswert sein, den Besuchern manche Unterseiten des Internetauftritts in einem anderen Stil zu präsentieren. Im Kinoportal könnte man beispielsweise die Nachrichtensektion gegenüber dem Rest in einem anderen Layout erstrahlen lassen. Auf diese Weise zeigt man einem Betrachter auch optisch, wo er sich gerade befindet.

Eine derartige Unterteilung erreicht man, indem man die Anwendung eines Templates auf bestimmte (Unter-)Seiten beschränkt. Hierzu wechseln Sie zunächst wieder über ERWEITERUNGEN → TEMPLATES in die Templateverwaltung. Markieren Sie nun das entsprechende Template im kleinen Kreis links von seinem Namen, und wählen Sie dann BEARBEITEN in der Werkzeugleiste (`Joomla 1.0.x` in den Vorversionen auf ASSIGN).

 Dies darf nicht das derzeit aktive Standard-Template sein – denn dies erscheint bereits auf allen Seiten.

Im neuen Bildschirm steckt in der linken unteren Seitenecke ein Bereich namens MENÜZUWEISUNG. Der markierte Punkt KEINE weist darauf hin, dass dieses Template derzeit auf keiner Unterseite erscheint. Um diesen Zustand zu ändern, aktivieren Sie AUS LISTE AUSWÄHLEN. Dies schaltet die Liste darunter frei. Dort markiert man jetzt alle Menüeinträge, deren Zielseiten mit diesem Template dargestellt werden sollen (Abbildung 13-8).

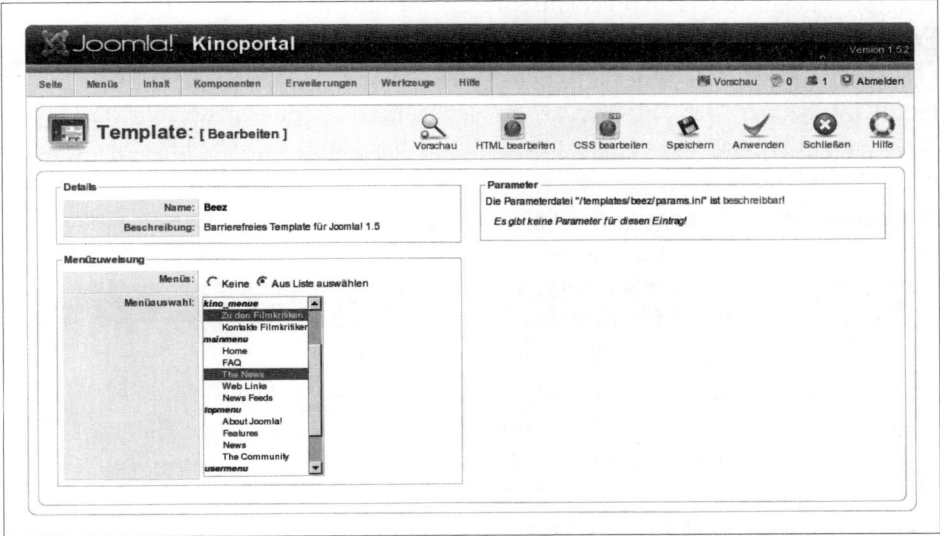

Abbildung 13-8: Hier reduziert man die Darstellung eines Templates auf die in der Liste blau markierten Unterseiten.

Möchte man beispielsweise die in Kapitel 4 erstellten Filmkritiken im Stil von *Beez* erscheinen lassen, markiert man den kleinen Kreis vor der gleichnamigen Zeile in der Templateverwaltung, klickt auf BEARBEITEN, dann auf AUS LISTE AUSWÄHLEN und selektiert abschließend den Eintrag *Zu den Filmkritiken*.

Mehrere Punkte hebt man hervor, indem man beim Anklicken die Strg-Taste gedrückt hält. Die Schaltfläche SPEICHERN übernimmt schließlich die gewählten Einstellungen. Zurück bei der Liste mit allen installierten Templates taucht nun in der Spalte ZUGEWIESEN ein grüner Haken auf. Er weist darauf hin, dass dieses Template auf mindestens einer Unterseite erscheint.

In der Praxis sollten Sie mit diesem Stilmittel äußerst vorsichtig und sparsam umgehen. So wird ein deutlicher Layoutwechsel in der Regel nicht nur als unangenehm empfunden, sondern gleichzeitig auch mit einem Themenwechsel assoziiert. Sofern auf der entsprechenden Unterseite nicht ein vollkommen anderer Inhalt folgt, sollten Sie nur Templates mit dezenten Änderungen beispielsweise im Titelbild oder mit einem leicht kräftigeren Farbton gegenüber dem Ursprungsdesign wählen.

Heben Sie deshalb für das Kinoportal die Zuweisung wieder auf, indem Sie den Namen des Templates *beez* anklicken und dann den Punkt MENÜS wieder auf KEINE stellen.

Erste Einblicke in ein Template

Als Nächstes wird es etwas intimer. Dazu klicken Sie in der Templateverwaltung hinter ERWEITERUNGEN → TEMPLATES eine der vorhandenen Vorlagen an (oder markieren alternativ ihren kleinen Kreis in der zweiten Spalte und klicken anschließend auf BEARBEITEN in der Werkzeugleiste). Abbildung 13-9 zeigt den Bearbeitungsbildschirm für das mitgelieferte Template *rhuk_milkyway*, der sich nun öffnet.

Abbildung 13-9: Der Bearbeitungsbildschirm für das rhuk_milkyway-Template

Wie man links oben ablesen kann, lautet sein vollständiger Name *RHUK Milkyway-Template*. Direkt darunter finden Sie noch eine kurze Beschreibung. Auf die MENÜZUWEISUNG links unten ist bereits der vorherige Abschnitt eingegangen – in

Abbildung 13-9 fehlt sie, da das Template derzeit als Standard-Template fungiert (und somit automatisch auf allen Seiten sichtbar ist). Die Parameter auf der rechten Seite hängen vom jeweiligen Template ab. In diesem Fall könnte man über

- FARBVARIATION anstelle des Blaus einen anderen, modischen Farbton wählen.
- HINTERGRUNDVARIATION eine andere Hintergrund-Farbe einstellen.
- TEMPLATEBREITE die Breite der Homepage einschränken. Im Moment nutzt sie die gesamte zur Verfügung stehende Breite des Browserfensters (*Variabel mit Maximum*).

In der Werkzeugleiste sehen Sie noch die zwei Schaltflächen HTML BEARBEITEN und CSS BEARBEITEN. Mit diesen Schaltflächen sehen Sie dem HTML-Code des Templates unter den Rock (wie in Abbildung 13-10). Auch wenn man es zunächst nur schwer glauben mag, beschreibt diese Textwüste den Aufbau des Templates. Über das Eingabefeld können Sie direkt in seinen Aufbau eingreifen. Auf diese Weise lassen sich zwar schnell Änderungen am Template vornehmen, andererseits kann man dabei aber auch recht viel zerstören. Mehr zu den hier dargestellten Text-Befehlen folgt im Abschnitt »Eigene Templates entwickeln« auf Seite 325.

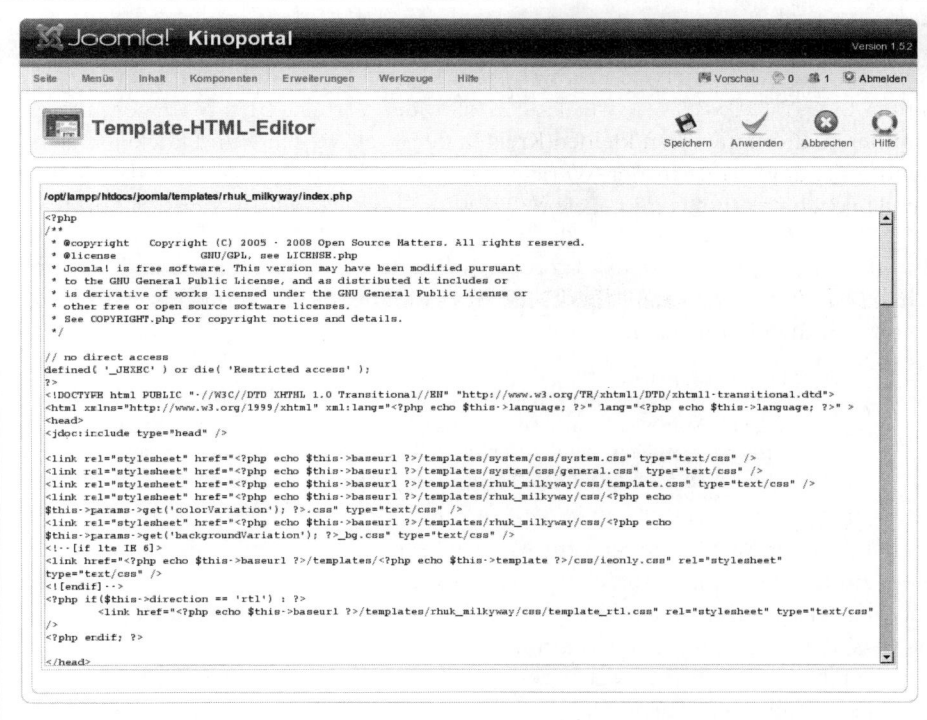

Abbildung 13-10: Der HTML-Teil des Templates

Templates für den Administrationsbereich

Wie für die Homepage existieren auch für den Administrationsbereich Templates. Ihre Verwaltung ist über den Menüpunkt ERWEITERUNGEN → TEMPLATES und dann mit einem Klick auf ADMINISTRATOR (zwischen Werkzeugleiste und Liste) zu erreichen (Abbildung 13-11).

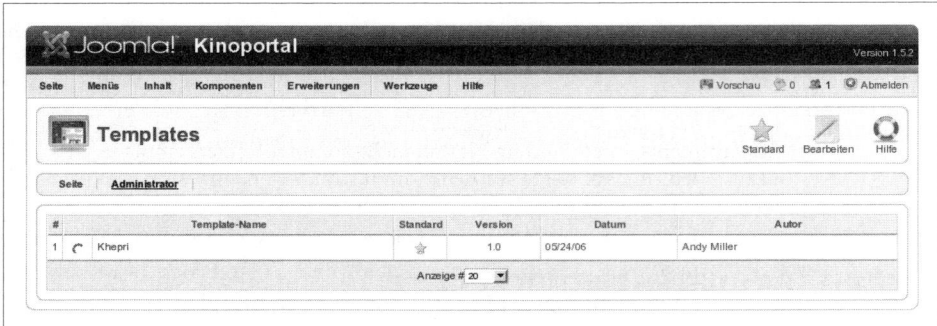

Abbildung 13-11: Für den Administrationsbereich steht standardmäßig nur ein einziges Template zur Verfügung.

Die Bedienung erfolgt exakt genauso wie die Template-Verwaltung für die Seiten der Homepage – nur dass sich alle Änderungen auf das Layout des Administrationsbereichs auswirken.

Gleiches gilt für die Installation eines neuen Templates für den Administrationsbereich: Auch er erfolgt über den Menüpunkt ERWEITERUNGEN → INSTALLIEREN/ DEINSTALLIEREN. Achten Sie jedoch beim Download darauf, dass Ihr gewähltes Template zur Joomla!-Version 1.5 passt – die alten Vorlagen für Joomla! 1.0.x können unter Umständen die Oberfläche des Administrationsbereichs zerstören und somit unbrauchbar machen.

> **Joomla 1.0.x** In den Vorversionen erreichte man die Verwaltung via SITE → TEM-PLATE MANAGER → ADMINISTRATOR TEMPLATES. Die Installation eines neuen Templates geschah zudem über den eigens dafür bereitgestellten Menüpunkt INSTALLERS → TEMPLATE - ADMIN.

Sinnvoll ist ein Austausch der Templates für den Administrationsbereich und somit eine Änderung seines Aussehens beispielsweise dann, wenn man selbst eine Joomla!-Distribution zusammenstellt und vertreibt. Auf diese Weise lässt sich zum Beispiel das Joomla!-Logo im Administrationsbereich durch ein eigenes ersetzen. Darüber hinaus hilft ein neues Design, sich in mehreren, gleichzeitig betreuten Joomla!-Installationen schneller zurechtzufinden. Viele Agenturen nutzen zudem ein eigenes Template mit ihrer eigenen Corporate Identity.

Templates deinstallieren

Um ein Template wieder loszuwerden, wechseln Sie im Administrationsbereich zum Menüpunkt ERWEITERUNGEN → INSTALLAIEREN / DEINSTALLIEREN und dort zum Register TEMPLATES. Sie finden es eingekeilt zwischen Werkzeugleiste und den Eingabefeldern. Sie landen jetzt auf einer Liste, die alle installierten Templates anzeigt. Um eines davon über Bord zu werfen, kreuzen Sie es in dem kleinen Kästchen an und klicken anschließend auf DEINSTALLIEREN.

 Die Templates *rhuk_milkyway* und *Khepri* gehören zur Basisaustattung von Joomla!. Ihre Deinstallation verweigert das Content-Management-System, um im Notfall nicht komplett ohne Templates dazustehen. Insbesondere für den Administrationsbereich wäre dies fatal.

Eigene Templates entwickeln

Wer in der Vielzahl der im Internet herumschwirrenden Templates nicht das Passende für die eigene Homepage findet, darf auch selbst Hand anlegen und eigene Seitenbaupläne konstruieren. Aufgrund der dabei fast unbegrenzten Gestaltungsmöglichkeiten zählt ein eigenes Template allerdings schon zur Kür.

 Wenn Sie den Arbeitsaufwand scheuen, können Sie auch ein fertiges Template als Ausgangsbasis nehmen und es Ihren Wünschen entsprechend anpassen. Beachten Sie bei solchen Änderungen aber immer die Lizenzen des jeweiligen Templates – nicht alle Designer erlauben das Entstellen ihrer Werke.

Ein Template ist nichts anderes als eine normale Internetseite, die mit speziellen Markierungen versehen wurde. Diese kennzeichnen, an welchen Stellen Joomla! später seine eigenen Inhalte platzieren darf.

Da somit bewährte Techniken in einem Template stecken, könnte man es sogar mit einem herkömmlichen Webseiten-Editor wie zum Beispiel Dreamweaver oder dem kostenlosen NVU (*http://www.nvu.com*) erstellen. Für Dreamweaver existiert unter *http://joomla-cms.dk/joomla-15-dreamweaver-extension/* sogar eine Erweiterung, die einen direkten Export der gebastelten Seite in ein Joomla!-Template gestattet. Leider kommt man selbst mit solch einer Hilfe nicht immer um nachträgliche Anpassungen herum.

Aus diesem Grund sollen im weiteren Verlauf keine derartigen Hilfsmittel zum Einsatz kommen. Stattdessen beschreiben die nachfolgenden Abschnitte, wie man zu Fuß in kleinen Schritten zu einem individuellen Homepage-Design gelangt. Doch keine Sorge: Der Blick hinter die Kulissen enthüllt keine chaotischen Befehlswüsten oder komplizierten Konzepte. Wohin die Reise geht, zeigt Abbildung 13-12.

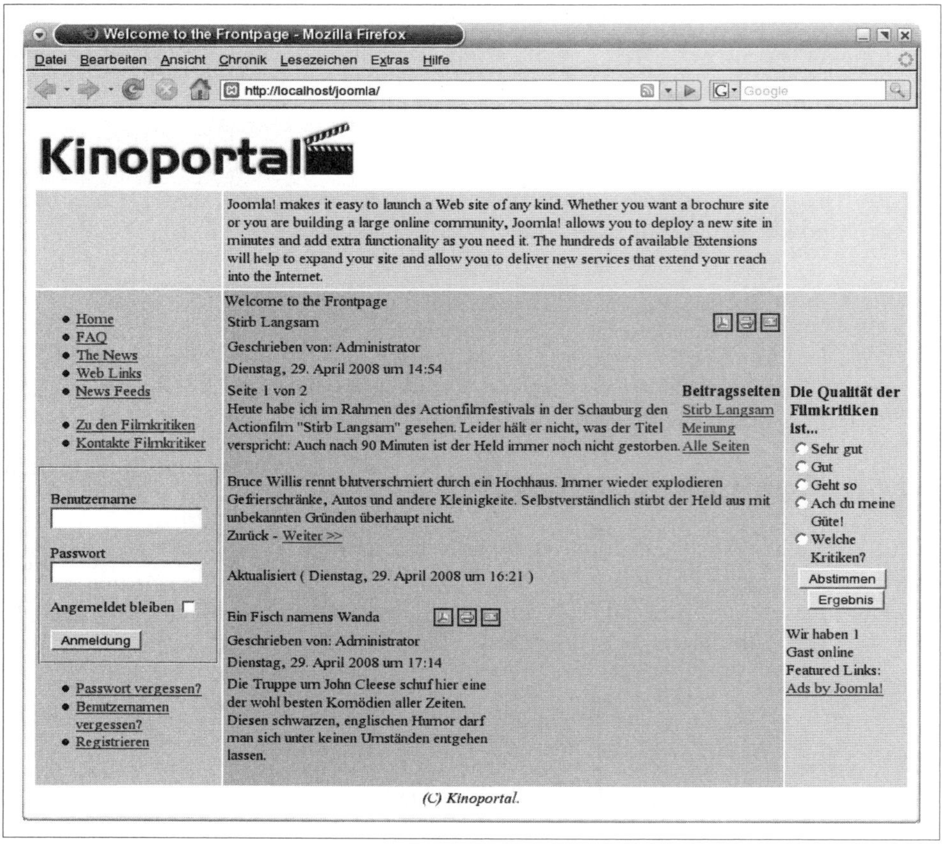

Abbildung 13-12: Die fertige Seite mit dem selbst gebastelten Template

Dieses Beispiel ist absichtlich extrem einfach gehalten. Das Ergebnis wird die Besucher folglich nicht vom Hocker reißen. Im Gegenzug bleibt es jedoch verständlich. Sofern Sie Gefallen an der Template-Entwicklung gefunden haben, können Sie es bequem als Ausgangspunkt für professionellere Ergebnisse heranziehen.

Das Template-Verzeichnis

Werfen Sie zunächst einen Blick in das Unterverzeichnis *templates* Ihrer Joomla!-Installation. Genau dort legt das Content-Management-System alle seine Templates nach dem Hochladen ab. Jedes Verzeichnis entspricht genau einem Template. Wechseln Sie nun in eines dieser Unterverzeichnisse, dessen Aufbau für alle Templates gleich ist:

- *index.php* enthält die eigentliche Vorlage.
- *templateDetails.xml* liefert wichtige Informationen und Eigenschaften des Templates, die später unter anderem auch im Administrationsbereich auftauchen.

Optional dürfen noch existieren:

- zum Template gehörende Bilder, wie beispielsweise ein großes, schickes Logo. Der besseren Übersicht halber sammelt man sie für gewöhnlich im Unterordner */images*.
- sogenannte *Stylesheets* in Form von CSS-Dateien. Sie sorgen später für ein hübsches Äußeres. Den allgemeinen Template-Sitten folgend, sollten sie im Unterverzeichnis */css* liegen.
- *template_thumbnail.png*, das ein Vorschaubild des fertigen Templates enthält (vorzugsweise in den Abmessungen 206 × 150 Pixel).

Alle diese Dateien müssen im Folgenden nacheinander erzeugt und mit Inhalten gefüllt werden. Zunächst erstellen Sie im Unterverzeichnis *templates* der Joomla!-Installation ein neues Verzeichnis, wie zum Beispiel *kinoportal_template*. Um von der obigen Liste nicht abzuweichen, legen Sie in ihm anschließend noch die Unterverzeichnisse *images* und *css* an.

Sofern man wie beschrieben die geforderten Verzeichnisse und Dateien selbst im *templates*-Ordner anlegt, erkennt Joomla! das Template ohne eine Installation. Für die Entwicklung ist dies recht praktisch, da Änderungen an den Dateien sofort auf der Homepage sichtbar werden. Sie sollten dies jedoch nicht in einer produktiv genutzten Joomla!-Umgebung durchführen.

Empfehlenswert wäre zunächst eine lokale Joomla!-Installation, in der Sie das Template schreiben und austesten. Erst wenn Sie mit dem Layout zufrieden sind, schnüren Sie ein Installationspaket (siehe Abschnitt »Ein Paket schnüren« auf Seite 369) und installieren dieses dann über den Administrationsbereich auf dem Webserver.

index.php ist die mit Abstand wichtigste Datei. Hierbei handelt es sich um die eingangs erwähnte Internetseite. Ihre Struktur basiert auf dem sogenannten HTML-Standard, in den wir im folgenden Abschnitt kurz hineinschnuppern. Kenner von HTML dürfen ihn daher ruhigen Gewissens überspringen. Der Abschnitt »Das Template schreiben« auf Seite 329 kümmert sich dann ausführlich um die Besonderheiten unter Joomla!.

HTML-Dateien enden für gewöhnlich auf *.htm* oder *.html*. Da in diesem Fall noch ein paar Joomla!-eigene Befehle untergemischt werden, bekommt sie die spezielle Endung *.php*.

HTML

Eine herkömmliche Internetseite ist nichts anderes als eine normale Textdatei. Sie enthält alle Texte, die später auf der Homepage erscheinen. Dort hinzu gesellen sich noch ein paar besondere Zeichenketten, die sogenannten *Tags* oder *Befehle*. Sie sagen dem Browser, wie er den Text zu formatieren hat. Man erkennt solche Tags an ihren spitzen Klammern:

```
<i>Das ist hier kursiv</i>
```

In diesem Beispiel würde der Text *Das hier ist kursiv* im Browser in Schrägschrift erscheinen. Der Schrägstrich vor dem zweiten i-Tag zeigt an, dass ab hier die Kursivschrift aufhört. Da er somit das Ende anzeigt, heißt dieses Tag auch Ende- oder schließendes Tag. Analog wird der Befehl am Anfang als öffnendes Tag bezeichnet.

Wie die Tags aussehen und was sie bedeuten, regelt ein eigener Standard, der auf den Namen HTML hört, ein Akronym für *HyperText Markup Language*. Er wird vom *World Wide Web Consortium* (kurz W3C) betreut, verwaltet und regelmäßig erneuert. Wie der Bestandteil »Language« im Namen verrät, handelt es sich tatsächlich um eine eigene Computersprache, die allerdings auf die Auszeichnung (*Markup*) von Texten spezialisiert ist.

 Die vielen von HTML bereitgestellten Tags füllen ganze Bücher. Nicht umsonst führt der Buchhändler Ihres Vertrauens gleich eine ganze Batterie solcher Schinken. Eine kostenlose und sehr beliebte Anlaufstelle im Internet sind die Seiten unter *http://www.selfhtml. org*.

Jede Internetseite, die dem HTML-Standard folgt, besteht aus dem immer gleichen Grundgerüst:

```
<html>
<head> </head>
<body> Hier steht der Seiteninhalt. </body>
</html>
```

Alles was zwischen den beiden Befehlen `<html>` und `</html>` liegt, gehört zur Internetseite. Letztere wird noch einmal in einen Kopfteil (alles zwischen `<head>` und `</head>`) und in den Rumpf (alles zwischen `<body>` und `</body>`) unterteilt. In den Kopf kommen alle Dinge, die Einstellungen oder wichtige Informationen für die Seite umfassen. Hierzu gehört beispielsweise die Information, welcher Text in der Titelleiste des Browsers erscheinen soll oder in welcher Landessprache die Texte auf der Seite geschrieben wurden. Im Rumpf folgt dann der eigentliche Inhalt der Seite, mit dem wir uns in den folgenden Abschnitten vor allem befassen.

Neben der weiter oben gezeigten Kursivschrift gibt es noch folgende, besonders interessante Tags:

- `<i>Text</i>` stellt den Text kursiv dar.
- `<b>Text</b>` stellt den Text fettgedruckt dar.
- `<center>Text</center>` stellt den Text zentriert dar.
- `<h1>Text</h1>` erzeugt eine Überschrift.
- `<h2>Text</h2>` ... `<h5>Text</h5>` erzeugt eine Zwischenüberschrift, die von 2 bis 5 immer »kleiner« wird, ähnlich wie bei Kapitelüberschriften in diesem Buch (weitere Informationen finden Sie unter *http://de.selfhtml.org/html/text/ueberschriften.htm*).

Das Template schreiben

Um ein Template zu erstellen, genügt es, einen Texteditor zu öffnen, dort mit gewöhnlichen HTML-Befehlen eine bunte Seite zusammenzubasteln und das Ergebnis noch mit speziellen Platzhalter-Tags für Joomla! zu spicken. Bevor Sie jetzt zu Ihrem Lieblingstexteditor greifen, sollten Sie sich in einem ersten Schritt kurz ein paar Gedanken über den gewünschten Seitenaufbau machen.

Die Entwurfsskizze

Zunächst sollte man sich ein ganz normales Blatt Papier und einen Stift besorgen. Darauf skizziert man kurz das spätere Seitenlayout. In Abbildung 13-13 finden Sie eine solche Zeichnung für das hier angestrebte Beispiel aus Abbildung 13-12.

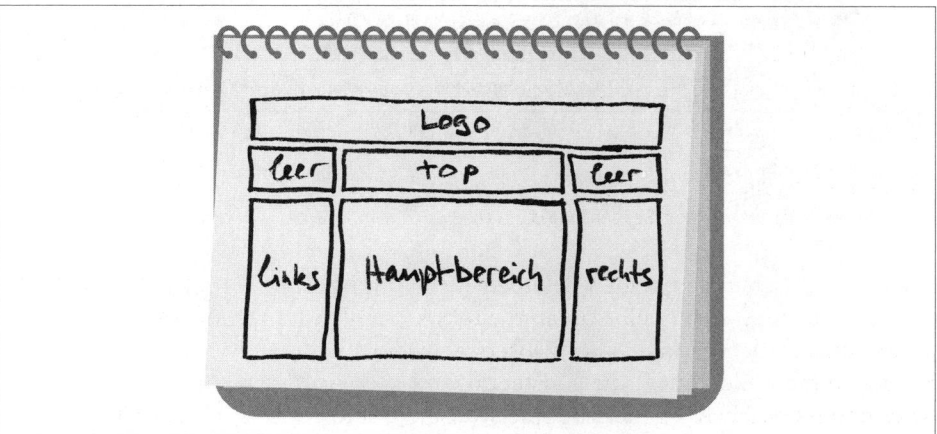

Abbildung 13-13: Diesen Aufbau soll das Beispiel-Template haben

In die dort abgebildeten einzelnen Kästchen darf Joomla! später seine Inhalte einhängen, wie zum Beispiel die Menüs oder das Modul für Umfragen. Eine solche Skizze erleichtert später den Zusammenbau und beugt unliebsamen Überraschungen vor. Dabei sollten Sie im Hinterkopf behalten, dass die Höhe und Breite der Bereiche je nach Inhalt variieren – schließlich könnte der Seitenbetreiber auf die Idee kommen und gleich mehrere Menüs im linken Bereich stapeln.

Ein HTML-Grundgerüst basteln

Im nächsten Schritt darf man endlich den Texteditor aufrufen. Welchen Sie verwenden, bleibt Ihrem eigenen Geschmack überlassen.

Als Ausgangspunkt für das Beispiel verwenden Sie das Grundgerüst aus Beispiel 13-1.

Beispiel 13-1: Das Grundgerüst einer HTML-Datei

```
<html>
<head> </head>
<body>

<i>Dies ist die Fußzeile.</i>
</body>
</html>
```

Speichern Sie es unter dem Namen *index.html* ab – achten Sie darauf, dass die Endung zunächst noch *.html* lautet. Öffnen Sie die Datei anschließend in Ihrem Browser. Das Ergebnis sollte wie in Abbildung 13-14 aussehen.

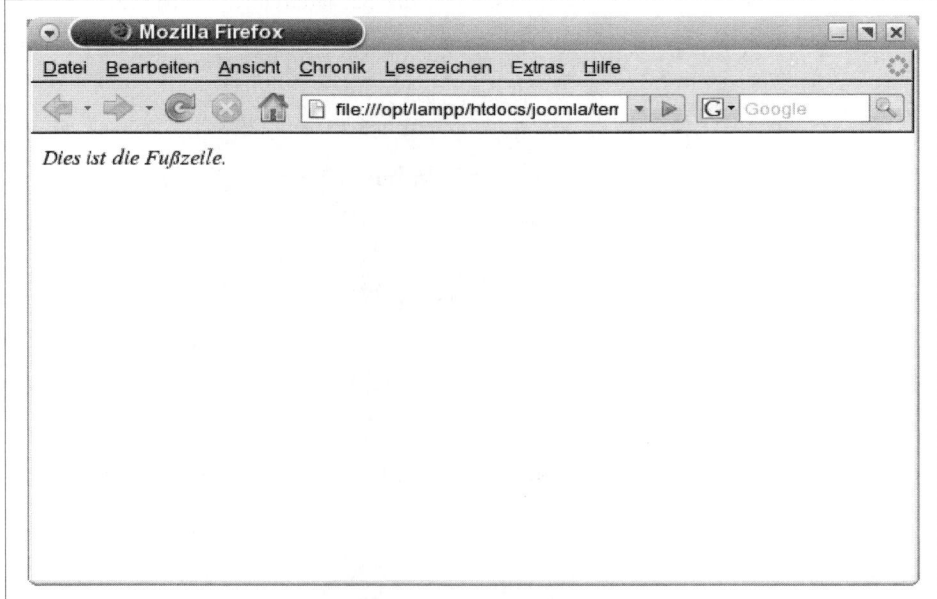

Abbildung 13-14: Die einfache HTML-Datei erscheint so im Firefox-Browser.

Bitte beachten Sie, dass die Darstellung im von Ihnen verwendeten Internet-Browser leicht abweichen kann. Da jeder Browser seine ganz persönlichen Eigenheiten aufweist, sollten Sie Ihre selbst erstellten Seiten auf möglichst vielen unterschiedlichen Plattformen begutachten und wenn nötig anpassen.

Sollte das »ß« bei Ihnen im Browser etwas kryptisch erscheinen, so verwendet dieser eine falsche Zeichenkodierung. Um das Problem zu beheben, suchen Sie im Hauptmenü des Browsers nach einer entsprechenden Einstellungen. Bei Firefox werden Sie beispielsweise unter Ansicht → Zeichensatz fündig. Probieren Sie hier zunächst *Unicode (UTF-8)* und *Westlich (ISO-8859-15)* aus. Hilft das nichts, prüfen Sie auch die entsprechenden Einstellungen in Ihrem Texteditor. Weitere Informationen zu diesem Thema liefert unter anderem Wikipedia: *http://de.wikipedia.org/wiki/Zeichenkodierung.*

Mit allen im vorherigen Abschnitt vorgestellten Tags lässt sich jedoch noch keine Seite erstellen, die der Papierskizze auch nur annähernd ähnelt. Dazu benötigt man ein paar weitere Befehle. Für die Grundstruktur der Seite greift das Beispiel zu einer Tabelle, deren Felder später die einzelnen Teilbereiche der Seite bilden.

Das gewählte Vorgehen, mithilfe einer Tabelle das Layout festzulegen, fördert zwar nicht besonders die Barrierefreiheit, wurde hier aber aufgrund der Einfachheit gewählt. Wie man komplett auf Tabellen verzichtet, zeigt später noch der Abschnitt »Templates für Fortgeschrittene« auf Seite 342 (zusätzliche Informationen zum Thema Barrierefreiheit liefert Kapitel 16).

Zunächst muss also eine Tabelle her, die direkt hinter <body> landet:

```
<table>
</table>
```

In der Tabelle befinden sich Zeilen:

```
<table>
    <tr> </tr> <!-- Reihe 1 -->
    <tr> </tr> <!-- Reihe 2 -->
    <tr> </tr> <!-- Reihe 3 -->
</table>
```

Alles, was zwischen <!-- und --> steht, gilt als Kommentar und wird später vom Browser ignoriert. Gemäß der Zeichnung aus Abbildung 13-13 gibt es in der ersten Reihe nur eine Spalte. Dort findet später das Logo Platz, das über das Tag <img> eingebunden wird. Anders sieht es schon in der zweiten Zeile aus. Dort hinein gehören drei Spalten:

```
<table>
    <tr> <!-- Reihe 1 -->
        <td colspan="3"> <!-- nur eine Spalte -->
            <img src="images/logo.png" alt="Das Logo" />
        </td>
    </tr>

    <!-- Reihe 2 -->
    <tr>
        <td> </td> <!-- erste Spalte -->
        <td> </td> <!-- zweite Spalte -->
        <td> </td> <!-- dritte Spalte -->
    </tr>

    ...
</table>
```

Das Gleiche gilt auch noch für die letzte Zeile. Recht merkwürdig sehen das <img>-Tag und das erste <td>-Tag aus. Zunächst zu Letzterem: Das eingewobene col-span="3" ist ein sogenanntes Attribut, mit dem man bestimmte Eigenschaften einstellt. In diesem Fall erzwingt es, dass sich die erste Zeile über die darunterliegenden drei Spalten erstreckt (wie auch von der Skizze gefordert).

Das <img>-Tag unterscheidet sich von den anderen dadurch, dass es kein schließendes Tag besitzt. Letzteres ist durch das /> schon im öffnenden Tag integriert. src= und alt= sind wieder Attribute. Das erste von den beiden gibt den Dateinamen für das Bild an, das zweite einen alternativen Text. Letzterer wird immer dann als Ersatz eingeblendet, wenn das Bild nicht angezeigt wird oder werden kann.

 Erstellen Sie für das Kinoportal ein kleines Beispiel-Logo, oder klauen Sie eines von einem anderen Template. Speichern Sie es anschließend im PNG-Format als *logo.png* im Unterverzeichnis *images*.

 Achten Sie darauf, dass das Dateiformat Ihrer Bilder auch von jedem Browser erkannt und verarbeitet werden kann. Unproblematisch sind die Formate *png*, *gif* und *jpg*.

Die komplette HTML-Datei sieht dann wie in Beispiel 13-2 aus:

Beispiel 13-2: Das Grundgerüst des Templates

```
<html>
<head> </head>
<body>
<table>
    <!-- Reihe 1 -->
    <tr>
        <!-- nur eine Spalte -->
        <td colspan="3"><img src="images/logo.png" alt="Das Logo" /></td>
    </tr>
```

Beispiel 13-2: Das Grundgerüst des Templates (Fortsetzung)

```
      <!-- Reihe 2 -->
      <tr>
         <td> </td> <!-- erste Spalte -->
         <td> </td> <!-- zweite Spalte -->
         <td> </td> <!-- dritte Spalte -->
      </tr>

      <!-- Reihe 3 -->
      <tr>
         <td> </td> <!-- erste Spalte -->
         <td> </td> <!-- zweite Spalte -->
         <td> </td> <!-- dritte Spalte -->
      </tr>
</table>

<i><center>(C) Kinoportal.</center></i>
</body>
</html>
```

Sie können den einzelnen Zellen noch eine Hintergrundfarbe zuweisen. Dadurch heben sie sich nicht nur voneinander ab, Sie bestimmen so auch gleich die Farbgebung der Seite. Die Zuweisung erfolgt durch Attribute, die in das öffnende Spalten-Tag integriert werden:

```
      <td bgcolor="red" >
```

färbt den Hintergrund der Zelle beispielsweise rot ein. Die Farbe kann dabei entweder als numerischer Wert (in der Form *#RRGGBB*) oder als Wort (wie zum Beispiel *grey*) angegeben werden. Welche vordefinierten Worte der HTML-Standard kennt, verrät beispielsweise die Internetseite *http://de.wikipedia.org/wiki/Webfarben*.

Das war es schon. Damit steht bereits die Grundstruktur des Templates. Nun muss man Joomla! nur noch mitteilen, wo es welche Elemente platzieren darf.

Spezialbefehle und die Integration in Joomla!

Spezielle Befehle im Template kennzeichnen, wo Joomla! seine Module und Inhalte einfügen darf. Dabei handelt es sich nun nicht mehr um HTML-Tags, sondern um spezielle Befehle, die nur an die HTML-Befehle angelehnt wurden.

 Genauer gesagt, handelt es sich um Befehle in der Programmiersprache XML. Sie erlaubt die Definition von eigenen Befehlen im HTML-Stil. Doch keine Angst: Für den Entwurf eines Templates braucht man keine XML-Kenntnisse. Es genügt vollauf, wenn man weiß, welche Befehle Joomla! durch welche seiner Elemente austauscht.

Joomla 1.0.x Der Programmteil, der das Template nimmt, verarbeitet und die dortigen Platzhalter ersetzt, heißt neudeutsch *Template Engine*. In den Vorversionen hatten sich die Joomla!-Entwickler dazu entschlossen, diesen Teil nicht mehr selbst zu programmieren, sondern eine bestehende Lösung mit dem Namen *patTemplate* zu nutzen. Mit der neuen Version 1.5 wurde dieses System jedoch überflüssig und liegt Joomla! nur noch aus Kompatibilitätsgründen bei. Wer weitere Informationen zu diesem Thema sucht, sollte einen Blick auf die Internetseite *http://trac.php-tools.net/patTemplate* und natürlich in das Joomla!-Forum werfen.

Zunächst gehört in den Kopfbereich ein Befehl, der unter anderem den Text in der Titelleiste des Browsers korrekt setzt:

```
<head>
        <jdoc:include type="head" />
</head>
```

Joomla 1.0.x Unter den Vorversionen war dies noch der PHP-Befehl `<?php mosShowHead(); ?>`.

 Diese Zeile tauscht Joomla! vor der Auslieferung der fertigen Seite unter anderem gegen das Title-Tag `<title>` und die ganzen Meta-Daten in den `<meta>`-Tags.

Als Nächstes sind die Positionen dran, an denen Joomla! seine Module platzieren soll. Dies geschieht mit folgendem Befehl:

```
<jdoc:include type="modules" name="NamederPosition" />
```

Das Content-Management-System ordnet jeder möglichen Position einen mehr oder weniger aussagekräftigen Namen zu. Auf diese Weise lassen sich die Positionen später einfacher lokalisieren. Ein *Linke Seite* ist nun einmal eingängiger als schwer zu merkende Ziffern wie *123*.

Joomla 1.0.x In den Vorversionen musste man noch den PHP-Befehl `<?php mosLoadModule( 'NamederPosition' ); ?>` verwenden.

Der obige Befehl besagt demnach, dass an seiner Stelle später alle Module eingefügt werden sollen, die im Administrationsbereich an der Position mit dem Namen *NamederPosition* platziert wurden (ergänzende Informationen zu diesem Konzept finden Sie in Kapitel 7).

Joomla 1.0.x In den Versionen vor Joomla! 1.5 fand man alle Bezeichner, die man als Positionsangaben verwenden kann, im Administrationsbereich unter dem Menüpunkt SITE → TEMPLATE MANAGER → MODULE POSITION. In Joomla! 1.5 wurde diese Ansicht gestrichen.

Prinzipiell bleibt es Ihnen überlassen, welche Namen Sie für welche Position wählen. Im Laufe der Zeit haben sich jedoch ein paar Standardbezeichnungen durchgesetzt, die Sie auch in Ihrem Template anbieten sollten. Dies hat gleichzeitig den Vorteil, dass nach einem Templatewechsel nicht erst alle Module neuen Positionen zugeordnet werden müssen: Würde sich beispielsweise ein Modul an einer neu definierten Position *meinePos* befinden und das Template gewechselt, so würde das Modul unter den neuen Bedingungen schlichtweg nicht mehr angezeigt – da die Position fehlt, kann dort auch nichts mehr angezeigt werden. Sofern Sie Ihr Template anderen Joomla!-Nutzern zur Verfügung stellen möchten, sollten Sie daher möglichst viele der Standardpositionen unterstützen. So sollten mindestens die drei Basispositionen *top*, *left* und *right* in Ihrem Template auftauchen, wenn möglich auch noch *user1* bis *user4*, *bottom* sowie *breadcrumb*.

 Dies sind nur Namen für Bereiche. Ob der Bereich *left* tatsächlich auch auf der linken Seite liegt, bleibt vollständig Ihnen überlassen. Wichtig ist nur, dass der Bereich mit dem Namen *left* überhaupt existiert.

Im Beispiel-Template würde man gemäß der Skizze folgende Zuordnungen wählen:

```
<table>
    <!-- Reihe 1 -->
    <tr>
        <!-- nur eine Spalte -->
        <td colspan="3"><img src="images/logo.png" alt="Das Logo" /></td>
    </tr>

    <!- - Reihe 2 - ->
    <tr>
        <td></td> <!-- erste Spalte bleibt leer -->
        <td> <jdoc:include type="modules" name="top" /> </td> <!-- zweite Spalte -->
         <td></td> <!-- dritte Spalte bleibt wieder leer -->
    </tr>

    <!- - Reihe 3 - ->
    <tr>
        <td> <jdoc:include type="modules" name="left" /> </td> <!-- Module links -->
        <td> <jdoc:include type="component" /> </td> <!-- Hauptbereich -->
        <td> <jdoc:include type="modules" name="right" /> </td> <!-- Module rechts -->
    </tr>
</table>
```

Den Befehl

```
<jdoc:include type="component" />
```

ersetzt Joomla! später durch die Ausgaben der gerade aktiven Komponente. In der Regel ist dies der Text eines Beitrags, wie beispielsweise eine Filmkritik oder ein Nachrichtentext.

 In der mitgelieferten Beispiel-Homepage ist dies der große Bereich in der Mitte der Seite.

Neben den genannten Befehlen kennt Joomla! noch:

```
<?php echo $mainframe->getCfg('sitename');?>,
```

Er wird später auf der Homepage durch den Namen der Homepage ersetzt, wie zum Beispiel *Kinoportal*.

 Dieser Wert stammt übrigens aus der Datei *configuration.php*. Über den genannten Befehl können Sie auch alle anderen darin enthaltenen Variablen ausgeben. Dazu müssen Sie nur sitename gegen den entsprechenden Namen austauschen. Sie finden alle möglichen Angaben im Administrationsbereich unter HILFE → SYSTEMINFO → KONFIGURATIONSDATEI. Beispiele für die Nutzung der dortigen Parameter finden Sie in den bereits mitgelieferten Templates. Weiterführende Informationen liefert auch die Joomla!-Dokumentation unter *http://help.joomla.org*.

Joomla 1.0.x In früheren Versionen hießen die Befehle <?php mosMainBody(); ?> und <?php echo $mosConfig_sitename ?>).

Für das Kinoportal-Template genügen die weiter oben verwendeten Befehle.

Das fertige Template

Im vorhergehenden Abschnitt fanden HTML-fremde Elemente ihren Weg in die Internetseite. Da es nun keine reine HTML-Datei mehr ist, geben Sie ihr die von Joomla! gewünschte Endung *.php*. Der vollständige Dateiname lautet demnach *index.php*.

Abschließend sollte man immer noch sicherstellen, dass nur Joomla! den Inhalt dieser Datei auswerten darf. Dafür sorgt der Befehl

```
<?php defined('_JEXEC') or die('Ansehen verboten'); ?>
```

den man in die erste Zeile setzt. Versucht nun jemand – wie beispielsweise ein Angreifer – das Template direkt in seinem Browser zu öffnen, so erhält er lediglich eine kleine Fehlermeldung. Probieren Sie dies ruhig selbst einmal aus: Setzen Sie den Befehl in die erste Zeile der *index.php*, speichern Sie diese ab, und rufen Sie sie anschließend in Ihrem Browser direkt über die Adresse *http://localhost/joomla/templates/kinoportal_template/index.php* auf. Es erscheint lediglich die Fehlermeldung *Ansehen verboten*. Nur Joomla! selbst erhält noch Zutritt, wie der gleich folgende Testlauf beweist. Auf diese Weise bleibt fremden Besuchern der Einblick in den Aufbau Ihres Templates verwehrt.

| Joomla 1.0.x | In früheren Versionen lautete der Befehl noch

```
<?php defined( '_VALID_MOS' ) or die( 'Direct Access to
this location is not allowed.' ); ?>
```

Die gesamte Datei *index.php* für das Kino-Beispiel sehen Sie noch einmal in Beispiel 13-3:

Beispiel 13-3: Die erste Version des Templates für das Kinoportal

```
<?php defined('_JEXEC') or die('Ansehen verboten'); ?>
<html>
<head>
    <jdoc:include type="head" />
</head>
<body>
<table>
    <!-- Reihe 1 -->
    <tr>
       <!-- nur eine Spalte -->
       <td colspan="3"><img src="images/logo.png" alt="Das Logo" /></td>
    </tr>

    <!-- Reihe 2 -->
    <tr>
       <td></td> <!-- erste Spalte bleibt leer -->
       <td> <jdoc:include type="modules" name="top" /> </td> <!-- zweite Spalte -->
        <td></td> <!-- dritte Spalte bleibt wieder leer -->
    </tr>

    <!-- Reihe 3 -->
    <tr>
       <td> <jdoc:include type="modules" name="left" /> </td> <!-- Module links -->
       <td> <jdoc:include type="component" /> </td> <!-- Hauptbereich -->
       <td> <jdoc:include type="modules" name="right" /> </td> <!-- Module rechts -->
    </tr>
</table>

<i><center>(C) Kinoportal.</center></i>
</body>
</html>
```

Damit wären bereits zwei von Joomla!s Forderungen erfüllt: Es existiert die zentrale Datei *index.php*, und das Bild liegt vorschriftsmäßig im Unterverzeichnis *images*. Es fehlt somit nur noch die zweite Mindestanforderung aus dem Abschnitt »Das Template-Verzeichnis« auf Seite 326: die Datei *templateDetails.xml*.

Die Datei templateDetails.xml

Als Nächstes muss Joomla! irgendwie mitgeteilt werden, wie das Template heißt, wer der Autor ist und welche Dateien beteiligt sind. All diese Angaben sammelt die Textdatei *templateDetails.xml*. Grundsätzlich hat sie den Aufbau aus Beispiel 13-4, der dort schon mit den passenden Beispielwerten für das Kinoportal gefüllt wurde:

Beispiel 13-4: Inhalt der Datei templateDetails.xml

```
<?xml version="1.0" encoding="iso-8859-1"?>
<install version="1.5" type="template">
    <name>kinoportal_template</name>
    <creationDate>18.08.2007</creationDate>
    <author>Tim Schuermann</author>
    <copyright>GNU GPL</copyright>
    <authorEmail>tischuer@yahoo.de</authorEmail>
    <authorUrl>www.tim-schuermann.de</authorUrl>
    <version>0.1</version>
    <description>Hier steht eine Beschreibung des Templates</description>
    <files>
        <filename>index.php</filename>
        <filename>images/logo.png</filename>
    </files>
</install>
```

Wie man sieht, verwendet Joomla! erneut eigene Tags im HTML-Stil, die gemäß ihrem Namen auszufüllen sind.

> Genau genommen handelt es sich hierbei um eine XML-Datei. Diese Programmiersprache erlaubt die Definition von eigenen Tags im Stil von HTML. Mehr Informationen zu diesem Thema gibt es unter *http://www.xml.org* oder in vielen Büchern zu diesem Thema.

Zwischen die Tags fügen Sie Ihre Template-Informationen ein. Am einfachsten ist es, eine bestehende Datei zu kopieren und dann den eigenen Bedürfnissen anzupassen. Dabei erscheinen alle Angaben vor `<files>` später als Information im Administrationsbereich.

Die erste Zeile

```
<install version="1.5" type="template">
```

sagt Joomla!, dass es sich hierbei um ein Template für Joomla! 1.5 handelt.

Der Template-Name zwischen den <name>-Tags muss mit dem Verzeichnisnamen übereinstimmen. Im Beispiel ist das *kinoportal_template*.

 Zwar darf hier theoretisch auch ein beliebiger anderer Name stehen, allerdings handelt man sich später bei der Erstellung eines kompakten Paketes für die Distribution unter Umständen eine Menge Ärger ein. Den hier vergebenen Template-Namen zieht Joomla! nämlich auch zur Erstellung des zugehörigen Template-Verzeichnisses heran. Sofern das Content-Management-System den hier stehenden Begriff nicht direkt als Verzeichnisnamen verwenden kann, bastelt es sich kurzerhand aus den bestehenden Angaben einen eigenen. Die erste Stolperfalle lauert daher bereits schon bei einem enthaltenen Umlaut. Sofern das Betriebssystem mit diesen oder anderen Sonderzeichen nicht umgehen kann, erhält man im schlimmsten Fall einen unbrauchbaren Verzeichnisnamen samt eines nicht funktionierenden Templates. Aus diesem Grund sollten Sie dem Template immer den gleichen Namen verpassen wie dem Verzeichnis, in dem es residiert.

Alle weiteren Einstellungen sind Zusatzinformationen:

`<creationDate>18.08.2007</creationDate>`
Das Erstellungsdatum des Templates. Es bleibt Ihnen überlassen, welches Datumsformat Sie verwenden. So wäre hier beispielsweise auch *Aug/18/2007* oder *08-18-2007* möglich.

`<author>Tim Schuermann</author>`
Der Autor des Templates.

`<copyright>GNU GPL</copyright>`
Die Lizenz, unter der das Template verbreitet werden darf. In diesem Fall wurde die freie GNU General Public License gewählt (*http://www.gnu.org*). Genauso wäre aber natürlich auch eine kommerzielle Lizenz denkbar.

`<authorEmail>tischuer@yahoo.de</authorEmail>`
Die E-Mail-Adresse des Autors. Auf diesem Weg können die späteren Anwender bei Problemen, Fragen oder Anregungen für zukünftige Versionen mit Ihnen in Kontakt treten.

`<authorUrl>www.tim-schuermann.de</authorUrl>`
Die Internetadresse des Autors.

`<version>0.1</version>`
Die Versionsnummer des Templates. Wie schon beim Datum gibt es auch hier keine Vorschrift für ihren Aufbau. Sie könnten folglich auch so etwas Kryptisches wie *3.9.554rc1-bananajoe* verwenden.

`<description>Hier steht eine Beschreibung des Templates</description>`
Eine Beschreibung des Templates. Er sollte anderen Joomla!-Betreibern das Template kurz vorstellen und auf mögliche Einsatzbereiche hinweisen.

Jede im Template verwendete Datei wird zwischen `<filename>` und `</filename>` angegeben:

```
<filename>index.php</filename>
<filename>images/logo.png</filename>
```

Im Moment sind das die eigentliche Vorlage in *index.php* und das Bild mit dem Logo im Unterverzeichnis *images*.

 Wenn Sie später ein Paket für die Weitergabe des Templates geschnürt haben, greift der Template Manager auf diese Informationen bei der Installation zurück. Nur die Dateien, die in der Datei *templateDetails.xml* vermerkt wurden, landen später auch in ihrem zugehörigen Templateverzeichnis auf dem Webserver. Damit dort keine zerstückelte Vorlage landet, sollten Sie immer besonders gut darauf achten, dass hier restlos alle zum Template gehörenden Dateien aufgelistet sind.

Testlauf in Joomla!

Damit sind bereits die Minimalvoraussetzungen an ein Template erfüllt. Rufen Sie im Administrationsbereich von Joomla! den Menüpunkt ERWEITERUNGEN → TEMPLATES auf. Wie Abbildung 13-15 zeigt, erscheint das neue Kinoportal-Template in der Liste.

Abbildung 13-15: Das neue Template taucht zwischen seinen Kollegen auf.

Wechseln Sie zu ihm, wie im Abschnitt »Templates verwalten« auf Seite 313 beschrieben. Abbildung 13-16 zeigt das Ergebnis.

Erstaunlicherweise fehlt das Logo: Links oben in der Ecke erscheint nur sein Ersatztext. Dies liegt daran, dass die Pfadangabe nicht stimmt. Joomla! verlangt bei Verzeichnisnamen immer den kompletten Pfad. Stellen Sie daher in der Datei *index.php* dem *images/logo.png* noch das Verzeichnis *templates* sowie den PHP-

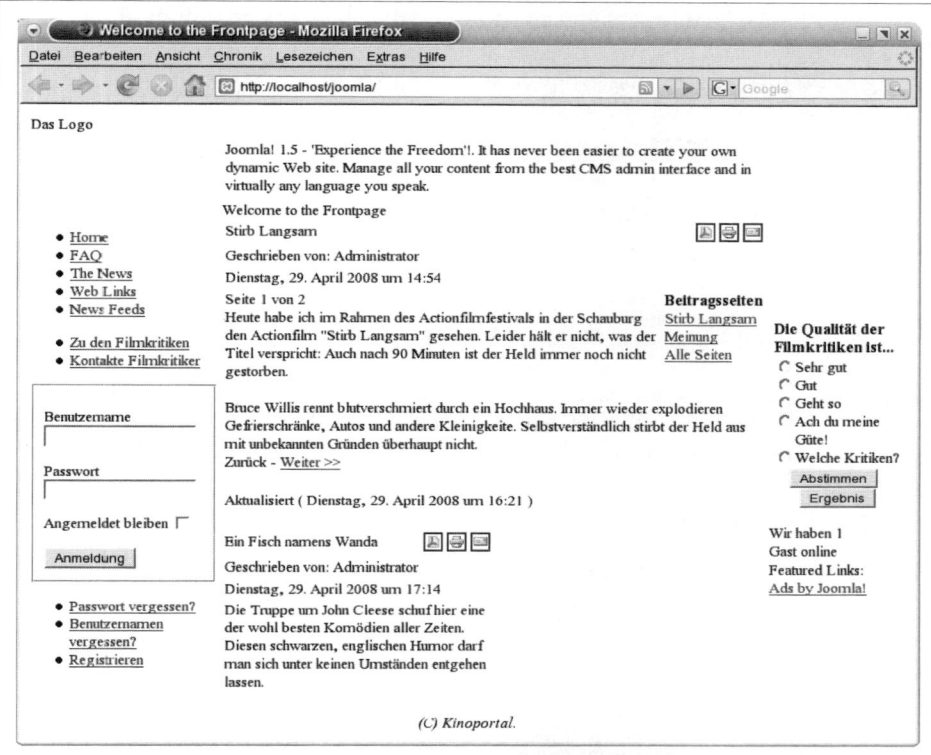

Abbildung 13-16: Das eigene Template bei einem ersten Testlauf im Browser

Befehl `<?php echo $this->template ?>` voran. Ihn ersetzt Joomla! durch den Namen des Templates – und somit auch gleichzeitig durch den Verzeichnisnamen. Komplett sieht das Tag für das Logo dann wie folgt aus:

```
<img src="templates/<?php echo $this->template ?>/images/logo.png" alt="Das Logo" />
```

Man hätte selbstverständlich auch den ganzen Pfad direkt eintippen können (also *src="templates/kinoportal_template/images/logo.png"*). Was würde jedoch passieren, wenn Sie irgendwann den Namen des Templates ändern möchten? In diesem Fall müssten Sie nicht nur die Datei *templateDetails.xml* anpassen, sondern auch alle anderen Dateien durchgehen und dort die (Verzeichnis-)Namen austauschen. Allein schon aus diesem Grund sollte man Informationen niemals »fest verdrahten«, sondern auf die entsprechenden Joomla!-Befehle zurückgreifen.

Der Befehl `<?php echo $mainframe->getCfg('absolute_path') ?>` liefert analog den Pfad zur Joomla!-Installation.

Ab jetzt sollte in der Vorschau auch das Logo auftauchen, wie Abbildung 13-17 zeigt.

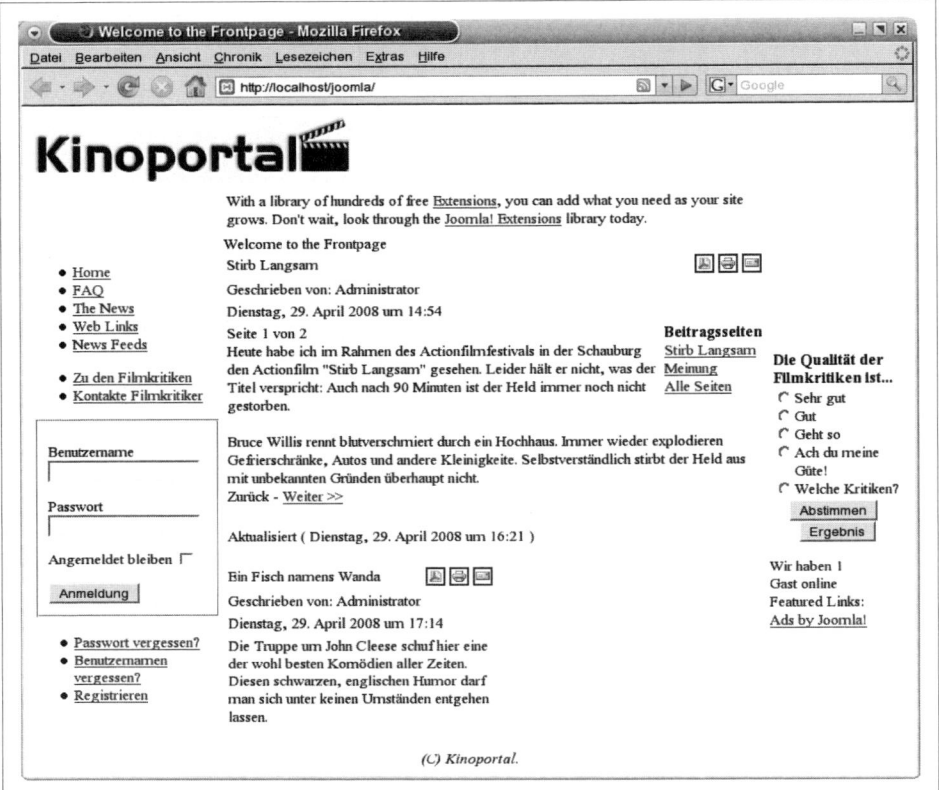

Abbildung 13-17: Und so klappt's auch mit dem Logo.

In Abbildung 13-18 wurden die einzelnen Tabellenzellen noch eingefärbt. Hierdurch wird die Struktur der Seite sehr gut sichtbar, was insbesondere in der Entwurfsphase des Templates eine erste (Platzierungs-)Hilfe liefert.

Templates für Fortgeschrittene

Die zur Verfügung stehenden HTML-Befehle sind nicht besonders üppig, weshalb das Ergebnis noch etwas nackt aussieht. Zudem zwangen die mangelnden Gestaltungsmöglichkeiten dazu, für die Formatierung eine Tabelle zu missbrauchen. Letztere sollten eigentlich immer nur für das verwendet werden, wofür die HTML-Väter sie auch erschaffen hatten – nämlich zur Darstellung von Tabellen. Diese Unzulänglichkeiten erkannte auch das W3C und leitete zwei Gegenmaßnahmen ein.

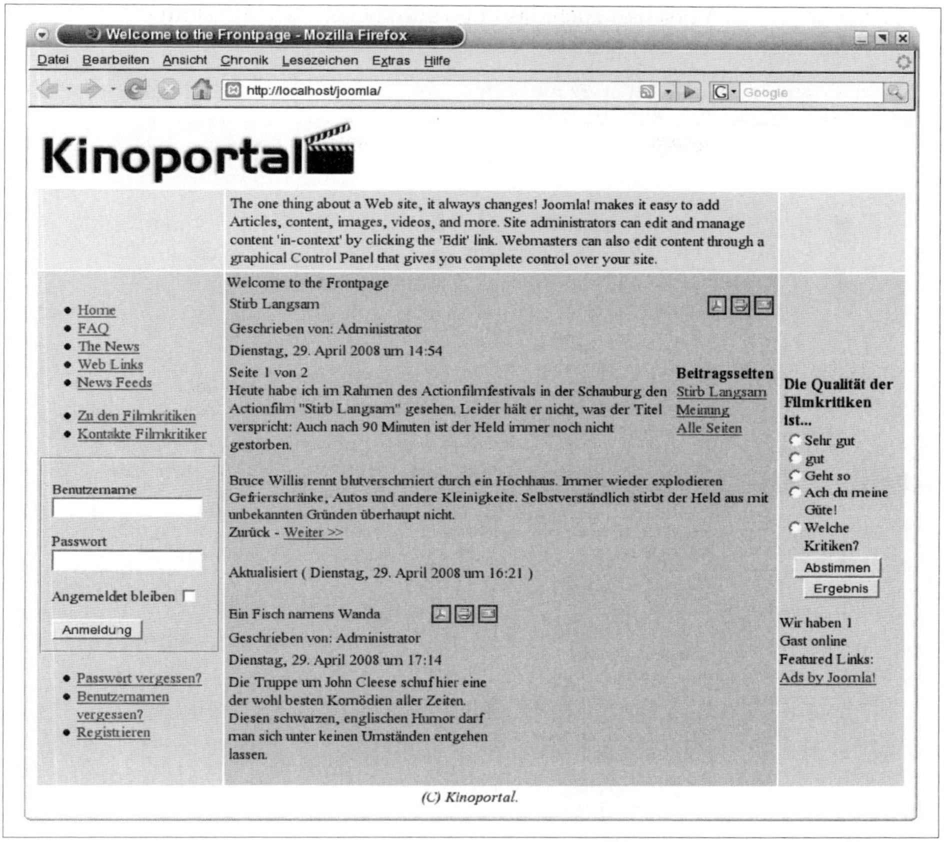

Abbildung 13-18: Hier wurden zur Anschauung die Tabellenzellen eingefärbt. Auf diese Weise sieht man besser, welches Modul wo eingebettet wurde.

Nach dem Prinzip der Formatvorlagen – wie sie Sie vielleicht von Ihrer Textverarbeitung her kennen – entwickelte man zunächst die *Cascading Style Sheets*, kurz *CSS*. Diesem Standard folgend, erstellt man zunächst ein sogenanntes *Stylesheet*, das aus einer oder mehreren Textdateien besteht. Die darin abgelegten Regeln sagen dem Browser, wie er welches Element in der HTML-Datei auf dem Bildschirm darzustellen hat.

> Die Auslagerung der Layout-Beschreibung in eine oder mehrere externe Dateien hat den Vorteil, dass ältere oder spezielle Browser (wie beispielsweise für Mobiltelefone oder Handhelds) sie einfach ignorieren können. Auf diese Weise sieht der Besucher zwar nicht das schicke Design, erhält aber immerhin noch Zugang zu den eigentlichen Informationen.

In einem zweiten Schritt wurde HTML etwas aufgeräumt. Die so entstandene HTML-Variante erhielt den Namen *XHTML*.

Joomla!-Templates bauen für gewöhnlich auf diesen beiden Standards auf: Die XHTML-Datei gibt den Grundaufbau des Templates vor, während ein oder mehrere Stylesheets die Formatierung übernehmen.

Auch hier stößt man wieder auf die Trennung von Inhalt und Layout: Die XHTML-Datei nimmt die Inhalte auf (in diesem Fall die Angaben, wo welche Module erscheinen sollen), die ein Stylesheet dann formatiert.

Die folgenden Abschnitte zeigen deshalb, wie man das bestehende Kinoportal-Template in XHTML umwandelt und via CSS hübsch formatiert.

Schritt 1: XHTML verwenden

XHTML ist weitestgehend mit HTML identisch, räumt aber mit ein paar Altlasten und vor allen Dingen (fehlerträchtigen) Freiheiten auf:

- Alle Tags müssen nun zwangsweise kleingeschrieben werden. Wo früher `<table>`, `<Table>` und `<TABLE>` das Gleiche bedeutet haben, ist unter XHTML nur noch `<table>` erlaubt.
- Wenn ein Tag nur aus einer öffnenden Variante bestand, durfte man in HTML in einigen Fällen den abschließenden Schrägstrich vergessen. So war beispielsweise `<img ... >` anstelle von `<img ... />` erlaubt. In XHTML besteht diese Wahlfreiheit nicht mehr, hier muss man das Tag abschließen, also `<img ... />` schreiben.
- Sofern ein Tag Attribute enthält, müssen diese nun immer in Anführungszeichen gesetzt sein. Anstelle von `<img src=logo.png />` muss jetzt `<img src="logo.png" />` geschrieben werden.
- In einigen Fällen durfte man in HTML das schließende Tag verbummeln. Dies ist nun nicht mehr erlaubt: Zu jedem öffnenden Tag muss es auch ein schließendes geben.

Damit wären bereits die wichtigsten Unterschiede genannt.

Tatsächlich ist XHTML nichts anderes als eine Neuformulierung von HTML in XML. Erst die noch wenig gebräuchliche Version XHTML 1.1 schneidet einige alte Zöpfe ab. Wer sich für die Hintergründe und den Werdegang von XHTML interessiert, sollte einen Blick auf den XHTML-Standard unter *http://www.w3.org/TR/xhtml1/* und die häufig gestellten Fragen unter *http://www.w3.org/MarkUp/2004/xhtml-faq.html* werfen. Für die folgenden Schritte genügt die vereinfachte Vorstellung, dass XHTML eine aufgeräumte Variante von HTML darstellt.

Wie ein Blick auf das Beispiel 13-3 beweist, folgt das bisherige Kinoportal-Template erfreulicherweise sowohl dem HTML-, als auch dem XHTML-Standard. Änderungen sind somit nicht notwendig.

Um dem Browser mitzuteilen, dass es sich ab sofort um ein XHTML-Dokument handelt, ergänzt man noch die *index.php* um die folgenden etwas kryptisch anmutenden erste Zeile:

```
<!DOCTYPE html PUBLIC "-//W3C//DTD XHTML 1.0 Transitional//EN" "http://www.w3.org/
TR/xhtml1/DTD/xhtml1-transitional.dtd">
```

Für alle folgenden Schritte ist eine genaue Kenntnis über den Aufbau des obigen Befehls nicht notwendig. Stellen Sie ihn sich einfach als feststehenden Begriff vor, der zu Beginn jeder Datei mit XHTML-Befehlen auftauchen muss.

Schritt 2: Aktuelle Sprache einbinden

Als Nächstes teilt man dem Browser mit, in welcher Sprache die Texte der Seite geschrieben wurden. Der Browser kann dann beispielsweise eine passende Schriftart wählen und alle Umlaute korrekt anzeigen. In welcher Landessprache Joomla! derzeit seine Seiten ausspuckt, folgender der Befehl:

```
<?php echo $this->language; ?>
```

Ihn baut man gemäß der dafür geltenden XHTML-Regeln in das öffnende `<html>`-Tag ein:

```
<html xmlns="http://www.w3.org/1999/xhtml" xml:lang="<?php echo $this->language; ?>
" lang="<?php echo $this->language; ?>" >
```

Auch diese kryptische Zeile können Sie einfach immer in Ihre Templates übernehmen.

Schritt 3: Tabellen entfernen

Bislang verwendet das Kinoportal-Beispiel immer noch eine Tabelle, um die einzelnen Bestandteile der Homepage hübsch zu drapieren. Für diese Aufgabe sind Tabellen jedoch eigentlich nicht geschaffen. Dies merkt man recht deutlich, sobald man etwas komplexere Layouts erschaffen möchte. Folglich sollte man Tabellen aus dem Layout verbannen und sie nur noch für die Darstellung von echten Tabellen heranziehen.

 Der Verzicht auf Tabellen bei der Formatierung hat noch einen weiteren Vorteil: Stellen Sie sich einen erblindeten Menschen vor, der sich eine Internetseite über ein Spezialprogramm vorlesen lässt. Diese Hilfe kann nicht wissen, ob es sich um eine normale Tabelle oder um das Gerüst für das Layout handelt. Folglich liest sie jede Zeile und jede Spalte als solche vor. Im schlimmsten Fall verwirrt dies den Besucher. Weitere Informationen zum Thema Barrierefreiheit finden Sie in Kapitel 16.

Um auch ohne Tabellen den Aufbau der Seite beschreiben zu können, braucht man ein paar Ersatz-Tags, die XHTML aufgrund seiner Wurzeln zu HTML leider nicht anbietet. Daher muss man wohl oder übel etwas tiefer in die Trickkiste greifen: Im Befehlsrepertoire von HTML existiert ein normalerweise vollkommen unnützes Tag namens <div>. Es macht überhaupt nichts, außer andere Elemente (logisch) zu gruppieren. Die in wenigen Schritten auftauchenden Cascading Style Sheets sind jedoch in der Lage, auch einem <div>-Tag ein grafisches Leben auf dem Bildschirm einzuhauchen. Bevor es aber so weit ist, müssen erst einmal alle Tabellen-Tags durch <div>s ersetzt werden. Damit ergibt sich die *index.php* aus Beispiel 13-5:

Beispiel 13-5: Die Datei index.php ohne Tabellen

```
<?php defined('_JEXEC') or die('Ansehen verboten'); ?>
<!DOCTYPE html PUBLIC "-//W3C//DTD XHTML 1.0 Transitional//EN" "http://www.w3.org/TR/
xhtml1/DTD/xhtml1-transitional.dtd">

<html xmlns="http://www.w3.org/1999/xhtml" xml:lang="<?php echo $this->language; ?>"
lang="<?php echo $this->language; ?>" >
<head>
        <jdoc:include type="head" />
</head>
<body>
<div>

        <!-- Reihe 1 -->
        <div> <img src="templates/<?php echo $this->template ?>/images/logo.png" alt="Das
Logo" /> </div>

        <!-- Reihe 2 -->
        <div>
          <div></div> <!-- erste Spalte bleibt leer -->
          <div> <jdoc:include type="modules" name="top" /> </div> <!-- zweite Spalte -->
           <div></div> <!-- dritte Spalte bleibt wieder leer -->
        </div>

        <!-- Reihe 3 -->
        <div>
          <div> <jdoc:include type="modules" name="left" /> </div> <!-- Module links -->
          <div> <jdoc:include type="component" /> </div> <!-- Hauptbereich -->
          <div> <jdoc:include type="modules" name="right" /> </div> <!-- Module rechts -->
        </div>
</div>

<i><center>(C) Kinoportal.</center></i>
</body>
</html>
```

Ganz schön unübersichtlich. Ohne die Kommentare und Einrückungen wüsste man überhaupt nicht mehr, was die Zeilen und was die Spalten sind.

Glücklicherweise darf man jedem <div> noch über das Attribut class einen Namen verpassen. (Warum das Attribut ausgerechnet class und nicht name heißt, klärt sich gleich in zwei weiteren Schritten.)

Und wo man schon mal dabei ist, kann man auch gleich noch die leeren und somit eigentlich nutzlosen Tags über Bord werfen. Beispiel 13-6 zeigt das Ergebnis.

Beispiel 13-6: Die benannten <div>

```
<?php defined('_JEXEC') or die('Ansehen verboten'); ?>
<!DOCTYPE html PUBLIC "-//W3C//DTD XHTML 1.0 Transitional//EN" "http://www.w3.org/TR/
xhtml1/DTD/xhtml1-transitional.dtd">

<html xmlns="http://www.w3.org/1999/xhtml" xml:lang="<?php echo $this->language; ?>"
lang="<?php echo $this->language; ?>" >
<head>
     <jdoc:include type="head" />
</head>
<body>
<div class="tabelle">

     <!-- Reihe 1 -->
     <div class="logo">
        <img src="templates/<?php echo $this->template ?>/images/logo.png" alt="Das Logo" />
     </div>

     <!-- Reihe 2 -->
     <div class="kopfzeile">
        <jdoc:include type="modules" name="top" />
     </div>

     <!-- Reihe 3 -->
     <div class="inhalte">
        <div class="links"> <jdoc:include type="modules" name="left" /> </div>
        <div class="hauptbereich"> <jdoc:include type="component" /> </div>
        <div class="rechts"> <jdoc:include type="modules" name="right" /> </div>
     </div>

</div> <!-- Ende Tabelle -->

<div class="fusszeile">(C) Kinoportal.</div>
</body>
</html>
```

Das wirkt doch schon wesentlich aufgeräumter und sogar lesbarer als die alte Tabelle. Beachten Sie, dass auch die Fußzeile von ihren <i>- und <center>-Tags befreit wurde.

Speichern Sie das Ergebnis ab, und rufen Sie anschließend die Joomla!-Vorschau auf. Das recht ernüchternde Ergebnis zeigt Abbildung 13-19.

Abbildung 13-19: Das Template nach der Umstellung auf <div>s

Offensichtlich werden alle Bestandteile der Seite einfach untereinander gehängt. Dieses Ergebnis war jedoch zu erwarten – schließlich sind alle `<div>`-Tags wirkungslos. Da der Browser sie folglich ignoriert, bleiben auf dem Bildschirm die aneinandergereihten Joomla!-Inhalte übrig.

Vor der Lösung dieses Problems rufen noch Sie noch kurz die *Seitenquelltext*-Ansicht Ihres Browsers auf (in Firefox ist diese beispielsweise im Menü ANSICHT zu erreichen). Sie wirft einen Blick hinter die Kulissen und zeigt die fertige Seite mitsamt ihren HTML-Befehlen (Abbildung 13-20).

Dort sehen Sie das Ergebnis nach der Ersetzung der Platzhalter durch Joomla!, wobei sich das Content-Management-System nicht besonders um Lesbarkeit bemüht: Unter dem Kommentar `<-- Reihe 3 -->` finden Sie noch das selbst vorgegebene `<div class="links">`. Danach fehlt der Befehl

```
<jdoc:include type="modules" name="left" />
```

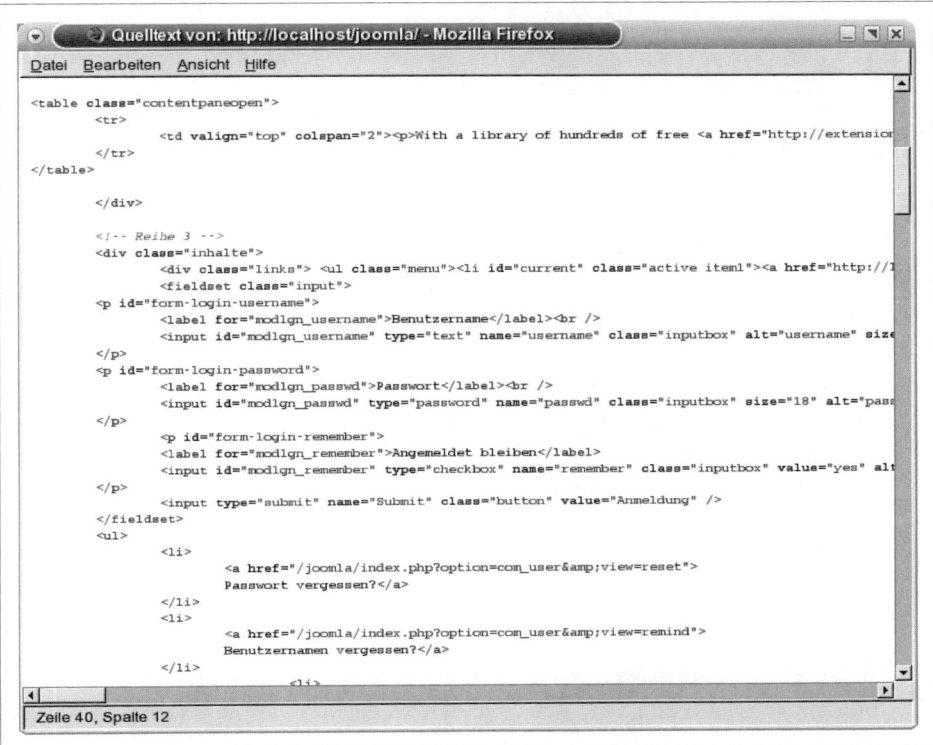

```
 Quelltext von: http://localhost/joomla/ - Mozilla Firefox

Datei  Bearbeiten  Ansicht  Hilfe

<table class="contentpaneopen">
        <tr>
                <td valign="top" colspan="2"><p>With a library of hundreds of free <a href="http://extensior
        </tr>
</table>

        </div>

        <!-- Reihe 3 -->
        <div class="inhalte">
                <div class="links"> <ul class="menu"><li id="current" class="active item1"><a href="http://1
                <fieldset class="input">
        <p id="form-login-username">
                <label for="modlgn_username">Benutzername</label><br />
                <input id="modlgn_username" type="text" name="username" class="inputbox" alt="username" size
        </p>
        <p id="form-login-password">
                <label for="modlgn_passwd">Passwort</label><br />
                <input id="modlgn_passwd" type="password" name="passwd" class="inputbox" size="18" alt="pass
        </p>

                <p id="form-login-remember">
                <label for="modlgn_remember">Angemeldet bleiben</label>
                <input id="modlgn_remember" type="checkbox" name="remember" class="inputbox" value="yes" alt
        </p>

                <input type="submit" name="Submit" class="button" value="Anmeldung" />
        </fieldset>
        <ul>
                <li>
                        <a href="/joomla/index.php?option=com_user&amp;view=reset">
                        Passwort vergessen?</a>
                </li>
                <li>
                        <a href="/joomla/index.php?option=com_user&amp;view=remind">
                        Benutzernamen vergessen?</a>
                </li>
                        <li>

Zeile 40, Spalte 12
```

Abbildung 13-20: Die Seitenquelltext-Ansicht im Firefox-Browser

Dessen Platz nehmen nun die Menüs ein. Darunter folgen die Felder für die Benutzeranmeldung (*Benutzername* und *Passwort* nebst ihren Schaltflächen).

Während die Menüs ihre Punkte in Form einer Liste anzeigen, stecken die Inhalte der anderen Module in einer Tabelle, wie beispielsweise das *Login Form*.

Joomla 1.0.x   In Versionen vor Joomla! 1.5 erzeugte das Menümodul noch eine richtige Tabelle. Der korrespondierende erste Eintrag sah damals noch so aus:

```
<tr algin="left"><td><a href="index.php?option=com_
frontpage&amp;Itemid=1" class="mainlevel" id="active_menu">
Home</a> ...
```

Da Tabellen ein großes Hindernis auf dem Weg zur Barrierefreiheit sind, wechselten die Joomla!-Entwickler zu Listen.

Es ist reichlich ernüchternd: Da hat man gerade sein eigenes Layout von Tabellen befreit, und schon schießt Joomla! mit seinen eigenen Ausgaben dazwischen. Es gibt jedoch Abhilfe: Der Platzhalter-Befehl aus der *index.php* besitzt ein optionales, drittes Attribut namens *style*. Es bestimmt, auf welche Weise die Ausgaben aller hier erscheinenden Module in die Homepage eingebettet werden. Ein

```
<jdoc:include type="modules" name="left" style="xhtml" />
```

sorgt beispielsweise dafür, dass Joomla! die unter *left* platzierten Module nicht mehr jeweils in eine Tabelle, sondern stattdessen XHTML-konform zwischen ein `<div>` und `</div>` setzt.

In den Anführungsstrichen von *style* dürfen dabei folgende Werte stehen:

table

Die hier platzierten Module verpackt Joomla! jeweils in eine eigene (HTML-) Tabelle:

```
<table cellpadding="0" cellspacing="0" class="moduletable">
<tr>
        <th valign="top">Name des Moduls</th>
</tr>
<tr>
        <td>
           Hier folgt das eigentliche Modul
        </td>
</tr>
</table>
```

horz

Die hier platzierten Module werden horizontal angeordnet. Dazu packt sie Joomla! in zwei ineinander verschachtelte Tabellen, wobei die innere Tabelle wiederum nur aus einer Zeile besteht:

```
<table cellspacing="1" cellpadding="0" border="0" width="100%">
<tr>
<td valign="top">
        <table cellpadding="0" cellspacing="0" class="moduletable_menu">
        <tr>
           <th valign="top">Main Menu</th>
        </tr>
        <tr>
           <td>
              Hier folgt das eigentliche Modul
           </td>
        </tr>
        </table>
</td>
</tr>
</table>
```

xhtml

Die hier platzierten Module landen ausschließlich in `<div>`-Tags und nicht mehr in einer Tabelle:

```
<div class="moduletable">
        <h3>Name des Moduls</h3>
        Hier folgt das eigentliche Modul
</div>
```

none

Im Gegensatz zu den anderen Punkten werden die hier platzierten Punkte nicht noch einmal durch zusätzliche Tags eingerahmt. Folglich erscheinen hier nur die »reinen« Inhalte der Module.

rounded

Die hier platzierten Module werden jeweils durch gleich mehrere <div>-Tags eingerahmt. Auf diese Weise kann man beispielsweise über entsprechende CSS-Regeln runde Ecken einbauen:

```
<div class="module">
    <div>
        <div>
            <div>
                <h3>Name des Moduls</h3>
                Hier folgt das eigentliche Modul
            </div>
        </div>
    </div>
</div>
```

outline

Arbeitet wie *xhtml*, regt aber jedes hier platzierte Modul an, Zusatzinformationen über sich preiszugeben. Das Ergebnis sieht ähnlich wie die Templatevorschau im Administrationsbereich aus (ERWEITERUNGEN → TEMPLATES, dann das Template auswählen und auf VORSCHAU klicken). Dieser Stil kann in der Erstellungsphase eines Templates helfen, sollte aber niemals auf der späteren Homepage erscheinen.

style sorgt also dafür, dass eine der oben aufgeführten HTML-Umgebungen um die Ausgabe eines jeden Moduls gelegt wird.

Da für das Template keine Tabellen zur Formatierung erwünscht sind, verpassen Sie allen Platzhaltern zwischen <body> und </body> das zusätzliche Attribut style="xhtml". Speichern Sie die Datei, und aktualisieren Sie die Vorschau. Augenscheinlich hat sich nichts geändert. Ein Blick in die Seitenquelltext-Ansicht offenbart jedoch, dass jedes Menü durch ein eigenes <div> und </div> eingerahmt wurde. Gleiches gilt für das *Login Form* sowie für alle anderen Module.

style bestimmt nur, in welche Tags die einzelnen Module *eingefasst* werden. Die eigentlichen Inhalte und Ausgaben der Module bleiben davon unberührt. So packen beispielsweise die Module für die Benutzeranmeldung (*Login Form*) und die Umfragen (*Polls*) auch weiterhin alle möglichen Optionen in jeweils eine eigene Tabellenzelle – komme, was da wolle. Für den Moment müssen Sie leider mit der Tabelle leben, erst die später noch auftauchenden *Template Overrides* werden hier Abhilfe schaffen.

Die obige Liste mit den vorgegebenen Einfassungen dürfen Sie noch um eigene erweitern. Wie das genau funktioniert, zeigt später noch der Abschnitt »Module Chrome« auf Seite 376.

Damit wäre die *index.php* komplett, und es kann endlich mit der Gestaltung des eigentlichen Layouts weitergehen.

Schritt 4: Formatierungen mit CSS

Ein Stylesheet ist eine (separate) Textdatei, die mehrere Formatierungsregeln enthält. Letztere beschreiben, wie die einzelnen Bestandteile der Homepage auf dem Bildschirm erscheinen sollen.

Auch die Cascading Style Sheets füllen wieder ganze Bände. Daher finden Sie an dieser Stelle nur einen kleinen Schnelleinstieg. Falls Sie tiefer in die Möglichkeiten von CSS eintauchen möchten, empfiehlt sich ein Blick auf *http://www.selfhtml.org* oder ein Gang in die Buchhandlung Ihres Vertrauens.

Als Erstes überlegt man sich, welchem Element man auf der Homepage ein neues Aussehen verpassen möchte. Für den Einstieg soll zunächst nur die Schriftart aller Texte geändert werden.

Jetzt sucht man in der XHTML-Datei nach den Tags, die das entsprechende Element einrahmen. Alle Texte liegen offensichtlich irgendwo zwischen <body> und </body>.

Für das so gefundene Tag erstellt man im Stylesheet eine neue Regel in der Form:

```
tagname
{

}
```

Der tagname war im Beispiel body, wobei man hier die spitzen Klammern weglässt.

In den geschweiften Klammern beschreibt man nun das Aussehen. Für eine Änderung der Schriftart ist im Beispiel nur eine weitere, kleine Zeile notwendig:

```
body
{
        font-family: Helvetica,Arial,sans-serif;
}
```

Die so entstandene Regel weist den Browser an, alle Texte im <body> des Templates in einer der angegebenen Schriftarten zu formatieren – hier vorzugsweise *Helvetica*. Sollte diese nicht auf dem System des Besuchers verfügbar sein, wählt der Browser stattdessen *Arial*. Fehlt auch sie, soll er zu irgendeiner serifenlosen Schrift greifen.

Ganz allgemein folgen auf das Element, dessen optische Attribute geändert werden sollen (in diesem Fall body, also die gesamte Seite), eine sich öffnende geschweifte Klammer, dann alle veränderten Eigenschaften (in diesem Fall nur font-family, also die Schriftart) und schließlich wieder eine schließende, geschweifte Klammer.

Damit der Browser weiß, wo die Angabe einer Eigenschaft endet und die nächste beginnt, setzt man noch ein Semikolon an das Ende der jeweiligen Zeilen.

Schritt 5: Das Stylesheet anmelden

Speichern Sie die obige Regel in einer Textdatei namens *template.css* im Verzeichnis *css*. Damit der Browser weiß, dass er das Stylesheet verwenden soll, meldet man es anschließend noch im Kopf (also zwischen <head> und </head>) der *index.php* an:

```
<link rel="stylesheet" href="templates/<?php echo $this->template ?>/css/template.
css" type="text/css" />
```

Mit diesem Befehl aktiviert Joomla! das Stylesheet und verwendet ab sofort die gewünschte Schriftart.

Joomla 1.0.x   In Versionen vor Joomla! 1.5 lautete der Befehl noch wie folgt:

```
<link href="<?php echo $mosConfig_live_site;?>/templates/
kinoportal_template/css/template_css.css" rel="stylesheet"
type="text/css" />
```

Neben Ihrem eigenen Stylesheet können Sie zusätzlich noch das in Joomla! mitgelieferte Standard-Stylesheet via

```
<link rel="stylesheet" href="templates/system/css/general.css" type="text/css" />
```

einbinden. In ihm lagern ein paar Basis-Formatierungen, insbesondere für Systemmeldungen.

Der gesamte Kopf sieht damit wie folgt aus:

```
<head>
      <link rel="stylesheet" href="templates/<?php echo $this->template ?>/css/
template.css" type="text/css" />
      <link rel="stylesheet" href="templates/system/css/general.css" type="text/
css" />
      <jdoc:include type="head" />
</head>
```

Probieren Sie ruhig auch einmal andere Schriftarten aus. Prinzipiell dürfen Sie alle auf Ihrem System installierten Schriften heranziehen. Sofern Sie jedoch das Template später auf Ihrer Homepage verwenden möchten, sollten Sie hier nur Schriftarten angeben, die möglichst alle Besucher auf ihren Computern installiert haben. Hierzu gehören in der Regel *Helvetica* und *Arial*.

Abschließend fehlt nur noch ein Eintrag des Stylesheets in die Datei *template-Details.xml*.

 Diese Eintragung ist eigentlich nur notwendig, wenn Sie später das Template weitergeben möchten. Sie sollten sich jedoch angewöhnen, jede zum Template gehörende Datei immer auch sofort in die *templateDetails.xml* einzutragen. Auf diese Weise laufen Sie nicht Gefahr, es später zu vergessen.

Im Kinoportal-Beispiel ergänzt man also in der `<files>`-Sektion einen Eintrag, der auf die CSS-Datei verweist:

```
<files>
        <filename>index.php</filename>
        <filename>images/logo.png</filename>
        <filename>css/template.css</filename>
</files>
```

Wie Sie ein Installationspaket zusammenstellen, zeigt der gleich folgende Abschnitt »Ein Paket schnüren« auf Seite 369.

Schritt 6: Die Fußzeile formatieren

Als Nächstes ist die Fußzeile an der Reihe. Sie soll wieder zentriert und in kursiver Schrift auf der Homepage erscheinen. Ein Blick in *index.php* verrät, dass die Fußzeile zwischen `<div class="fusszeile">` und `</div>` steckt.

Man könnte jetzt einfach wieder eine neue Regel für das Tag `<div>` erstellen:

```
div
{
        text-align: center;
        color: gray;
}
```

Damit erscheint der Text zentriert und in grauer Farbe. Allerdings ist das Ergebnis nicht ganz im Sinne des Erfinders: Wie auch eigentlich zu erwarten war, hat der Browser *alle* in `<div>`-Tags eingefassten Texte grau unterlegt und zentriert (siehe Abbildung 13-21).

Man müsste also irgendwie die obige Zuweisung nur auf das `<div>` mit dem Namen *fusszeile* einschränken können. Es muss also eine Regel her, die für alle Elemente mit diesem Namen gilt:

```
.fusszeile
{
        text-align: center;
        font-size: small;
        font-style: italic;
        color: gray;
}
```

Abbildung 13-21: Die Formatierung der Fußzeile läuft noch etwas aus dem Ruder.

Dieser Abschnitt im Stylesheet weist den Browser an, alle Elemente mit dem Namen *fusszeile* wie in den geschweiften Klammern beschrieben zu formatieren. In der CSS-Terminologie spricht man übrigens nicht von Namen, sondern von Klassen (Englisch *class*) – daher auch das zunächst etwas merkwürdige Attribut class.

> Der wahre Grund für diese etwas komische Bezeichnung liegt in der Wiederverwendbarkeit. Tauschen Sie beispielsweise einen der anderen Namen in der *index.php* probeweise gegen *fusszeile* aus, wird der entsprechende Text ab sofort genau so formatiert wie die eigentliche Fußzeile. Möchte man jetzt das Aussehen beider Texte verändern, braucht man nur noch an einer Stelle in der CSS-Datei an den Eigenschaften zu drehen und spart sich somit unter dem Strich die doppelte Arbeit. Die Regel in der CSS-Datei ist somit gleichzeitig eine Art Vorlage, die Programmierer gern als Klasse bezeichnen.

Beachten Sie unbedingt den Punkt vor *fusszeile*. Durch ihn weiß der Browser, dass es sich um den Klassennamen eines Tags handelt und nicht – wie im Fall von body – um das Tag selbst.

Bei den Attributen verrät ein Blick auf die Internetseite *http://www.selfhtml.org*, dass

- `text-align: center;` den Text zentriert darstellt,
- `font-size: small;` den Text in kleiner Schriftgröße abdruckt,
- `font-style: italic;` den Text kursiv darstellt und
- `color: gray;` den Text schwarz einfärbt.

Speichern Sie das Stylesheet ab, und betrachten Sie in der Vorschau das Ergebnis.

 Wenn Sie die Eigenschaften eines Tags verändern, so verändern Sie gleichzeitig auch das Aussehen aller von ihm eingerahmten Elemente. Dieses Verhalten haben wir uns bereits in Schritt 4 zunutze gemacht: Die Schriftänderung des `<body>` wirkte sich auf alle seine enthaltenen Elemente aus – und somit zwangsweise auch auf alle darin enthaltenen Texte. Durch diese Automatik müssen Sie nicht jedes einzelne Element im Stylesheet mühsam aufführen und formatieren. Wollen Sie jedoch umgekehrt ein untergeordnetes Element anders darstellen, müssen Sie für es einen eigenen Abschnitt erstellen.

Schritt 7: Das Seitenlayout mit CSS aufbauen

Das gleiche Vorgehen wie bei der Fußzeile wiederholt man nun auch mit den restlichen Elementen, wie es Beispiel 13-7 vorgibt:

Beispiel 13-7: Dieser Teil des Stylesheets sorgt für ein tabellenartiges Layout.

```
.kopfzeile
{
      margin-left: 20%;
      margin-top: 1em;
}

.inhalte
{
      border-top: 2px solid gray;
      padding-top: 1em;
}

.links
{
      float: left;
      width: 20%;
```

Beispiel 13-7: Dieser Teil des Stylesheets sorgt für ein tabellenartiges Layout. (Fortsetzung)

```
     background-color:#eeeeee;
}

.hauptbereich
{
     float: left;
     width: 58%;
     margin-left: 1%;
     margin-right: 1%;
}

.rechts
{
     float: left;
     width: 20%;
     background-color:#eeeeee;
}
```

Das Logo bleibt unberührt und erscheint damit weiterhin links oben auf der Home-page. Direkt darunter folgt die Kopfzeile. Ihr linker Rand nimmt genau *20%* der gesamten Fensterbreite ein. Damit wirkt der Inhalt der Kopfzeile, als sei er nach rechts eingerückt. Der obere Rand (margin-top) ist eine Zeichenhöhe (*1em*) breit und hält genauso viel Abstand zum Logo.

Die linke Spalte mit den Menüs nimmt *20%* der gesamten Fensterbreite ein (width), ebenso die rechte Spalte mit den Umfragen. Somit bleiben unter dem Strich noch *60%* für den Hauptbereich in der Mitte der Seite. Um optisch etwas Luft zu schaf-fen, hält dieser auf seiner linken und rechten Seite jeweils einen Abstand von jeweils *1%* der gesamten Fensterbreite, womit für ihn selbst noch *58%* übrig bleiben. Etwas Farbe in Spiel bringt eine dezente, graue Hintergrundfarbe (background-color) in der linken und rechten Spalte.

Das float: left sorgt dafür, dass die einzelnen Bereiche nicht mehr untereinander, sondern ab sofort nebeneinander erscheinen.

Abschließend wäre es noch schön, wenn man die Dreiergruppe aus linker und rech-ter Spalte sowie dem Hauptbereich vom Logo und der Kopfzeile optisch trennen könnte. Rein zufällig werden sie von einem <div>-Tag namens inhalte eingefasst. Diesem verpasst man nun einfach einen 2 Pixel breiten oberen Rand. Das padding sorgt dafür, dass alle im inhalte-Tag liegenden Elemente gemeinsam um eine Zei-chenhöhe nach unten verschoben werden. Auf diese Weise entsteht ein schmaler Spalt zwischen dem oberen, 2 Pixel breiten Rand und dem eigentlichen Inhalt.

 CSS arbeitet eigentlich mit einem sogenannten Box-Modell. Der Browser steckt dabei alles, was sich zwischen einem öffnenden und einem schließenden Tag befindet, in einen eigenen Kasten. Dieser Kasten besitzt einen Rand (*border*), einen Abstand zu den umgebenden Elementen (*margin*) und einen Abstand zu den enthaltenen Elementen (*padding*). Die Regeln im Stylesheet ändern nun lediglich die Eigenschaften dieser Kästen.

Speichern Sie die ergänzte *template.css* ab, und wechseln Sie wieder in die Vorschau. Abbildung 13-22 zeigt das Ergebnis .

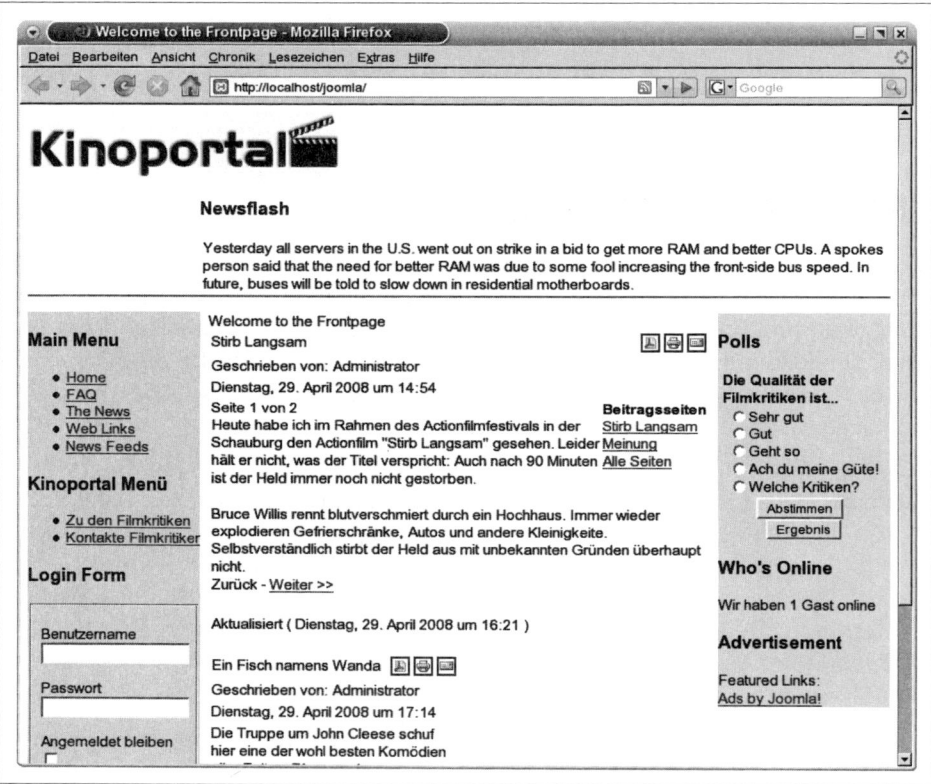

Abbildung 13-22: Das Template erstrahlt in seinem neuen Layout.

Es gibt allerdings noch ein kleines Problem: Die Fußzeile taucht unter der rechten Spalte auf, also genau da, wo sie eigentlich nicht hingehört. Das Problem liegt im verwendeten `float: left`. Einmal eingeschaltet, werden alle folgenden Elemente nicht mehr untereinander, sondern nebeneinander angeordnet. Dieses Verhalten behält der Browser so lange bei, bis eines der folgenden Tags es über den CSS-Befehl `clear: both` wieder aufhebt. Genau diesen Befehl ergänzen Sie nun noch in der Regel für die Fußzeile:

```
.fusszeile
{
    clear: both;
    text-align: center;
    font-size: small;
    font-style: italic;
    color: gray;
}
```

Leider konnte hier nur ein kleiner Einblick in die Möglichkeiten der Cascading Style Sheets gegeben werden. Sofern Sie selbst ein Template stricken wollen, lohnt sich eine tiefere Einarbeitung in das Thema. Eine gute Anlaufstelle ist die mehrfach erwähnte Seite unter *http://www.selfhtml.org* oder der Buchhandel.

Joomla!s eigene CSS-Klassen

Die Arbeit mit den Klassen ist recht angenehm. Auch Joomla! macht davon regen Gebrauch. Jede Komponente und jedes Modul, das auf der Seite eingehängt wurde, gibt nichts anderes als HTML-Tags mit den sichtbaren Texten aus. Diese Tags besitzen alle bereits eine Klasse. Den Beweis hierfür liefert wieder die *Seitenquelltext*-Ansicht Ihres Browsers (siehe Abbildung 13-23).

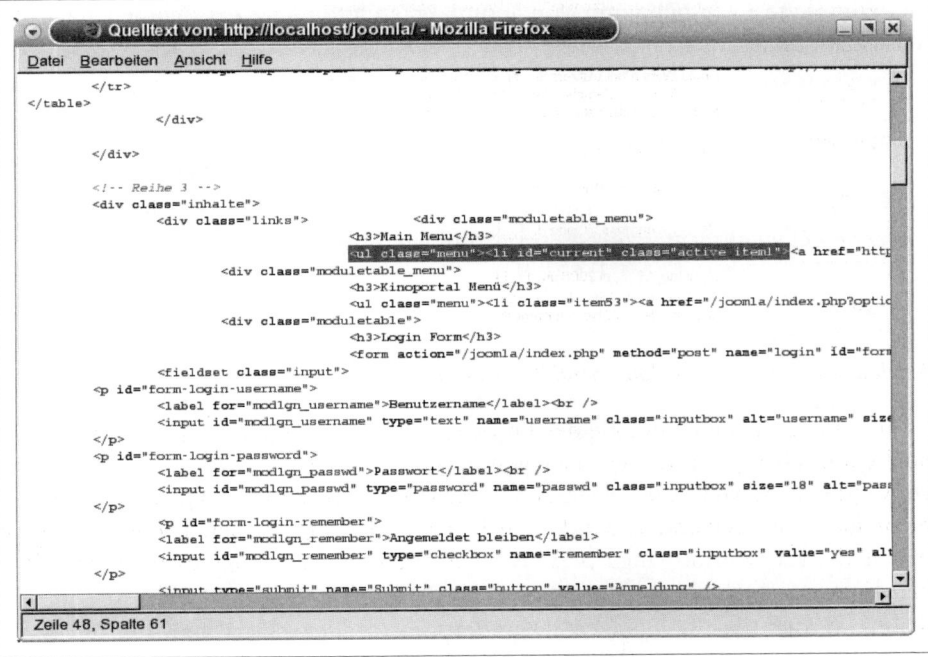

Abbildung 13-23: Die Seitenquelltext-Ansicht im Firefox-Browser

An jeden einzelnen Menüpunkt wurde von Joomla! die Klasse *menu* angeheftet. Der erste Eintrag des Hauptmenüs sieht beispielsweise so aus (in Abbildung 13-23 blau hervorgehoben):

```
<h3>Main Menu</h3>
<ul class="menu">
        <li id="current" class="active item1">
            <a href="index.php/..."><span>Home</span></a>
        </li>
        ...
</ul>
```

Hier wird eine Liste (`<ul>`) erstellt, deren erster Punkt (`<li>`) ein Link (`<a>`) mit der Beschriftung *Home* ist. Dieser Link verweist auf die Seite zwischen den Anführungszeichen von `href=""` (im obigen Beispiel gekürzt).

 Das `<span>` im obigen Beispiel ist eine Alternative zu `<div>` und umschließt in der Praxis meistens (kurze) Texte. Analog bildet die `id` eine Alternative zu `class`. Während ein Klassenname jedoch bei vielen Tags wiederverwendet werden kann, sollte eine `id` möglichst immer nur genau ein Tag schmücken und somit aus ihm ein individuelles Element machen.

Die komplette Liste bekommt von Joomla! standardmäßig den Namen `menu` und der Menüpunkt *Home* die etwas sperrige Bezeichnung `active item1`.

Joomla 1.0.x   Mit Joomla! 1.5 tauschten die Entwickler die meisten Klassennamen aus. So gibt es hier weder `mainlevel` noch `active_menu`.

Diese Klassen kann man nun in der eigenen CSS-Datei weiterverwenden. Sobald Sie folgende Zeilen der *template_css.css* hinzufügen, färbt sich das Menü rot:

```
.menu
{
    color: red;
}
```

Beachten Sie, dass sich nur das Menü rot färbt, die Einträge bestehen jedoch aus Links. Um sicherzustellen, dass von der Färbung nur die Links betroffen sind, kann man noch folgende Einschränkung festlegen:

```
.menu a
{
    color: red;
}
```

Damit werden die Attribute zwischen den geschweiften Klammern nur auf Links (HTML-Tag `<a>`) angewendet, die von der Klasse *menu* sind.

Abschließend soll noch gezeigt werden, wie man die Links mit einem sogenannten *Rollover*-Effekt versieht. Sobald der Mauszeiger einen Link streift, wird er hervorgehoben:

```
.menu a:hover
{
    color: black;
    background: red;
    font-size: 12pt;
}
```

Das nachgestellte :hover bezeichnet genau die Situation, in der sich der Mauszeiger über dem Element befindet.

Wie gezeigt, gibt Joomla! allen wesentlichen Elementen vordefinierte Klassennamen mit auf den Weg. Wenn Sie wissen möchten, welche Bezeichner das Content-Management-System für ein bestimmtes Element verwendet, sollten Sie ein einfaches Template generieren, das nur das zu untersuchende Modul anzeigt. In der Seitenquelltext-Ansicht Ihres Browsers können Sie dann recht einfach die entsprechenden Klassen herausfischen. Eine weitere Quelle für die Klassennamen sind die Hilfe-Seiten der Joomla!-Homepage sowie das Joomla!-Forum unter *http:// forum.joomla.org*.

Bei Drucklegung dieses Buchs fehlte eine solche Dokumentation noch vollständig. Der zu diesem Thema häufig zitierte Eintrag im Joomla!-Forum *http://forum.joomla.org/viewtopic.php?t=201275* war leider veraltet. Immerhin liefert er einen guten Anhaltspunkt, an welchen Stellen man im Joomla!-Programmcode nach den Klassennamen suchen muss. Dort dürften sich allerdings nur PHP-Experten ohne Probleme zurechtfinden.

Eigene CSS-Klassen

Mithilfe eigener und der vordefinierten CSS-Klassen lassen sich schon beachtliche Layouts erzielen. Was tut man jedoch, wenn man mehrere Menüs einsetzt, von denen eines besonders wichtig ist? Im Kinoportal könnte man beispielsweise das Kinoportal-Menü optisch hervorheben und die Besucher so direkt auf die Filmkritiken aufmerksam machen.

Mit den bisher gezeigten Mitteln funktioniert das noch nicht: Joomla! liefert mit jedem (Menü-)Modul immer die gleichen Klassennamen aus. Hierdurch ist es nicht möglich, ein ganz bestimmtes Modul mit einer besonderen Formatierung zu versehen. Glücklicherweise gibt es einen Ausweg: Joomla! erlaubt in solchen Fällen die Vergabe eines Suffix, das es allen Klassennamen des jeweiligen Moduls anhängt. Auf diese Weise lässt sich in der CSS-Datei das Modul von allen anderen unterscheiden.

Im Beispiel der Filmkritik öffnen Sie im Administrationsbereich unter ERWEITERUN-GEN → MODULE das *Kinoportal-Menü* (oder ein beliebiges anderes Modul). Auf der rechten Seite finden Sie auf dem Register ERWEITERTE PARAMETER den Punkt MODUL-KLASSEN-SUFFIX (Abbildung 13-24).

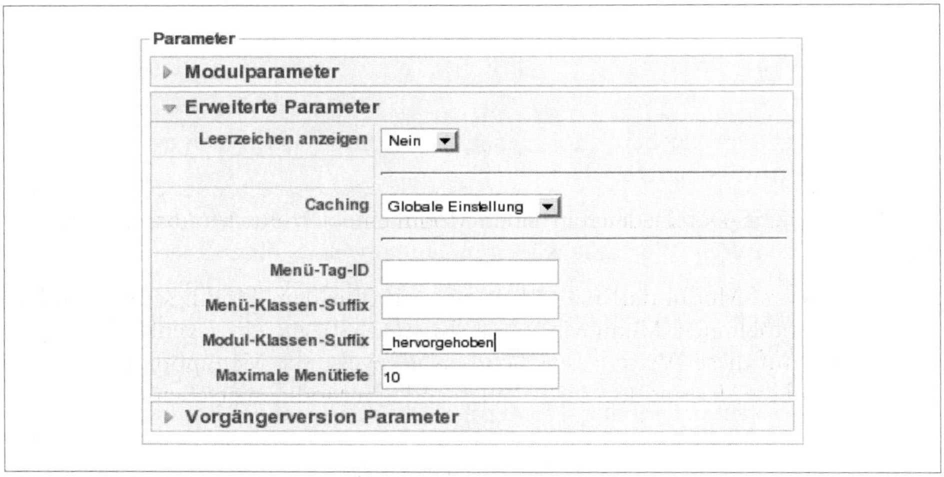

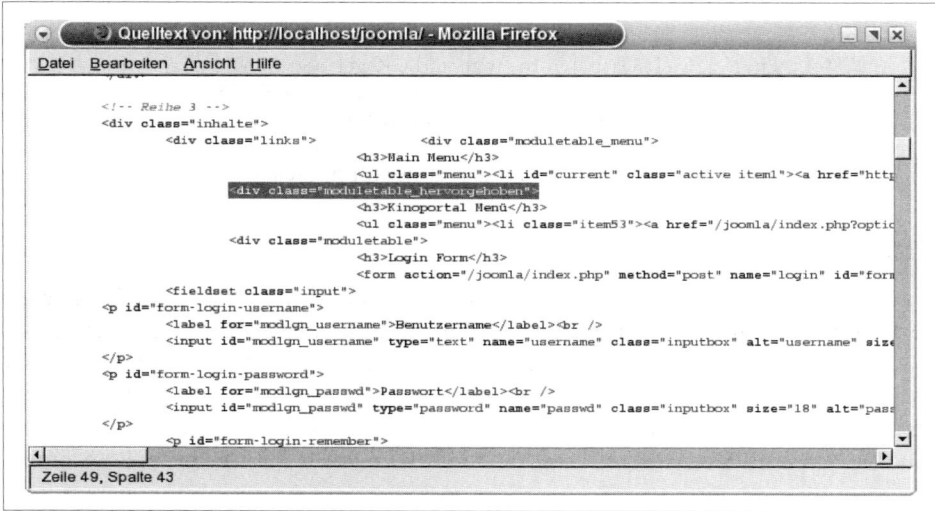

Abbildung 13-24: Das Menü-Modul erlaubt die Vergabe zweier Suffixe.

Hier können Sie nun eine Bezeichnung vergeben, wie zum Beispiel **_hervorgehoben**. Ruft ein Besucher die Homepage bei Joomla! auf, so heißt die CSS-Klasse dieses Moduls statt moduletable ausnahmsweise moduletable_hervorgehoben. Den Beweis liefert wieder die Ansicht mit dem Seitenquelltext in Abbildung 13-25.

Abbildung 13-25: Das hinzugefügte Suffix ist hervorgehoben.

In der CSS-Datei kann man nun zwischen diesen beiden Klassen unterscheiden:

```
.moduletable
{
    ...
}
```

übernimmt die Formatierung aller anderen Module, während sich

```
.moduletable_hervorgehoben
{
    ...
}
```

um das *Kinoportal-Menü* kümmert. Auf diese Weise lässt sich über entsprechende Regeln in der CSS-Datei jedem einzelnen Modul ein individuelles Aussehen verpassen.

Bei einem Menü-Modul darf man übrigens nicht nur dem Modul selbst, sondern auch dem enthaltenen Menü via MENÜ-KLASSEN-SUFFIX ein eigenes Anhängsel spendieren. Auf diese Weise lassen sich beispielsweise die Menüpunkte hervorheben, während die Umrandung wie bei allen anderen Modulen erscheint.

Templates mit Parametern steuern

Innerhalb der *index.php* dürfen auch PHP-Befehle auftauchen. Bislang wurde diese Möglichkeit nur genutzt, um das Template-Verzeichnis zu ermitteln:

```
<?php echo $this->template ?>
```

Das etwas komisch aussehende Tag <?php ... ?> kann jedoch beliebig viele und beliebig lange PHP-Befehle aufnehmen.

 Halten Sie sich dabei unbedingt an die Regel: »So wenige Befehle wie nötig, die so kurz sind wie möglich«. Die PHP-Befehle werden auf dem Webserver ausgeführt und können somit die Seitenauslieferung spürbar verzögern. Zudem bilden mögliche (unentdeckte) Programmfehler ein potenzielles Einfallstor für Angreifer.

Einfache Abfragen

Solche zusätzlichen PHP-Befehle eignen sich ideal, um das Aussehen der Homepage an bestimmte Rahmenbedingungen zu koppeln. Beispielsweise könnte man den Hauptbereich bis zum Fensterrand ausdehnen, falls in der rechten Spalte überhaupt keine Module stecken. Im Kinoportal kommt dies insbesondere auf Seiten mit den Filmkritiken vor. Um dort dem Beitrag mehr Platz einzuräumen, nimmt man sich zunächst den betroffenen Abschnitt aus der Datei *index.php* vor:

```
<!-- Reihe 3 -->
<div class="inhalte">
        <div class="links"> ... </div>
        <div class="hauptbereich"> ... </div>
        <div class="rechts"> ... </div>
</div>
```

Der rechte Bereich ist überflüssig, wenn in ihm keine Module stecken. Anders-
herum formuliert: Wenn an dieser Position Module erscheinen, blendet man sie
ein:

```
<!-- Reihe 3 -->
<div class="inhalte">
        <div class="links"> ... </div>
        <div class="hauptbereich"> ... </div>

        <?php if($this->countModules('right') > 0) : ?>
            <div class="rechts"> ... </div>
        <?php endif; ?>
</div>
```

$this->countModules('right') liefert die Anzahl der Module zurück, die an der
genannten Position (*right*) erscheinen werden. Nur wenn diese Anzahl größer 0 ist –
also dort Module existieren – erscheint auch der ganze rechte Bereich.

Jetzt fehlt nur noch der Hauptbereich, bei dem man mit einem kleinen Trick arbeitet: Nur wenn rechts keine Module existieren, kann man ihm die gesamte Fensterbreite spendieren. Also ermittelt man zunächst, ob dieser Fall vorliegt:

```
<?php
        if($this->countModules('right') == 0) $klasse="hauptbereich_gross";
        else $klasse="hauptbereich_klein";
?>
<div class="hauptbereich"> ... </div>
```

Das Ergebnis speichert hier die Variable $klasse. Jetzt kommt der Kniff: Genau den
darin gespeicherten Wert übernimmt man einfach als Klasse des Hauptbereichs:

```
<div class="<?php echo $klasse ?>"> ... </div>
```

Damit ergibt sich insgesamt:

```
...
<!-- Reihe 3 -->
<div class="inhalte">
        <div class="links"> <jdoc:include type="modules" name="left" style="xhtml" />
</div>

        <?php
            if($this->countModules('right') == 0) $klasse="hauptbereich_gross";
            else $klasse="hauptbereich_klein";
        ?>
        <div class="<?php echo $klasse ?>"> <jdoc:include type="component"
style="xhtml" />  </div>
```

```
<?php if($this->countModules('right') > 0) : ?>
    <div class="rechts"> <jdoc:include type="modules" name="right"
style="xhtml" /> </div>
    <?php endif; ?>
</div>
...
```

Im Stylesheet *template.css* definiert man abschließend noch für hauptbereich_gross
und hauptbereich_klein jeweils passende Regeln:

```
.hauptbereich_gross
{
    float: left;
    width: 80%;
}
.hauptbereich_klein
{
    float: left;
    width: 58%;
}
```

Damit richtet sich das Layout automatisch nach der Anzahl der auftauchenden
Module: Stehen rechts keine Module, ist ihre Anzahl folglich gleich 0. Die Variable
$klasse erhält damit den Wert *hauptbereich_gross*. Dieser wird gleichzeitig als Klas-
senname für den Hauptbereich verwendet. Die zur Klasse *hauptbereich_gross* gehörende Regel im Stylesheet weist den dortigen Elementen die gesamte Fensterbreite
zu (width: 100%;). Ohne diese Maßnahmen würden links und rechts zwei leere
Streifen zurückbleiben.

 In einem Template, das Sie an andere weitergeben möchten, sollten
Sie auf die gleiche Weise zusätzlich noch den linken Bereich behandeln – denn vielleicht liegen die Menüs in den fremden Internetauftritten auf der rechten Seite.

Wie Sie sehen, kann sich ein Template mithilfe einiger weniger PHP-Zeilen selbstständig unterschiedlichen Gegebenheiten anpassen.

Benutzervorgaben

Doch was tut man, wenn man verschiedene Farbvarianten des eigenen Templates
anbieten möchte? In der Vergangenheit musste man in diesem Fall noch für jede
Farbe ein eigenes Template anlegen. Seit Joomla! 1.5 gibt es mit den sogenannten
Parametern jedoch eine praktischere Alternative.

Rufen Sie zunächst im Administrationsbereich den Menüpunkt ERWEITERUNGEN →
TEMPLATES auf, und klicken Sie dort das Standard-Template *rhuk_milkyway* an. Sie
landen in seinem Bearbeitungsbildschirm, der auf der rechten Seite mehrere PARA-
METER aufführt (Abbildung 13-26).

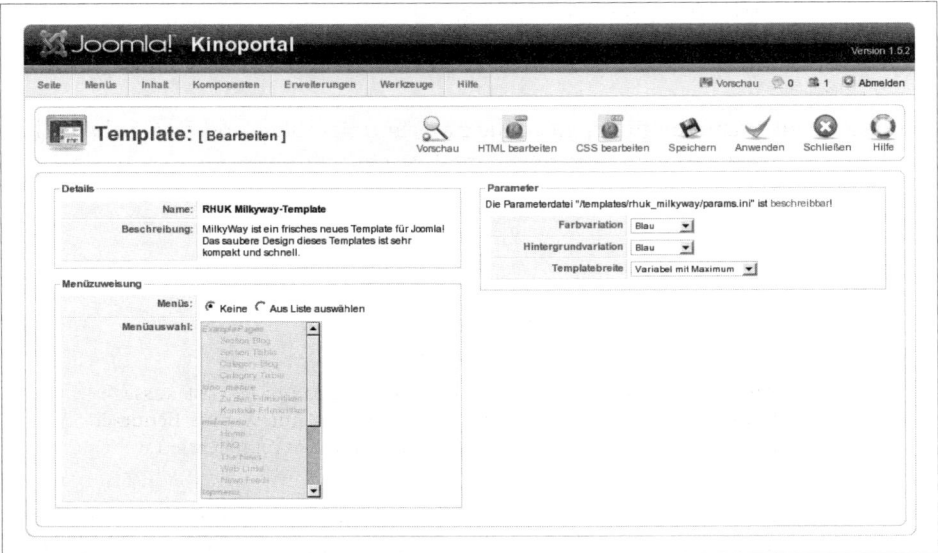

Abbildung 13-26: Die Parameter auf der rechten Seite beeinflussen das Layout des Templates.

Sobald Sie in der Werkzeugleiste auf SPEICHERN oder ANWENDEN klicken, legt Joomla! alle hier eingestellten Werte in einer Datei namens *params.ini* im Template-Verzeichnis ab. Dort kann sie wiederum das Template über entsprechende PHP-Befehle abrufen und auswerten.

Welche Parameter im Administrationsbereich mit welchen Einstellungen auftauchen, regelt in der Datei *templateDetails.xml* der Inhalt des neuen Abschnitts

```
<params>
    ...
</params>
```

Für jeden Parameter erstellt man dort ein *<param>*-Tag:

```
<params>
        <param name="farbauswahl" type="list" default="blau" label="Farbauswahl"
description="Wählen Sie die Farbe des Templates">
        </param>
</params>
```

In diesem Beispiel erscheint im Administrationsbereich eine liste, die standardmäßig den Eintrag blau selektiert. Als Beschriftung für den Benutzer steht vor der Liste der Text hinter label und als Beschreibung die description. Den namen sollte man sich gut merken: Er hilft später im Template bei der Werteübergabe.

Welche Punkte die Liste enthält, legen ein oder mehrere <option>-Tags fest:

```
<params>
        <param name="farbauswahl" type="list" default="blau" label="Farbauswahl"
description="Wählen Sie die Farbe des Templates">
```

```
                <option value="blau">Blau</option>
                <option value="rot">Rot</option>
            </param>
        </params>
```

In diesem Fall existieren in der Liste die zwei Einträge *Blau* und *Rot*. Sobald einer von beiden ausgewählt wurde, leitet Joomla! den zugehörigen Wert hinter `value` an das Template weiter, hier also entweder `blau` oder `rot`.

 Alle Werte können übrigens frei gewählt werden, es wären somit auch folgende Listeneinträge erlaubt:

```
    <option value="1">Eine Farbe, die blau ist</option>

    <option value="2,666">FF0000</option>
```

Aus Gründen der Lesbarkeit sollte man jedoch möglichst aussagekräftige Werte wählen. Beispielsweise werden nur wenige Benutzer des Templates wissen, dass *FF0000* die Farbe Rot repräsentiert.

Damit wäre die Farbauswahl auch bereits komplett: Um mit ihr das eigene Template für das Kinoportal zu bereichern, fügen Sie das obige Beispiel einfach der *templateDetails.xml* direkt hinter `</files>`, aber noch vor `</install>` hinzu und speichern das Ergebnis ab. Wechseln Sie nun wieder in den Administrationsbereich. Dort gehen Sie wieder zum Bildschirm hinter ERWEITERUNGEN → TEMPLATES, wo Sie das *kinoportal_template* anklicken. Wie Abbildung 13-27 zeigt, taucht dort bereits die neue Einstellung auf.

Abbildung 13-27: Der neue Parameter zur Farbauswahl für das Kinoportal-Template

Joomla! beschwert sich jetzt noch über fehlenden Schreibzugriff auf die Datei *params.ini*. Das verwundert auch nicht weiter, denn schließlich existiert sie noch gar nicht. Legen Sie deshalb einfach eine leere Textdatei im *kinoportal_template*-Verzeichnis direkt neben *index.php*, und gewähren Sie Joomla! entsprechende Schreibrechte. Wählen Sie nun im Administrationsbereich aus der Liste *Blau,* und klicken Sie anschließend auf SPEICHERN. Damit haben Sie die Datei *params.ini* mit

Ausgangswerten gefüllt, mit denen das Template gleich weiterarbeiten kann. Fügen Sie abschließend die Datei *params.ini* noch dem `<files>`-Bereich in *templateDetails.xml* hinzu:

```
<files>
        <filename>index.php</filename>
        <filename>params.ini</filename>
        <filename>images/logo.png</filename>
        <filename>css/template.css</filename>
</files>
```

Indem man eine bereits gefüllte *params.ini* mit in das Template-Paket packt, muss der spätere Benutzer diese zum einen nicht per Hand anlegen und zum anderen gibt man ihm bereits sinnvolle Vorgaben an die Hand.

Damit kann man die Farbe über den Administrationsbereich schon ändern, nur ausgewertet wird die Einstellung noch nicht.

Bevor man hierzu die *index.php* erweitert, muss man zunächst die zwei Farbalternativen erstellen. An dieser Stelle zahlt sich wieder einmal die Trennung von Inhalt und Layout aus: Da die Layout-Beschreibung vollständig in die CSS-Datei ausgelagert wurde, erstellt man einfach zwei neue Kollegen mit jeweils abweichenden Farbgebungen. Im Kinoportal-Beispiel soll die erste CSS-Datei *template_blau.css* und die zweite *template_rot.css* heißen. Vergessen Sie nicht, die beiden Dateien im `<files>`-Abschnitt der *templateDetails.xml* anzumelden.

Als Nächstes wendet man sich der *index.php* zu. Dort sorgt bislang die Zeile

```
<link rel="stylesheet" href="templates/<?php echo $this->template ?>/css/template.
css" type="text/css" />
```

für die Einbindung des Templates. An den aktuellen Wert eines Parameters gelangt man über den PHP-Befehl

```
<?php echo $this->params->get('farbauswahl') ?>
```

In den Hochkommata steht der Wert, den man als `name` in der *templateDetails.xml* vergeben hat – in diesem Fall war das `farbauswahl`. Der Befehl liefert dann die derzeit gültige Einstellung, hier also entweder `blau` oder `rot`.

Über eine *if*-Abfrage könnte man jetzt wieder entscheiden, welche der beiden CSS-Dateien einzubinden ist. Mit einem kleinen Kniff kann man sich dies aber sparen: Auf *blau* und *rot* enden auch die Dateinamen der entsprechenden Stylesheets. An den Namen der zu benutzenden CSS-Datei gelangt man also trickreich per:

```
template_<?php echo $this->params->get('farbauswahl'); ?>.css
```

Diesen Bandwurm setzt man jetzt einfach an die Stelle von *template.css* in der Zeile für die Stylesheet-Aktivierung:

```
<link rel="stylesheet" href="templates/<?php echo $this->template ?>/css/template_
<?php echo $this->params->get('farbauswahl'); ?>.css" type="text/css" />
```

Das Ergebnis ist zwar nicht mehr besonders gut lesbar, dafür wird ab sofort das zur gewählten Farbe passende Stylesheet geladen und verwendet.

Selbstverständlich lassen sich die Parameter nicht nur zur Auswahl einer anderen Farbgebung einsetzen: Da Sie selbst festlegen, welche Parameter mit welchen Einstellungen existieren sollen, sind hier der Fantasie keine Grenzen gesetzt.

Das Vorschaubild

Damit wären auch schon fast alle benötigten Dateien beisammen. Schießen Sie noch ein Bildschirmfoto Ihrer Seite, das Sie als Vorschaubild im PNG-Format unter dem Namen *template_thumbnail.png* im Template-Verzeichnis *kinoportal_template* ablegen.

 Die Größe des Vorschaubildes ist Joomla! prinzipiell egal. Sie sollten sich dennoch an den üblichen Abmessungen von circa 200 × 150 Bildpunkten (Pixeln) orientieren.

Vergessen Sie nicht, auch dieses Bild noch in der *templateDetails.xml*-Datei anzumelden:

```
<files>
    ...
    <filename>template_thumbnail.png</filename>
</files>
```

Wenn Sie nun im Administrationsbereich in der Template-Verwaltung (ERWEITERUNGEN → TEMPLATES) mit dem Mauszeiger ein paar Sekunden über dem *kinoportal_template* verweilen, präsentiert Ihnen Joomla! das Vorschaubild in einem kleinen Tooltipp-Fenster.

Ein Paket schnüren

Das bislang entwickelte Template besteht aus recht vielen Dateien, die sich auch noch in verschiedenen Unterverzeichnissen befinden. Für eine Weitergabe des Templates an Freunde und Bekannte ist dies jedoch recht unhandlich. Besser wäre hier ein Paket, das man in Form einer kompakten Datei schnell über das Internet versendet.

Glücklicherweise ist die Erstellung eines solchen Paketes der einfachste Schritt bei der Template-Erstellung: Sie müssen lediglich das gesamte Template-Verzeichnis *kinoportal_template* als ZIP-Archiv einpacken. Voraussetzung ist jedoch, dass die Datei *templateDetails.xml* ordnungsgemäß erstellt und ausgefüllt wurde. Das Resultat lässt sich nun über das Internet verschicken und (wie im Abschnitt »Templates installieren« auf Seite 315 gezeigt) in eine beliebige Joomla!-Installation einspielen.

Bevor Sie jetzt Ihr E-Mail-Programm starten, sollten Sie noch einmal prüfen, ob das geschnürte Paket keine Fehler aufweist. Hierzu verschieben Sie zunächst das selbst erstellte Template-Verzeichnis an eine sichere Stelle außerhalb der Joomla!-Installation. Ansonsten würde Joomla! bei der gleich folgenden Testinstallation versuchen, die Dateien aus dem ZIP-Archiv über die bereits existierenden zu kippen. Da dies nicht funktioniert, bricht das Content-Management-System den gesamten Vorgang mit einer Fehlermeldung ab.

In jedem Fall sollten Sie zuvor noch eine Sicherheitskopie Ihres mühsam erzeugten Templates anfertigen.

Haben Sie das Verzeichnis *kinoportal_template* verschoben, können Sie die Installation im Administrationsbereich hinter ERWEITERUNGEN → INSTALLIEREN/DEINSTALLIEREN anstoßen (wie im Abschnitt »Templates installieren« auf Seite 315 beschrieben). Nach einem Klick auf DATEI HOCHLADEN & INSTALLIEREN öffnet Joomla! die ZIP-Datei und schaut, welche Zeichenkette zwischen den <name>-Tags steht. Diese Information verwendet es, um im Unterverzeichnis *template* der Joomla!-Installation ein Verzeichnis mit diesem Namen anzulegen. Dort hinein kopiert es alle Dateien, die im unteren Teil der Datei *templateDetails.xml* angemeldet sind, einschließlich der *templateDetails.xml* selbst. Damit ist die Installation auch schon komplett.

Template Overrides

Bislang gaben die platzierten Komponenten und Module aus, was sie wollten. Die Komponente *com_content*, die für den Hauptbereich zuständig ist, sowie das Modul für die Umfragen liefern ihre Texte beispielsweise in einer HTML-Tabelle. Die bisher gezeigten Maßnahmen konnten lediglich die Rahmenbedingungen festlegen – oder mit anderen Worten: das Bett zimmern, in das die Tabelle fällt.

Diese Sturheit ist natürlich besonders ärgerlich: Da hat man gerade sein Template von sämtlichen Tabellen befreit, und schon kommt ein Modul, oder die Komponente und zerstört alle Mühen.

Der Einsatz von Tabellen ist sogar noch recht harmlos, ganz im Gegensatz zu schlampig programmierten Modulen und Komponenten aus dem Internet. Deren Ausgaben stellten mitunter sogar das gesamte Layout auf den Kopf. Genug gute Gründe also, um nachträglich in deren Ausgaben einzugreifen.

Was die Komponenten und Module so produzieren, enthüllt wieder einmal die Quelltext-Ansicht Ihres Browsers. Der HTML-Schnipsel aus Beispiel 13-8 zeigt einen (gekürzten) Ausschnitt aus einer Umfrage als Beispiel:

Beispiel 13-8: Ausschnitt aus einer Ausgabe des Umfragen-Moduls

```
...
<table width="95%" border="0" cellspacing="0" cellpadding="1" align="center" class="poll">
<thead>
     <tr><td style="font-weight: bold;">Joomla! is used for?</td></tr>
</thead>
<tr>
<td align="center">
     <table class="pollstableborder" cellspacing="0" cellpadding="0" border="0">
     <tr>
          <td class="sectiontableentry2" valign="top">
             <input type="radio" name="voteid" id="voteid1" value="1" alt="1" />
          </td>
          <td class="sectiontableentry2" valign="top">
             <label for="voteid1">Community Sites</label>
          </td>
     </tr>
     <tr>
          <td class="sectiontableentry1" valign="top">
             <input type="radio" name="voteid" id="voteid2" value="2" alt="2" />
          </td>
          <td class="sectiontableentry1" valign="top">
             <label for="voteid2">Public Brand Sites</label>
          </td>
     </tr>
     ...
     </table>
     ...
</tr>
...
</table>
...
```

Mithilfe der Klassennamen – wie etwa class="sectiontableentry2" – lassen sich die einzelnen Elemente noch über das Stylesheet hübsch formatieren, die Tabellen selbst wird man darüber jedoch nicht los. Das ist besonders ärgerlich, wenn man die eigene Seite möglichst barrierefrei gestalten möchte (mehr zu diesem Konzept finden Sie in Kapitel 16).

Joomla 1.0.x In den Versionen vor Joomla! 1.5 konnte man zumindest einigen Modulen die Ausgabe der Tabellen abgewöhnen. Dazu musste man in ihren jeweiligen Einstellungen einen entsprechenden Hebel umlegen.

In die Ausgaben der Module eingreifen

Joomla! 1.5 erlaubt Templates nun erstmals, Einfluss auf die Ausgabe von Komponenten und Modulen zu nehmen. Um die dahinterstehenden Mechanismen besser verstehen zu können, ist zunächst ein kleiner Ausflug in die Joomla!-Installation notwendig.

 Da es gleich ans Eingemachte geht, benötigen Sie gute Kenntnisse in der HTML- und PHP-Programmierung. Ohne entsprechendes Wissen sollten Sie die Ausgaben der Module und Komponenten besser unangetastet lassen.

Wechseln Sie in den Unterordner *modules/mod_poll* Ihrer Joomla!-Installation. Hier residiert das Modul *mod_poll*, das für die Umfragen verantwortlich ist. Seine Ausgaben sollen im Folgenden als Erstes um ihre Tabellen erleichtert werden.

Wann immer das Modul irgendwelche Inhalte ausgeben muss, zieht es die Dateien im Unterverzeichnis *tmpl* zurate. Im Fall des Moduls für die Umfragen finden Sie darin nur eine einzige Datei namens *default.php* (Abbildung 13-28).

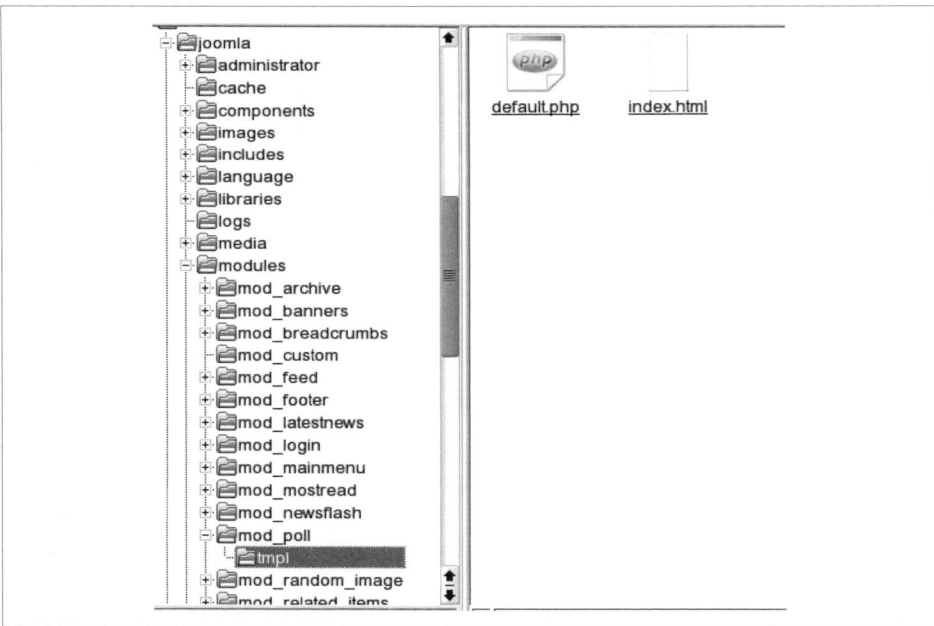

Abbildung 13-28: Die Datei »default.php« erzeugt alle Ausgaben für das Umfragen-Modul »mod_poll«. Ihr Kompagnon »index.html« schützt den Ordner lediglich vor fremden Zugriffen und hat sonst keinerlei weitere Funktion.

Deren Anweisungen sagen dem Modul ganz detailliert, wie es seine Daten zu formatieren hat. Öffnen Sie die Datei *default.php* in einem Texteditor, und voilà – Sie haben die bekannte Tabelle aus dem obigen Beispiel 13-8 vor sich.

 Mit anderen Worten: Die Datei *default.php* ist nichts anderes als eine Art »Template für das Modul« – nicht umsonst steht der Verzeichnisname *tmpl* als Abkürzung für »Template«.

Die immer wieder eingestreuten `<?php>`-Tags weisen dezent darauf hin, dass die Datei *default.php* eine Mischung aus HTML- und PHP-Befehlen enthält. Letztere regeln, wie die darzustellenden Inhalte – bei den Umfragen beispielsweise die zur Wahl stehenden Punkte – in den HTML-Rest einzubetten sind.

In dieses Kauderwelsch könnten Sie nun direkt eingreifen und alle Tabellen gegen `<div>`-Elemente austauschen. Dieses rabiate Vorgehen hat allerdings zwei gravierende Nachteile: Zum einen verändern Sie damit direkt Joomla!-eigenen Code, der mit dem nächsten Versionsupdate wieder überschrieben würde. Zum anderen laufen Sie Gefahr, das Modul unbrauchbar zu machen – ein kleiner Tippfehler genügt, und schon gibt das Modul auf der Homepage nur noch Müll aus.

Glücklicherweise kennt Joomla! 1.5 einen trickreichen Ausweg: Das Template wird kurzerhand mit einer eigenen Version der *default.php* ausgestattet. Dazu erstellen Sie in Ihrem Template-Verzeichnis (*kinoportal_template*) einen Ordner namens *html*. Darin legen Sie ein weiteres Unterverzeichnis an, das genauso heißt wie das Modul – im Beispiel also *mod_poll*. Dort hinein kopieren Sie die Datei *default.php*.

Im Beispiel kopieren Sie also alle Dateien aus dem Verzeichnis

/modules/mod_poll/tmpl

in das neue Verzeichnis

/templates/kinoportal_template/html/mod_poll

Ihrer Joomla!-Installation.

Das Modul sucht nun immer zuerst im Verzeichnis *html* des aktuellen Templates nach einem Unterverzeichnis *mod_poll*. Wird es fündig, verwendet es die darin abgelegte Datei *default.php* zur Formatierung seiner Inhalte. Andernfalls nimmt es die mitgelieferte Datei aus seinem eigenen Ordner. Das Template *überschreibt* folglich die Vorgaben: Daher auch die Bezeichnung *Template Overrides* für dieses Konzept.

Als Nächstes können Sie die Datei *default.php* im Template-Verzeichnis nach Herzenslust anpassen und beispielsweise die Tabellen gegen `<div>`-Tags austauschen. Sollte einmal etwas schiefgehen, deaktivieren Sie entweder kurzzeitig das Template im Administrationsbereich, oder Sie löschen einfach die verkorkste *default.php*.

Nach dem gleichen Schema arbeiten selbstverständlich auch alle anderen Module: Erstellen Sie einfach im Verzeichnis *html* einen weiteren Ordner mit dem Namen des Moduls, und kopieren Sie dann dessen *tmpl*-Dateien dort hinein.

Als Modulname ist hier nicht der Name aus dem Administrationsbereich zu wählen, sondern der Name des Verzeichnisses, in dem das Modul liegt. Da durchweg auf kryptische Bezeichnungen verzichtet wurde, sollte sich der korrekte Ordner im *modules*-Verzeichnis schnell aufspüren lassen.

Es gibt grundsätzlich immer nur eine *default.php*, der allerdings bei einigen Modulen noch ein paar weitere Dateien zur Seite stehen. Ein Beispiel wäre *mod_newsflash*, das sich um die Ausgabe der letzten Nachrichten kümmert. Es benötigt neben der *default.php* noch die _ *item.php*, *horiz.php* (kümmert sich um eine horizontale Anordnung der Meldungen) und *vert.php* (falls eine vertikale Anordnung der Meldungen gewünscht wurde). Diese zusätzlichen Dateien müssen Sie folglich mit kopieren und ebenfalls entsprechend anpassen.

In die Ausgaben der Komponenten eingreifen

Die Ausgaben der Komponenten lassen sich nach dem gleichen Prinzip überschreiben. Dort gibt es allerdings eine kleine Besonderheit zu beachten:

Wie Sie aus den vorangegangenen Kapiteln wissen, stellt Joomla! die Beiträge je nach Situation unterschiedlich dar. Auf der Startseite gibt es beispielsweise nur einen kleinen Anrisstext, und erst bei einem Klick auf WEITERLESEN erscheint der Beitrag in seiner ganzen Pracht. Für die Darstellung der Beiträge ist im Hintergrund die Komponente *com_content* zuständig. Abhängig von der aktuellen Situation muss sie den Text entsprechend formatieren und aufbereiten. Mit anderen Worten bietet *com_content* verschiedene Sichtweisen oder Ansichten, englisch *Views*, auf den Text. Insgesamt kennt die Komponente fünf verschiedene Views: einmal für die Darstellung der Artikel auf der Frontpage, dann für die Übersichten der Kategorien und Bereiche, für die Listendarstellung aller archivierten Beiträge und schließlich für den Beitrag in seiner vollen Pracht.

Um also sicherzustellen, dass *com_content* in restlos allen Lebenslagen keine Tabellen mehr ausspuckt, muss das Template die Darstellung aller Views der Komponente überschreiben.

Um dies zu erreichen, wechseln Sie zunächst in das Verzeichnis *components/com_ content* Ihrer Joomla!-Installation. Dies ist die Heimat der Komponente *com_content*. Dort geht es direkt weiter in das Unterverzeichnis *views*, das wiederum für jede von der Komponente bereitgestellte Ansicht genau ein Verzeichnis enthält. Wechseln Sie in irgendeines von ihnen hinein, und schon stehen Sie wieder vor dem bekannten *tmpl*-Verzeichnis (Abbildung 13-29).

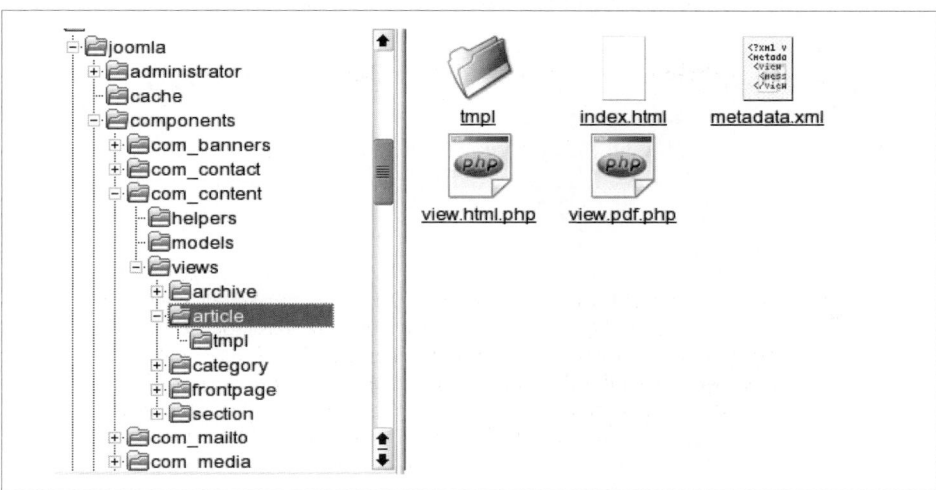

Abbildung 13-29: Jede Komponente besitzt mehrere Views, also verschiedene Darstellungen ihrer Inhalte. Wie diese Darstellung konkret aussieht, regeln die Dateien im tmpl-Verzeichnis der jeweiligen View.

Diese Verzeichnisstruktur müssen Sie nun im Template-Verzeichnis nachbauen: Erstellen Sie dort als Erstes im Unterverzeichnis *html* ein weiteres Verzeichnis für die Komponente – in diesem Fall unter dem Namen *com_content*. Darin erzeugen Sie nun für jede View, deren Darstellung Sie überschreiben wollen, einen weiteren Ordner.

Möchten Sie beispielsweise in die Darstellung des kompletten Beitrages eingreifen, so muss das neue Unterverzeichnis den Namen *article* haben. Anschließend kopieren Sie wieder alle Dateien aus dem *tmpl*-Ordner der View in das neue Verzeichnis des Templates. Im Beispiel wandern also alle Dateien aus

/components/com_content/view/article/tmpl

in das Verzeichnis

/templates/kinoportal_template/html/com_content/article

Dort angekommen, dürfen Sie sie wieder nach Herzenslust verändern – und beispielsweise alle zur Formatierung verwendeten Tabellen über Bord werfen. Genau das Gleiche müssen Sie anschließend noch mit den anderen Views durchführen.

Wenn Sie Ihr Template an andere weitergeben möchten, dürfen Sie nicht vergessen, alle neu hinzugefügten Dateien und Verzeichnisse in das Template-Paket und *templateDetails.xml* einzubinden.

Module Chrome

Bislang wurden Module über einen Platzhalter der Form

```
<jdoc:include type="modules" name="left" style="xhtml" />
```

in das Template eingehängt. In diesem Fall landen an seiner Stelle alle Module auf der Homepage, denen die Position *left* zugewiesen wurde. Die Angabe xhtml hinter style sorgt noch dafür, dass Joomla! jedes von ihnen zwischen <div> und </div> setzt. Neben xhtml gibt es noch verschiedene andere Verpackungsmethoden, die bereits im Abschnitt »Templates für Fortgeschrittene« auf Seite 342, »Schritt 3: Tabellen entfernen« auf Seite 345 vorgestellt wurden.

Diesen Einrahmungsmechanismus bezeichnet Joomla! als *Module Chrome*. Allgemein handelt es sich um eine Handvoll HTML-Befehle, die vor, nach oder um die Ausgabe eines jeden Moduls gelegt werden. Diese zusätzlichen Befehle können dann wieder von einem Stylesheet genutzt werden, um die Seite hübsch zu formatieren. Die HTML-Anweisungen helfen folglich, die Homepage auf »Hochglanz« zu polieren – daher der Name »Module Chrome«.

Normalerweise wird dieser Mechanismus verwendet, um einen mehr oder weniger hübschen Rahmen um jedes Modul zu zeichnen und die einzelnen Module so für den Besucher optisch besser voneinander zu trennen. Darüber hinaus hilft Module Chrome, die eigenen Seiten barrierefrei zu halten.

 Denken Sie daran, dass auf diese Weise *jedes* einzelne Modul, das Joomla! an der entsprechenden Stelle einfügt, einen Rahmen erhält. Haben Sie beispielsweise zwei Module, die unterschiedliche Einrahmungen erhalten sollen, so müssen Sie sie folglich an zwei verschiedenen Positionen (und über zwei verschiedene Platzhalter) einhängen.

Joomla! 1.5 bringt von Haus aus die in den Abschnitten »Templates für Fortgeschrittene« auf Seite 342 und »Schritt 3: Tabellen entfernen« auf Seite 345 vorgestellten Module-Chrome-Stile mit. Sofern Ihnen diese Vorgaben nicht ausreichen, dürfen Sie – Grundkenntnisse in der PHP-Programmierung vorausgesetzt – für Ihr Template beliebig viele weitere Stile entwerfen.

 Beachten Sie, dass diese Stile ausschließlich in Ihrem eigenen Template verfügbar sind.

Eigener Stil

Für einen eigenen Module-Chrome-Stil erstellen Sie zunächst ein Unterverzeichnis namens *html* in Ihrem Template-Ordner. Sofern Sie mit Template Overrides aus dem vorherigen Abschnitt arbeiten, sollte es bereits existieren. Darin erzeugen Sie nun eine leere Textdatei namens *module.php*. Im Beispiel des Kinoportal-Templates landet sie folglich unter */templates/kinoportal_template/html/modules.php*.

In dieser Datei erstellen Sie nun eine PHP-Funktion namens modChrome_STILNAME, wobei Sie STILNAME durch den Namen Ihres neuen Module-Chrome-Stils ersetzen. Dies ist später auch der Bezeichner, den Sie dem Platzhalter

```
<jdoc:include type="modules" name="left" style="STILNAME" />
```

mit auf den Weg geben. Im Beispiel des Kinoportals taufen wir den Stil auf den Namen kinostil.

Die neue PHP-Funktion muss genau drei Argumente entgegennehmen: $module, &$params und &$attribs. Damit sieht die *module.php* dann wie folgt aus:

```
<?php defined('_JEXEC') or die('Restricted access');

function modChrome_kinostil( $module, &$params, &$attribs ) {

    /* hier folgt die eigentliche Stildefinition */

}
?>
```

Die erste Zeile sorgt dafür, dass nur das Joomla!-Template auf diese Datei Zugriff erhält und somit Angreifer aus dem Internet vor verschlossenen Türen stehen.

Zwischen die geschweiften Klammern gehört jetzt ein Schwung PHP-Anweisungen, die den Rahmen der Module erzeugen und ausgeben. Dabei helfen die Befehle:

- $module->content: An dieser Stelle erscheinen später die Ausgaben des Moduls.
- $module->title: An dieser Stelle platziert Joomla! später den Titel des Moduls.

Als einfache Fingerübung könnte man die Ausgaben des Moduls wieder einmal durch ein einfaches <div>-Tag einrahmen:

```
<?php defined('_JEXEC') or die('Restricted access');

function modChrome_kinostil( $module, &$params, &$attribs ) {

    echo '<div>' . $module->content . '</div>';

}
?>
```

Fehlt nur noch der Titel des Moduls. Ob er auf der Homepage erscheinen soll, legt ein entsprechender Schalter im Adminisitrationsbereich fest. Dessen Stellung verrät $module->showtitle. Diese Variable ist true, wenn die Modulüberschrift angezeigt werden soll. Eine kurze if-Abfrage in PHP genügt, und der Titel erscheint genau dann, wenn er soll:

```php
<?php defined('_JEXEC') or die('Restricted access');

function modChrome_kinostil( $module, &$params, &$attribs ) {

    echo '<div>';

    if ($module->showtitle) echo '<h2>' . $module->title . '</h2>';
    echo $module->content;

    echo '</div>';

}
?>
```

Da es sich um eine normale PHP-Funktion handelt, dürfen Sie Ihrer Kreativität freien Lauf lassen und somit beliebig komplexe Module-Chome-Stile produzieren.

 Neben content, title und showtitle kennt $modules noch weitere Variablen. Welche das genau sind, verrät die *Joomla! 1.5 API Reference* unter *http://api.joomla.org*, beziehungsweise *http://api.joomla. org/Joomla-Framework/Table/JTableModule.html*.

Das war es bereits. Ab jetzt können Sie den neuen Stil in Ihrem Template wie einen der vordefinierten Stile nutzen. Ein

```
<jdoc:include type="modules" name="left" style="kinostil" anzahldivs="2" />
```

verwandelt Joomla! dann beispielsweise in:

```
...
<div>
    <h2>Polls</h2>
    <!-- Hier folgen die Inhalte des Umfragen-Moduls -->
</div>
...
```

Weitere Parameter

Alle übrigen Parameter des Moduls stecken im $params-Objekt. Beispielsweise erhält man das *Modul-Klassen-Suffix* (siehe Kapitel 7) über $params->get('module-class_sfx'). Dieses kann man dann wiederum in den Klassennamen einbauen:

```php
<?php defined('_JEXEC') or die('Restricted access');

function modChrome_kinostil( $module, &$params, &$attribs ) {

    echo '<div class=\"' . $params->get('moduleclass_sfx') . '\" >';

    if ($module->showtitle) echo '<h2>' . $module->title . '</h2>';
    echo $module->content;

    echo '</div>';

}
?>
```

Eigene Attribute

Weiterhin ist es möglich, die <jdoc:include ... />-Anweisung um eigene Attribute zu ergänzen.

Die Werte dieser Attribute übergibt Joomla! dann an die Module-Chrome-Funktion, wo man sie wiederum auswerten und weiterverarbeiten kann. Auf diese Weise ist es beispielsweise möglich, den Titel des Moduls auf eine andere Gliederungsstufe zu setzen (also vielleicht <h3> anstelle des bislang vergebenen <h2>):

```
<jdoc:include type="modules" name="left" style="kinostil" titelebene="3" />
```

oder eine bestimmte CCS-Klasse auszuwählen:

```
<jdoc:include type="modules" name="left" style="kinostil" klasse="eckigerrahmen" />
```

 Die Namen der Attribute und ihre Werte dürfen Sie ganz nach Belieben wählen. So hätte man anstelle von titelebene durchaus auch butterbrot verwenden können. Ihre eigentliche Bedeutung erhalten sie erst bei ihrer Auswertung in der Module-Chrome-Funktion.

Die Werte dieser zusätzlichen Attribute packt Joomla! in das Array $attrib und füttert damit dann die Funktion. Dort muss man sie nur noch auswerten – am einfachsten wieder über eine Fallunterscheidung:

```php
<?php defined('_JEXEC') or die('Restricted access');

function modChrome_kinostil( $module, &$params, &$attribs ) {

    echo '<div>';

    /* Prüfen, ob die Anzahl übergeben wurde */
    if(isset($attribs['titelebene'])) $titelebene=$attribs['titelebene'];
    else $titelebene=2; /* wenn nein, setze alle Titel einfach zwischen <h2> */

    /* Prüfen, ob die Klasse übergeben wurde. Wenn nicht, Standard-Klasse wählen
*/
    if(isset($attribs['klasse'])) $klasse=$attribs['klasse'];
    else $klasse='kinoklasse';

    /* Rahmen zusammenbauen: */
    /* 1. Umschließendes <div> mit entsprechender Klasse: */
    echo '<div class=\"' . $klasse . $params->get('moduleclass_sfx') . '\" >';

    /* 2. Modultitel: */
    if ($module->showtitle) {
        echo '<h' . $titelebene . '>' . $module->title . '</h' . $titelebene . '>
';
    }

    /* 3. Modulinhalte: */
    echo $module->content;
```

```
        /* 4. Schließendes </div> */
        echo '</div>';

    }
    ?>
```

Damit würden dann folgende <jdoc:include ... />-Aufrufe zu den jeweils neben-stehenden Ergebnissen führen:

Aufruf	Ergebnis

`<jdoc:include type="modules" name="left" style="kinostil" />`	`...`
	`<div class="kinoklasse">`
	`<h2>Polls</h2>`
	`<!-- Hier folgen die Inhalte des Umfragen-Moduls -->`
	`</div>`
	`...`

`<jdoc:include type="modules" name="left" style="kinostil" titelebene="3" />`	`...`
	`<div class="kinoklasse">`
	`<h3>Polls</h3>`
	`<!-- Hier folgen die Inhalte des Umfragen-Moduls -->`
	`</div>`
	`...`

`<jdoc:include type="modules" name="left" style="kinostil" titelebene="3" klasse="meinekl"/>`	`...`
	`<div class="meinekl">`
	`<h3>Polls</h3>`
	`<!-- Hier folgen die Inhalte des Umfragen-Moduls -->`
	`</div>`
	`...`

Das im folgenden Abschnitt vorgestellte Template *Beez* verwendet sowohl Tem-plate Overrides als auch einen eigenen Module-Chrome-Stil. Es bietet sich daher als ideales Vorbild und Beispiel für beider Einsatz in der Praxis an.

 Wenn Sie Ihr Template an andere weitergeben möchten, dürfen Sie nicht vergessen, alle neu hinzugefügten Dateien und Verzeichnisse in das Template-Paket und *templateDetails.xml* einzubinden.

Das Template Beez: Vorbild und Basis für eigene Templates

Um die von Joomla! ausgelieferten Seiten vollständig von überflüssigen Tabellen zu befreien, müssten Sie nun die Darstellungen für sämtliche Module und Komponen-ten überschreiben. Dieses recht mühsame Unterfangen haben Ihnen die Autoren des *Beez*-Templates bereits abgenommen (Abbildung 13-30).

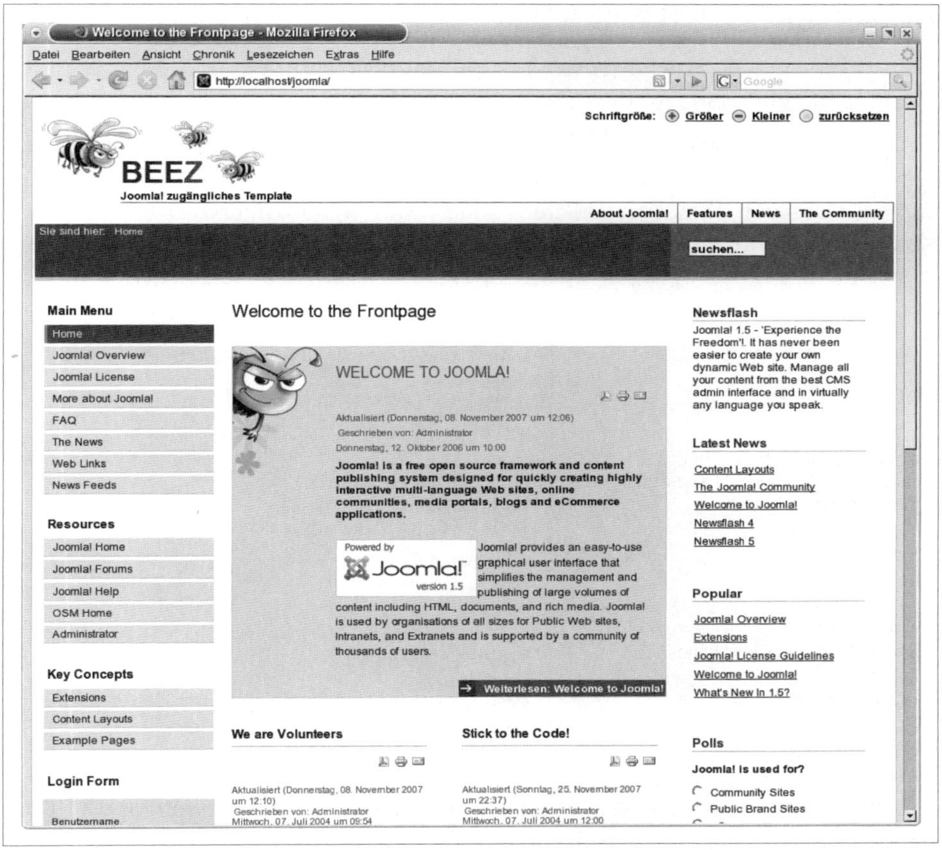

Abbildung 13-30: Das aktivierte Template Beez

Beez liefert nicht nur ein sehr gutes Praxisbeispiel für die Anwendung von Template Overrides, sondern dient auch hervorragend als Basis für eigene Templates.

> Wenn Sie Beez als Grundlage für Ihr eigenes Template nutzen wollen, empfiehlt sich unbedingt auch ein Blick in dessen Lizenz: So verlangt die GNU General Public License (kurz GPL) unter anderem, dass alle abgeleiteten oder veränderten Werke wieder unter der GPL veröffentlicht werden müssen. Eine kommerzielle Vermarktung ist damit nicht beziehungsweise nur erschwert möglich. Weitere Informationen zur GPL finden Sie im Internet unter *http://www.gnu.org*.

Beez liegt Joomla! standardmäßig bei. Wie Sie es aktivieren, wurde bereits im Abschnitt »Templates austauschen« auf Seite 318 ausführlich beschrieben. In der Vorschau präsentiert es sich wie in Abbildung 13-30.

Aufbau von Beez

Beez wurde extra so konzipiert, dass es sich sehr leicht ändern und anpassen lässt. Dies betrifft insbesondere das Erscheinungsbild, dessen Lila-Töne sicherlich nur wenigen Seitenbetreibern zusagen werden.

Das Template liegt nach der Installation von Joomla! im Unterverzeichnis *templates/beez*. Die von ihm verwendeten Bilder warten im Unterverzeichnis *images* gesammelt auf ihre Ersetzung. Weitere Ansatzpunkte für eigene Eingriffe bilden wie immer die Datei *index.php*, die das Grundgerüst vorgibt, sowie alle Stylesheets im Verzeichnis *css* (Abbildung 13-31).

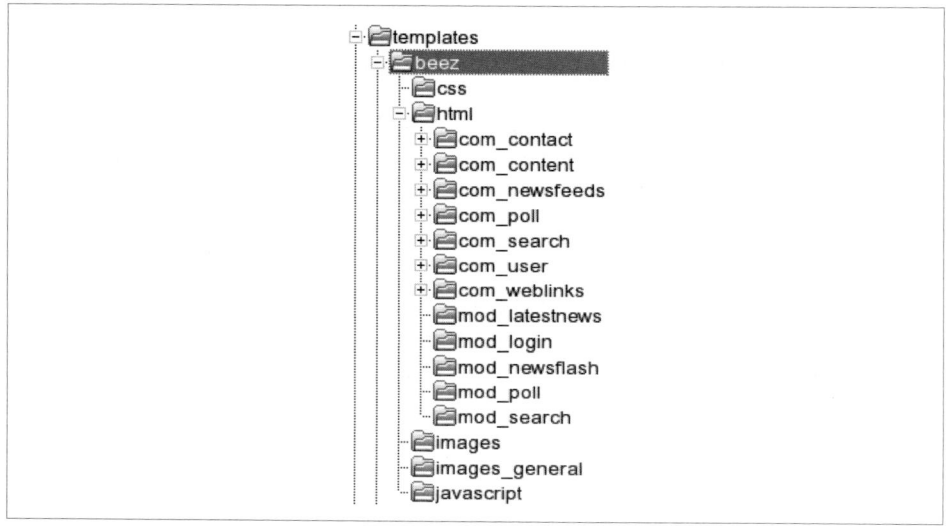

Abbildung 13-31: Die Verzeichnisstruktur des Templates Beez

Beez verwendet nicht nur eine einzige CSS-Datei wie das Kinoportal-Beispiel, sondern bindet in der *index.php* gleich mehrere CSS-Dateien ein. Jede von ihnen übernimmt dabei eine ganz bestimmte Aufgabe, was wiederum die Übersicht erhöht, Änderungen erleichtert und schließlich noch Tippfehler minimiert. Insgesamt gehören folgende CSS-Dateien zu Beez:

- *layout.css* legt die Farben und alle Formatierungen fest. Sie sorgt folglich für die schicke Lila-Tönung. In der Regel sollte diese Datei eine der ersten Anlaufstellen bei einer Änderung des Templates sein. (Die Lila-Töne findet eine Suche nach den Farbnummern *#EFDEEA*, *#93246F*, *#F2E3ED*, *#E0C1E0*, *#BE7CA9* und *#DD75BB*.)

- *position.css* kümmert sich um die Positionierung der Inhalte auf der Seite. Sie bestimmt also, wo welche Elemente erscheinen.

- *template.css* regelt die Darstellung von allen aufpoppenden Fenstern, die ohne eigene Navigation auskommen müssen. Dies trifft beispielsweise auf die Fenster zu, die nach einem Klick auf die kleinen Drucken-, E-Mail- und PDF-Symbole neben jedem Beitrag erscheinen.

- *ie7only.css* und *ieonly.css* kümmern sich um die Eigenheiten des Internet Explorers. Im Wesentlichen umschiffen sie mit einigen Tricks und Kniffen verschiedene Programm- und Darstellungsfehler des Marktführers. Die Datei *index.php* bindet diese Dateien über sogenannte Browserweichen ein. Dabei handelt es sich um spezielle Kommentare, die sogenannten *Conditional Comments*, die nur die Browser aus dem Hause Microsoft beachten und auswerten. Beispielsweise werden alle Anweisungen zwischen

    ```
    <!--[if IE 7]>
    ... Alle Anweisungen hier gelten nur für den Internet Explorer 7 ...
    <![endif]-->
    ```

    nur vom Internet Explorer 7 berücksichtigt. Weitere Informationen zu dieser Umleitung finden Sie beispielsweise unter *http://de.selfhtml.org/css/layouts/browserweichen.htm#alternative*.

- *print.css* bereitet die Seite für den Druck auf. Sie ist immer dann gefragt, wenn der Besucher auf das kleine Druckersymbol neben einem Beitrag klickt.

- *generell.css* formatiert die Joomla!-eigenen Fehlermeldungen.

- *template_rtl.css* hat ihren großen Auftritt bei allen Sprachen, die von rechts nach links (Right To Left) gelesen werden. Dies ist beispielsweise bei arabischen Sprachen der Fall. Die Leserichtung setzt das jeweils aktive Sprachpaket in seiner *xml*-Datei (also beispielsweise *language/de-DE/de-DE.xml* für die deutsche Sprache). Dort taucht im Abschnitt `<metadata>` die Anweisung

    ```
    <rtl>1</rtl>
    ```

    auf (im Fall der deutschen Sprache steht dieser Parameter auf 0). Das *template_rtl.css* sorgt dann dafür, dass die ausgegebene Seite dem Rechnung trägt, indem sie beispielsweise die Schrift am rechten Rand ausrichtet.

Die Leserichtung können Sie in Ihrer *index.php* über

```
<?php if($this->direction == 'rtl') : ?>
        .. die Leserichtung verläuft von rechts nach links ...
<?php endif; ?>
```

abfragen und so zusätzliche Maßnahmen einleiten.

Unterschiede zu herkömmlichen Templates

Neben der Aufteilung der Zuständigkeiten bei den CSS-Dateien haben die Programmierer von Beez besonders darauf geachtet, dass

- alle Elemente einer Seite in einer geordneten und logischen Reihenfolge in der Ausgabe landen. Joomla! liefert folglich nicht mehr nur einfach Kraut und Rüben an die Browser zurück.

- alle HTML-Tags nur noch dort Verwendung finden, wo sie ihrer Bedeutung nach hingehören. Tabellen werden beispielsweise nicht mehr zur Formatierung herangezogen (das übernehmen jetzt CSS-Dateien), sondern enthalten nur noch Tabellendaten.

Ziel der Entwickler war es, ein möglichst barrierefreies Template zu erschaffen, also die von Joomla! ausgelieferten Seiten sowohl behinderten Menschen als auch Spezialbrowsern (wie in Handhelds, PDAs oder Mobiltelefonen) zugänglich zu machen.

Sofern Sie sich bei Ihren Modifikationen an die Regeln aus Kapitel 16 halten, kann Ihre Seite auch von behinderten Menschen ohne größere Probleme genutzt werden. Beez ist somit auch die ideale Grundlage für Seiten, die sich explizit an diese Gruppen richten.

Dieser Ansatz hat allerdings dazu geführt, dass Beez in einigen Bereichen gegenüber den meisten anderen Templates – und insbesondere dem Standard-Template *rhuk_ milkyway* – etwas anders vorgeht.

Sprungmarken

So enthält jede ausgelieferte Seite am Anfang drei Links, die wahlweise direkt zum Inhalt der Seite, dem Menü oder allen weiteren Elementen führen. Dafür sorgen die folgenden Zeilen in der *index.php*:

```
<ul>
        <li><a href="#content" class="u2">Skip to Content</a></li>
        <li><a href="#mainmenu" class="u2">Jump to Main Navigation and Login</a></li>
        <li><a href="#additional" class="u2">Jump to additional Information</a></li>
</ul>
```

Dieses Mini-Inhaltsverzeichnis soll insbesondere behinderten Menschen helfen. Sie surfen in der Regel mit speziellen Browsern, die nur den nackten Text einer Seite (vergrößert) anzeigen oder ihn gar vorlesen. Dank der Links müssen sich ihre Benutzer nicht erst durch das Menü quälen, sondern können direkt zum Inhalt der Seite springen. Diesen Service werden sicherlich auch viele Handheld- beziehungsweise PDA-Besitzer zu schätzen wissen. Alle mit einem herkömmlichen Browser surfenden Besucher bekommen von diesem zusätzlichen Angebot nichts mit (mehr zur Motivation dieser sogenannten Sprungmarken folgt in Kapitel 16).

Links können in HTML nicht nur auf ganze Dateien oder Internetadressen verweisen, sondern auch auf bestimmte Stellen *in* der aktuellen HTML-Datei. Dazu gibt man den entsprechenden Stellen zunächst einen Namen, wie beispielsweise:

```
...
<h1><a name="kapitel8">Kapitel 8</a></h1>
...
```

Auf diesen sogenannten Anker mit dem Namen *kapitel8* kann man
jetzt einen Link richten:

```
<a href="#kapitel8">Sprung zu Kapitel 8</a>
```

Klickt ein Besucher auf diesen Link, springt sein Browser an die
Stelle mit dem Namen kapitel8 – in diesem Fall also zur entsprechenden Überschrift. Dieses Konzept ist Ihnen vielleicht schon einmal bei einer längeren Internetseite begegnet, wie beispielsweise
dieser hier: *http://www.gnu.org/software/software.de.html.* Beez versteckt allerdings die drei Links vor den Augen der normalen Surfer
– dort wären sie auch nur wenig sinnvoll, da die von Joomla! generierten Seiten meistens bequem in das gesamte Browserfenster passen. Beez nennt seine drei Anker übrigens #content, #mainmenu und
#additional.

Zusätzlich bekommt jedes Ziel noch eine kleine Überschrift spendiert, die ebenfalls
für normale Surfer unsichtbar bleibt. Dafür sorgt ein Stylesheet, das alle Elemente
der Klasse *unseen* ausblendet:

```
<a name="additional"></a>
<h2 class="unseen">Additional Information</h2>
<div ...
```

Da nach dem Absenden eines Formulars die meisten Spezialbrowser wieder zum Sei-
tenanfang springen, spendiert Beez jedem Formular noch einen Link zum Seiteninhalt.

Erweiterte Attribute

Als Nächstes erweitert Beez die Platzhalter, mit denen die Module in das Template
eingehängt werden. Bisher verwendeten Sie dafür immer folgende Anweisung:

```
<jdoc:include type="modules" name="left" style="xhtml" />
```

Beez fügt jetzt einen eigenen Style namens beezDivision und ein weiteres Attribut,
headerLevel, hinzu.

 Beez verwendet dazu das Module-Chrome-Konzept, wie es bereits
im gleichnamigen Abschnitt »Module Chrome« auf Seite 376 vorgestellt wurde. Das Attribut headerLevel entspricht übrigens der dort
verwendeten titelebene.

Der *style* beezDivision liefert im Wesentlichen das gleiche Ergebnis wie xhtml:

```
<div class="moduletable">
      <h3>Name des Moduls</h3>
      Hier folgen die Inhalte des eigentlichen Moduls ...
</div>
```

Der Name des Moduls wird in diesem Beispiel zwischen <h3>-Tags gesetzt und somit laut HTML-Standard zu einer Überschrift der dritten Ordnung. (In einem Buch wäre das gleichbedeutend mit der dritten Gliederungsstufe, wie beispielsweise Kapitel 1.2.3 – weitere Informationen finden Sie unter *http://de.selfhtml.org/html/ text/ueberschriften.htm*.)

Per headerLevel können Sie nun eine andere Ordnung festlegen. Der Befehl

```
<jdoc:include type="modules" name="left" style="beezDivision" headerLevel="2"/>
```

führt somit zu:

```
<div class="moduletable">
    <h2>Name des Moduls</h2>
    Hier folgen die Inhalte des eigentlichen Moduls ...
</div>
```

Überschriften mit einer kleineren Ordnungszahl sind immer wichtiger als die mit einer größeren. Das erkennt man beispielsweise daran, dass die Browser für sie standardmäßig unterschiedliche Schriftgrößen verwenden. Im obigen Beispiel würde folglich das Modul in seiner Bedeutung heraufgestuft. headerLevel zeichnet somit nicht nur die Modulnamen mit einem anderen Tag aus, sondern klassifiziert sie ganz nebenbei noch nach ihrer Wichtigkeit. Beispielsweise sind die Menüs auf der linken Seite besonders wichtig, weshalb man sie per

```
<jdoc:include type="modules" name="left" style="beezDivision" headerLevel="2"/>
```

ins Template einbinden könnte. Die Umfrage und alle anderen Elemente auf der rechten Seite sind hingegen weniger relevant und werden deshalb herabgestuft:

```
<jdoc:include type="modules" name="right" style="beezDivision" headerLevel="3"/>
```

 Sowohl beezDivision als auch das zusätzliche Attribut headerLevel stehen ausschließlich im Beez-Template zur Verfügung!

Beschriftung von Formularelementen

Vor jedes einzelne Formularelement stellt Beez eine Beschriftung mit dem dafür ursprünglich auch gedachten <label>-Tag. Hier ein Beispiel aus einer Umfrage:

```
...
<form name="form2" method="post" action="index.php" class="poll">
<fieldset>
    <input type="radio" name="voteid" id="voteid1" value="1" alt="1" />
    <label for="voteid1">Community Sites</label>
    <br />
    <input type="radio" name="voteid" id="voteid2" value="2" alt="2" />
    <label for="voteid2">Public Brand Sites</label>
    ...
```

```
</fieldset>
...
```

Zunächst erhält das Element eine eindeutige Identifikationsnummer ID, wie etwa voteid1 im ersten Fall. Anschließend gibt <label> eine Beschriftung vor, die das Attribut for="..." anschließend dem angegebenen Formularelement zuweist.

Wie das Beispiel weiter zeigt, gruppiert Beez noch alle zusammengehörenden Informationen per <fieldset>. Weitere Informationen zu <label> und <fieldset> finden Sie beispielsweise unter *http://de.selfhtml.org/html/formulare/strukturieren.htm#label*.

Verknüpfung von Tabellenzellen

Den Trick mit den IDs verwendet Beez auch bei Datentabellen. Sollte Joomla! tatsächlich mal eine richtige Tabelle liefern, steckt das Template in jede Datenzelle ein zusätzliches headers-Attribut. Dieses verweist auf die ID der zugehörigen Überschrift und erleichtert somit Spezialbrowsern die Arbeit.

Templates für den Administrationsbereich erstellen

Auch im Administrationsbereich legt ein Template fest, welche Elemente wo erscheinen. Über den Menüpunkt ERWEITERUNGEN → TEMPLATES kann man auf dem Register ADMINISTRATOR auf diese Weise schnell das Erscheinungsbild des Backends ändern – vorausgesetzt, es wurden bereits weitere zur Auswahl installiert.

Alle Templates für den Administrationsbereich liegen im Unterverzeichnis *administrator/templates* der Joomla!-Installation. Für sie gilt genau das Gleiche wie für die normalen Templates – allerdings mit ein paar Ergänzungen:

- *login.php* ist für das Aussehen des Anmeldebildschirms zuständig, *cpanel.php* für das Control Panel. Beide entsprechen in ihrem Aufbau der bekannten Datei *index.php*.

- In der Datei *templateDetails.xml* hat die zweite Zeile folgendes Aussehen:

- <install type="template" version="1.5.0" client="administrator"> (In den Vorversionen Joomla 1.0.x stand dort noch <mosinstall type="template" version="1.0.0" client="administrator">.)

- Der Platzhalter <jdoc:include type="modules" name="status" /> verweist je nach Wert von name auf die Standardbereiche *status*, *menu*, *toolbar*, *title* und *submenu*. Zusätzlich gibt es noch die Platzhalter <jdoc:include type="message" /> und <jdoc:include type="component" /> für den Hauptbereich.

Joomla 1.0.x   In den Vorversionen hieß der entsprechende Befehl noch mosLoadAdminModules(Position, Darstellung).

Darstellung war dabei eine Ziffer von 0 bis 1, die das Erscheinungsbild festlegte.

Funktionsumfang erweitern

Joomla!s Leistungsumfang ist zwar schon recht üppig, bei einem stetig wachsenden Internetauftritt wird man jedoch irgendwann spezielle Funktionen vermissen – erst recht, wenn man hin und wieder einen neidischen Blick auf das Angebot der Konkurrenz wirft. So wäre ein Forum für den Gedankenaustausch mit anderen Kinoliebhabern doch nicht schlecht, und über einen kleinen Shop könnte man Merchandising-Artikel, wie beispielsweise bunt bedruckte Tassen oder Poster, verkaufen.

Joomla! bringt diese Spezialfunktionen zwar nicht von Haus aus mit, sie lassen sich aber mit wenigen Handgriffen über Erweiterungspakete von Drittanbietern nachrüsten. Obwohl Joomla! ein recht junges Projekt ist, existieren im Internet bereits unzählige dieser Pakete. Allein das Verzeichnis auf der Joomla!-Homepage zählt über 3000 Erweiterungen. Egal ob Forum, Shop, eine Bildergalerie oder eine Plattform zum Austausch mit Gleichgesinnten – für fast jede Lebenslage stehen passende Komponenten bereit.

 Wenn Sie eine Funktion vermissen, stöbern Sie einfach mal im Katalog unter *http://extension.joomla.org*.

Einige dieser Komponenten stammen sogar noch aus den guten alten Mambo-Zeiten. Kurz nach der Abspaltung von Joomla! zogen viele der Entwickler nach und passten ihre Erweiterungen entweder an das neue System an oder wechselten sogar komplett zu dem neuen Content-Management-System. Innerhalb kürzester Zeit entstand so eine riesige Auswahl an kostenlosen Modulen, Komponenten und Plugins. Diese zudem ständig wechselnde Vielfalt macht es natürlich unmöglich, hier alle Erweiterungen vorzustellen. Daher beschränken sich die folgenden Abschnitte auf eine Auswahl der wichtigsten und vielleicht auch interessantesten Pakete.

`Joomla 1.0.x` Mit der Version 1.5 wurde der Unterbau von Joomla! komplett umgekrempelt. In der Folge streiken alle Erweiterungen, die noch für die Vorversionen maßgeschneidert wurden. Die folgenden Abschnitte sowie Kapitel 19 stellen zwar noch ein paar Hilfskrücken vor, mit denen Sie zumindest einige alte Erweiterungen weiterbetreiben können. Ganz risikolos ist das aber nicht: Insbesondere wenn sich eine alte Erweiterung tief in das System fräst, kann diese unter Umständen Ihre mühsam aufgesetzte Joomla! 1.5-Installation zerstören. Verzichten Sie deshalb möglichst auf Komponenten, die nicht für die aktuelle Version ausgelegt wurden. Es erspart Ihnen viel Ärger, Schweiß und Tränen.

Die Erweiterung um schicke Zusatzfunktionen klappt nur deswegen so wunderbar reibungslos, weil Joomla! kein starres System ist. Wie bereits in Teil 2 gesagt wurde, besteht es aus einer Ansammlung von *Komponenten, Modulen* und *Plugins*:

- Eine *Komponente* ist ein Block Software, der eine bestimmte Zusatzfunktion realisiert oder eine größere Aufgabe löst. Ihre Ausgaben landen immer in einem speziell für sie reservierten Bereich auf der Homepage. Die in Joomla! mitgelieferten Komponenten wurden bereits in Kapitel 6 vorgestellt.

- *Module* realisieren in der Regel eine kleine, spezielle Funktion. Der Joomla!-Administrator darf sie selbst an einer durch das Template vorgegebenen Position auf der Homepage platzieren. Häufig arbeitet ein Modul mit einer Komponente zusammen (weitere Informationen lieferten bereits Kapitel 7 und 13).

- *Plugins* sind kleine unsichtbare Helferlein, die Module und Komponenten bei ihrer Arbeit unterstützen. Kapitel 11 befasste sich eingehender mit diesen Hilfen, die normalerweise unbemerkt vom Joomla!-Benutzer im Hintergrund ihren Dienst verrichten.

Wann man nun welche Elemente für welche Zwecke einsetzt, hängt von der zu lösenden Aufgabe ab. In der Regel verwendet man eine gesunde Mischung aus allen drei Möglichkeiten – das beste Beispiel für das Zusammenspiel bildet das Joomla!-System selbst. So ist es auch nicht weiter verwunderlich, dass die im Internet erhältlichen Erweiterungspakete von Drittherstellern neben einer Komponente meist auch noch ein oder mehrere Module nebst Plugin enthalten.

 Die für den Betrieb zwingend erforderlichen und in Joomla! bereits enthaltenen Komponenten werden als *Core-Komponenten* bezeichnet. Wie ihr Name schon andeutet, bilden sie den Kern des Content-Management-Systems.

Erweiterungen installieren

Die Installation von Komponenten, Modulen und Plugins erfolgt ganz genau so wie das Einspielen von Templates: Über den Menüpunkt ERWEITERUNGEN → INSTALLIEREN/DEINSTALLIEREN im Administrationsbereich gelangt man zum Formular aus Abbildung 14-1.

`Joomla 1.0.x` In den Vorversionen musste man noch einen der entsprechenden Menüpunkte unter INSTALLERS wählen – je nachdem, ob man eine Komponente, ein Modul oder ein Mambot installieren wollte. Joomla! 1.5 fasst alles auf einem vereinheitlichten Bild zusammen.

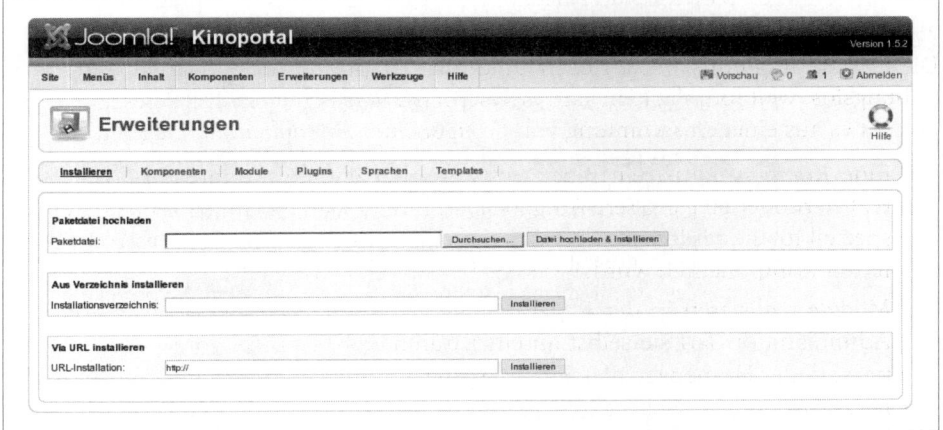

Abbildung 14-1: Der Installationsbildschirm für jede Art von Erweiterungen

Fertige Erweiterungen aus dem Internet erhalten Sie meistens als ZIP-Archiv. Dessen Dateinamen nebst vorangestelltem Pfad trägt man nun in das Eingabefeld hinter PAKETDATEI ein. Die Schaltfläche DURCHSUCHEN... hilft bei der Auswahl. Ein anschließender Klick auf DATEI HOCHOCHLADEN & INSTALLIEREN spielt die Erweiterung schließlich ein.

Was Joomla! nun alles auf den Webserver schaufelt, hängt von der jeweiligen Erweiterung ab. Wundern Sie sich also nicht, wenn nach der Installation neben einer Komponente auch neue Plugins und Module in den Menüs auftauchen.

 Einige Erweiterungen liegen in mehreren, separaten Paketen vor. Diese gilt es nacheinander auf dem beschriebenen Weg zu installieren. Die dabei einzuhaltende Reihenfolge hängt von der konkreten Erweiterung ab. In der Regel sollte die entsprechende Information auf ihrer Homepage zu finden sein.

Ist es Ihnen aus irgendwelchen Gründen nicht möglich, eine ZIP-Datei auf den Server zu laden, oder kommt die Erweiterung wider Erwarten in einem anderen Paketformat, so müssen Sie das Archiv zunächst auf Ihrer Festplatte entpacken. Im zweiten Schritt ziehen Sie wieder den Installationsbildschirm aus Abbildung 14-1 zurate. Geben Sie dort im Feld neben INSTALLATIONSVERZEICHNIS den Ordner auf der Festplatte an, in dem die Dateien der Erweiterung liegen, also zum Beispiel /home/tim/erweiterungen/komponentexyz oder C:\Eigene Dateien\joomla\erweiterungen\komponentexyz. Ein Klick auf das nebenstehende INSTALLIEREN spielt sie schließlich ein.

Sofern die Erweiterung bereits entpackt auf einem (weit entfernten) Webserver lagert, verwenden Sie das Eingabefeld URL-INSTALLATION. Dort hinein gehört die komplette Internetadresse, die auf das Template zeigt. Auch hier integriert ein Klick auf das nebenstehende INSTALLIEREN die Erweiterung in Joomla!.

 Erliegen Sie nicht der Versuchung, die entpackte Erweiterung manuell auf den Webserver zu kopieren. Einige Erweiterungen verändern bei ihrer Installation die Datenbank oder führen andere vorbereitende Maßnahmen aus. Wenn Sie die Dateien nur in die Joomla!-Installation kopieren, bleibt dies aus, woraufhin die Erweiterung im besten Fall streikt. Darüber hinaus lässt sie sich auch nicht mehr ordnungsgemäß deinstallieren. Sollte eine Installation auf den beschriebenen Wegen fehlschlagen, sollten Sie Kontakt mit dem Autor der Erweiterung aufnehmen oder in einem entsprechenden Internetforum um Hilfe bitten.

Vorhandene Erweiterungen verwalten und deinstallieren

Neu in Joomla! 1.5 sind die Register zwischen der Werkzeugleiste und den gerade beschriebenen Eingabefeldern. Mit einem Klick auf eines von ihnen gelangen Sie zu einem Verwaltungsbildschirm, der alle derzeit installierten Komponenten, Module, Plugins, Sprachpakete oder Templates auflistet. Abbildung 14-2 zeigt das Ergebnis nach einem Klick auf KOMPONENTEN.

Schon in der Standardinstallation ist diese Liste recht lang. Mit einem Klick auf den grünen Haken in der Spalte AKTIV können Sie eine Komponente vorübergehend außer Gefecht setzen.

 Das ist insbesondere dann nützlich, wenn Joomla! sich plötzlich bockig verhält. Durch eine gezielte Deaktivierung der Komponenten, Module oder Plugins lässt sich so der Übeltäter finden.

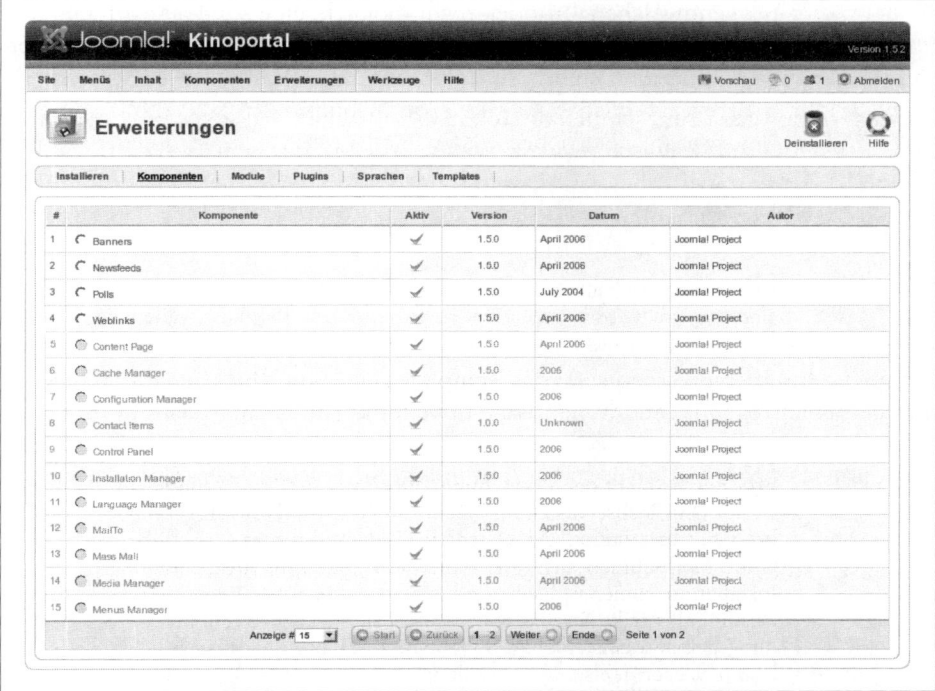

Abbildung 14-2: Der Verwaltungsbildschirm für alle derzeit installierten Komponenten

Wenn Sie eine Komponente wieder loswerden wollen, markieren Sie einfach wie gewohnt das kleine Kästchen in ihrer Zeile, und klicken Sie in der Werkzeugleiste auf DEINSTALLIEREN.

> Einige der Komponenten erscheinen ausgegraut. Bei ihnen handelt es sich um Basiskomponenten, die Joomla! dringend zum Überleben braucht. Aus diesem Grund widersetzen sie sich jeglichen Löschversuchen. Auf den Verwaltungsseiten für die Module und Plugins versteckt das Content-Management-System sogar derartige Elemente komplett.

Die anderen Verwaltungsbildschirme hinter MODULE, PLUGINS, SPRACHEN und TEMPLATES funktionieren exakt nach dem gleichen Prinzip.

Der Kompatibilitätsmodus

Die Joomla!-Version 1.5 wurde in großen Teilen neu entwickelt, und ihr Unterbau wurde generalüberholt. Damit ist das Content-Management-System zwar schlanker, agiler und flexibler, es verlangt dafür aber auch nach speziell angepassten Komponenten, Modulen und Plugins. Für die Hersteller von externen Erweiterungen bedeutet dies teilweise sogar eine komplette Neuentwicklung ihrer Produkte.

Um die zahlreichen bestehenden Erweiterungen für Joomla! 1.0.x nicht über Nacht nutzlos werden zu lassen, schufen die Joomla!-Entwickler den sogenannten *Kompatibilitätsmodus*, auf Englisch *Legacy Mode*. Sobald man ihn aktiviert, gaukelt Joomla! 1.5 den entsprechenden Erweiterungen vor, sie würden noch unter einer alten Joomla!-Version laufen.

 Doch Vorsicht: Nicht alle alten Erweiterungen lassen sich mit diesem Trick zu einer Zusammenarbeit bewegen. Wenn möglich, sollten Sie immer einer Version für Joomla! 1.5 den Vorzug geben.

Um den Kompatibilitätsmodus zu aktivieren, rufen Sie im Administrationsbereich den Menüpunkt ERWEITERUNGEN → PLUGINS auf. Suchen Sie in der Liste den Eintrag *System - Legacy*. Aktivieren Sie ihn, indem Sie beispielsweise auf sein kleines rotes Kreuz in der Spalte AKTIVIERT klicken. In der Menüzeile erscheint nun ganz rechts oben der rot leuchtende Hinweis *Vorgängerversion: 1.0* (Abbildung 14-3). Mit dieser Hilfe können Sie jetzt das alte Erweiterungspaket installieren.

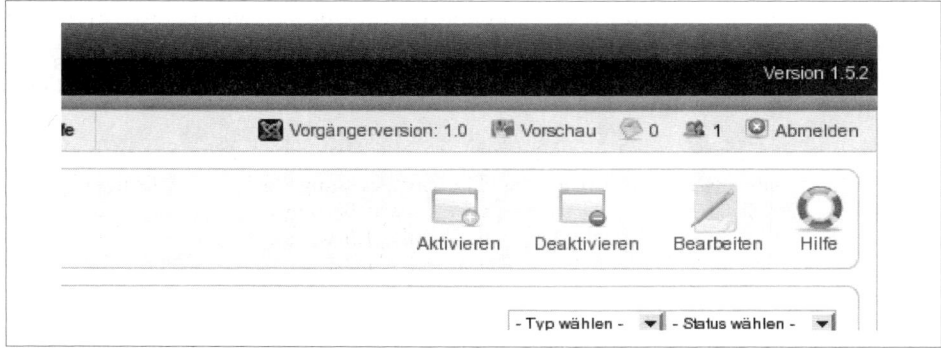

Abbildung 14-3: In der Menüzeile weist »Vorgängerversion 1.0« auf einen aktivierten Kompatibilitätsmodus hin.

 Wenn Sie unbedingt eine alte Erweiterung im Legacy Mode betreiben müssen, probieren Sie sie zunächst in einer Testinstallation von Joomla! gründlich aus. Damit verhindern Sie, dass eine alte Erweiterung Ihre richtige Internetseite lahmlegt.

Forum (FireBoard)

Diskussionen und einen angeregten Meinungsaustausch führt man heutzutage in Foren. Die schwarzen Bretter des Internets erlauben ihren Mitgliedern beispielsweise, eigene Kommentare zu aktuellen Filmen abzugeben oder am neuesten Klatsch und Tratsch aus Hollywood teilzunehmen.

 Mit einem Forum ist jedoch auch immer ein nicht unerheblicher Arbeits- und Pflegeaufwand verbunden: Nach derzeitiger Gesetzeslage haftet ein Betreiber unter bestimmten Umständen für die Beiträge seiner Mitglieder. Eine oder mehrere Personen, die ständig über die Veröffentlichungen wachen und rechtswidrige Inhalte streichen, sind daher unerlässlich.

Um Joomla! ein Forum unterzuschieben, existieren gleich mehrere Möglichkeiten. Eine Variante wäre die Integration eines bekannten, eigenständigen Forenprodukts. Hierzu zählen beispielsweise das beliebte *phpBB* oder *vBulletin*. Leider sind diese Komplettlösungen von der Stange nicht auf die Zusammenarbeit mit Joomla! geeicht, nur für die alten Versionen existieren mehr oder weniger holprige Anbindungsmöglichkeiten.

Glücklicherweise gibt es noch speziell für Joomla! entwickelte Foren. Das wohl bekannteste Beispiel ist das *FireBoard*, das aus *Joomlaboard* (beziehungsweise dessen Vorgänger *Simpleboard*) hervorging.

FireBoard integriert sich nahtlos in Joomla! und bietet alle wichtigen Funktionen der großen Foren-Konkurrenz. Da es sich somit ideal für kleinere oder mittelgroße Seiten eignet, soll es in den folgenden Abschnitten etwas näher vorgestellt werden.

 Zum Erstellungszeitpunkt dieses Buches gab es noch keine, speziell auf Joomla! 1.5 geeichte FireBoard-Fassung. Seine Entwickler bescheinigen jedoch einen problemlosen Betrieb im Legacy Mode. Eine native Unterstützung von Joomla! 1.5 wird laut Roadmap der Entwickler erst FireBoard 2.0 mitbringen (siehe hierzu *http://www. bestofjoomla.com/content/view/22/34/*).

FireBoard installieren

Laden Sie sich zunächst von der Seite *http://www.bestofjoomla.com/* die aktuelle Version von FireBoard herunter.

 Zu FireBoard – beziehungsweise seinen Vorgängern – tummeln sich noch eine Menge anderer Hilfsmodule im Internet.

Installieren Sie die zum FireBoard gehörende ZIP-Datei, wie im vorherigen Abschnitt »Erweiterungen installieren« auf Seite 391 beschrieben. Dabei legt FireBoard im Hintergrund ein paar neue Datenbanktabellen an. Sofern alles geklappt hat, präsentiert Joomla! einen kleinen Bestätigungsbildschirm.

Sollte stattdessen eine Fehlermeldung der Art *Fatal error: Allowed memory size of 8388608 bytes exhausted (tried to allocate 38 bytes)* erscheinen, benötigte PHP mehr Hauptspeicher, als es eigentlich nutzen durfte. Mit einer solchen Beschränkung verhindern Webserver-Betreiber, dass PHP-Programme den gesamten Hauptspeicher in Beschlag nehmen und somit die anderen Anwendungen verdrängen. Für die Installation von FireBoard reicht in diesem Fall der zugeteilte Speicher jedoch nicht aus. Um ihn zu erhöhen, suchen Sie in der Konfigurationsdatei *php.ini* die Zeile *memory_limit = 8M* und setzen den Wert auf *12*.

Die Komponente ist damit ab sofort über das Menü KOMPONENTEN → FIREBOARD FORUM zu erreichen. Für die Besucher auf der Hompage erscheint das Forum allerdings noch nicht. Hierfür sind noch ein paar weitere Handgriffe notwendig.

Hinweise zur deutschen Sprache

Die deutsche Übersetzung von FireBoard übernimmt derzeit das gleiche Team, das sich auch um die Joomla!-Übersetzung kümmert. Auf seinen Seiten unter *http://www.jgerman.de* finden Sie das entsprechende Paket im Bereich KOMPONENTEN. Das von dort bezogene ZIP-Archiv entpacken Sie auf Ihrer Festplatte und kopieren die so erhaltenen Verzeichnisse in das Joomla!-Verzeichnis auf Ihrem Webserver.

Die ersten Schritte

Der neue Menüpunkt KOMPONENTEN → FIREBOARD FORUM führt zum *FireBoard Control Panel*. Diese recht monströse Seite aus Abbildung 14-4 bildet die Schaltzentrale des Forums.

Hier müssen Sie sich zunächst entscheiden, ob Sie von einer alten Joomlaboard-Version umsteigen möchten. Im einem solchen Fall klicken Sie auf die Schaltfläche DURCHFÜHREN! unter *Upgrade von Joomlaboard* im oberen, rot umrandeten *Datenbank-Assistent*-Bereich. Andernfalls führt das DURCHFÜHREN! unter *Neuinstallation* zu einem leeren, neuen Forum. Sobald die Erfolgsmeldung erscheint, geht es über KLICKEN SIE HIER, UM FORTZUFAHREN... wieder zurück zum FireBoard-Startbildschirm.

Nachdem die diese Vorbereitungen abgeschlossen sind, darf man endlich seine schwarzen Bretter einrichten.

Kategorien und Foren anlegen

Im neuen Forum des Kinoportals soll es zwei Themenwelten geben: In der ersten geht es um die aktuellen Filme, während sich die zweite ganz dem Klatsch und

---

Tratsch über eitle Schauspieler und das Treiben in Hollywood widmet. Selbstverständlich könnte man auf eine solche Trennung verzichten, allerdings würde gerade ein hoch frequentiertes Forum aufgrund der vielen, thematisch verschiedenen Beiträge recht schnell unübersichtlich.

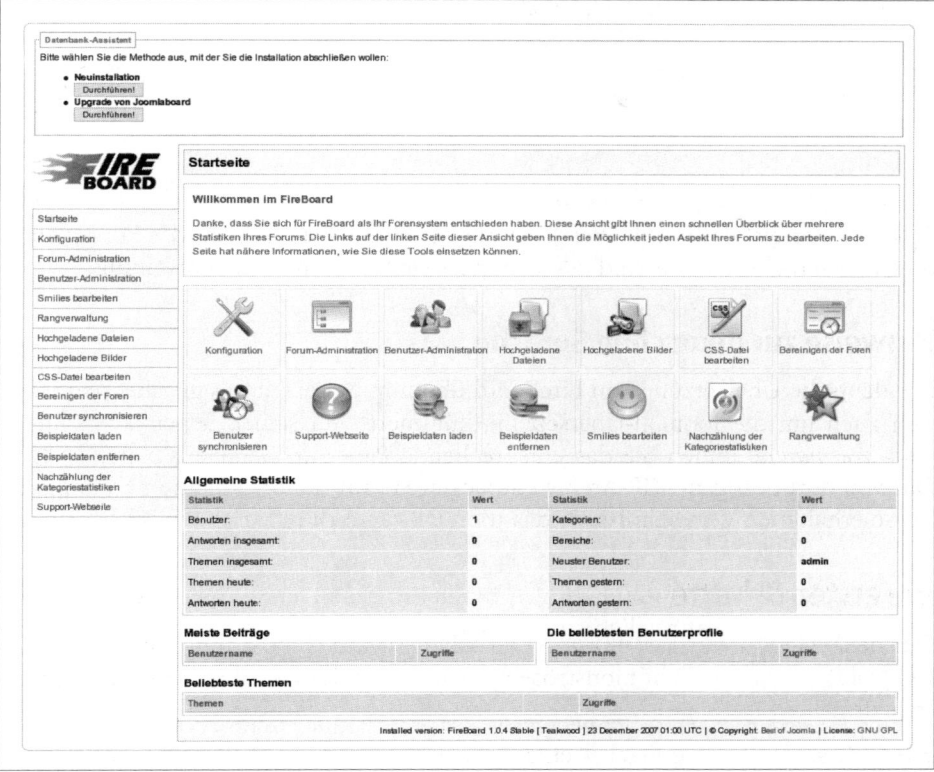

Abbildung 14-4: Die Konfigurationsoberfläche von FireBoard

Glücklicherweise kommt FireBoard mit seiner Arbeitsweise einer solchen Aufteilung entgegen. Die Joomla!-Erweiterung unterteilt ein komplettes Forum zunächst in sogenannte Kategorien (englisch *Categories*). Im Beispiel des Kinoportals hätte man somit zwei Kategorien: eine unter dem Namen *Kinosaal* für alle Diskussionen rund um die Kinofilme selbst und eine mit der Bezeichnung *Klatsch und Tratsch* für alle restlichen Themen.

In diese beiden Sammelbehälter kommen nun die eigentlichen schwarzen Bretter. Letztere bezeichnet FireBoard verwirrenderweise ebenfalls als Foren. Beim Kinoportal könnte es in der Kategorie *Kinosaal* beispielsweise die zwei Foren *Filme* und *News* geben: Im ersten dürfen die Benutzer über aktuelle Filme diskutieren, im zweiten dürfen sie selbst entdeckte Neuigkeiten loswerden. *Klatsch und Tratsch* hält hingegen die Foren *Stars* und *Sonstiges* bereit.

 Diese Aufteilung ist auf den ersten Blick etwas wirr: Eine Kategorie dient später auf der Homepage eigentlich nur dazu, die vorhandenen Foren thematisch und optisch zu gruppieren. Sie selbst ist nicht in der Lage, Diskussionen aufzunehmen; dies dürfen nur die in ihr enthaltenen Foren.

Die folgende Abbildung 14-5 verdeutlicht die geplante Struktur noch einmal:

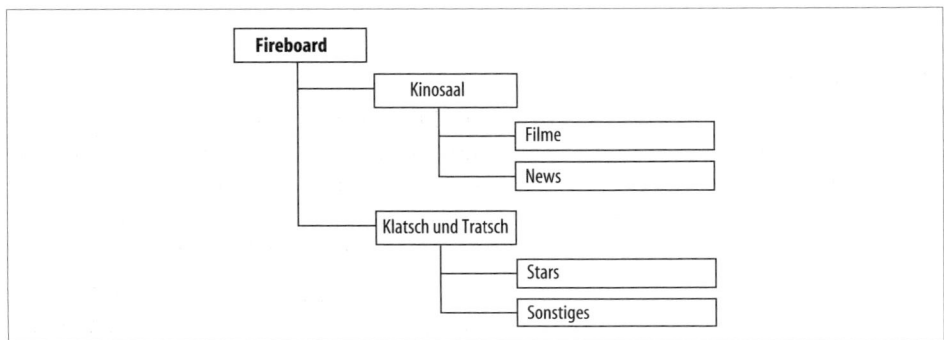

Abbildung 14-5: Die fertige Struktur des geplanten Forums

Jedes FireBoard-Forum muss übrigens immer in genau einer Kategorie stecken. Im ersten Schritt ist man folglich gezwungen, wenigstens eine neue Kategorie anzulegen. Dazu klicken Sie auf die Schaltfläche FORUM-ADMINISTRATION im FireBoard Control Panel. Wie die leere Liste anzeigt, ist das Forum derzeit noch recht unbewohnt (vorausgesetzt, Sie haben nach der Installation keine Altlasten übernommen). Klicken Sie daher auf die Schaltfläche NEU in der Werkzeugleiste. Der nun erscheinende Bildschirm erlaubt sowohl die Erzeugung einer Kategorie als auch die Einrichtung eines darin enthaltenen FireBoard-Forums.

Kategorien anlegen

Im Bereich FORUMINFORMATION wählen Sie zunächst unter AKTUELL (im englischen Original passender mit *Parent* beschriftet) den Punkt *Nichts ausgewählt*. Da noch keine Kategorien existieren, bleibt Ihnen hier im Moment leider nichts anderes übrig. Mit dieser Einstellung erzeugt FireBoard nach einem Klick auf SPEICHERN automatisch eine neue Kategorie – also genau das, was jetzt gebraucht wird.

 Tippen Sie nun unter NAME eine Bezeichnung und darunter eine BESCHREIBUNG für die neue Kategorie ein. Im Kinoportal-Beispiel wäre dies **Kinosaal** mit der Beschreibung **Hier dreht sich alles um Kinofilme**.

Weiter geht es im Bereich ERWEITERTE FORENEINSTELLUNGEN, der alle Punkte zur Zugangsregelung beinhaltet. Dort ist insbesondere der Punkt ÖFFENTLICHER ZUGANG interessant: Er legt fest, wer Zugriff auf die Foren dieser Kategorie erhält. Auf diese Weise kann man Teile des Forums vor bestimmten Nutzergruppen verstecken. Die hier vorgenommenen Einstellungen überschreiben übrigens die Zugriffsregeln der enthaltenen beziehungsweise untergeordneten Foren. Falls also ein Forum in der Kategorie für alle Besucher (*Jeder*) einsehbar ist, hier jedoch *Autor* steht, so dürfen auch auf das Forum nur Benutzer im Rang eines *Autors* oder höher zugreifen. Weitere Informationen zu den Benutzerrechten liefert Kapitel 16. Alle weiteren Werte in diesem Bereich sind bereits sinnvoll belegt. Klicken Sie deshalb auf SPEICHERN, um die neue Kategorie anzulegen.

Foren anlegen

Man gelangt automatisch wieder zurück zur Liste aller Kategorien und Foren, in der die neue Kategorie auftaucht. Die Bedienung erfolgt analog zu allen bereits bekannten Listen in Joomla!: Auch hier weist das rote Kreuz in der Spalte VERÖFFENTLICHT darauf hin, dass die Kategorie derzeit noch nicht auf der Homepage sichtbar ist. Heben Sie diesen Zustand jetzt mit einem Klick auf das rote Kreuz auf.

Erzeugen Sie anschließend über die Schaltfläche NEU ein Forum. Wählen Sie dazu unter AKTUELL im Bereich FORUMINFORMATION die zuvor erstellte Kategorie. Anschließend vergeben Sie noch einen NAMEn und eine kurze BESCHREIBUNG.

Im Fall des Kinoportals soll das Forum **Filme** den Anfang machen.

Die Schaltfläche SPEICHERN katapultiert Sie wieder zurück zur Liste. Geben Sie hier das neue Forum mit einem Klick auf das rote Kreuz in der Spalte VERÖFFENTLICHT für die Homepage-Besucher frei.

Wiederholen Sie für das Beispiel die genannten Schritte, und legen Sie dabei für die Kategorie *Kinosaal* noch ein Forum mit dem Namen **News** an. Für den Themenbereich *Klatsch und Tratsch* muss anschließend noch eine gleichnamige Kategorie her. Auch sie braucht mindestens ein Forum, in dem die Besucher ihre Beiträge hinterlassen können. Legen Sie daher noch die Foren **Stars** und **Sonstiges** an. Vergessen Sie nicht, alle Elemente in der Liste auf VERÖFFENTLICHT zu schalten. Das Ergebnis sollte wie in Abbildung 14-6 aussehen.

Forum freischalten

Um das Forum den Besuchern der Seite zugänglich zu machen, muss man die neu installierte Komponente mit einem Menüpunkt verknüpfen. Im Beispiel des Kinoportals soll das schwarze Brett direkt über das Hauptmenü erreichbar sein. Wählen Sie daher im Menü des Administrationsbereichs MENÜS → MAIN MENU. Weiter geht es über NEU in der Werkzeugleiste. Im neuen Bildschirm klicken Sie in der Gruppe INTERNER LINK auf den Eintrag FIREBOARD FORUM. Der neue Menüpunkt

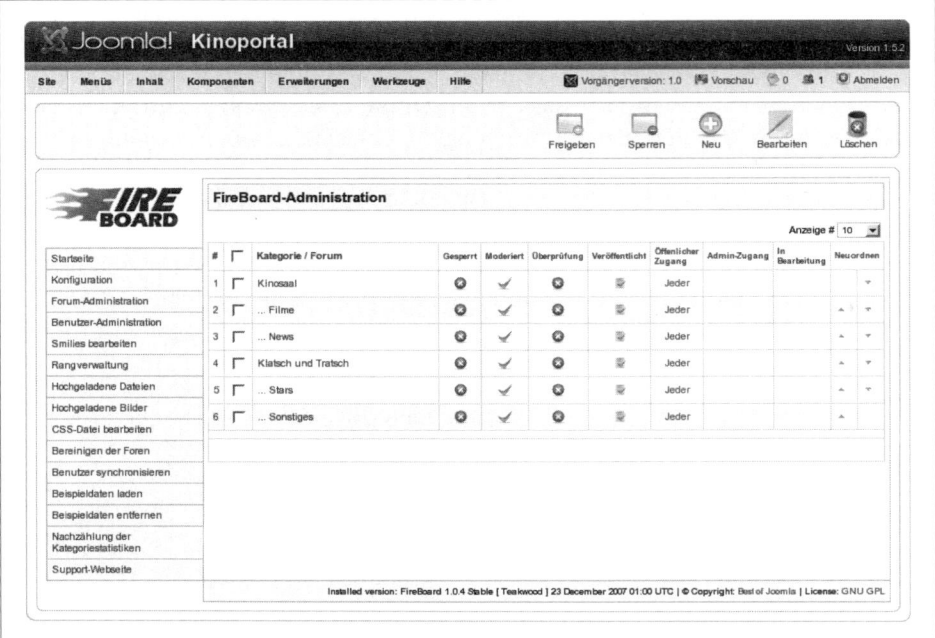

Abbildung 14-6: Die fertigen Kategorien mit den jeweiligen Foren für das Kinoportal

bekommt den TITEL und ALIAS **Kinoportal Forum** .Ein Klick auf SPEICHERN legt ihn schließlich auf der Homepage an. Dort führt er ab sofort zu den hitzigen Debatten. Detaillierte Informationen über das Anlegen eines Menüeintrages finden Sie in Kapitel 8.

Eine Anmeldung geschieht mit den ganz normalen Joomla!-Zugangsdaten über das LOGIN FORM auf der Homepage (mehr dazu in Kapitel 19). Ist dies einmal geschehen, präsentiert sich das Forum wie in Abbildung 14-7.

Die beiden Kategorien *Kinosaal* und *Klatsch und Tratsch* sind beide optisch voneinander getrennt. In ihnen finden Sie ihre jeweiligen Foren. Ein Klick auf ein Forum zeigt alle darin enthaltenen Themen (*Topics*) an. Jedes Thema besteht aus einer Menge von Beiträgen (*Postings*), die zusammen eine komplette Diskussion (*Thread*) ergeben. Die Bedienung des Forums ist weitgehend selbsterklärend und lehnt sich an die üblichen Standards an.

Kommentare (mXcomment)

Wer gern Diskussionen zu seinen eingestellten Artikeln erlauben, dabei aber nicht gleich ein ganzes Forum aufsetzen möchte, greift zu *mXcomment*. Diese Komponente ergänzt jeden Artikel um eine Kommentarfunktion, mit deren Hilfe die Besucher kurze Meinungstexte anheften können.

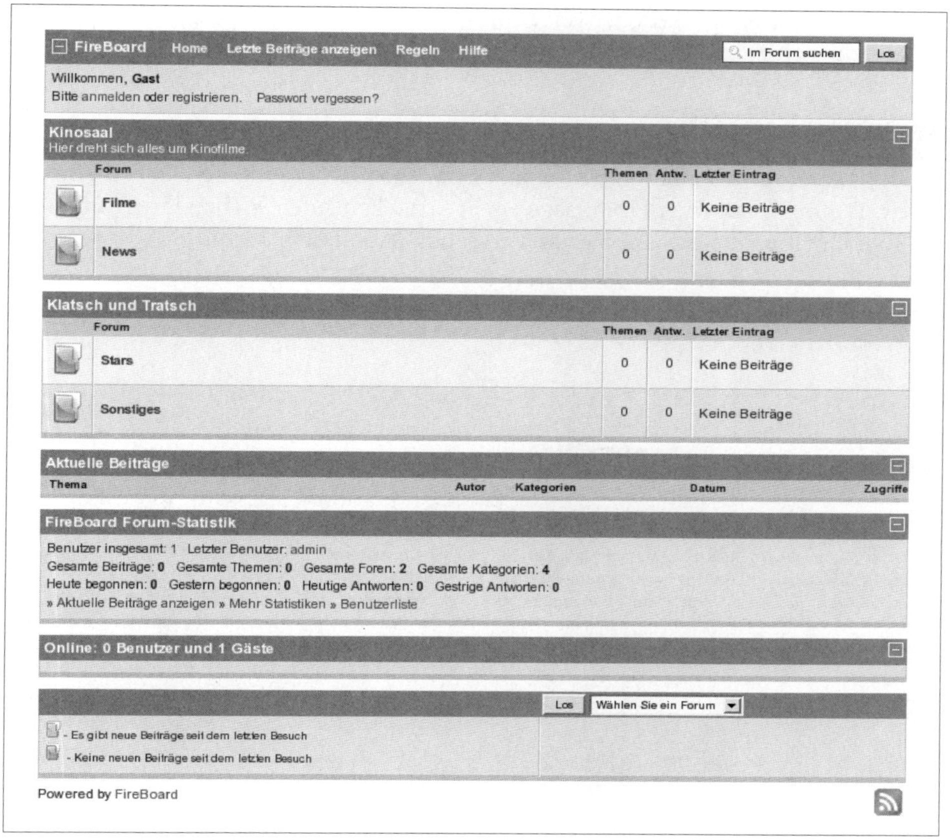

![FireBoard forum screenshot]

| FireBoard | Home | Letzte Beiträge anzeigen | Regeln | Hilfe | | Im Forum suchen | Los |

Willkommen, **Gast**
Bitte anmelden oder registrieren.   Passwort vergessen?

Kinosaal
Hier dreht sich alles um Kinofilme

Forum		Themen	Antw.	Letzter Eintrag
	Filme	0	0	Keine Beiträge
	News	0	0	Keine Beiträge

Klatsch und Tratsch

Forum		Themen	Antw.	Letzter Eintrag
	Stars	0	0	Keine Beiträge
	Sonstiges	0	0	Keine Beiträge

Aktuelle Beiträge

Thema	Autor	Kategorien	Datum	Zugriffe

FireBoard Forum-Statistik

Benutzer insgesamt: 1 Letzter Benutzer: admin
Gesamte Beiträge: **0** Gesamte Themen: **0** Gesamte Foren: **2** Gesamte Kategorien: **4**
Heute begonnen: **0** Gestern begonnen: **0** Heutige Antworten: **0** Gestrige Antworten: **0**
» Aktuelle Beiträge anzeigen » Mehr Statistiken » Benutzerliste

Online: 0 Benutzer und 1 Gäste

| Los | Wählen Sie ein Forum ▼ |

- Es gibt neue Beiträge seit dem letzten Besuch
- Keine neuen Beiträge seit dem letzten Besuch

Powered by FireBoard

Abbildung 14-7: Das Forum auf der Homepage mit den Foren aus dem Kinobeispiel

> mXcomment ist übrigens der inoffizielle Nachfolger von *akoComment* und bietet über die reinen Kommentare hinaus noch ein paar interessante Zusatzfunktionen.

Installation

mXcomment gibt es kostenlos bei seinem Entwickler unter *http://www.visualclinic. fr/* im Bereich DOWNLOAD. Dort geht es weiter über DOWNLOAD FREE INTERNATIONAL ADDONS FOR JOOMLA! zu den COMPONENTS.

> Zum Zeitpunkt, als dieses Buch entstand, lief mXcomment nur bei aktiviertem Legacy-Mode. Wie man diesen Kompatibilitätsmodus einschaltet, zeigt Kapitel 19.

mXcomment bringt praktischerweise von Haus aus eine deutsche Übersetzung mit, die allerdings hier und da ein paar kleinree Macken aufweist.

Benutzeroberfläche

Direkt nach ihrer Installation ist die mXcomment-Erweiterung bereits voll einsatzbereit. Wenn Sie auf Ihrer Homepage einen Artikel aufrufen, stehen Ihnen am unteren Rand mehrere neue Symbole zur Verfügung (Abbildung 14-8).

Abbildung 14-8: Standardmäßig ist von der Kommentarfunktion auf der Homepage nur wenig zu sehen.

 Sollte bei Ihnen augenscheinlich alles beim Alten bleiben, beschränkt mXcomment die Kommentarfunktion auf bestimmte Beiträge. Insbesondere der Bereich der Filmkategorien ist von mXcomments noch nicht erfasst. In diesem Fall sollten Sie als Erstes bei den Artikeln unter THE NEWS nachschauen. Wie man auch die restlichen Beiträge mit Kommentaren beglückt, zeigt der direkt folgende Abschnitt.

Einen neuen Kommentar schreiben

Am wichtigsten sind die beiden linken Symbole. Über das erste der beiden können Redakteure, über das zweite normale Besucher ihre Kommentare abgeben.

In jedem Fall wechselt die Ansicht. Die Sternchen zeigen die durchschnittliche Bewertung von 0 (sehr schlecht) bis 5 (sehr gut) an. Darunter klappt der Link KOMMENTARFORMULAR ANZEIGEN mehrere Eingabefelder auf, über die man seinen Kommentar loswerden kann (Abbildung 14-9).

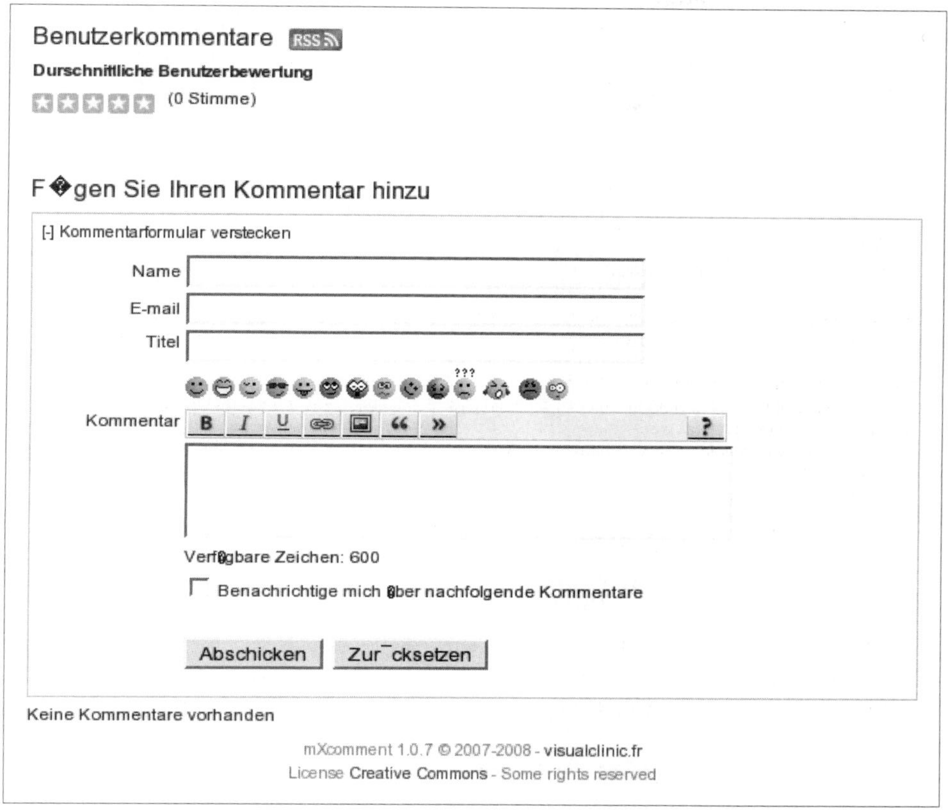

Benutzerkommentare RSS 🔊

Durschnittliche Benutzerbewertung

⭐⭐⭐⭐⭐ (0 Stimme)

F◆gen Sie Ihren Kommentar hinzu

[-] Kommentarformular verstecken

Name

E-mail

Titel

😃😄😊😆😝😵😎😐😮😢😠 ???😡😷😳

Kommentar   **B** *I* U̲ 🔗 🖼 " »   ?

Verf◆gbare Zeichen: 600

☐ Benachrichtige mich ◆ber nachfolgende Kommentare

Abschicken | Zur¯cksetzen

Keine Kommentare vorhanden

mXcomment 1.0.7 © 2007-2008 - visualclinic.fr
License Creative Commons - Some rights reserved

Abbildung 14-9: Hier entsteht ein neuer Kommentar.

Wenn bei Ihnen wie in Abbildung 14-9 die Umlaute fehlen, so liegt das daran, dass die Übersetzer fälschlicherweise mit einer anderen Zeichenkodierung gearbeitet haben. Wenn Sie diese in Ihrem Browser umschalten (beispielsweise per ANSICHT → ZEICHENKODIERUNG in Firefox), so erscheinen die Umlaute wieder korrekt – allerdings nur für die Texte der mXcomment-Komponente. Für dieses Problem gibt es leider (noch) keine Abhilfe. Ein zumindest halbwegs gangbarer Weg wäre der Umstieg auf die englische Sprache in der mXcomment-Konfiguration. Alternativ dürfen Sie die Übersetzungen auch selbst über den Menüpunkt KOMPONENTEN → MXCOMMENTS → EDIT LANGUAGE verändern.

Alle Kommentare wandern auch in eine Liste, die man im Administrationsbereich entweder über den Menüpunkt KOMPONENTEN → MXCOMMENT → EDITOR COMMENTS oder über KOMPONENTEN → MXCOMMENT → USER COMMENTS erreicht. Die erste Liste von beiden beinhaltet alle von den Redakteuren abgegebenen Kommentare, die zweite nimmt alle Kommentare von den Benutzern auf. In beiden Fällen können Sie die Kommentare einzeln bearbeiten, freischalten oder auch wieder von der Homepage entfernen.

Konfiguration

Im Administrationsbereich von Joomla! können Sie mithilfe des Menüpunkts KOMPONENTEN → MXCOMMENT → CONTROL PANEL noch an verschiedenen Einstellungen der Kommentarfunktion feilen. Das Verhalten der Komponente steuern Sie hinter KONFIGURATION. In den gleichen Schirm führt auch der Link CONFIGURATION in der Registerleiste direkt darüber oder der Menüpunkt KOMPONENTEN → MXCOMMENT → CONFIGURATION. Hier gibt es sechs verschiedene Register, von denen insbesondere auf dem Register ALLGEMEIN die erste Option VERFÜGBARE ARTIKEL-SEKTIONEN wichtig ist: Sie bestimmt, in welchen Bereichen die Kommentarfunktion überhaupt aktiv ist. Die Besucher der Homepage können somit nur Beiträge aus den hier gewählten Bereichen kommentieren. Eine Mehrfachauswahl erreichen Sie bei gedrückter *Strg*-Taste.

Online-Shop (VirtueMart)

 Sobald das Kinoportal brummt, entsteht schnell der Wunsch, hiermit sein Geld zu verdienen. Merchandising-Artikel, wie zum Beispiel Kinoposter, bedruckte Tassen mit dem Kinoportal-Logo oder Actionfiguren wollen an den Mann und die Frau gebracht werden. Was liegt also näher, als einen kleinen Shop aufzubauen, über den die Besucher besagte Produkte käuflich erwerben können?

Für Joomla! gibt es gleich mehrere kostenlose Erweiterungen, die eine leichte Verwaltung von materiellen Gütern versprechen. Eine der beliebtesten und mächtigsten ist zweifelsfrei *VirtueMart*.

Installation

Die Pakete von VirtueMart finden Sie im Internet unter *http://virtuemart.net/* im Bereich DOWNLOAD.

 Auf der neuen Seite müssen Sie gegebenenfalls in Ihrem Browser etwas weiter nach unten scrollen.

Dort stehen gleich mehrere Dateien zur Auswahl, von denen die meisten Updates für ältere VirtueMart-Versionen sind. Ausgangspunkt einer erfolgreichen Neuinstallation ist das *Complete Package for Joomla! 1.5*. Es enthält alles, was für einen Betrieb benötigt wird – und ein bisschen mehr.

 Erst die VirtueMart-Version 1.1 verträgt sich offiziell mit Joomla! 1.5.

 Die *Joomla! eCommerce Editon* ist ein fertig geschnürtes Rundumsorglos-Paket aus dem Joomla!-Basissystem und VirtueMart. Ihre Installation erfolgt analog zum Joomla!-System, wobei man anschließend das Shop-System nicht noch extra einspielen muss. Wenn man sowieso ein neues System aufsetzen muss, spart man auf diese Weise Zeit und Nerven bei der Konfiguration. Doch Vorsicht: Die im Paket enthaltene Joomla!-Version muss nicht unbedingt auch die aktuellste sein.

Laden Sie das *Complete Package for Joomla! 1.5* auf die Festplatte, und entpacken Sie es zunächst in ein Verzeichnis Ihrer Wahl. Sie erhalten nun eine ganze Reihe von Komponenten, Modulen und Plugins, die jede für sich eine ganz bestimmte Aufgabe erfüllen. Minimal benötigt werden *com_virtuemart* und *mod_virtuemart* (Letzteres liegt unter *modules*). Sie bilden den Kern des Shop-Systems. Als zusätzliche Hilfe liegt noch eine ausführliche Installationsanleitung *Installation.pdf* im PDF-Format bei.

Wechseln Sie nun im Administrationsbereich von Joomla! zum Menüpunkt ERWEITERUNGEN → INSTALLIEREN/DEINSTALLIEREN. Klicken Sie auf DURCHSUCHEN…, und wählen Sie die VirtueMart-Datei, die mit *com_virtuemart* beginnt. Per DATEI HOCHLADEN & INSTALLIEREN spielen Sie die Komponente ein.

 Die VirtueMart Version 1.1 verlangte zum Zeitpunkt der Drucklegung dieses Buches noch einen aktivierten Legacy-Mode (siehe Abschnitt »Der Kompatibilitätsmodus« auf Seite 393). Das Entwicklerteam versprach im Forum jedoch, schnellstmöglich Joomla! 1.5 auch ohne diese Krücke zu unterstützen.

Im Erfolgsfall erscheint der Begrüßungsbildschirm aus Abbildung 14-10, der Ihnen anbietet, direkt zu den Shop-Einstellungen zu springen oder zunächst einige Beispieldaten zu installieren.

Entscheiden Sie sich hier für Letzteres. Auf diese Weise erhält man einen besseren Eindruck von den Möglichkeiten und sitzt zudem nicht gleich zu Beginn vor einem leeren Angebot. Klicken Sie also auf INSTALL SAMPLE DATA >>. Den Warnhinweis nicken Sie ab und warten nun, bis VirtueMart seine Arbeit verrichtet hat.

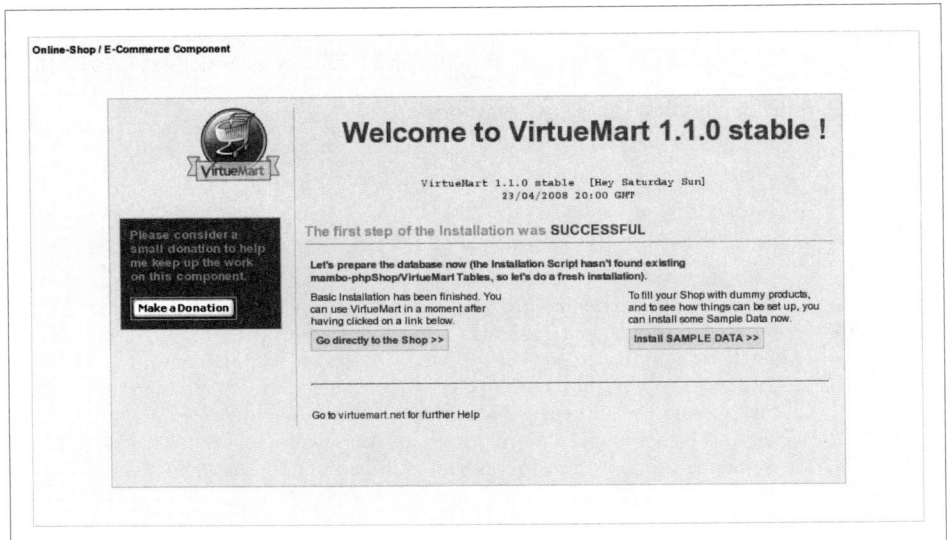

Abbildung 14-10: Die gelungene Installation von VirtueMart

Ist Letzteres geschehen, landet man automatisch in der VirtueMart-Konfigurationsoberfläche aus Abbildung 14-11, die auf den ersten Blick etwas merkwürdig erscheint.

 Über EXTENDED LAYOUT links oben dürfen Sie sogar die Joomla!-Oberfläche (vorübergehend) verstecken. Über den Link BACK TO JOOMLA! ADMINISTRATION ganz links am oberen Bildrand gelangen Sie zunächst wieder zum gewohnten Umfeld zurück.

Kehren Sie nun noch einmal zum Installationsbildschirm hinter ERWEITERUNGEN → INSTALLIEREN/DEINSTALLIEREN zurück, und spielen Sie über ihn das Paket *mod_virtuemart_<versionsnummer>.zip* ein.

Rufen Sie nun aus dem Hauptmenü ERWEITERUNGEN → MODULE auf. Die Liste zeigt beim *VirtueMart Module* ein rotes Kreuz in der Spalte AKTIVIERT. Klicken Sie darauf, um das Modul auf der Homepage erscheinen zu lassen (derzeit ganz links unten). Ab sofort hat von dort aus jeder Besucher Zugriff auf das Shop-System (Abbildung 14-12).

 Sollte stattdessen eine Fehlermeldung der Art *Fatal error: Allowed memory size of 8388608 bytes exhausted (tried to allocate 311296 bytes)* erscheinen, benötigte PHP mehr Hauptspeicher, als es eigentlich nutzen durfte. Mit einer solchen Beschränkung verhindern Webserver-Betreiber, dass PHP-Programme den gesamten Hauptspeicher in Beschlag nehmen und somit die anderen Anwendungen verdrän-

Abbildung 14-11: Der spezielle Administrationsbereich von VirtueMart

> gen. Für die Installation von VirtueMart reicht in diesem Fall der
> zugeteilte Speicher jedoch nicht aus. Um ihn zu erhöhen, suchen Sie
> in der Konfigurationsdatei *php.ini* die Zeile *memory_limit = 8M* und
> setzen den Wert auf *12*.

Über LIST ALL PRODUCTS (bzw. ZEIGE ALLE PRODUKTE) gelangt man direkt zur Liste
aller derzeit angebotenen Waren.

Deutsche Oberfläche

Auf dem Weg zu einer deutschen Oberfläche fehlt noch ein passendes Sprachpaket
für VirtueMart. Es versteckt sich etwas auf den Download-Seiten von VirtueMart:
Wechseln Sie wieder auf die Homepage *http://virtuemart.net*, und betreten Sie dort
den DOWNLOAD-Bereich. Laden Sie sich dort das LANGUAGE PACK für VirtueMart
1.1 herunter, und entpacken Sie es in ein Verzeichnis Ihrer Wahl. Sie erhalten so ein
Unterverzeichnis *languages*, dessen Inhalt Sie wiederum in das Verzeichnis *adminis-
trator/components/com_virtuemart/languages* der Joomla!-Installation kopieren
beziehungsweise übertragen.

Abbildung 14-12: Das aktivierte VirtualMart-Modul auf der Homepage

Achten Sie unbedingt darauf, dass die Sprachdateien zu Ihrer Virtue-Mart-Version passen. Dies ist dann der Fall, wenn die Versionsnummer im Dateinamen des Sprachpakets mit Ihrer VirtueMart-Version übereinstimmt.

Damit spricht dann VirtueMart die gleiche Sprache wie auch Joomla!.

Der Administrationsbereich von VirtueMart

Sämtliche Einstellungen von VirtueMart stecken hinter dem Menüpunkt KOMPO-NENTEN → VIRTUEMART des Administrationsbereich von Joomla!. Den nun erscheinenden Bildschirm aus Abbildung 14-11 haben Sie bereits nach der Installation gesehen.

Der Funktionsumfang von VirtueMart ist im Laufe der Jahre so rapide angewachsen, dass die Shop-Software kaum noch laufen kann. Am linken Rand finden Sie eine Menüleiste, über die VirtueMart alle seine Funktionen anbietet. Sobald Sie mit der Maus auf einen Punkt klicken, klappen teilweise weitere Unterpunkte auf. Rechts daneben findet in einem etwas größeren Bereich die eigentliche Verwaltung des neuen Shops statt. Dort stehen derzeit auf dem Register *Control Panel* ein paar Symbole, die einen schnellen Zugriff auf die meistbenutzten Bereiche gestatten. Es funktioniert genau so wie das *Control Panel* von Joomla!.

Im Kinoportal soll nun eine selbst bedruckte Tasse zum Kauf angeboten werden, die man in mühevoller Heimarbeit selbst fertigt.

Bevor man sich an die Eingabe der Artikel macht, sollte man einige grundlegende Daten eingeben, die später das Angebot essenziell beeinflussen.

Grundeinstellungen

Der in den Beispieldaten mitgelieferte Shop hört auf den etwas kuriosen Namen *Washupito's Tiendita*, den die gleichnamige fiktive Firma betreibt. Da ab sofort Sie den Shop übernehmen, führt der erste Weg nach der Installation von VirtueMart immer ins Menü IHR SHOP → SHOPDATEN BEARBEITEN. Hier können Sie die Grundeinstellungen des Shops anpassen. Besonders wichtig sind die Einstellungen zur DARSTELLUNG VON BEITRÄGEN. Mit den Beispieldaten wurden hier die ersten beiden Einträge auf amerikanische Dollar geeicht. Für einen deutschen Shop passen Sie mindestens folgende Werte an:

Währung (Currency)
> Die Standardvorgabe für die zu verwendende Währung. Für einen Shop aus Deutschland sollte hier *Euro* stehen.

Währungssymbol (Currency symbol)
> Das zu verwendende Währungssymbol. In Deutschland ist dies das Eurozeichen.

Liste der akzeptierten Währungen
> In allen hier per STRG und Mausklick selektierten Währungen kann der Kunde später bezahlen.

 Hier ist standardmäßig US DOLLAR ausgewählt. Für einen deutschen Shop sollten Sie hier zunächst explizit nur EURO aktivieren.

Die ALLGEMEINEN GESCHÄFTSBEDINGUNGEN (TERMS OF SERVICE) des Shops gehören schließlich noch in das unterste Eingabefeld.

 Denken Sie auch an das obligatorische Widerrufsrecht. Die dazu notwendigen Einstellungen versteckt VirtueMart in seinen Grundeinstellungen (ADMINISTRATION → KONFIGURATION). Aufgrund der etwas verwirrenden Rechtslage sollten Sie in jedem Fall vor dem Aufsetzen eines Shops einen Rechtsanwalt konsultieren und mit ihm abklären, ob sich VirtueMart und die von Ihnen gewählten Einstellungen rechtskonform verhalten.

Hersteller

Bevor man Produkte im eigenen Shop anbieten kann, müssen VirtueMart zunächst deren Hersteller bekannt gemacht werden. Über HERSTELLER → HERSTELLER AUFLISTEN gelangen Sie zu einer Liste mit allen derzeit bekannten Herstellern.

Die Bedienung der von VirtueMart präsentierten Listen – wie hier die Liste der Hersteller – funktioniert ganz analog zur Bedienung von Joomla!-Listen. Um beispielsweise alle Einträge zu löschen, setzen Sie ein Kreuz in die kleinen Kästchen einer jeden Zeile und klicken dann auf LÖSCHEN.

Sofern Sie die Beispieldaten installiert haben, gibt es derzeit nur einen allgemeinen *Manufacturer*. Legen Sie daher über HERSTELLER → NEU: HERSTELLER sich selbst als Hersteller für die handgetöpferten Tassen an. Das auftauchende Formular verlangt einen Namen, was für das Kinoportal beispielsweise **Kinoportal** sein könnte, eine Internetadresse (*URL*), die auf die Homepage des Herstellers verweist, und seine E-Mail-Adresse im Feld E-MAIL.

Steuern

Mit den Beispieldaten wurden VirtueMart leider nur die amerikanischen Steuersätze eingeimpft. Da der Kinoportal-Shop jedoch in Deutschland angesiedelt ist, muss man die hier geltenden Sätze manuell anlegen. Dies geschieht über den Menüpunkt STEUERN → NEU: STEUERSATZ. Im nun angezeigten Formular wählt man zunächst unter STEUER LAND den Eintrag *Germany* für Deutschland. In das Eingabefeld STEUERSATZ gehört die aktuelle Mehrwertsteuer von zurzeit 19 Prozent. VirtueMart verlangt dabei nach einem Prozentsatz geteilt durch Hundert, in diesem Fall also nach einem Wert von **0.19**.

Beachten Sie dabei, dass anstelle des in Deutschland üblichen Kommas hier ein Punkt zur Trennung der Nachkommastellen erforderlich ist.

Kategorien: Die Produkte übersichtlich gruppieren

Nachdem nun ein Hersteller der Waren und die dafür abzuführende Steuer existieren, können endlich die eigentlichen Produkte ihren Weg ins System finden. Zuständig für deren Verwaltung ist das Menü PRODUKTE. Der Punkt PRODUKTE AUFLISTEN führt zu einer Liste mit allen derzeit bekannten Waren (Abbildung 14-13).

Die Spalte KATEGORIE deutet dezent darauf hin, dass jedes Produkt einer Kategorie angehört. Auf diese Weise gruppiert man alle angebotenen Waren und hilft so gleichzeitig dem Käufer, sich im Angebotsdschungel schneller zurechtzufinden. Daher sollte man insbesondere bei einem wachsenden Warenbestand von diesem Katalogisierungsinstrument intensiv Gebrauch machen.

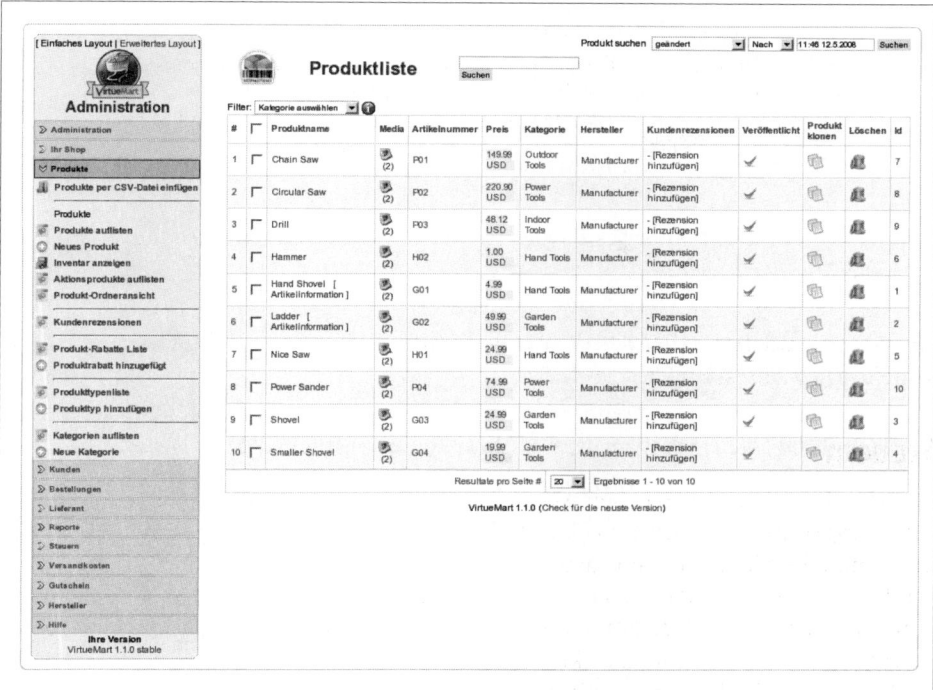

Abbildung 14-13: Die Liste mit allen Produkten aus den mitgelieferten Beispieldaten

Welche Kategorien bereits bestehen, zeigt der Menüpunkt PRODUKTE → KATEGO-RIEN AUFLISTEN. Sofern Sie die Beispieldaten installiert haben, sehen Sie hier mit den *Outdoor Tools* und *Indoor Tools* zwei eingerückte Kategorien. VirtueMart erlaubt die Aufteilung einer Kategorie in beliebig viele Unterkategorien.

Im Kinoportal-Shop genügt jedoch eine normale Kategorie für die selbst gebastelten Tassen. Dazu legen Sie über den Menüpunkt PRODUKTE → NEUE KATEGORIE eine neue Kategorie an. Vergeben Sie im neu erscheinenden Formular unter KATEGORIE-NAME die Bezeichnung **Kinoportal Tassen**, und tippen Sie anschließend noch eine kurze Beschreibung ein. Stellen Sie noch sicher, dass unter ELTERNPRODUKT der Punkt *Standard-Oberste Ebene* ausgewählt wurde. Andernfalls würden Sie die neue Kategorie zu einer Unterkategorie degradieren.

Produkte

Sobald alle Kategorien angelegt worden sind, kommen die Produkte ins Spiel. Wählen Sie dazu im Menü PRODUKTE → NEUES PRODUKT. Auf satten sechs Registern möchte VirtueMart alle nur erdenklichen Informationen über das neue Produkt wissen. Die wichtigsten davon sind die im Folgenden aufgeführten:

Register »Produktinformation« (»Product Information«)

Veröffentlichen?
Ein Haken lässt das Produkt im Shop erscheinen.

Artikelnummer
Eine Nummer, die das Produkt eindeutig identifiziert.

Name
Der eigentliche Name des Produkts, wie zum Beispiel *Seifenschaum Erika* oder *Die Kinoportal-Tasse*.

Hersteller
Dies ist der Hersteller des Produkts (im Kinobeispiel also Sie selbst).

Kategorien
Das neue Produkt ist später im Shop in allen hier markierten Kategorien zu finden. Eine Mehrfachauswahl erreicht man bei gedrückter *Strg*-Taste.

Ausführliche Beschreibung (Product Description)
Enthält die eigentliche Beschreibung des Artikels. Hier hinein gehören alle für den potenziellen Käufer wissenswerten Informationen.

 Gestalten Sie diesen Text möglichst so, dass er den Kunden zum Kauf überredet. Doch Vorsicht: Zu reißerische oder blumige Produktbeschreibungen wirken eher abschreckend.

Artikelpreis (Netto)
So viel kostet ein Exemplar des Produkts. Vergessen Sie nicht, die Währung korrekt einzustellen. Beachten Sie, dass sich der Punkt *Artikelpreis (Brutto)* automatisch aus dem hier eingetippten Wert und dem darunter eingestellten Mehrwertsteuersatz (*MwSt.-Satz*) ergibt.

MwSt.-Satz
Die für den Artikel geltende Mehrwertsteuer. In den Beispieldaten gibt es nur den amerikanischen Satz von 8,25 Prozent. Sofern Sie im vorherigen Abschnitt einen für Deutschland gültigen Satz angelegt haben, taucht er hier zur Auswahl auf. Neue Steuersätze legt man über das Menü STEUERN (TAX) an.

Kurzbeschreibung (Short Description)
Eine Zusammenfassung der langen Artikelbeschreibung.

Register »Produktstatus« (»Product Status«)

Vorrätig
Anzahl der Produkte im Lager (Stückzahl). Mit anderen Worten also die Anzahl der Produkte, die vorrätig sind und somit sofort ausgeliefert werden können.

Mindestbestellmenge

So viele Exemplare des Artikels muss der Kunde mindestens abnehmen.

Maximalbestellmenge

So viele Exemplare des Artikels darf ein Kunde höchstens auf einmal kaufen.

Verfügbarkeitsdatum

Ab diesem Datum ist das Produkt (wieder) verfügbar und kann somit erst ab dann ausgeliefert werden.

Verfügbarkeit

Hier hinein gehört ein Text, der den Kunden über die zu erwartende Lieferzeit informiert. Werden beispielsweise die Kinoportal-Tassen individuell beschriftet, gebrannt und erst dann verpackt, so sollten Sie hier die dafür notwendige Zeit eintragen. Andere mögliche Werte wären beispielsweise »nur auf Anfrage«, »innerhalb von 24 Stunden lieferbar« etc.

Zur optischen Unterstreichung der Dauer können Sie unter *Select Image* noch ein entsprechendes Bild wählen. Beachten Sie dabei, dass das Bild immer auch den Text ersetzt. Alle möglichen Bilder finden Sie im Verzeichnis */components/ com_virtuemart/themes/default/images/availability* der Joomla!-Installation.

Register »Produktbilder« (»Product Images«):

Bilder sagen mehr als tausend Worte. Aus diesem Grund sollte man auch immer ein Bild des Produkts bereitstellen. Über diesen Bildschirm fügt man ein solches hinzu. Das unter KLEINES BILD angegebene Foto wird von VirtueMart dabei immer in Listen herangezogen, während sein großes Pendant auf der linken Seite die Kinoportal-Tasse bis ins letzte Detail präsentiert. Die Schaltfläche DURCHSUCHEN... hilft bei der Auswahl.

 Die Bilder werden erst hochgeladen, wenn man auf SPEICHERN in der Werkzeugleiste klickt. Anschließend muss man per ABBRECHEN wieder zur Liste mit allen Produkten zurückkehren, dort das gerade noch bearbeitete Produkt anklicken und wieder auf das Register PRODUKTBILDER wechseln.

Im Fall des Kinoportals geben Sie auf dem Register PRODUKTINFORMATION unter NAME die Bezeichnung **Tasse mit Logo** ein. Denken Sie sich noch eine schön kryptische ARTIKELNUMMER aus, wählen Sie als HERSTELLER *Kinoportal*, und selektieren Sie unter KATEGORIEN den Eintrag *Kinoportal Tassen*. Denken Sie sich einen *Artikelpreis (Netto)* aus, der die Währung *Euro* erhält. Schnell noch eine schaurige BESCHREIBUNG eingetippt, und weiter zum Register PRODUKTSTATUS. Dort tippt man unter VORRÄTIG die Anzahl der auf Lager liegenden Tassen ein, wie zum Beispiel **10** Stück. Ein abschließender Klick auf SPEICHERN fügt das neue Keramikprodukt dem Shop hinzu.

Versand

Nachdem alle Produkte in das Shop-System eingetragen wurden, geht es im nächsten Schritt an die Festlegung der Versandoptionen – schließlich müssen die Tassen auch irgendwie die Kunden erreichen.

Zunächst sollte man VirtueMart mitteilen, welche Unternehmen den Versand und somit den eigentlichen Transport durchführen. Ihre Verwaltung übernimmt die Liste unter VERSANDKOSTEN → VERSENDER AUFLISTEN. Mit den Beispieldaten wurden bereits die beiden größten Paketdienste DHL und UPS eingespielt. Reichen die zwei nicht aus, legt man über den Menüpunkt VERSANDKOSTEN → VERSENDER ERSTELLEN einen neuen an.

Nachdem alle Transportfirmen bekannt sind, geht es daran, deren Tarife einzugeben. Zunächst finden Sie unter VERSANDKOSTEN → VERSANDARTEN AUFLISTEN alle bereits existierenden Versandarten. Sofern Sie die Beispieldaten installiert haben, existieren hier schon verschiedene Tarife. Die Spaltenbeschriftungen weisen darauf hin, dass VirtueMart die Versandkosten ausschließlich anhand der zu transportierenden Paketgewichte bestimmt.

Um einen neuen Versandtarif hinzuzufügen, wählen Sie VERSANDKOSTEN → VERSANDART ERSTELLEN aus dem Menü. Im neuen Formular möchte VirtueMart nun folgende Daten wissen:

Versandartname
> Der Name der Versandart, der später auch dem Kunden präsentiert wird, beispielsweise *KinoTransport BilligTarif 1*.

Reihenfolge
> Dem Kunden wird später eine Liste mit allen möglichen Versandarten präsentiert. Die hier eingetippte Ziffer bestimmt die Position dieser neuen Versandart innerhalb der Liste.

Versender
> Das Transportunternehmen

Land/Länder
> In diese Länder liefert das Transportunternehmen. Eine Mehrfachauswahl erreicht man, wenn man während des Mausklicks die STRG-Taste gedrückt hält.

PLZ-Bereich Anfang/Ende
> Hiermit kann man den Lieferbereich weiter einschränken. Ein Transportunternehmen könnte beispielsweise besonders günstige Tarife anbieten, wenn der Transport innerhalb eines Ortes stattfindet. Dessen Grenzen können Sie hier eintragen.

Untere/Obere Gewichtsgrenze
Das Gewicht des Pakets darf für diesen Tarif nur innerhalb dieser Grenzen liegen. Andernfalls kann dieser Tarif nicht verwendet werden.

Versandkosten
Die eigentlichen Portokosten des Transportunternehmens

Verpackungskosten
Die Kosten für Verpackung

Währung
Die Transport- und Verpackungskosten fallen in dieser Währung an. In Deutschland wäre dies Euro.

MwSt.-Satz
Der Mehrwertsteuersatz

Das Frontend: So kauft der Kunde ein

Wenn alle Daten für den Bestellvorgang im System vorhanden sind, können die Kunden nun endlich nach Herzenslust im neuen Shop stöbern. Einkaufen darf dort jeder, der bereits unter Joomla! ein eigenes Benutzerkonto besitzt (mehr dazu in Kapitel 9). Zugang erhalten alle potenziellen Kunden entweder über das installierte Modul (es befindet sich standardmäßig am linken unteren Bildschirmrand) oder über einen explizit angelegten Menüpunkt.

Um Letzteren beispielsweise im MAIN MENU anzulegen, wählen Sie im Administrationsbereich von Joomla! den Menüpunkt MENÜS → MAIN MENU. Klicken Sie auf NEU in der Werkzeugleiste, und wählen Sie anschließend VIRTUEMART in der gleichnamigen Gruppe INTERNER LINK. Im neuen Formular vergeben Sie noch einen passenden Namen für den Menüeintrag, wie zum Beispiel `Kinoportal Shop`.

Klickt nun ein Besucher im Hauptmenü der Homepage auf den so angelegten Eintrag, landet er geradewegs bei der Kategorienauswahl nebst einer kurzen Beschreibung des Shops. Weitere Informationen zu den Menüs finden Sie in Kapitel 8.

Produkte wählen

Das VirtueMart-Modul zeigt in seinem oberen Teil eine Liste mit allen Kategorien an (Abbildung 14-14).

Darunter führt ein Link zu einer Liste mit sämtlichen im Shop angebotenen Artikeln. Das Eingabefeld erlaubt zusammen mit den Schaltflächen SUCHEN und ERWEITERTE SUCHE eine Fahndung nach bestimmten Artikeln. Im unteren Teil des Moduls gibt es schließlich noch eine Anzeige über den aktuellen Inhalt des Warenkorbs nebst der Möglichkeit, in seine ausführlichere Darstellung zu wechseln (WARENKORB ZEIGEN). Dort leitet man dann auch den eigentlichen Bestellvorgang ein.

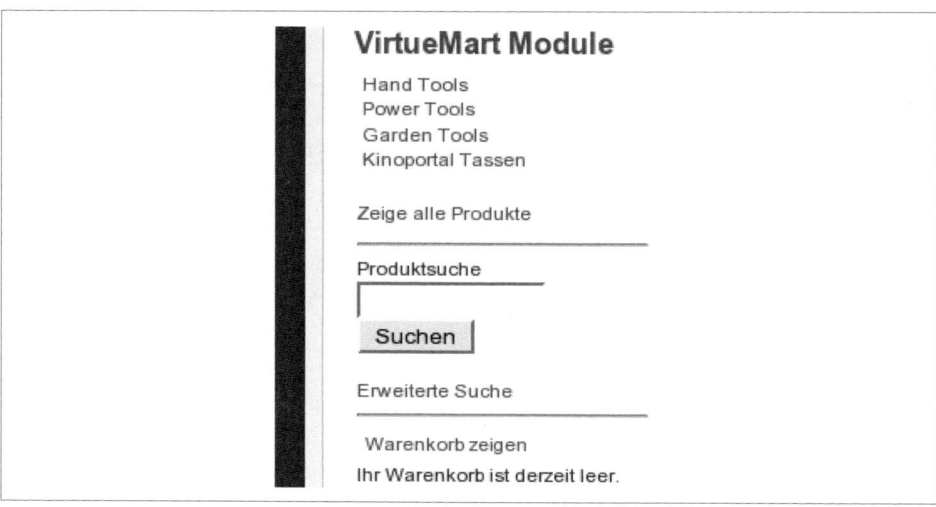

Abbildung 14-14: Das VirtueMart-Modul auf der Homepage

Um ein Produkt in den Warenkorb zu legen, ruft man zunächst die Kategorie auf, die den gewünschten Gegenstand enthält.

 Abbildung 14-15 zeigt dies exemplarisch für die in den vorherigen Abschnitten angelegte Kategorie der Kinoportal-Tassen. Da sie nur die Tasse mit Logo enthält, landet man sofort in ihrer Detailansicht.

Um einen Artikel zu bestellen, gibt man die ANZAHL der zu bestellenden Exemplare in das gleichnamige Eingabefeld ein. Ein anschließender Klick auf ORDER befördert die Produkte in den bereits erwähnten Einkaufskorb.

 Sofern auf den Seiten überall noch das Dollarzeichen bei den Preisen auftaucht, sind die Grundeinstellungen des Shops fehlerhaft. Um den Missstand zu beheben, wechseln Sie im Administrationsbereich von VirtueMart zum Menüpunkt IHR SHOP → SHOPDATEN BEARBEITEN. wo Sie noch einmal alle Einstellungen kontrollieren sollten.

Die Bestellung abschließen

Hat man alle Artikel beisammen, wechselt man über den Punkt WARENKORB ZEIGEN im VirtueMart-Modul (links unten auf der Seite) zum Inhalt des Einkaufswagens (Abbildung 14-16).

Mit dem Eimersymbol in der rechten Spalte ANZAHL/AKTIONEN wirft man das zugehörige Produkt wieder aus dem Einkaufswagen. Die Schaltfläche ZUR BESTELLUNG schließt den Einkaufsvorgang ab. Sollte man noch nicht eingeloggt sein, fordert Joomla! den Benutzer nun dazu auf. Bestellt man zum ersten Mal über das VirtueMart-System, muss man anschließend noch im unteren Bereich die fehlenden KUNDEN- und RECHNUNGSINFORMATIONEN ausfüllen.

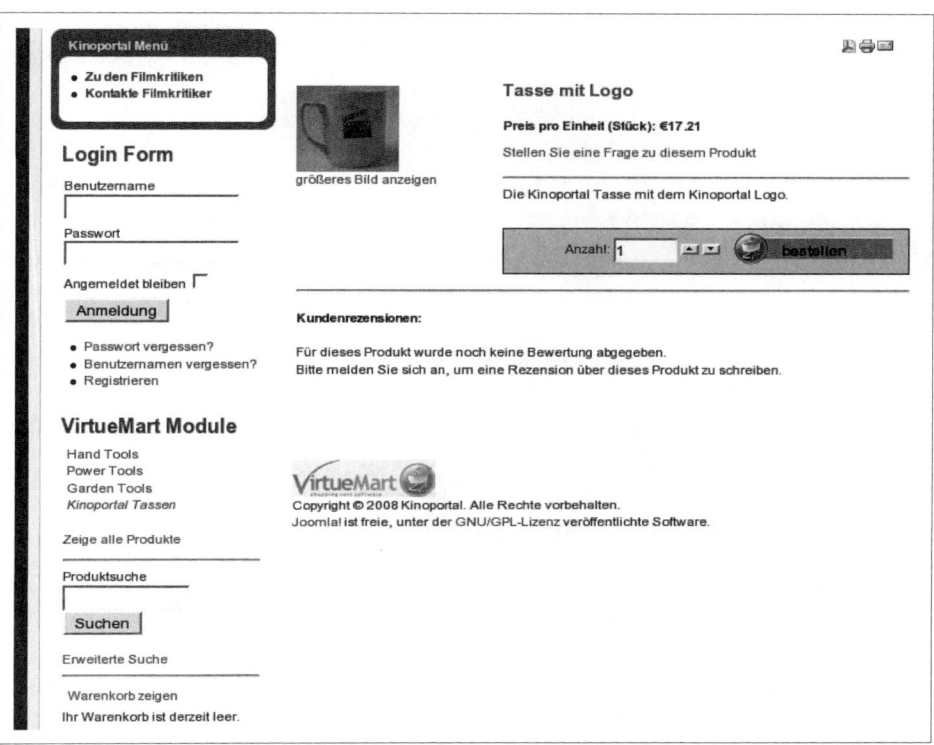

Abbildung 14-15: Der Produktbildschirm für die Kinoportal-Tasse

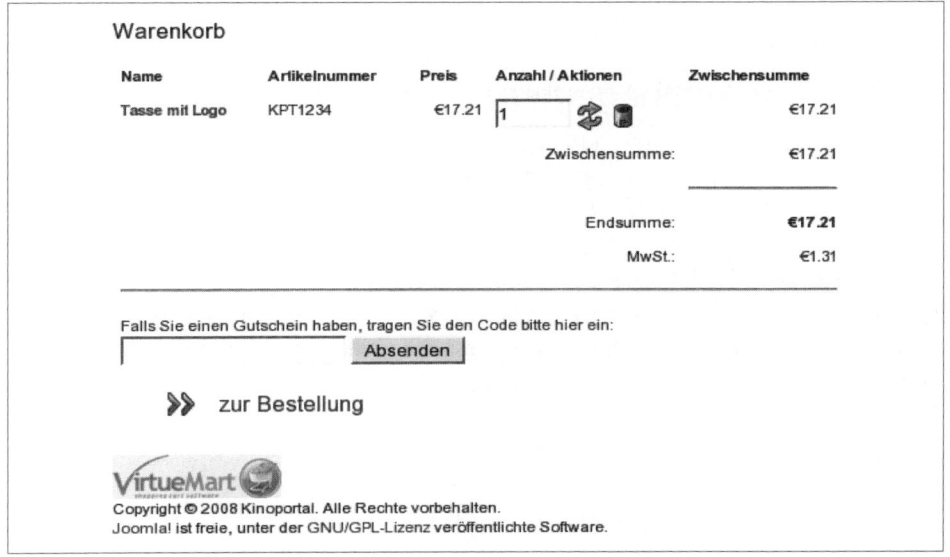

Abbildung 14-16: Der Einkaufskorb, in dem die Kinoportal-Tasse liegt

Ähnliches gilt, wenn man noch kein Nutzerkonto unter Joomla! besitzt. Dann wählt man auf der Einstiegsseite den Punkt NEU HIER?. VirtueMart kramt dann ein Formular hervor, das alle Informationen zur Person abfragt. Auf deren Basis erstellt das Shop-System dann ein neues Benutzerkonto und sendet eine E-Mail an die angegebene Adresse. In ihr befindet sich ein Aktivierungslink, den der zukünftige Kunde einmal anklicken muss. Auf diese Weise wird verhindert, dass Scherzbolde unerwünschte Konten in beliebig hoher Anzahl anlegen.

Hat man sich mit seinen Zugangsdaten erfolgreich angemeldet, kann der Bestellvorgang fortgeführt werden. Als Erstes zeigt VirtueMart noch einmal eine Zusammenfassung der gesamten Bestellung (Abbildung 14-17). Hier kann man noch einmal die Anzahl der jeweiligen Produkte korrigieren oder sie über den Mülleimer wieder komplett aus der Bestellung entfernen.

Nach einem Klick auf WEITER wählt man eine Versandart und das Transportunternehmen. Einen Schritt WEITER möchte VirtueMart wissen, auf welchem Weg die Bezahlung erfolgt. Hinter dem hochtrabenden *Cash on Delivery* verbirgt sich nichts anderes als die gute alte Bezahlung per Nachname.

 Weitere beziehungsweise eigene Zahlungsmöglichkeiten erstellen Sie im VirtueMart-Administrationsbereich über den Menüpunkt IHR SHOP → NEUE ZAHLUNGSARTEN.

Im letzten Bildschirm folgt dann noch eine Sicherheitsabfrage. Ist auch sie bestätigt, erhält der Kunde eine kurze Bestätigung, und die neue Bestellung erscheint im VirtueMart-Administrationsbereich in der Liste hinter BESTELLUNGEN → BELSTELLUNGEN AUFLISTEN.

Dokumentenmanagement (DOCman)

 Das Kinoportal wächst beständig, die Kritiken sind beliebt, und das Forum brummt. Mit der Zeit haben sich auch Kontakte zu den Pressestellen der Filmverleiher ergeben. Diese stellen zu neuen Filmen kostenlose Pressetexte und Bildmaterial bereit, mit denen die Kritiker ihre Artikel ausschmücken und durch Hintergrundinformationen ergänzen können. Allerdings stellt sich die Frage, wie man die Materialien korrekt an die Kritiker verteilt. Zwar könnte man die Dateien einfach in das Kinoportal stellen, doch hätten dann möglicherweise auch Unbefugte Zugang zu den kostbaren Bildern und Texten. Es muss also ein Verwaltungssystem her. Eine Komponente, die genau dies leistet, ist *DOCman*. Sie realisiert nicht nur ein kleines Dokumentenmanagementsystem, sondern kann auch für die Einrichtung eines Download-Bereichs verwendet werden.

zur Bestellung

| | Lieferadresse | Versandart | Bezahlung per | Bestellung absenden |

Name	Artikelnummer	Preis	Anzahl / Aktionen	Zwischensumme
Tasse mit Logo	KPT1234	€17.21	1	€17.21

Zwischensumme:	€17.21
Endsumme:	**€17.21**
MwSt.:	€1.31

Falls Sie einen Gutschein haben, tragen Sie den Code bitte hier ein:

[   ] [Absenden]

Rechnungsinformation

Firma:

Voller Name:

Adresse:

Telefon:

Fax:

Email:

(Adresse aktualisieren)

Bitte wählen Sie eine Lieferadresse aus!

Informationen zur Lieferung :

Eine neue Lieferadresse.

⊙   - Standard (wie Rechnungsadresse)

[Weiter >>]

Abbildung 14-17: Der Ablauf des Bestellvorgangs: Zunächst kontrolliert man alle Eckdaten der Bestellung in der Zusammenfassung.

Installation

Sie finden die Komponente unter der Internetadresse *http://www.joomlatools.org/products/docman.html* unter den DOWNLOADS oder alternativ auf *http://joomlacode.org/gf/project/docman/frs/*. Egal für welchen Ort Sie sich entscheiden, in jedem Fall finden Sie dort neben der eigentlichen Erweiterung DOCman auch noch andere Module und Plugins (*Addons*) und passende Sprachpakete (*Translations*).

Laden Sie sich zunächst das entsprechende Archiv mit der DOCMan-Basiskomponente (*com_docman_<versionsnummer>.zip*) herunter, und installieren Sie sie wie im Abschnitt »Erweiterungen installieren« auf Seite 391 beschrieben. Den Bestätigungsbildschirm nicken Sie per HOME... ab.

 Zu dem Zeitpunkt, als dieses Buch entstand, lief DOCMan nur bei aktiviertem Legacy-Mode. Wie man diesen Kompatibilitätsmodus einschaltet, zeigt der Abschnitt »Der Kompatibilitätsmodus« auf Seite 393.

 Sollte die Installation mit der Fehlermeldung abbrechen, es gäbe zu wenig Speicher, müssen Sie die PHP-Konfiguration anpassen. Sofern Sie mit XAMPP arbeiten, finden Sie die entsprechende Datei *php.ini* im Verzeichnis *etc*. Öffnen Sie die Datei mit einem Texteditor Ihrer Wahl, und steuern Sie darin die Zeile `memory_limit = 8M` an. Tauschen Sie nun die **8** gegen eine **16**, und speichern Sie Ihre Änderungen. Nach einem Neustart von XAMPP dürfen PHP-Programme nun 16 MB Speicher auf einmal beanspruchen – genau das, was DOCMan einfordert.

Sprachdateien

Die Installation der deutschen Sprachpakete ist nicht ganz so einfach. Stellen Sie zunächst sicher, dass im Administrationsbereich unter ERWEITERUNGEN → SPRACHE ein deutsches Sprachpaket aktiviert ist. Mehr zu diesem Thema finden Sie in Kapitel 12.

Die Sprachpakete für DOCMan gibt es auf der gleichen Download-Seite wie die Komponente (*http://joomlacode.org/gf/project/docman/frs/*). Suchen Sie dort in der Rubrik *Translations* das deutsche ZIP-Archiv (*german_docman_<versionsnummer>.zip*), laden Sie es herunter, und entpacken Sie es anschließend in ein Verzeichnis Ihrer Wahl.

 Achten Sie unbedingt darauf, dass die Versionsnummer des Sprachpakets mit der DOCMan-Version übereinstimmt. Ansonsten kann es später zu einer fehlerhaften oder sogar unbrauchbaren Benutzeroberfläche kommen.

Sie erhalten damit zwei Unterverzeichnisse: *language* und *themes*. Der Inhalt von *language* landet nun im Verzeichnis *administrator/components/com_docman/language* Ihrer Joomla!-Installation Der Inhalt von *themes* gehört hingegen in das Unterverzeichnis *components/com_docman/themes* (einschließlich der enthaltenen Unterverzeichnisse).

Grundeinstellungen

Sie erreichen das Konfigurationsmenü der neuen Komponente im Administrationsbereich von Joomla! unter KOMPONENTEN → DOCMAN. Wechseln Sie nicht direkt in das erscheinende Untermenü, sondern klicken Sie auf den Eintrag DOCMAN. Hierdurch gelangen Sie direkt zum *DOCman Control panel*, das alle Funktionen bequem zusammenfasst (Abbildung 14-18).

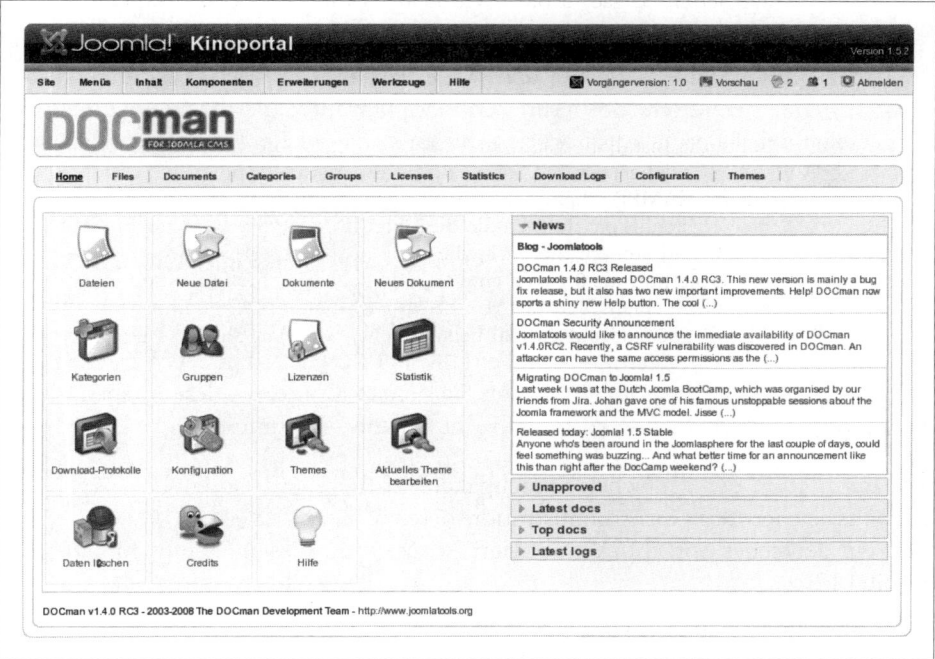

Abbildung 14-18: Das DOCMan Control Panel

Zunächst sollten Sie die Grundeinstellungen hinter der Schaltfläche KONFIGURATION prüfen. Von besonderem Interesse ist dort das Register ALLGEMEIN. Auf ihm erscheinen die Versionsnummer von DOCman sowie ein Verzeichnis, das später sämtliche Dokumente aufnimmt. Standardmäßig ist dies das Unterverzeichnis *dmdocuments* der Joomla!-Installation.

DOCman legt dieses Verzeichnis bei seiner Installation an. Allerdings sollte das Joomla!-Verzeichnis für jegliche Änderungen tabu bleiben. Aus diesem Grund sollten Sie das Verzeichnis entweder auf das eigentlich für diese Zwecke vorgesehene *media* umleiten oder es außerhalb des Joomla!-Verzeichnisses anlegen.

Achten Sie in jedem Fall darauf, dass dieses Verzeichnis zum einen existiert und zum anderen mit den notwendigen Schreibrechten ausgestattet ist.

Die Einstellungen auf den weiteren Registern sind bereits mit sinnvollen Standardwerten vorbelegt. Sofern Sie den Pfad für die Dateien geändert haben, klicken Sie in der Werkzeugleiste auf SPEICHERN, andernfalls auf ABBRECHEN. Damit landen Sie gleichzeitig wieder im DOCman Control Panel.

Kategorien

DOCman ordnet alle Dokumente fein säuberlich in Kategorien. Letztere erlauben nicht nur eine thematische Sortierung, sondern bewahren gleichzeitig bei recht vielen Dateien den Überblick. Kategorien dürfen selbst wieder Kategorien enthalten. Auf diese Weise lässt sich eine noch feinere Gliederung aufbauen.

 Im Fall des Kinoportals genügt für den Anfang eine Kategorie für die Pressetexte.

Um sie anzulegen, klicken Sie auf das Symbol KATEGORIEN im DOCman Control Panel (alternativ gelangt man auch über das Menü KOMPONENTEN → DOCMAN → CATEGORIES dorthin). Es erscheint eine Liste mit allen vorhandenen Kategorien, die im Moment noch recht leer aussieht. Per HINZUFÜGEN (ADD) in der Werkzeugleiste legen Sie eine neue Kategorie an. Wenn Sie bereits Kapitel 4 gelesen haben, dürfte Ihnen das nun erscheinende Formular recht bekannt vorkommen.

 Vergeben Sie für das Kinobeispiel als Titel und Name die Beschriftung **Pressetexte**, und klicken Sie anschließend auf SPEICHERN. Über HOME gelangen Sie wieder zurück zum DOCman-Hauptmenü.

Dateien

Als Nächstes benötigt man eine Datei, die man zum Download bereitstellen möchte. Im Fall des Kinoportals ist dies beispielsweise eine PDF-Datei mit den Pressetexten, die nun irgendwie auf den Server muss. Genau hierfür ist der Punkt DATEIEN zuständig (alternativ zu erreichen unter KOMPONENTEN → DOCMAN → FILES).

 Klicken Sie nun auf HOCHLADEN, um den Pressetext auf den Server zu spielen. Es erscheint ein Assistent, der Sie in wenigen Schritten zum Ergebnis führt.

Erhalten Sie eine Fehlermeldung, sollten Sie als Erstes überprüfen, ob das Zielverzeichnis auf dem Server überhaupt existiert und ob seine Zugriffsrechte korrekt gesetzt sind.

Dokumente

Damit sind alle Zutaten beisammen, um eine Seite für den Download der Datei einzurichten. DOCman nennt eine solche Seite etwas irreführend *Dokument* (*Document*). Die Verwaltung aller dieser Dokumente erreicht man über das gleichnamige Symbol im DOCman Control Panel oder über den Menüpunkt KOMPONENTEN → DOCMAN → DOCUMENTS.

Erstellen Sie direkt per NEU ein neues Dokument. Das Formular, das daraufhin erscheint, besteht aus zwei Teilen (Abbildung 14-19).

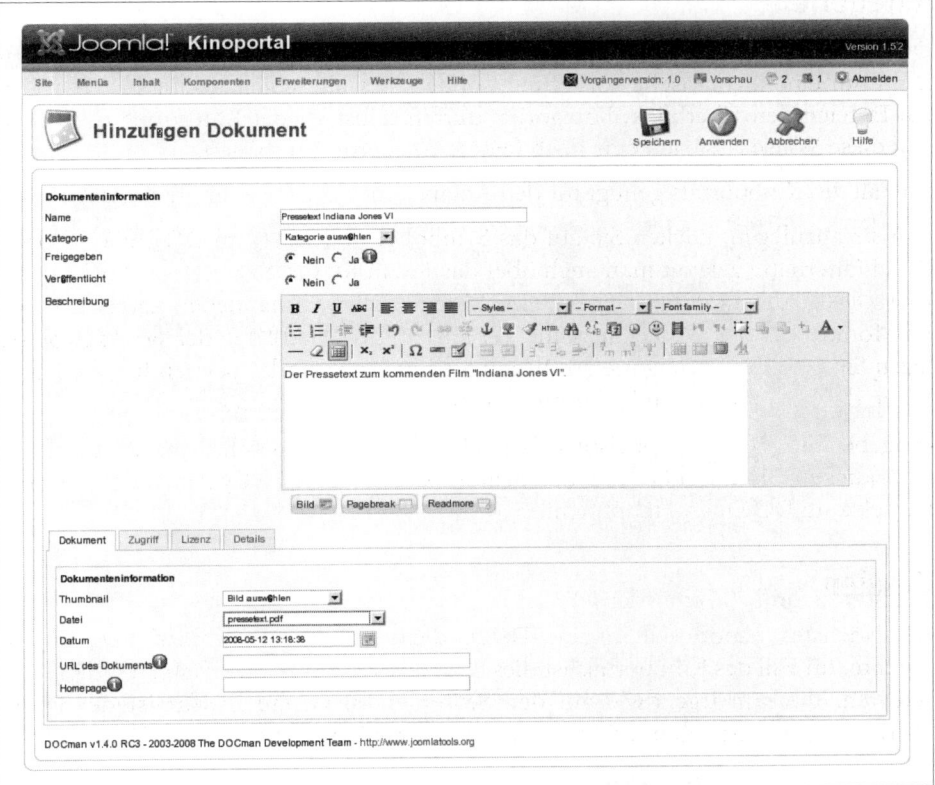

Abbildung 14-19: Das Register »Dokument« mit den Daten für das Kinoportal-Beispiel

Im oberen Teil werden ein paar allgemeine Informationen abgefragt:

Name	Der Name des Dokuments. Hier sollten Sie eine möglichst aussagekräftige Beschreibung der Datei eintippen, die Sie zum Download anbieten möchten. Ein Beispiel wäre `Pressetext Indiana Jones VI` für eine PDF-Datei, die eben jenen Pressetext enthält.
Kategorie	Eine der in DOCman angelegten Kategorien. Im Beispiel des Kinoportals war dies *Pressetexte*.
Freigegeben	In DOCMan landen neue Dokumente nicht automatisch auf der Homepage. Stattdessen müssen sie zunächst von einem sogenannten Maintainer geprüft werden. Welche Personen diese Aufgabe übernehmen dürfen, bestimmen Sie in der DOCMan-Konfiguration (Komponenten → DOCMan → Configuration). Standardmäßig sind dies alle angemeldeten Benutzer ab dem Rang eines *Publishers*. Da Sie derzeit als Administrator unterwegs sind, dürfen Sie Ihr neues Dokument selbst freigeben.

Sobald das Dokument keinen Grund zur Beanstandung gibt, wählt man hier unter Freigabe den Punkt *Ja* an. |
| Veröffentlicht | Nachdem das Dokument vom Maintainer geprüft und akzeptiert wurde, stellt man es hier mit einem *Ja* endgültig auf die Homepage. |
| Beschreibung | Eine kurze Beschreibung des Dateiinhalts |

Weiter geht es im unteren Bereich des Formulars. Dort warten gleich vier Register auf Ihre Daten. Die meisten bringen schon sinnvolle Voreinstellungen mit, kontrolliert werden müssen lediglich noch die folgenden Punkte:

Register »Dokument«

Thumbnail	Ein Bild, das auf der Download-Seite angezeigt wird und die Datei repräsentiert. Zur Auswahl stehen alle Fotos, die auch die Medienverwaltung von Joomla! im Verzeichnis *images/stories* kennt.
Datei	Die Datei, die zum Download bereitstehen soll
Datum	Ein Zeitstempel, der in der Regel das Datum der Veröffentlichung widerspiegelt. Welchen Tag man hier als Grundlage wählt, bleibt aber einem selbst überlassen.
URL des Dokuments	Mit diesem Punkt können Sie die Dateiverwaltung aus dem Abschnitt »Dateien« auf Seite 422 von DOCMan umgehen – vorausgesetzt, die Datei liegt auf einem anderen Internetserver. In diesem Fall geben Sie hier dessen vollständige Adresse ein und wählen unter Datei den Punkt *verlinktes Dokument* (Verlinktes Dokument). In allen anderen Fällen bleibt dieses Eingabefeld leer.
Homepage	Eine Internetadresse, die weitere Informationen zum Dateiinhalt bietet. Bei einem Pressetext könnte man hier einen Link auf die zuständige Agentur eintippen.

Register »Zugriff« (»Permissions«)

Leser	Dieser Parameter legt fest, welche Benutzergruppe das Dokument überhaupt zu Gesicht bekommt.
Verwalter	Bestimmt einen sogenannten Verwalter. Diese Person oder Benutzergruppe darf das Dokument nachträglich verändern, bearbeiten und löschen. Standardmäßig dürfen dies alle Joomla!-Benutzer vom Rang eines *Editors* oder höher.
Erstellt von	Nennt den Ersteller des Dokumentes.
Zuletzt aktualisiert von	Nennt den Benutzer, der das Dokument zuletzt geändert hat.

Für den Pressetext im Kinobeispiel übernehmen Sie die Angaben aus Abbildung 14-14.

Benutzerseite

Um die Dokumente auf der Homepage bereitzustellen, bindet man einfach die Komponente in ein Menü ein. Im Kinobeispiel soll der Zugang über das Hauptmenü geschehen. Dazu wählen Sie MENÜS → MAIN MENU und klicken anschließend auf NEU in der Werkzeugleiste. Im neuen Bildschirm selektieren Sie den Punkt *DOCman* in der Gruppe *Interner Link*. Im neuen Formular tippen Sie unter TITEL und ALIAS die Beschriftung des neuen Menüpunktes ein – wie beispielsweise **Zu den Pressetexten** – und klicken anschließend auf SPEICHERN. Damit erscheint der neue Menüpunkt auf der Homepage.

Klickt man ihn dort an, gelangt man zunächst zu einer Übersicht aller Kategorien. Ein weiterer Klick auf den entsprechenden Namen führt zu einer Aufstellung aller Dokumente, die in der entsprechenden Kategorie enthalten sind (Abbildung 14-20).

 Achten Sie darauf, dass Sie mit den korrekten Rechten auf der Homepage unterwegs sind.

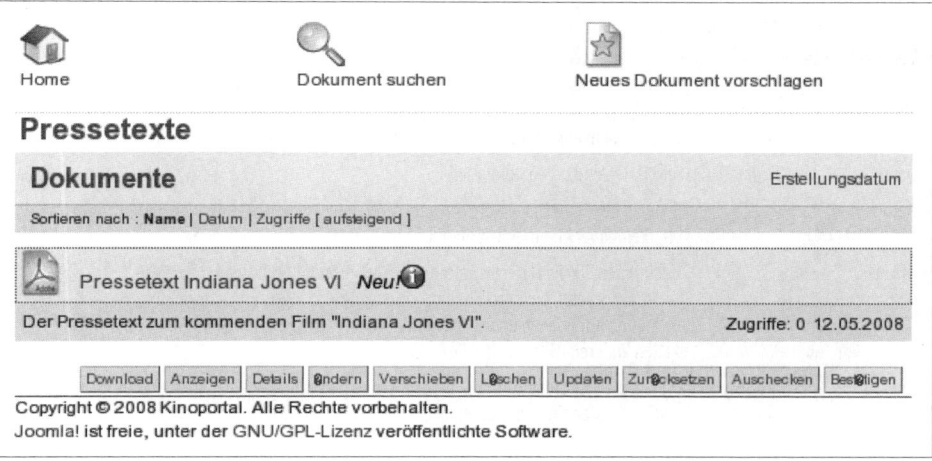

Abbildung 14-20: Die Pressetexte auf der Homepage

Verbessertes Benutzermanagement (Community Builder)

Bislang war die Kommunikation recht einseitig. Besucher der Homepage konnten in der Regel nur Informationen konsumieren oder herunterladen. Ein Gedankenaustausch war nur über ein Forum oder Kommentare möglich. Darüber hinaus wären aber sicherlich noch Adressen- und E-Mail-Listen oder Seiten mit persönlichen Informationen, wie zum Beispiel einem Portraitfoto, interessant. Derartige Funktionen tragen dazu bei, die Kontakte unter den Besuchern und Benutzern der Homepage zu knüpfen, zu festigen und zu erweitern.

Wer seinen Internetauftritt konsequent auf die Kommunikation und somit den Aufbau einer sogenannten Community (Nutzergemeinde) ausrichten möchte, sollte einen Blick auf die extrem beliebte *Community Builder*-Komponente werfen. Sie erweitert die Benutzerverwaltung von Joomla! erheblich.

Installation

Sie bekommen den *Community Builder* kostenlos auf dessen Homepage *http://www.joomlapolis.com*. Einzige Bedingung ist eine Registrierung, die Sie über REGISTER links unten im Bereich CB LOGIN vornehmen. Achten Sie im folgenden Anmeldeformular darauf, dass Sie den kostenfreien Zugang auswählen (*Free Joomlapolis Membership subscription*). Anschließend erhalten Sie eine E-Mail. Den darin enthaltenen Link klicken Sie einmal an und wechseln wieder auf die Community Builder-Homepage. Dort loggen Sie sich unter CB LOGIN mit Ihren neuen Zugangsdaten ein. Nach dieser umständlichen Prozedur klicken Sie einfach auf der linken Seite unter DOWNLOAD LATEST RELEASE auf die Versionsnummer. Damit landen Sie auf einer neuen Seite, auf der das kleine Download-Icon unterhalb der Tabelle endlich den Download der Komponente anstößt. Sie müssen lediglich noch die Lizenz akzeptieren. Vergessen Sie nicht, sich anschließend per LOGOUT wieder abzumelden.

Das heruntergeladene ZIP-Archiv entpacken Sie in einem ersten Schritt in ein Verzeichnis Ihrer Wahl. Sie erhalten ein Unterverzeichnis mit fünf weiteren Dateien. Die Textdatei *README.txt* gibt einen kurzen Einblick in den Installationsablauf.

 Der Community Builder funktionierte unter Joomla! 1.5 nur bei aktiviertem Legacy-Mode. Wie man diesen Kompatibilitätsmodus einschaltet, zeigt der Abschnitt »Der Kompatibilitätsmodus« auf Seite 393.

Rufen Sie im Administrationsbereich von Joomla! den Menüpunkt ERWEITERUNGEN → INSTALLIEREN/DEINSTALLIEREN auf. Klicken Sie im neuen Bildschirm auf DURCHSUCHEN..., und wählen Sie die Datei *com_comprofiler.zip* aus. Über DATEI HOCHLADEN & INSTALLIEREN spielen Sie die Komponente ein. Nachdem die Erfolgsmeldung erschienen ist, klicken Sie erneut auf DURCHSUCHEN... und wählen diesmal das Modul *mod_cblogin.zip*. Es enthält einen Ersatz für das bisherige Login-Modul (LOGIN FORM). DATEI HOCHLADEN & INSTALLIEREN spielt das Modul ein.

Auf die gleiche Art installieren Sie abschließend noch die Datei *mod_comprofiler-moderator.zip*. Dieses Modul erinnert die sogenannten Moderatoren an noch ausstehende Aufgaben. Wenn Sie möchten, können Sie auch noch das Modul *mod_* *comprofileronline.zip* einspielen. Es zeigt später eine Liste mit allen derzeit angemeldeten Benutzern an.

Erste Schritte

Bevor man den Community Builder endgültig in Betrieb nehmen kann, muss man noch ein paar Dinge geraderücken.

Wechseln Sie zunächst über ERWEITERUNGEN → MODULE zur Liste aller derzeit verfügbaren Module. Deaktivieren Sie dort das bestehende *Login Form* mit einem Klick auf den zugehörigen grünen Haken in der Spalte *Aktiviert*. Dafür veröffentlichen Sie die Module *CB Login* und *CB Workflows*, indem Sie auf deren rote Kreuze klicken. Auf diese Weise ersetzt man die bestehende Anmeldeprozedur durch die des Community Builders.

 Damit übernimmt die neue Komponente die gesamte Benutzerverwaltung. Zwar finden Sie unter SITE → BENUTZER noch den altbekannten Bildschirm, dessen Nutzung untergräbt jedoch die neuen Funktionen des Community Builders. Aus diesem Grund sollten Sie ab sofort nur noch das Menü KOMPONENTEN → COMMUNITY BUILDER für die Benutzerverwaltung heranziehen.

Klicken Sie nun in der Zeile *CB Workflows* auf das grüne ÖFFENTLICH in der Spalte ZUGRIFFSEBENE. Damit stellen Sie sicher, dass nur angemeldete (also *registrierte*) Benutzer Zugriff auf die Moderatoren-Anzeige haben.

In einem letzten Schritt wird noch ein Menüeintrag fällig. Über ihn erhalten später die Besucher der Homepage Zugang zur neuen Komponente. Damit nicht jeder seine Nase dort hineinsteckt, kommt der neue Menüeintrag in das nur registrierten Personen zugängliche Benutzermenü. Dazu rufen Sie zunächst MENÜS → USER MENU auf. Erstellen Sie via NEU in der Werkzeugleiste einen neuen Eintrag. In der neuen Liste klicken Sie auf den Eintrag COMMUNITY BUILDER in der Kategorie *Interner Link*. Joomla! leitet Sie auf ein Formular weiter. In die Felder TITEL und ALIAS gehört nun die Beschriftung für den neuen Menüpunkt, wie beispielsweise **Community Builder**. Vergessen Sie nicht, die ZUGRIFFSEBENE auf *registrierte* Benutzer zu beschränken. Ein Klick auf SPEICHERN legt den neuen Menüpunkt an. Ab sofort erreichen angemeldete Benutzer über ihr eigenes *User Menu* die Seiten des Community Builders. Dort dürfen sie unter anderem ihre Nutzerdaten selbst bearbeiten und ergänzen.

Benutzerverwaltung

Sobald der Community Builder vollständig installiert und korrekt eingerichtet ist, ersetzt er die komplette Benutzerverwaltung von Joomla!. Dies bedeutet auch, dass

Sie ab sofort alle neuen Benutzer über KOMPONENTEN → COMMUNITY BUILDER → USER MANAGEMENT anlegen und pflegen müssen. Die unter dem genannten Menüpunkt erreichbare Liste funktioniert analog zu der bereits von Joomla! bekannten Benutzerverwaltung hinter SITE → BENUTEZR.

Wie man an Abbildung 14-21 erkennt, klinkt sich der Community Builder in die Benutzerverwaltung von Joomla! ein und übernimmt darin bereits vorhandene Konten. Umgekehrt tauchen alle hier angelegten Benutzer auch in der Benutzerverwaltung von Joomla! auf. Hierdurch ist sichergestellt, dass auch externe Erweiterungen alle vorhandenen Konten finden.

 Dennoch sollten Sie beim Einsatz des Community Builders auf alle Erweiterungen verzichten, die irgendwie in die Benutzerverwaltung eingreifen. Andernfalls können unerwünschte Seiteneffekte auftreten, im schlimmsten Fall droht sogar Datenverlust.

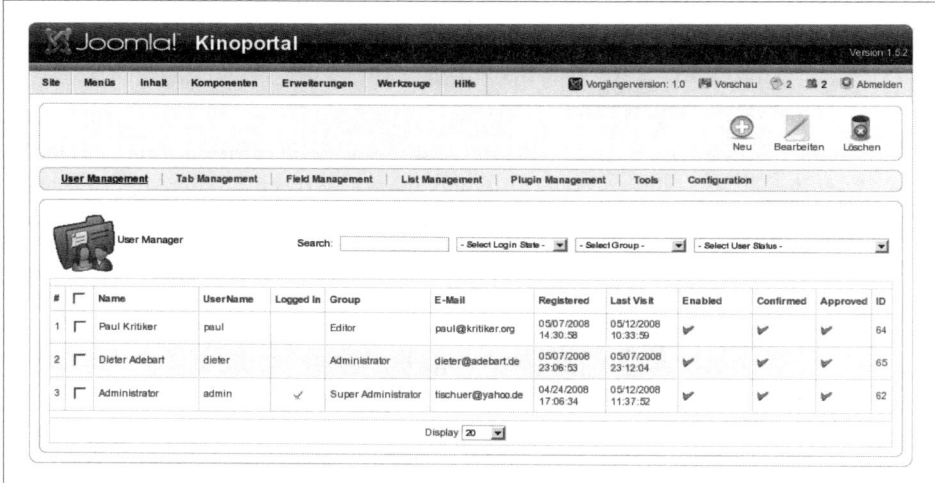

Abbildung 14-21: Die Übersicht aller Benutzer im Community Builder

Um einen neuen Benutzer anzulegen, klicken Sie in der Werkzeugleiste einfach auf die Schaltfläche NEU. Sie gelangen zu einem Formular, das nur noch entfernt dem aus der Benutzerverwaltung von Joomla! ähnelt. Neben den bereits bekannten Feldern wie dem Benutzernamen und der E-Mail-Adresse erlaubt der Community Builder auch zusätzliche Angaben, wie etwa zur bevorzugten Sprache sowie die Zeitzone, in der sich der neue Benutzer gerade aufhält.

Im Gegensatz zu Joomla! verfügt der Community Builder über einen mehrstufigen Anmeldungsprozess. Zunächst hinterlässt ein Besucher seine persönlichen Daten auf dem Registrierungsformular und beantragt so ein eigenes Benutzerkonto. Erst nachdem sein Profil durch eine entsprechende Person, den sogenannten Moderator, geprüft wurde, schaltet der Community Builder das Konto frei. Im unteren Teil des Formulars können Sie bestimmen, welche Stufen dieses Prozesses bereits erfolgreich durchlaufen wurden. Ein *Yes* bei *Approve User* genügt, und schon hat das neue Profil den Segen des Moderators beziehungsweise Administrators.

Da Sie als Administrator unterwegs sind, dürfen Sie hier an allen Einstellungen unbehelligt drehen.

Sobald der Benutzer ein neues Konto beantragt hat, erhält er eine E-Mail mit einem Link. Erst wenn er die dahinterstehende Internetadresse aufgerufen hat, schaltet der Community Builder das Benutzerkonto endgültig frei. Auf diese Weise verhindert man, dass ein fremder Besucher im Namen eines anderen einfach ein Konto anlegt. Steht bei *Confirm User* ein *Yes*, so wurde das Konto auf diesem Weg bestätigt. Ein Administrator kann dem natürlich vorgreifen und hier einfach den Schalter umlegen.

Welche Informationen speichern?

Der Betreiber der Homepage darf selbst bestimmen, welche Informationen ein jedes Benutzerkonto enthält. Beispielsweise fehlen in der herkömmlichen Benutzerverwaltung Telefonnummern und Adressen (siehe Kapitel 9).

Jede einzelne Information legt der Community Builder in einem sogenannten Feld ab. Möchte man beispielsweise auch den Wohnort in die Nutzerprofile aufnehmen, erstellt man einfach ein neues Feld namens *Wohnort*, das dann jeder Benutzer mit entsprechendem Inhalt füllt. Die Verwaltung aller zusätzlichen Felder erfolgt über den Menüpunkt KOMPONENTEN → COMMUNITY BUILDER → FIELD MANAGEMENT. Um dort nun beispielsweise den erwähnten Wohnort anzulegen, klicken Sie auf NEW FIELD in der Werkzeugleiste. Das erscheinende Formular fragt nun folgende Informationen ab:

Type
Der Typ des Feldes. Er bestimmt, welche Daten das Feld aufnehmen darf. Wählen Sie zum Beispiel *Date*, so darf der Benutzer ausschließlich ein Datum eingeben. Für den Wohnort wählen Sie einfach *Text Field*. Wenn Sie jetzt genau hingeschaut haben, so dürfte Ihnen nicht entgangen sein, dass am unteren Rand des Formulars ein neuer Parameter erschienen ist. Alle dort eingeblendeten Einstellungen hängen vom gewählten Typ ab. Im Fall des Textfeldes legt man dort die maximal erlaubte Zeichenanzahl fest. Da für den Wohnort keine Romane nötig sind, beschränkt man ihn am besten auf 30 Zeichen.

Tab

Mit Tab wählt man aus, auf welcher Registerkarte dieses Feld erscheinen soll. Im Moment existiert nur ein einziges Register namens *Contact Info*, auf dem alle bisherigen Felder abgelegt wurden. Mehr zu den Registerkarten folgt direkt im nächsten Abschnitt »Die Informationen strukturieren: Register« auf Seite 431.

Name

Der (interne) Name des neuen Feldes. Er dient zur eindeutigen Identifikation innerhalb des Community Builders. Folglich sollte er ohne Leerzeichen auskommen und nicht schon für ein anderes Feld verwendet worden sein.

 Am einfachsten verwenden Sie für den Namen den Titel (im Beispiel **wohnort**), aus dem Sie die Leerzeichen entfernen, und stellen ihm noch das Kürzel **cb_** für Community Builder voran.

Title

Der hier eingetippte Begriff erscheint später als Beschriftung vor dem Eingabefeld. Für den Wohnort wäre dies beispielsweise **Wohnort**.

Description

Hier hinein gehört eine Beschreibung des Feldes beziehungsweise ein Hilfstext. Er sollte Auskunft darüber geben, welche Informationen der Benutzer in das Feld eingeben muss.

 Der hier eingetippte Text scheint später, wenn der Benutzer mit der Maus über dem kleinen i-Symbol neben dem Eingabefeld verweilt.

Required?

Steht hier ein *Ja*, so müssen die Benutzer dieses Feld zwangsweise mit Daten füllen.

Show on Profile?

Bei einem *Yes* erscheint das neue Feld auch im Profil des Benutzers auf der Homepage. Für einen Wohnort ist dies sicherlich sinnvoll, wohingegen beispielsweise Passwörter aus Sicherheitsgründen niemals irgendwo erscheinen sollten. In einem solchen Fall wählt man hier das *No*.

User Read Only?

Benutzer können den Inhalt des Feldes nur einsehen, aber nicht verändern.

Show at Registration?

Bei einem *Ja* muss der Benutzer das Feld bereits bei der Registrierung ausfüllen.

Published

Legt fest, ob das Feld veröffentlicht und somit überhaupt auf der Homepage sichtbar ist.

Size

Die Größe des Feldes

Nach dem Speichern taucht das neue Feld mit seinen Eckdaten in der Liste auf. Legen Sie nun zur Probe einen neuen Benutzer über KOMPONENTEN → COMMUNITY BUILDER → USER MANAGEMENT und einen Klick auf NEU an. Wie Sie sehen, taucht hier jetzt auch der *Wohnort* als neues Eingabefeld auf, wenn auch etwas einsam am unteren Rand.

 Sollte dies nicht der Fall sein, kontrollieren Sie noch einmal unter KOMPONENTEN → COMMUNITY BUILDER → FIELD MANAGEMENT, ob das neue Feld tatsächlich freigeschaltet ist (in der Spalte PUBLISHED? sollte ein grüner Haken stehen).

Die Informationen strukturieren: Register

Hat man viele solcher Felder angelegt, wird die Eingabe der Daten recht schnell unübersichtlich. Der Wohnort aus dem vorherigen Abschnitt tauchte beispielsweise erst ganz am unteren Rand der Eingabemaske auf. Kommen dort noch Telefonnummer, Straße und E-Mail-Adresse hinzu, erhält man auf der Seite zwangsweise ein nettes Durcheinander. Eindeutig besser wäre es doch, wenn man hier einfach neben dem vorgegebenen *Contact Info* ein zweites Register hervorzaubern könnte, auf dem man dann alle Felder der Adresse sammelt.

Kein Problem für den Community Builder: Wann immer Sie verwandte Felder vorliegen haben, dürfen Sie diese auf einem neuen Register (englisch *Tab*) zusammenfassen. Die Verwaltung der Tabs erreichen Sie über den Menüpunkt KOMPONENTEN → COMMUNITY BUILDER → TAB MANAGEMENT.

Die auftauchende Liste bringt schon ein paar vordefinierte Register für verschiedene Zwecke mit. Insbesondere *Contact Info* mit den Basisdaten dürfte Ihnen bekannt vorkommen. Die anderen Tabs tauchen an anderen Stellen des Community Builders auf oder wurden deaktiviert.

 Einige der aktivierten Tabs, insbesondere aus dem oberen Teil der Liste, kümmern sich um wichtige Basisfunktionen. Daher sollten Sie grundsätzlich alle hier bereits aktivierten Listeneinträge unbedingt in diesem Zustand belassen.

Sie erstellen ein neues Register, indem Sie auf NEW TAB in der Werkzeugleiste klicken. Für gewöhnlich müssen Sie im neuen Formular lediglich einen TITEL und die

BESCHREIBUNG vergeben. Die anderen Werte bestimmen das Aussehen des neuen Registers und wurden bereits sinnvoll vorgegeben. Prüfen Sie abschließend noch, ob PUBLISH auf *Ja* steht und somit das Register samt seiner Inhalte auch sichtbar ist.

 Für das Beispiel mit der Adresse wählen Sie einfach die Einstellungen aus Abbildung 14-22.

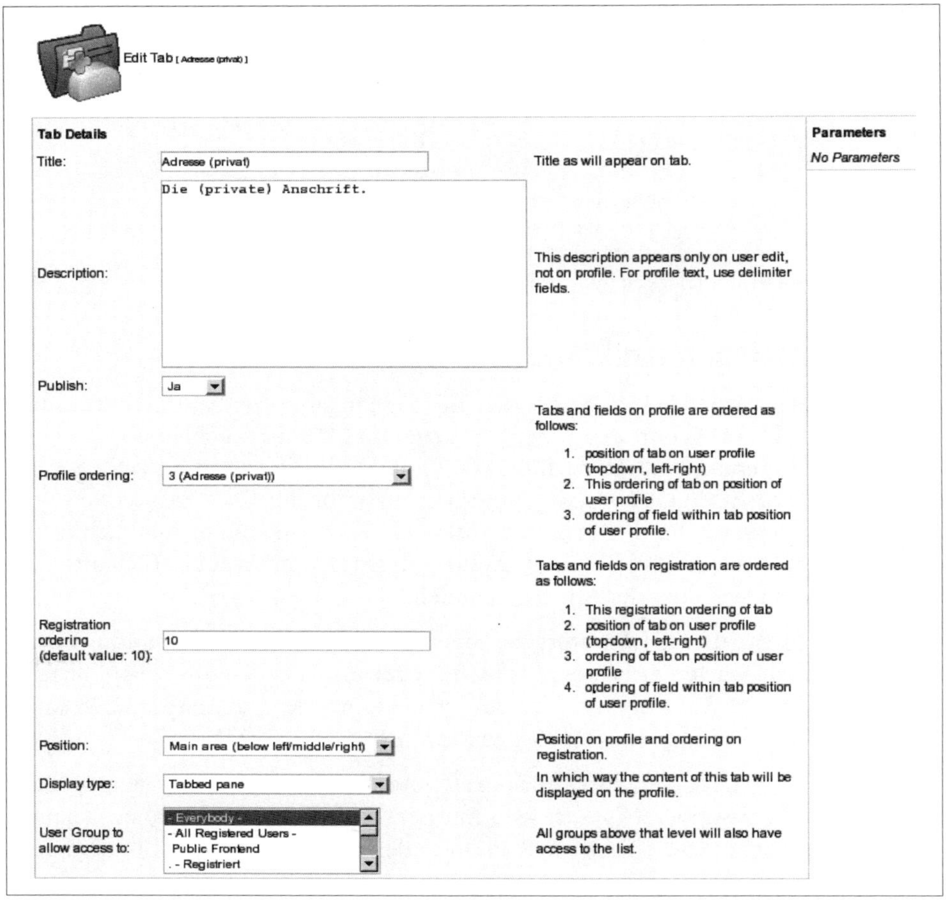

Edit Tab [Adresse (privat)]

Tab Details			Parameters
Title:	Adresse (privat)	Title as will appear on tab.	No Parameters
Description:	Die (private) Anschrift.	This description appears only on user edit, not on profile. For profile text, use delimiter fields.	
Publish:	Ja		
Profile ordering:	3 (Adresse (privat))	Tabs and fields on profile are ordered as follows: 1. position of tab on user profile (top-down, left-right) 2. This ordering of tab on position of user profile 3. ordering of field within tab position of user profile.	
Registration ordering (default value: 10):	10	Tabs and fields on registration are ordered as follows: 1. This registration ordering of tab 2. position of tab on user profile (top-down, left-right) 3. ordering of tab on position of user profile 4. ordering of field within tab position of user profile.	
Position:	Main area (below left/middle/right)	Position on profile and ordering on registration.	
Display type:	Tabbed pane	In which way the content of this tab will be displayed on the profile.	
User Group to allow access to:	- Everybody - - All Registered Users - Public Frontend . - Registriert	All groups above that level will also have access to the list.	

Abbildung 14-22: Hier legt man ein neues Register an.

Speichern Sie den neuen Kartenreiter ab. Nun müssen nur noch die entsprechenden Felder auf das neue Tab verschoben werden. Wechseln Sie dazu wieder per KOMPONENTEN → COMMUNITY BUILDER → FIELD MANAGEMENT in die Felder-Verwaltung, und klicken Sie dort auf eines der Felder, wie zum Beispiel auf den bereits angelegten Wohnort (alias *cb_wohnort*). Im nun erscheinenden Bearbeitungsbildschirm wählen Sie unter TAB das soeben erstellte Register.

Nach dem Speichern geht es via KOMPONENTEN → COMMUNITY BUILDER → USER MANAGEMENT wieder zurück zur Benutzerverwaltung. Wenn Sie jetzt einen der bestehenden Benutzer anklicken oder über NEW USER einen neuen anlegen, stehen Ihnen wie erwartet zwei Register zur Auswahl. Das rechte von beiden verlangt dabei nach der Eingabe des Wohnorts (Abbildung 14-23).

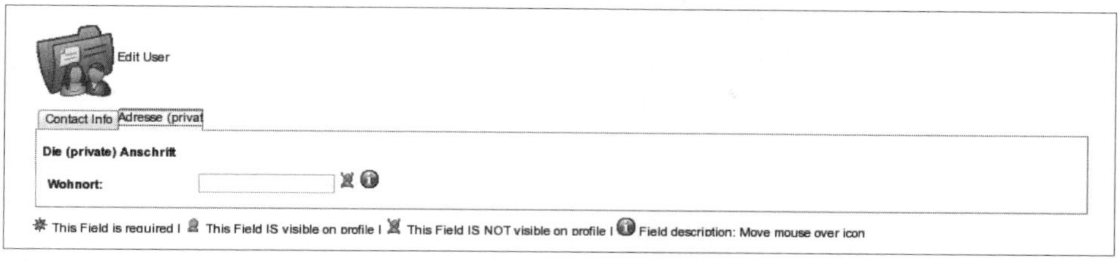

Abbildung 14-23: Das zuvor angelegte Feld auf dem neuen Register

Benutzeroberfläche

Nachdem man sich auf der Homepage über das neue CB LOGIN-Modul am unteren linken Rand angemeldet hat, kann man nun über den im Abschnitt »Installation« auf Seite 426 angelegten Menüpunkt sein eigenes Profil einsehen und es via EDIT → UPDATE YOUR PROFILE editieren (Abbildung 14-24).

Abbildung 14-24: Das Benutzerprofil auf der Homepage

Benutzer gruppieren: Listen

Bis zu diesem Zeitpunkt blieben alle registrierten Benutzer weitgehend anonym. Abhilfe schaffen würde eine Art Telefonbuch mit den Kontaktdaten der angemeldeten Benutzer. Damit könnten sich Gleichgesinnte viel schneller finden. Ein solches Verzeichnis bezeichnet der Community Builder als *Liste*. Die zuständige Verwaltung erreicht man im Administrationsbereich unter KOMPONENTEN → COMMUNTIY BUILDER → LIST MANAGEMENT. Um dort eine neue Liste zu erzeugen, klicken Sie auf die Schaltfläche NEW LIST in der Werkzeugleiste. Das nun erscheinende Formular wirkt auf den ersten Blick ein wenig durcheinander (Abbildung 14-25).

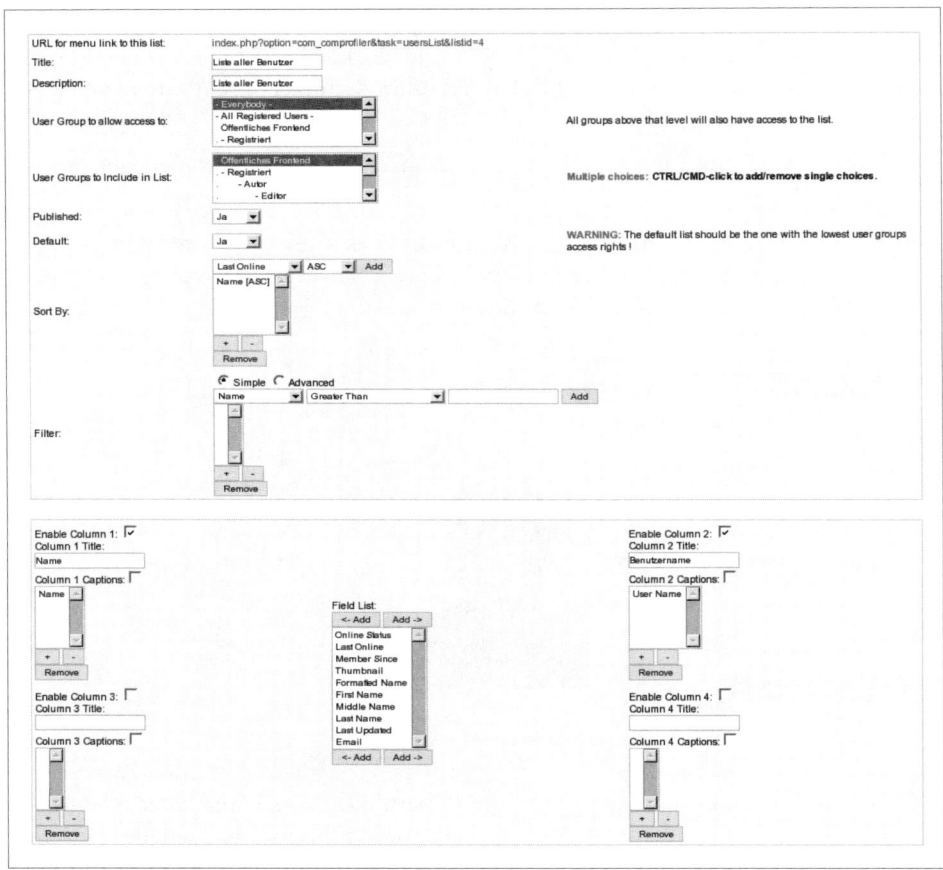

Abbildung 14-25: Diese Einstellungen für eine Liste...

Im oberen Teil legen Sie das Aussehen fest und bestimmen, wer die Liste einsehen darf. Der untere Bereich regelt, welche Benutzerdaten überhaupt in der Liste landen sollen. Insgesamt stehen Ihnen auf der späteren Liste maximal vier Spalten zur Verfügung. Folglich sollten Sie sich gut überlegen, welche Informationen Sie darauf preisgeben. Wenn Sie eine der Spalten nutzen möchten, aktivieren Sie das entsprechende ENABLE COLUMN und schieben über den zugehörigen (ADD-)Pfeil in der Mitte des Bereichs eines der dortigen Felder in die Spalte.

Nachdem Sie die neue Liste gespeichert haben, rufen Sie noch einmal den Bearbeitungsbildschirm auf (indem Sie auf den Namen der Liste klicken). Ganz oben erscheint nun der Punkt URL FOR MENU LINK TO THIS LIST. Daneben finden Sie eine Internetadresse, die direkt zu der neuen Liste führt. Merken Sie sich diese Adresse, und klicken Sie anschließend auf ABBRECHEN. Weiter geht es über MENÜS → USER MENU zur Menüverwaltung. Dort erstellen Sie einen NEUen Eintrag und wählen aus der Liste EXTERNER LINK. Vergeben Sie einen TITEL und ALIAS, und tragen Sie dann unter Link die gemerkte Internetadresse ein. Ein SPEICHERN legt einen neuen Menüpunkt im *User Menu* an, über den ab sofort alle Benutzer direkt zur neuen Liste springen können.

Abbildung 14-26 zeigt das Ergebnis, nachdem ein Benutzer den fertigen Menüpunkt angeklickt hat.

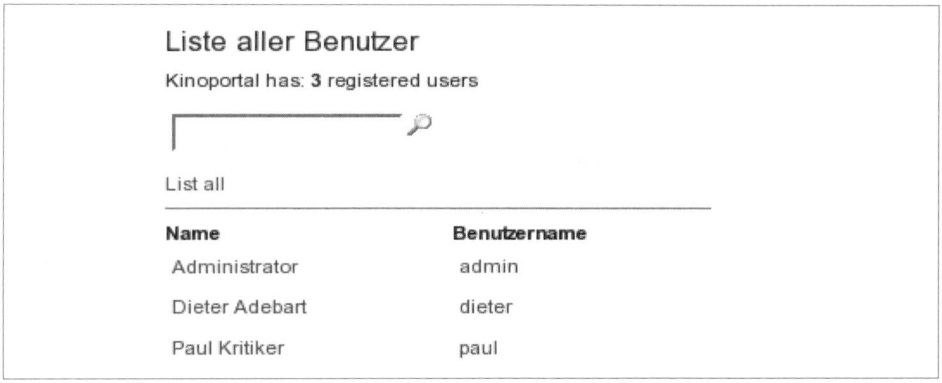

Abbildung 14-26: ... führen zu diesem Ergebnis.

Sitemap (Xmap)

Gerade bei umfangreichen Seiten, wie zum Beispiel dem wachsenden Kinoportal, fällt es den Besuchern häufig schwer, den Überblick zu behalten oder einen ganz bestimmten Artikel zu finden. Bevor man sie entnervt durch verschiedene Untermenüs tapsen lässt, bietet man ihnen besser eine sogenannte Sitemap an. Sie präsentiert übersichtlich und kompakt alle verfügbaren Seiten der Homepage in einer kleinen Hierarchie.

Die noch recht neue Komponente *Xmap* basiert auf der alteingesessenen Joomap und bietet folglich einen recht ähnlichen Funktionsumfang.

Installation

Das aktuelle Xmap-Paket finden Sie unter *http://joomla.vargas.co.cr/downloads/cat_view/1-xmap*. Achten Sie darauf, dass Sie die zu Ihrer Joomla!-Version passende Variante herunterladen. Das so gewonnene Archiv spielen Sie wie im Abschnitt »Erweiterungen installieren« auf Seite 391 beschrieben ein. Wenn alles geklappt hat, erscheint ein kleiner Bestätigungsbildschirm (Abbildungen 14-27 und 14-28).

Konfiguration

Der erste Weg sollte in den Konfigurationsbildschirm unter KOMPONENTEN → XMAP führen. Dort treffen Sie auf eine etwas merkwürdige Oberfläche (Abbildung 14-27).

Abbildung 14-27: Die Oberfläche von Xmap

Sie besteht zwar nur aus drei Registern, gleich das erste mit dem Namen INHALTS-VERZEICHNISSE enthält aber schon alles, was man braucht:

Unter der blauen Überschrift NEUES INHALTSVERZEICHNIS finden Sie eine Liste, in der im Moment nur ein Eintrag namens *0. mainmenu* steckt. Xmap durchforstet später alle hier aufgeführten Menüs und stellt aus den dabei gefundenen Inhalten die Sitemap zusammen.

Um ein weiteres Menü zu dieser Suche hinzuzufügen, fahren Sie mit der Maus über den Text NEUES MENÜ unterhalb der Liste und drücken die Maustaste. Es erscheint nun eine Liste mit allen derzeit existierenden Menüs. Aktivieren Sie alle hier aufgeführten Zeilen mit Ausnahme des *topmenu* und des *usermenu*. Ersteres führt Menü-punkte, die auch in anderen Menüs auftauchen und somit in der Sitemap doppelt vorhanden wären. Das *usermenu* enthält das persönliche Menü eines Benutzers, dessen Einträge in einer Sitemap nichts verloren haben. Mit einem Klick auf SPEI-CHERN landen die markierten Menüs in der Liste.

Benutzerseite

Damit die Sitemap auch auf der Homepage zugänglich ist, muss die Komponente noch in eines der Menüs eingebunden werden. Ideal hierfür ist das *topmenu* am oberen Rand der Homepage. Um die Sitemap dort zu integrieren, wählen Sie MENÜS → TOP MENU und klicken auf NEU. Klicken Sie auf XMAP unter INTERNER LINK, und vergeben Sie im neuen Formular unter TITEL und ALIAS eine Beschriftung des neuen Menüpunktes, beispielsweise **Sitemap**. Ein Klick auf SPEICHERN schaltet den neuen Eintrag frei.

Das Ergebnis auf der Homepage sehen Sie in Abbildung 14-28. Über die dort angebotenen Links hat der Besucher ab sofort Zugriff auf das komplette Angebot Ihres Internetauftritts.

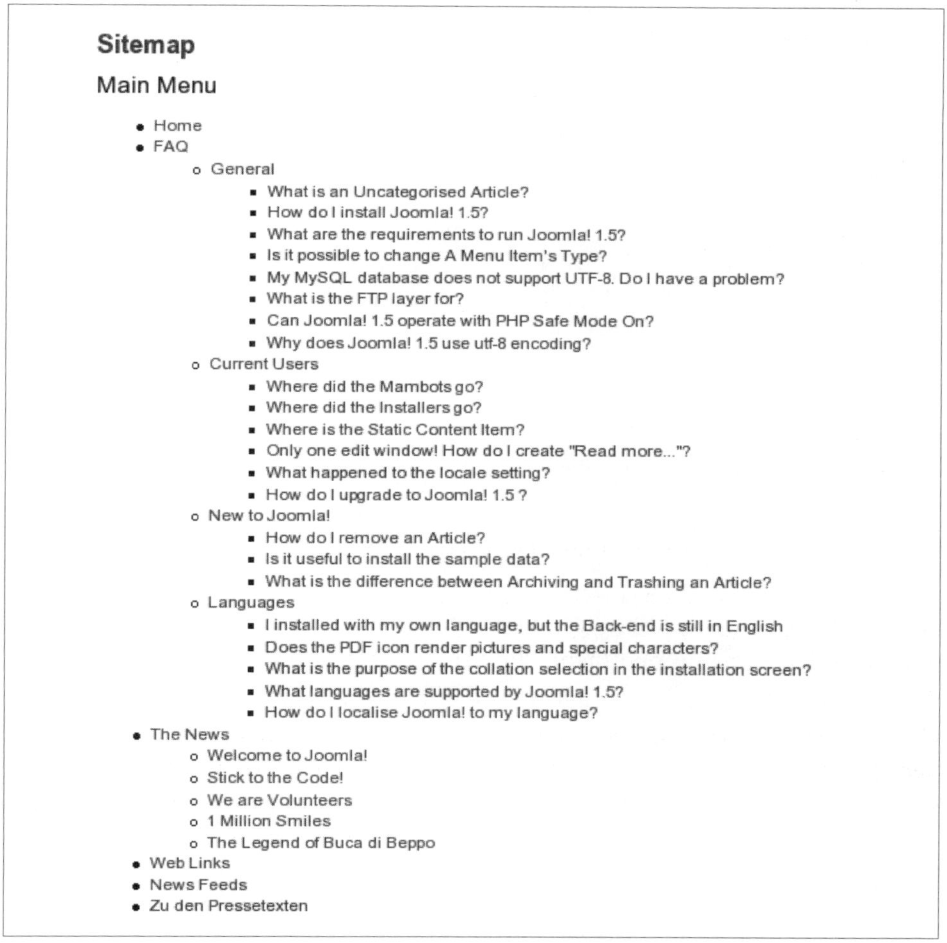

Sitemap

Main Menu

- Home
- FAQ
  - General
    - What is an Uncategorised Article?
    - How do I install Joomla! 1.5?
    - What are the requirements to run Joomla! 1.5?
    - Is it possible to change A Menu Item's Type?
    - My MySQL database does not support UTF-8. Do I have a problem?
    - What is the FTP layer for?
    - Can Joomla! 1.5 operate with PHP Safe Mode On?
    - Why does Joomla! 1.5 use utf-8 encoding?
  - Current Users
    - Where did the Mambots go?
    - Where did the Installers go?
    - Where is the Static Content Item?
    - Only one edit window! How do I create "Read more..."?
    - What happened to the locale setting?
    - How do I upgrade to Joomla! 1.5 ?
  - New to Joomla!
    - How do I remove an Article?
    - Is it useful to install the sample data?
    - What is the difference between Archiving and Trashing an Article?
  - Languages
    - I installed with my own language, but the Back-end is still in English
    - Does the PDF icon render pictures and special characters?
    - What is the purpose of the collation selection in the installation screen?
    - What languages are supported by Joomla! 1.5?
    - How do I localise Joomla! to my language?
- The News
  - Welcome to Joomla!
  - Stick to the Code!
  - We are Volunteers
  - 1 Million Smiles
  - The Legend of Buca di Beppo
- Web Links
- News Feeds
- Zu den Pressetexten

Abbildung 14-28: Ausschnitt aus der fertigen Sitemap auf der Homepage

Kalender (JEvents)

Die Veranstaltungsdaten von Filmfestivals in der nahen Umgebung könnte man im Kinoportal jeweils durch Newsmeldungen ankündigen. Eine schönere Präsentation liefert jedoch ein schmucker Kalender. Er hilft bei der Verwaltung und Einhaltung von Terminen. Wie immer existieren gleich mehrere Lösungen allein auf den Joomla!-Projektseiten.

Eine der beliebtesten Lösungen ist *Jevents*, das teilweise auch einfach schlicht als *Event Calendar* oder *Events* bezeichnet wird. Sie stellt die Fortführung des beliebten und ausgereiften *Events*-Kalender für Mambo dar. JEvents finden Sie auf der Joomla!-Homepage im Bereich EXTENSIONS in der Kategorie CALENDARS → EVENTS. Nach einem Klick auf DOWNLOAD landen Sie in einer ziemlich langen Liste. Von dort benötigen Sie zunächst nur die ZIP-Datei, die mit *com_events-...* beginnt.

Unter Joomla! 1.5 läuft JEvents nur bei aktiviertem Kompatibilitätsmodus (*Legacy Mode*). Wie man ihn einschaltet, zeigt der Abschnitt »Der Kompatibilitätsmodus« auf Seite 393. Die nächste Version JEvents 1.5 wird voraussichtlich ohne diese Krücke auskommen.

Sie installieren JEvents wie im Abschnitt »4. Schritt: Erweiterungen installieren« auf Seite 606 beschrieben. Hat alles geklappt, erscheint ein recht informationsfreudiger Begrüßungsbildschirm. Ab sofort erreichen Sie das Funktionsangebot der Komponente unter KOMPONENTEN → KALENDER.

Konfiguration

Wählen Sie dort zunächst den Punkt KOMPONENTEN → KALENDER → KONFIGURATION, um ein paar Grundeinstellungen geradezubiegen. Das nun auftauchende Formular aus Abbildung 14-29 besteht aus mehreren Registern (von KOMPONENTE bis ÜBER).

Dort prüfen Sie nun die Einstellungen auf dem Register KOMPONENTE:

Admin-EMail
Hier hinein gehört die E-Mail-Adresse des für den Kalender zuständigen Administrators – in der Regel also Ihre eigene.

Berechtigt
Legt fest, welche Benutzergruppen neue Termine erstellen dürfen.

Überlegen Sie sich gut, welchen Gruppen Sie den Zugriff gestatten. Gerade Kalender, die von Besuchern häufig besucht werden, ziehen Spammer und Werbung magisch an.

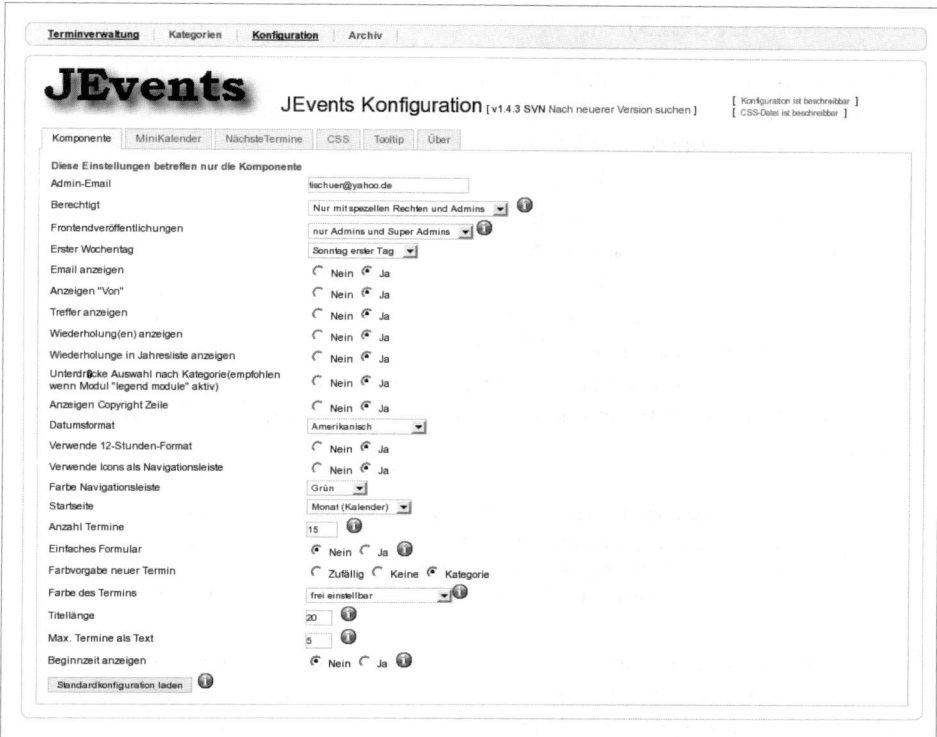

Abbildung 14-29: Die Basiskonfiguration von JEvents

Frontendveröffentlichungen
Diese Benutzergruppen dürfen neue Termine auf der Homepage (Frontend) veröffentlichen.

Erster Wochentag
Mit diesem Tag beginnt eine neue Woche (Wochenbeginn).

Email anzeigen / Anzeigen »Von« / Treffer anzeigen / Wiederholung(en) anzeigen / Wiederholunge in Jahresliste anzeigen
Steht hier ein *Ja*, erscheinen zu jedem Termin die jeweiligen Informationen (E-Mail-Adresse des Autors, der Verfasser des Termins, die Anzahl der Zugriffe und die Wiederholungen).

Unterdrücke Auswahl nach Kategorie (empfohlen wenn Modul »legend module« aktiv)
Sofern Sie unter Joomla! 1.5 arbeiten und der Kompatibilitätsmodus aktiv ist, sollten Sie hier *Ja* wählen.

Anzeigen Copyright Zeile
Blendet bei *Ja* auf der Homepage eine Zeile mit einem Hinweis auf JEvents und deren Entwickler ein.

Datumsformat

Legt fest, in welchem Format das Datum erscheint. Im amerikanischen Raum ist es beispielsweise üblich, erst den Monat und dann den Tag zu nennen. Für das deutsche Datumsformat wählen Sie hier *Kontinental - Deutsch*. Der Tag steht dann vor dem Monat, wie beispielsweise Montag, 06. Februar 2006.

Verwende 12-Stunden-Format

Im englischen Sprachraum ist es üblich, nur mit 12 Stunden zu rechnen. Die Unterscheidung zwischen Vormittag und Nachmittag fällt dann über ein nachgestelltes *pm* oder *am*. Wählen Sie hier *Nein*, damit JEvents die in Deutschland üblichen 24 Stunden verwendet.

Verwende Icons als Navigationsleiste

Der Besucher Ihrer Homepage blättert später über entsprechende Schaltflächen im Terminkalender. Diese tragen entweder einen Text oder lediglich Symbole als Beschriftung. Die Verwendung von Symbolen aktivieren Sie hier mit einem *Ja*.

Farbe Navigationsleiste

Hier bestimmen Sie die (Hintergrund-)Farbe der Navigationsleiste.

Startseite

Der durch JEvent bereitgestellte Kalender bietet verschiedene Detailstufen. So kann der Besucher beispielsweise zwischen der Darstellung eines Jahres, eines Monats, einer Woche oder eines einzelnen Tages wählen. Mit der hier angebotenen Einstellung legt man fest, welche dieser Ansichten JEvent standardmäßig als Erste anbietet.

Anzahl Termine

Die Anzahl der Termine, die in der Wochen-, Monats- und Jahresansicht jeweils auf einer Seite zu sehen sind.

Einfaches Formular

Möchte ein Besucher der Homepage einen neuen Termin eingeben, so erhält er ein entsprechendes Formular. Steht hier der Schalter auf *Ja*, so enthält diese Eingabemaske gerade einmal die nötigsten Einstellungen.

Farbvorgabe neuer Termin

JEvent hebt Termine in seinem Kalender farblich hervor. Welche Farbe ein *neuer* Termin bekommen soll, bestimmen Sie hier:

- *Keine*: Es gibt keine Farbvorgabe. Ein Benutzer, der den Termin anlegt, muss immer selbst eine Farbe auswählen.

- *Zufällig*: Die Farben werden per Zufall gewählt.

- *Kategorie*: JEvent verwendet grundsätzlich immer die Farbe, die von der Kategorie vorgegeben wird (mehr dazu gleich im folgenden Abschnitt »Kategorien« auf Seite 441). Abweichungen hiervon sind nicht möglich.

Farbe des Termins

JEvent hebt Termine in seinem Kalender farblich hervor. *Wer* diese Farbe bestimmen darf, regeln Sie hier:

- *Frei einstellbar*: Jeder, der einen Termin anlegen darf, wählt die Farbe selbst.
- *einstellbar nur im Backend*: Nur Benutzer, die Zugang zum Administrationsbereich (Backend) von Joomla! besitzen, dürfen die Farbe verändern.
- *immer wie Kategorie*: JEvent verwendet grundsätzlich immer die Farbe, die von der Kategorie vorgegeben wird (mehr dazu gleich im folgenden Abschnitt »Kategorien« auf Seite 441). Abweichungen hiervon sind nicht möglich.

Titellänge

Jeder Termin erhält einen Titel. Ist dieser länger als die hier vorgegebene Zeichenanzahl, schneidet JEvent in der Kalenderansicht einfach alles Überstehende ab. Auf diese Weise wird das Layout auf der Homepage nicht zerstört.

Max. Termine als Text

So viele Termine erscheinen maximal pro Tag in der Monatsansicht. Sollten an diesem Tag weitere Termine stattfinden, ersetzt JEvent deren Text durch ein kleines Symbol. Durch diese Maßnahme bleibt die Übersicht auch bei vielen Terminen erhalten. Wenn Sie hier eine 0 eintragen, erscheinen alle Termine als kleines Symbol.

Beginnzeit anzeigen

Steht hier ein *Ja*, erscheint in der Monatsansicht zu jedem Termin noch seine Startzeit.

Alle anderen Register sind bereits mit sinnvollen Vorgaben belegt und müssen nicht verändert werden.

Kategorien

Um nicht bei vielen Terminen im Chaos zu versinken, ordnet auch der Kalender alle Ereignisse übersichtlich in Kategorien.

 Diese Kategorien haben nichts mit den Kategorien aus Joomla! gemein. Die hier von JEvents bereitgestellten Kategorien dienen lediglich zur Gruppierung von Terminen.

Im Fall des Kinoportals könnten Sie beispielsweise eine Kategorie erstellen, in der Sie die Termine aller anstehenden Filmpremieren sammeln.

Der nächste Schritt führt somit zum Menüpunkt KOMPONENTEN → KALENDER → KATEGORIEN. Hier finden Sie eine im Moment noch jungfräuliche Liste mit allen bestehenden Kategorien. Um eine neue Kategorie zu erstellen, klicken Sie in der Werkzeugleiste auf NEU. Das nun erscheinende Formular lehnt sich weitestgehend an seinen Kollegen für die Beiträge an und sollte somit selbsterklärend sein. Wichtig sind nur die folgenden Einstellungen:

Farbe

Hier dürfen Sie der Kategorie eine Farbe zuordnen. JEvents streicht mit ihr alle Termine an, die aus dieser Kategorie stammen. Im Kalender lassen sich dann die jeweiligen Termine optisch schneller erfassen und einfacher ihren einzelnen Gruppen zuordnen.

Beispielsweise könnten Sie eine Kategorie für anstehende Actionfilme anlegen, die einen Rotton erhält. Die Besucher des Kinoportals würden dann schon von Weitem erkennen, bei welchen anstehenden Terminen die Fetzen fliegen.

Sobald Sie auf die Schaltfläche FARBE BESTIMMEN klicken, erscheint eine kleine Palette, aus der Sie sich bequem eine Farbe aussuchen können.

Kategorietitel

Der Titel der Kategorie. Er taucht später auch auf der Homepage auf.

Kategoriename

Der Name der Kategorie. Im Gegensatz zum Titel bekommt man ihn nur im Administrationsbereich zu Gesicht. In Zweifelsfällen wiederholen Sie hier einfach den Kategorietitel.

Berechtigt

Hier legen Sie fest, welche Benutzergruppen Zugriff auf den Kalender bekommen. Mit *Public* dürfen alle Besucher die Termine einsehen, bei *Registered* nur die angemeldeten Benutzer, und *Special* beschränkt den Zugriff auf eine bestimmte Nutzergruppe. Mehr zur Benutzerverwaltung finden Sie in Kapitel 9.

 Für das Kinoportal vergeben Sie als Titel und Namen **Filmfestivals** und wählen über FARBE BESTIMMEN einen beliebigen Farbton. Ein Klick auf SPEICHERN legt die neue Kategorie an und bringt Sie zur Liste mit allen vorhandenen Kategorien zurück. Dort schalten Sie zum Abschluss die Kategorie noch auf VERÖFFENTLICHT, indem Sie einfach auf das rote Kreuz in der gleichnamigen Spalte klicken.

Termine

Nachdem mindestens eine Kategorie besteht, geht es nun an das Anlegen der eigentlichen Termine. Hierbei hilft der Menüpunkt KOMPONENTEN → KALENDER → TERMINVERWALTUNG. Im neuen Schirm legen Sie per NEU aus der Werkzeugleiste einen neuen Termin an. Es erscheint wieder einmal ein Formular mit mehreren Registern, von denen nur die ersten beiden von Bedeutung sind.

Register »Allgemein«

Auf diesem Register legen Sie fest, wo und aus welchem Anlass der Termin stattfindet.

Thema

Hier vergeben Sie einen Titel für den Termin oder das Ereignis. Im Kinoportal wäre dies zum Beispiel **Brockenhausener Filmfestspiele**.

Kategorie

Dies ist die Kategorie, der der Termin angehört. Für das Kinoportal wählen Sie die *Filmfestvials*.

Zugriffsstufe

Hiermit legen Sie fest, wer diesen Termin zu Gesicht bekommt. Mit *Public* dürfen alle Besucher die Termine einsehen, bei *Registered* nur die angemeldeten Benutzer, und *Special* beschränkt den Zugriff auf eine bestimmte Nutzergruppe. Mehr zur Benutzerverwaltung finden Sie in Kapitel 9.

Beschreibung

Eine Beschreibung des Termins oder Ereignisses. Es steht Ihnen hier übrigens der TinyMCE-Editor zur Seite, wie er auch bei der Eingabe der Beiträge zum Einsatz kommt.

Ort

Der Veranstaltungsort, an dem der Termin oder das Ereignis stattfindet. Beispielsweise könnte dies der **Mehrzweckveranstaltungssaal 99367 Brockhausen** sein.

Kontakt

Eine Kontaktperson, die der Leser des Kalenders bei Rückfragen ansprechen kann

Zusatzinformationen

Dieses Eingabefeld nimmt Zusatzinformationen auf. Beispielsweise könnte man hier notieren, dass festliche Abendgarderobe erwünscht ist.

Register »Kalender«

Hier legen Sie fest, wann und in welchem Rhythmus der Temin stattfindet (Abbildung 14-30).

Farbe

In der hier gewählten Farbe erstrahlt der Termin später im Kalender und wird so entsprechend hervorgehoben. Normalerweise verwendet JEvents die Farbe der Kategorie (ein Haken bei KATEGORIEFARBE VERWENDEN). Sie dürfen diese Vorgabe aber auch überschreiben, indem Sie KATEGORIEFARBE VERWENDEN deaktivieren und dann einfach eine eigene Farbe über FARBE BESTIMMEN auswählen.

Erster Tag / Letzter Tag

Hier legen Sie fest, an welchem Datum und zu welcher Uhrzeit der Termin stattfindet: Der Termin oder das Ereignis beginnt am ERSTER TAG um START-

ZEIT und geht bis zum LETZTER TAG um ENDZEIT. Beachten Sie, dass das Datum jeweils in der entsprechenden Notation *Jahr-Monat-Tag* eingetippt werden muss. Ein Klick auf das kleine Symbol neben dem jeweiligen Eingabefeld blendet einen kleinen Kalender ein, der die Auswahl vereinfacht. Eine derartige Erleichterung gibt es für die Zeiten nicht. Dort erfolgt die Eingabe im Format *Stunden:Minuten*. Sofern Sie in den Einstellungen nicht die 24-Stunden-Rechnung gewählt haben, muss noch ein *am* oder *pm* folgen.

Gibt es keine Start- und keine Endzeiten, weil das Ereignis beispielsweise einen ganzen Tag lang dauert, setzen Sie einen Haken vor GANZTÄGIG ODER UNBESTIMMTE ZEIT.

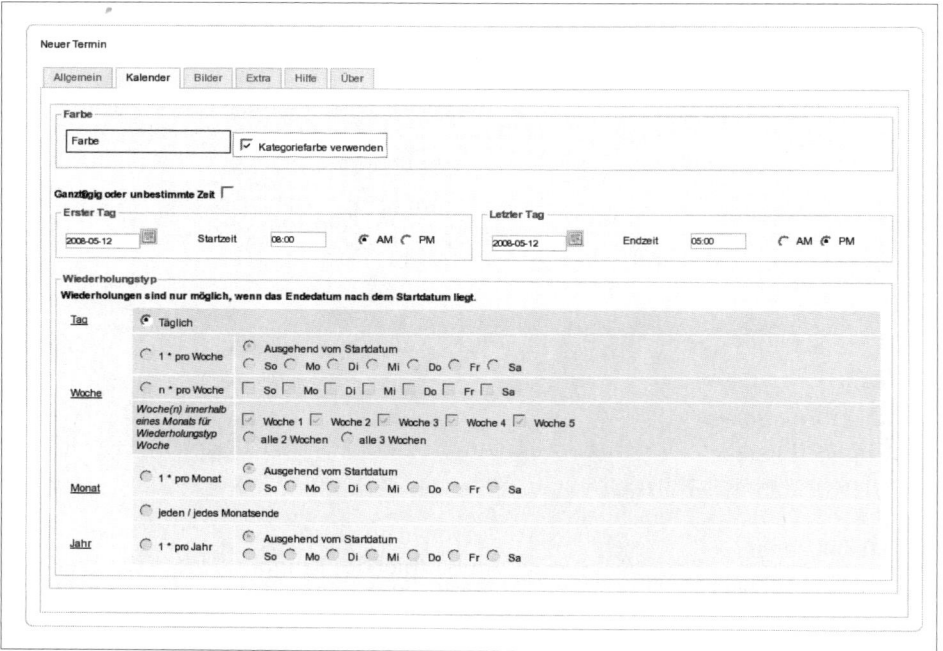

Abbildung 14-30: Das Register zum Anlegen eines Termins

Wiederholungstyp

Findet ein Ereignis regelmäßig statt, wie beispielsweise das wöchentliche Treffen des Vereins der Filmfreunde, wäre es ziemlich mühsam, jeden dieser Termine einzeln per Hand einzutippen. Aus diesem Grund bietet JEvent für derartige Termien eine kleine Hilfe an:

Sofern der Termin oder das Ereignis in regelmäßigen Abständen wiederkehrt, geben Sie einfach noch im Bereich WIEDERHOLUNGSTYP das Intervall vor. Den Rest erledigt der Kalender.

Markieren Sie zunächst den gewünschten Turnus: TÄGLICH wiederholt den Termin jeden Tag. Bei wöchentlichen Veranstaltungen markieren Sie zunächst, ob der Termin einmal in der Woche (1× PRO WOCHE) oder mehrfach wiederkehrt (N × PRO WOCHE). Anschließend wählen Sie rechts daneben den passenden Wochentag aus. Über WOCHE(N) INNERHALB EINES MONATS FÜR WIEDERHOLUNGSTYP WOCHE dürfen Sie noch einzelne Wochen im Monat ausschließen. Ist beispielsweise ein Haken bei WOCHE 1, so findet der Termin immer in der ersten Woche des Monats an dem gewählten Wochentag statt.

Die Einträge hinter MONAT und JAHR funktionieren nach dem gleichen Prinzip, diesmal jedoch nur für einen monatlichen beziehungsweise jährlichen Rhythmus. Bei der Auswahl von JEDEN / JEDES MONATSENDE findet der Termin immer am letzten Tag des Monats statt. Dafür muss dieser letzte Tag allerdings im weiter oben eingegebenen Zeitraum liegen.

Sofern Sie einen einzelnen Termin ohne Wiederholung anlegen möchten, belassen Sie die Voreinstellungen auf TÄGLICH. Sofern zusätzlich noch das Anfangsdatum mit dem Enddatum übereinstimmt, erzeugt der Kalender automatisch nur diesen einen Termin. Divergieren die beiden Daten, so erstellt er hingegen für jeden Tag in dem angegebenen Zeitraum (vom ERSTER TAG bis LETZTER TAG) jeweils einen eigenen Termin.

 Bei der Termineingabe gibt es einen Sonderfall. Sofern das Ereignis über Mitternacht geht, wie zum Beispiel ein Geburtstag von 19:00 bis 3:00 Uhr, dann muss der LETZTER TAG den gleichen Wert besitzen wie der ERSTER TAG.

Die Benutzeroberfläche

Im Moment ist der Kalender für Ihre Besucher noch unsichtbar. Zutritt verschafft ihnen erst ein passender Menüeintrag. Im Beispiel des Kinoportals soll der Kalender über das Hauptmenü zu erreichen sein. Dazu wählen Sie MENÜS → MAIN MENU, dann NEU und schließlich KALENDER in der Rubrik INTERNER LINK. Vergeben Sie noch einen TITEL und einen ALIAS, wie beispielsweise **Zum Kalender**.

Werfen Sie abschließend noch einen Blick auf die fünf Ausklapplisten rechts oben unter PARAMETER - GRUNDLEGEND. Wenn Sie dort eine oder mehrere Kategorien einstellen, zeigt der Kalender nur noch Termine aus genau diesen Kategorien. Möchten Sie, dass der Kalender alle Ereignisse enthält, so behalten Sie hier einfach die Voreinstellungen bei (in jeder Ausklappliste erscheint der Text – *Eine Kategorie wählen* -).

Speichern Sie den neuen Menüpunkt über die gleichnamige Schaltfläche in der Werkzeugleiste ab, und wechseln Sie anschließend in die VORSCHAU.

Spielen Sie nun testweise Besucher, und klicken Sie den neuen Eintrag im Hauptmenü an. Welche Ansicht nun erscheint, hängt von den globalen Einstellungen ab.
In Abbildung 14-31 sehen Sie die *Monatsansicht*, wie man sie auch von herkömmlichen Kalendern auf Papier her kennt. Über die Symbole am oberen Rand des Kalenders schaltet man schnell auf eine andere Darstellung um.

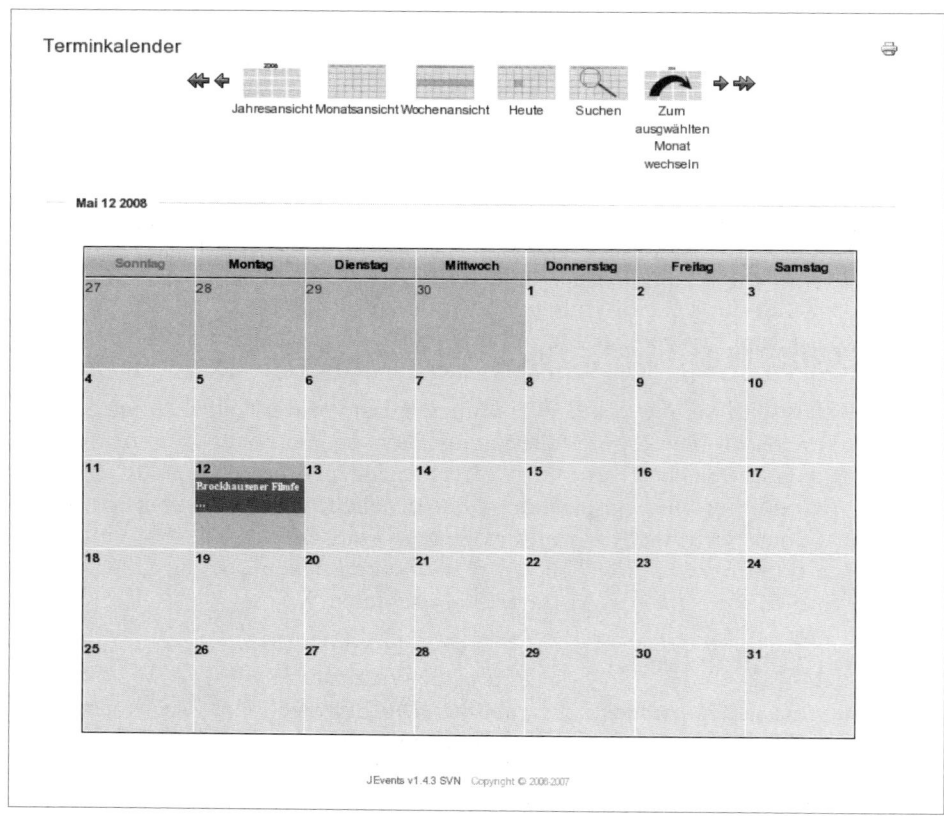

Abbildung 14-31: Die Kalenderdarstellung auf der Homepage, wie man sie auch von der
   Papierversion her kennt.

Erweiterungen

Zur Kalenderkomponente existieren einige Zusatzmodule. Sie finden sie auf der
gleichen Internetseite wie die Komponente selbst (*http://joomlacode.org/gf/project/
jevents/frs/*). Zu den beiden wichtigsten Zusatzmodulen zählt zum einen *mod_
events_cal*, das einen kleinen Kalender mit Monatsüberblick einblendet, und zum
anderen *mod_events_latest*, das stets einen Überblick über die als Nächstes anstehenden Termine präsentiert (Abbildung 14-32).

Abbildung 14-32: Die Zusatzmodule auf der Homepage: Oben arbeitet »mod_events_cal«, das die bekannte, große Monatsübersicht noch einmal in klein darstellt. Unten führt »mod_events_latest« zur Erinnerung die in Kürze anstehenden Termine auf.

Bildergalerie (RSGallery2)

Das Kinofestival im Mehrzweckveranstaltungssaal ist vor wenigen Minuten zu Ende gegangen. In diesem Jahr konnten die Veranstalter sogar ein paar prominente Filmstars gewinnen, die selbstverständlich von verschiedenen Fotografen auf Zelluloid gebannt wurden. Für alle Filmfreunde, die leider nicht dabei sein konnten, sollen diese Fotos auch im Kinoportal den Erfolg der Veranstaltung belegen. Eine Möglichkeit, sie dort zu veröffentlichen, führt über einen neuen Beitrag. Doch es gibt einen wesentlich einfacheren und auch komfortableren Weg.

Im Internet buhlt eine Vielzahl auf solche Zwecke spezialisierter Bildergalerien um die Gunst der Fotografen. Allein das *Extensions*-Verzeichnis auf der Joomla!-Homepage (*http://extensions.joomla.org*) führt über 130 Einträge zu diesem Thema. Die meisten davon beschränken sich auf einfache, selbstablaufende Präsentationen (sogenannte Slideshows). Ein beliebter Vertreter dieser Art ist Expose 4 (*http://gotgtek.net/cms/*), der allerdings sowohl bei der Konfiguration als auch bei der Darstellung auf der Homepage den installierten Adobe Flash Player voraussetzt. Diesen haben zwar viele, jedoch nicht alle Internetbenutzer installiert – zudem ist diese Technik nicht barrierefrei, was wiederum viele behinderte Menschen ausschließt.

Andere Erweiterungen wiederum sorgen für die Anbindung von externen Galerien. Wer beispielsweise seine Fotos über den Dienst Flickr (*http://www.flickr.com*) verbreitet, sollte einen Blick auf die speziell für Joomla! 1.5 entwickelte Erweiterung *Joomla! Flickr* werfen (*http://prof3ta.netsons.org*). Ob es auch für Ihre Lieblingsbildergalerie eine Erweiterung gibt, verrät Ihnen die Suchfunktion unter *http://extensions.joomla.org*.

Eine der beliebtesten und mächtigsten Galerien ist die *zOOm Media Gallery*. Deren Entwicklung schlief jedoch in der letzten Zeit immer weiter ein. Wann eine für

Joomla! 1.5 angepasste Version erscheint, stand zum Zeitpunkt der Drucklegung dieses Buches noch nicht fest. Den aktuellen Stand verkündet die Projekthomepage unter *http://www.zoomfactory.org*. Beachten Sie, dass die Versionen bis einschließlich *2.5.1 RC4 wk8* ausschließlich unter den alten Joomla! 1.0-Versionen laufen.

Aus diesem Grund soll im Folgenden die nicht minder beliebte und ebenfalls recht leistungsfähige *RSGallery2* näher vorgestellt werden.

Installation

Die Homepage von RSGallery2 finden Sie unter *http://rsgallery2.net*. Laden Sie sich dort im Bereich DOWNLOAD das aktuelle Paket herunter. Sie benötigen zunächst nur die eigentliche Komponente aus dem oberen Bereich (Abschnitt *The Component*).

 Unter Joomla! 1.5 läuft RSGallery2 nur bei aktiviertem Kompatibilitätsmodus (*Legacy Mode*). Wie man ihn einschaltet, zeigt der Abschnitt »Der Kompatibilitätsmodus« auf Seite 393. Erst die nächste Version von RS2Gallery wird laut Aussage der Entwickler ohne diese Krücke unter Joomla! 1.5 arbeiten.

Installieren Sie die Komponente wie im Abschnitt »Erweiterungen installieren« auf Seite 391 beschrieben.

RSGallery2 arbeitet ähnlich wie die reale Bildergalerie um die Ecke: In jeder Stadt gibt es mehrere Galerien, die jeweils Bilder von unterschiedlichen Künstlern ausstellen. Bevor also die Fotos vom Kinofestival auf die Homepage wandern können, benötigen Sie zunächst eine neue Galerie. Dazu wechseln Sie in die Kommandozentrale von RSGallery2, die Sie über KOMPONENTEN → RSGALLERY2 erreichen (Sie können direkt auf den Eintrag klicken und müssen nicht extra in das Untermenü zum Punkt CONTROL PANEL). Sie gelangen damit zum RSGallery2 *Control Panel* aus Abbildung 14-33.

Galerien anlegen

Um eine neue Galerie anzulegen, klicken Sie auf das Symbol GALERIEN VERWALTEN. Den gleichen Schirm erreichen Sie auch über das Hauptmenü via KOMPONENTEN → RSGALLERY2 → GALERIES.

 In der noch leeren Liste mit allen bereits bestehenden Bildergalerien klicken Sie auf NEU in der Werkzeugleiste. Im erscheinenden Formular geben Sie der Galerie als Erstes einen NAMEN. Im Beispiel des Kinoportals soll die Galerie später alle Bilder des **Filmfestes 2008** aufnehmen.

Unter BESITZER stellen Sie den Joomla!-Benutzer ein, dem die Galerie gehört. Nur er kann später Bilder hinzufügen, löschen und die weiteren Einstellungen verändern.

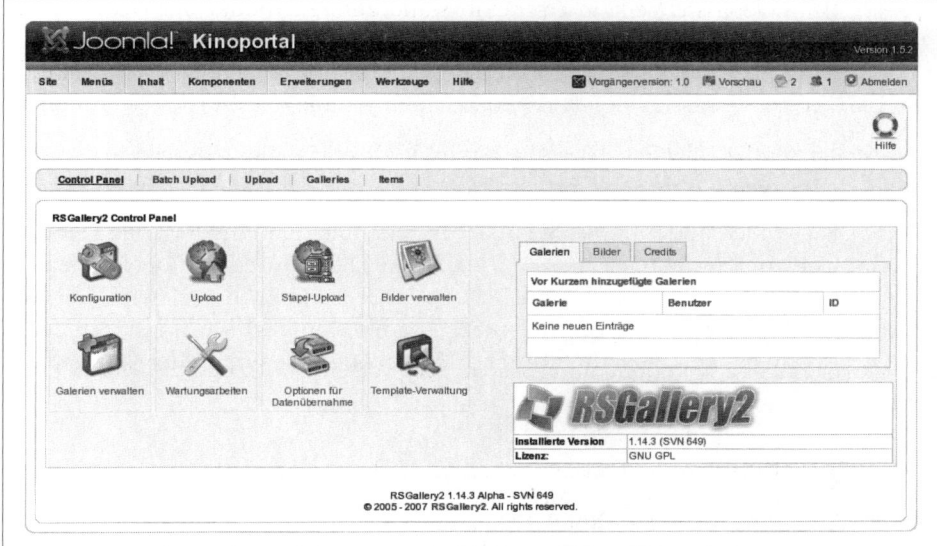

Abbildung 14-33: Das Control Panel von RSGallery2

Im Feld BESCHREIBUNG sollten Sie noch kurz zusammenfassen, welche Bilder einen Besucher in dieser Galerie erwarten.

Der letzte Schalter auf der Seite legt schließlich noch fest, ob die Galerie veröffentlicht und somit auch tatsächlich auf der Homepage betreten werden darf. Er sollte auf *Ja* stehen. Mit einem Klick auf SPEICHERN legen Sie die neue Galerie an.

Bilder hinzufügen

Sobald eine Galerie vorhanden ist, kann sie mit Bildern bestückt werden. Dazu wechseln Sie zunächst wieder per KOMPONENTEN → RSGALLERY2 zum *Control Panel*. Um ein einzelnes Bild einer Galerie hinzuzufügen, klicken Sie auf UPLOAD. Im neu erscheinenden Formular wählen Sie im Bereich *Upload Details* zunächst aus der Liste die Galerie, der das Bild später angehören soll. In das Feld darunter gehört eine ALLGEMEINE BESCHREIBUNG des Bildes. Hier sollten Sie Zusatzinformationen zum Bild eintragen sowie einen kurzen Abriss darüber, was man auf dem Bild sieht. Bei einem Portrait sollten Sie hier beispielsweise eintippen, wer die Person ist – schließlich kennt nicht jeder Besucher Ihrer Homepage Arnold Schwarzenegger.

Weiter geht es im Bereich *Bild-Dateien*. Dort geben Sie Ihrem Bild zunächst einen möglichst aussagekräftgen TITEL. Anschließend klicken Sie auf DURCHSUCHEN… und fahnden auf Ihrer Festplatte nach der entsprechenden Datei.

Möchten Sie ein weiteres Bild hochladen, klappt ein Klick auf (MEHR BILDER) ein weiteres Duo aus Titel und Dateinamen auf.

 Beachten Sie, dass die so hinzugefügten Bilder in der gleichen Galerie landen wie das erste Bild und auch die gleiche Beschreibung tragen.

Ein abschließender Klick auf HOCHLADEN in der Werkzeugleiste überspielt die Bilder auf den Server, wo sie ab sofort unter der Kontrolle der Galerie stehen.

Alle hochgeladenen Bilder finden Sie in der Liste hinter dem Punkt BILDER VERWALTEN des Control Panel (KOMPONENTEN → RSGALLERY2) wieder. Dort können Sie jedes Bild LÖSCHEN, FREIGEBEN und SPERREN oder seine Eckdaten (wie Titel und Galeriezugehörigkeit) nachträglich BEARBEITEN. VERSCHIEBEN NACH verfrachtet ein Gemälde in eine andere Galerie, während HOCHLADEN weitere Bilder auf den Server hievt.

Die Benutzerseite

Sind alle Galerien bestückt, kann man sie für Besucher öffnen. Zutritt verschafft ein passender Menüpunkt. Im Beispiel des Kinoportals soll er sich im Hauptmenü befinden. Rufen Sie also im Hauptmenü MENÜS → MAIN MENU auf, und klicken Sie anschließend auf NEU. Als Menütyp wählen Sie RSGALLERY2 in der Gruppe INTERNER LINK. Abschließend vergeben Sie unter TITEL und ALIAS eine Beschriftung für den neuen Menüpunkt (beispielsweise **Bildergalerie**) und klicken auf SPEICHERN.

Abbildung 14-34 zeigt das Ergebnis auf der Homepage.

Im oberen Bereich erhalten Sie Zutritt zu allen Galerien, im unteren zeigt RSGallery2 ein paar zufällig ausgewählte Bilder sowie die neuesten. Ein Klick auf ein Bild führt zur entsprechenden Detailansicht.

Mehrsprachigkeit (Joom!Fish)

Im Buch *Per Anhalter durch die Galaxis* sorgt ein kleiner Babelfisch für die Verständigung zwischen dem Protagonisten Arthur Dent und dem Rest des Universums. Den frei erfundenen Fisch steckt man sich ins Ohr, wo er sich von Schallwellen ernährt und als Abfallprodukt die Sprache des Trägers ausscheidet.

Alex Kempkens hat mit *Joom!Fish* eine Komponente entwickelt, die man in das Content-Management-System Joomla! steckt und es auf diese Weise um Mehrsprachigkeit erweitert. Im Gegensatz zu der in Kapitel 12 behandelten Übersetzung der Menüpunkte kümmert sich Joom!Fish ausschließlich um die Texte aus den Beiträgen. Auf diese Weise kann eine Seite in gleich mehreren Sprachen angeboten werden. Da im Gegensatz zu Douglas Adams Babelfisch die Übersetzung der Texte nicht automatisch geschieht, muss man als Voraussetzung entweder selbst passende Sprachkenntnisse mitbringen oder geeignete Dolmetscher mieten.

Suche 🔍 **Schlüsselwörter**

RSGallery2 alpha release.

Filmfest 2008
Besitzer: admin
Größe: 1 Bilder
Erstellt: 12-05-2008

Zufällige Bilder

Hochgeladen 12-05-2008

Neuste Bilder

Hochgeladen 12-05-2008

Abbildung 14-34: Die Galerie auf der Homepage

 Erst Joom!Fish 2.0 ist mit Joomla! 1.5 kompatibel.

Installation

Laden Sie sich zunächst das passende Joom!Fish-Paket mit der letzten Version unter *http://www.joomfish.net* herunter, und entpacken Sie das ZIP-Archiv auf Ihrer Festplatte. Hierdurch kommen drei weitere Pakete zum Vorschein, die Sie anschlie-ßend wie im Abschnitt »Erweiterungen installieren« auf Seite 391 beschrieben installieren. Sehr wahrscheinlich wird Joom!Fish ein paar fehlende Sprachdateien monieren. Diese Meldung dürfen Sie jedoch ignorieren.

Nachdem alle Pakete installiert worden sind, aktivieren Sie unter ERWEITERUNGEN → PLUGINS den JOOMFISH - ABSTRACTION LAYER und hinter ERWEITERUNGEN → MODULE die JOOMFISH-LANGUAGE SELECTION.

Übersetzen

Wechseln Sie als Nächstes über den Menüpunkt KOMPONENTEN → JOOM!FISH → LANGUAGES in den Bearbeitungsbildschirm für die verfügbaren Sprachen. Die Liste zeigt alle unter Joomla! registrierten Sprachen. In der Abbildung 14-35 ist Deutsch (*german*) als Standardsprache eingestellt.

Abbildung 14-35: Die Spracheinstellungen von Joom!Fish

Die erste Spalte der Liste enthält den Namen der Sprache. Er erscheint später auch in einem kleinen Auswahlfenster auf der Homepage und darf nach Belieben verändert werden. Alle weiteren Spalten bedürfen noch der Nachbearbeitung. Unter AKTIV verpassen Sie zunächst allen Sprachen ein Kreuzchen, die später dem Besucher Ihrer Seite zur Auswahl stehen sollen.

Begutachten Sie nun die bisherigen Änderungen in der VORSCHAU. Am linken Bildschirmrand taucht nun eine Ausklappliste auf, über die Sie bequem zwischen den aktivierten Sprachversionen umschalten können.

Doch ganz so einfach macht es Ihnen Joom!Fish leider nicht. Wenn Sie einen Blick auf die Homepage mit englischen Einstellungen riskieren, so taucht weiterhin die bislang bekannte bunte Sprachmischung der originalen Texte auf.

Um dies zu ändern, wählen Sie im Administrationsbereich den Menüpunkt KOMPONENTEN → JOOM!FISH → TRANSLATION. Das Ergebnis ist ein recht leeres Fenster mit nur drei Ausklapplisten (Abbildung 14-36). Über sie steuert man zum einen, welche Sprache man bearbeiten möchte, und zum anderen, welche Elemente von der Übersetzung betroffen sind. Die Bedienung ist hier etwas inkonsistent gegenüber den herkömmlichen Filtern in Joomla!.

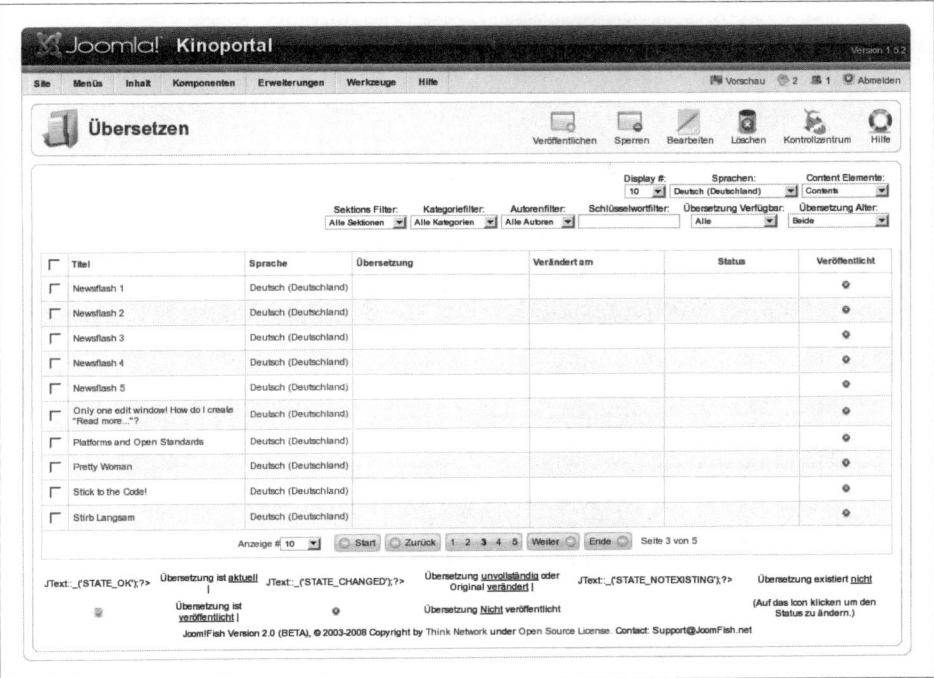

Abbildung 14-36: Wählt man mit diesen Einstellungen einen der Beiträge aus, kann man seine englische Variante erstellen.

Um das dahinterstehende Konzept etwas besser zu verstehen, soll im Folgenden eine Filmkritik aus dem Kinoportal-Beispiel übersetzt werden. Da die Kritiken bislang in Deutsch vorliegen, wäre also eine Übersetzung ins Englische angebracht. Dazu markieren Sie zunächst unter SPRACHEN: den Punkt *English* und im Feld CONTENT ELEMENTE den Eintrag *Contents*. Die Liste führt nun alle Beiträge (*Contents*) auf, wobei die zu bearbeitende Sprache *Englisch* ist. Ein grüner Haken in der Spalte ÜBERSETZUNG zeigt an, ob bereits eine – in diesem Fall englische – Übersetzung existiert, wohingegen ein Symbol bei VERÖFFENTLICHT darüber informiert, ob diese Übersetzung auch auf der Homepage tatsächlich für Besucher zugänglich ist.

Klicken Sie den Namen einer der Filmkritiken an. (Falls Sie das Kinoportal-Beispiel nicht nachvollzogen haben, genügt auch ein anderer der hier aufgeführten Beiträge.) Sie landen nun in einem riesigen Formular, in dem Sie die Übersetzung in die englische Sprache vornehmen müssen (Abbildung 14-37). Joom!Fish setzt Ihnen hier immer abwechselnd den Originaltext vor die Nase, dessen Übersetzung Sie dann im Eingabefeld darunter eintippen müssen.

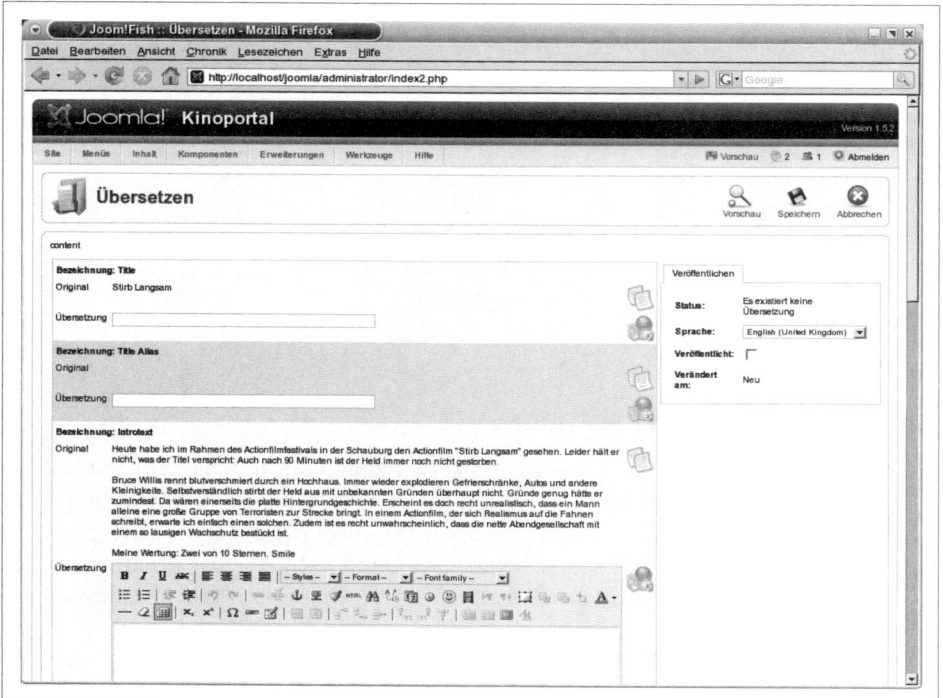

Abbildung 14-37: Der Übersetzungsbildschirm für die Filmkritik zu »Stirb Langsam«

Einige der Felder besitzen auf der rechten Seite zwei zusätzliche Symbole. Die beiden Papierseiten übertragen den Originaltext in das Eingabefeld, der blaue Mülleimer löscht ihn hingegen komplett.

Tippen Sie nun eine Beispielübersetzung ein. Nach einem Klick auf SAVE speichert Joom!Fish die Eingaben ab. Vergessen Sie anschließend nicht, die gerade bearbeitete Übersetzung in der Liste auf VERÖFFENTLICHT zu schalten. Wählt nun ein Besucher auf der Homepage zunächst die Sprache *Englisch* und dann die entsprechende Filmkritik, erscheint die hier eingetragene Übersetzung.

 Neben den Beiträgen, wie im Beispiel den Filmkritiken, können Sie auch die Texte von anderen Elementen wie von Menüs oder den Kategorien übersetzen. Dazu wählen Sie einfach in der Liste CONTENT ELEMENTE die gewünschte Gruppe aus.

Das Modul

Zuständig für den kleinen Auswahlkasten am linken Bildschirmrand ist das mitgelieferte Modul. Sie finden es unter dem Namen *JoomFish-Language Selection* in der

Liste hinter ERWEITERUNGEN → MODULE. Seine Einstellungen erreichen Sie mit einem Mausklick auf seinen Namen.

Auf der Homepage macht sich das Modul im Moment noch recht breit. Ändern können Sie dies auf der rechten Seite unter den MODULPARAMETERN. APPEARANCE OF LANGUAGE SELECTOR legt dort fest, wie die Sprachenauswahl für den Besucher der Seite optisch gestaltet ist. *ul-list of images* schaltet beispielsweise auf eine kompaktere Darstellung mit Landesflaggen um.

 Damit können Sie das Modul auch an kleineren Bereichen im Template platzieren (siehe hierzu auch Kapitel 13).

Integration in eigene Komponenten

Joom!Fish berücksichtigt nur dynamische Elemente, die ihm zudem auch noch bekannt sein müssen. Hat man beispielsweise eine eigene Komponente angelegt, die für ihre Inhalte neue Datenbanktabellen anlegt und verwendet, so kann Joom!Fish damit zunächst nichts anfangen. Wie man seine selbst programmierten Komponenten Joom!Fish bekannt macht, verrät die Entwicklerdokumentation unter *http://www.joomfish.net/general-docs/developer-documentation*.

Eigene Erweiterungen erstellen

Nach der Lektüre von Kapitel 14 sollte man eigentlich meinen, es gäbe für jede Lebenslage und jede nur erdenkliche Aufgabe eine eigene Erweiterung. Leider ist dem nicht so. Stattdessen wird man als Betreiber einer Homepage häufig vor die Wahl gestellt, eine geplante Funktionalität wieder fallen zu lassen oder aber selbst Hand anzulegen und eine eigene Erweiterung zu programmieren.

Im Kinoportal könnte beispielsweise der Wunsch aufkommen, Zusatzinformationen über die Schauspieler zu speichern. Dazu soll ein Modul am linken Seitenrand den Besuchern stets eine Liste mit den Schauspielernamen anbieten. Ein Mausklick auf einen der Einträge führt dann direkt zur Vita des Darstellers.

Zur Realisierung dieser Funktion könnte man nun auf die Bordmittel von Joomla! zurückgreifen. Beispielsweise könnte man für jeden Schauspieler einen Beitrag anlegen. Allerdings fehlt damit zum einen immer noch ein passendes Modul, und zum anderen läuft man Gefahr, dass die Schauspieler genau da auftauchen, wo man sie nicht haben möchte – wie zum Beispiel in der Liste der zuletzt eingestellten Nachrichten.

Da auch die übrigen Erweiterungen aus Kapitel 15 für die angedachte Aufgabe ungeeignet sind, bleibt nur der Weg über eine eigene Erweiterung. Auf der Grundlage des recht einfach gehaltenen Beispiels mit den Schauspielern zeigen die folgenden Abschnitte, wie man eigene Komponenten, Module und Plugins programmiert. Ganz nebenbei verdeutlicht das Beispiel sehr gut das Zusammenspiel der drei genannten Bausteine.

Um eigene Erweiterungen zu erstellen, sollte man gute Kenntnisse in HTML, SQL und der objektorientierten Programmierung in PHP mitbringen. Da jede dieser Sprachen ein eigenes Buch füllen würde, setzen die folgenden Abschnitte entsprechendes Wissen voraus.

 Wenn Sie über keinerlei Programmiererfahrung verfügen, sollten Sie im Internet nach Helfern suchen oder bei entsprechendem Engagement eines der Einsteigerbücher zu den genannten Themengebieten studieren. Mittlerweile bieten auch verschiedene Firmen die Entwicklung von maßgeschneiderten Joomla!-Komponenten an – entsprechendes Kleingeld auf Seiten des Auftraggebers vorausgesetzt.

 Bei der Entwicklung von Joomla!-Erweiterungen kommen Sie nicht um die Objektorientierung herum. Falls Sie mit Begriffen wie Klassen, Methoden und Vererbung nur wenig anfangen können, sollten Sie unbedingt mit einem guten PHP-Buch Ihr Wissen auffrischen, z. B. »Einführung in PHP« von David Sklar.

Joomla! stellt einem Programmierer insgesamt drei verschiedene Erweiterungsmöglichkeiten zur Wahl:

- Eine *Komponente* ist ein Block Software, der eine bestimmte Zusatzfunktion realisiert.
- *Module* assistieren den Komponenten. Sie bieten meist einen schnellen Zugriff auf wichtige Funktionen oder erlauben es, wichtige Daten auf allen Unterseiten der Homepage immer im Blick zu behalten. Joomla! hängt die Module in die jeweils zugewiesenen Plätze des Templates ein (siehe Kapitel 7).
- *Plugins* sind schließlich kleine unsichtbare Helferlein, die im Hintergrund Module und Komponenten bei ihrer Arbeit unterstützen. Beispielsweise suchen sie zu einem Stichwort die passende Fundstelle in der Datenbank.

Um zu einer funktionierenden Liste mit den Lebensläufen der Schauspieler zu gelangen, benötigt man zunächst eine Möglichkeit, die entsprechenden Informationen in der Datenbank abzulegen und formschön anzuzeigen. Diese Aufgabe übernimmt für gewöhnlich eine Komponente, die folglich als Erstes her muss. Der folgende Abschnitt kümmert sich um genau dieses Thema.

Anschließend erlaubt man seinen Besuchern einen Schnellzugriff auf die Lebensläufe über ein passendes Modul am Seitenrand. Um dessen Erstellung kümmert sich der Abschnitt »Module« auf Seite 519.

Den Abschluss bildet noch ein Plugin, das den späteren Besuchern die Suche im neuen Datenbestand – also den Lebensläufen der Schauspieler – ermöglicht. Doch wie angekündigt, zunächst zum Hauptteil und somit zur Komponente.

 In Joomla! 1.5 wurde der interne Aufbau der Erweiterungen komplett umgekrempelt. Schuld daran ist maßgeblich die Entscheidung der Entwickler, auf ein MVC genanntes Programmiermodell umzusteigen (was es damit auf sich hat, erfahren Sie im nächsten

Abschnitt). Wo früher noch zwei Dateien für eine neue Komponente ausreichten, sind heute schon mindestens ein halbes Dutzend notwendig. Im Gegenzug liefert die Umstellung eine bessere Wartbarkeit gerade großer, komplexer Erweiterungen.

Auf der Strecke bleiben jedoch alte Erweiterungen, die sich nur mit einem hohen Aufwand anpassen lassen. Wenn Sie bereits selbst geschriebene Komponenten, Module oder Mambots besitzen, sollten Sie darüber nachdenken, diese vielleicht im Hinblick auf das neue Programmiermodell komplett neu zu schreiben.

Komponenten

Technisch gesehen besteht eine Komponente aus einer Gruppe von PHP-Skripten, dessen Ausgaben Joomla! in einen ausgewählten Bereich des Templates und somit auf die Homepage packt (die grundlegende Vorgehensweise wurde bereits in Kapitel 13 vorgestellt). Alle zu einer Komponente gehörenden Skripten sammelt Joomla! in einem eigenen Unterverzeichnis, das den Namen der Komponente mit einem vorangestellten *com_* trägt.

 Dies ist nicht die einzige Namenskonvention, die Joomla! vorgibt. Damit das Content-Management-System die Erweiterungen finden und nutzen kann, unterliegen auch Datei- und Klassennamen verschiedenen Restriktionen. Sollte Joomla! Ihre Erweiterungen später nicht einbinden wollen, sollten Sie als Erstes alle Datei-, Verzeichnis- und Klassennamen auf Tippfehler überprüfen.

Sämtliche Komponenten sammelt das Content-Management-System wiederum im Ordner *components* der Joomla!-Installation. Möchten Sie also eine neue Komponente erstellen, müssen Sie dort als Erstes ein neues Verzeichnis anlegen.

Die Komponente zur Verwaltung der Schauspieler könnte man auf den Namen kinoportal taufen. Den Konventionen zufolge gehört ihr damit innerhalb von *components* das Unterverzeichnis *com_kinoportal*.

 Wenn Sie einen kurzen Blick in das Verzeichnis werfen, werden Sie feststellen, dass dort bereits einige Komponenten vorhanden sind. Wie schon in früheren Kapiteln erwähnt wurde, besteht Joomla! selbst nicht aus einem großen Block Software, sondern ebenfalls aus einzelnen Komponenten. *com_content* ist beispielsweise für die Anzeige und Verwaltung der Beiträge zuständig, während sich *com_banners* um die Werbeflächen kümmert.

Bevor man jetzt unter *components* ein neues Verzeichnis einrichtet und dort den zur Erweiterung gehörenden Programmcode ablegt, sollte man sich kurz ein paar Gedanken über den internen Aufbau der neuen Komponente machen. Beispielsweise könnte man einfach die gesamte Logik in nur einer Klasse kapseln. Eine durchschnittliche Joomla!-Komponente enthält jedoch mehrere Tausend Zeilen Programmcode. Diesen in eine Klasse und somit in eine einzige große Datei zu stecken, würde zwangsweise zum berühmt-berüchtigten Spaghetti-Code führen – also zu einem heillosen, unübersichtlichen Wust aus PHP-Befehlen.

 Als Faustregel gilt: Je größer und komplexer ein Computerprogramm wird, desto aufwändiger gestaltet sich die Fehlersuche und desto schwieriger wird eine Weiterentwicklung.

Also muss man sich irgendeine Strategie zurechtlegen, wie man den Programmcode möglichst übersichtlich strukturieren könnte – und zwar am besten gleich so, dass sich zukünftige Änderungswünsche rasch und unkompliziert umsetzen lassen. Bei dieser nicht ganz trivialen Aufgabe hilft ein kurzer Blick auf die Arbeitsweise von Joomla! und seiner Komponenten.

Angenommen, ein Besucher des Kinoportals möchte sich gern über den Werdegang des extrem berühmten Schauspielers Piet Bruster informieren. Dabei passieren nacheinander genau drei Dinge:

1. Der Besucher weist Joomla! an, ihm Informationen zum bekannten Schauspieler Piet Bruster herauszusuchen. Das könnte beispielsweise geschehen, indem er mit der Maus den Namen in einer Liste anklickt oder einen passenden Menüpunkt aufruft.

2. Joomla! leitet diese Anfrage an die zuständige Komponente weiter, die wiederum die entsprechenden Daten aus der Datenbank herauskramt.

3. Die Komponente präsentiert die gefundenen Informationen in einer grafisch ansprechenden Form auf dem Bildschirm.

Diese drei Schritte geschehen unter Joomla! immer wieder: Der Besucher stößt eine Aktion an, die zuständige Komponente holt oder verändert irgendwelche Daten in der Datenbank, und schließlich erfolgt eine Anzeige auf dem Bildschirm.

Es wäre also nicht verkehrt, den eigenen Programmcode an diesem Vorgehen auszurichten. Dazu spendiert man der Komponente drei Hauptklassen:

• Die erste Klasse der Komponente kümmert sich um die Benutzereingaben. Dabei prüft sie zunächst, welche Aufgabe der Benutzer der Komponente erteilt hat (wie beispielsweise: »Zeige den Lebenslauf von Piet Bruster«). Anschließend legt sie sich einen Schlachtplan zurecht (»Piet Bruster suchen und ausgeben«) und überlässt schließlich die eigentliche Arbeit ihren beiden anderen Klassen-Kollegen. Da diese erste Klasse somit die gesamte Komponente steuert oder kontrolliert, nennt man sie auch den *Controller*.

• Die zweite Klasse im Bunde verwaltet die eigentlichen Daten, wie beispielsweise die Lebensläufe der Schauspieler. Je nachdem, was der Controller ihr befiehlt, holt sie entweder die passenden Informationen aus der Datenbank oder manipuliert sie dort. Diesen Teil der Komponente, der sich ganz der Datenhaltung widmet, nennt man *Model*.

- Abschließend braucht man noch eine Klasse, die sich um eine hübsch formatierte Ausgabe kümmert. Beispielsweise könnte sie den gesamten Lebenslauf des Schauspielers als Tabelle ausgeben oder nur die von ihm gedrehten Filme entlang eines schmucken Zeitstrahls anordnen. Man könnte also sagen, dass diese Klasse eine ganz bestimmte Sicht auf den Datenbestand liefert. Aus diesem Grund bezeichnet man sie als *View*.

In Anlehnung an die drei Aufgabenbereiche bezeichnet man diese Strukturierungsmethode als *Model-View-Controller*, kurz *MVC*. Ihre Grundidee ist die strikte Trennung der eigentlichen Logik (die das Model kapselt) und der Präsentation (über die Views).

Diese Arbeitsteilung ermöglicht einen interessanten Trick: Man erstellt einfach mehrere View(-Klassen) und überlässt dann dem Benutzer die Entscheidung, welche der Ansichten zum Einsatz kommen soll. Wie oben schon vorgeschlagen wurde, könnte eine View den Lebenslauf als Tabelle formatieren, während eine zweite ausschließlich die Filme als Zeitstrahl ausgibt. Der Benutzer der Komponente aktiviert dann im Administrationsbereich eine der beiden Ansichten – je nachdem, welche er für sein eigenes Portal bevorzugt.

Benötigt man nachträglich noch eine weitere Darstellung, wie beispielsweise ein Diagramm über die kostspieligsten Filme aller Zeiten, fügt man einfach noch eine neue View(-Klasse) hinzu. Änderungen an anderen Teilen der Komponente sind somit gar nicht erst nötig.

Im Gegensatz zu seinen Vorversionen stülpt Joomla! 1.5 jeder Komponente das MVC-Konzept über und zwingt sie somit zur erwähnten Aufspaltung in drei Klassen. Damit wollten die Entwickler ursprünglich etwas Ordnung in die Programmierung bringen. Dieser prinzipiell lobenswerte Ansatz rächt sich jedoch bei kleineren Erweiterungen: Selbst eine Komponente, die nur einen Text wie etwa »Hallo Welt« ausgibt, besteht zwangsweise aus mindestens drei Klassen. Hinzu kommt noch Programmcode, der die drei Teile zusammenklebt. Unter dem Strich jongliert man mit einem halben Dutzend Dateien, Tendenz schnell steigend. Dadurch erscheint das MVC-Konzept auch noch komplizierter, als es tatsächlich ist, was gerade viele Hobby-Programmierer und PHP-Einsteiger abschrecken dürfte.

Man sollte sich davon jedoch nicht entmutigen lassen, sondern vielmehr die Chancen sehen: Sobald eine Erweiterung fertig ist, wächst für gewöhnlich der Wunsch, sie um weitere Funktionen zu ergänzen. Wie Sie gleich noch sehen werden, spielt das MVC-Konzept in genau diesen Fällen seine Trümpfe aus.

Kleiner Exkurs: Entwurfsmuster

 In der objektorientierten Programmierung muss man irgendwann entscheiden, welche Objekte mit welchen anderen wann und vor allem auf welche Weise interagieren sollen. Kapselt man beispielsweise eine Adresse in nur einer Klasse oder spendiert man Name, Straße und Ort jeweils eine eigene? Software-Entwickler bezeichnen diese Vorüberlegungen als Entwurf. Gerade wenn die Programme etwas größer werden, stößt man dabei jedoch immer wieder auf Probleme. Beispielsweise könnten gleich mehrere Objekte informiert werden wollen, sobald der Benutzer eine ganz bestimmte Aktion auslöst. Man könnte jetzt einfach die beteiligten Objekte miteinander bekannt machen, was jedoch nicht selten zu aufgeblähten, undurchsichtigen und bei größeren Programmen auch komplexen Klassenbeziehungen führt (»jeder kennt jeden«).

In solchen Fällen wäre es doch schön, wenn man einfach mal nachschlagen könnte, wie andere Programmierer in dieser Situation vorgegangen sind – vielleicht ist ja jemand auf eine bessere Lösung gestoßen. Ideal wäre hier ein kleiner Katalog, der für das aktuelle Entwurfsproblem (»Wie benachrichtige ich möglichst elegant mehrere Objekte?«) einen passenden Lösungsvorschlag parat halten würde. Bezogen auf das Beispiel könnte dort stehen: »Schaffe ein komplett neues Objekt, das die Benachrichtigung der entsprechenden Objekte übernimmt«. Am besten wäre so ein Vorschlag noch mit einem hübschen Klassendiagramm garniert, das man wiederum nur noch auf den eigenen konkreten Fall zu übertragen bräuchte.

Diesen Wunsch erfüllten Erich Gamma, Richard Helm, Ralph Johnson und John Vlissides. Diese häufig als »Gang of Four« bezeichnete Gruppe machte sich in den 90er-Jahren auf die Suche nach häufig auftauchenden Strukturierungs- beziehungsweise Entwurfsproblemen und den dazu in der Praxis bewährten Lösungen. Ihre Ergebnisse veröffentlichten sie 1994 in ihrem Buch »Design Patterns – Elements of Reusable Object-Oriented Software« (in Deutschland unter dem Titel »Entwurfsmuster – Elemente wiederverwendbarer objektorientierter Software« erschienen, ISBN 3-8273-2199-9). Da man die Lösungsvorschläge ähnlich wie Vorlagen übernehmen kann, bezeichnet man sie auch als *Entwurfsmuster* (englisch *Design Pattern*). Das von Joomla! verwendete Model-View-Controller-Konzept ist eines dieser Entwurfsmuster – aber nicht das einzige, das das Content-Management-System verwendet.

Die konsequente Nutzung von Entwurfsmustern hilft entscheidend dabei, den Programmcode zu strukturieren, seine Übersichtlichkeit zu steigern und ihn somit auch schnell und unkompliziert ändern zu können. Falls jetzt Ihr Interesse für Entwurfsmuster geweckt wurde, sollten Sie einen Blick auf das Buch »Entwurfsmuster von Kopf bis Fuß« aus dem O'Reilly-Verlag werfen (ISBN 3-89721-421-0). Im Gegensatz zu vielen anderen Werken bietet es eine leicht verständliche Einführung in das Themengebiet.

Den Einstieg in die Programmierung von Joomla!-Komponenten soll deshalb das fast schon obligatorische »Hallo Welt«-Beispiel erleichtern. Die fertige Erweiterung präsentiert bei ihrem Aufruf lediglich den Text »Hallo Welt«. Auf diese Weise wird man ohne Nebenwirkungen mit dem internen Aufbau einer Komponente etwas vertrauter. Zudem liefert es ein gutes Grundgerüst für die Kinoportal-Komponente und Ihre eigenen Erweiterungen.

 Dieses Buch kann aus Platzgründen nur eine Einführung in die Programmierung geben. Weitere Informationen finden Sie in der sogenannten API-Referenz auf der Joomla!-Homepage unter *http://api. joomla.org/*. Sie listet alle von Joomla! bereitgestellten Klassen, Objekte und Funktionen auf.

Schnellstart: Die Hallo-Welt-Komponente

Um nicht der Komponente für die Schauspieler in die Quere zu kommen, legen Sie das Unterverzeichnis *com_hallowelt* im *components*-Ordner Ihrer Joomla!-Installation an. Damit schaffen Sie eine eigene, neue Komponente mit dem Namen *hallowelt*.

1. Schritt: Das Model

Als Erstes benötigt man eine Klasse für die Datenhaltung, das Model. In diesem einfachen Beispiel verwaltet sie lediglich die Zeichenkette *Hallo Welt*, die sie auf Anfrage herausgibt:

Beispiel 15-1: Das Model für das Hallo-Welt-Beispiel (Datei models/hallowelt.php)

```php
<?php
/* Sicherheitsprüfung: Wird die Klasse von Joomla! verwendet? */
defined('_JEXEC') or die('Zugriff verboten');

/* Importiere JModel-Klasse: */
jimport( 'joomla.application.component.model' );

/* Die Model-Klasse (von JModel abgeleitet): */
class HalloweltModelHallowelt extends JModel
{
    /* Gib auf Anfrage den Text aus: */
    function sagHallo()
    {
        return 'Hallo Welt!';
    }
}
?>
```

Jede von Ihnen erstellte PHP-Datei sollte immer mit der Sicherheitsabfrage

```
defined('_JEXEC') or die('Zugriff verboten');
```

beginnen. Sie prüft, ob die Datei tatsächlich unter einem laufenden Joomla! geöffnet wurde. Damit verhindern Sie, dass Angreifer die Datei später von außen einfach aufrufen und ausführen können.

Mit Blick auf den obigen Programmcode scheint das allerdings eine etwas übertriebene Maßnahme – schließlich würde bei ihrem direkten Aufruf gar nichts passieren. Und selbst wenn: Was kann die Ausgabe der Zeichenkette *Hallo Welt!* schon großartig anrichten? Bei komplexeren Komponenten könnte das Skript jedoch unter Umständen ein anderes, unerwünschtes Verhalten an den Tag legen, an das der Programmierer gar nicht gedacht hat. Insbesondere unentdeckte Programmierfehler öffnen immer wieder eine Hintertür für Hacker. Darüber hinaus besteht die Gefahr, dass ein Angreifer auf diese Weise eigenen SQL-Code einschleust. Dieses Verfahren ist unter dem Namen SQL-Injection bekannt und wird noch in einem später folgenden Abschnitt behandelt. Unter dem Strich ist es also besser, jede PHP-Datei mit einer Sicherheitsabfrage auszustatten: Besser man zieht einen Wassergraben um den Sack Kartoffeln, als dass er später gestohlen wird.

Sollte im obigen Beispiel jemand versuchen, einfach so die PHP-Datei aufzurufen, erscheint die Meldung *Zugriff verboten*. Damit verraten Sie jedoch einem Angreifer, dass dahinter eine (intelligente) Datei steckt. Verzichten Sie daher einfach auf die Fehlermeldung, und lassen Sie den Schirm weiß:

```
defined('_JEXEC') or die();
```

Die Konstante _JEXEC wird dem Skript von der Joomla!-Umgebung bereitgestellt.

Joomla 1.0.x   In früheren Joomla!-Versionen hieß sie noch _VALID_MOS.

Als Nächstes lädt jimport die Datei *libraries/joomla/application/component/model. php* aus der Joomla!-Klassenbibliothek, dem sogenannten Joomla!-Framework.

 Was die Klassenbibliothek noch so alles zu bieten hat, zeigt ihre Referenz auf der Joomla!-Homepage unter *http://api.joomla.org*.

Der Dateiname in den Anführungszeichen sieht absichtlich etwas verstümmelt aus: Unglücklicherweise unterscheiden sich die Verzeichnis-Trennzeichen von Betriebssystem zu Betriebssystem. Während Windows einen Rückstrich \ verwendet, setzen Linux und Unix auf einen Schrägstrich /. Damit man sich als Komponenten-Programmierer keine Gedanken um das spätere Betriebssystem auf dem Server machen muss, wurden die neutralen Punkte als Ersatzzeichen eingeführt. Joomla! ersetzt sie später automatisch durch das richtige Trennzeichen.

Damit wurde aber auch gleichzeitig die Konvention nötig, dass die letzte Komponente des entstehenden Gebildes die zu ladende Datei bezeichnet – in diesem Fall *model.php*. Und als wären das noch nicht genug Regeln, sucht Joomla! die angeforderte Datei grundsätzlich immer relativ zum Verzeichnis *libraries* (Joomla! beginnt also dort mit der Suche nach der Datei).

Im obigen Listing holt `jimport` auf diese Weise die Definition der Klasse `JModel` hinzu. Von ihr leitet man nun die Klasse ab, die zukünftig das eigene Model realisieren soll. In diesem Fall heißt die neue Klasse etwas sperrig `HalloweltModelHallowelt`. Sie folgt damit den Joomla!-Konventionen, nach denen der Klassenname des Models immer mit dem Namen der Komponente beginnt (hier also `Hallowelt`), dann der Begriff `Model` folgt und schließlich hinten dran noch der Name des Models steht (wieder `Hallowelt`).

Die neu geschaffene Model-Klasse verwaltet lediglich die Zeichenkette *Hallo Welt*, die sie über die Funktion `sagHallo()` bereitwillig preisgibt.

Verschaffen Sie dem neuen Model abschließend noch ein eigenes warmes Plätzchen, indem Sie im Verzeichnis *com_hallowelt* den Unterordner *models* erstellen und den Programmcode aus dem obigen Beispiel 15-1 dort in der Datei *hallowelt.php* speichern.

 Die (meisten) Datei- und Verzeichnisnamen gibt Joomla! vor. Eine Abweichung von den Konventionen könnte dazu führen, dass Teile der Komponente nicht mehr gefunden werden und sie somit ihren Dienst quittiert.

Bis jetzt haben Sie also genau eine Datei:

Datei	Funktion
com_hallowelt/models/hallowelt.php	Enthält eine Klasse, die das Model realisiert.

2. Schritt: Die View

Die Daten aus dem Model müssen jetzt auf den Schirm. Darum kümmert sich die nächste Klasse, die View:

Beispiel 15-2: Die View für das Hallo Welt-Beispiel (Datei views/hallowelt/view.html.php)

```php
<?php
/* Erlaube Zugriff nur von Joomla! aus: */
defined('_JEXEC') or die();

/* Importiere JView-Klasse: */
jimport( 'joomla.application.component.view');

/* Die View-Klasse (von JView abgeleitet): */
class HalloweltViewHallowelt extends JView
```

Beispiel 15-2: Die View für das Hallo Welt-Beispiel (Datei views/hallowelt/view.html.php)
   (Fortsetzung)

```
{
    /* Ausgabefunktion: */
    function display($tpl = null)
    {
        /* Hole Model und bitte um den gespeicherten Text: */
        $model =& $this->getModel();
        $modeldaten = $model->sagHallo();
        /* Schiebe den Text ins Template: */
        $this->assignRef('gruesse', $modeldaten);

        parent::display($tpl);
    }
}
?>
```

Am Anfang steht wieder die Sicherheitsabfrage, danach importiert man die JView-Klasse, von der man wiederum die eigene View-Klasse ableitet. Der Name der neuen Klasse folgt den gleichen Konventionen wie beim Model (Namen der Komponente, Begriff View und der Name der View).

Eine View-Klasse enthält grundsätzlich immer eine Funktion display(). In diesem Fall holt sie zunächst das Model und fragt dann den von ihm verwalteten Text ab. Das Ergebnis wird dann in der Variable modeldaten zwischengespeichert und anschließend mittels assignRef() ausgegeben. (Warum die Funktion gerade assignRef() heißt und wozu ihre Parameter gut sind, sehen Sie in wenigen Augenblicken.)

Bleibt nur noch, der View-Klasse eine neue Heimat zu spendieren. Erstellen Sie dazu im Ordner *com_hallowelt* das Unterverzeichnis *views*. Dort legen Sie ein weiteres Verzeichnis mit dem Namen der View an – im Beispiel wäre dies also *hallowelt*. Die oben aufgeführte Klasse aus Beispiel 15-2 speichern Sie darin als *view.html.php*.

Die Ausgabe der View wäre jetzt ein langweiliger, unformatierter Text. Der Gruß *Hallo Welt!* sollte den Besucher aber doch besser in einer großen, fetten Schrift anstrahlen. Wie Sie aus Kapitel 13 wissen, steuern unter Joomla! an allen Ecken und Enden Templates das Aussehen. So ist es auch in diesem Fall: Der View wird einfach ein kleines Template (von der Joomla!-Dokumentation auch immer wieder als *Layout* bezeichnet) an die Seite gestellt, das wiederum die Ausgaben der View hübsch formatiert. Den *Hallo Welt*-Text könnte man der Einfachheit halber zwischen zwei <h1>-Tags einrahmen. Das ist zwar nicht besonders barrierefreundlich (siehe Kapitel 16), für den Einstieg an dieser Stelle aber ausreichend:

Beispiel 15-3: Das kleine Template für das Hallo-Welt-Beispiel (Datei views/hallowelt/tmpl/
   default.php)

```
<?php defined('_JEXEC') or die(); ?>
<h1>
    <?php echo $this->gruesse; ?>
</h1>
```

Templates sind unter Joomla! nichts anderes als PHP-Dateien, die ebenfalls immer mit der obligatorischen Sicherheitsabfrage beginnen sollten. Die Anweisung zwischen den <h1>-Tags wird später durch den Text *Hallo Welt* ersetzt.

Im Hintergrund geschieht dabei Folgendes: Die Funktion JView::assignRef() weist der Variablen gruesse den vom Model herausgerückten Text zu. Auf diese Variable kann nun wiederum das Template per $this->*Variablenname* zugreifen und den Inhalt beispielsweise über echo einbauen. Die damit endlich komplettierte Ausgabe der Komponente würde im Beispiel so aussehen:

```
<h1>Hallo Welt!</h1>
```

Diesen HTML-Schnipsel baut Joomla! nun an der richtigen Stelle der kompletten, ausgelieferten Seite ein.

> Da dieser Ablauf etwas komplizierter ist, sei er hier noch einmal kurz zusammengefasst: Die View holt aus dem Model den darin gespeicherten Text, packt ihn in eine Variable und schiebt diese wiederum in das Template. Das Template setzt den Inhalt der Variablen in ein HTML-Fragment ein, das Joomla! in die ausgelieferte Homepage integriert.

Die View gibt also nicht selbst Daten aus, sondern steckt sie nur per assignRef() in Variablen. Die eigentliche Ausgabe geschieht dann über das beigestellte Mini-Template. Dies bedeutet aber auch, dass eine View immer aus der Klasse und einem Template besteht.

Legen Sie für das Template im Verzeichnis *com_hallowelt/views/hallowelt* das Unterverzeichnis *tmpl* an, und speichern Sie die kleine Vorlage aus dem obigen Beispiel 15-3 dort unter dem Namen *default.php*.

Damit besteht die Komponente jetzt schon aus drei Dateien:

Datei	Funktion
com_hallowelt/models/hallowelt.php	Enthält eine Klasse, die das Model realisiert.
com_hallowelt/views/hallowelt/view.html.php	Enthält eine Klasse, die eine View realisiert.
com_hallowelt/views/hallowelt/tmpl/default.php	Enthält das zur View gehörende Template.

3. Schritt: Der Controller

Als Nächstes benötigt man eine Klasse, die den Ablauf steuert – den Controller. Er übernimmt die Regie, sobald ein Seitenbesucher die Komponente aufruft und ihr eine Aufgabe stellt. Diese wertet der Controller aus. Er überlegt sich, mit welchen Methoden von Model und View sie sich lösen lässt. In der Regel weist er zunächst das Model an, die Daten entsprechend der Aufgabenstellung zu verändern und sie dann an die View zur Präsentation weiterzureichen.

Der Controller koordiniert nur die Aktionen, er selbst manipuliert weder irgendwelche Daten noch bringt er sie auf den Bildschirm.

In diesem einfachen Beispiel muss der Controller lediglich dafür sorgen, dass immer bei einer Aktivierung der Komponente die eben erstellte View geladen wird und somit der *Hallo Welt*-Text auf dem Bildschirm erscheint. Alles dazu Notwendige bringt bereits die von Joomla! bereitgestellte Klasse JController mit. In der davon abgeleiteten eigenen Klasse muss man nur noch sicherstellen, dass die Funktion JController::display() aufgerufen wird:

Beispiel 15-4: Der Controller für das Hallo-Welt-Beispiel (Datei controller.php)

```php
<?php
defined('_JEXEC') or die();

jimport('joomla.application.component.controller');

class HalloweltController extends JController
{
    function display()
    {
        parent::display();
    }
}
?>
```

 An dieser Stelle könnte man sich das Ableiten auch sparen und gleich im vierten Schritt direkt die Klasse JController als Controller verwenden. Die Erweiterung bietet jedoch einen recht guten Ausgangspunkt für die später anstehende Verwaltung der Schauspieler.

JController ist von Haus aus so eingestellt, dass er grundsätzlich immer die Funktion display() aufruft, sobald Joomla! die Komponente anwirft (dieses Verhalten kann man über die registerDefaultTask()-Methode ändern, dazu später noch mehr). display() seinerseits lädt die View, die wiederum ihr Template aktiviert.

Unter dem Strich sorgt der oben geschaffene HalloweltController also dafür, dass bei einem Aufruf der Komponente der im Model gespeicherte Text auf den Bildschirm wandert. Alle anderen Benutzeraktionen werden (noch) geflissentlich ignoriert.

Speichern Sie den Controller aus dem obigen Beispiel 15-4 direkt im Verzeichnis *com_hallowelt* unter dem Dateinamen *controller.php*.

Insgesamt sollten jetzt folgende vier Dateien vorliegen:

Datei	Funktion
com_hallowelt/controller.php	Enthält eine Klasse, die den Controller realisiert.
com_hallowelt/models/hallowelt.php	Enthält eine Klasse, die das Model realisiert.
com_hallowelt/views/hallowelt/view.html.php	Enthält eine Klasse, die eine View realisiert.
com_hallowelt/views/hallowelt/tmpl/default.php	Enthält das zur View gehörende Template.

4. Schritt: Ein Einsprungspunkt für Joomla!

Sobald jemand die Komponente später aktiviert, geht Joomla! im Verzeichnis *components* auf die Suche nach einem Unterverzeichnis mit dem Namen der Komponente – im Beispiel also *com_hallowelt*.

Darin erwartet das Content-Management-System ein PHP-Skript, das den gleichen Namen wie die Komponente trägt (im Beispiel *hallowelt*, also ohne das vorangestellte *com_*). Dieses Skript startet dann Joomla! einfach, lehnt sich anschließend zurück und wartet ungeduldig auf die Ausgaben.

Das aufgerufene PHP-Skript bezeichnet Joomla! als *Einsprungspunkt* oder englisch *Entry Point* der Komponente. Nach seinem Start ist es ganz allein dafür verantwortlich, ein passendes Controller-Objekt zu erzeugen und dieses zu aktivieren. Im *Hallo Welt*-Beispiel sieht das als Einsprungspunkt dienende Skript wie folgt aus:

Beispiel 15-5: Der Entry Point für das Hallo-Welt-Beispiel (Datei hallowelt.php)

```php
<?php
defined('_JEXEC') or die();

// Controller hinzuholen:
require_once(JPATH_COMPONENT.DS.'controller.php');

// Controller-Objekt erstellen:
$classname   = 'HalloweltController';
$controller  = new $classname();

// Die gestellte Aufgabe lösen:
$controller->execute('');

// Weiterleiten, sofern der Controller dies verlangt:
$controller->redirect();
?>
```

Zu Beginn steht – Sie ahnen es – wieder einmal die Sicherheitsabfrage.

Der nächste Befehl importiert die Controller-Klasse. JPATH_COMPONENT wird bei der Ausführung durch den absoluten Pfad zur aktuellen Komponente ersetzt – in diesem Fall also *components/com_hallowelt*. DS ist hier wieder einmal ein Repräsentant für das Trennzeichen zwischen Verzeichnissen: Während Windows den Rückstrich \ (Backslash) nutzt, verwendet Linux den vorwärts gerichteten Schrägstrich / (Slash). Joomla! ersetzt DS später automatisch durch das richtige Trennzeichen.

Inkonsequenterweise verwendet Joomla! hier ein anderes Ersatzzeichen als im jimport-Befehl.

Als Nächstes wird ein neues Controller-Objekt der Klasse HalloController erzeugt, das umgehend mit der Ausführung der Aufgabe beauftragt wird: $controller->execute().

Normalerweise muss man an execute() den Namen der zu lösenden Aufgabe durchreichen (wie das genau funktioniert, wird später noch erklärt). In diesem Fall hat die Komponente jedoch nur eine Standardaufgabe: Die Anzeige des Textes *Hallo Welt*. Indem man execute() eine leere Zeichenkette übergibt, spult der Controller einfach sein Standardprogramm ab – und das bestand ja gerade darin, den Text anzuzeigen. (Wie im vorherigen Schritt beschrieben wurde, ruft er dazu seine Funktion display() auf, die wiederum alle nötigen Schritte veranlasst.)

Speichern Sie das obige PHP-Skript aus Beispiel 15-5 in der Datei *hallowelt.php*, und legen Sie diese im Verzeichnis *com_hallowelt* ab.

Damit haben Sie jetzt schon fünf Dateien:

Datei	Funktion
com_hallowelt/hallowelt.php	Bildet den Einsprungpunkt für Joomla!.
com_hallowelt/controller.php	Enthält eine Klasse, die den Controller realisiert.
com_hallowelt/models/hallowelt.php	Enthält eine Klasse, die das Model realisiert.
com_hallowelt/views/hallowelt/view.html.php	Enthält eine Klasse, die eine View realisiert.
com_hallowelt/views/hallowelt/tmpl/default.php	Enthält das zur View gehörende Template.

5. Schritt: Probelauf (und eine kleine Zusammenfassung der Geschehnisse)

Diese fünf Dateien bilden den Kern einer jeden Komponente. Dies bedeutet aber auch gleichzeitig, dass man endlich genug Material beisammen hat, um einen kleinen Funktionstest zu starten. Fragt sich nur, wie man die Komponente aktiviert, ein Menüpunkt existiert ja noch nicht. Die Antwort gibt ein kurzer Blick hinter die Kulissen von Joomla!:

Immer wenn Sie mit der Maus auf einen Menüpunkt klicken oder eine Aktion anstoßen, ruft Ihr Browser eine ganz bestimmte, eindeutige Internetadresse auf. Probieren Sie dies einmal aus: Wechseln Sie in die VORSCHAU Ihrer aktuellen Joomla!-Homepage, und rufen Sie dort nacheinander verschiedene Beiträge auf. Beobachten Sie dabei die Veränderungen in der Adresszeile Ihres Browsers. Dort erscheinen recht kryptische, aber immer verschiedene Adressen, wie beispielsweise:

```
http://localhost/joomla/index.php?option=com_content&view=article&id=22&Itemid=34
```

Von Interesse ist hier im Moment nur der vordere Teil bis zum ersten Kaufmanns-Und (zum Rattenschwanz folgt später noch mehr):

```
http://localhost/joomla/index.php?option=com_content
```

Er veranlasst Joomla!, die hinter `option=` genannte Komponente zu aktivieren. In diesem Fall ist das die Komponente `com_content`, die dann wiederum einen oder mehrere Beiträge auf den Schirm bringt.

 Welche Internetadresse ein Menüpunkt aufruft, sehen Sie schnell im Bearbeitungsbildschirm eines Menüpunktes: Wählen Sie im Administrationsbereich beispielsweise MENÜS → MAIN MENU, und klicken Sie einen der bestehenden Einträge in der Liste an. Im Feld LINK steht jetzt die Adresse, die ein Klick auf den zugehörigen Menüpunkt aufrufen würde.

Auf das kleine *Hallo Welt*-Beispiel übertragen, rufen Sie in Ihrem Browser einfach

```
http://localhost/joomla/index.php?option=com_hallowelt
```

auf. Damit erhält Joomla! die Aufforderung, die Komponente `com_hallowelt` zu aktivieren. Sofern Ihnen ein Tippfehler unterlaufen ist, beschwert sich das Content-Management-System mit einer entsprechenden (und leider meist recht nichtssagenden) Meldung. Andernfalls erhalten Sie ein Ergebnis wie in Abbildung 15-1.

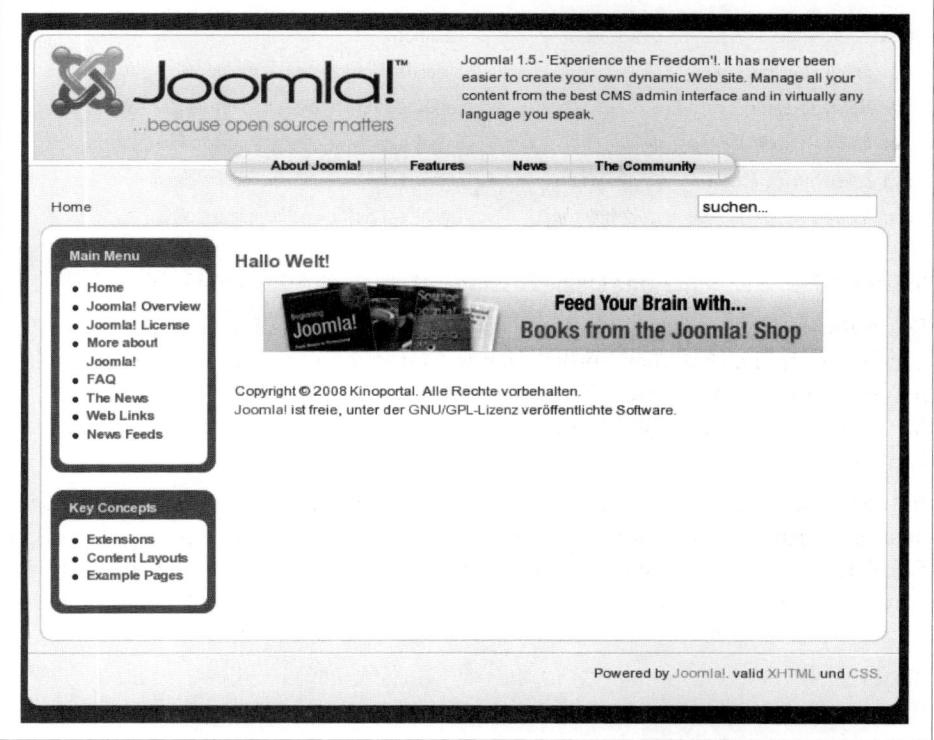

Abbildung 15-1: Das Hallo-Welt-Beispiel mit dem Standard-Template »rhuk_milkyway«

Die Ausgabe der Komponente erscheint an ihrem dafür zugewiesenen Platz innerhalb des Templates (siehe Kapitel 13). Im Hintergrund passiert dabei Folgendes (Abbildung 15-2):

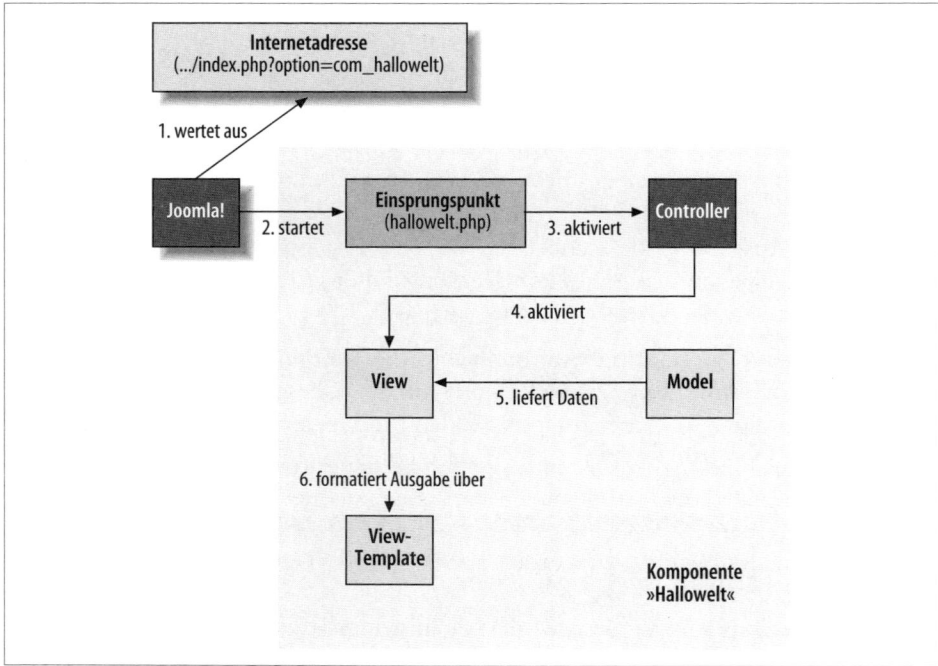

Abbildung 15-2: Ablauf der Hallowelt-Komponente

Ihr Browser ruft zunächst die Seite *http://localhost/joomla/index.php* auf. Dies aktiviert Joomla!, das umgehend die Internetadresse übernimmt und sie auf etwaige Anhängsel prüft ❶. In diesem Fall findet das Content-Management-System die Zeichenkette *?option=com_hallowelt*.

Wenn Sie den Rattenschwanz (hier also *?option=com_hallowelt*) weglassen, würde Joomla! einfach sein Standardprogramm abspulen, das in der Anzeige der Startseite Ihres Internetauftritts besteht.

Dies ist das Zeichen, die hinter option= angegebene Komponente zu starten. Dazu sucht Joomla! das entsprechende Verzeichnis auf (*components/com_hallowelt*) und startet dort das PHP-Skript, das den Namen der Komponente trägt – in diesem Fall also *hallowelt.php*. ❷

Dieses Skript erstellt nun ein Controller-Objekt, dem es anschließend die Kontrolle übergibt ❸. Das Controller-Objekt stellt nun fest, dass ihm gar keine Aufgabe genannt wurde (`$controller->execute('')` wurde nur eine leere Zeichenkette übergeben). Also greift es einfach zu seiner Standardaufgabe »Gib die von der Komponente verwalteten Daten aus«. Was dafür zu tun ist, weiß seine Funktion `display()`: Sie erstellt ein View-Objekt und ruft dann dessen `display()`-Funktion auf ❹.

Damit übernimmt jetzt die View das Kommando. Zunächst benötigt sie erst einmal etwas, das sie überhaupt darstellen kann. Die entsprechenden Texte kennt das Model, das folglich umgehend um seine Daten gebeten wird ❺. Den zurückgelieferten Text speichert die View zunächst in einer Variablen, die sie anschließend in ihr kleines Template schiebt. Dieses sorgt schließlich noch für eine hübsche Formatierung ❻.

Die gesamte Ausgabe landet schließlich wieder bei Joomla!, das damit die Seite anhand seines eigenen Templates komplettiert und das Ergebnis schließlich an den Browser liefert.

Ganz schön kompliziert, nur für eine einfache Ausgabe des Textes *Hallo Welt* – und die Komponente ist immer noch nicht fertig.

Für alle folgenden Schritte verschieben Sie das komplette Verzeichnis *com_hallowelt* in ein beliebiges Arbeitsverzeichnis. Da die neue Komponente gleich offiziell unter Joomla! installiert wird, käme es ansonsten zu einem Konflikt: Die zu installierende Komponente wäre dann in Teilen schon an ihrem Platz, was Joomla! mit einer Fehlermeldung quittieren würde.

6. Schritt: Die dunkle Seite der Macht – die Administrator-Schnittstelle

Jede Komponente hat zwei Gesichter: eines, das der Besucher auf der Homepage sieht, und eines, das nur für den Administrator zur Konfiguration bestimmt ist. Diese Administrator-Schnittstelle integriert sich später in den Administrationsbereich von Joomla!.

Im Fall der extrem einfach gestrickten *Hallo Welt*-Komponente soll dort lediglich ein Hinweistext erscheinen. Dies übernimmt für den Moment ein einziges Skript namens *admin.hallowelt.php*:

Beispiel 15-6: Das Skript für die Administrator-Schnittstelle (Datei admin.hallowelt.php)

```
<?php defined('_JEXEC') or die(); ?>
<h1>
    Die Hallo Welt! Administration.
</h1>
```

Gleich bei der Installation der Komponente reserviert Joomla! für die Komponente automatisch einen Eintrag im Menü KOMPONENTEN. Sobald Sie ihn aufrufen, erscheint die in *admin.hallowelt.php* definierte Seite. Wie das im *Hallo Welt*-Beispiel aussieht, zeigt Abbildung 15-3.

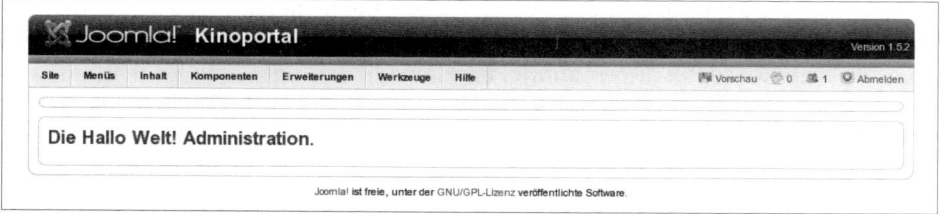

Abbildung 15-3: Die Administrator-Schnittstelle der Komponente zeigt im Hallo-Welt-Beispiel lediglich einen kleinen Informationstext an.

Dies ist nur eine Notlösung. Wie Sie später bei der Verwaltung der Schauspieler sehen werden, verwendet auch der für die Administration zuständige Teil der Komponente das MVC-Konzept. Die Datei *admin.hallowelt.php* dient dann dort als Einsprungspunkt. Sofern Ihre Komponente jedoch keine Administrationsoberfläche besitzt (wie das *Hallo Welt*-Beispiel), genügt ausnahmsweise eine Datei. Theoretisch könnten Sie auf diese sogar ganz verzichten, allerdings würde dann der automatisch für die Komponente eingerichtete Eintrag im Menü KOMPONENTEN ins Leere zeigen. Es empfiehlt sich daher, zumindest wie gezeigt einen kleinen Informationsbildschirm einzurichten. Für den späteren Anwender wünschenswert wären dabei sicherlich Angaben zum Entwickler, zu dessen Homepage und zur Versionsnummer der Komponente.

Speichern Sie die Datei *admin.hallowelt.php* direkt im Verzeichnis *com_hallowelt*. Damit sollte das halbe Dutzend voll sein:

Datei	Funktion
com_hallowelt/admin.hallowelt.php	Anzeige im Administrationsbereich.
com_hallowelt/hallowelt.php	Bildet den Einsprungspunkt für Joomla!.
com_hallowelt/controller.php	Enthält eine Klasse, die den Controller realisiert.
com_hallowelt/models/hallowelt.php	Enthält eine Klasse, die das Model realisiert.
com_hallowelt/views/hallowelt/view.html.php	Enthält eine Klasse, die eine View realisiert.
com_hallowelt/views/hallowelt/tmpl/default.php	Enthält das zur View gehörende Template.

7. Schritt: Die XML-Datei

Es ist reichlich unbequem, die Komponente immer über die Eingabe einer Internetadresse aufzurufen. Dummerweise taucht die neue Komponente noch nicht in der Liste hinter MENÜS → MAIN MENU → NEU auf.

Sie könnten einen Menüpunkt vom Typ *Wrapper*, *Externer Link* oder *Alias* anlegen und diesen dann auf die Internetadresse aus Schritt 5 verweisen lassen. Dieses Vorgehen ist jedoch recht umständlich, fehleranfällig und unelegant.

Zudem muss die Komponente nach einer Weitergabe noch per Hand in das *components-Verzeichnis* kopiert werden. Wie schon bei den Templates löst auch hier eine kleine Informationsdatei die genannten Probleme:

Beispiel 15-7: Die XML-Informationsdatei für das Hallo-Welt-Beispiel (Datei hallowelt.xml)

```xml
<?xml version="1.0" encoding="utf-8"?>
<!DOCTYPE install SYSTEM "http://dev.joomla.org/xml/1.5/component-install.dtd">
<install type="component" version="1.5.0">

    <name>Hallowelt</name>
    <creationDate>2008 04 08</creationDate>
    <author>Tim Schürmann</author>
    <authorEmail>tischuer@yahoo.de</authorEmail>
    <authorUrl>http://www.tim-schuermann.de</authorUrl>
    <copyright>(C) Tim Schürmann 2008</copyright>
    <license>GNU General Public License</license>
    <version>1.0</version> <!-- Versionsnummer der Komponente -->
    <description>Dies ist eine Beschreibung der Komponente ...</description>

    <files>
        <filename>hallowelt.php</filename>
        <filename>controller.php</filename>
        <filename>models/hallowelt.php</filename>
        <filename>views/hallowelt/view.html.php</filename>
        <filename>views/hallowelt/tmpl/default.php</filename>
    </files>

    <administration>
        <menu>Hallo Welt!</menu>

        <files>
            <filename>admin.hallowelt.php</filename>
        </files>
    </administration>

</install>
```

Wenn Sie bereits das Kapitel über Templates gelesen haben, dürfte Ihnen dieser Aufbau bekannt vorkommen. Tragen Sie zwischen die Tags einfach die entsprechenden, folgenden Daten ein:

<name>
> Der Name der Komponente

<creationDate>
> Das Datum der Erstellung

<author>
> Der Autor oder Programmierer der Komponente

<authorEmail>

Die E-Mail-Adresse des Autors

<authorUrl>

Die Internetadresse der Homepage des Autors

<copyright>

Das Copyright der Komponente und dessen Inhaber

<license>

Die Lizenz, unter der die Komponente veröffentlicht wurde (wie beispielsweise die GNU GPL)

<version>

Die Version der Komponente

<description>

Eine kurze Beschreibung, was die Komponente alles so anstellt

Zwischen `<files>` und `</files>` setzt man alle zur Komponente gehörenden Dateien. Im Moment sind das genau fünf Stück. Alle dort aufgelisteten Dateien berücksichtigt Joomla! bei der Installation der Komponente. Es genügt nicht, sie später einfach mit in das Archiv für die Distribution zu packen. Achten Sie deshalb auch immer penibel darauf, dass sich keine Tippfehler in die Verzeichnis- oder Dateinamen einschleichen.

Der `<administration>`-Abschnitt sorgt schließlich noch für die Integration in den Administrationsbereich. Mit dem Begriff zwischen `<menu>` stellt Joomla! zweierlei Dinge an:

- Zunächst erstellt es einen neuen Punkt im Menü KOMPONENTEN, der zur Seite hinter *admin.hallowelt.php* führt.

- Des Weiteren richtet Joomla! einen eigenen Menütyp mit diesem Namen ein (den entsprechenden Bildschirm erreichen Sie beispielsweise über MENÜS → MAIN MENU → NEU, siehe Abbildung 15-4). Damit lässt sich später schnell, einfach und bequem ein neuer Menüpunkt für die Komponente einrichten.

Der `<administration>`-Abschnitt teilt Joomla! mit, welche Dateien zur Administrator-Schnittstelle der Komponente gehören. Diese wandern bei der Installation nicht wie gewohnt in das Verzeichnis *components/com_helloworld*, sondern nach *administrator/components/com_helloworld*.

Sollte sich eine Komponente aus irgendwelchen Gründen nur unvollständig deinstallieren lassen, müssen Sie deshalb immer an den beiden genannten Stellen nach Dateileichen suchen. Darüber hinaus merkt sich Joomla! alle registrierten Komponenten in der Datenbanktabelle *jos_components*. Auch diese sollten Sie (zum Beispiel mit dem Konfigurationswerkzeug phpMyAdmin) im Fehlerfall nach Datenresten untersuchen.

Abbildung 15-4: Dank des <menu>-Eintrags erhält die Hallo-Welt-Komponente einen eigenen Eintrag bei der Erstellung eines Menüpunktes.

Während die meisten Tags aus dem oberen Abschnitt (wie etwa die <description>) optional sind, bleibt der <administration>-Abschnitt Pflicht. Andernfalls verweigert Joomla! die Installation der neuen Komponente.

Speichern Sie die neue Datei aus Beispiel 15-7 als *hallowelt.xml* direkt im Verzeichnis *com_hallowelt*. Dort sollten sich jetzt insgesamt die folgenden sieben Dateien befinden:

Datei	Funktion
com_hallowelt/hallowelt.xml	Enthält Informationen für die Installation.
com_hallowelt/admin.hallowelt.php	Administrator-Schnittstelle der Komponente.
com_hallowelt/hallowelt.php	Bildet den Einsprungpunkt für Joomla!.
com_hallowelt/controller.php	Enthält eine Klasse, die den Controller realisiert.
com_hallowelt/models/hallowelt.php	Enthält eine Klasse, die das Model realisiert.
com_hallowelt/views/hallowelt/view.html.php	Enthält eine Klasse, die eine View realisiert.
com_hallowelt/views/hallowelt/tmpl/default.php	Enthält das zur View gehörende Template.

Packen Sie jetzt den kompletten *Inhalt* des Verzeichnisses *com_hallowelt* in ein ZIP-Archiv (wirklich nur den Inhalt). Heben Sie aber den Ordner *com_hallowelt* für den Fall der Fälle gut auf.

Wechseln Sie jetzt in den Administrationsbereich von Joomla!, und installieren Sie das eben erstellte ZIP-Archiv über den allseits bekannten Menüpunkt ERWEITERUNGEN → INSTALLIEREN/DEINSTALLIEREN. Im Erfolgsfall erscheint die Meldung, die Sie in der *.xml*-Datei unter `<description>` eingetragen haben. Klicken Sie anschließend in der Leiste direkt darüber auf KOMPONENTEN. Dort muss jetzt die *Hallowelt*-Komponente aufgelistet sein.

Sollte etwas schieflaufen, gibt Joomla! in der Regel eine recht informative Fehlermeldung aus. Sofern Ihre Komponente bereits den Test im vorherigen Schritt erfolgreich absolviert hat, besteht der Grund meist in einem Tippfehler innerhalb der XML-Datei oder in einer vergessenen Datei innerhalb des `<files>`-Abschnitts.

Um Ihren Besuchern die neue Komponente über einen Menüpunkt zugänglich zu machen, wählen Sie wie gewohnt MENÜ, dann das Menü, das den neuen Eintrag aufnehmen soll, und klicken anschließend auf NEU. Sie landen im Bildschirm aus Abbildung 15-4. Wählen Sie dort HALLO WELT! und das DEFAULT LAYOUT.

> Bei mehreren vorhandenen Views würden hier weitere Einträge zur Auswahl stehen – die *Hallo Welt*-Komponente besitzt derzeit jedoch nur eine.

Vergeben Sie noch einen TITEL und einen ALIAS. Nach einem Klick auf SPEICHERN erreichen Sie Ihre neue Komponente ab sofort bequem über einen Menüpunkt.

Um Ihre selbst geschriebene Komponente wieder loszuwerden, wählen Sie ebenfalls den bekannten Weg: Wechseln Sie zu ERWEITERUNGEN → INSTALLIEREN/DEINSTALLIEREN, klicken Sie auf KOMPONENTEN, markieren Sie den kleinen Knubbel vor *Hallowelt*, und wählen Sie DEINSTALLIEREN in der Werkzeugleiste.

8. Schritt: Verzeichnisse vor neugierigen Blicken schützen

Rufen Sie in Ihrem Browser einmal die Adresse *http://localhost/joomla/components/com_hallowelt/* auf. Das Ergebnis dürfte Sie vielleicht überraschen: Vor Ihnen liegen alle Dateien Ihrer neuen Komponente. Ein Besucher mit genügend krimineller Energie könnte somit die Bestandteile Ihrer Komponente herunterladen und in Ruhe auf Angriffsmöglichkeiten hin analysieren.

> Um auf die passende Adresse zu kommen, braucht es übrigens nicht viel: Den Namen der Komponente verrät Joomla! selbst in der Adressleiste des Browsers hinter *?option=com_hallowelt*. Als versierter Programmierer weiß der Angreifer somit, dass die Erweiterung im Verzeichnis *components/com_hallowelt* liegt. Dies ist dann auch gleich die passende Adresse.

Um die eigenen Dateien vor fremden Einblicken zu schützen, packen Sie einfach in jedes (Unter-)Verzeichnis Ihrer Komponente eine Textdatei mit dem Namen *index. html* und dem Inhalt:

```
<html><body bgcolor="#FFFFFF"></body></html>
```

Versucht nun ein Angreifer die Adresse *http://localhost/joomla/components/com_ hallowelt/* aufzurufen, bekommt er immer nur eine weiße, leere Seite vorgesetzt.

 Vergessen Sie nicht, die Hilfsdateien auch in die `<files>`-Sektionen der *.xml*-Datei aufzunehmen. Ansonsten würden sie bei der Installation der Komponente nicht mitkopiert und der ganze Aufwand wäre umsonst gewesen.

Die Kinoportal-Komponente

Nach dem einführenden *Hallo Welt*-Beispiel soll es nun etwas praxisnaher werden. Unser Ziel ist die Entwicklung einer Komponente, die Schauspieler und deren Werdegang (oder eine kurze Erläuterung) speichert und auf Anfrage auf den Bildschirm bringt. Damit lässt sich zwar kein Blumentopf gewinnen, für die Erklärung der noch aussehenden Konzepte reicht dieses Projekt aber allemal aus.

Die neue Komponente soll den Namen *kinoportal* tragen. Legen Sie also als Erstes in einem beliebigen Arbeitsverzeichnis den Ordner *com_kinoportal* an. Genau wie beim *Hallo Welt*-Beispiel braucht man für den Anfang wieder mindestens sieben Dateien:

Datei	Funktion
com_kinoportal/kinoportal.xml	Enthält Informationen für die Installation.
com_kinoportal/admin.kinoportal.php	Administrator-Schnittstelle der Komponente.
com_kinoportal/kinoportal.php	Bildet den Einsprungpunkt für Joomla!.
com_kinoportal/controller.php	Enthält eine Klasse, die den Controller realisiert.
com_kinoportal/models/kinoportal.php	Enthält eine Klasse, die das Model realisiert.
com_kinoportal/views/kinoportal/view.html.php	Enthält eine Klasse, die eine View realisiert.
com_kinoportal/views/kinoportal/tmpl/default.php	Enthält das zur View gehörende Template.

 Wenn Sie es sich einfach machen möchten, können Sie die Dateien des *Hallo Welt*-Beispiels in den neuen Ordner kopieren und dann überall *hallowelt* gegen *kinoportal* austauschen.

Doch der Reihe nach, wieder beginnend beim Model.

1. Schritt: Das Model und der Zugriff auf die Datenbank

Das Model musste im *Hallo Welt*-Beispiel lediglich eine festgelegte Zeichenkette verwalten und diese auf Anfrage herausrücken. Die Informationen über die Schauspieler soll jedoch die Datenbank verwalten. Das Model muss sie also dort heraus-holen, wozu man es wiederum etwas aufbohren muss (wie die Schauspieler in die Datenbank hinein gelangen, folgt in wenigen Abschnitten).

Als Erstes benötigt das Model Zugriff auf die Datenbank. Da Joomla! dort sowieso alle naselang irgendwelche Daten abruft, existiert bereits eine Datenbankverbin-dung, man muss sie folglich nicht erst noch umständlich per Hand aufbauen. Statt-dessen holt man sich einfach eine Referenz auf die Datenbank:

```
$datenbank =& JFactory::getDBO();
```

JFactory ist eine von Joomla! bereitgestellte (statische) Klasse, die auf Anfrage Refe-renzen zu vielen nützlichen Systemobjekten herausrückt – in diesem Fall auf die Datenbank.

getDBO() steht für *get DataBase Object* und liefert eine Referenz auf ein Objekt vom Typ JDatabase. Neben der im Folgenden genutzten Funktionalität bietet sie noch eine Reihe weiterer nützlicher Funk-tionen. Eine komplette Aufstellung liefert die API-Referenz auf der Joomla!-Homepage.

Über das erhaltene Datenbankobjekt kann man nun auf die Datenbank zugreifen. In diesem Fall sollen Informationen abgefragt werden, wozu vier Einzelschritte not-wendig sind:

- Zunächst stellt man eine passende Anfrage zusammen,
- die man an die Datenbank sendet und
- dort »ausführt«.
- Anschließend nimmt man das von der Datenbank zurückgelieferte Ergebnis in Empfang.

Zunächst muss also eine passende Datenbankabfrage her. MySQL nimmt derartige Anfragen in der Sprache SQL entgegen.

Falls Sie nach passender Literatur zum Thema SQL suchen, sollten Sie unbedingt auf Bücher zu MySQL zurückgreifen. Zwar ist die Syn-tax von SQL in einem Standard festgelegt, dennoch kochen die Datenbankhersteller gern ihr eigenes Süppchen.

Angenommen, die Angaben zu den Schauspielern wären bereits in einer Tabelle namens schauspieler vorhanden. Die SQL-Anfrage, die alle Zeilen aus dieser Tabelle herausliest, sieht dann wie folgt aus:

```
$query = 'SELECT * FROM #__schauspieler ORDER BY name';
```

Sie lässt sich im Folgenden einfacher handhaben, indem man sie in eine Variable packt – im obigen Beispiel $query.

Wer sich mit SQL auskennt, wird sicherlich über das komische #__schauspieler stolpern: Bei der Installation von Joomla! konnte man den Tabellennamen ein eigenes Präfix spendieren. Die neue Kinoportal-Komponente weiß jedoch nicht, wie dieses Präfix aussieht. Würde man hier einfach jos_schauspieler fest »verdrahten«, würde die Komponente auf einer anderen Joomla!-Installation möglicherweise nicht laufen. Aus diesem Grund bietet Joomla! mit #__schauspieler eine Art Vorlage an, die der folgende Befehl automatisch durch den passenden Tabellennamen ersetzt:

```
$datenbank->setQuery($query);
```

Er sendet den zusammengestellten SQL-Befehl gleichzeitig zur Datenbank. Die nun dort befindliche Abfrage führt die Funktion

```
$ergebnis = $datenbank->loadResult();
```

aus und liefert das entsprechende Ergebnis zurück, das man am besten in einer neuen Variable auffängt. loadResult() liefert allerdings nur ein einziges Datum. Bekommt man (wie im Fall des Kinoportals) mehrere Zeilen aus der Tabelle, muss man explizit auf ihre Kollegin loadObjectList() ausweichen.

Noch einfacher geht es mit _getList(), einer Funktion, die JModel bereitstellt. Sie fasst das Holen der Datenbank, setQuery() und loadObjectList() in einem kurzen Befehl zusammen:

```
$ergebnis=$this->_getList($query);
```

Das war eigentlich schon alles; mehr muss das Model nicht tun. Es genügt daher, alle bisher gezeigten Befehle in eine entsprechende Funktion, wie etwa holeAlleSchauspieler(), zu verfrachten:

Beispiel 15-8: Das Model für das Kinoportal-Beispiel (Datei models/kinoportal.php)

```php
<?php
defined('_JEXEC') or die();

jimport( 'joomla.application.component.model' );

class KinoportalModelKinoportal extends JModel
{
    /* Gib alle Schauspieler aus: */
    function holeAlleSchauspieler()
    {
        /* SQL-Abfrage zusammenstellen */
        $query = 'SELECT * FROM #__schauspieler ORDER BY name';
        /* SQL-Abfrage ausführen, Ergebnis auffangen: */
        $alleschauspieler= $this->_getList($query);

        /* Das Ergebnis der Abfrage zurücksenden */
        return $alleschauspieler;
    }
}
?>
```

Speichern Sie das Beispiel 15-8 als Datei *kinoportal.php* im Unterverzeichnis *com_kinoportal/models*.

2. Schritt: View erstellen

Die View bereitet die vom Model ausgelesenen Daten hübsch auf. Sie funktioniert genau so wie ihre Kollegin aus dem *Hallo Welt*-Beispiel:

Beispiel 15-9: Die View für das Kinoportal-Beispiel (Datei views/kinoportal/view.html.php)

```php
<?php
defined('_JEXEC') or die();

jimport( 'joomla.application.component.view');

class KinoportalViewKinoportal extends JView
{
    function display($tpl = null)
    {
        /* Hole Model und bitte um die Schauspieler: */
        $model =& $this->getModel();
        $modeldaten = $model->holeAlleSchauspieler();
        /* Schiebe die Schauspieler ins Template: */
        $this->assignRef('alleschauspieler', $modeldaten);

        parent::display($tpl);
    }
}
?>
```

Speichern Sie Beispiel 15-9 als Datei *view.html.php* im Verzeichnis *com_kinoportal/views/kinoportal*.

Das zur View gehörende Template ist allerdings etwas aufwendiger. Es muss die Daten im Array alleschauspieler in eine HTML-Tabelle übertragen:

Beispiel 15-10: Das Template zur Kinoportal-View (Datei views/kinoportal/tmpl/default.php)

```php
<?php defined('_JEXEC') or die(); ?>

<table>
<tr><td>Name</td><td>Vita</td></tr>

<?
foreach($this->alleschauspieler as $schauspieler)
{
    echo '<tr>';
    echo '<td>' . $schauspieler->name . '</td>';
    echo '<td>' . $schauspieler->vita . '</td>';
    echo '</tr>';
}
?>

</table>
```

Der Einfachheit halber kommt hier eine HTML-Tabelle zum Einsatz. Alternativ könnten Sie auch mit <div>-Tags arbeiten (mehr zu diesem Thema finden Sie in Kapitel 13 und Kapitel 16).

Speichern Sie das Template als *default.php* im Verzeichnis *com_kinoportal/views/ kinoportal/tmpl*. Damit haben Sie jetzt schon drei Dateien:

Datei	Funktion
com_kinoportal/models/kinoportal.php	Enthält eine Klasse, die das Model realisiert.
com_kinoportal/views/kinoportal/view.html.php	Enthält eine Klasse, die eine View realisiert.
com_kinoportal/views/kinoportal/tmpl/default.php	Enthält das zur View gehörende Template.

3. Schritt: Controller, Einsprungpunkt und Administrator-Schnittstelle

Den Controller, die Dateien für den Einstieg und die Administrator-Schnittstelle können Sie direkt vom *Hallo Welt*-Beispiel übernehmen, lediglich die Klassen- und Dateinamen müssen angepasst werden. Zunächst der Controller:

```
<?php
defined('_JEXEC') or die();

jimport('joomla.application.component.controller');

class KinoportalController extends JController
{
        function display(){parent::display();}
}
?>
```

Er wandert in die Datei *controller.php* im Verzeichnis *com_kinoportal*. Den Entry Point für Joomla!

```
<?php
defined('_JEXEC') or die();

require_once(JPATH_COMPONENT.DS.'controller.php');
$classname = 'KinoportalController';
$controller = new $classname();
$controller->execute('');
$controller->redirect();
?>
```

legen Sie im gleichen Verzeichnis als *kinoportal.php* ab. Die *admin.kinoportal.php*

```
<?php defined('_JEXEC') or die(); ?>
<h1>
        Die Kinoportal-Administration.
</h1>
```

wird gleich noch gehörig aufgebohrt – schließlich muss man die Schauspieler auch irgendwie bequem eingeben können. Für den Moment reicht aber der einfache Informationstext.

Damit ist die Siebenerbande schon fast vollzählig:

Datei	Funktion
com_kinoportal/admin.kinoportal.php	Die Administrator-Schnittstelle der Komponente.
com_kinoportal/kinoportal.php	Bildet den Einsprungspunkt für Joomla!.
com_kinoportal/controller.php	Enthält eine Klasse, die den Controller realisiert.
com_kinoportal/models/kinoportal.php	Enthält eine Klasse, die das Model realisiert.
com_kinoportal/views/kinoportal/view.html.php	Enthält eine Klasse, die eine View realisiert.
com_kinoportal/views/kinoportal/tmpl/default.php	Enthält das zur View gehörende Template.

4. Schritt: XML-Datei und Datenbankvorbereitung

Die Informationsdatei *kinoportal.xml* kostet allerdings wieder etwas Gehirn-schmalz: Das Model holt derzeit seine Informationen aus einer Tabelle namens schauspieler. Diese ist jedoch noch gar nicht in der Datenbank vorhanden. Man könnte sie nun einfach per Hand anlegen, beispielsweise über die Konfigurations-oberfläche *phpMyAdmin* in XAMPP (siehe Kapitel 18). Sofern Sie die Komponente aber später weitergeben möchten, ist dies keine besonders komfortable Lösung. Ideal wäre es, wenn Joomla! die fehlenden Tabellen direkt bei der Installation der Komponente einrichtet und sie auch automatisch bei der Deinstallation wieder ent-fernt. Genau dabei hilft eine leicht frisierte Informationsdatei – vorausgesetzt, man hält zwei zusätzliche Dateien bereit.

Die erste enthält alle SQL-Anweisungen, um die Datenbanktabelle anzulegen:

Beispiel 15-11: Die SQL-Befehle zum Anlegen einer Datenbanktabelle (Datei install.sql)

```
DROP TABLE IF EXISTS `#__schauspieler`;

CREATE TABLE `#__schauspieler` (
 `id`   INT(11) NOT NULL AUTO_INCREMENT,
 `name` VARCHAR(100) NOT NULL,
 `vita` TEXT NOT NULL,
  PRIMARY KEY (`id`)
  ) ENGINE=MyISAM AUTO_INCREMENT=1 DEFAULT CHARSET=utf8;

INSERT INTO `#__schauspieler` (`name`, `vita`) VALUES ('Piet Bruster','Lebt in Monte Carlo'),
('Juliane Robert', 'Sang mit Heino'),
('Arnold Blackfield', 'Wurde Minister in Legoland');
```

Die erste Anweisung löscht eine eventuell vorhandene Schauspieler-Tabelle recht rücksichtslos aus der Datenbank. Direkt danach wird eine neue Tabelle erstellt, in die noch ein paar Beispieldaten für die gleich anstehenden Tests geschrieben wur-den. Speichern Sie die Anweisungen in der Datei *install.sql* im Verzeichnis *com_kinoportal*.

Bei einer Deinstallation der Komponente würde die Schauspieler-Tabelle in der Datenbank zurückbleiben. Eine vorbildliche Komponente räumt jedoch »beim Verlassen der Wohnung« ihren mitgebrachten Datenmüll wieder weg. Dies erledigt ein weiterer Satz SQL-Anweisungen. Im Fall des Kinoportals muss lediglich die Tabelle gelöscht werden:

```
DROP TABLE IF EXISTS #__schauspieler;
```

Speichern Sie diesen einsamen Befehl in der Datei *uninstall.sql* im Verzeichnis *com_kinoportal*.

Abschließend muss man Joomla! nur noch mitteilen, welche der beiden Dateien es wann aufrufen muss. Dabei hilft die XML-Datei, die jetzt folgendes Aussehen besitzt:

Beispiel 15-12: Die Informationsdatei kinoportal.xml für das Kinoportal-Beispiel

```xml
<?xml version="1.0" encoding="utf-8"?>
<!DOCTYPE install SYSTEM "http://dev.joomla.org/xml/1.5/component-install.dtd">
<install type="component" version="1.5.0">

    <name>Kinoportal</name>
    <creationDate>2008 04 09</creationDate>
    <author>Tim Schürmann</author>
    <authorEmail>tischuer@yahoo.de</authorEmail>
    <authorUrl>http://www.tim-schuermann.de</authorUrl>
    <copyright>(C) Tim Schürmann 2008</copyright>
    <license>GNU General Public License</license>
    <version>1.0</version>
    <description>Verwaltung von Schauspielern</description>

    <files>
        <filename>kinoportal.php</filename>
        <filename>controller.php</filename>
        <filename>models/kinoportal.php</filename>
        <filename>views/kinoportal/view.html.php</filename>
        <filename>views/kinoportal/tmpl/default.php</filename>
    </files>

    <install>
        <sql>
            <file charset="utf8" driver="mysql">install.sql</file>
        </sql>
    </install>
    <uninstall>
        <sql>
            <file charset="utf8" driver="mysql">uninstall.sql</file>
        </sql>
    </uninstall>

    <administration>
        <menu>Schauspielerverwaltung</menu>

        <files>
            <filename>admin.kinoportal.php</filename>
```

Beispiel 15-12: Die Informationsdatei kinoportal.xml für das Kinoportal-Beispiel (Fortsetzung)

```
          <filename>install.sql</filename>
          <filename>uninstall.sql</filename>
          </files>
     </administration>

</install>
```

Die `<install>`- und `<uninstall>`-Abschnitte beschreiben, was Joomla! bei der Installation beziehungsweise Deinstallation tun soll. In diesem Fall müssen SQL-Befehle abgesetzt werden, die in den entsprechenden Dateien *install.sql* und *uninstall.sql* liegen. Das öffnende `<file>`-Tag bringt zwei Attribute mit: `charset` und `driver`. `charset` nennt die zu verwendende Zeichenkodierung. Im Moment existiert hier mit `utf8` nur ein möglicher Eintrag. Falls Sie eine Datenbank verwenden, die mit dem *UTF-8*-Standard nicht umgehen kann (wie beispielsweise ältere Versionen von MySQL), lassen Sie dieses Attribut einfach weg. Weitere Informationen zum Thema Zeichenkodierung liefert beispielsweise die Internetseite *http://www.schoenitzer.de/ encoding.html* oder der entsprechende Wikipedia-Beitrag: *http://de.wikipedia.org/ wiki/Zeichenkodierung*.

Das `driver`-Attribut gibt an, für welche Datenbank die SQL-Befehle geschrieben wurden. Im Moment kann dies nur `mysql` sein, erst zukünftige Joomla!-Versionen werden weitere Datenbanken unterstützen.

> Mit anderen Worten: Sie haben derzeit gar keine andere Wahl, als hier immer den Bandwurm `<file charset="utf8" driver="mysql">` zu verwenden. Die Attribute wurden lediglich im Hinblick auf spätere Joomla!-Versionen geschaffen.

Abschließend müssen Sie noch sicherstellen, dass *install.sql* und *uninstall.sql* bei der Installation mitkopiert werden. Da sie die Komponente konfigurieren, gehören sie in den `<administrator>`-Abschnitt und landen folglich später im Verzeichnis *administrator/components/com_kinoportal*.

Packen Sie jetzt wieder den gesamten Inhalt des Verzeichnisses *com_kinoportal* in eine ZIP-Datei, und installieren Sie sie wie gewohnt über den Administrationsbereich (ERWEITERUNGEN → INSTALLIEREN/DEINSTALLIEREN). Sollte etwas mit den SQL-Anweisungen in *install.sql* nicht stimmen, bombardiert Joomla! Sie mit einigen Fehlermeldungen. Diese sind recht einfach mithilfe der MySQL-Dokumentation zu beheben.

> Sofern Sie mit XAMPP arbeiten, können Sie die Ergebnisse schnell über das mitgelieferte phpMyAdmin begutachten: Rufen Sie dazu die Adresse *http://localhost/phpmyadmin* in Ihrem Browser auf, und wählen Sie anschließend in der linken Spalte die Joomla!-Datenbank aus (wenn Sie Kapitel 2 gefolgt sind, ist dies *joomla*). In der neuen Liste

wählen Sie *jos_schauspieler* (ganz am unteren Rand) und wechseln dann im rechten Bereich auf das Register ANZEIGEN.

Hat alles geklappt, erscheint eine Erfolgsmeldung. Öffnen Sie nun ein zweites Browserfenster, und wechseln Sie zur Internetadresse *http://localhost/joomla15/ index.php?option=com_kinoportal*. (Alternativ können Sie auch einen neuen Menüpunkt via MENÜS → MAIN MENU → NEU anlegen, den Sie dann aber für den nächsten Schritt wieder löschen müssen.)

Wie befohlen, liefert die neue Kinoportal-Komponente eine Liste mit den Schauspielern aus der Datenbank (Abbildung 15-5).

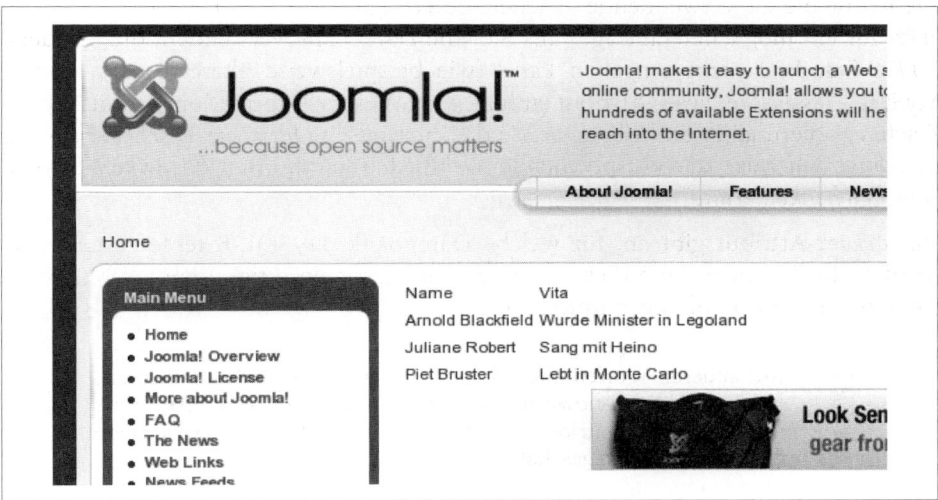

Abbildung 15-5: Die Liste mit den Schauspielern direkt aus der Datenbank frisch auf die Homepage

Nachdem die Besucherseite der Komponente steht, geht es jetzt bei der Administrator-Schnittstelle weiter. Diese besteht im Moment nur aus einer recht kargen Datei, was sich jedoch umgehend ändern wird.

5. Schritt: Übersichtsliste für die Administrator-Schnittstelle der Komponente

Sobald der Administrator den Menüpunkt KOMPONENTEN → SCHAUSPIELERVER-WALTUNG aufruft, soll er zunächst in einer Liste mit allen derzeit in der Datenbank gespeicherten Schauspielern landen. Von dort aus kann er dann die vorhandenen Datensätze bearbeiten, löschen oder einen neuen anlegen. Diese Vorgehensweise wählen auch die meisten anderen Komponenten.

Um das gesteckte Ziel zu erreichen, gilt es zunächst die Liste mit den Schauspielern innerhalb des Administrationsbereichs anzuzeigen. Das klingt ziemlich vertraut, schließlich macht die Besucherseite der Komponente derzeit nichts anderes. Da nun auch auf der Administrator-Seite durchgehend das MVC-Konzept zum Einsatz kommt, läuft nicht nur die Programmierung ähnlich ab, man kann auch einen Großteil des bereits geschriebenen Programmcodes übertragen.

Für die Administrator-Schnittstelle der Kinoportal-Komponente benötigen Sie also – dem MVC-Konzept sei Dank – noch einmal fünf Dateien:

Datei	Funktion
admin.kinoportal.php	Bildet den Einsprungspunkt für Joomla!. Er existiert bereits und muss gleich nur noch etwas modifiziert werden.
controller.php	Enthält die Controller-Klasse der Administrator-Schnittstelle.
models/kinoportaladmin.php	Enthält die Model-Klasse der Administrator-Schnittstelle.
views/kinoportaladmin/view.html.php	Enthält die View-Klasse der Administrator-Schnittstelle.
views/kinoportaladmin/tmpl/default.php	Enthält das zur View gehörende Template.

Zur besseren Unterscheidung wurden die Klassen der Administrator-Schnittstelle auf den Namen Kinoportaladmin getauft.

 Das wäre noch nicht einmal nötig gewesen, da die beiden Teile (Administrator-Schnittstelle und Benutzerseite) vollkommen unabhängig voneinander sind – nach der Installation landen sie sogar in unterschiedlichen Verzeichnissen (*administrator/components/com_kinoportal* und *components/com_kinoportal*). Man könnte daher auch sagen, dass jede Komponente hinter den Kulissen aus zwei kleineren Komponenten besteht: aus einer für die Anzeige von Daten auf der Homepage und aus einer für die Administration. Um aber bei der Programmierung nicht durcheinanderzugeraten, sollten Sie unbedingt aussagekräftige Klassennamen wählen.

Dummerweise heißen einige der benötigten Dateien genau so wie ihre bereits existierenden Kollegen für die Besucherseite. Um gleich nicht mit den Dateinamen durcheinanderzugeraten, schaffen Sie zunächst etwas Ordnung, indem Sie sowohl der Benutzerseite als auch der Administrator-Schnittstelle jeweils ein eigenes Unterverzeichnis innerhalb des *com_kinoportal*-Ordners spendieren.

Als Erstes erstellen Sie das Unterverzeichnis *site*, in das Sie alle bisher erstellten Dateien verschieben. Die drei Dateien für die Administrator-Schnittstelle (*admin.kinoportal.php*, *install.sql* und *uninstall.sql*) sammeln Sie hingegen unter *admin*. Als einzige Ausnahme bleibt die XML-Datei da, wo sie ist. Den neuen Aufbau Ihres Arbeitsverzeichnisses zeigt Abbildung 15-6.

Und damit kann es nun schon mit der Befüllung des Unterverzeichnisses *admin* losgehen. Als Erstes ist der Einsprungspunkt *admin.kinoportal.php* an der Reihe. In seiner neuen Fassung sieht er genau so aus wie sein Kollege für die Seite:

```php
<?php
defined('_JEXEC') or die();

require_once(JPATH_COMPONENT.DS.'controller.php');
$classname = 'KinoportaladminController';
$controller = new $classname();
$controller->execute('');
$controller->redirect();
?>
```

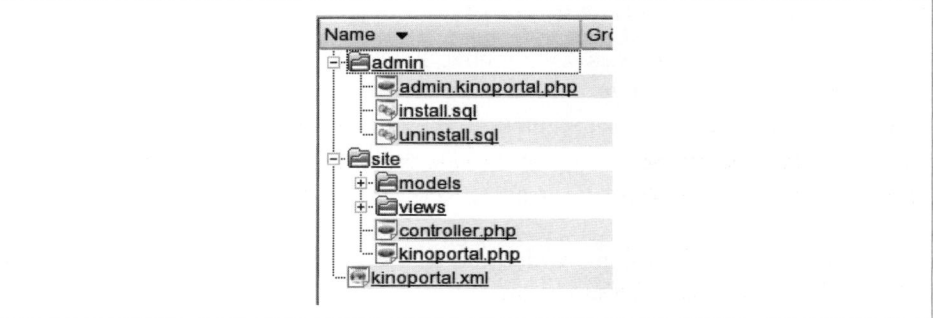

Abbildung 15-6: Die neue Verzeichnisstruktur der Kinoportal-Komponente

Der einzige Unterschied besteht darin, dass er den `KinoportaladminController` aktiviert. Dieser schlummert in der Datei *controller.php* und sieht wie folgt aus:

```php
<?php
defined('_JEXEC') or die();

jimport('joomla.application.component.controller');

class KinoportaladminController extends JController
{
    function display(){parent::display();}
}
?>
```

Abgesehen vom Klassennamen gibt es auch hier wieder keinen Unterschied. Weiter geht es mit dem Model:

```php
<?php
defined('_JEXEC') or die();

jimport( 'joomla.application.component.model' );

class KinoportaladminModelKinoportaladmin extends JModel
{
    /* Gib alle Schauspieler aus: */
    function holeAlleSchauspieler()
    {
        // SQL-Abfrage zusammenstellen
        $query = 'SELECT * FROM #__schauspieler ORDER BY name';
```

```
        $alleschauspieler = $this->_getList($query);

        //Das Ergebnis der Abfrage zurücksenden
        return $alleschauspieler;
    }
}
?>
```

Wie bekannt, holt das Model die Schauspieler aus der Datenbank und liefert sie
zurück. Legen Sie unter *admin* das neue Verzeichnis *models* an, und speichern Sie
dort das Model unter dem Dateinamen *kinoportaladmin.php*.

Sobald der Administrator den Menüpunkt KOMPONENTEN → SCHAUSPIELERVER-
WALTUNG aufruft, bemüht Joomla! den obigen Einsprungspunkt. Dieser aktiviert
wiederum den Controller, der seinerseits sein Standardprogramm abspult und die
passende View aufruft. Diese ist als Nächstes an der Reihe und sieht schon etwas
weniger vertraut aus:

Beispiel 15-13: Die View der Administrator-Schnittstelle (Datei admin/views/kinoportaladmin/
view.html.php)

```
<?php
defined('_JEXEC') or die();

jimport( 'joomla.application.component.view');

class KinoportaladminViewKinoportaladmin extends JView
{
    function display($tpl = null)
    {
        JToolBarHelper::title( JText::_('Schauspielerverwaltung'), 'generic.png');

        // Hole Daten aus Model:
        $model =& $this->getModel();
        $modeldaten = $model->holeAlleSchauspieler();

        // Und schiebe sie unter dem Namen alleschauspieler ins Template:
        $this->assignRef('alleschauspieler', $modeldaten);
        parent::display($tpl);
    }
}
?>
```

Neu ist die JToolBarHelper-Anweisung. Sie schmückt die ansonsten (noch) recht
leere Werkzeugleiste mit dem Text *Schauspielerverwaltung* und dem kleinen Symbol aus der Datei *generic.png*. Letztere liefert Joomla! standardmäßig mit.

Ebenfalls neu ist die JText::_-Methode. Sie ist eine äußerst nützliche Funktion, die
bei der Übersetzung der Komponente in andere Sprachen hilft. Dazu prüft sie
zunächst, ob es für die Komponente im Verzeichnis *languages* eine Sprachdatei gibt.
Wenn ja, schlägt sie darin die ihr übergebenen Zeichenkette nach und ersetzt diese

dann automatisch durch ihre Übersetzung. Sofern es keine Übersetzung gibt, verwendet sie einfach den ihr übergebenen Text (weitere Informationen zum Erstellen eigener Übersetzungen finden Sie in Kapitel 12).

 Im obigen Listing muss die View erst das Model holen (`$this->getModel()`) und anschließend noch einmal die Daten abrufen (`$model->holeAlleSchauspieler()`). Mit einem Trick können Sie diese beiden Anweisungen zu einer zusammenfassen. Dazu benennen Sie zunächst im Model die Funktion `holeAlleSchauspieler()` in `getAlleSchauspieler()` um. Wichtig ist das vorangestellte get. Jetzt können Sie hier in der View die beiden Anweisungen gegen `$modeldaten =& $this->get('AlleSchauspieler')`; austauschen.

Legen Sie im Verzeichnis *com_kinoportal/admin* das neue Unterverzeichnis *views* an. Dort erstellen Sie wiederum den Ordner *kinoportal*, in dem Sie schließlich die View aus obigem Beispiel 15-13 als *view.html.php* speichern.

Zur View gehört immer auch ein Template, das sich um die Formatierung der Ausgabe kümmert. Damit sich diese geschmeidig in das Aussehen des Administrationsbereichs einfügt, greift man auf eine Tabelle zurück, die man noch mit speziellen CSS-Klassen formatiert. Im Fall der Schauspielerverwaltung sieht das Template damit wie folgt aus:

Beispiel 15-14: Das Template zur View der Administrator-Schnittstelle (Datei admin/views/ kinoportaladmin/tmpl/default.php)

```php
<?php defined( '_JEXEC') or die(); ?>
<div id="editcell">
    <table class="adminlist">

    <!-- Überschriften: -->
    <thead>
      <tr>
        <th width="5">
          <?php echo JText::_( 'ID' ); ?>
        </th>
        <th>
          <?php echo JText::_( 'Schauspieler' ); ?>
        </th>
      </tr>
    </thead>

    <!-- Durchlaufe alle Schauspieler -->
    <?php
    $k = 0;
    for ($i=0, $n=count( $this->alleschauspieler ); $i < $n; $i++)
    {
        $schauspieler = &$this->alleschauspieler[$i];

    ?>
        <!-- Lege jeden Schauspieler in einer eigenen Zeile ab -->
```

Beispiel 15-14: Das Template zur View der Administrator-Schnittstelle (Datei admin/views/
kinoportaladmin/tmpl/default.php) (Fortsetzung)

```php
         <tr class="<?php echo "row$k"; ?>">
            <td>
               <?php echo $schauspieler->id; ?>
            </td>
            <td>
               <?php echo $schauspieler->name; ?>
            </td>
         </tr>
         <?php
         $k = 1 - $k;
      }
      ?>
      </table>
</div>
```

Im Gegensatz zur Darstellung auf der Homepage sind hier im Administrationsbereich besonders die interne Identifikationsnummer des jeweiligen Schauspielers und sein Name interessant. Das Ergebnis dieser etwas wilden Mischung aus PHP-Befehlen und HTML-Tags zeigt Abbildung 15-7.

Legen Sie unter *admin/views/kinoportaladmin* das Verzeichnis *tmpl* an, und speichern Sie darin das Template aus Beispiel 15-14 unter dem Namen *default.php*.

Der Inhalt Ihres *com_kinoportal*-Ordners sollte jetzt so wie in Abbildung 15-8 aussehen.

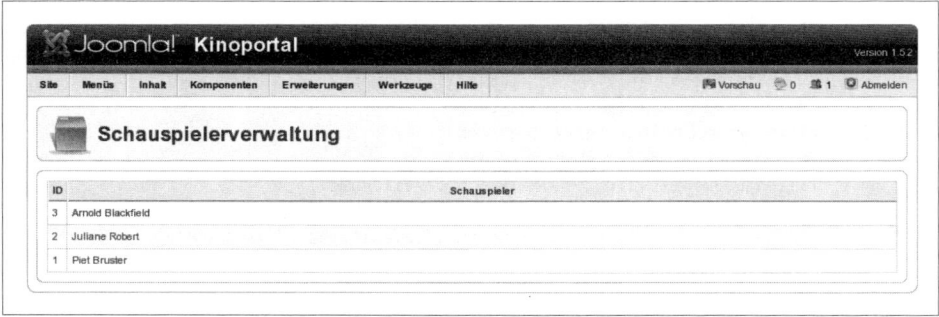

Abbildung 15-7: Die Liste mit allen Beispiel-Schauspielern im Administrationsbereich

Damit die neu geschaffenen Dateien bei der Installation nicht verloren gehen, müssen Sie jetzt noch die Informationsdatei *kinoportal.xml* im Editor aufrufen und diese wie folgt erweitern:

Beispiel 15-15: Die XML-Informationsdatei (kinoportal.xml) kennt jetzt auch die Dateien der
Administrator-Schnittstelle.

```xml
<?xml version="1.0" encoding="utf-8"?>
<!DOCTYPE install SYSTEM "http://dev.joomla.org/xml/1.5/component-install.dtd">
<install type="component" version="1.5.0">
```

Beispiel 15-15: Die XML-Informationsdatei (kinoportal.xml) kennt jetzt auch die Dateien der Administrator-Schnittstelle. (Fortsetzung)

```xml
<name>Kinoportal</name>
<creationDate>2008 04 09</creationDate>
<author>Tim Schürmann</author>
<authorEmail>tischuer@yahoo.de</authorEmail>
<authorUrl>http://www.tim-schuermann.de</authorUrl>
<copyright>(C) Tim Schürmann 2008</copyright>
<license>GNU General Public License</license>
<version>1.0</version>
<description>Verwaltung von Schauspielern</description>

<files folder="site">
    <filename>kinoportal.php</filename>
    <filename>controller.php</filename>
    <filename>models/kinoportal.php</filename>
    <filename>views/kinoportal/view.html.php</filename>
    <filename>views/kinoportal/tmpl/default.php</filename>
</files>

<install>
    <sql><file charset="utf8" driver="mysql">install.sql</file></sql>
</install>
<uninstall>
    <sql><file charset="utf8" driver="mysql">uninstall.sql</file></sql>
</uninstall>

<administration>
    <menu>Schauspielerverwaltung</menu>

    <files folder="admin">
            <filename>admin.kinoportal.php</filename>
        <filename>install.sql</filename>
        <filename>uninstall.sql</filename>
        <filename>controller.php</filename>
        <filename>models/kinoportaladmin.php</filename>
        <filename>views/kinoportaladmin/view.html.php</filename>
        <filename>views/kinoportaladmin/tmpl/default.php</filename>
    </files>
</administration>
</install>
```

Zunächst wurde die <files>-Sektion im <administration>-Abschnitt um die neuen Dateien ergänzt. Anschließend erhielten die beiden öffnenden <files>-Tags noch ein Attribut folder="" spendiert. Dieses teilt Joomla! mit, in welchem Unterverzeichnis es die nachfolgend aufgelisteten Dateien suchen muss.

Verpacken Sie jetzt wieder den gesamten Inhalt des *com_kinoportal*-Ordners in ein ZIP-Archiv, und installieren Sie es unter Joomla!. Sollte noch eine Komponente von den vorherigen Tests installiert sein, müssen Sie diese zuvor erst noch deinstallieren.

War das Einspielen erfolgreich, rufen Sie den Menüpunkt KOMPONENTEN →
SCHAUSPIELERVERWALTUNG auf. Es sollte jetzt die Liste aus Abbildung 15-7 erscheinen.

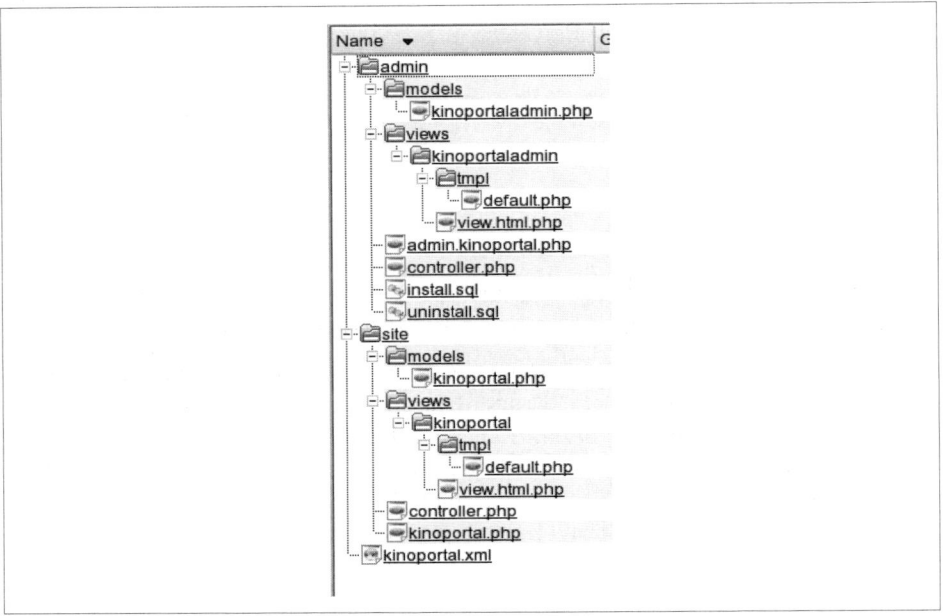

Abbildung 15-8: Die Verzeichnisstruktur der Kinoportal-Komponente

Deinstallieren Sie nach Ihren Tests die Komponente wieder, denn in den nächsten
beiden Schritten wird sie noch ordentlich aufgebohrt.

6. Schritt: Aktionsmöglichkeiten hinzufügen

Der Administrator soll nun die Möglichkeit erhalten, einen der Einträge zu bearbeiten, vorhandene Einträge zu löschen oder einen neuen Eintrag zu erstellen. Für die
beiden erstgenannten Aktionen muss er zunächst den oder die betroffenen Einträge
auswählen. Dies geschieht für gewöhnlich über zusätzliche kleine Kästchen vor
jeder Zeile, die der Administrator ankreuzt. Anschließend löst er die gewünschte
Aktion über ein Symbol in der Werkzeugleiste aus, woraufhin sich ein maßgeschneiderter Bearbeitungsbildschirm öffnet (wie Sie es schon von der Eingabe von
Beiträgen her kennen).

Jetzt wird es wieder etwas komplizierter und auf den ersten Blick vielleicht auch
etwas unlogisch: Die Tabelle stellt nur die vorhandenen Schauspieler zur Auswahl,
der Bearbeitungsbildschirm manipuliert sie hingegen. Diese Arbeitsteilung sollte
man folglich auch bei der Umsetzung beachten. In der objektorientierten Programmierung würde man dem Bearbeitungsbildschirm daher eine eigene Klasse spendie-

ren. Unter Joomla! gilt jedoch zusätzlich noch das MVC-Konzept. Sie ahnen vermutlich schon, was kommt: Auch der Bearbeitungsbildschirm besteht aus einem eigenen Satz von Model, View und Controller. Sobald der Administrator eine Aktion auslöst, übergibt die Tabelle die Kontrolle an den Controller des Bearbeitungsbildschirms. Dieser führt dann die entsprechende Aufgabe aus, indem er entweder die passende Eingabemaske anzeigt oder die ausgewählten Datensätze löscht und dann eine entsprechende Erfolgsmeldung präsentiert.

Unter dem Strich gibt es also noch drei ausstehende Baumaßnahmen an der Komponente:

1. Ausstattung der Werkzeugleiste mit drei Schaltflächen (NEU, BEARBEITEN und LÖSCHEN)
2. Erweiterung der Tabelle um eine Spalte mit Kästchen (englisch Checkbox)
3. Den Bearbeitungsbildschirm gemäß dem MVC-Konzept aufbauen

Kommen wir zunächst zur Bestückung der Werkzeugleiste mit den drei Schaltflächen NEU, BEARBEITEN und LÖSCHEN. Hier macht sich jetzt die Aufteilung in Model, View und Controller bezahlt: Da sich die View um diese Dinge kümmert, muss auch nur sie um eine Handvoll zusätzlicher Anweisungen ergänzt werden. Dazu öffnen Sie zunächst die Datei *admin/views/kinoportaladmin/view.html.php* und erweitern die dortige display()-Funktion zu:

```
function display($tpl = null)
{
    JToolBarHelper::title( JText::_('Schauspielerverwaltung'), 'generic.png');

    JToolBarHelper::deleteList();
    JToolBarHelper::editListX();
    JToolBarHelper::addNewX();

    // Hole Daten aus Model:
    $model =& $this->getModel();
    $modeldaten = $model->holeAlleSchauspieler();

    $this->assignRef('alleschauspieler', $modeldaten);
    parent::display($tpl);
}
```

Die drei neuen statischen Methoden erstellen die entsprechenden Schaltflächen in der Werkzeugleiste.

 Die deleteList()-Funktion nimmt drei optionale Parameter in Form von Strings auf: Der erste enthält eine Nachfrage, ob der Benutzer die markierten Einträge tatsächlich löschen möchte. Der zweite ist der sogenannte Task, der abgesetzt wird (standardmäßig *remove*, dazu gleich mehr), und der dritte enthält den Text, der unterhalb der Schaltfläche erscheint.

Auch editListX() und addNewX() darf man jeweils zwei weitere Strings übergeben: Der erste ist hier der Task (standardmäßig *edit*, beziehungsweise *add*), und der zweite enthält wieder den Text, der unterhalb der Schaltfläche in der Werkzeugleiste erscheint.

Weiter geht es mit einer neuen Spalte in der Tabelle, die die Kästchen – im HTML-Jargon Checkboxen – für die Markierungen enthält. Deren Darstellung ist Aufgabe des Templates in der Datei *admin/views/kinoportaladmin/tmpl/default.php*. Ihr spendiert man zunächst eine weitere Spalte, die man zwischen die beiden bestehenden setzt. Die Kopfzeile erhält ebenfalls eine neue Checkbox, die alle anderen darunter aktiviert. Dies ist besonders dann nützlich, wenn der Administrator beispielsweise alle Einträge auf einen Rutsch löschen möchte. Der neue Anfang des Templates sieht dann wie folgt aus (die Änderungen wurden hervorgehoben):

```php
<?php defined('_JEXEC') or die(); ?>
<div id="editcell">
    <table class="adminlist">
    <thead>
        <tr>
            <th width="5">
                <?php echo JText::_( 'ID' ); ?>
            </th>
            <th width="20">
                <input type="checkbox" name="toggle" value=""
onclick="checkAll(<?php echo count( $this->alleschauspieler ); ?>);" />
            </th>
            <th>
                <?php echo JText::_( 'Schauspieler' ); ?>
            </th>
        </tr>
    </thead>
...
```

Die JavaScript-Funktion checkAll() stellt Joomla! bereit. Sie sorgt dafür, dass alle übrigen Checkboxen ein Häkchen erhalten, sobald der Administrator die Checkbox in der Kopfzeile markiert.

Als Nächstes muss eine Checkbox in jede Zeile. Darum kümmert sich Joomla!s JHTML-Klasse mit ihrer Methode JHTML::_(). Alles, was man noch machen muss, ist, die Anweisung

```php
$checked = JHTML::_('grid.id',   $i, $schauspieler->id );
```

in die Schleife zu setzen und dann später per

```php
<td>
        <?php echo $checked; ?>
</td>
```

in die Tabelle einzubauen. Die Schleife hat damit folgendes Aussehen:

```
for ($i=0, $n=count( $this->alleschauspieler ); $i < $n; $i++)
{
    $schauspieler = &$this->alleschauspieler[$i];
    $checked = JHTML::_('grid.id', $i, $schauspieler->id);
    ?>
    <tr class="<?php echo "row$k"; ?>">
        <td>
            <?php echo $schauspieler->id; ?>
        </td>
        <td>
            <?php echo $checked; ?>
        </td>
        <td>
            <a href="<?php echo $link; ?>"><?php echo $schauspieler->name; ?></a>
        </td>
    </tr>
    <?php
    $k = 1 - $k;
}
```

Mit dem Template ist man damit aber noch nicht ganz fertig.

7. Schritt: Daten über die Browser-Anfragen weiterreichen

Angenommen, der Administrator kreuzt einen Schauspieler an und klickt dann auf
BEARBEITEN. Wie erfährt jetzt der Bearbeitungsbildschirm, welchen Schauspieler
der Administrator gewählt hat? Eigentlich ganz einfach: Man merkt sich die Auswahl in einer Variablen. Dummerweise werkelt Joomla! auf einem Server vor sich
hin, während seine (vielen) Anwender am heimeligen, aber auch recht weit entfernten Computer sitzen. Es könnten sich also durchaus mehrere Administratoren
gleichzeitig an den Einträgen zu den Schauspielern zu schaffen machen, was bei
etwas größeren Internetauftritten sogar recht wahrscheinlich sein dürfte. Man
müsste also zwangsweise mit mehreren Variablen jonglieren, die zusätzlich noch
den jeweiligen Administratoren zugeordnet werden wollen. Aufgrund der speziellen
Arbeitsweise von Joomla! wäre dies jedoch ein aussichtsloses Unterfangen: Ein
Browser baut eine Verbindung auf, stellt eine Anfrage (den sogenannten Request),
Joomla! liefert eine Seite zurück, und die Verbindung wird wieder gekappt. Mit
anderen Worten: Das Content-Management-System und somit auch die Komponente können sich einfach keine Personen merken.

Der eigentliche »Übeltäter« ist das zur Kommunikation zwischen
Browser und Webserver verwendete HTTP-Protokoll. Dessen
Arbeitsweise und Aufbau beschreibt beispielsweise die Wikipedia
unter *http://de.wikipedia.org/wiki/Hypertext_Transfer_Protocol*.

Als PHP-Programmierer wissen Sie vielleicht schon, mit welchem kleinen Trick sich
dieses Problem lösen lässt: Man hängt die Information, die das CMS sich merken

soll, einfach an die Internetadresse an. Wie das in der Praxis unter Joomla! aussieht, können Sie ganz leicht selbst feststellen, indem Sie auf Ihrer Homepage einen beliebigen Beitrag aufrufen. Ihr Browser zeigt dort eine Internetadresse wie die folgende:

```
http://localhost/joomla/index.php?option=com_content&view=article&id=22&Itemid=34
```

Nach jedem Kaufmanns-Und & steht jeweils eine gemerkte Information. Diese übermittelt der Browser bei seiner nächsten Anfrage wieder an Joomla!, das die Daten über die entsprechenden PHP-Variablen und Funktionen auswertet und an die zuständige Komponente (in der obigen Zeile an com_content) weiterreicht. Glücklicherweise braucht man sich um den genauen Ablauf keine großen Gedanken zu machen. Alles was man benötigt, sind ein paar einfach zu handhabende Funktionen aus dem Joomla!-Framework.

Im Fall der Kinoportal-Komponente verpackt man die Tabelle zunächst in ein <form>-Element:

```
<?php defined('_JEXEC') or die(); ?>
<form action="index.php" method="post" name="adminForm">
...
```

Dann versteckt man ganz am unteren Ende des entstandenen HTML-Formulars folgende vier Felder:

```
...
<input type="hidden" name="option" value="com_kinoportal" />
<input type="hidden" name="task" value="" />
<input type="hidden" name="boxchecked" value="0" />
<input type="hidden" name="controller" value="bearbeitung" />
</form>
```

Sobald der Administrator später auf eine Schaltfläche in der Werkzeugleiste klickt, sammelt der Browser zunächst die Werte aller Felder ein.

Das erste versteckte Feld sorgt dafür, dass man innerhalb der Komponente bleibt. Der dort vorgegebene Inhalt erinnert also Joomla! daran, welche Komponente derzeit aktiv ist (nämlich com_kinoportal).

Das zweite Feld legt die durchzuführende Aufgabe fest und wird automatisch von der gedrückten Schaltfläche ausgefüllt. Klickt der Administrator beispielsweise auf die BEARBEITEN-Schaltfläche, setzt sie den task auf den Wert edit. Diese Information kann gleich der Controller für den Bearbeitungsbildschirm auswerten, um dann die entsprechenden Schritte einzuleiten (schließlich macht es einen Unterschied, ob der Eintrag für den Schauspieler bearbeitet oder gelöscht werden soll).

 Wenn Sie sich fragen, wie das automatische Ausfüllen funktioniert: Sobald jemand auf eine Schaltfläche klickt, wird eine im Hintergrund laufende JavaScript-Funktion aktiviert, die das Formular um die noch fehlenden Informationen ergänzt und es dann letztendlich auch abschickt. Das ist übrigens auch der Grund, warum alle Schaltflächen stumm bleiben, sobald Sie in Ihrem Browser JavaScript deaktivieren.

Das nächste Feld aus dem Formular enthält die Anzahl der markierten Checkboxen. Die BEARBEITEN- und LÖSCHEN-Schaltflächen stellen von sich aus sicher, dass der Wert größer als 0 ist.

Das letzte Feld im Bunde benennt den Controller, der als Nächstes die weitere Verarbeitung übernehmen soll. Im Fall der Kinoportal-Komponente soll die Kontrolle an den Controller des Bearbeitungsschirms übergeben werden, der gleich im nächsten Schritt den Namen `KinoportaladminControllerBearbeitung` erhalten wird.

Vermutlich werden Sie sich jetzt fragen, warum der Wert im Feld `controller` nur `bearbeitung` lautet. Er bezieht sich jedoch nicht auf den Klassennamen, sondern auf die Datei *bearbeitung.php*, in der die Controller-Klasse abgelegt ist. Zusätzlich erlaubt dies gleich bei der Änderung des Einsprungspunkts die Anwendung eines kleinen Tricks.

Hat der Browser alle Inhalte der Fomularfelder beisammen, hängt er sie an die ihm bekannte Internetadresse an. Joomla! selbst steuert schließlich noch die internen Identifikationsnummern der markierten Schauspieler bei. Es entsteht also ein Gebilde der Art:

```
http://localhost/joomla/index.php?option=com_
kinoportal&controller=bearbeitung&task=edit&boxchecked=1&cid[]=2
```

Nach dem Fragezeichen finden Sie sowohl die Namen der Formularfelder als auch deren Inhalte, jeweils durch das Kaufmanns-Und voneinander getrennt.

Diese Adresse schickt der Browser schließlich im Rahmen seiner Anfrage Richtung Joomla!. Das Content-Management-System erkennt, dass die Kinoportal-Komponente übernehmen soll (`option=com_kinoportal`), und übergibt ihr sowohl die Kontrolle als auch alle übrigen Parameter.

Wenn der Administrator mehrere Schauspieler nacheinander bearbeiten möchte, kann es ganz schön nervend werden, jedes Mal erst ein kleines Kreuz zu setzen. Einfacher wäre es doch, wenn er direkt auf den Namen klicken könnte. Da Sie jetzt wissen, wie eine Anfrage an Joomla! aussehen muss, ist auch das kein Problem mehr: Machen Sie einfach aus dem Schauspielernamen `<?php echo $schauspieler->name; ?>` einen Link, der auf die passende Internetadresse verweist. Joomla! hilft hierbei sogar mit `JRoute::_()`. Wie das im fertigen Template aussieht, zeigt das Beispiel 15-16.

Das komplette Template sieht dann wie folgt aus:

Beispiel 15-16: Das fertige Template admin/views/kinoportaladmin/tmpl/default.php erlaubt die
Auswahl eines oder mehrerer Schauspieler im Administrationsbereich.

```php
<?php defined( '_JEXEC' ) or die(); ?>
<form action="index.php" method="post" name="adminForm">
<div id="editcell">
    <table class="adminlist">
    <thead>
       <tr>
          <th width="5">
             <?php echo JText::_( 'ID' ); ?>
          </th>
          <th width="20">
             <input type="checkbox" name="toggle" value="" onclick="checkAll(<?php
                echo count( $this->alleschauspieler ); ?>);" />
          </th>
          <th>
             <?php echo JText::_( 'Schauspieler' ); ?>
          </th>
       </tr>
    </thead>
    <?php
    $k = 0;
    for ($i=0, $n=count( $this->alleschauspieler ); $i < $n; $i++)
    {
       $schauspieler = &$this->alleschauspieler[$i];
       $checked           = JHTML::_('grid.id',   $i, $schauspieler->id );
       $link              = JRoute::_( 'index.php?option=com_kinoportal&controller=
bearbeitung&task=edit&cid[]='. $schauspieler->id );

       ?>
       <tr class="<?php echo "row$k"; ?>">
          <td>
             <?php echo $schauspieler->id; ?>
          </td>
          <td>
             <?php echo $checked; ?>
          </td>
          <td>
             <a href="<?php echo $link; ?>"><?php echo $schauspieler->name; ?></a>
          </td>
       </tr>
       <?php
       $k = 1 - $k;
    }
    ?>
    </table>
</div>

<input type="hidden" name="option" value="com_kinoportal" />
<input type="hidden" name="task" value="" />
<input type="hidden" name="boxchecked" value="0" />
<input type="hidden" name="controller" value="bearbeitung" />
</form>
```

Es gibt aber noch ein kleines Problem: Wenn der Browser das Formular an Joomla! zurücksendet, aktiviert das Content-Management-System die Komponente – und zwar über den Einstiegspunkt in der Datei *admin/admin.kinoportal.php*. Da sich Joomla! in seiner Einfalt nicht um die mitgesendete Controller-Information schert, muss man sie in der besagten Datei eben selbst auswerten:

Beispiel 15-17: Der modifizierte Einsprungspunkt (Datei admin/admin.kinoportal.php) der Administrator-Schnittstelle wählt den korrekten Controller.

```php
<?php
defined('_JEXEC') or die();

require_once (JPATH_COMPONENT.DS.'controller.php');

if($controller = JRequest::getVar('controller'))
{
    require_once (JPATH_COMPONENT.DS.'controllers'.DS.$controller.'.php');
}

$classname = 'KinoportaladminController'.$controller;
$controller = new $classname( );
$controller->execute(JRequest::getVar('task'));
$controller->redirect();
?>
```

Hier passiert schon etwas mehr als bei der vorherigen, einfachen Ausführung. Die Klasse JRequest ermöglicht dabei den Zugriff auf die in der Anfrage mitgeschickten Informationen (also die Daten aus dem Formular).

Zunächst wird per

```php
$controller = JRequest::getVar('controller')
```

der Name des Controllers aus der Internetadresse gefischt und in der Variablen $controller abgelegt. Diese hilft nun auf recht pfiffige Art dabei, zum einen die Datei mit der passenden Klasse zu finden und zu laden:

```php
require_once (JPATH_COMPONENT.DS.'controllers'.DS.$controller.'.php');
```

und zum anderen den Klassennamen des zuständigen Controllers ausfindig zu machen:

```php
$classname = 'KinoportaladminController'.$controller;
```

Sollte explizit der Controller bearbeitung in der Anfrage gefordert worden sein, bastelt die obige Anweisung den korrekten Klassennamen KinoportaladminController-Bearbeitung zusammen; ist $controller leer, wird folglich der schon einschlägig bekannte KinoportaladminController aktiviert.

Das ist an dieser Stelle ein etwas fieser Trick, der nur funktioniert, weil PHP bei den Klassennamen nicht zwischen Groß- und Kleinschreibung unterscheidet. Er wird aber so von der Joomla!-Dokumentation empfohlen beziehungsweise vorgelebt.

Schließlich wird dem Controller noch die zu lösende Aufgabe mit auf den Weg gegeben:

```
$controller->execute(JRequest::getVar('task'));
```

 Der KinoportaladminController stört sich daran nicht weiter: Sollte er tatsächlich an der Reihe sein, liefert JRequest::getVar('task') einen leeren String zurück (wie leicht zu überlegen ist, gibt es in diesem Fall kein task) und ruft damit seine Standardfunktionen auf. Dies ist selbst dann der Fall, wenn ein task übergeben würde – schließlich kennt er nur diese eine Funktion zur Anzeige der Tabelle.

8. Schritt: Bearbeitungsbildschirm erstellen

Damit wären endlich alle Vorbereitungen abgeschlossen. Es fehlen nur noch die Model-, View- und Controller-Klassen, die den Bearbeitungsbildschirm bilden. Man benötigt also wieder vier neue Dateien:

Datei	Funktion
admin/models/bearbeitung.php	Enthält die Model-Klasse des Bearbeitungsbildschirms.
admin/controllers/bearbeitung.php	Enthält die Controller-Klasse des Bearbeitungsbildschirms.
admin/views/bearbeitung/view.html.php	Enthält die View-Klasse des Bearbeitungsbildschirms.
admin/views/bearbeitung/tmpl/default.php	Enthält das zur View gehörende Template.

Nach den vorhergehenden Abschnitten ist das fast schon eine Fingerübung. Wie bereits erwähnt, sollen alle Klassen unter dem Namen Bearbeitung firmieren – Sie könnten selbstverständlich auch jeden beliebigen anderen wählen. Los geht es mit dem Model.

Model: Das Model benötigt zunächst eine Funktion, die einen Schauspieler speichert, und eine weitere, die einen löscht. Normalerweise würde man dazu SQL-Anweisungen wie INSERT und UPDATE hervorkramen und diese in kryptischen Zeilen vergraben. Dank Joomla! geht es aber auch eleganter: Mithilfe der JTable-Klasse beschreibt man zunächst einen Datensatz, den dann anschließend ein einziger weiterer Befehl in die Datenbank hievt. Man braucht sich somit nicht mehr über passende SQL-Anweisungen den Kopf zu zerbrechen. Darüber hinaus vereinfacht JTable die Datenübernahme aus einem HTML-Formular.

Die JTable-Klasse ist ein Interface (eine abstrakte Klasse), von dem man eine eigene Klasse ableitet, die man dann mit Attributen bestückt. Jedes Attribut entspricht dabei genau einem Datenbankfeld, und der Konstruktor bestimmt schließlich noch den Primärschlüssel. Im Fall der Schauspieler gibt es eine Identifikationsnummer, den Namen und den Lebenslauf. Diese drei wandern nun als Attribute in die abgeleitete Klasse TableBearbeitung:

Beispiel 15-18: Ein Datensatz für einen Schauspieler, gekapselt von der Klasse TableBearbeitung (Datei admin/tables/bearbeitung.php)

```php
<?php
defined('_JEXEC') or die();

class TableBearbeitung extends JTable
{
    // ID ist auch Primärschlüssel
    var $id = null;

    // Name des Schauspielers
    var $name = '';

    // Lebenslauf des Schauspielers
    var $vita = '';

    // Konstruktor legt Primärschlüssel fest:
    function TableBearbeitung(& $db) {
        parent::__construct('#__schauspieler', 'id', $db);
    }
}
?>
```

Das war es schon. Legen Sie unterhalb von *com_kinoportal/admin* ein neues Verzeichnis namens *tables* an, und speichern Sie darin die Klasse aus Beispiel 15-18 in der Datei *bearbeitung.php*. Achten Sie dabei genau auf die Bezeichnungen: Bei einem Tippfehler findet das Model die Klasse sonst nicht.

Unter der Verwendung von JTable sieht das komplette Model dann wie folgt aus:

Beispiel 15-19: Der erste Teil des Models für den Bearbeitungsbildschirm (Datei admin/models/ bearbeitung.php)

```php
<?php
defined('_JEXEC') or die();

jimport('joomla.application.component.model');

class KinoportaladminModelBearbeitung extends JModel
{
    // Hole den gewünschten Schauspieler aus der Datenbank:
    function &holeEinenSchauspieler()
    {
        // hole die id des angefragten Schauspielers:
        $array = JRequest::getVar('cid', 0, '', 'array');
        $this->_id = ((int)$array[0]);
        $this->_data = null;
        // Mit der id Schauspieler aus der Datenbank holen:
        if (empty( $this->_data )) {
            $query = ' SELECT * FROM #__schauspieler WHERE id = '.$this->_id;
            $this->_db->setQuery( $query );
            $this->_data = $this->_db->loadObject();
```

Beispiel 15-19: Der erste Teil des Models für den Bearbeitungsbildschirm (Datei admin/models/
bearbeitung.php) (Fortsetzung)

```
    }
    // Sofern die Datenbank nicht fündig wurde, erstelle Dummy:
    if (!$this->_data) {
        $this->_data = new stdClass();
        $this->_data->id = 0;
        $this->_data->name = null;
        $this->_data->vita = null;
    }
    return $this->_data;
}

// Speichere den Schauspieler:
function store()
{
    $schauspieler =& $this->getTable();

    $daten = JRequest::get('post');

    // Packe Formular-Felder in das JTable-Objekt:
    if (!$schauspieler->bind($daten)) {
        $this->setError($this->_db->getErrorMsg());
        return false;
    }

    // Gehe sicher, dass die Schauspielerdaten gültig sind:
    if (!$schauspieler->check()) {
        $this->setError($this->_db->getErrorMsg());
        return false;
    }

    // Speichere die Daten:
    if (!$schauspieler->store()) {
        $this->setError( $schauspieler->getErrorMsg() );
        return false;
    }

    return true;
}
```

Die erste Funktion, holeEinenSchauspieler(), sollte weitestgehend selbsterklärend sein: Sie holt zunächst die übersendete id des zu bearbeitenden Schauspielers aus der Browseranfrage. Mithilfe der id kramt sie anschließend den zugehörigen Eintrag aus der Datenbank. Sollte diese – aus welchen Gründen auch immer – nicht fündig werden, erstellt die Funktion sicherheitshalber ein neues, leeres Schauspieler-Objekt mit der id=0 und liefert es zurück.

store() erstellt zunächst ein JTable-Objekt der Klasse TableBearbeitung. Aufgrund der verwendeten Namenskonventionen muss man hier den Klassennamen nicht explizit angeben; das Model weiß automatisch, wo es die Klasse unter welcher

Bezeichnung zu suchen hat (TableBearbeitung im Verzeichnis *tables* unter dem Dateinamen *bearbeitung.php*).

Die nächste Anweisung holt die Daten aus dem Formular, das gleich die View zur Manipulation eines Schauspielers zur Verfügung stellt. Auch hier kommt wieder die JRequest-Klasse zum Einsatz, wobei diesmal die POST-Methode Verwendung findet. Die dabei übermittelten Daten landen in einem Array.

Die bind()-Methode sorgt im Anschluss dafür, dass die Daten aus dem Array in das JTable-Objekt wandern. Dann muss man nur noch die Gültigkeit der Daten prüfen, bevor sie per $schauspieler->store() in der Datenbank landen.

 Die check()-Funktion führt in diesem Fall keine Prüfung durch. Als Teil von JTable liefert sie einfach nur true zurück – schließlich kann die Schnittstelle nicht wissen, welche Daten Sie speichern möchten. Dies steht erst in der abgeleiteten Klasse fest (in diesem Fall also TableBearbeitung). Folglich müssen Sie die Funktion selbst überschreiben und mit Leben füllen. Von diesem Angebot sollten Sie unbedingt Gebrauch machen: Ein Benutzer könnte sonst jeden beliebigen Text eintippen und auf diese Weise sogar schädlichen Programmcode einschmuggeln. Prüfen Sie daher immer alle eingehenden Daten auf ihre Korrektheit.

Welcher SQL-Befehl bei der Speicherung zum Einsatz kommt, hängt von der id des Schauspielers ab. Ist sie 0, erstellt Joomla! einen neuen Datenbankeintrag per INSERT, anderenfalls wird UPDATE bemüht.

Da store() im Model sowohl das Anlegen als auch die Änderung eines Schauspielers abdeckt, fehlt damit nur noch die Funktion zum Löschen:

```
// Lösche alle gewählten Schauspieler:
function delete()
{
    $cids = JRequest::getVar('cid', array(0), 'post', 'array');

    $schauspieler =& $this->getTable();

    if (count( $cids ))
    {
        foreach($cids as $cid) {
            if (!$schauspieler->delete( $cid )) {
                $this->setError( $schauspieler->getErrorMsg() );
                return false;
            }
        }
    }
    return true;
}
?>
```

Sie funktioniert nach dem gleichen Prinzip: Zunächst besorgt sie sich die Liste mit den IDs der zu löschenden Schauspieler, dann holt sie ein JTable-Objekt und löscht über dieses nacheinander die zugehörigen Einträge.

Speichern Sie das komplette Model in der Datei *bearbeitung.php* im Verzeichnis *admin/models*.

View: Weiter geht es mit der View. Diese muss die gleichen Aufgaben wie ihre Kollegin lösen:

- Zunächst holt sie den zu bearbeitenden Schauspieler aus dem Model.
- Dann füllt sie die Werkzeugleiste mit einer Überschrift sowie einer SPEICHERN- und ABBRECHEN-Schaltfläche.
- Abschließend schiebt sie die Daten in das Template.

Das Ganze wird hier ein klein wenig dadurch verkompliziert, dass der Bearbeitungsbildschirm sowohl bei der Bearbeitung eines bestehenden Schauspielers als auch beim Anlegen eines neuen herangezogen werden soll. Je nachdem, welche der beiden Aktionen ausgelöst worden ist, muss man unterschiedlich beschriftete Schaltflächen in die Werkzeugleiste hieven. Folglich muss man irgendwie herausbekommen, welche Aufgabe (task) gewählt wurde.

Das funktioniert ganz elegant mit einem einfachen Kniff: Im ersten Schritt holt die View die Daten aus dem Model. Werfen Sie jetzt noch mal einen kurzen Blick auf die dortige Funktion holeEinenSchauspieler(). Sofern ein Schauspieler bearbeitet werden soll, liefert diese Funktion den zugehörigen, vollständigen Datensatz zurück. Soll hingegen ein Schauspieler neu angelegt werden, wurde in der Anfrage keine id mitgesendet, folglich schlägt auch die Datenbankabfrage fehl, was dazu führt, dass holeEinenSchauspieler() einen leeren, jungfräulichen Datensatz erstellt, in dem die id=0 ist. Die ids der Schauspieler in der Datenbank beginnen aber grundsätzlich bei 1. Die View muss also nur noch den von holeEinenSchauspieler() zurückgelieferten Datensatz untersuchen:

- Ist die darin enthaltene id *größer* als 0, so soll ein vorhandener Schauspieler bearbeitet werden.
- Ist die darin enthaltene id *gleich* 0, so muss ein neuer angelegt werden.

Abhängig von diesem Ergebnis erstellt die View dann die passend beschrifteten Schaltflächen:

Beispiel 15-20: Die View für den Bearbeitungsbildschirm (Datei admin/views/bearbeitung/view. html.php)

```php
<?php
defined('_JEXEC') or die();

jimport( 'joomla.application.component.view' );
```

```
class KinoportaladminViewBearbeitung extends JView
{
    // Anzeige des Formulars:
    function display($tpl = null)
    {
        // Erst mal den zu bearbeitenden Schauspieler holen:
        //$schauspieler               =& $this->get('Data');
        $model =& $this->getModel();
        $schauspieler = $model->holeEinenSchauspieler();
        // Sofern dessen id=0 ist, wird ein neuer angelegt
        $isNew          = ($schauspieler->id < 1);

        // Werkzeugleiste einrichten:
        $text = $isNew ? JText::_( 'New' ) : JText::_( 'Edit' );
        JToolBarHelper::title(   JText::_( 'Schauspieler' ).': <small><small>[ ' .
$text.' ]</small></small>' );
        JToolBarHelper::save();
        if ($isNew) {
            JToolBarHelper::cancel();
        } else {
            // Falls bestehender Schauspieler bearbeitet werden soll, Umbenennung der
Schaltfläche in Schließen:
            JToolBarHelper::cancel( 'cancel', 'Schließen' );
        }

        $this->assignRef('schauspieler',$schauspieler);
        parent::display($tpl);
    }
}
```

In diesem einfachen Beispiel wäre es übrigens gar nicht zwingend notwendig, zwischen dem Bearbeiten und dem Erstellen eines neuen Schauspielers zu unterscheiden: Die View erstellt hier lediglich eine passende Überschrift und benennt die ABBRECHEN-Schaltfläche um, deren eigentliche Funktionalität dabei erhalten bleibt. Diese kosmetischen Dinge helfen jedoch später dem Administrator, sich zurechtzufinden – insbesondere, wenn er sich zuvor verklickt haben sollte. Bei komplexeren Komponenten kann es aber durchaus Funktionen geben, die nur beim Bearbeiten (oder Anlegen) eines bereits vorhandenen Datensatzes sinnvoll sind.

Legen Sie unter *admin/views* das neue Verzeichnis *bearbeitung* an, und speichern Sie dort die View aus Beispiel 15-20 in der Datei *view.html.php*.

Das Template: Zur View gehört auch ein Template, das die eigentliche Eingabemaske für den Schauspieler bereitstellt:

Beispiel 15-21: Das Template stellt den eigentlichen Bearbeitungsbildschirm dar (Datei admin/
views/bearbeitung/tmpl/form.php)

```php
<?php defined('_JEXEC') or die(); ?>
<form action="index.php" method="post" name="adminForm" id="adminForm">
<div class="col100">
    <fieldset class="adminform">
        <legend><?php echo JText::_( 'Details' ); ?></legend>

        <table class="admintable">
        <tr>
            <td width="100" align="right" class="key">
                <label for="name">
                    <?php echo JText::_( 'Name' ); ?>:
                </label>
            </td>
            <td>
                <input class="text_area" type="text" name="name" id="name" size="32"
maxlength="250" value="<?php echo $this->schauspieler->name;?>" />
            </td>
        </tr>
        <tr>
            <td width="100" align="right" class="key">
                <label for="vita">
                    <?php echo JText::_( 'Vita' ); ?>:
                </label>
            </td>
            <td>
                <input class="text_area" type="text" name="vita" id="vita" size="32"
value="<?php echo $this->schauspieler->vita;?>" />
            </td>
        </tr>

        </table>
        </fieldset>
</div>
<div class="clr"></div>

<input type="hidden" name="option" value="com_kinoportal" />
<input type="hidden" name="id" value="<?php echo $this->schauspieler->id; ?>" />
<input type="hidden" name="task" value="" />
<input type="hidden" name="controller" value="bearbeitung" />
</form>
```

Hier kommt wieder ein Formular nach dem alten Muster zum Einsatz. Benötigt werden diesmal nur zwei Eingabefelder: eines für den Namen und eines für den Lebenslauf. Bei den versteckten Feldern kommt diesmal die id hinzu. Das geschieht hier ausnahmsweise mit Absicht, da der Benutzer die id nicht verändern können soll.

Einige auf dem Markt erhältliche Erweiterungen erlauben dies. Allerdings birgt das die Gefahr, dass die Datensätze durcheinandergeraten und im schlimmsten Fall ein Chaos in der entsprechenden Datenbanktabelle entsteht. Sie sollten daher die interne Identifikationsnummer möglichst nur von der Komponente verwalten lassen.

Den task füllen wieder die Schaltflächen aus. Die Kontrolle soll nach dem Abschicken des Formulars wieder an den Controller des Bearbeitungsschirms übergeben werden – schließlich muss der noch dafür sorgen, dass die Inhalte des Formulars in der Datenbank landen.

Legen Sie unter *admin/views/bearbeitung* das neue Verzeichnis *tmpl* an, und speichern Sie darin das Formular aus Beispiel 15-21 als *form.php*.

Controller: Damit fehlt nur noch der Controller. Bevor man ihn erstellt, sollte man sich zunächst überlegen, welche zu lösenden Aufgaben er gestellt bekommt.

Der Administrator wählt später in der Übersicht einen Schauspieler aus und klickt dann auf eine der drei Schaltflächen. Diese füllen im Formular das Feld task aus und senden es in der Anfrage an die Komponente zurück. Dabei setzt die Schaltfläche NEU selbstständig den Wert add in das Feld, beim BEARBEITEN heißt die Aufgabe edit und beim LÖSCHEN konsequenterweise remove. Man könnte auch sagen, Joomla! vergibt für bestimmte Standardaufgaben feste Bezeichnungen.

Sofern sich der Administrator für das Bearbeiten eines Schauspielers entscheidet, muss sich der Bearbeitungsbildschirm öffnen. Das Gleiche gilt, wenn er einen neuen Datensatz anlegen möchte. Somit münden das Erstellen und Bearbeiten eines Schauspielers in der gleichen Aufgabe. Joomla! erlaubt es, zwei Aufgaben zu einer zusammenzufassen. Im neuen Controller passiert das direkt im Konstruktor:

```php
<?php
defined('_JEXEC') or die();

class KinoportaladminControllerBearbeitung extends KinoportaladminController
{
    function __construct()
    {
        parent::__construct();

        // Register Extra tasks
        $this->registerTask('add', 'edit');
    }
}
```

Der erste Parameter von JController::registerTask() nennt die Aufgabe, die auf der im zweiten Parameter genannten abgebildet werden soll. In diesem Fall ist add die gleiche Aufgabe wie edit.

Damit bleiben also noch zwei Aufgaben übrig: edit und remove. Zunächst muss man irgendwie feststellen, welche der beiden Aufgaben der Administrator überhaupt angestoßen hat. Wie in den vorhergehenden Listings könnte man jetzt JRequest::getVar() bemühen, um die vorliegende Aufgabe aus der Anfrage herauszulösen. Das ist jedoch gar nicht mehr nötig: Werfen Sie noch einmal einen Blick in den Einsprungspunkt *admin.kinoportal.php*. Dort wird die Funktion execute() des Controllers aufgerufen, die auch gleich noch den Task übergeben bekommt. execute() wiederum sucht in seiner Klasse nach einer Funktion, die genauso heißt wie eben jener Task. Folglich muss man gar nicht mehr herausfinden, welche Aufgabe zu lösen ist.

Im neuen Controller benötigt man lediglich zwei Funktionen:

- edit(), das den Bearbeitungsbildschirm anzeigt, und
- remove(), das die Löschung eines Schauspielers beim Model veranlasst.

Um deren korrekten Aufruf kümmert sich dann schon execute(). Zunächst zur Funktion edit():

```
// Eingabemaske anzeigen
function edit()
{
    JRequest::setVar('view', 'bearbeitung');
    JRequest::setVar('layout', 'form');
    JRequest::setVar('hidemainmenu', 1);

    parent::display();
}
```

Sie wählt die zuständige View (JRequest::setVar('view', 'bearbeitung')) und das dazu passende Template aus (JRequest::setVar('layout', 'form')). Anschließend weist sie noch Joomla! an, das Hauptmenü für die Dauer der Bearbeitung zu deaktivieren. Damit verhindert man, dass der Administrator später einfach einen ungespeicherten Datensatz zurücklässt.

Das Aufgabe, einen Schauspieler zu löschen, lässt sich noch einfacher lösen:

```
// Einen Schauspieler löschen:
function remove()
{
    $model = $this->getModel('bearbeitung');
    if(!$model->delete()) {
        $msg = JText::_( 'Fehler: Schauspieler konnte(n) nicht gelöscht werden.' );
    } else {
        $msg = JText::_( 'Schauspieler gelöscht' );
    }

    $this->setRedirect( 'index.php?option=com_kinoportal', $msg );
}
```

Man weist hier einfach das Model an, alles Notwendige zu unternehmen ($model->delete()). Die restlichen if-Abfragen führen nur ein wenig Fehlerbehandlung durch. Abschließend kehrt man wieder zur Übersichtstabelle der Kinoportal-Komponente zurück. Das funktioniert ganz unspektakulär über eine Weiterleitung auf die passende Internetadresse (setRedirect('index.php?option=com_kinoportal', $msg)).

Damit ist man aber noch nicht fertig: Im Bearbeitungsbildschirm kann der Administrator den Datensatz speichern oder den Vorgang abbrechen. Da die Schaltflächen die Aufgaben save beziehungsweise cancel auslösen, benötigt man noch zwei gleichnamige Funktionen:

```
// Einen Schauspieler speichern
function save()
{
   $model = $this->getModel('bearbeitung');

   if ($model->store($post)) {
      $msg = JText::_( 'Schauspieler gespeichert.' );
   } else {
      $msg = JText::_( 'Fehler beim Speichern des Schauspielers' );
   }

   $link = 'index.php?option=com_kinoportal';
   $this->setRedirect($link, $msg);
}

// Bearbeitung eines Schauspielers abbrechen:
function cancel()
{
   $msg = JText::_( 'Vorgang Abgebrochen' );
   $this->setRedirect( 'index.php?option=com_kinoportal', $msg );
}
}
?>
```

In der store()-Methode holt man sich zunächst wieder das Model und überlässt dessen store()-Funktion alles Weitere. Anschließend behandelt man eventuell auftretende Fehler und kehrt über eine passende Weiterleitung zur Tabelle mit allen Schauspielern zurück.

Erstellen Sie unter *com_kinoportal/admin* ein neues Verzeichnis namens *controllers*, und speichern Sie darin den fertigen Controller in der Datei *bearbeitung.php*.

9. Schritt: Testlauf

Der Inhalt Ihres *com_kinoportal*-Ordners sollte jetzt so wie in Abbildung 15-9 aussehen.

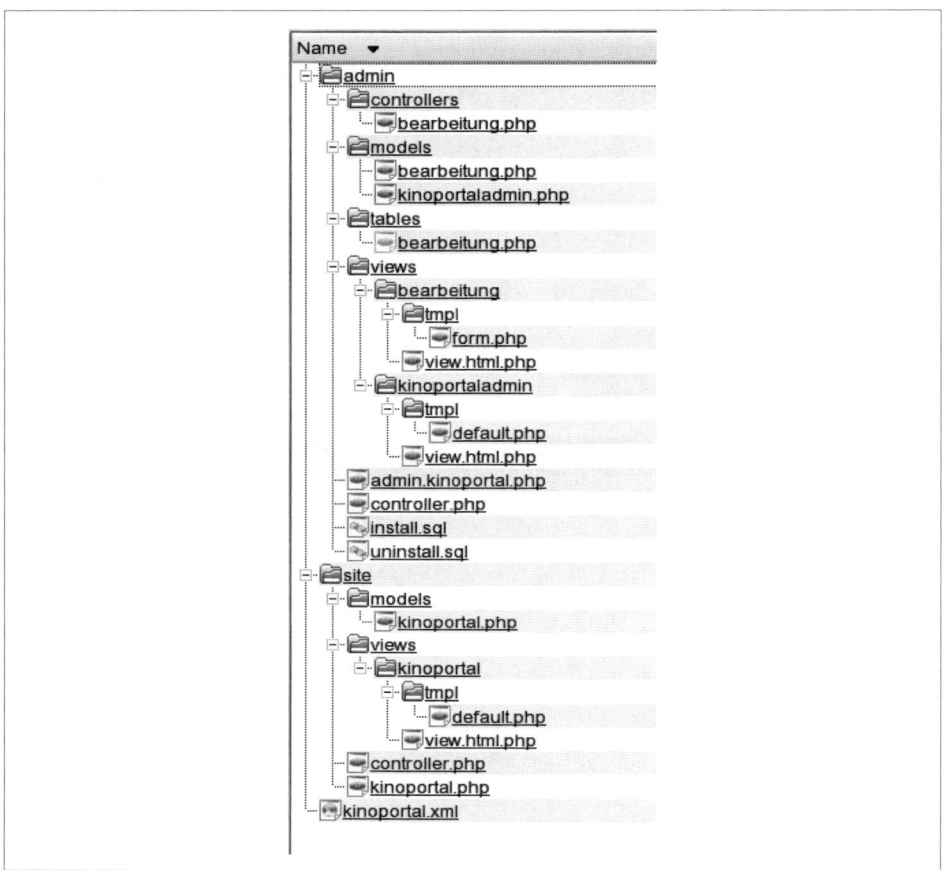

Abbildung 15-9: Die Verzeichnisstruktur der Kinoportal-Komponente

Ganz schön viel Holz für solch eine kleine Komponente.

Vor einem Testlauf müssen Sie noch die neuen Dateien zu dem `<administration>`-Abschnitt in der *kinoportal.xml* hinzufügen:

```
...
<administration>
    <menu>Schauspielerverwaltung</menu>

    <files folder="admin">
        <filename>admin.kinoportal.php</filename>
        <filename>install.sql</filename>
        <filename>uninstall.sql</filename>
        <filename>controller.php</filename>
        <filename>controllers/bearbeitung.php</filename>
        <filename>models/kinoportaladmin.php</filename>
        <filename>models/bearbeitung.php</filename>
```

```
        <filename>views/kinoportaladmin/view.html.php</filename>
        <filename>views/kinoportaladmin/tmpl/default.php</filename>
        <filename>views/bearbeitung/view.html.php</filename>
        <filename>views/bearbeitung/tmpl/form.php</filename>
        <filename>tables/bearbeitung.php</filename>
      </files>
  </administration>
  ...
```

Packen Sie jetzt wieder den gesamten Inhalt des *com_kinoportal*-Verzeichnisses in
ein ZIP-Archiv, und spielen Sie es unter Joomla! ein. Über KOMPONENTEN →
SCHAUSPIELERVERWALTUNG kommen Sie direkt in den jetzt erweiterten Bildschirm
aus Abbildung 15-10, und ein Klick auf einen der Schauspieler leitet Sie in den Bearbeitungsbildschirm aus Abbildung 15-11.

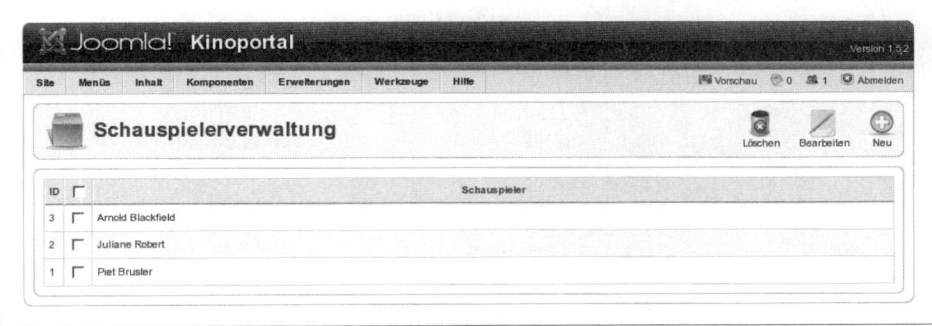

Abbildung 15-10: Die Tabelle mit den Auswahlmöglichkeiten

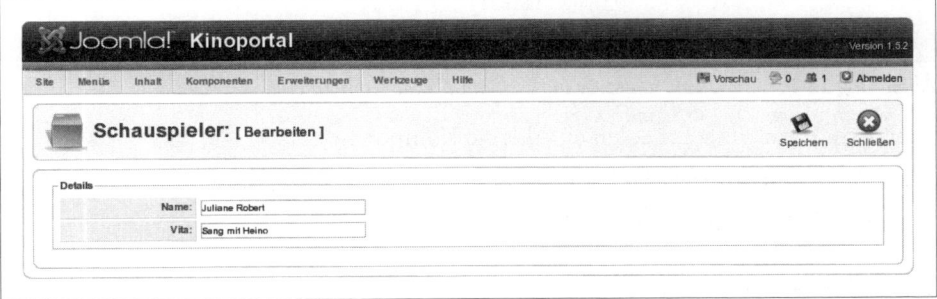

Abbildung 15-11: Der Bearbeitungsbildschirm

Vermutlich raucht Ihnen jetzt vor lauter Dateien, Controllern, Models und Views
der Kopf. Folgen Sie deshalb zum Abschluss noch einmal kurz den Aktionen eines
Administrators.

 Am besten öffnen Sie immer die jeweils genannten Dateien und
gehen den Quellcode parallel mit durch.

Zur Listenansicht wechseln: Sobald der Administrator den Menüpunkt KOMPONENTEN → SCHAUSPIELERVERWALTUNG anklickt, erscheint die Liste mit allen Schauspielern. An diesem Vorgang sind jedoch nur die Kinoportaladmin-Klassen der Komponente beteiligt. Den genauen Ablauf zeigt Abbildung 15-12.

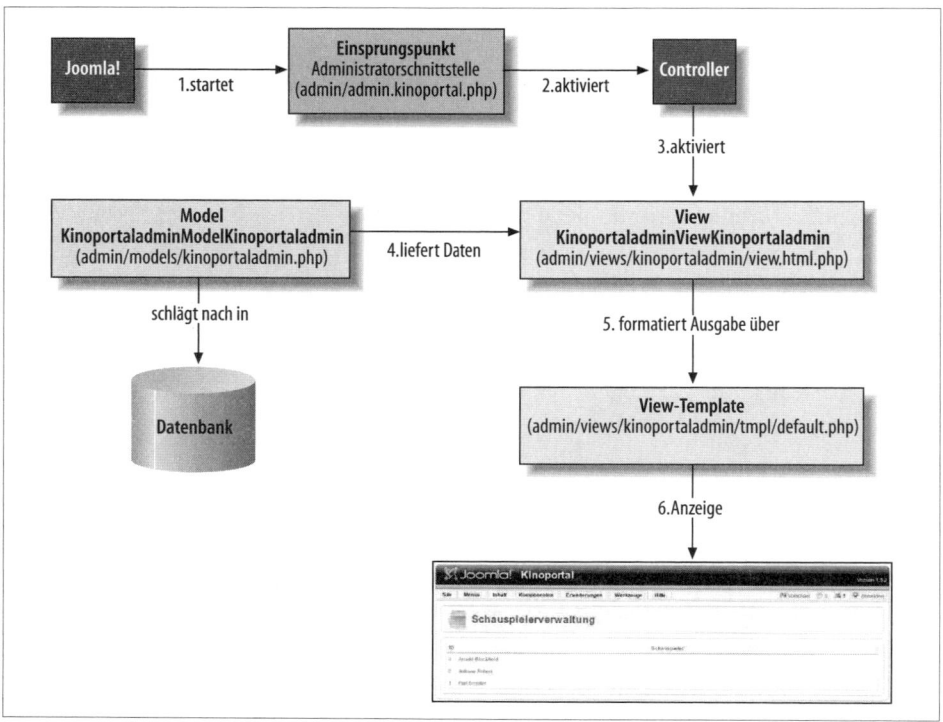

Abbildung 15-12: Diese Schritte laufen ab, sobald der Administrator im Backend den Menüpunkt »Komponenten« → »Schauspielerverwaltung« aufruft.

- Nachdem der Administrator den Menüpunkt KOMPONENTEN → SCHAUSPIE-LERVERWALTUNG angeklickt hat, startet Joomla! das PHP-Skript aus der Datei *admin.kinoportal.php*. Sie bildet somit den Einsprungspunkt (Entry Point) in die Kinoportal-Komponente ❶.

- Das Skript bekommt keine weiteren Informationen mit auf den Weg, also erstellt es einen KinoportaladminController (Datei *admin/controller.php*) und übergibt ihm die Kontrolle (indem es seine Funktion execute() aufruft) ❷.

- Der Controller kennt nur eine einzige Aufgabe: Die Erstellung der View aus dem Unterverzeichnis *admin/views/kinoportaladmin* ❸.

- Diese wiederum bestückt zunächst die Werkzeugleiste mit drei Symbolen: einem Symbol zum Anlegen, einem zum Bearbeiten und einem zum Löschen von Schauspielern. Als Nächstes weist sie das passende Model (namens

KinoportaladminModelKinoportaladmin aus der Datei */admin/models/kinoportaladmin.php*) an, ihr alle Schauspieler aus der Datenbank zu holen (via holeAlleSchauspieler()) ❹.

- Das Model gehorcht und liefert eine Liste zurück, deren Inhalte die View in ihr Template (*admin/views/kinoportaladmin/tmpl/default.php*) stopft ❺.

- Joomla! integriert das Ergebnis schließlich in den Administrationsbereich und sendet die fertige Seite an den Browser ❻. Der Administrator sieht jetzt die Tabelle mit allen vorhandenen Schauspielern aus Abbildung 15-10.

Wechsel in den Bearbeitungsbildschirm: Ganz spontan entscheidet sich der Administrator dafür, einen neuen Schauspieler anzulegen. Dies bedeutet, dass nacheinander alle Bearbeitung-Klassen aktiv werden, die zusammen den Bearbeitungsbildschirm realisieren. Den genauen Ablauf zeigt Abbildung 15-13:

- Als Erstes klickt der Administrator auf NEU in der Symbolleiste.

- Dahinter wird jetzt eine JavaScript-Funktion aktiv und füllt das mit dem Template übersendete Fomular aus. Insbesondere bestückt die Funktion das versteckte Feld task mit dem Wert add. Anschließend nimmt der Browser alle ausgefüllten Felder, bildet mit ihren Inhalten eine neue Internetadresse der Form *http://localhost/joomla/index.php?option=com_kinoportal&task=add&controller=bearbeitung* und ruft diese auf ❶.

- Jetzt ist wieder Joomla! an der Reihe. Es wertet den Rattenschwanz der Internetadresse aus. Die dortige Angabe *option=com_kinoportal* veranlasst das Content-Management-System, erneut den Einsprungspunkt *admin.kinoportal.php* aufzurufen ❷.

- Dieser übernimmt nun wieder und wertet die restlichen beiden Daten in der Internetadresse aus: Zunächst sagt ihm *controller=bearbeitung*, dass er diesmal den anderen Controller namens KinoportaladminControllerBearbeitung aktivieren soll (Datei *admin/controllers/bearbeitung.php*) ❸. Diesem übergibt er sogleich die Kontrolle, nicht aber ohne ihm vorher noch den Namen der zu lösenden Aufgabe mitzuteilen – in diesem Fall lautet der Name add.

- Die Funktion execute() des Controllers sucht jetzt in ihrer eigenen Klasse nach einer gleichlautenden Methode. Der Konstruktor hat festgelegt, dass die Aufgabe add identisch mit edit ist. Also weicht execute() auf die Funktion edit() aus.

- Diese bestimmt nun, dass als Nächstes die View aus dem Verzeichnis *admin/views/bearbeitung* samt ihrem Template namens *form.php* zu verwenden ist. Anschließend deaktiviert edit() noch das Hauptmenü und ruft besagte View auf ❹.

- Die View KinoportaladminViewBearbeitung bemüht das Model (namens KinoportaladminModelBearbeitung aus der Datei *admin/models/bearbeitung.php*) und fordert bei ihm den vom Administrator gewählten Schauspieler an ❺.

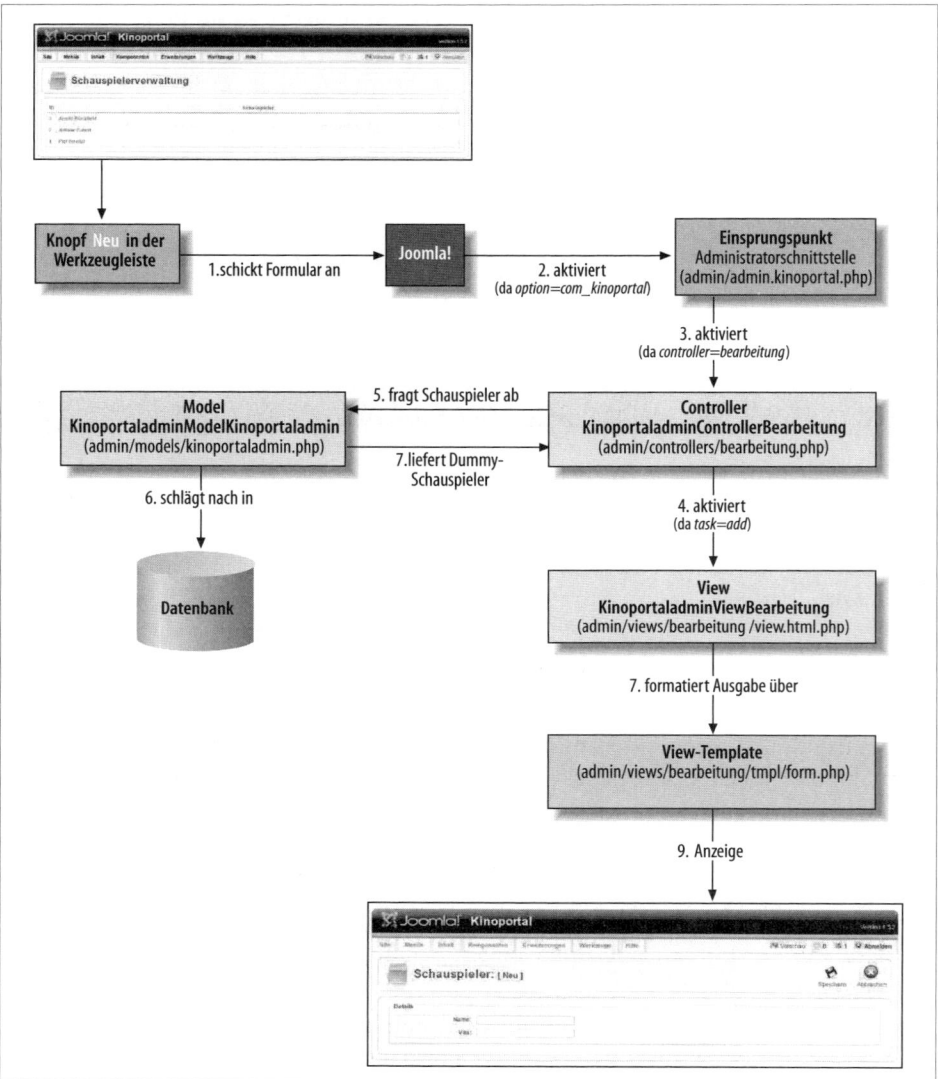

Abbildung 15-13: Diese Schritte laufen ab, sobald der Administrator auf die Schaltfläche NEU klickt.

- Die dafür im Model zuständige Funktion holeEinenSchauspieler() versucht zunächst, aus der vom Browser übermittelten Internetadresse die id des ange-kreuzten Schauspielers zu lesen. Da diese Angabe fehlt – der Administrator wollte ja einen neuen Datensatz anlegen –, wählt holeEinenSchauspieler() ein-fach die id=0. Diese Nummer schlägt die Funktion anschließend in der Daten-bank nach, wird aber logischerweise nicht fündig ❻. Also greift sie zum

Notfallplan und liefert einfach einen leeren Dummy-Schauspieler an die View zurück ⑦.

- Die View erkennt, dass es den Schauspieler noch gar nicht in der Datenbank gibt (da die id=0 ist). Damit weiß sie aber auch, dass der Administrator einen neuen Schauspieler anlegen wollte. Also stellt sie eine passende Seitenüberschrift zusammen (*Schauspieler: {Neu}*), packt die beiden Schaltflächen in die Werkzeugleiste, die sie noch korrekt beschriftet, und überlässt alles Weitere ihrem Template (aus der Datei *admin/views/bearbeitung/tmpl/form.php*) ⑧.

- Das durch das Template definierte Formular wandert jetzt zurück zum Browser des Administrators (Abbildung 15-14) ⑨.

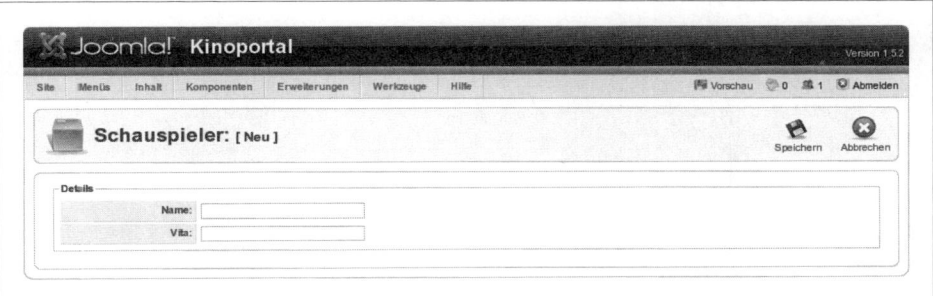

Abbildung 15-14: Die Maske zur Eingabe eines neuen Schauspielers

Speichern und Rückkehr zur Listenansicht: Sobald der Administrator im Formular die Daten für den neuen Schauspieler eingetragen hat und in der Werkzeugleiste auf SPEICHERN klickt, werden zunächst wieder ein paar Klassen des Bearbeitungsbildschirms aktiv. Sie legen in der Datenbank einen neuen Datensatz an und übergeben anschließend wieder an die Kinoportaladmin-Klassen der Komponente. Den genauen Ablauf zeigt Abbildung 15-15.

- Der Administrator tippt einen neuen Schauspieler nebst Lebenslauf ein und klickt anschließend auf SPEICHERN.

- Jetzt wird erneut eine JavaScript-Funktion aktiv, die im Formular das versteckte Feld task mit dem Wert save bestückt. Anschließend baut der Browser aus allen Feldern eine Internetadresse zusammen, die er wiederum aufruft ①.

- Damit übernimmt wieder Joomla!, und das bekannte Spielchen beginnt von vorn: Das Content-Management-System aktiviert den Einsprungpunkt *admin. kinoportal.php* ②. Dieser ruft die Funktion execute() des zweiten Controllers KinoportaladminControllerBearbeitung auf ③.

- Die Aufgabe lautete diesmal save, folglich fahndet execute() in der eigenen Klasse nach einer gleichnamigen Funktion, wird fündig und ruft sie auf.

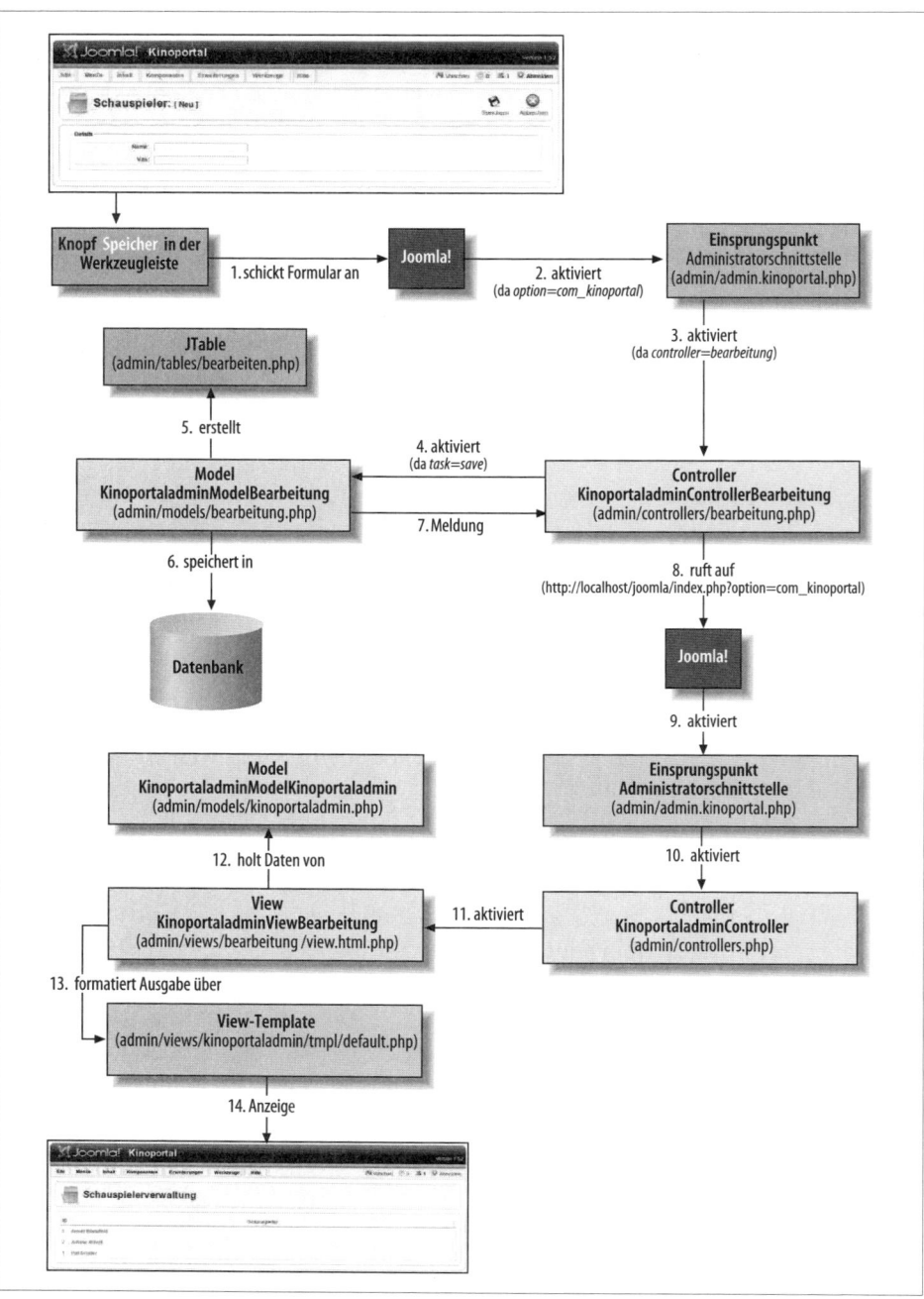

*Abbildung 15-15: Diese Schritte laufen ab, sobald der Administrator auf die Schaltfläche
»Speichern« klickt.*

- save() holt sich das passende Model (namens KinoportaladminModelBearbeitung aus der Datei *admin/models/bearbeitung.php*) und weist es anschließend an, den in der Anfrage übersendeten Schauspieler zu speichern, indem es im Model die Funktion store() aufruft ❹.

- Das Model besorgt sich zunächst ein JTable-Objekt ❺ (die passende Klasse liegt in der Datei *admin/tables/bearbeitung.php*) und bestückt es mit den in der Anfrage übermittelten Daten des Schauspielers. Anschließend wandert das Objekt in die Datenbank ❻, und das Model übergibt eine Erfolgsmeldung an den Controller ❼.

- Der Controller gibt nun den passenden Text *Schauspieler gespeichert* aus und leitet den Browser des Administrators auf die Seite *http://localhost/joomla/index.php?option=com_kinoportal*. Damit kommt wieder Joomla! ins Spiel ❽, das den Einstiegspunkt der Komponente aktiviert ❾.

- Da an der Adresse kein Rattenschwanz mehr hängt, übergibt das entsprechende Skript *admin.kinoportal.php* die Kontrolle an den alten Standardcontroller KinoportaladminController ❿, der seinerseits die View aus dem Verzeichnis *admin/views/kinoportaladmin* aufruft, die wiederum in Zusammenarbeit mit dem Model KinoportaladminModelKinoportaladmin und ihrem Template die Tabelle mit allen Schauspielern auf den Bildschirm bringt.

Module

Den Komponenten assistiert noch eine Riege von kleinen und weniger komplexen Erweiterungen, die sogenannten Module. Ihre Aufgaben bestehen für gewöhnlich darin, einen schnellen Zugriff auf wichtige Funktionen zu gewährleisten oder bedeutsame Daten auf allen Unterseiten der Homepage anzuzeigen. Im Kinoportal könnte ein Modul beispielsweise den Besuchern die Namen aller Schauspieler in einer Liste präsentieren. Ein Klick auf einen der Stars aktiviert dann die Kinoportal-Komponente, die die Einzelheiten anzeigt.

Da Module in der Regel nur eine kleine und stark umrissene Aufgabe lösen, ist auch ihre Programmierung wesentlich unkomplizierter als die Entwicklung einer Komponente. So besteht ein Modul aus mindestens einem PHP-Skript, dessen Ausgaben Joomla! in einen ausgewählten Bereich des Templates und somit auf die Homepage packt. Diese Position lässt sich mit den Funktionen hinter ERWEITERUNGEN → MODULE sogar bequem verändern (wie das funktioniert, wurde bereits in Kapitel 13 erläutert).

Wie einfach ein Modul aufgebaut ist, zeigt zum Einstieg wieder das obligatorische *Hallo Welt*-Beispiel.

Joomla 1.0.x
Im Gegensatz zu den Komponenten hat sich bei der Programmierung von Modulen gegenüber früheren Joomla!-Versionen nicht allzu viel verändert – aber leider immer noch genug, um alte Module anpassen zu müssen.

Schnellstart: Das Hallo-Welt-Modul

Joomla! sammelt alle installierten Module in seinem Unterverzeichnis *modules*. Genau wie bei den Komponenten erhält dort jedes Modul ein eigenes Verzeichnis. Es trägt den gleichen Namen wie das Modul, dem zusätzlich noch ein *mod_* vorangestellt wurde. Auf diese Weise lässt es sich schnell von einer Komponente unterscheiden.

Das neue Modul soll gemäß seiner Aufgabe den Namen hallowelt erhalten. Legen Sie also als erste Amtshandlung in einem Arbeitsverzeichnis den Ordner *mod_hallowelt* an. In ihn packen Sie nun alle folgenden Dateien.

Das neue Modul soll nichts weiter unternehmen, als den Text *Hallo Welt!* ausgeben. In PHP würde könnte man das wie folgt formulieren:

Beispiel 15-22: Ein Modul, das den Text »Hallo Welt!« ausgibt (Datei mod_hallowelt.php)

```php
<?php

/* Erlaube Zugriff nur von Joomla! aus: */
defined('_JEXEC') or die();

?>

<h1>Hallo Welt!</h1>
```

Der erste Befehl stellt sicher, dass die Datei von Joomla! aus aufgerufen wurde. Anschließend gibt das Skript einfach besagten Text aus.

Speichern Sie die den Programmcode aus Beispiel 15-22 als Datei *mod_hallowelt.php* – das war auch schon fast alles. Es fehlt lediglich noch eine Informationsdatei, die Joomla! für eine korrekte Integration des Moduls in seine Umgebung benötigt:

Beispiel 15-23: Die XML-Informationsdatei für das »Hallo Welt«-Modul (Datei mod_hallowelt. xml)

```xml
<?xml version="1.0" encoding="utf-8"?>
<install type="module" version="1.5.0">
    <name>Hallo Welt</name>
    <author>Tim Schürmann</author>
    <version>1.0.1</version>
    <description>Ein einfaches Hallo Welt!-Modul</description>

    <files>
```

Beispiel 15-23: Die XML-Informationsdatei für das »Hallo Welt«-Modul (Datei mod_hallowelt.
  xml) (Fortsetzung)

```
      <filename module="mod_hallowelt">mod_hallowelt.php</filename>
    </files>
  <params>
  </params>
</install>
```

Der Aufbau stimmt weitestgehend mit der Informationsdatei der Komponenten
überein (siehe Abschnitt »7. Schritt: Die XML-Datei« auf Seite 474). Sie nennt auch
hier zunächst ein paar allgemeine Informationen über das Modul, wie den Autor
oder die Versionsnummer und aus welchen Dateien das Modul besteht. Alle diese
Angaben wertet Joomla! bei der Installation aus.

Neu dürfte das Attribut `module="mod_hallowelt"` sein. Es ist nur bei der Datei anzugeben, über die Joomla! später das Modul aktivieren soll (in diesem Fall besteht das
Modul lediglich aus der Datei *mod_hallowelt.php*, in den nächsten Abschnitten
kommen aber noch welche hinzu). Als Wert erhält das Attribut den Namen der
Datei ohne die Erweiterung *.php*.

Speichern Sie jetzt die Informationsdatei aus Beispiel 15-23 unter dem Dateinamen
mod_hallowelt.xml, und packen Sie den *Inhalt* des Ordners *mod_hallowelt* in ein
ZIP-Archiv. Dieses spielen Sie anschließend über den Administrationsbereich wie
gewohnt ein.

 Falls sich Joomla! über eine fehlende Datei beschwert, sollten Sie
zunächst den Inhalt der Konfigurationsdatei *mod_kinoportal.xml* auf
Tippfehler untersuchen.

War die Installation erfolgreich, finden Sie das neue Modul in der Liste hinter
ERWEITERUNGEN → MODULE. Wie Sie dem Eintrag unter der Spalte *Position* ent-
nehmen können, wurde es standardmäßig der Template-Position *left* zugeordnet
(Abbildung 15-16).

15	☐	Feed Display	⊗	▲ ▼	13	Öffentlich	left	Alle	mod_feed	34
16	☐	Hallo Welt	✓	▲	14	Öffentlich	left	Alle	mod_hallowelt	42
17	☐	Polls	✓	▼	1	Öffentlich	right	Verschiedene	mod_poll	16
18	☐	Who's Online	✓	▲ ▼	1	Öffentlich	right	Verschiedene	mod_whosonline	21
19	☐	Advertisement	✓	▲ ▼	3	Öffentlich	right	Verschiedene	mod_banners	38
20	☐	Random Image	✓	▲	9	Öffentlich	right	Keine	mod_random_image	28

Anzeige # 20 ▼   ◎ Start   ◎ Zurück   1 2   Weiter ◎   Ende ◎   Seite 1 von 2

Abbildung 15-16: Das installierte Hallo-Welt-Modul (grau hervorgehoben) in der Liste hinter
  »Erweiterungen« → »Module«

Sobald Sie das Modul aktivieren (mit einem Klick auf das Kreuz unter AKTIVIERT), erscheint es ab sofort auf der Homepage am linken Bildschirmrand (Abbildung 15-17).

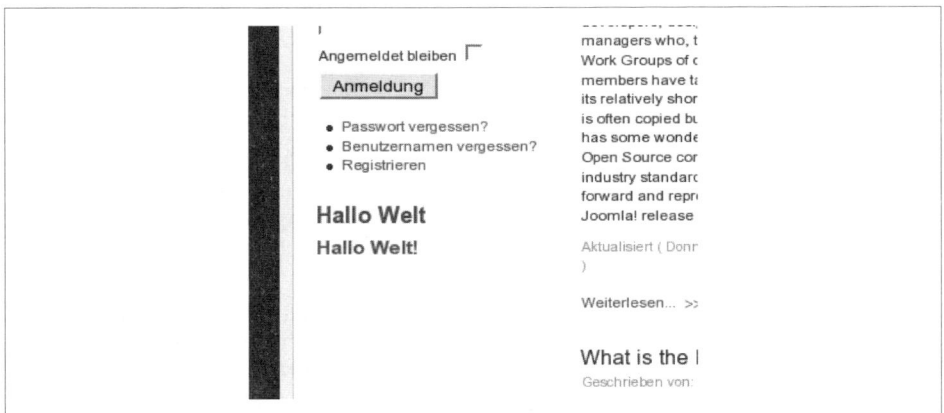

Abbildung 15-17: Das Hallo-Welt-Modul auf der Homepage

Da die Ausgabe des Textes recht unnütz ist, sollten Sie das Modul nach dem Testlauf wieder deinstallieren (in der Ansicht hinter ERWEITERUNGEN → INSTALLIEREN/ DEINSTALLIEREN auf dem Register MODULE).

Das Kinoportal-Modul

Das Modul für das Kinoportal soll natürlich nicht nur ein schnödes »Hallo Welt!« anzeigen. Seine Aufgabe besteht vielmehr in der Anzeige einer Liste mit Schauspielern. Dies ist jedoch nicht wesentlich aufwendiger: Man muss lediglich die Schauspieler aus der Datenbank holen, sie durchlaufen und jeden von ihnen in einer HTML-Liste ausgeben. Genau dies erledigt das folgende PHP-Skript:

Beispiel 15-24: Das Kinoportal-Modul (Datei mod_kinoportal.php)

```php
<?php
defined('_JEXEC') or die();

global $mainframe;
$datenbank  = &JFactory::getDBO();
$query = "SELECT * FROM #__schauspieler ORDER BY name";
$datenbank->setQuery($query);
$alleschauspieler = $datenbank->loadObjectList();;
echo "<ul>";
if ($alleschauspieler)
{
    foreach ($alleschauspieler as $einschauspieler)
    {
```

Beispiel 15-24: Das Kinoportal-Modul (Datei mod_kinoportal.php) (Fortsetzung)

```
        ?><li><a href="index.php?option=com_kinoportal"><?
        echo $einschauspieler->name;
        ?></a></li><?
    }
}
echo "</ul>";
?>
```

Zu Beginn holt es sich den Zugriff auf die Datenbank (`JFactory::getDBO()`), stellt die SQL-Anfrage zusammen, führt diese aus und durchläuft schließlich alle zurückgelieferten Schauspieler, deren Namen in eine HTML-Liste (`<ul>`) wandern. Um den Namen herum wird noch ein Link auf die Kinoportal-Komponente gelegt.

In diesem einfachen Beispiel werden wirklich *alle* Schauspieler ausgegeben. Schon bei einem etwas größeren Datenbestand führt dies auf der Homepage schnell zu einer recht langen Liste, die zum einen das Layout zerstört und zum anderen die Besucher irritiert. Eine Möglichkeit, die Anzahl einzuschränken, stellt gleich noch der Abschnitt »Das Modul in den Administrationsbereich einbinden« auf Seite 527 vor.

Erstellen Sie in Ihrem Arbeitsverzeichnis einen neuen Ordner namens *mod_kinoportal*, und speichern Sie darin den obigen Programmcode aus Beispiel 15-24 als *mod_kinoportal.php*. Damit steht gleichzeitig fest, dass das neue Modul den Namen kinoportal trägt. Es fehlt damit nur noch die Informationsdatei *mod_kinoportal.xml* aus Beispiel 15-25:

Beispiel 15-25: Die XML-Informationsdatei für das Kinoportal-Modul (Datei mod_kinoportal. xml)

```
<?xml version="1.0" encoding="utf-8"?>
<install type="module" version="1.5.0">
   <name>Kinoportal</name>
   <author>Tim Schürmann</author>
   <version>1.0.1</version>
   <description>Das Kinoportal-Modul</description>

    <files>
        <filename module="mod_kinoportal">mod_kinoportal.php</filename>
    </files>
   <params>
   </params>
</install>
```

Packen Sie die beiden Dateien wieder in ein ZIP-Archiv, und installieren Sie dieses unter Joomla!. Nach seiner Aktivierung erscheint dann auf der Homepage die gewünschte Ausgabe aus Abbildung 15-18.

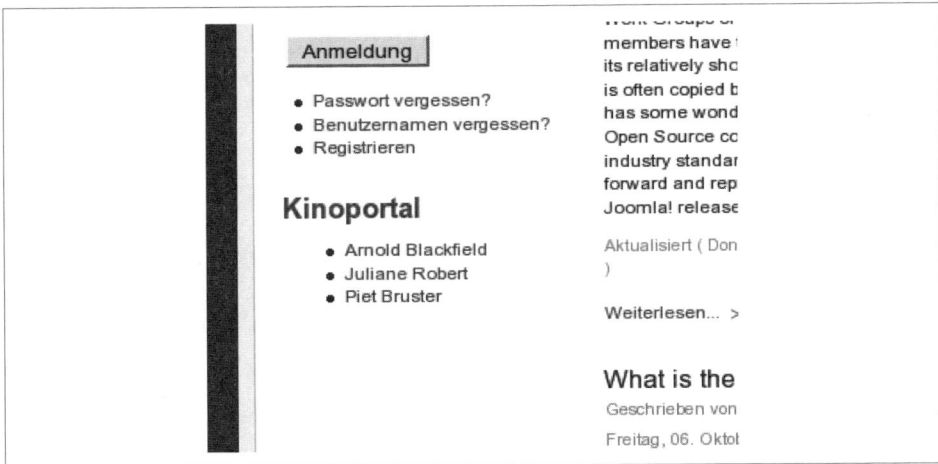

Abbildung 15-18: Die Ausgabe des Kinoportal-Moduls

Ein Klick auf einen der Schauspieler führt hier der Einfachheit halber zur Tabellenübersicht der Komponente. Ihre Besucher würden jedoch in der Praxis erwarten, dass nur die Einzelheiten zu dem gewählten Schauspieler erscheinen. In Ihren eigenen Erweiterungen sollten Sie daher der Besucherseite der Komponente noch eine entsprechende Ansicht spendieren. Das funktioniert ganz analog zur Erstellung des Bearbeitungsbildschirms der Administrator-Schnittstelle – also über ein weiteres Gespann aus Model-, View- und Controller-Klassen.

Deinstallieren Sie das Modul nach dem erfolgreichen Testlauf, denn es steht noch eine kleine Überarbeitung an.

Trennung von Darstellung und Inhalt

Wie in den vorherigen Abschnitten gezeigt, reicht ein PHP-Skript bereits aus. Die Joomla!-Entwickler empfehlen jedoch auch hier eine Trennung von Darstellung und Inhalt. Doch keine Sorge: Das MVC-Konzept taucht hier nicht auf.

Im Moment befindet sich der HTML-Text mitten in der eigentlichen Programmlogik. Insbesondere bei größeren Modulen ist es wesentlich bequemer, alle Befehle, die sich auf die Anzeige von Daten beziehen, in eine externe Datei auszulagern. Möchte man das Design ändern, muss man somit nur diese dritte Datei, das sogenannte Template, bearbeiten oder austauschen. Die Dateien mit der eigentlichen Funktionalität bleiben unangetastet. Zusätzlich vermeidet man so lästige Flüchtigkeitsfehler.

Die Joomla!-Entwickler raten weiter dazu, die Datenbankabfragen in eine Hilfsklasse (Helper-Class) auszulagern. Mit der soll es auch sogleich losgehen.

1. Schritt: Die Hilfsklasse

Zunächst lagert man die ganzen Datenbankabfragen in eine eigene Klasse aus. Sie soll
im Folgenden den Namen `modKinoportalHelper` erhalten. Das hier verwendete
Namensschema schlagen die Joomla!-Entwickler vor, Sie können aber selbstverständlich auch ein beliebiges anderes wählen. Die Klasse selbst hat folgendes Aussehen:

Beispiel 15-26: Die Helper-Class für das Kinoportal-Modul kapselt den Zugriff auf die Datenbank
(Datei helper.php).

```php
<?php
class modKinoportalHelper
{
    function holeAlleSchauspieler()
    {
        global $mainframe;
        $datenbank  = &JFactory::getDBO();
        $query = "SELECT * FROM #__schauspieler ORDER BY name";
        $datenbank->setQuery($query);
        $alleschauspieler = $datenbank->loadObjectList();;

        return $alleschauspieler;
    }
}
?>
```

Sie macht nichts anderes, als alle Schauspieler aus der Datenbank zu holen. Speichern Sie das obige Beispiel 15-26 in der Datei *helper.php*.

2. Schritt: Das Template

Das Template wird gleich im nächsten Schritt direkt mit den Schauspielern gefüttert, die es dann nur noch hübsch formatieren muss:

Beispiel 15-27: Das Template für das Kinoportal-Modul (Datei tmpl/default.php)

```php
<?php
defined('_JEXEC') or die();

echo "<ul>";
foreach ($alleschauspieler as $einschauspieler)
{
    ?><li><a href="index.php?option=com_kinoportal"><?
    echo $einschauspieler->name;
    ?></a></li><?
}
echo "</ul>";
?>
```

Legen Sie in Ihrem Arbeitsverzeichnis unter *mod_kinoportal* das neue Unterverzeichnis *tmpl* an, und speichern Sie darin das Template aus Beispiel 15-27 in der Datei *default.php*.

 Welche Teile und Funktionen Ihres Moduls Sie in das Template und welche Sie in die Hilfsklasse auslagern, bleibt vollständig Ihnen überlassen. Bei größeren Modulen empfiehlt sich auch eine weitere Aufgabenteilung über weitere Klassen.

3. Schritt: mod_kinoportal.php anpassen

Das *mod_kinoportal.php*-Skript wird jedoch nicht ganz arbeitslos. Als Bindeglied zwischen den beiden neuen Dateien übernimmt es zwei wichtige Aufgaben: Zunächst muss es die Hilfsklasse aktivieren und mit deren Hilfe die Schauspieler aus der Datenbank fischen. Die von dort zurückgelieferten Daten muss es dann anschließend ins Template pressen:

Beispiel 15-28: Die von Darstellung und Datenhaltung befreite mod_kinoportal.php

```php
<?php
defined('_JEXEC') or die();

// Hole Hilfsfunktionen hinzu
require_once( dirname(__FILE__).DS.'helper.php' );

// Hole Schauspieler aus der Datenbank:
$alleschauspieler = modKinoportalHelper::holeAlleSchauspieler();

// Und in das Template stecken:
require( JModuleHelper::getLayoutPath('mod_kinoportal') );
?>
```

Die erste Anweisung holt die Helferklasse hinzu. require_once() sorgt gleichzeitig dafür, dass die Helper-Klasse nur ein einziges Mal definiert wird. Anschließend aktiviert das Skript die Funktion holeAlleSchauspieler(), die die Daten aus der Datenbank holt.

Die letzte Anweisung im Skript aktiviert schließlich das Template.

4. Schritt: mod_kinoportal.xml erweitern

Damit die beiden hinzugekommenen Dateien auch bei der Installation berücksichtigt werden, muss man sie noch in der XML-Datei anmelden:

Beispiel 15-29: Die erweiterte Informationsdatei mod_kinoportal.xml

```xml
<?xml version="1.0" encoding="utf-8"?>
<install type="module" version="1.5.0">
   <name>Kinoportal</name>
```

```
<author>Tim Schürmann</author>
<version>1.0.1</version>
<description>Das Kinoportal-Modul</description>

    <files>
        <filename module="mod_kinoportal">mod_kinoportal.php</filename>
                    <filename>helper.php</filename>
                    <filename>tmpl/default.php</filename>
    </files>
    <params>
    </params>
</install>
```

Damit besteht das Modul jetzt aus folgenden vier Dateien:

Datei	Funktion
mod_kinoportal/mod_kinoportal.php	Einsprungpunkt des Moduls, steuert gleichzeitig den Ablauf
mod_kinoportal/mod_kinoportal.xml	Informationsdatei für die Integration in Joomla!
mod_kinoportal/helper.php	Hilfsklasse, die mit der Datenbank kommuniziert
mod_kinoportal/tmpl/default.php	Template, das die Ausgabe auf der Homepage erzeugt

 Um die eigenen Dateien vor fremden Blicken zu schützen, sollten Sie auch hier wieder in jedem (Unter-)Verzeichnis eine HTML-Datei mit dem Namen *index.html* und dem Inhalt <html><body bgcolor="#FFFFFF"></body></html> anlegen. Vergessen Sie nicht, diese zusätzlichen Dateien in der XML-Datei anzumelden.

Packen Sie nun wieder den Inhalt des Ordners *mod_kinoportal* in eine ZIP-Datei, und installieren Sie sie unter Joomla!. Nach der Aktivierung des Moduls sollten die gleichen Ausgaben erscheinen wie schon im Abschnitt zuvor (siehe Abbildung 15-18). Deinstallieren Sie das Modul nach dem Testlauf direkt wieder, da es im folgenden Abschnitt noch eine kleine Erweiterung erfährt.

Das Modul in den Administrationsbereich einbinden

Jedes vernünftige Modul verfügt auch über einen ordentlichen Konfigurationsbildschirm im Administrationsbereich. Das gilt selbstverständlich auch für das Kinoportal-Modul. Um an seine Einstellungen zu gelangen, klickt man unter ERWEITERUNGEN → MODULE auf den Modulnamen (*Kinoportal*). Das Ergebnis ist der Bildschirm aus Abbildung 15-19.

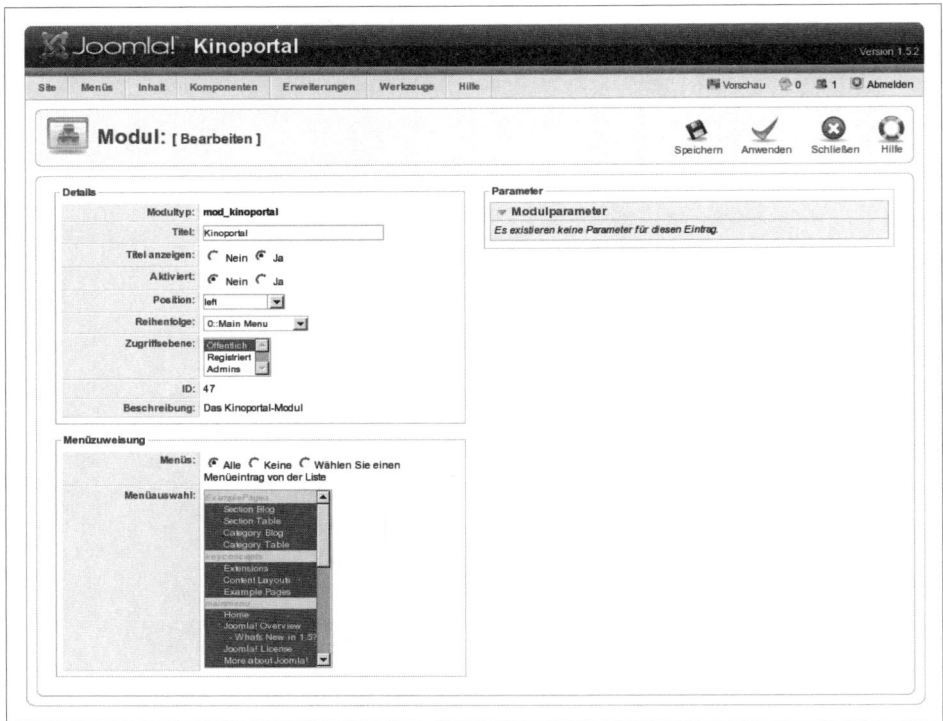

Abbildung 15-19: Die Standardeinstellungen des Kinoportal-Moduls

Auf der linken Seite präsentiert Joomla! ein paar grundlegende Einstellungen, die jedes Modul erlaubt. Dazu zählt beispielsweise die POSITION im Template oder die Angabe, ob das Modul AKTIVIERT wurde (die einzelnen Punkte wurden bereits ausführlich in Kapitel 7 vorgestellt).

Zusätzlich zu diesen Standardeinstellungen darf man noch beliebig viele eigene hinzufügen. Im Fall des Kinoportal-Moduls könnte man beispielsweise den Seitenbetreiber entscheiden lassen, wie viele Elemente die Liste auf der Homepage tatsächlich enthalten soll. Derzeit präsentiert das Modul immer restlos alle Schauspieler, die die Datenbank hergibt. Bei vielen Einträgen führt dies zu einer recht langen und somit unübersichtlichen Liste.

Um das zu ändern, muss man noch einmal die Dateien *mod_kinoportal.xml*, *mod_kinoportal.php* und die Helper-Klasse bearbeiten.

1. Schritt: mod_kinoportal.xml anpassen

Zunächst zur Informationsdatei: Sie erhält an ihrem Ende ein oder mehrere zusätzliche Tags im <params>-Abschnitt, wobei jedes dieser Tags genau eine neue Einstel-

---

lung in besagtem Konfigurationsbildschirm erzeugt. Wie der Tag-Name schon andeutet, bezeichnet Joomla! eine Einstellung offiziell als Parameter.

Für das Kinoportal-Beispiel muss ein Parameter her, der die Eingabe einer Zahl erlaubt – eben die Anzahl der anzuzeigenden Schauspieler:

Beispiel 15-30: Die Informationsdatei mod_kinoportal.xml mit einem neuen Parameter

```
<?xml version="1.0" encoding="utf-8"?>
<install type="module" version="1.5.0">
   <name>Kinoportal</name>
   <author>Tim Schürmann</author>
   <version>1.0.1</version>
   <description>Das Kinoportal-Modul</description>

    <files>
        <filename module="mod_kinoportal">mod_kinoportal.php</filename>
                <filename>helper.php</filename>
                <filename>tmpl/default.php</filename>
    </files>
   <params>
        <param name="anzahl" type="text" size="20" default="10" label="Anzahl Elemente
im Modul" description="Die Anzahl der anzuzeigenden Elemente im Modul." />
   </params>
</install>
```

Jeder <param>-Eintrag entspricht später genau einer Einstellung im Bildschirm des Administrationsbereichs. Der hier im Beispiel verwendete Eintrag führt zu dem Ergebnis aus Abbildung 15-20.

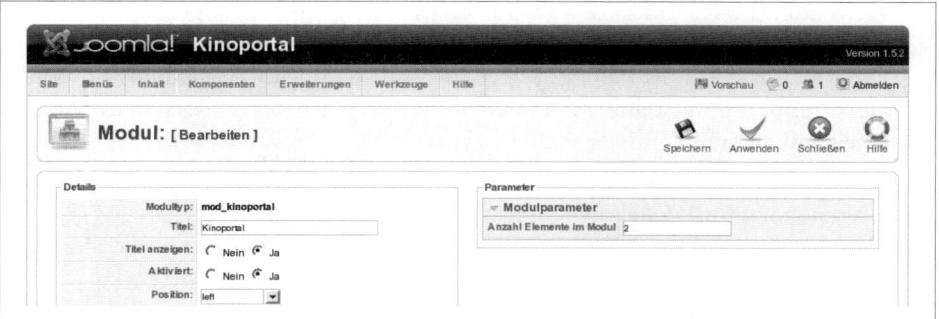

Abbildung 15-20: Die neue Einstellung für das Kinoportal-Modul

In diesem Beispielfall gibt es nur eine Option, nämlich die Anzahl (anzahl) der anzuzeigenden Elemente. Die Attribute im <param> -Tag haben dabei allgemein folgende Bedeutung:

name

Der Name des Elements. Über ihn greift man später im Modul auf seinen Wert zu.

type

Dieses Attribut bestimmt, was für eine Art Parameter Joomla! erzeugen soll. Zu den wichtigsten zählen:

- `text`: Normales Textfeld
- `textarea`: Ein größeres Eingabefeld für längere Texte. Es gibt in diesem Fall noch die zusätzlichen Attribute für die Reihenanzahl (`rows`) und die Spaltenanzahl (`cols`).
- `list`: Eine Liste mit mehreren vorgegebenen Einträgen, aus denen der Administrator später einen auswählt (mehr zur besonderen Syntax dieses Typs folgt weiter unten).
- `radio`: Ein kleines Feld zum Ankreuzen.
- `bannerclient`: Ausklappliste mit allen Banner-Kunden
- `category`: Ausklappliste mit allen Kategorien
- `menuitem`: Ausklappliste mit allen derzeit existierenden Menüpunkten
- `imagelist`: Stellt alle Bilder aus einem Joomla!-Unterverzeichnis zur Auswahl. Um welches Verzeichnis es sich dabei genau handelt, regelt das zusätzliche Attribut `directory` (meist wird `directory="/images/M_images"` verwendet).
- `poll`: Ausklappliste mit allen derzeit existierenden Umfragen
- `spacer`: Erzeugt einfach eine durchzogene Linie ohne weitere Funktion. Man verwendet diesen »nutzlosen Parameter« für gewöhnlich, um die anderen Einstellungen im Konfigurationsbildschirm optisch voneinander zu trennen. Ein Beispiel für die Anwendung zeigen die Einstellungen des *Banners*-Moduls: Dort trennt die Einstellung ZIEL eine Linie von der ANZAHL. Genau diese Linie ist eigentlich ein Parameter vom Typ spacer.

Mit Erscheinen dieses Buches sollte auch die Joomla!-Dokumentation alle weiteren nennen (*http://docs.joomla.org*).

Anwendungsbeispiele liefern die zahlreichen mitgelieferten Module im Unterverzeichnis *modules*. Suchen Sie sich dort einfach eines aus, öffnen Sie dessen *.xml*-Datei, und vergleichen Sie ihren Inhalt mit den entsprechenden Einstellungen im Administrationsbereich.

default

Dieser Wert ist der Vorgabewert, der im gewählten Feld erscheint. Im Beispiel des Kinoportals sind 10 Einträge im Modul der Standard.

label

Die Beschriftung des Feldes.

description

Eine kurze Beschreibung, die innerhalb eines kleinen Tooltips erscheint.

Erweiterte Syntax des Listentyps: Bei Listen muss man noch irgendwie ihre jeweiligen Einträge vorgeben können. Dies geschieht über zusätzliche <option>-Tags. Damit sieht die Definition einer Liste beispielsweise so aus:

```
<param name="meineliste" type="list" default="default" label="Wählen Sie einen
Eintrag:"
      description="Beispiel für eine Liste">
      <option value="punkt1">Auswahlmöglichkeit 1</option>
      <option value="punkt2">Auswahlmöglichkeit 2</option>
</param>
```

Der Text zwischen den <option>-Tags erscheint in der Liste, wohingegen das Attribut value später vom Modul verarbeitet wird.

Weitere Register: Alle Parameter wandern für gewöhnlich auf das Register MODULPA-RAMETER. Möchten Sie ein eigenes, weiteres Register einführen, erstellen Sie einfach einen zweiten <params>-Abschnitt in der Datei *mod_kinoportal.xml*:

```
      ...
      </files>

  <params>
      <param name="anzahl" type="text" ... />
      ...
  </params>

    <params group="advanced">
      <param name="weite" type="text" ... />
      ...
    </params>

  </install>
```

Der Name hinter dem Attribut group bestimmt, auf welchem Register die enthaltenen Parameter später landen. Im obigen Beispiel steckt Joomla! sie unter ERWEITERTE PARAMETER.

Für das Kinoportal-Modul benötigen Sie weder Listen noch zusätzliche Register, sondern nur das Textfeld aus Beispiel 15-30.

2. Schritt: Erweiterung der mod_kinoportal.php

Damit kann der Administrator später die Anzahl der anzuzeigenden Schauspieler in der Oberfläche beeinflussen. Sämtliche dort eingestellten Werte packt Joomla! in das Objekt $params und stellt es anschließend dem Modul bereit. Das Modul muss die darin gespeicherten Informationen nur noch auswerten.

Im Kinoportal-Modul ist dafür die Datei *mod_kinoportal.php* zuständig. Sie muss jedoch nicht besonders viel mit dem Objekt anstellen, da der darin gespeicherte Wert eigentlich nur für die Hilfsklasse von Bedeutung ist (denn sie stellt die eigentliche Datenbankabfrage). Also reicht man das Array einfach nur an sie weiter:

Beispiel 15-31: Die Datei mod_kinoportal.php reicht die Parameter einfach an die Hilfsklasse durch.

```php
<?php
defined('_JEXEC') or die();

// Hole Hilfsfunktionen hinzu
require_once( dirname(__FILE__).DS.'helper.php' );

// Hole Schauspieler aus der Datenbank:
$alleschauspieler = modKinoportalHelper::holeAlleSchauspieler($params);

// Und in das Template stecken:
require( JModuleHelper::getLayoutPath('mod_kinoportal') );
?>
```

3. Schritt: Erweiterung der Hilfsklasse

Die für die Datenhaltung zuständige Hilfsklasse muss jetzt aus dem Objekt $params die Anzahl der anzuzeigenden Schauspieler herauslösen und dann entsprechend viele Datensätze aus der Datenbank holen.

An die Daten im Objekt $params gelangt man recht einfach über dessen get()-Funktion:

```php
$params->get( 'anzahl', 10 );
```

Dieser Befehl liefert den Wert des Parameters namens anzahl. Der zweite Parameter von get() gibt noch für den Fall der Fälle einen Standardwert vor.

Da es sich bei anzahl um ein Textfeld handelt, liefert die obige Anweisung auch dummerweise nur eine Zeichenkette. Folglich muss man das Ergebnis noch per intval() in eine Zahl umwandeln:

```php
$inhaltvonanzahl = intval( $params->get( 'anzahl', 10 ) );
```

In der Variablen $inhaltvonanzahl steckt jetzt die Anzahl der anzuzeigenden Schauspieler, die man nur noch in den SQL-Befehl einbauen muss. Die komplette Hilfsklasse sieht dann wie folgt aus:

Beispiel 15-32: Die modifizierte Hilfsklasse aus der Datei helper.php

```php
<?php
class modKinoportalHelper
{
    function holeAlleSchauspieler($params)
    {
        $inhaltvonanzahl = intval( $params->get( 'anzahl', 10 ) );
```

```
    global $mainframe;
    $datenbank = &JFactory::getDBO();
    $query = "SELECT * FROM #__schauspieler ORDER BY name ASC LIMIT ".$inhaltvonanzahl;
    $datenbank->setQuery($query);
    $alleschauspieler = $datenbank->loadObjectList();;

    return $alleschauspieler;
  }
}
?>
```

Damit ist das Modul des Kinoportals endgültig fertig. Schnüren Sie die Dateien wieder zu einem ZIP-Archiv, und installieren Sie es unter Joomla!. Den neuen Einstellungsbildschirm erreichen Sie dann über ERWEITERUNGEN → MODULE und einen Klick auf *Kinoportal*. Ab sofort wird die Ausgabe auf der Homepage den dort eingetragenen Werten folgen.

Verbesserungspotenzial und Sicherheitshinweise

Die hier entwickelten Erweiterungen in Form des Moduls und der Komponente sind reine Lehrbeispiele. So verwundert es nicht, dass es gleich massenhaft Ansatzpunkte für Verbesserungen gibt. Allen voran ist hier die recht magere Präsentation zu nennen, die Sie vorzugsweise über Stylesheets aufhübschen sollten (weitere Informationen zu diesem Thema liefern die Kapitel 13 und 16).

Auch vielen Sicherheitsproblemen gehen die hier vorgestellten Beispiele konsequent aus dem Weg. So überprüft kein einziges der Skripten, ob die hereinkommenden Daten überhaupt gültig sind. Ein Angreifer kann somit durch eine gezielt gefälschte Dateneingabe in den Ablauf des Skripts eingreifen. Ein berühmtes Beispiel für diese Vorgehensweise ist die sogenannte SQL-Injection. Betrachten Sie dazu folgendes Beispiel:

```
$query= "SELECT * FROM #__schauspieler WHERE id=".$id;
```

Die Variable $id wird dabei vom Browser des Benutzers über die Internetadresse übergeben und enthält die Nummer des anzuzeigenden Schauspielers. Doch was passiert, wenn ein recht hinterlistiger Zeitgenosse in der Variablen $id nicht eine Ziffer, sondern folgenden Text unterbringt:

```
'0; DROP TABLE #__schauspieler;'
```

Damit würde das selbst geschriebene PHP-Skript zwar zunächst eine Abfrage durchführen, anschließend aber gleich auch noch die Tabelle in der Datenbank löschen.

Als Grundregel gilt hier: Seien Sie allen Variablen und Objekten gegenüber misstrauisch, deren Inhalte nicht von Ihnen selbst stammen, und unterziehen Sie fremde Daten immer einer ausführlichen Prüfung, *bevor* Sie sie in irgendeiner Weise weiterverarbeiten.

Plugins

Die im vorherigen Kapitel entwickelte Komponente fügt Joomla! neue Inhalte in Form von Schauspielern hinzu. Leider gibt es noch ein kleines Problem: Sucht jemand auf der Homepage über die entsprechende Funktion nach einem Begriff, so bleiben dabei alle Schauspielerdaten in der neuen Tabelle gänzlich unberücksichtigt. Abhilfe schafft hier ein kleiner Suchroboter, ein sogenanntes Plugin.

Joomla 1.0.x   In früheren Joomla!-Versionen wurden Plugins noch als Mambots bezeichnet (ein Kunstwort für *Mambo Robot*).

Die in Joomla! mitgelieferten Plugins wurden bereits in Kapitel 11 vorgestellt. Technisch betrachtet sind sie nichts anderes als PHP-Skripten, die in einer ganz bestimmten Situation von Joomla! aufgerufen werden. Aus diesem Grund gibt es verschiedene Typen von Plugins. Derzeit unterscheidet man folgende Gruppen:

- *authentication:* Diese Plugins kümmern sich um die Benutzeranmeldung.
- *content*: Diese Plugins manipulieren Inhalte, indem sie beispielsweise bestimmte Textpassagen gegen andere austauschen.
- *editors*: Diese Plugins kümmern sich um die Eingabe von Texten, stellen also mehr oder weniger komfortable Texteditoren bereit.
- *editors-xtd*: Diese Plugins erweitern die Texteditoren um zusätzliche Funktionen.
- *search*: Diese Plugins durchsuchen irgendwelche (Datenbank-)Inhalte.
- *system*: Diese Plugins stellen spezielle Systemfunktionen bereit.
- *user*: Diese Plugins kümmern sich um die Verwaltung von Benutzern.
- *xmlrpc*: Diese Plugins ermöglichen den Aufruf von Programmfunktionen nach dem sogenannten XML-RPC-Standard.

Um den Bestand an Schauspielern zu durchforsten, benötigt man ein Plugin vom Typ *search*.

Search-Plugin für das Kinoportal

Sobald ein Besucher die Suche auf der Homepage anstößt, übernimmt die Komponente *com_search* das Kommando. Sie aktiviert alle Plugins vom Typ *search* und beauftragt sie, nach dem eingetippten Begriff zu fahnden. Als Ergebnis erwartet *com_search* von allen Plugins eine Liste mit den Ergebnissen.

Im Folgenden gilt es also, der Suchkomponente ein weiteres Plugin zur Großfahndung zur Seite zu stellen. Dazu erzeugen Sie zunächst in einem Arbeitsverzeichnis eine neue Textdatei unter dem Namen *kinoportal.php*, die in den folgenden Abschnitten mit Leben gefüllt wird.

1. Schritt: Registrierung

Bevor die Suche losgehen kann, muss sich das neue Plugin erst einmal bei Joomla! registrieren. Dazu nennt es dem Content-Management-System sowohl

- das *Ereignis*, bei dessen Eintritt das Plugin aktiviert werden möchte,
- als auch eine *Funktion*, die Joomla! in genau diesem Fall aufrufen soll.

Im Beispiel des Kinoportals muss das Plugin anspringen, sobald die Suche aktiviert wurde. Dieses Ereignis nennt Joomla! onSearch. Anschließend muss das neue Plugin die Schauspieler-Tabelle durchforsten. Das übernimmt gleich die Funktion plgSearchSchauspieler(). Das Kinoportal-Plugin startet daher mit folgenden Zeilen:

```php
<?php
defined( '_JEXEC' ) or die( );

// Plugin registrieren:
$mainframe->registerEvent('onSearch', 'plgSearchSchauspieler');
```

Nachdem das Skript festgestellt hat, dass es unter Joomla! läuft, registriert es sich dort mithilfe der Funktion registerEvent(). Demnach soll das Content-Management-System die Funktion plgSearchSchauspieler() aufrufen, sobald das Ereignis onSearch auftrat (also jemand die Suchfunktion angeworfen hat).

Neben onSearch gibt es noch weitere Ereignisse, für die sich ein Plugin registrieren kann. Eine vollständige Aufstellung finden Sie in der Joomla!-Entwicklerdokumentation unter *http://dev.joomla.org/component/option,com_jd-wiki/Itemid,/ id,tutorials:plugins/*.

Je nach verwendetem Ereignis ändert sich übrigens auch der vom Skript zu liefernde Rückgabewert. Das hier entwickelte Plugin reagiert auf Suchanfragen und muss daher eine Liste mit den Fundstellen zurückgeben. Doch bevor es so weit ist, muss erst einmal die eben registrierte Funktion plgSearchSchauspieler() her.

2. Schritt: Die Ereignisbehandlung und die eigentliche Suche

Der Funktion plgSearchSchauspieler() werden später von Joomla! automatisch ein paar Parameter übergeben, darunter ganz zu Beginn in $text der oder die zu suchenden Begriffe:

```
function plgSearchSchauspieler( $text, $phrase='', $ordering='', $areas=null )
{
    $datenbank =&  JFactory::getDBO();

    $query = "SELECT * FROM #__schauspieler WHERE (LOWER(name) LIKE '%$text%')";
    $datenbank->setQuery($query);

    $rows=$datenbank->loadObjectList();
    foreach($rows as $key => $row)
    {
        $rows[$key]->title = $row->name;
        $rows[$key]->href = 'index.php?option=com_kinoportal';
    }
    return $rows;
}
?>
```

Alles, was plgSearchSchauspieler() noch machen muss, ist, den Text in der Datenbank zu suchen. In diesem einfachen Beispiel wird lediglich der Name des Schauspielers auf den Suchbegriff hin untersucht. Da der Suchbegriff ausschließlich in Kleinbuchstaben vorliegt (egal, was der Benutzer vorher eingetippt hat), muss man per LOWER auch den Schauspielernamen aus der Datenbank in Kleinbuchstaben umwandeln.

Da Joomla! von einem Such-Plugin ein ganz bestimmtes Rückgabeformat erwartet, kann man die Ergebnisse der Datenbankabfrage leider nicht einfach unbehandelt aus der Funktion werfen. Stattdessen muss man alle Fundstellen in einer Liste mit einem ganz speziellen Aufbau verpacken. Für jeden gefundenen Datensatz existieren darin die folgenden Einträge:

- *title*: Ein Titel für das Suchergebnis
- *created*: Gibt an, wann der Datensatz erstellt wurde.
- *section*: Gibt an, woher der Datensatz stammt.
- *href*: Ein Link auf die Fundstelle. Über ihn kann der Besucher der Homepage dann direkt zum gesuchten Element oder zur entsprechenden (Unter-)Seite springen.
- *browsernav*: Gibt an, wo das Suchergebnis geöffnet werden soll. Eine 2 zeigt beispielsweise den unter *href* eingetragenen Link im aktuellen Fenster.

Im obigen, einfachen Beispiel setzt plgSearchSchauspieler() in ihrem unteren Teil nur ein title und verweist mit href auf die Kinoportal-Komponente. Alle übrigen Einträge lässt Joomla! später in der Anzeige mit den Suchergebnissen ebenfalls außer Acht.

Werfen Sie noch einmal einen kurzen Blick auf die Parameter, die das Content-Management-System der Funktion übergibt: Sie spiegeln genau die Einstellungen wider, die dem Benutzer bei der ausführlichen Suche zur Verfügung stehen. Neben dem Suchtext in $text enthält $phrase Informationen darüber, *wie* gesucht werden soll. Enthält $phrase den Wert

- exact, muss der eingetippte Ausdruck genau so in der Fundstelle vorkommen
- all, müssen alle Suchbegriffe in der Fundstelle auftauchen
- any, braucht hingegen nur einer der eingetippten Suchbegriffe enthalten zu sein

$ordering nennt die Sortierreihenfolge der Ergebnisse. Mögliche Werte sind dabei: alphabetisch aufsteigend ($ordering=alpha), nach Kategorie (category), die neuesten zuerst (newest), die ältesten zuerst (oldest) oder die populärsten (popular). Der letzte Parameter, $areas, legt schließlich noch fest, worin gesucht werden soll (Beiträge, Weblinks, Kontakte usw.).

Aus allen diesen Informationen muss man sich nun eine passende Datenbankabfrage zusammenbasteln, was recht schnell in eine unübersichtliche Befehlsschlacht ausarten kann. Ein gutes Beispiel liefert das Plugin für die Suche in den Kontaktdaten, das Sie in der Datei */plugins/search/contacts.php* im Joomla!-Verzeichnis finden.

Selbstverständlich können Sie die Informationen auch ignorieren – ganz so wie das obige Kinoportal-Beispiel.

3. Schritt: Die XML-Datei

Das Plugin für die Suche nach Schauspielern ist damit eigentlich schon fertig. Es fehlt nur noch die obligatorische XML-Datei, die Joomla! bei der Installation benötigt:

Beispiel 15-33: Die Informationsdatei kinoportal.xml für das Kinoportal-Plugin

```xml
<?xml version="1.0" encoding="iso-8859-1"?>
<install version="1.5" type="plugin" group="search">
    <name>Kinoportal Such-Plugin</name>
    <author>Tim Schürmann</author>
    <creationDate>15.04.2008</creationDate>
    <copyright>(C) 2008 Tim Schürmann</copyright>
    <license>GNU/GPL</license>
    <authorEmail>tischuer@yahoo.de</authorEmail>
    <authorUrl>www.tim-schuermann.de</authorUrl>
    <version>1.1</version>
    <description>Sucht in allen Schauspielern</description>
    <files>
        <filename plugin="kinoportal">kinoportal.php</filename>
    </files>
    <params>
    </params>
</install>
```

Sie ist weitestgehend identisch mit der für Module. Ein kleiner, aber wichtiger Unterschied steckt in der zweiten Zeile:

```xml
<install version="1.5" type="plugin" group="search">
```

Sie verrät Joomla!, welcher Gruppe das Plugin angehört, und somit auch, in welchem der Unterverzeichnisse des Ordners *plugins* die zugehörigen Dateien landen werden.

4. Schritt: Installation

Speichern Sie das Beispiel 15-33 als *kinoportal.xml*, und packen Sie diese Datei zusammen mit *kinoportal.php* in ein ZIP-Archiv. Nach der Installation des Plugins über den Administrationsbereich finden Sie das neue Plugin unter ERWEITERUNGEN → PLUGINS wieder. Sobald Sie es hier über das kleine rote Kreuz in der entsprechenden Spalte AKTIVIEREN, steht der Suche in den Schauspielerdaten nichts mehr im Wege (Abbildung 15-21).

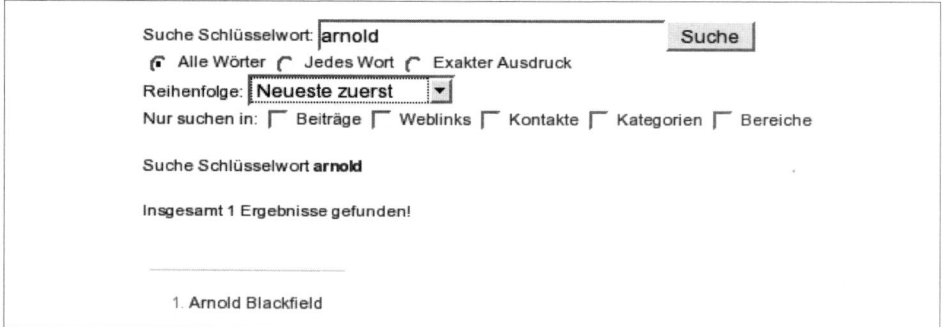

Abbildung 15-21: Dank des neuen Plugins wurde das Wort »Arnold« in den Schauspielerdaten aufgestöbert.

 Auch für die Plugins gilt, dass man alle Benutzereingaben vor der Verarbeitung prüfen muss! Das hier entwickelte Plugin steckt ganz ungeniert den Suchbegriff in die SQL-Abfrage:

```
SELECT * FROM #__schauspieler WHERE (LOWER(name) LIKE '%$text%')
```

Ein Angreifer könnte das ausnutzen, indem er nach dem Begriff **hallo; DROP TABLE #__schauspieler;** sucht.

Das Plugin in den Administrationsbereich einbinden

Genau wie ein Modul besitzt auch jedes Plugin einen eigenen Konfigurationsbildschirm im Administrationsbereich. Sie erreichen ihn, indem Sie einfach auf den Namen des Plugins in der Liste hinter ERWEITERUNGEN → PLUGINS klicken (siehe auch Kapitel 11). Die dort auf der rechten Seite präsentierten Einstellungen darf man als Plugin-Entwickler selbst bestimmen.

Im Fall des Kinoportal-Plugins sollte man hier vielleicht vorgeben können, wie viele Fundstellen maximal zurückgeliefert werden dürfen – schließlich soll der Besucher nicht mit Tausenden von Ergebnissen erschlagen und überfordert werden.

Einen neuen Parameter fügt man genau wie bei den Modulen hinzu. Zunächst erweitert man den <params>-Abschnitt in der *kinoportal.xml*-Datei um die benötigten Parameter:

```
<params>
    <param name="search_limit" type="text" size="5" default="50"
label="Suchlimit" description="Anzahl der Sucheinträge, die zurückgeliefert
werden"/>
</params>
```

Dies führt dann zum Ergebnis aus Abbildung 15-22.

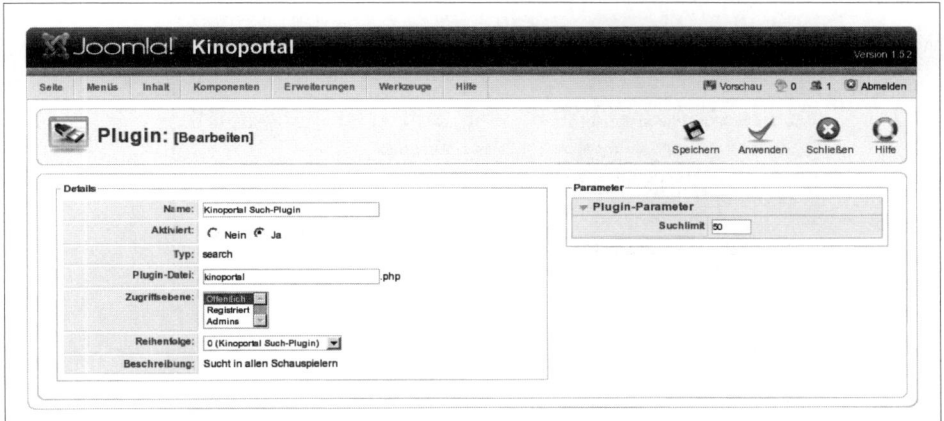

Abbildung 15-22: Dem Plugin wurde eine neue Einstellung spendiert.

An den dort eingetragenen Wert gelangt man dann im Plugin über folgenden Dreizeiler:

```
// Zugriff auf die Parameter holen:
$plugin =&   JPluginHelper::getPlugin('search', 'schauspieler');
$pluginParams = new JParameter($plugin->params);
// Das Suchlimit herauslösen und in $limit speichern:
$limit = $pluginParams->def('search_limit', 50);
```

Den so gewonnenen Wert in $limit kann man nun wieder in die SQL-Abfrage einbauen.

Objektorientierte Plugins

Mit Joomla! 1.5 wurde eine weitere, objektorientierte Methode geschaffen, Plugins zu schreiben. Diese Methode ist obendrein auch noch etwas eleganter als der bisher gezeigte Weg.

Zunächst leitet man von der Klasse JPlugin eine eigene Klasse ab, die sich strikt an den folgenden Aufbau hält:

```php
<?php
defined('_JEXEC') or die();

// Klasse JPlugin importieren:
jimport('joomla.event.plugin');

class plg<PluginGruppe><PluginName> extends JPlugin
{
    // Es gibt keinen Konstruktor, stattdessen diese Funktion:
    function plg<PluginGroup><PluginName>( &$subject )
    {
        parent::__construct( $subject );

        // Plugin-Parameter holen:
        $this->_plugin = > JPluginHelper::getPlugin( '<GruppenName>',
'<PluginName>' );
        $this->_params = new JParameter( $this->_plugin->params );
    }

    // Plugin-Methode, die den Namen des Ereignisses trägt, das sie behandelt:
    function <EventName>()
    {
        global $mainframe;

        // Hier gehört der Programmcode hin,
        // der sich um die Behandlung des Ereignisses kümmert

        return true;
    }
}
?>
```

Es genügt also, für jedes Ereignis, auf das das Plugin reagieren soll, eine gleichnamige Methode einzurichten.

 Um mit PHP4 kompatibel zu bleiben, darf man hier nicht den __constructor als Konstruktor der Klasse verwenden.

Für PHP-Profis: Der Grund liegt darin, dass func_get_args() eine Kopie aller Argumente und keine Referenzen zurückliefert. Dies wiederum verursacht Probleme im Zusammenhang mit dem von Joomla! genutzten Observer-Entwurfsmuster.

Im Fall des Kinoportals sähe die Klasse damit wie folgt aus:

```php
<?php
defined('_JEXEC') or die();

jimport('joomla.event.plugin');

class plgSearchKinoportal extends JPlugin
{
    function plgSearchKinoportal( &$subject )
    {
```

```
                parent::__construct( $subject );
                // Plugin-Parameter holen:
                $this->_plugin =& JPluginHelper::getPlugin('search', 'kinoportal');
                $this->_params = new JParameter( $this->_plugin->params );
        }

    function onSearch($text, $phrase='', $ordering='', $areas=null)
    {
        global $mainframe;
        $datenbank =&   JFactory::getDBO();
        $query = "SELECT * FROM #__schauspieler WHERE (LOWER(name) LIKE '%$text%')";
        $datenbank->setQuery($query);
        $rows=$datenbank->loadObjectList();
        foreach($rows as $key => $row)
        {
            $rows[$key]->title = $row->name;
            $rows[$key]->href = 'index.php?option=com_kinoportal';
        }
        return $rows;
    }
}
?>
```

Achten Sie unbedingt auf die korrekte Benennung der Klasse und der Funktionen. onSearch() bekommt übrigens die gleichen Parameter übergeben wie ihre Kollegin plgSearchSchauspieler() aus dem vorherigen Abschnitt.

Selbstverständlich dürfen Sie neben onSearch() noch weitere Funktionen hinzufügen, die dann die entsprechenden anderen Ereignisse behandeln. Um deren korrekten Aufruf kümmert sich automatisch Joomla!. Eine Aufstellung der möglichen Ereignisse – und somit der möglichen Methoden – liefert wieder die Internetseite *http://dev.joomla.org/component/option,com_jd-wiki/Itemid,/id,tutorials:plugins/* in der Joomla!-Dokumentation.

Mit der obigen Klasse ersetzen Sie nun einfach die Datei *kinoportal.php*; die zugehörige Informationsdatei *kinoportal.xml* bleibt, wie sie ist. Anschließend schnüren Sie aus den beiden wieder ein ZIP-Paket, das Sie wie gewohnt unter Joomla! installieren.

Wie Sie sehen, ist es Joomla! 1.5 egal, ob Sie ein Plugin als Klasse oder auf die konventionelle Weise realisieren. Sie müssen also selbst entscheiden, welcher Variante Sie den Vorzug geben. Witzigerweise propagieren die Joomla!-Entwickler den neuen, objektorientierten Weg, verwenden aber bei ihren eigenen Plugins samt und sonders noch das alte Schema.

Tipps und Tricks

KAPITEL 16

Barrierefreiheit

Eine Internetseite sollte so gestaltet sein, dass jeder Mensch sie betrachten und benut-zen kann. Dieser Satz klingt zunächst einmal ziemlich trivial. In der Praxis stolpert man jedoch sehr oft über Seiten, die diesem Kriterium alles andere als genügen. Ins-besondere Menschen mit einer Behinderung werden immer wieder unnötige Steine in den Weg gelegt.

Beispielsweise verwenden blinde Menschen gern sogenannte *Screen-Reader*. Diese Programmgattung zeigt den Inhalt einer Homepage nicht an, sondern liest sie dem Benutzer vor. Viele Internetseiten sind jedoch so auf die Optik fixiert, dass sie sogar strukturelle Elemente für die Seitengestaltung missbrauchen. Beispielsweise werden Überschriften zur Formatierung von Fließtext herangezogen, oder die eigentlich nicht zu diesem Zweck geschaffenen Tabellen bilden die Grundlage für ein ganzes Seitenlayout. Der Screen-Reader kann hierdurch nicht mehr zwischen Inhalt und Layout unterscheiden, gerät vollständig aus dem Tritt und liest schließlich vollkom-men unsinnige Texte vor.

Aber auch schon einfachste Browserfunktionen können eine Seite vollkommen ent-stellen. Es genügt bereits, dass der Designer seine Homepage auf eine ganz bestimmte Bildschirmauflösung optimiert hat. Nutzt man als fortschrittsliebender Anwender das gesamte Leistungsspektrum seines neuen Flachbildschirms, verküm-mern Schriften schon einmal zu kleinen Krümeln. Ruft man nun die im Browser eingebaute Vergrößerungsfunktion zu Hilfe, platzt das gesamte Layout aus seinen Nähten. Vor ähnlichen Problemen stehen tagtäglich Menschen mit eingeschränkter Sehleistung – denken Sie hier nicht nur an erblindete Personen, sondern auch insbe-sondere an die stetig wachsende ältere Bevölkerung. Ältere Menschen verwenden häufig die vom Betriebssystem oder Browser bereitgestellte Lupenfunktion oder weisen ihren Browser an, Schriften vergrößert darzustellen. Einigen von ihnen hilft auch eine andere Farbgebung, um dank höherer Kontraste Unterschiede besser zu erkennen. Stellen Sie sich beispielsweise einen farbenblinden Menschen vor, der auf eine Seite voller Rottöne trifft. Für diese Zwecke erlauben alle modernen Browser die Definition von eigenen Farbpaletten. Eine gut gestaltete Internetseite sollte daher selbst mit einer Falschfarbendarstellung noch eine gute Figur machen.

Doch auch technische Geräte können einen Webseitengestalter ganz schön ins Schwitzen bringen. Die Rede ist hier insbesondere von PDAs, PocketPCs oder Handys. Ihre Bildschirme haben eine beschränkte Auflösung, die Seiten auf Postkartengröße zusammenschrumpfen lässt. Zudem zwingt die geringe Leistungsfähigkeit zum Einsatz von Browsern, die nicht alle Funktionen ihrer Desktop-Kollegen mitbringen. Wer mit ihnen im Internet surft, trifft nicht selten auf unlesbare Seiten oder nicht mehr erkennbare Bilder. Unter Umständen schalten diese Besucher sogar Bild- und Multimedia-Inhalte komplett ab. Das gilt erst recht für Surfer, die mit schlechten oder teuren Verbindungen auskommen müssen, wie beispielsweise Reisende. Diese haben in Flugzeug oder Bahn zusätzlich noch mit schlechten Lichtverhältnissen zu kämpfen.

Was ist Barrierefreiheit?

Einen Internetauftritt bezeichnet man dann als barrierefrei, wenn jeder Besucher das gesamte Angebot ohne Abstriche nutzen kann, ungeachtet des Programms, mit dem er die Seiten abruft, und ungeachtet einer möglicherweise vorliegenden Behinderung.

Wie die Beispiele aus dem vorigen Abschnitt zeigen, umfasst der Begriff *Barrierefreiheit* nicht nur Menschen mit einer körperlichen Behinderung.

Jeder Benutzer des Internets ist mit großer Sicherheit schon einmal über schlampig programmierte Seiten oder spezielle Browser-Optimierungen gestolpert. Eine Seite, die auf den Internet Explorer zugeschnitten wurde, kann unter Firefox oder Opera vollkommen anders aussehen. Aus diesem Grund sollte man bei der Erstellung eines Internetauftritts immer darauf achten, dass jeder Besucher problemlosen *Zugriff* auf alle Bereiche der Seite erhält (die sogenannte *Accessibility*) und dass man niemandem bei einem Besuch unnötige Steine in den Weg legt. Wer für deutsche Behörden eine Seite erstellt oder entsprechende Dienste anbietet, ist sogar verpflichtet, für einen barrierefreien Auftritt zu sorgen. Festgelegt ist dies in der sogenannten *Barrierefreien Informationstechnik-Verordnung* (BITV).

Neben der Accessibility geistert noch der Begriff der *Usability* durch die Literatur. Letzteres meint nichts anderes als eine gute, leichte und schnelle Bedienbarkeit der Seite. Beispielsweise trägt eine Vielzahl aufpoppender Fenster sicherlich nicht zu einer hohen Usability bei.

Feinde der Barrierefreiheit sind in der Regel die folgenden typischen Design-Fehler:

- Das Layout wurde auf eine ganz bestimmte, feste Bildschirmauflösung zugeschnitten.
- Zu kleine Schriftgrößen

- Farben wurden unüberlegt gewählt oder bieten zu wenig Kontrast.
- Missbrauch technischer Standards: Beispielsweise wurden Tabellen zum Aufbau des Layouts verwendet.
- Exzessiver Einsatz von (unbeschrifteten) Bildern oder Multimedia-Inhalten (Flash), die Blinde mit Screen-Reader oder Braillezeile ausschließen.

Für wen reißt man Barrieren ein?

 Die Zielgruppe für die Bemühungen um Barrierefreiheit ist groß! Denken Sie allein an die stetig wachsende ältere Bevölkerung, die das Internet wie selbstverständlich nutzt, die aber bereits das eine oder andere Zipperlein plagt. Ein weiteres Beispiel: Die Zahl der Erblindeten in Deutschland wird mit circa 200.000 Betroffenen angegeben, hinzu kommen noch einmal unzählige Personen, deren Sehkraft (stark) eingeschränkt ist. Statistisch gesehen nutzen Sehbehinderte das Internet sogar besonders intensiv. In Deutschland tummeln sich 4 von 5 Menschen mit Behinderungen im Web. Gerade ein kommerziell ausgerichteter Internetauftritt kann beziehungsweise darf diese Gruppen nicht ignorieren.

 Auch das Kinoportal ist für viele behinderte Menschen interessant: Neben Filmen mit Untertiteln oder Audiodeskription (das wie ein Hörbuch funktioniert), bieten viele deutsche Kinos spezielle Sitzplätze für Personen mit einer körperlichen Behinderung an. Alle diese Personenkreise wollen sich selbstverständlich über die neuesten Veröffentlichungen informieren und mitdiskutieren.

Über (einfach) zugängliche Seiten freuen sich zudem auch Nutzer von Mobiltelefonen oder ähnlichen Kleincomputern mit Mini-Browsern.

Auf der Liste der Profiteure steht aber auch ein ganz besonderer Intenet-Teilnehmer: die Suchmaschine. Nur wenn sie mühelos an die Inhalte einer Seite gelangt, kann sie diese auch später in ihren Suchergebnissen berücksichtigen. Als recht dummes Computerprogramm orientiert sie sich ausschließlich an den gefundenen Texten – und bewegt sich damit im Internet ähnlich wie blinde Surfer mit einem Screen-Reader. Mit barrierefreien Seiten können die Internet-Suchmaschinen folglich besser und effektiver umgehen, sodass man im Idealfall noch schneller gefunden wird.

Barrierefreiheit in Joomla!

Die von Joomla! produzierten Seiten waren vor der Version 1.5 alles andere als barrierefrei. Diese Tatsache war auch den Entwicklern ein Dorn im Auge, und sie gelobten für die kommenden Versionen Besserung. `Joomla 1.0.x`

Neben einigen Detailänderungen schufen sie in einem ersten Schritt das extra auf Barrierefreiheit getrimmte Template *Beez*.

Beachten Sie, dass das standardmäßig installierte Template *rhuk_milkyway nicht* barrierefrei ist, sondern im Gegenteil sogar für optische Spielereien die Barrierefreiheit opfert.

Sie aktivieren Beez im Administrationsbereich über den Menüpunkt ERWEITERUNGEN → TEMPLATES. Achten Sie darauf, dass SEITE aktiviert ist, und markieren Sie dann den Kreis vor *beez*. Ein Klick auf STANDARD in der Werkzeugleiste legt das neue Template fest (mehr Informationen rund um Templates finden Sie in Kapitel 13). Den Blick in die Vorschau zeigt Abbildung 16-1.

Abbildung 16-1: Das aktivierte Beez-Template mit der Beispielseite

Beachten Sie auch die neuen Schaltflächen rechts oben in der Ecke, über die Besucher die Schriftgröße erhöhen (GRÖSSER) oder verringern (KLEINER) können.

Verwenden Sie Beez als Ausgangspunkt für Ihr eigenes barrierefreies Template. Beez wurde extra so konzipiert, dass es sich sehr leicht ändern und anpassen lässt. Dazu zählt auch eine schnelle Änderung des Erscheinungsbildes. Wie das im Einzelnen funktioniert, wurde bereits in Kapitel 13 gezeigt.

Die Aktivierung des Beez-Templates war aber nur der erste Schritt: Barrierefreiheit muss auch bei der täglichen Arbeit mit Joomla! und insbesondere bei der Erstellung von Beiträgen beachtet werden. Auf was es dabei genau ankommt, verraten die nun folgenden Abschnitte.

Die Aufgabe der Redakteure: Barrierefreie Inhalte

Ein Text sollte möglichst gut lesbar und leicht verständlich sein. Dazu gehört nicht nur, dass man Fachbegriffe erläutert, sondern auch eine einfache und klare Sprache wählt. Ein »fleucht, mir dünkt es« wirkt eher abschreckend. Den gleichen Effekt hat der AküFi, der allseits bekannte Abkürzfimmel.

HTML-Befehle vermeiden

Beim Verfassen von Artikeln oder anderen Beiträgen erlaubt Joomla! die Eingabe von HTML-Befehlen (beim TinyMCE-Editor etwa über das HTML-Symbol, beim einfachen Texteditor darf man sie direkt eintippen). Versuchen Sie jedoch, möglichst wenige von ihnen zu verwenden: Zum einen greifen Sie damit direkt in die Formatierung ein – etwas, das eigentlich zu Joomla!s Aufgaben zählt –, zum anderen laufen Sie immer Gefahr, durch unachtsam gewählte oder falsch gesetzte Befehle die mühsam vom Content-Management-System aufgebaute Barrierefreiheit wieder zu zerstören.

Korrekte Sprache verwenden

Achten Sie darauf, dass bei jedem Beitrag unter PARAMETER - ERWEITERT die korrekte INHALTSSPRACHE gewählt wurde. Fehlt die korrekte Zuordnung, könnten insbesondere Screen-Reader darüber stolpern und Worten eine andere Bedeutung verpassen: Beispielsweise könnten sie das deutsche *Boot* als *Buut* aussprechen und so aus einem schwimmenden Kahn einen englischen Stiefel machen.

Sprachwechsel in einem Text sollten Sie zudem speziell markieren. Hierzu wurde extra das lang-Attribut eingeführt:

```
Im Deutschen hat Tobias einen Ball <span lang="en">and in english he has got a ball.</span>.
```

 Was für jeden Beitrag gilt, trifft natürlich auch auf die gesamte Seite zu: Achten Sie darauf, dass unter ERWEITERUNGEN → SPRACHEN das korrekte Sprachpaket aktiviert wurde. Ansonsten kann es Ihnen passieren, dass Joomla! zwar Ihre deutschen Texte anzeigt, alle Links und Schaltflächen aber in Englisch erscheinen.

Aussagekräftige Beschriftungen verwenden

Achten Sie bei Menüpunkten, Überschriften oder ähnlichen Beschriftungen auf eine kurze, klare und prägnante Bezeichnung. Anstelle eines *Hier geht's weiter* wäre ein *Hier geht es zu den Filmkritiken* wesentlich aussagekräftiger – insbesondere auch, weil einige Screen-Reader je nach Einstellung auch nur sämtliche Links einer Seite vorlesen.

 Es gilt die Regel: Jede Beschriftung (egal ob bei einem Link, einer Überschrift oder einem anderen Element) darf auf einer Seite nur genau ein einziges Mal auftauchen.

Die Versionen vor Joomla! 1.5 benahmen sich hier nicht besonders vorbildlich. Sie setzten einfach selbst den unverrückbaren und nichtssagenden Link WEITERLESEN (beziehungsweise in der englischen Variante READ MORE) unter die Beiträge (Abbildung 16-2).

> Work Groups of dedicated community members have taken Joomla! to new heights in its relatively short life. This well-oiled machine is often copied but never surpassed. Joomla! has some wonderfully talented people taking Open Source concepts to the forefront of industry standards. Joomla! 1.5 is a major leap forward and represents the most exciting Joomla! release in the history of the project.
>
> Zuletzt aktualisiert (Donnerstag, 08 November 2007 12:10)
>
> >> weiterlesen... >>

Abbildung 16-2: Die alte Form des Weiterlesen-Links

Glücklicherweise ist das freie Content-Management-System hier wesentlich flexibler geworden. So setzt Joomla! 1.5 die Beschriftung standardmäßig aus dem bekannten Wort *Weiterlesen:* und dem Beitragstitel zusammen (Abbildung 16-3).

> never surpassed. Joomla! has some wonderfully talented people taking Open Source concepts to the forefront of industry standards. Joomla! 1.5 is a major leap forward and represents the most exciting Joomla! release in the history of the project.
>
> → **Weiterlesen: We are Volunteers**

Abbildung 16-3: Der neue Weiterlesen-Link unter Joomla! 1.5

Dies gilt nur, wenn Sie das Template *Beez* oder ein anderes barriere-freies Template aktiviert haben. Unter dem Standardtemplate *rhuk_milkyway* bleibt alles beim Alten. Wechseln Sie daher das Template unter ERWEITERUNGEN → TEMPLATES.

In eigenen Templates ersetzen Sie die *Weiterlesen*-Links am besten mithilfe von Template Overrides. Wie das in der Praxis funktio-niert, zeigt ein Blick in die Datei */templates/beez/html/com_content/frontpage/default_links.php*. Sie gehört zum Beez-Template und sorgt dafür, dass sich die Links auf der Homepage aus dem Text *Weiterle-sen* und dem Beitragstitel zusammensetzen.

Weiterführende Informationen zu diesem Themenkomplex finden Sie in Kapitel 13.

Darüber hinaus dürfen Sie in den Eigenschaften eines jeden Beitrags auf dem Register PARAMETER - ERWEITERT im Feld ALTERNATIVER WEITERLESEN:-TEXT die gesamte Beschriftung des Links gegen eine eigene Variante austauschen (Abbildung 16-4).

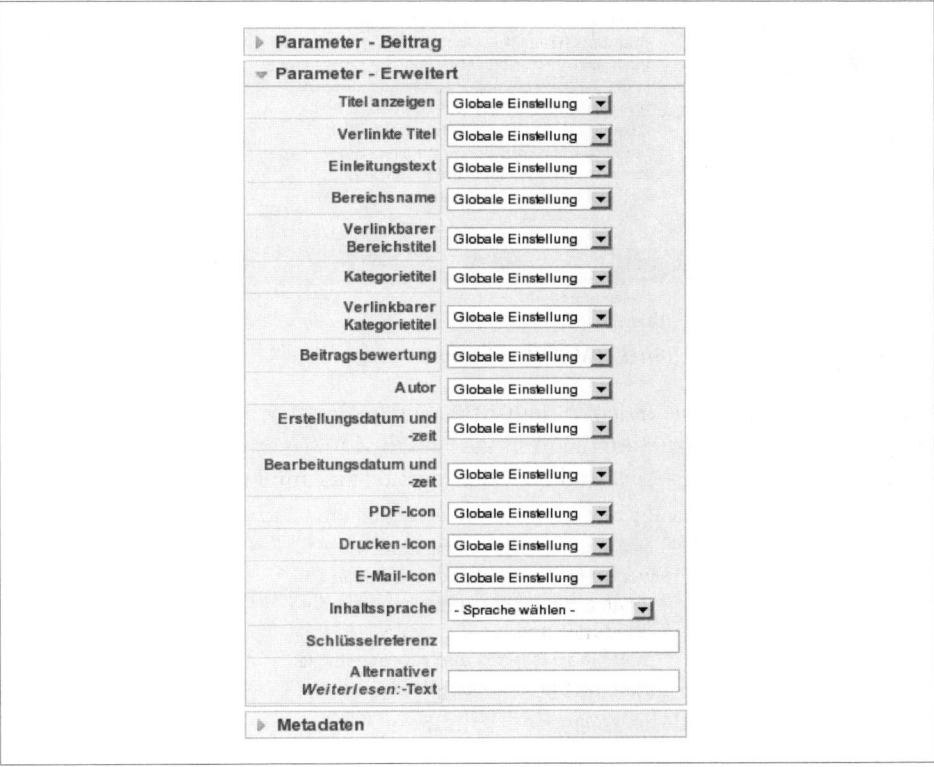

Abbildung 16-4: In den Einstellungen darf man bei »Alternativer Weiterlesen:-Text« (unten) eine eigene Beschriftung des Weiterlesen-Links vorgeben.

Zusätzliche Beschreibungen anbieten

Bieten Sie, wann immer möglich, zusätzliche Beschreibungstexte an. Dies gilt insbesondere für Bilder und andere multimediale Inhalte. Joomla! sieht hierzu in seinem entsprechenden Fenster die Eingabefelder BILDBESCHREIBUNG und BILDTITEL vor (Abbildung 16-5).

Abbildung 16-5: Fügt man über die entsprechende Schaltfläche ein neues Bild in einen Beitrag ein, verlangt Joomla! nach einer Bildbeschreibung und einem Bildtitel.

Dank der angehefteten textuellen Beschreibung wissen sowohl erblindete Menschen als auch Nutzer von kleinen PocketPCs, worum es in der Darstellung geht.

 Nutzen Sie die beiden Eingabefelder jedoch mit Bedacht: Ein Screen-Reader liest sowohl den Titel als auch die Beschreibung vor. Je nachdem, welche Texte Sie dort eintragen und wie viele Bilder sich in Ihrem Beitrag befinden, kann dies für den Screen-Reader-Benutzer sogar lästig werden.

Falls Sie selbst den zugehörigen HTML-Befehl eingeben können oder möchten, stehen Ihnen das alt- und das longdesc-Attribut zur Verfügung:

```
<img src="stirblangsam.png" alt="In dieser Szene aus dem Film »Stirb Langsam«
springt der Held von einem Hochhaus." longdesc="mehrinfos.html" />
```

Das Attribut alt enthält einen kurzen alternativen Text, der das Bild beschreibt. Er erscheint auch in normalen Browsern, sobald die Grafik aus irgendeinem Grund nicht angezeigt werden kann. Reine Schmuckgrafiken kennzeichnen Sie per alt="" als inhaltslos. Auch hier gilt wieder: Fassen Sie sich so kurz und so präzise wie möglich.

 Haben Sie es gemerkt? Auch wenn hier das Bild nicht abgedruckt wurde, wissen Sie dennoch, was auf ihm zu sehen ist.

In vielen Situationen reicht der alt-Text jedoch nicht aus. Ein komplexes Balkendiagramm erfordert beispielsweise eine wesentlich ausführlichere Beschreibung. Diese sollten Sie daher besser in eine eigene Datei auslagern und dann mittels longdesc-Attribut darauf verweisen.

 Dummerweise haben einige (Spezial-)Browser bei der Auswertung des longdesc-Tags Probleme. Dennoch raten viele Anleitungen zur Barrierefreiheit dazu, ihn einzusetzen – im Fall des Balkendiagramms ist es vielleicht sogar die einzige Möglichkeit, einen Blinden über den Inhalt der Grafik zu informieren.

Farben mit Bedacht wählen

Farbenblinde Menschen und Besucher mit einer Rotgrünschwäche erleben Fotos oder Illustrationen unter Umständen als grauen Matsch. Prüfen Sie daher mit einem Bildbearbeitungsprogramm, ob eingebundene Bilder in Falschfarben- und Schwarzweißdarstellung weiterhin erkennbar bleiben. Windows bietet beispielsweise einen Modus, der alle Farben auf dem Bildschirm invertiert (aus Weiß wird Schwarz usw.). Sind alle Ihre Grafiken in diesem Modus noch erkennbar?

 Insbesondere Fotos mit einem hohen Rotanteil mutieren gerne als Graustufenbild zu einem schwarzen Pixelbrei. Wer schon einmal ein Foto auf einem Schwarzweißkopierer vervielfältigen musste, kennt die dabei auftretenden Probleme.

Die grafischen Elemente in Illustrationen sollten möglichst kontrastreiche Farben aufweisen. Auch hier hilft der Trick mit der Umwandlung in eine Schwarzweißgrafik: Selbst in diesem Zustand sollten die Teile der Illustration weiterhin erkennbar bleiben.

Sollte das Foto oder die Darstellung bei diesem Test durchfallen, verzichten Sie besser darauf oder wählen eine Alternative.

 Bei Illustrationen ist es auch sinnvoll, mit Schraffuren zu arbeiten. Allerdings sollte man es dabei nicht übertreiben: Bei zu unruhigen Mustern kann schnell ein Flimmern vor den Augen entstehen. Das trifft insbesondere Personengruppen, die mit einer Bildschirmlupe arbeiten.

Mulitmedia-Elemente vermeiden

Bewegte, scrollende oder blinkende Elemente sollte der Benutzer zumindest abschalten können. Da dies bei Joomla! von vielen Faktoren abhängt, wie beispielsweise vom verwendeten Modul, sollte man auf entsprechende Elemente lieber gänzlich verzichten. Im Falle von Werbebannern sollte man mit den Auftraggebern in Kontakt treten und um Abhilfe bitten oder das Banner nach einer kurzen Zeit gegen ein statisches austauschen.

Vermeiden Sie vor allen Dingen Adobe Flash. Mit diesen Multimedia-Schnipseln können beispielsweise Screen-Reader überhaupt nichts anfangen. Zudem benötigt man einen in den Browser integrierten Flash-Player, den nicht jeder installiert hat.

Bedienung über die Tastatur ermöglichen

Beim Einsatz von Zusatzfunktionen durch Module sollte man auch insbesondere auf deren Bedienbarkeit achten. Beispielsweise ist es vorteilhaft, wenn man bei einer Umfrage seine Stimme ausschließlich per Tastatur abgeben kann.

 Springen Sie mit der Tabulator-Taste durch die Elemente Ihrer Seite. Erreichen Sie dabei alle Eingabefelder und Schaltflächen? Können Sie diese mit einer anderen Taste aktivieren?

Dies kommt insbesondere den Menschen entgegen, die aufgrund einer körperlichen Behinderung keine Maus bedienen können.

Inhalte und Navigation strukturieren

Alle Elemente sollten so auf der Homepage angeordnet werden, dass eine schnelle und einfache Orientierung auf der Seite möglich ist. Die derzeit aktiven Seitenelemente sollten zudem über entsprechende CSS-Eigenschaften hervorgehoben werden (siehe auch Kapitel 13). Beispielsweise könnte man einem angeklickten Menüpunkt eine andere Farbe geben. Auf diese Weise sieht der Besucher schneller, welche Funktion zuletzt aufgerufen wurde, beziehungsweise im Falle des Menüs, auf welcher Unterseite er sich gerade befindet.

Darüber hinaus sollte die Bedienung konsistent bleiben. Joomla! gewährt dies (fast) automatisch dadurch, dass ein Modul immer nur an einer Position stehen darf.

Längere Artikel am Bildschirm zu lesen ermüdet das menschliche Auge recht schnell. Aus diesem Grund sollte man Textwüsten immer auf mehrere kleine Seiten umbrechen. Damit der Leser dabei nicht den Überblick verliert, ist unbedingt die Einbettung eines kleinen Kapitelmenüs angebracht. Zusätzlich helfen aussagekräftige Kapitelüberschriften bei der Gliederung.

Des Weiteren muss der Besucher immer wissen, wo er sich gerade befindet. Sorgen Sie daher für einen möglichst klaren Aufbau. Unter Joomla! bedeutet das insbesondere, die Bereiche und Kategorien passend einzurichten und Menüpunkte nicht wahllos in tiefe Bereiche der Seite verweisen zu lassen. Irritieren Sie die Besucher nicht mit unpassenden Elementen. Beispielsweise sollte eine Umfrage zum Thema »Wie gut war der letzte Stirb-Langsam-Film?« nicht ausschließlich im Artikel zur Komöde »Ein Fisch namens Wanda« auftauchen.

Als Gedächtnisstütze stellt Joomla! noch eine kleine Leiste bereit, die in den Beispieldaten direkt unter dem oberen Menü liegt (die sogenannten Breadcrumbs, mehr dazu finden Sie in Kapitel 3). Auf ihr zeigt Joomla! immer an, wo sich der Benutzer innerhalb der Gliederung gerade befindet. Das ist zwar hilfreich, allerdings sollte man sich beim Entwurf der Seitenstrukturen nicht zu sehr darauf verlassen. Breadcrumbs dienen lediglich als Zusatzangebot. Gleiches gilt für eine Sitemap, die Sie insbesondere bei umfangreichen Internetauftritten anbieten sollten. Eine derartige Funktion gibt es jedoch leider nur als externe Komponente zum Nachrüsten (wie in Kapitel 15 vorgestellt).

Auf Sonderzeichen als grafische Elemente verzichten

Bei einigen Modulen darf man auch sogenannte *Spacer* setzen. Sie trennen beispielsweise zwei Menüpunkte voneinander (mehr dazu in Kapitel 8). Oft wird dabei ein Strich (»|«) verwendet. Versuchen Sie, hiervon Abstand zu nehmen oder zumindest ein allgemeineres Symbol wie ein Komma einzusetzen. Insbesondere in einem Screen-Reader werden die Zeichen immer wieder einzeln vorgelesen. Formatieren Sie das Menü stattdessen lieber mit einem passenden Stylesheet.

Barrierefreie Templates und Module erstellen

Nur selten dürfte das vorgefertigte Beez-Template tatsächlich in der Praxis zum Einsatz kommen. Für gewöhnlich möchte man sein eigenes Logo, seine eigenen Farben und seinen eigenen Seitenaufbau – kurzum, ein eigenes Template muss her. Auch für dessen Erstellung existieren wichtige Regeln, um zu einem barrierefreien Ergebnis zu gelangen.

 Verwenden Sie das Beez-Template als Ausgangspunkt und Informationsquelle. Schon wenige Handgriffe reichen aus, um ein individuelles Erscheinungsbild zu erreichen, dabei aber die grundlegende Barrierefreiheit zu wahren. Mehr dazu finden Sie in Kapitel 13. Denken Sie aber daran, dass Beez unter der GPL-Lizenz steht und somit darauf aufbauende Werke ebenfalls wieder unter deren Bedingungen frei erhältlich sein müssen.

Grundregeln

Die meisten der heute gültigen Internet-Standards wurden vom World Wide Web Consortium, kurz W3C, ins Leben gerufen (siehe *http://www.w3c.org*). Dort spendierte man dem Thema Barrierefreiheit sogar eine eigene Arbeitgruppe, die *Web Accessibility Initiative*, kurz WAI. Diese arbeitete gleich mehrere Richtlinien aus, die bei der Gestaltung barrierefreier Seiten helfen sollen. Die erste Fassung dieser Regeln erschien übrigens schon im Jahr 1999!

Die wichtigsten zwei Faustregeln lauten:

- Halten Sie sich an Standards.
- Trennen Sie Darstellung und Inhalt.

Auf was man dabei konkret achten sollte, zeigen die folgenden Abschnitte.

Klarer und strukturierter Seitenaufbau

Schon bei der Planung eines neuen Templates gilt es, an die späteren Besucher zu denken. Im Laufe der Zeit haben sich in den Köpfen der Internetnutzer bestimmte Erwartungshaltungen gebildet. So steht für gewöhnlich das Logo immer links oben auf der Seite, am linken Rand thront ein Menü, und der eigentliche Inhalt befindet sich in der Mitte. Alle von diesen (stillschweigenden) Standards abweichenden Anordnungen verursachen bei den Besuchern zunächst Verwirrung und folglich auch eine Orientierungslosigkeit. Diese verstärkt sich, je mehr Elemente Sie auf Ihrer Seite präsentieren. Sorgen Sie daher für ein möglichst klares und aufgeräumtes Layout. Dann dürfen Sie auch (vorsichtig) mit ungewöhnlichen oder ungewohnten Designs experimentieren.

Ein weiteres Augenmerk gilt dem Aufbau und der Strukturierung der Unterseiten. Diese muss der Logik der Besucher folgen – und keiner anderen. Einige Tipps hierzu wurden bereits in Kapitel 4 genannt.

An Standards halten

Die Ausgabe sollte in möglichst reinem HTML 4 oder besser noch in XHTML erfolgen. Achten Sie darauf, dass jedes öffnende Tag auch ein schließendes Pendant bekommt.

Die Templates und einige Module von Joomla! verwenden eine Tabelle zur Anordnung der einzelnen Elemente beziehungsweise ihrer Inhalte. Sie sollten Tabellen jedoch nur für das benutzen, wofür sie ursprünglich einmal geschaffen wurden – nämlich für tabellarische Inhalte. Ähnliches gilt für die Überschriften. Die zugehörigen Befehle sollten Sie nicht dazu missbrauchen, um verschiedene Schriftgrößen zu simulieren.

Spielen Sie einmal selbst Screen-Reader, indem Sie sich den Quelltext einer Joomla!-Seite anzeigen lassen. Die modernen Browser bieten hierfür einen entsprechenden Menüpunkt an (zum Beispiel SEITEN-QUELLTEXT ANZEIGEN in Firefox). Lesen Sie nun die Befehle laut vor. Wenn Sie also auf `<table>` treffen, lesen Sie »Beginn einer Tabelle«, bei einem `<tr>` lesen Sie »neue Tabellenzeile«, oder bei einem `<h1>` lesen Sie »Überschrift der Ordnung 1«. Sie werden verblüfft sein, welche teils abenteuerliche Bedeutung die einzelnen Elemente plötzlich erhalten.

Folgen Sie somit der zweiten Faustregel von oben, und benutzen Sie die HTML-Tags nur für die Kennzeichnung der Inhalte. Verlagern Sie alle Formatierungen in ein Stylesheet (wie das funktioniert, zeigte bereits Kapitel 13).

Die Inhalte einer Seite müssen nacheinander ausgegeben werden können. Man spricht in einem solchen Fall auch von einer linearisierten Ausgabe. Erst dann können Screen-Reader alle Inhalte von oben nach unten, also nacheinander, vorlesen. Bei der Verwendung von Tabellen ist dies nicht der Fall: Dort stehen einige Seitenelemente nebeneinander.

Die Linearisierung bietet noch einen weiteren Vorteil: So aufgebaute Seiten lassen sich wesentlich besser in ein hochkant stehendes DIN-A4-Format bringen und somit wesentlich lesbarer ausdrucken. Seiten, die auf Tabellen basieren, tendieren hingegen mehr dazu, in die Breite zu wachsen, was später auf dem Papier zu unschönen und verwirrenden Seitenumbrüchen führt.

Last but not least können die Besucher auf linearisierte Seiten einfacher ihre eigenen Stylesheets anwenden und den Inhalt Ihrer Seite für ihre Zwecke verständlich aufbereiten.

Benutzen Sie die `<h1>`-Tags also nur zur Kennzeichnung von Überschriften, und anstelle der Tabellen

```
<table>
    <tr><td>Logo</td></tr>
    <tr><td>Hauptbereich</td></tr>
</table>
```

verwenden Sie besser das `<div>`-Tag, das für eine derartige (unsichtbare) Gliederung geschaffen wurde:

```
<div id="meinetabelle">
    <div id="logo">
    </div>
    <div id="hauptbereich">
    </div>
</div>
```

Stellen Sie zudem die Platzhalter, wie beispielsweise

```
<jdoc:include type="modules" name="left" />
```

im Template so ein, dass auch die Anordnung der Module nicht in kleinen Tabellen, sondern über <div>-Elemente erfolgt (auch hierzu lieferte bereits Kapitel 13 ausführliche Informationen).

Sprungmarken verwenden

Bieten Sie am Anfang einer jeden Seite sogenannte Sprungmarken an. Dies ist noch einmal ein kleines Inhaltsverzeichnis, das Links zu allen wichtigen Teilen oder Überschriften der Seite enthält. Auf diese Weise muss sich ein Besucher nicht erst die gesamte Seite von seinem Screen-Reader vorlesen lassen, nur um schnell zur Umfrage am Ende der Seite zu gelangen. Für alle übrigen Besucher können Sie die Sprungmarken über die entsprechenden CSS-Befehle ausblenden.

 Überlegen Sie sich bereits beim Design des Templates, wie und in welcher Reihenfolge Sie die Inhalte anordnen wollen (das sogenannte *Content Design*). Versetzen Sie sich dabei wieder in die Lage eines Screen-Readers, und lesen Sie den Quellcode vom Anfang bis zum Ende laut vor.

Auch an spezielle Browser und Geräte denken

Achten Sie darauf, dass die Seiten von Browsern gelesen werden können, die bestimmte Technologien nicht unterstützen. Als Beispiel seien die (Text-)Browser auf Handys und PDAs genannt. Hier lohnt es sich, die in Joomla! erstellte Seite einmal im Textbrowser Lynx zu begutachten (*http://lynx.isc.org* und *http://de.wikipedia.org/wiki/Lynx_%28Browser%29*). Er stellt ausschließlich den reinen Text einer Seite ohne grafische Dekorationen dar. In ihm kann man somit sehr gut erkennen, wie die nackte Homepage wirkt – und wie sie später auf einer von Blinden genutzten Braillezeile erscheint.

Eine weitere Hürde stellen JavaScript und die vollständige Konzentration auf eine Bedienung per Maus dar. Denken Sie hier auch an Menschen, die eine Maus nicht bedienen können und vollständig auf die Tastatur oder Joysticks angewiesen sind. Klopfen Sie Ihre Seite auch daraufhin ab, ob sie vollständig mit der Tastatur zu bedienen ist.

Keine festen Auflösungen und Schriftgrößen verwenden

Ein weiteres Problem sind fixe Auflösungen. In HTML und auch in den Stylesheets lassen sich vielen Elementen, wie Kästen oder Tabellenspalten, feste Größen zuweisen. Hiervon sollten Sie jedoch so oft wie möglich Abstand nehmen und stattdessen nur relative Maße verwenden. Damit passt sich die Seite automatisch unterschiedlichen Bildschirmauflösungen an, ohne dass das Layout gleich zerpflückt erscheint.

Setzen Sie darüber hinaus ausschließlich relative Schriftgrößen ein. Die Besucher können sie dann in ihren Browsern nach eigenen Bedürfnissen variieren. Wie bereits im einleitenden Abschnitt erwähnt wurde, kommt dies auch nicht sehbehinderten Menschen zugute, die beispielsweise einfach nur mit einer höheren Monitorauflösung arbeiten.

Bei ausgefallenen Schriftarten kann man als Designer nicht darauf vertrauen, dass sie auf den Computern der Besucher installiert sind. Aus diesem Grund wird der Schriftzug häufig als Grafik gespeichert. Gerade bei Logos ist dieses Verfahren äußerst beliebt. Leider lassen sich solche Grafiken weder vergrößern noch verkleinern. Sie vereinen folglich die Nachteile eines fixen Layouts mit festen Schriftgrößen. Vermeiden Sie daher derartigen Grafiktext.

Wenn es gar nicht anders geht, erzeugen Sie das Bild zunächst größer, als es eigentlich notwendig wäre. Auf der Seite skalieren Sie die Grafik dann mit den entsprechenden (CSS-)Befehlen herunter. Wie bei jedem Bild vergeben Sie dann abschließend noch einen sinnvollen alternativen Text (siehe vorherigen Abschnitt).

Korrekte Sprache angeben

Achten Sie unbedingt darauf, dass im Kopf der Seite die korrekte Sprache mitgeliefert wird. Für Deutsch ist beispielsweise die Angabe

```
<html lang="de">
```

sinnvoll. Hiernach richten sich beispielsweise Screen-Reader, die sonst auf einer als Englisch markierten Seite mit deutschen Texten plötzlich das schwimmende *Boot* als *Buut* aussprechen würden, den englischen Stiefel.

Vorsicht bei der Farbwahl

Verzichten Sie bei Farben auf knallige Modetrends, und sorgen Sie für genügend Kontrast. Vermeiden Sie Rot/Grün-Kombinationen. Nicht nur, dass Texte in diesen Farben generell schwer zu lesen sind, für farbenblinde Menschen verschwimmen sie schnell zu einem unlesbaren Block.

 Erstellen Sie von Ihrer Seite einen Screenshot (unter Windows bei-
spielsweise per [Druck]-Taste), und wandeln Sie diesen in einer Bild-
bearbeitungssoftware in ein Graustufen- oder Schwarzweißbild um.
Auch in dieser farbarmen Fassung sollte der Inhalt immer noch gut
lesbar sein. Zudem erhalten Sie einen ungefähren Eindruck davon,
wie farbenblinde Menschen Ihre Seite sehen.

Andere Besucher benötigen wiederum hohe Farbkontraste. Selbst normalsichtige
Menschen haben Probleme, eine weiße Schrift auf einem hellgelben Untergrund zu
entziffern (was im Internet übrigens immer noch recht häufig vorkommt). Besonders gut lesbar sind Texte, die sich deutlich vom Hintergrund abheben, wie das
berühmte Schwarz auf Weiß.

 Aber auch hier müssen Sie vorsichtig sein: Je nach Farbkombination
können bestimmte Elemente zu grell erscheinen und damit den Text
wieder unlesbar machen. Im Fall des Textes könnte man den strah-
lend weißen Hintergrund in ein leichtes, helles Grau tunken – was
aber wiederum für einige Besucher mit Sehschwäche schon wieder zu
wenig Kontrast aufweisen könnte. Ein Patentrezept für eine perfekte
Farbwahl gibt es leider nicht. Einige Webseiten helfen jedoch mit
nützlichen Werkzeugen, die richtige Mischung zu finden, wie beispielsweise *http://www.vischeck.com*, *http://colorlab.wickline.org*,
http://colorfilter.wickline.org oder *http://juicystudio.com/services/
colourcontrast.php*.

Generell sollten Sie Farben behutsam und wohlüberlegt einsetzen. Hierbei helfen
mittlerweile sogar verschiedene Grafikprogramme. Beispielsweise erstellt die Farb-
hilfe aus Adobe Illustrator auf Basis der Harmonieregeln mehrere Paletten mit passenden komplementären oder kontrastreichen Farben.

Formularelemente beschriften

Gerade Module lauern mit Formularen auf Benutzereingaben. Die hierzu verwende-
ten Felder sollte man aussagekräftig beschriften. Blinde haben ansonsten keine
Möglichkeit festzustellen, was in welches Feld hineingehört. Eine passende
Beschriftung sieht in HTML beispielsweise so aus:

```
Nachname: <input type="text" name="nachname" />
```

Beachten Sie, dass die Beschriftung *vor* dem Feld steht. Noch besser ist der Einsatz
des extra für solche Zwecke geschaffenen <label>-Tags:

```
<label for="nachname" title="Nachname">Nachname:</label>
<input id="nachname" type="text" name="nachname" />
```

`<label>` erschafft hier eine Beschriftung für (for=...) das Element mit der id *nach-name*. Sofern Sie viele Eingabefelder vorliegen haben, empfiehlt sich zusätzlich eine Gruppierung per `<fieldset>`:

```
<fieldset>
<legend>Erste Gruppe</legend>
    <label for="nachname" title="Nachname">Nachname:</label>
    <input id="nachname" type="text" name="nachname" />
    ...
</fieldset>
```

Den Text zwischen legend werten die verschiedenen Browser unterschiedlich aus, und die meisten Screen-Reader lesen ihn vor.

Literatur zum Thema

Neben den Seiten des W3C unter *http://w3c.org* gibt es glücklicherweise ein langsam wachsendes Angebot an Publikationen, die sich mit der Barrierefreiheit auseinandersetzen. Einer der Pioniere auf diesem Gebiet war Jan Eric Hellbusch mit seinem Buch *Barrierefreies Webdesign – Praxishandbuch für Webgestaltung und grafische Programmoberflächen* aus dem dpunkt-Verlag (ISBN 3-89864-260-7). Empfehlenswert ist aber auch das Buch von Angie Radke und Dr. Michael Charlier: *Barrierefreies Web-Design* aus dem Addison-Wesley Verlag.

Im Internet finden Sie verschiedene Angebote, die eine Webseite auf Barrierefreiheit prüfen. Leider sind diese teilweise gebührenpflichtig. Zu den wenigen kostenlosen Diensten gehört beispielsweise WAVE 3.0, zu finden unter *http://wave.webaim.org/index.jsp*. Ebenfalls in diese Richtung geht das Angebot des BIK-Projekts unter *http://www.bik-online.info/*. Eine Aufstellung mit verschiedenen Werkzeugen, einschließlich Links zu Hardware liefert die Seite *http://www.barrierekompass.de/tools/*.

Abschließend sollen die Seiten des BIENE-Projekts Erwähnung finden. In seinem Rahmen prämiert die *Aktion Mensch* alljährlich vorbildlich gestaltete barrierefreie Internetseiten: *http://www.biene-award.de*

Weiterführende, kostenlose Informationen im Internet finden Sie unter anderem auch auf folgenden Seiten:

- *http://www.abi-projekt.de/* – Seite des »Aktionsbündnis für barrierefreie Informationstechnik«

- *http://www.einfach-fuer-alle.de/* – Ein Portal zum Thema »Barrierefreies Internet« der *Aktion Mensch* (auch Initiator des BIENE-Awards)

- *http://www.access-for-all.ch/* – Seite der »Schweizerischen Stiftung zur behindertengerechten Technologienutzung«

KAPITEL 17

Suchmaschinen-optimierung (SEO)

Die Kritiken sind geschrieben, die Werbebanner gebucht und das Forum ist einge-richtet. Alles ist für den großen Ansturm vorbereitet – einzig die Besucher müssen noch den Weg auf die neuen Seiten finden. Im Internet helfen ihnen dabei die Such-maschinen. Sie dienen vielen Internetbenutzern als erste Anlaufstelle und bilden somit gleichzeitig einen Wegweiser zum neu geschaffenen Angebot.

Eine Anmeldung bei Google und Co ist schnell über die jeweiligen Formulare erle-digt. Beim Marktführer folgen Sie beispielsweise dem Punkt ÜBER GOOGLE und hin-terlassen Ihre neue Internetadresse unter IHRE URL HINZUFÜGEN/ENTFERNEN.

 Einige Internetseiten bieten an, Ihre Homepage automatisiert bei sehr vielen Suchmaschinen und Verzeichnisdiensten gleichzeitig anzumelden. Das ist zwar eine verlockende Arbeitserleichterung, mitunter wird dies jedoch als »Suchmaschinen-Spamming« aufge-fasst. Als Folge verhängen die Suchmaschinen und Verzeichnis-dienste entsprechende Sanktionen, was bis zur Verbannung Ihres Auftritts aus den jeweiligen Angeboten reichen kann.

Leider existieren zum Kinoportal recht viele Konkurrenzseiten, die mit großer Wahrscheinlichkeit ebenfalls in den Suchergebnissen auftauchen. Die Suchergeb-nisse ordnen Suchmaschinen immer nach Relevanz, also nach der Bedeutung der aufgespürten Seiten für den Suchbegriff. Je höher eine Seite in der Trefferliste klet-tert, desto wahrscheinlicher handelt es sich um die gesuchte Seite. Um also der Konkurrenz ein Schnippchen zu schlagen, gilt es, die eigene Seite irgendwie in die oberen Ränge der Suchergebnisse zu katapultieren. Alle genau hierauf zielenden Maßnahmen bezeichnet man als Suchmaschinenoptimierung oder auf Englisch als *Search Engine Optimisation*, kurz *SEO*.

Dieses Vorhaben ist jedoch alles andere als einfach: Wie die einzelnen Suchmaschi-nen die Reihenfolge ihrer Suchergebnisse genau bestimmen, hüten ihre Hersteller dummerweise wie Coca Cola das Rezept seiner prickelnden Brause. Alle Maßnahmen, die ein Homepagebetreiber ergreifen kann, basieren daher auf recht kargen Empfehlungen der Suchmaschinenhersteller sowie auf Erfahrungen, Hörensagen, Vermutungen und der Konsultation eines Hellsehers.

Aus diesem Grund sollte man allen Tippsammlungen und angeblich garantiert funktionierenden Anleitungen immer etwas skeptisch gegenüberstehen. Deren Qualität schwankt nicht nur stark, einige von ihnen laufen sogar ins Leere oder verwenden unfaire Mittel. Hierzu zählen beispielsweise die sogenannten Linkfarmen, bei denen sich ein paar Seiten einfach nur gegenseitig verlinken. Damit erwecken sie gegenüber der Suchmaschine den Eindruck, sie seien alle extrem beliebt. Auf diesen Trick haben die Suchmaschinenbetreiber jedoch mittlerweile reagiert und haben passende Gegenmaßnahmen eingeleitet. Das kann sogar bis zum kompletten Rauswurf des Internetauftritts aus den Suchergebnissen gehen. Auch ein paar größere und durchaus seriöse Unternehmen hat es in der Vergangenheit erwischt. Man sollte folglich immer genau überlegen, welche Maßnahmen man ergreift. Auch im Joomla!-Forum (*http://forum.joomla.org*) finden Sie hierzu immer wieder zahlreiche Diskussionen.

Bei größeren und insbesondere kommerziell ausgerichteten Internetseiten empfiehlt sich auch die Konsultation einer entsprechenden Marketing-Firma. Unter dem Schlagwort Internet-Marketing (auch Online- oder E-Marketing genannt) haben sich einige von ihnen auf die Suchmaschinenoptimierung spezialisiert. Da sich unter diesen Unternehmen jedoch einige schwarze Schafe tummeln, die mit windigen und zweifelhaften Methoden arbeiten, heißt es auch hier, seinen Partner mit wachsamen Auge auszuwählen.

Funktionsweise einer Suchmaschine

Für alle, die nicht gleich tief ins eigene Portmonee greifen möchten, halten die folgenden Abschnitte einige wichtige Maßnahmen bereit. Um deren Wirkungsweise zu verstehen, ist zunächst ein kurzer Exkurs über die Arbeitsweise einer Suchmaschine notwendig.

Jede Suchmaschine besteht aus mehreren Komponenten, die sich gegenseitig zuarbeiten. Neben der eigentlichen Suchfunktion arbeitet im Hintergrund ein sogenannter Webcrawler (auch Robot oder Spider genannt). Dies ist ein kleines Programm, das sich durch das Internet wühlt und einfach allen Links folgt, die ihm über den Weg laufen. Immer wenn es eine neue oder geänderte Seite gefunden hat, legt es die von der eigentlichen Suchfunktion benötigten Informationen in einer riesigen Datenbank ab.

Sobald nun eine Anfrage von einem Benutzer eingeht, kramt die Suchmaschine alle passenden Einträge aus der Datenbank und präsentiert sie in einer langen Liste auf dem Bildschirm. Die Reihenfolge der Suchergebnisse bestimmen die Suchmaschinen anhand einer gesunden Mischung verschiedener Kriterien. Von einigen Vertretern (wie beispielsweise Google) ist bekannt, dass sie jeder gefundenen Seite einen Punktwert zuordnen, den sogenannten Score, Rank oder PageRank. Er berechnet sich aus mehreren Faktoren, wie beispielsweise:

- der Anzahl anderer Seiten, die auf die Seite verweisen
- der Häufigkeit, mit der der Suchbegriff in einer Seite auftritt
- welche anderen Texte den Suchbegriff auf der Seite umgeben

Je höher der Punktwert einer Seite ist, desto weiter oben steht sie in der Liste mit den Suchergebnissen.

Für die eigene Homepage bedeutet dies:

1. Man muss der Suchmaschine (beziehungsweise dem Webcrawler) das Sammeln von Daten erleichtern. Nur was die Suchmaschine kennt, kann sie später auch in ihren Ergebnissen berücksichtigen.

2. Die einzelnen Seiten müssen so gestaltet beziehungsweise aufgebaut sein, dass sie für bestimmte Suchbegriffe den oben genannten Kriterien entgegenkommen.

Die folgenden Abschnitte verraten Ihnen, mit welchen konkreten Maßnahmen Sie diese beiden Punkte sicherstellen – und wie Sie Joomla! dabei unterstützt.

Da es einen Konkurrenzkampf um die besten Plätze gibt, ist es unwahrscheinlich, für jeden nur erdenklichen Suchbegriff immer an erster Stelle zu landen. Wenn Sie mit Ihrer Seite Geld verdienen wollen, sollten Sie unbedingt weitere Werbemaßnahmen durchführen und beispielsweise Banner auf passenden, anderen Seiten schalten.

Im Internet gibt es eine Reihe kostenloser Dienste, die Ihre Homepage auf Suchmaschinenfreundlichkeit hin abklopfen, wie zum Beispiel *http://www.seitwert.de*.

Seiteninhalte

Der entscheidende Weg zu einer guten Suchmaschinenpositionierung führt über die Inhalte der Seiten. Folglich gilt es bereits beim Erstellen des Auftritts und bei der Eingabe der Beiträge einige Punkte zu beachten. Sofern mehrere Autoren ihre Beiträge einreichen, sollten Sie diese dazu anhalten, die folgenden Kriterien zu beachten, beziehungsweise regelmäßig selbst ihre Publikationen daraufhin begutachten und gegebenenfalls korrigieren.

Überschriften: Was draufsteht, muss auch drin sein

Die Überschriften sollten Sie immer mit Bedacht und zum Thema passend wählen, da ihnen von den Suchmaschinen eine besondere Bedeutung zugesprochen wird. Wenn Sie auf der Homepage großspurig Filmkritiken ankündigen, dann sollten auf der Seite folglich auch Filmkritiken vorhanden sein. Hinter der Kritik zum Film *Stirb Langsam* darf beispielsweise keine Werbung für ein Hautpflegemittel folgen.

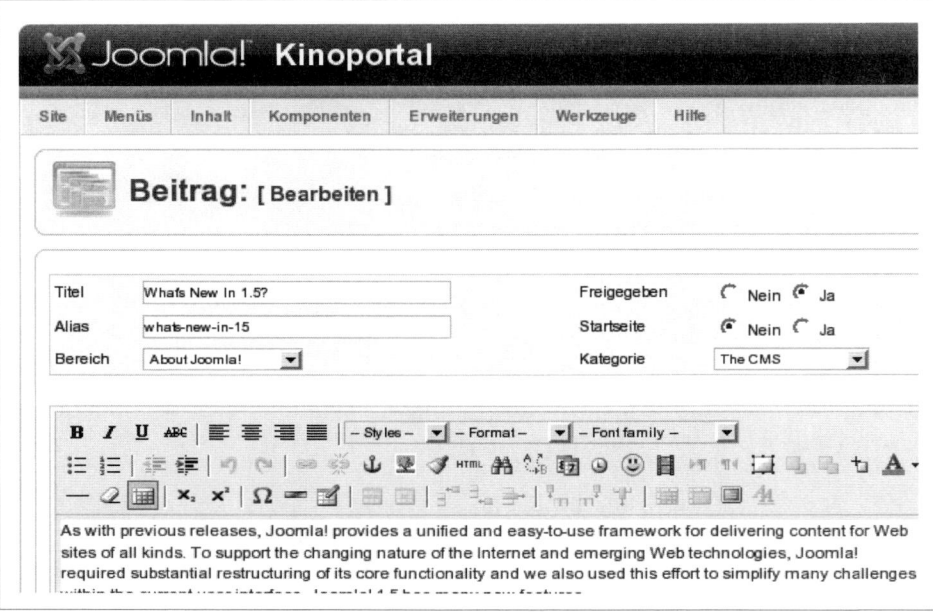

Abbildung 17-1: Verwenden Sie auch den Alias-Titel.

Bei den Beiträgen dürfen Sie neben einem Titel auch noch einen sogenannten ALIAS-Titel vergeben (Abbildung 17-1). In den vorherigen Kapiteln wurde der Einfachheit halber dazu geraten, dort schlichtweg den Titel zu wiederholen. Im Hinblick auf eine Suchmaschinenoptimierung sollten Sie hier jedoch Ihre Chance nutzen und einen abweichenden, aber dennoch passenden Untertitel vergeben. Im Fall der Filmkritik lautet der Titel beispielsweise **Stirb Langsam**, ein passender Untertitel dazu wäre vielleicht **Bruce Willis schießt sich durch ein Hochhaus**. Diesen Alias nutzt Joomla! derzeit in Links, die zu diesem Untertitel verweisen, und in den suchmaschinenfreundlichen Adressen, die gleich noch besprochen werden. Eine Suchmaschine schnappt somit für die Filmkritik gleich vier wichtige Suchbegriffe auf: *Stirb Langsam*, *Bruce Willis*, *schießen* und *Hochhaus*.

Das richtige Menü

Neben den Titeln eines Beitrags vergeben auch die Menüpunkte einen Seitentitel: Wählen Sie beispielsweise MENÜS → MAIN MENU und dort einen beliebigen Menüpunkt. Im neu erscheinenden Einstellungsfenster dürfen Sie wie bei den Beiträgen zunächst einen TITEL und einen ALIAS vergeben. Für die beiden gilt das im vorherigen Abschnitt Gesagte.

Darüber hinaus versteckt sich unter PARAMETER - SYSTEM das Eingabefeld SEITENTITEL (Abbildung 17-2).

Abbildung 17-2: In den Einstellungen eines Menüs versteckt sich hinter »Parameter - System« noch ein zusätzlicher Seitentitel.

Dort dürfen Sie eine Überschrift für die vom Menüpunkt aus erreichbare Seite vergeben.

 Wählen Sie auch hier wieder einen Titel, der sowohl vom Menüpunkt als auch von seinem Aliasnamen (leicht) abweicht. Das erhöht wieder die Anzahl der Suchwörter. Achten Sie darauf, dass sich der Name vom Titel des Beitrags oder der Überschrift der Kategorie beziehungsweise der Sektion unterscheidet.

Richtiges Reden ist Gold

Sofern sich zu wenige Inhalte auf der Seite befinden, glauben manche Suchmaschinen, dass diese Seite eher unwichtig ist. Ihre Kritik zu *Stirb Langsam* sollte also nicht nur einfach pauschal »*Der Film war gut.*« lauten. Eine etwas ausführlichere Begründung kommt nicht nur den menschlichen Lesern zugute, sondern auch den Suchmaschinen, die so mit vielen weiteren potenziellen Suchwörtern gefüttert werden.

Das ist jedoch kein Aufruf, Texte mit hohlen Phrasen beliebig in die Länge zu ziehen: Zum einen würde das wieder Besucher abschrecken, die sich jetzt durch nichtssagende Textwüsten kämpfen müssen, zum anderen erkennen Suchmaschinen unnütze Füllwörter und strafen diese ähnlich wie Linklisten ab. Auf die gleiche Weise ahnden Suchmaschinen versteckte Schlüsselwörter, die als weißer Text auf weißem Grund ans Ende eines Beitrags geschmuggelt wurden.

Zeichnen Sie wichtige Begriffe als Überschriften aus. Verwenden Sie dazu im TinyMCE Editor die *Heading 1*- bis *Heading 6*-Vorgaben aus der FORMAT-Ausklappliste (in der obersten Symbolleiste ist das die zweite Liste von rechts, siehe Abbildung 17-3) oder alternativ direkt die entsprechenden HTML-Befehle `<h1>` bis `<h6>`.

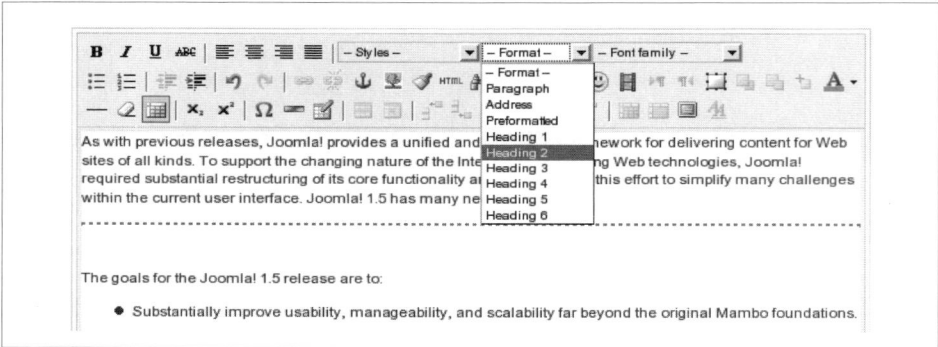

Abbildung 17-3: Gliedern Sie längere Artikel mit Überschriften. Das kommt nicht nur der Lesbarkeit zugute, Suchmaschinen messen Überschriften auch eine erhöhte Bedeutung bei.

Bilder beschriften

Vergeben Sie für jedes Bild einen BILDTITEL *und* eine BILDBESCHREIBUNG (Abbildung 17-4). Vergessen Sie auch nicht, die BILDUNTERSCHRIFT zu aktivieren. Suchmaschinen werten auch diese Texte aus – denken Sie beispielsweise nur an die Bildersuche von Google.

Links korrekt beschriften

Alle Links sollten passend beschriftet sein – am besten mit einem potenziellen Suchwort. Anstelle eines nichtssagenden »*Hier geht es weiter*« wählt man besser »*Hier geht es zur Kritik zum Film 'Stirb Langsam?'*«. Das gilt erst recht für Links, die von fremden Seiten auf Ihre verweisen – nur lassen sich diese dummerweise nur selten beeinflussen. Sofern Sie den Betreiber der fremden Homepage nicht kennen, hilft vielleicht eine freundliche Anfrage.

Abbildung 17-4: Beschriften Sie Ihre Bilder.

 Meiden Sie unbedingt Linklisten – wie eingangs erwähnt wurde, sind Suchmaschinen auf diese Form der Optimierung nicht gut zu sprechen und würden Ihre Seite folglich gnadenlos abstrafen.

Achten Sie darauf, dass keine Links ins Leere führen. Sowohl Menschen als auch Suchmaschinen bleiben in diesen Sackgassen hängen. Auch umgekehrt gilt: Eine Seite, zu der kein Link führt, kann weder durch normale Benutzer noch durch Suchmaschinen gefunden werden. Stellen Sie daher sicher, dass jedes Element irgendwie mit den anderen verbunden ist.

 Falls Ihr Webspace-Provider es Ihnen erlaubt, sollten Sie eine eigene Fehlerseite vorgeben, die einen Link auf die Startseite enthält.

Auf Multimedia-Inhalte verzichten

Webcrawler geben sich gegenüber der Seite als herkömmliche Browser aus. Da jedoch kein realer Benutzer diesen Suchroboter bedient, kann der Crawler nichts mit Flash-Grafiken oder JavaScript anfangen. Ebenfalls tabu sind Cookies und der Einsatz von Frames. Daher ist es extrem wichtig, die Seite barrierefrei zu gestalten. Wie dies geht, zeigte bereits das vorhergehende Kapitel 16.

Sie lebt

Achten Sie unbedingt auf die Aktualität Ihrer Seite: Anstelle einmal im Monat mehrere Kritiken online zu stellen, sollten Sie besser jeden Tag eine veröffentlichen. Die Suchmaschine schließt daraus nicht nur auf eine rege Aktivität, sondern auch auf eine hohe Aktualität der Seite – folglich muss sie entsprechend beliebt und wichtig sein.

 Man sollte jedoch nicht der Versuchung erliegen, die Seite künstlich am Leben zu erhalten. Dies könnte zu den gleichen negativen Auswirkungen wie beim Einsatz von Füllwörtern führen.

Unterstützung durch Joomla!

Neben der im vorherigen Abschnitt genannten Eigeninitiative unterstützt auch Joomla! selbst die Suchmaschinenoptimierung.

Metadaten: Fluch und Segen

Jede Internetseite darf versteckte Zusatzinformationen enthalten, die sogenannten Metadaten. Sie umfassen beispielsweise den Namen des Autors oder das Erstellungsdatum der Seite (Abbildung 17-5).

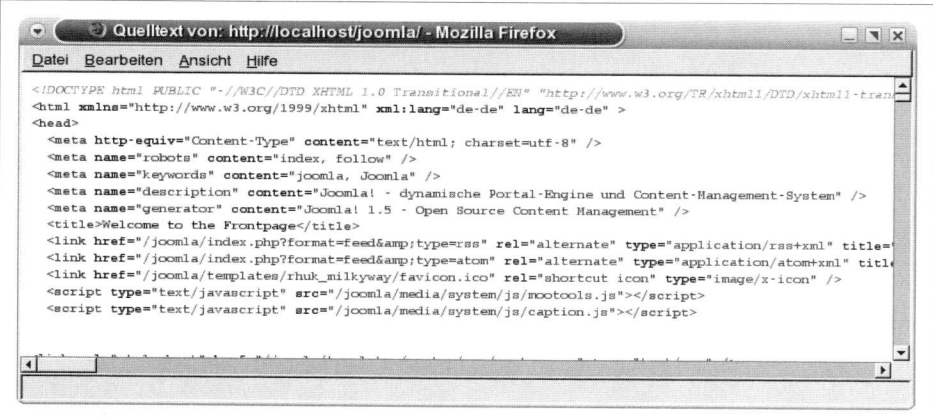

Abbildung 17-5: Die Metadaten einer von Joomla! ausgelieferten Seite

 Diese Informationen zeigt Ihr Browser nur mit einem Trick an: Öffnen Sie probehalber die Joomla!-Homepage, und rufen Sie dann die sogenannte *Quelltextansicht* auf. Unter Firefox versteckt sie sich beispielsweise hinter dem Menüpunkt ANSICHT → SEITENQUELLTEXT ANZEIGEN. Das nun erscheinende Fenster präsentiert Ihnen die Seite so, wie Joomla! sie ausliefert und wie auch die Suchmaschinen sie sehen. Ganz zu Beginn finden Sie Zeilen, die mit einem <meta... starten. Hinter ihnen verbergen sich die Zusatzinformationen.

Die Webcrawler der Suchmaschinen können diese Daten auswerten und für ihre Zwecke nutzen.

Unter den Metadaten finden Sie auch eine Liste mit Schlüsselwörtern (in der Zeile, die mit <meta name="keywords"... beginnt). Sie sollten ursprünglich einmal beschreiben, worum es auf der Seite geht. Im Fall einer Filmkritik könnten sie zum Beispiel *Kino, Filmkritik, Film, Kritik* lauten. Damit weiß die Suchmaschine, dass sie bei einer Suche nach dem Wort *Kino* auch diese Seite berücksichtigen muss. In der Vergangenheit haben leider viele Webseitenbetreiber hier bewusst falsche Angaben eingesetzt, um die Suchmaschinen in die Irre und somit auf die eigene Seite zu lotsen. Aus diesem Grund behandeln die meisten Suchmaschinen die hier eingetippten Informationen nur noch als Daten zweiter Klasse.

Nichtsdestotrotz sollten Sie Metadaten angeben. Joomla! erlaubt dies auf zwei Arten. Zum einen finden Sie bei vielen Elementen und Modulen die Möglichkeit, Metadaten einzutippen. Im Bildschirm zur Eingabe eines neuen Beitrags klappen Sie beispielsweise auf der rechten Seite das Register METADATEN auf (Abbildung 17-6).

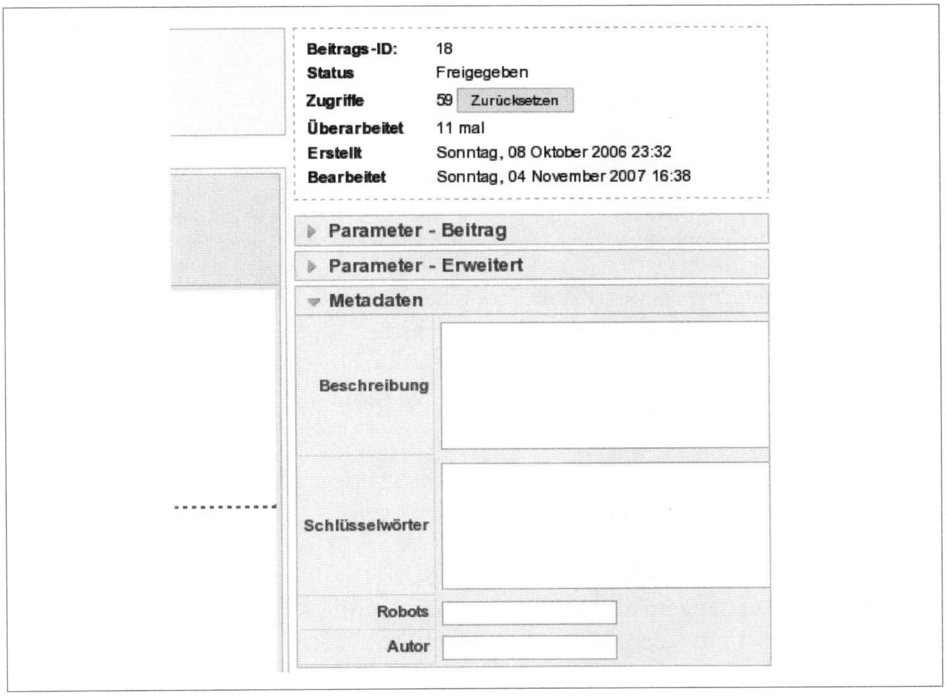

Abbildung 17-6: Die Metadaten eines Beitrags

Dort können Sie nun eine BESCHREIBUNG der Seite eintragen sowie entsprechende SUCHWÖRTER vergeben. Hinter ROBOTS landen noch Schlüsselwörter, die sich gezielt an die Suchmaschinen richten, während Sie abschließend unter AUTOR noch den Schöpfer des Beitrags angeben.

 Immer wenn sich ein Bearbeitungsbildschirm öffnet, sollten Sie am rechten Rand auf einen Reiter METADATEN achten. Sofern er existiert, nutzen Sie ihn auf die gezeigte Weise.

Die hier eingetragenen Metadaten liefert Joomla! immer nur mit dem jeweiligen Beitrag beziehungsweise auf der jeweiligen Seite aus. Für alle Seiten gültige Metadaten geben Sie in den globalen Einstellungen hinter SITE → KONFIGURATION vor. Dort finden Sie auf dem Reiter SITE links unten den Bereich METADATEN. Dort dürfen Sie wieder eine Beschreibung des Internetauftritts (GLOBALE METADATEN-BESCHREIBUNG) und passende Schlüsselwörter (GLOBALE METADATEN-SCHLÜSSEL-WÖRTER) vergeben (Abbildung 17-7).

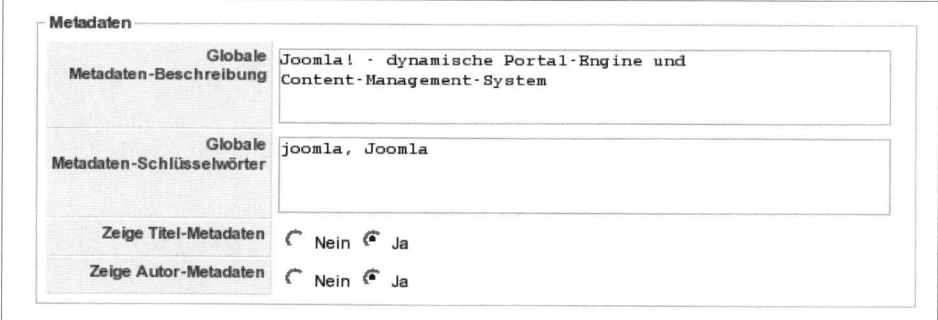

Abbildung 17-7: Die hier eingetragenen Metadaten liefert Joomla! mit jeder Seite aus.

Da die hier eingetippten Begriffe in jeder Seite auftauchen, sollten sie sich auch immer auf den gesamten Internetauftritt beziehen.

 Sammeln Sie zunächst Begriffe, die mit Ihrem Auftritt in Zusammenhang stehen. Im Kinoportal wären das beispielsweise *Kino, Film, Kritiken, Premieren* usw. Führen Sie hier ruhig ein kleines Brainstorming durch. Anschließend wählen Sie die wichtigsten Begriffe aus und tragen sie hier ein.

20 Suchwörter genügen dabei vollauf, mehr als 150 sollten es auf keinen Fall werden. Ansonsten verlängern Sie damit zum einen nur die Antwortzeiten – schließlich werden diese Daten in jeder ausgelieferten Seite mit übertragen –, und zum anderen könnten die Suchmaschinen vermuten, dass hier ein Spam-Versuch vorliegt. Zu viele Begriffe oder eine zu lange Beschreibung wirken sich folglich sogar negativ aus.

Abschließend haben Sie in den globalen Einstellungen noch die Möglichkeit, den SeitenTITEL und den AUTOR als Metadaten anzugeben. Beides sollten Sie aktivieren.

 Verwenden Sie ausschließlich Begriffe, die auch mit ihrem Auftritt in Beziehung stehen. Beispielsweise könnten Sie in Versuchung kommen, den reißerischen Begriff »nackte Stars« oder gar etwas gänzlich Fremdes wie »Mercedes« einzubinden. Damit irritieren Sie potenzielle Besucher, die nicht das auf der Seite vorfinden, was sie eigentlich gesucht haben, riskieren im zweiten Fall sogar Markenrechtsklagen und werden obendrein noch für dieses Verhalten von den Suchmaschinen abgestraft.

Der Seitenname

Unter SITE → KONFIGURATION finden Sie im Bereich SEITE den SEITENNAME, den Sie bereits bei der Installation von Joomla! vergeben haben. Ihm messen Suchmaschinen eine besonders hohe Bedeutung bei. Überlegen Sie daher noch einmal, ob er kurz und knackig das Thema der Webseite umreißt. Fragen Sie sich dazu, welche Informationen Ihre Seite enthält und was sie darstellen möchte. Bleiben Sie jedoch möglichst unter 80 Zeichen.

 Genauso wichtig wie der Titel ist der Domainname. So landet *http:// www.kinoportal.de* in der Ergebnisliste zum Suchwort *Kino* sicherlich auf einem höheren Platz als *http://www.horstswunderwelt.de*.

Adressänderungen (Search Engine Friendly Links)

Die Webcrawler der Suchmaschinen sind nicht ganz dumm. Würden sie einfach allen Links folgen, könnte man sie durch zwei aufeinanderzeigende Links in einer Schleife gefangen halten. Aus diesem Grund hat man ihnen etwas Intelligenz eingepflanzt, dank derer sie beispielsweise Linkfarmen erkennen und umgehen.

Dies hat leider auch Auswirkungen auf Joomla!. Content-Management-Systeme generieren eine Seite erst dann, wenn ein Besucher sie anfordert. Welche Texte auf dieser Seite stehen, wird in der Internetadresse kodiert. Webcrawler können jedoch nicht mehr unterscheiden, ob dies jetzt eine Seite ist, die man sich besser merken sollte.

Dazu ein kleines Beispiel: Rufen Sie einmal Ihre mit Joomla! erstellte Homepage auf, und betrachten Sie die Angaben in der Adressleiste Ihres Browsers. Dort taucht so etwas auf wie:

http://localhost/joomla/index.php?option=com_content&task=view&id=2&ItemId=1

Hier wird die Seite *index.php* aufgerufen, die als Inhalt die Ausgabe der Komponente *com_content* enthält, die wiederum als Parameter die nachfolgenden Zeichen übergeben bekommt. Anhand dieser Zeichen entscheidet die Komponente, welche Inhalte sie ausgibt. Der Webcrawler der Suchmaschine stellt sich nun die Frage, was er sich davon merken soll. Ein Spaßvogel könnte beispielsweise eine Seite entwerfen, bei der die Parameter vollkommen egal sind. Damit wären

http://localhost/joomla/index.php?option=com_meinecomponente?id=1

und

http://localhost/joomla/index.php?option=com_meinecomponente?id=2

identisch, der Webcrawler denkt aber, er habe zwei unterschiedliche Seiten vorliegen. Hierdurch wird der Suchmaschine eine riesige Homepage vorgegaukelt, obwohl sie vielleicht nur aus einer einzigen Seite besteht.

Aus diesem Grund fassen Suchmaschinen dynamische Seiten nur mit Samthandschuhen an. Glücklicherweise gibt es in Joomla! eine Funktion, die den Webcrawlern eine etwas magenschonendere Adresse vorsetzt.

Joomla!s SEO

Sie aktivieren diese Funktion in der globalen Konfiguration hinter SITE → KONFIGURATION im Bereich SEO (Abbildung 17-8).

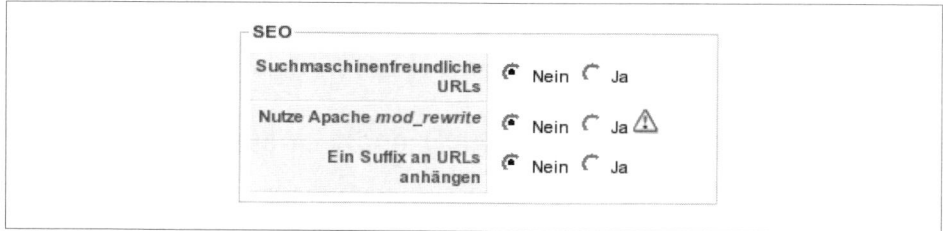

Abbildung 17-8: Hier aktivieren Sie die suchmaschinenfreundlichen Adressen.

Sobald Sie hier den Schalter SUCHMASCHINENFREUNDLICHE URLs auf *Ja* umlegen, liefert das Content-Management-System anstelle von

http://localhost/joomla/index.php?option=com_content&view=section&id=4&Itemid=37

die für Suchmaschinen besser verdauliche Adresse:

http://localhost/joomla/index.php/more-about-joomla

Joomla 1.0.x   Unter den alten Joomla!-Versionen sah selbst die übersetzte Adresse noch extrem kryptisch aus: *http://localhost/component/option,com_contact/ItemId,34/*

Sie können das leicht prüfen, indem Sie die Vorschau öffnen und ein wenig im Hauptmenü zwischen den Seiten hin- und herspringen.

Etwas störend wirkt hier noch das *index.php* in der Mitte, das noch Rückschlüsse auf eine dynamisch generierte Seite zulässt. Wenn Sie den Apache Webserver einsetzen, lässt sich aber auch dieser Hinweis beseitigen.

mod_rewrite

Für den Webserver Apache gibt es eine Erweiterung mit dem Namen *mod_rewrite*, die eine ähnliche Umsetzung der Internetadressen durchführt. In XAMPP ist sie bereits standardmäßig enthalten und aktiviert. Falls Sie sich an die Installationsanleitung aus Kapitel 2 gehalten haben, sind die folgenden Eingriffe somit nicht mehr notwendig.

Modul laden: Ob die nötigen Voraussetzungen auch bei Ihnen erfüllt sind, zeigt Joomla! im Administrationsbereich unter HILFE → SYSTEMINFO. Auf dem ersten Register muss Apache als Webserver auftauchen, und auf dem Register PHP-INFORMATION muss in der Zeile LOADED MODULES die Erweiterung *mod_rewrite* erscheinen.

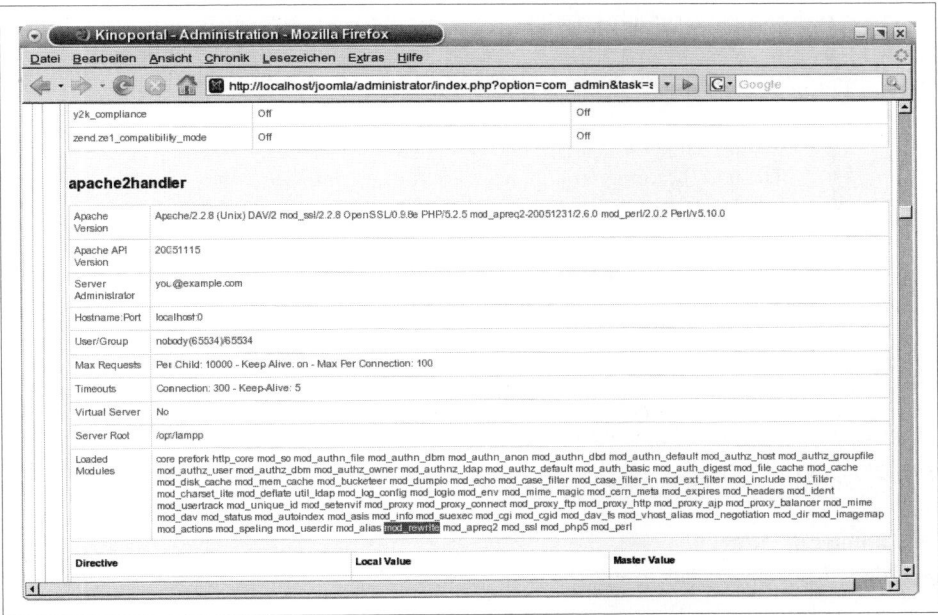

Abbildung 17-9: Taucht hier »mod_rewrite« auf (in der Abbildung markiert), kann Apache mit den neuen Adressen umgehen.

Falls sie nicht aktiviert ist, müssen Sie das Modul entweder über die Konfigurationsoberfläche Ihres Webspace-Providers aktivieren oder in der Apache-Konfigurationsdatei *httpd.conf* in der Zeile

```
#LoadModule rewrite_module modules/mod_rewrite.so
```

das erste Zeichen (»#«) entfernen. Bei XAMPP finden Sie die genannte Konfigurationsdatei im Unterverzeichnis *etc*. Nachdem Sie die Änderungen vorgenommen haben, muss Apache neu gestartet werden. Bitte beachten Sie, dass nicht alle Provider derartige Modifikationen gestatten.

.htaccess-Datei scharf stellen: Des Weiteren muss es Ihnen erlaubt sein, die *.htaccess*-Datei zu ersetzen beziehungsweise eigene *.htaccess*-Dateien zu erzeugen. Die genannte Datei gehört zum Apache Webserver und regelt die Zugriffsrechte auf ein Verzeichnis. Sofern Apache diese Dateien ignoriert, schalten Sie die zugehörige Funktion über Ihre Konfigurationsoberfläche scharf oder suchen in der Apache-Konfigurationsdatei *httpd.conf* die Zeile

```
AllowOverride None
```

und ersetzen sie durch:

```
AllowOverride All
```

Sind alle Voraussetzungen erfüllt, benennen Sie noch die Datei *htaccess.txt* im Joomla!-Verzeichnis in *.htaccess* um. Da Letztere mit einem Punkt beginnt, ist sie unter Unix-Betriebssystemen (wie zum Beispiel Linux) standardmäßig unsichtbar. Sollte sich Windows weigern, die Umbenennung durchzuführen, können Sie die Datei in einem Texteditor öffnen und dann einfach als *.htaccess* abspeichern.

Weitere Informationen zum gezeigten Vorgehen und zur *.htaccess*-Datei im Besonderen finden Sie im Internet unter *http://www.joomla-portal.de*.

mod_rewrite unter Joomla! aktivieren: Aktivieren Sie jetzt in der globalen Konfiguration von Joomla! im Bereich SEO die Funktion NUTZE APACHE MOD_REWRITE. Damit wird aus der bisherigen Adresse

http://localhost/joomla/index.php/more-about-joomla

das schlanke und suchmaschinenfreundliche

http://localhost/joomla/more-about-joomla

Feintuning mit Suffixen

Über den letzten Punkt im Bereich SEO namens EIN SUFFIX AN URLS ANHÄNGEN perfektionieren Sie die Illusion einer herkömmlichen statischen Seite. Sobald Sie die Funktion aktivieren, hängt Joomla! an die Adresse eine zum jeweiligen Inhalt passende Dateiendung an.

Diese hilft wiederum den Webcrawlern der Suchmaschinen, indem sie schon vor dem Einlesen der Seite wissen, welche Daten auf sie zukommen.

Zusammenfassung: Zusammengefasst wandeln die SEO-Funktionen von Joomla! die Ausgangsadresse wie folgt um:

- Ausgangsadresse:
- *http://localhost/joomla/index.php?option=com_content&view=section&id=4&Itemid=37*
- Mit aktivierten SUCHMASCHINENFREUNDLICHEN URLs:
- *http://localhost/joomla/index.php/more-about-joomla*
- Mit Suffix:
- *http://localhost/joomla/index.php/more-about-joomla.html*
- Mit *mod_rewrite*:
- *http://localhost/joomla/more-about-joomla.html*

Das Ergebnis ist – zumindest bei einem Blick auf die Adresse – nicht mehr von einer statischen Seite zu unterscheiden.

Noch mehr Funktionen mit Erweiterungen

Wer noch weiterreichende Einflussmöglichkeiten auf die Adressen benötigt, muss zu einer Erweiterung greifen. Im Joomla!-Verzeichnis unter *http://extensions.joomla.org/* buhlen bei den *Admin Tools* in der Rubrik *Search Engine Friendly URLs* eine ganze Reihe passender Erweiterungen um ihren Einsatz. Zu den zwei beliebtesten zählen *Smartsef* (*http://www.smartsef.org/*) und *sh404SEF* (*http://joomlacode.org/gf/project/sh404sef/frs/*). Letzteres arbeitet unter Joomla! 1.5 allerdings nur im aktivierten Kompatibilitätsmodus (siehe Kapitel 19).

Weitere Informationen und einen guten Einstiegspunkt in die Suchmaschinenoptimierung mit Joomla! gibt die hierauf spezialisierte Internetseite *http://www.joomla-seo.net*.

KAPITEL 18

Rund um die Datenbank

Das Rückgrat von Joomla! ist die im Hintergrund arbeitende Datenbank. Fällt sie aus, ist der gesamte Internetauftritt nicht mehr erreichbar. Aus diesem Grund sollte man sie nicht nur pflegen, sondern auch wissen, was in Krisensituationen zu unternehmen ist. Dieses Kapitel hilft Ihnen mit den folgenden Abschnitten, die größten Klippen zu umschiffen.

Vergessene (Super-Administrator-)Passwörter wiederherstellen

Hat ein Benutzer sein Passwort vergessen und kann sich somit nicht mehr am System anmelden, gibt ein Administrator ihm einfach in der Benutzerverwaltung hinter SITE → BENUTZER ein neues. In der dortigen Liste klickt man auf den Namen des Gedächtnislosen und tippt in die Felder NEUES PASSWORT und PASSWORT BESTÄTIGEN das geänderte Geheimwort.

Ist jedoch der Super-Administrator der Betroffene, so gibt es für ihn nur zwei recht steinige Wege, wieder Zutritt zum Administrationsbereich zu erlangen.

 Wie Sie gleich sehen werden, ist es recht einfach, ein neues Passwort zu vergeben. Das gilt selbstverständlich auch für einen Angreifer, der lediglich einen Zugang zur MySQL-Datenbank benötigt. Aus diesem Grund sollten Sie diese ganz besonders schützen und darauf achten, dass keine fremden Personen Zugriff auf die Konfigurationsoberfläche, wie zum Beispiel in Form von phpMyAdmin, bekommen.

Mit phpMyAdmin

Zur komfortablen Verwaltung von MySQL wurden in der Vergangenheit verschiedene grafische Oberflächen entwickelt. Zu den beliebtesten zählt die Software phpMyAdmin (*http://www.phpmyadmin.net/*), die auch XAMPP standardmäßig beiliegt. Zwei gute Gründe also, an ihr exemplarisch den Austausch des Passwortes zu demonstrieren.

 Die folgenden Schritte sollten auch auf andere Konfigurationsoberflächen übertragbar sein. Alternativ werfen Sie einen Blick in den nachfolgenden Abschnitt »Ohne phpMyAdmin« auf Seite 581.

Sofern Sie den Installationsschritten aus Kapitel 2 gefolgt sind, wechseln Sie in Ihrem Internetbrowser einfach zur Adresse *http://localhost/phpmyadmin*. Am linken Rand finden Sie nun eine Liste mit mehreren Datenbanken (direkt über *Bitte Datenbank auswählen*). Klicken Sie diejenige an, die Joomla! verwendet – normalerweise *joomla*.

Auf der rechten Seite erscheint nun eine Liste mit allen Datenbanktabellen. Suchen Sie die Tabelle heraus, die auf *_users* endet. Sofern Sie bei der Installation von Joomla! als Präfix *jos* angegeben haben, lautete der komplette Name *jos_users* (Abbildung 18-1).

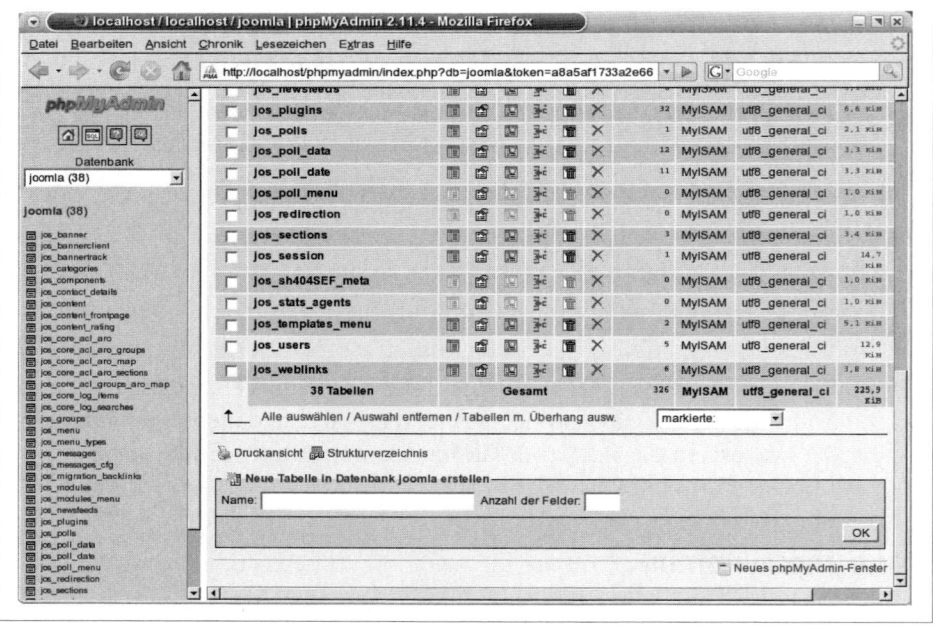

Abbildung 18-1: Die Tabelle »jos_users« verwaltet alle Benutzer.

Klicken Sie in der zugehörigen Zeile nun auf das Symbol in der dritten Spalte (ANZEIGEN). Sie gelangen zu einer weiteren, etwas unübersichtlichen Liste, in der

Sie in der Spalte USERNAME den Benutzernamen *admin* aufspüren (Abbildung 18-2). Wenn Sie die zugehörige Zeile entdeckt haben, klicken Sie dort auf das Symbol mit dem Stift in der zweiten Spalte.

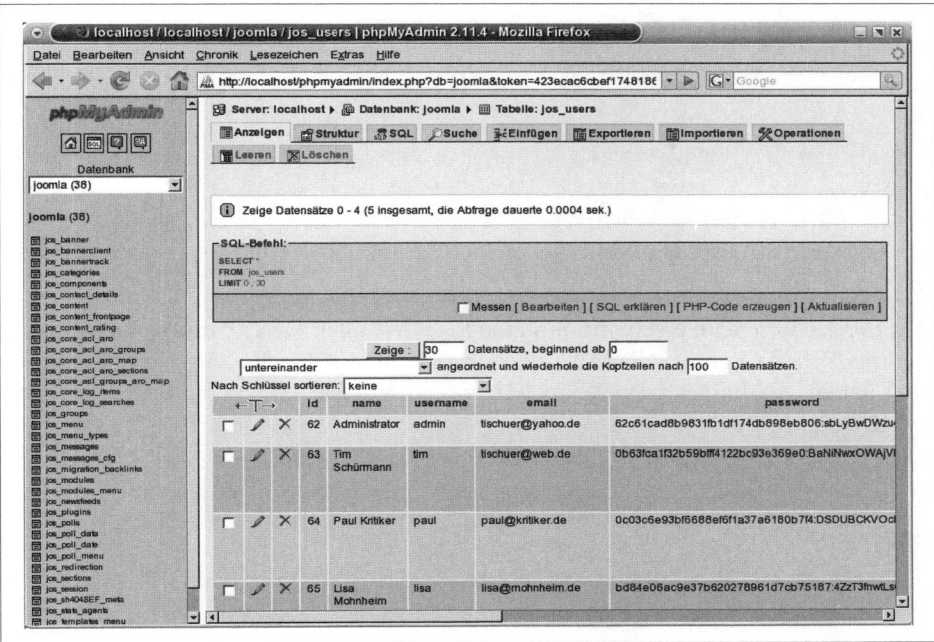

Abbildung 18-2: In den Datensätzen der Tabelle »jos_users« ist auch der Super-Administrator zu finden.

Es öffnet sich ein neues Formular, in dem Sie sämtliche Daten des Benutzers bearbeiten können (Abbildung 18-3). Wichtig für das Passwort ist die gleichnamige Zeile *password*.

Wählen Sie unter FUNKTION das von Joomla! verwendete Verschlüsselungsverfahren *MD5* aus. In das Eingabefeld der Spalte WERT rechts daneben tippen Sie nun das neue Passwort im Klartext ein. Klicken Sie am unteren Ende des Formulars noch auf OK, und ab sofort können Sie sich mit dem neuen Passwort anmelden.

Ohne phpMyAdmin

Wer kein phpMyAdmin verwendet, braucht zunächst ein Programm, das eine Zeichenkette nach dem sogenannten *Message Digest Algorithm 5*-(MD5-)Verfahren verschlüsselt. Man findet kostenlose Exemplare dieser Programme im Internet, wie zum Beispiel unter *http://pajhome.org.uk/crypt/md5/index.html*.

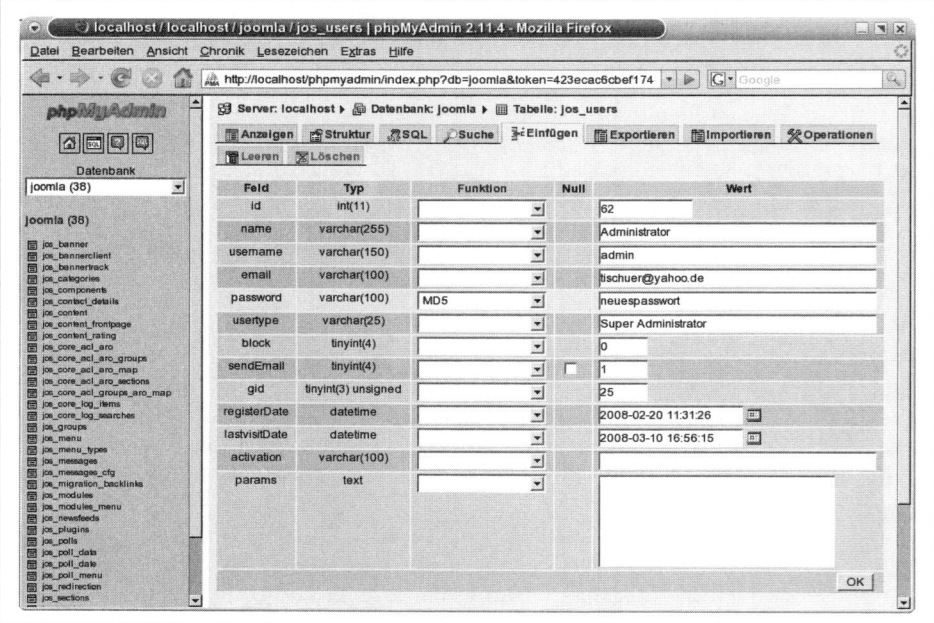

Abbildung 18-3: Die Daten des Administrators.

Die Seiten *http://userpages.umbc.edu/~mabzug1/cs/md5/md5.html*
und *http://de.wikipedia.org/wiki/Message-Digest_Algorithm_5* liefern
weiterführende Informationen über dieses Verfahren.

Denken Sie sich nun ein Ersatzpasswort aus. Mit Letzterem füttern Sie das Programm und erhalten als Gegenleistung eine recht kryptische Zeichenkette. Falls Sie die oben aufgeführte Seite nutzen, tippen Sie das Passwort unter INPUT ein und klicken dann auf MD5. Das Resultat liegt nun im Feld OUTPUT. Dies ist Ihr verschlüsseltes Passwort, das Sie nun wiederum mit einem entsprechenden Konfigurationswerkzeug in die Datenbank eintragen müssen. Die erzeugte Zeichenkette gehört in das Feld (beziehungsweise die Spalte) *password* des Eintrages (beziehungsweise der Zeile) mit dem Benutzernamen *admin* (Spalte *username*) in der Tabelle *jos_users*. Haben Sie ein anderes Präfix als *jos_* bei der Installation von Joomla! angegeben, müssen Sie dieses hier entsprechend austauschen.

Die Verschlüsselung des Passworts ist aus Sicherheitsgründen notwendig: Sollte ein Angreifer die Kommunikation zwischen Joomla! und der Datenbank abhören, findet er nur das verschlüsselte Passwort vor. Mit ihm kann er sich aber weder bei Joomla! anmelden noch bekommt er mit seiner Hilfe das ursprüngliche Passwort heraus. Des Weiteren bleibt das Passwort vor neugierigen Augen verdeckt, die lesenden Zugang zur Datenbank erhalten. Dies betrifft nicht nur Hacker, sondern auch den Systemadministrator der Datenbank – der nicht notwendigerweise mit dem Betreiber der Homepage übereinstimmen muss.

Als Alternative zu einem grafischen Konfigurationswerkzeug (wie phpMyAdmin aus dem vorherigen Abschnitt) bringt MySQL das Programm *mysql* mit. Bei einer XAMPP-Installation liegt es im Unterverzeichnis *bin*. Sofern Sie wider Erwarten keine grafische Konfigurationsoberfläche von Ihrem Webspace-Provider gestellt bekommen, bietet diese Anwendung eine kleine Notlösung – vorausgesetzt, Ihr Anbieter gestattet Ihnen die Ausführung.

 Andernfalls sollten selbst rudimentäre Konfigurationsoberflächen das Absetzen sogenannter SQL-Befehle ermöglichen. Sie können dann im entsprechenden Eingabefeld das letzte der folgenden Kommandos eintippen und wenigstens so eine Änderung des Passwortes erzielen.

Für *mysql* benötigen Sie Zugang zur Kommandozeile, wie zum Beispiel über eine Anmeldung per SSH-Programm. Die Befehle lauten dann im Einzelnen (und sind jeweils mit der Eingabetaste zu bestätigen):

```
mysql -u benutzername -p
```

Hierbei steht **benutzername** für Ihren MySQL-Benutzernamen. Im Falle von XAMPP lautet der Befehl:

```
mysql -u root -p
```

Geben Sie nun Ihr MySQL-Passwort ein, was bei einer XAMPP-Installation nicht notwendig ist. Es erscheint die Kommandoeingabezeile von *mysql*. Tippen Sie nun:

```
USE joomla;
```

Damit wechseln Sie in die Joomla!-Datenbank mit dem Namen *joomla*. Jetzt ersetzen Sie das Administratorpasswort per

```
UPDATE jos_users SET passwort='MD5-Zeichenkette' WHERE username='admin';
```

Für **MD5-Zeichenkette** geben sie das durch das externe Programm verschlüsselte neue Passwort ein.

Gelöschten Super-Administrator zurückholen

Sollten Sie oder eine Komponente aus Versehen oder Heimtücke den Super-Administrator als Benutzer komplett gelöscht haben, so lässt er sich nicht ganz so einfach wieder zurückholen wie ein verlegtes Passwort.

Um den Super-Administrator manuell anzulegen, gibt es wieder zwei Wege. Die erste führt erneut über eine grafische Konfigurationsoberfläche, wie zum Beispiel das beliebte und XAMPP beiliegende phpMyAdmin.

 Für Joomla!-Versionen vor 1.5 gab es Komponenten, die sich direkt an der zentralen Konfigurationsdatei *configuration.php* (direkt im Joomla!-Verzeichnis) zu schaffen machten. Vor diesen Komponenten ist eindringlich zu warnen, da sie den Zugriff auf die Datenbank ohne Zugangsdaten ermöglichen. Wenn Sie eine solche Erweiterung unbedingt einsetzen wollen, sichern Sie den Zugriff auf die *configuration.php* ab, wie zum Beispiel über eine sogenannte *.htaccess*-Datei (mehr zu diesem Thema finden Sie im Handbuch Ihres Webservers).

Mit phpMyAdmin

Sofern Sie der Installationsanleitung aus Kapitel 2 gefolgt sind, betreten Sie phpMyAdmin, indem Sie die Adresse *http://localhost/myphpadmin* in Ihrem Browser aufrufen. Am linken Rand finden Sie eine Liste mit den vorhandenen Datenbanken (über BITTE DATENBANK AUSWÄHLEN). Klicken Sie dort auf die von Joomla! verwendete Datenbank. Normalerweise trägt sie den Namen *joomla*.

Auf der linken Seite erscheint jetzt eine lange Liste mit allen Tabellen, die sich in dieser Datenbank befinden. In genau drei von ihnen besitzt das Konto des Super-Administrators jeweils einen eigenen Eintrag. Fehlt nur einer dieser Einträge, bleibt der Super-Administrator ausgesperrt. Sie müssen also im Folgenden jede der drei Tabellen abklappern und gegebenenfalls den fehlenden Eintrag anlegen.

1. Schritt: Tabelle jos_users kontrollieren

Klicken Sie in der Liste auf der linken Seite die Tabelle *jos_users* an. Sofern Sie bei der Installation von Joomla! ein anderes Präfix vorgegeben haben, steht anstelle von *jos_* das von Ihnen gewählte Präfix. Wechseln Sie nun auf der rechten Seite in das Register ANZEIGEN. phpMyAdmin zeigt nun die Inhalte der Tabelle. Dort sollte es eine Zeile mit dem NAME *Administrator* und dem USERNAME *admin* geben. Ist dies nicht der Fall, wählen Sie am oberen Rand den Kartenreiter EINFÜGEN und füllen dann die Felder in der Spalte WERT folgendermaßen aus:

Zeile	Einzutragender Wert
id	62
name	Administrator
username	admin
email	Eine beliebige E-Mail-Adresse
password	Geben Sie hier das neue Passwort ein, und stellen Sie für diese Zeile in der Spalte FUNKTION in der Liste den Punkt MD5 ein.

Zeile	Einzutragender Wert
usertype	Super-Administrator
block	0
sendEmail	1
gid	25
registerDate	'2005-09-28 00:00:00
lastvisitDate	'2005-09-28 00:00:00

Klicken Sie nun im unteren Teil des Formulars auf OK, um die Änderungen abzu-speichern.

2. Schritt: Tabelle jos_core_acl_aro kontrollieren

Die nächste zu untersuchende Tabelle heißt *jos_core_acl_aro*. Klicken Sie wieder auf ihren Namen in der Liste am linken Browserrand, und wählen Sie anschließend auf der rechten Seite das Register ANZEIGEN. Hier muss es eine Zeile geben, die unter NAME den *Administrator* führt. Fehlt dieser Eintrag, wechseln Sie auf das Register EINFÜGEN und tippen dort folgende Werte ein:

Zeile	Einzutragender Wert
id	10
section_value	users
value	62
order_value	0
name	Administrator
hidden	0

Bestätigen Sie Ihre Eingaben mit OK.

3. Schritt: Tabelle jos_core_acl_groups_aro_map kontrollieren

Halten Sie jetzt in der Liste am linken Browserrand nach der Tabelle *jos_core_acl_groups_aro_map* Ausschau. Wechseln Sie mit einem Klick auf ihren Namen und anschließend auf der rechten Seite über das Register ANZEIGEN in die Detailansicht. Dort muss es eine Zeile geben, die als GROUP_ID die Zahl 25 und als ARO_ID die 10 führt. Sofern diese nicht vorhanden ist, wechseln Sie auf den Reiter EINFÜGEN und tippen dort folgende Werte ein:

Zeile	Einzutragender Wert
group_id	25
section_value	Dieses Feld bleibt leer.
aro_id	10

Ein abschließender Klick auf OK legt den neuen Eintrag an.

Damit existiert wieder ein vollständiges Benutzerkonto für den Super-Administrator. Um zu testen, ob alles wieder funktioniert, melden Sie sich probeweise als Super-Administrator an. Sollte es immer noch Probleme geben, prüfen Sie noch einmal alle oben aufgeführten Tabellen und ihre entsprechenden Werte.

Ohne phpMyAdmin

Falls Sie phpMyAdmin nicht zur Hand haben, benötigen Sie zunächst einen MD5-Schlüssel, den Sie, wie im vorherigen Abschnitt »Ohne phpMyAdmin« auf Seite 581 beschrieben, über ein externes Programm generieren. Sofern eine Konfigurationsoberfläche zur Verfügung steht, müssen Sie die Tabellen *jos_users*, *jos_core_acl_aro* und *jos_core_cal_groups_aro_map* aufspüren. Prüfen Sie, ob in ihnen die im vorhergehenden Abschnitt »Mit phpMyAdmin« auf Seite 584 (in den Schritten 1 bis 3) aufgeführten Datensätze existieren, und legen Sie sie bei Bedarf an. Beim Feld *password* tragen Sie jedoch den zuvor generierten MD5-Schlüssel ein.

Alternativ erlauben einige Konfigurationsoberflächen das Absetzen von SQL-Befehlen. Im entsprechenden Eingabefeld können Sie die folgenden Befehle eintippen und dann über die zugehörige Schaltfläche abschicken. Die gleichen SQL-Befehle verwenden Sie auch, wenn Sie lieber mit dem Kommandozeilenprogramm *mysql* arbeiten (siehe vorherigen Abschnitt »Ohne phpMyAdmin« auf Seite 581):

```
INSERT INTO `jos_users` VALUES (62, 'Administrator', 'admin', 'E-Mail-Adresse',
'MD5-Schlüssel', 'Super-Administrator', 0, 1, 25, ''2005-09-28 00:00:00', '2005-09-
28 00:00:00', '', '');
INSERT INTO `jos_core_acl_aro` VALUES (10,'users','62',0,'Administrator',0);
INSERT INTO `jos_core_acl_groups_aro_map` VALUES (25,'',10);
```

Ersetzen Sie dabei die Einträge in den Feldern *E-Mail-Adresse* durch Ihre E-Mail-Adresse und *MD5-Schlüssel* durch den vom MD5-Programm ausgespuckten Wert.

Datenbankfehlermeldungen

Sollte Joomla! einmal nicht auf die Datenbank zugreifen können, erzeugt es eine der beiden folgenden mehr oder weniger aussagekräftigen Fehlermeldungen.

`Joomla 1.0.x` In älteren Vorversionen wies lediglich eine Ziffer auf das vorliegende Problem hin. So stand eine 1 für eine nicht erreichbare Datenbank, bei einer 2 konnte sich Joomla! nicht bei der Datenbank anmelden, und bei der 3 konnte Joomla! seine Daten in der Datenbank nicht finden.

Database Error: Unable to connect to the database:Could not connect to MySQL

Joomla! versucht, sich mit der Datenbank zu verbinden, wobei bereits der Kontaktversuch fehlschlägt. Höchstwahrscheinlich läuft MySQL überhaupt nicht, oder es wurde eine falsche Internetadresse angegeben. Prüfen Sie daher, ob und wenn ja, auf welchem Computer MySQL läuft. Wurde es beispielsweise von Ihrem Provider klammheimlich auf einen anderen Server verschoben?

Wenn Sie selbst für die Wartung von MySQL zuständig sind, starten Sie MySQL probeweise neu. Bei der XAMPP-Installation klappt dies unter Linux mit einem `lampp restart` und unter Windows mithilfe der grafischen Oberfläche (siehe auch Kapitel 2). Sollte die Verbindung immer noch fehlschlagen, öffnen Sie die Datei *configuration.php* im Joomla!-Verzeichnis und prüfen Sie in Ihr die folgenden beiden Einträge:

- `$dbtype` sollte auf `'mysql'` stehen.
- `$host` bezeichnet den Namen des Computers, auf dem MySQL läuft. Bei einer lokalen XAMPP-Installation wäre dies `'localhost'`. Bei einer gemieteten MySQL-Datenbank kann es auch ein anderer Server sein, dessen Adresse Sie vom Provider bekommen.

Database Error: Unable to connect to the database:Could not connect to database

Diese Meldung kann zwei Ursachen haben:

- Die Datenbank läuft zwar, Joomla! kann sich aber bei ihr nicht anmelden. Höchstwahrscheinlich sind in diesem Fall einige Angaben in der Joomla!-eigenen Konfigurationsdatei *configuration.php* falsch. Prüfen Sie daher in ihr die folgenden beiden Einträge:
- `$user` ist der Name des Datenbank-Benutzers. Bei einer XAMPP-Installation ist das `'root'`.
- `$password` enthält das Passwort, das zur Anmeldung an der Datenbank notwendig ist. Im Fall einer XAMPP-Installation ist kein Passwort gesetzt, folglich müsste hier nur ein `''` stehen.
- In einigen Fällen hilft es auch, das gesamte MySQL-System herunter- und direkt wieder hochzufahren (bei der XAMPP-Installation unter Linux über `lampp restart` und unter Windows mithilfe der grafischen Oberfläche, siehe auch Kapitel 2).
- Joomla! konnte sich zwar ordnungsgemäß bei MySQL anmelden, die Datenbank ließ sich jedoch nicht auswählen und öffnen. Auch hier können mangelnde Zugriffsrechte auf die Datenbank oder wieder ein Konfigurationsfehler

in der *configuration.php* die Ursache sein. Prüfen Sie deshalb dort, ob der Eintrag hinter $db dem Namen der Datenbank entspricht. Wenn Sie der Anleitung aus Kapitel 2 gefolgt sind, müsste dies 'joomla' sein.

Datenbank sichern: Backups

Leider bietet Joomla! von Haus aus keine Möglichkeit, den aktuellen Datenbestand zu sichern. Sie müssen sich daher selbst um regelmäßige Backups kümmern. Auch hierfür gibt es – wie so oft – zwei Wege. Zum einen können Sie einfach das gesamte Datenbankverzeichnis kopieren. In der lokalen XAMPP-Installation funktioniert das ohne Weiteres, auf einem angemieteten Internetserver hat man solche Zugriffsmöglichkeiten jedoch nur in seltenen Fällen – insbesondere weil Sie hierzu MySQL für die Dauer des Kopiervorgangs anhalten beziehungsweise stoppen müssen.

Der empfohlene Weg führt daher über den Export des Datenbestandes in eine einzelne Datei, den sogenannten *Dump*. Dieses lässt sich entweder bequem über eine grafische Konfigurationsoberfläche, wie beispielsweise phpMyAdmin, oder auf der Kommandozeile bewerkstelligen.

 Für die Joomla!-Versionen 1.0.x gab es die Komponente *eBackup*, die eine Datenbanksicherung bequem und direkt aus dem Content-Management-System gestattete. Diese Erweiterung dürfen Sie unter keinen Umständen unter Joomla! 1.5 nutzen, auch nicht im Kompatibilitätsmodus! Da sich die Datenbankstruktur an wesentlichen Stellen geändert hat, würde im so erstellten Backup nur Grütze landen.

 Für eine Datensicherung sollte der Kompatibilitätsmodus (vorübergehend) deaktiviert werden.

Mit phpMyAdmin

Sofern Sie zur Konfiguration von MySQL die Software phpMyAdmin verwenden, klicken Sie zunächst auf der linken Seite die zu sichernde Datenbank an (für gewöhnlich *joomla*) und wechseln dann im rechten Bereich auf das Register EXPORTIEREN (Abbildung 18-4). Unter XAMPP erreichen Sie die phpMyAdmin-Oberfläche über die Internetadresse *http://localhost/phpmyadmin*, andere Konfigurationsoberflächen bieten einen ähnlichen Punkt.

Zu sichern sind nun *alle* Tabellen – mit Haut und Haaren. In phpMyAdmin markieren Sie dazu alle Einträge im linken oberen Feld oder klicken kurzerhand auf die Schaltfläche ALLE AUSWÄHLEN im Bereich EXPORTIEREN. Stellen Sie zusätzlich sicher, dass auf der rechten Seite unter STRUKTUR die Punkte *DROP TABLES, IF*

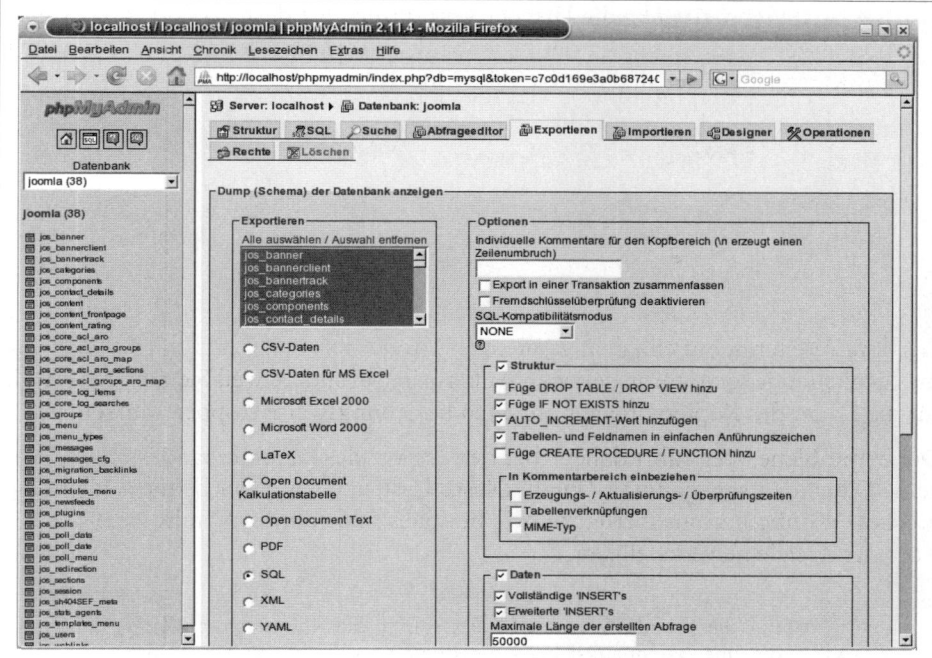

Abbildung 18-4: Mit diesen Einstellungen erstellt man eine Komplettsicherung der Daten.

NOT EXISTS und *AUTO_INCREMENT* angekreuzt sind. Darüber hinaus müssen die *Tabellen und Feldnamen in einfachen Anführungszeichen* exportiert werden. Alle weiteren Einstellungen belassen Sie auf ihren Ursprungswerten.

phpMyAdmin bietet im unteren Teil noch die Möglichkeit, eine *Kompression* einzuschalten. Sofern Ihr Provider dies gestattet, wird die entstehende Datei mit dem Backup erheblich kleiner. Ansonsten benötigt die Sicherung noch einmal ungefähr den von der Datenbank beanspruchten Plattenplatz.

Stoßen Sie nun den Export über die Schaltfläche Ok an. phpMyAdmin bietet das Resultat anschließend zum Download an – allerdings nur, wenn Sie zuvor die Kompression aktiviert haben. Andernfalls erscheint ein großes Fenster mit dem gesamten Datenbankinhalt. Diesen müssen Sie dann über die Zwischenablage in eine Textdatei kopieren und somit per Hand abspeichern.

 Die exportierte Datei enthält SQL-Befehle, mit denen die Datenbank wieder rekonstruiert werden kann. Da diese Befehle im Klartext lesbar sind, kann man auch noch per Hand Veränderungen an den Daten oder den SQL-Befehlen einpflegen. Allerdings sollte man sich dabei bewusst sein, welch heißes Eisen man hier anfasst: Schon ein einziger falscher SQL-Befehl oder ein Tippfehler kann die gesamte Sicherung ruinieren.

Ohne phpMyAdmin

Falls Sie eine andere Konfigurationsoberfläche verwenden, wählen Sie auch dort den entsprechenden Punkt für den Export beziehungsweise das Backup. Achten Sie darauf, dass wirklich alle Tabellen der Joomla!-Datenbank (in der Regel trägt sie den Namen *joomla*) in der Sicherung landen.

Wer Zugriff auf die Kommandozeile und die MySQL beiliegenden Programme hat, darf auch gern die Anwendung *mysqldump* zur Sicherung der Datenbank verwenden. Der vollständige Befehl lautet:

```
mysqldump -u benutzername --password=passwort --opt datenbankname > backup.sql
```

Hierbei stehen **benutzername** und **passwort** für Ihre jeweiligen MySQL-Anmeldedaten, **datenbankname** für die zu sichernde Datenbank (wie zum Beispiel *joomla*) und *backup.sql* schließlich für den Namen der Datei, die sämtliche zu sichernden Daten aufnimmt.

Den obigen Befehl kann man bei einigen Providern auch aus einem PHP-Skript aufrufen:

```
<?php
system("/usr/bin/mysqldump -u Benutzername -p Passwort -h Server Datenbank | gzip >
".dirname(__FILE__)."/backup.gz", $fp);
if($fp==0) echo "Daten exportiert"; else echo "Es ist ein Fehler aufgetreten";
?>
```

Das Backup wird damit komprimiert im Verzeichnis der PHP-Datei abgelegt. Ohne Komprimierung sieht das Skript wie folgt aus:

```
<?php
system("/usr/bin/mysqldump -u Benutzername -p Passwort -h Server Datenbank > ".
dirname(__FILE__)."/backup.sql", $fp);
if($fp==0) echo "Daten exportiert"; else echo "Es ist ein Fehler aufgetreten";
?>
```

Eine Datenbanksicherung wieder zurückspielen

Dies ist noch einfacher als eine Sicherung – vorausgesetzt, Sie haben sich penibel an die Schritte aus dem vorhergehenden Abschnitt gehalten.

Mit einer grafischen Konfigurationsoberfläche

Falls nötig, müssen Sie zunächst eine neue Datenbank anlegen. phpMyAdmin bietet diese Option beispielsweise direkt in seinem Eingangsbildschirm an (NEUE DATENBANK ANLEGEN).

 Der Name der Datenbank muss mit dem von Joomla! genutzten Namen übereinstimmen. Falls Sie ihn vergessen haben sollten, öffnen Sie die Datei *configuration.php* im Joomla!-Verzeichnis mit

---

einem Texteditor. Dort finden Sie den Datenbanknamen in Hochkommata in der Zeile, die mit var $db = beginnt. Für gewöhnlich heißt die Datenbank *joomla*.

 Alternativ können Sie auch einfach Joomla! erneut installieren und dem Content-Management-System die ganze Arbeit überlassen (siehe dazu auch Kapitel 2). Dieses Vorgehen empfiehlt sich generell bei einem zerstörten oder sich merkwürdig verhaltenden System.

Betreten Sie jetzt die Datenbank, bei phpMyAdmin beispielsweise mit einem Klick auf ihren Namen in der linken Leiste. Nun haben Sie in der Regel zwei Möglichkeiten:

- Sie rufen das Eingabefeld für die SQL-Befehle auf (unter phpMyAdmin beispielsweise auf dem Register SQL) und kopieren den Inhalt des vorliegenden *Dumps* über die Zwischenablage dort hinein.

- Alternativ verwenden Sie die Funktion für den Import. Unter phpMyAdmin wechseln Sie dazu auf das Register IMPORTIEREN, wählen per DURCHSUCHEN... die Datei mit dem Backup und stoßen schließlich die Rücksicherung mit einem Klick auf OK an.

Mit einem Kommandozeilenprogramm

Möchten Sie die Datenbank mit den Kommandozeilenwerkzeugen von MySQL zurückholen, so ist hierfür wieder das Programm *mysql* zuständig. Der benötigte Befehl lautet:

```
mysql -u benutzer -p datenbankname < backup.sql
```

Wobei **benutzer** durch den Benutzernamen für die Anmeldung an MySQL und **datenbankname** durch den Namen der Datenbank zu ersetzen ist. *backup.sql* enthält das *Dump* mit der Sicherung.

Joomla! verpflanzen

Die Provider von Internetservern liefern sich einen heißen Preiskrieg. Da kommt schnell der Wunsch auf, die Internetpräsenz auf die Festplatten eines anderen Anbieters zu verlagern. Aber auch bei einem wachsenden Kinoportal könnte es unter Umständen notwendig werden, das Installationsverzeichnis auf einen größeren Server zu verlagern, zu wechseln oder gar umzubenennen.

Das Verschieben einer kompletten Joomla!-Installation auf einen neuen Server oder in ein anderes Verzeichnis ist zwar in wenigen Schritten erledigt, kann aber auch ebenso schnell schiefgehen. Als erste vorbereitende Maßnahme sollten Sie immer die gesamte Datenbank sichern. Für den Fall, dass bei der Übertragung etwas nicht klappt, hat man dann immer noch ein Backup zur Hand.

Erst im nächsten Schritt kopieren Sie das gesamte Joomla!-Verzeichnis auf den neuen Server oder in das unberührte Verzeichnis. Dies kann je nach Zugangsmöglichkeiten zum Beispiel per FTP- oder SSH-Programm geschehen. Denken Sie auch daran, die Schreibrechte für die Verzeichnisse in der neuen Umgebung zu kontrollieren und gegebenenfalls anzupassen.

Sofern Sie auch die Datenbank von Joomla! auf einen anderen Server verschieben wollen, erstellen Sie von ihr ein Backup und spielen es auf dem neuen Server einfach wieder ein. Verfahren Sie dazu nach den im vorherigen Abschnitt »Datenbank sichern: Backups« auf Seite 588 genannten Schritten.

Abschließend müssen Sie noch die Konfigurationsdatei *configuration.php* mit einem Texteditor öffnen und an folgenden Stellen manipulieren:

- `var $user = 'root';`

  Zwischen die Anführungszeichen gehört der Benutzername, mit dem Sie sich bei der Datenbank anmelden.

- `var $password = '123';`

  Zwischen die Anführungszeichen gehört das Passwort, mit dem Sie sich bei der Datenbank anmelden.

- `var $db = 'joomla';`

  Zwischen die Anführungszeichen gehört der Name der Datenbank, zum Beispiel *joomla*.

- `var $host = 'localhost';`

  Zwischen die Anführungszeichen gehört die Internetadresse des Servers, auf dem die Datenbank läuft.

- `var $log_path = '/opt/lampp/htdocs/joomla/logs';`

  Zwischen die Anführungszeichen gehört das Verzeichnis, in dem Joomla! seine Log-Dateien ablegt (für gewöhnlich das Unterverzeichnis *logs* im Joomla!-Ordner).

- `var $tmp_path = '/opt/lampp/htdocs/joomla/tmp';`

  Zwischen die Anführungszeichen gehört das Verzeichnis, in dem Joomla! seine temporären Dateien speichern darf (für gewöhnlich das Unterverzeichnis *tmp* im Joomla!-Ordner).

Alle betroffenen Zeilen verteilen sich leider quer über die Datei *configuration.php*. Die Werte in den Anführungszeichen hängen natürlich von Ihrer jeweiligen Joomla!-Installation ab. Nachdem Sie die entsprechenden Werte auf den aktuellen Stand gebracht haben, speichern Sie als letzte Amtshandlung die Konfigurationsdatei ab.

KAPITEL 19

Migration auf Joomla! 1.5

Joomla! 1.5 wurde in weiten Teilen neu entwickelt und schneidet zudem einige alte Zöpfe ab. Der Umstieg von einer älteren Joomla!-Version oder gar noch von dessen Vorläufer Mambo 4.5 gestaltet sich folglich etwas komplizierter. So genügt es nicht mehr, nur ein entsprechendes Update-Paket im Joomla!-Verzeichnis zu entpacken. Das ist besonders ärgerlich, wenn man bereits viel Arbeit in einen bestehenden Auftritt gesteckt hat.

Ein Umstieg von Joomla! 1.0.x oder Mambo 4.5.x erfordert folgende fünf Schritte:

1. Erfassung der Ist-Situation und Backup der gesamten Seite

2. Datenbank auf Joomla! 1.5 vorbereiten

3. Installation von Joomla! 1.5

4. Aktualisierung der Komponenten, Module und Plugins (beziehungsweise Mambots)

5. Anpassen von Templates und selbst geschriebenen Erweiterungen

Probleme bereiten dabei insbesondere der zweite und der vierte Schritt: So verwendet Joomla! 1.5 eine leicht veränderte Datenbankstruktur, in die die alten Inhalte gepresst werden müssen. Bei dieser Aufgabe hilft Ihnen glücklicherweise eine spezielle Migrationskomponente. Mehr Kopfzerbrechen dürften alte Erweiterungen bereiten. Sofern sie sich tief in Joomla! einnisten und dessen Standardverhalten verändern, bringt das die erwähnte Migrationshilfe aus dem Tritt.

 Als Faustregel gilt deshalb: Je weniger externe Komponenten Sie verwenden, desto einfacher wird die Migration auf Joomla! 1.5.

Dies sollte Sie jetzt jedoch nicht entmutigen: Die folgenden Abschnitte führen Sie ausführlich und möglichst sicher durch den Umzug.

Der umgekehrte Weg von Joomla! 1.5 auf eine seiner Vorversionen ist leider nicht so einfach möglich und von den Entwicklern auch nicht vorgesehen. Überlegen Sie sich also gut, ob Sie auf die aktuelle Version wechseln möchten. Im Extremfall müssten die Datenbank wieder per Hand an die Bedürfnisse der Vorversion anpassen.

1. Schritt: Erfassung der Ist-Situation und Backup der gesamten Seite

Bevor Sie mit dem eigentlichen Umzug beginnen, sollten Sie sich zunächst einen Überblick über die zu migrierende Homepage verschaffen. Dazu notieren Sie sich als Erstes alle derzeit genutzten Erweiterungen. Dabei helfen Ihnen das Menü COMPONENTS sowie die Listen hinter COMPONENTS, MODULES und MAMBOTS im Menü INSTALLERS.

Viele der noch unter Joomla! 1.0.x beliebten Erweiterungen wurden (noch) nicht an die neue Version angepasst. Teilweise wurde ihre Entwicklung sogar komplett eingestellt. Sie sollten sich daher schon *vor* der eigentlichen Migration mit einem kurzen Blick auf die jeweilige Homepage Gewissheit verschaffen. Sofern keine spezielle Version für Joomla! 1.5 existiert, können Sie entweder versuchen, die alte Fassung über den sogenannten Kompatibilitätsmodus zu nutzen – was jedoch oftmals schiefgeht –, oder aber nach einem anderen, modernen Ersatz suchen. In letztem Fall können Sie zwar den alten Datenbestand nicht mitnehmen, dafür ist diese Methode jedoch eine Investition in die Zukunft und dank entsprechender Updates auch sicherer – bei einer veralteten Komponente stopft schließlich niemand mehr entdeckte Sicherheitslöcher.

Wechseln Sie anschließend in die globale Konfiguration hinter SITE → GLOBAL CONFIGURATION und dort auf das Register DATABASE. Schreiben Sie hier alle aufgeführten Werte ab, besonders wichtig ist die MYSQL DATABASE und der MYSQL DATABASE PREFIX.

Weiter geht es in die Sprachverwaltung hinter SITE → LANGUAGE MANAGER → SITE LANGUAGES. Klicken Sie dort auf den Namen der Sprache, die zurzeit auf Ihrer Homepage zum Einsatz kommt (erkennbar am grünen Pfeil in der Spalte PUBLISHED). Sie gelangen nun zu einem recht großen Eingabefeld. In ihm suchen Sie nach der Zeile, die mit

```
DEFINE('_ISO','charset=
```

beginnt.

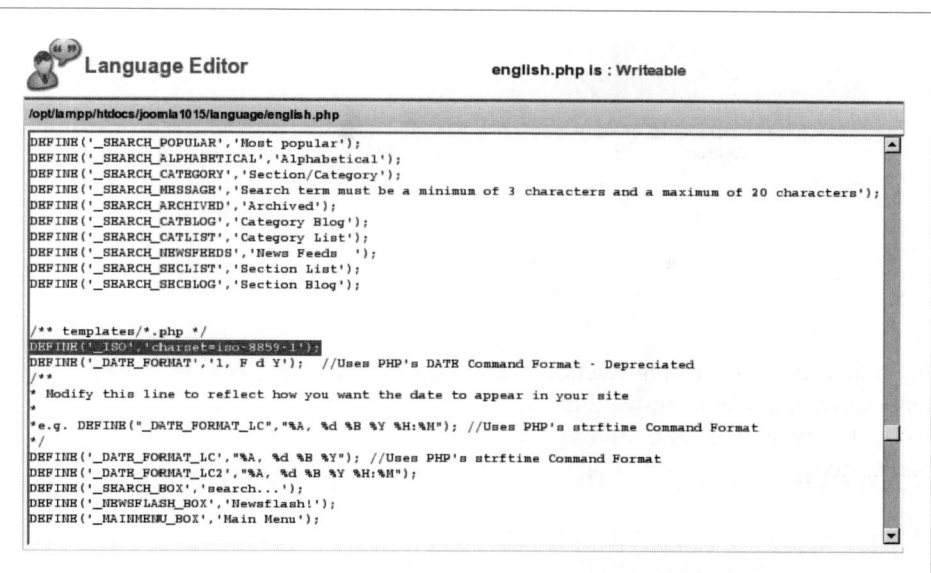

```
Language Editor                          english.php is : Writeable

/opt/lampp/htdocs/joomla1015/language/english.php

DEFINE('_SEARCH_POPULAR','Most popular');
DEFINE('_SEARCH_ALPHABETICAL','Alphabetical');
DEFINE('_SEARCH_CATEGORY','Section/Category');
DEFINE('_SEARCH_MESSAGE','Search term must be a minimum of 3 characters and a maximum of 20 characters');
DEFINE('_SEARCH_ARCHIVED','Archived');
DEFINE('_SEARCH_CATBLOG','Category Blog');
DEFINE('_SEARCH_CATLIST','Category List');
DEFINE('_SEARCH_NEWSFEEDS','News Feeds  ');
DEFINE('_SEARCH_SECLIST','Section List');
DEFINE('_SEARCH_SECBLOG','Section Blog');


/** templates/*.php */
DEFINE('_ISO','charset=iso-8859-1');
DEFINE('_DATE_FORMAT','l, F d Y');  //Uses PHP's DATE Command Format - Depreciated
/**
* Modify this line to reflect how you want the date to appear in your site
*
*e.g. DEFINE("_DATE_FORMAT_LC","%A, %d %B %Y %H:%M"); //Uses PHP's strftime Command Format
*/
DEFINE('_DATE_FORMAT_LC',"%A, %d %B %Y"); //Uses PHP's strftime Command Format
DEFINE('_DATE_FORMAT_LC2',"%A, %d %B %Y %H:%M");
DEFINE('_SEARCH_BOX','search...');
DEFINE('_NEWSFLASH_BOX','Newsflash!');
DEFINE('_MAINMENU_BOX','Main Menu');
```

Abbildung 19-1: In den Sprachdateien finden Sie die Angaben zur verwendeten Zeichenkodierung.

Notieren Sie sich den Namen der Zeichenkodierung hinter dem Gleichheitszeichen. In der Regel sollte dies iso-8859-1 sein.

Computer arbeiten intern ausschließlich mit Zahlen. Um auch Buchstaben darstellen und verarbeiten zu können, greift man zu einem Trick und ordnet jedem Zeichen des Alphabets eine Zahl zu. Welche Zahl welchem Buchstaben entspricht, regeln verschiedene Standards. Einer davon ist beispielsweise der genannte Standard *ISO-8859-1*. Für die Migration ist nur sein Name von Interesse. Falls Sie weitere Informationen zu diesem Thema suchen, bietet wieder einmal die Wikipedia unter *http://de.wikipedia.org/wiki/Zeichenkodierung* einen guten ersten Anlaufpunkt.

Erstellen Sie als Nächstes ein Backup sowohl des gesamten Joomla!-Verzeichnisses als auch der Datenbank. Wie Letzteres funktioniert, zeigte bereits Kapitel 18.

Wenn Sie mit einer XAMPP-Installation arbeiten, können Sie einfach das gesamte XAMPP-Verzeichnis sichern. Stoppen Sie jedoch vorher unbedingt alle noch laufenden Komponenten.

Sollte später einmal etwas schiefgehen, ist das Backup Ihr Sicherheitsnetz. So gewappnet geht es nun an den eigentlichen Umzug.

Sofern sich Ihre Mambo- oder Joomla!-Installation im produktiven Einsatz befindet, gelten besondere Vorsichtsmaßnahmen. In diesem Fall probieren Sie am besten die Migration zunächst auf einem Test- rechner aus. Dazu kopieren Sie die gesamte Joomla!-Installation samt Datenbank vom Server auf Ihren eigenen Computer und führen dort die folgenden Schritte aus. Erst wenn in der Testumgebung alles funktioniert hat und keine Probleme im Dauerbetrieb auftauchen, sollten Sie sich an die Umstellung des richtigen Servers wagen. Für den eigentlichen Migrationsvorgang wählen Sie dann einen Zeit- punkt, zu dem das System möglichst wenig genutzt wird. Darüber hinaus ist es ratsam, die in einem Katastrophenfall betroffenen Perso- nen vorab über die Umstellung zu informieren. Hierzu zählen im Kinoportal beispielsweise die Autoren, Moderatoren und Administ- ratoren.

2. Schritt: Datenbank auf Joomla! 1.5 vorbereiten

Beim Umzug der Datenbankinhalte hilft eine kleine Erweiterung. Sie finden sie im Verzeichnis der Joomla!-Erweiterungen unter *http://extensions.joomla.org/* und dort in der Rubrik DATA CONVERSION unter den ADMIN TOOLS. In der nun angezeigten Liste suchen Sie nach dem *Migrator from 1.0 to 1.5*. Klicken Sie auf DOWNLOAD, und wechseln Sie im neuen Bildschirm auf das Register FILES (direkt dorthin führt übrigens auch die kryptische Internetadresse *http://joomlacode.org/gf/project/pasa- mioprojects/frs/*). Wählen Sie nun das Paket *migrator*, und laden Sie dessen aktu- ellste Version herunter – zum Zeitpunkt der Drucklegung dieses Buchs war dies *migrator_rc7.zip*.

 Da die Datenbanktabellen nur an zwei wesentlichen Stellen verändert wurden, könnten Sie theoretisch auch auf die Migrationshilfe ganz verzichten und – zum Beispiel mittels phpMyAdmin – die Datenbank per Hand anpassen. Sie bräuchten nur in der Tabelle *core_acl_aro* das Feld *aro_id* in *id* und in der Tabelle *core_acl_aro_groups* das Feld *group_id* in *id* umzubenennen. Dummerweise löscht Joomla! 1.5 bei seiner Installation zum einen die alten Tabellen, zum anderen verwen- det es mit UTF-8 eine andere Zeichenkodierung (dazu später noch mehr). Am einfachsten wäre es, hier noch die gesamte Datenbank so, wie in Kapitel 18 beschrieben wurde, zu exportieren, entsprechend anzupassen, dann Joomla! zu installieren und schließlich die Daten- bank wieder zu importieren. Dieses Vorgehen ist jedoch noch fehler- anfälliger als der Weg über die Migrationshilfe.

Migrationshelfer installieren

Den kleinen Helfer installieren Sie nun unter der alten Joomla!-Version. Dazu melden Sie sich im Administrationsbereich an und rufen aus dem Hauptmenü

INSTALLERS → COMPONENTS auf. Über DURCHSUCHEN... wählen Sie das gerade heruntergeladene Archiv, das ein Klick auf UPLOAD FILE & INSTALL einspielt.

Und was ist mit Mambo?

 Die Migrationshilfe wurde explizit für Joomla! 1.0.x entworfen, läuft aber auch noch unter Mambo 4.5.x. Letzteres garantiert der Entwickler der Migrator-Komponente jedoch nicht. Mambo-Betreiber nutzen die Komponente folglich auf eigene Gefahr.

Sollten Sie noch Mambo einsetzen, empfiehlt sich daher zunächst ein Update auf Joomla! 1.0.x, das Sie dann wiederum auf Joomla! 1.5 aktualisieren. Sie sollten sich dabei aber bewusst sein, dass die dazu notwendige Prozedur an vielen Stellen scheitern kann.

Für den ersten Schritt auf Joomla! 1.0.x entpacken Sie dessen Archiv in ein neues Verzeichnis auf dem Server. Löschen Sie jetzt direkt das *installation*-Verzeichnis in Joomla!. Retten Sie aber noch zuvor die Datei *migrate_Mambo4523_to_Joomla_100.sql* aus dem Unterverzeichnis *sql*. Kopieren Sie anschließend die Datei *configuration.php* aus dem Mambo- in das Joomla!-Verzeichnis.

Nun kopiert man alle *nachträglich* oder selbst programmierten Templates, Mambots, Komponenten und Module. Die Verzeichnisstrukturen sind unter Joomla und Mambo identisch. Die übernommenen Erweiterungen müssen daher unter Joomla in den gleichen Verzeichnissen landen, in denen sie auch schon unter Mambo zu finden waren.

Jetzt aktivieren Sie die SQL-Datei. Dazu wechseln Sie zum Konfigurationsprogramm Ihrer MySQL-Datenbank. Im Fall der hier verwendeten XAMPP-Installation ist das phpMyAdmin, das über die Internetadresse *http://localhost/phpmyadmin* erreichbar ist. Wählen Sie nun die zum Mambo-System gehörende Datenbank aus. Unter phpMyAdmin geschieht dies über die Liste auf der linken Seite. Rufen Sie anschließend die Funktion auf, die es gestattet, SQL-Befehle abzuschicken. In phpMyAdmin wechseln Sie dazu auf das Register SQL.

Hier haben Sie jetzt zwei prinzipielle Vorgehensweisen, je nachdem, welche Optionen Ihr Konfigurationsprogramm zulässt. Entweder kopieren Sie den Inhalt der Datei *migrate_Mambo4523_to_Joomla_100.sql* in das Eingabefeld oder Sie geben den entsprechenden Dateinamen an (in phpMyAdmin unter dem Eingabefeld bei DATEI). Führen Sie diese Befehle nun aus. Dabei werden alle Anpassungen durchgeführt, die Joomla! benötigt.

Testen Sie das Ergebnis der Migration, indem Sie die Joomla!-Homepage in ihrem Verzeichnis aufrufen. Hat alles geklappt, löschen Sie den Mambo-Ordner und verfahren dann wie in den folgenden Abschnitten beschrieben weiter.

Sobald die kurze Erfolgsmeldung erscheint, rufen Sie im Hauptmenü den Punkt COMPONENTS → MIGRATOR auf. Es erscheint der Bildschirm aus Abbildung 19-2.

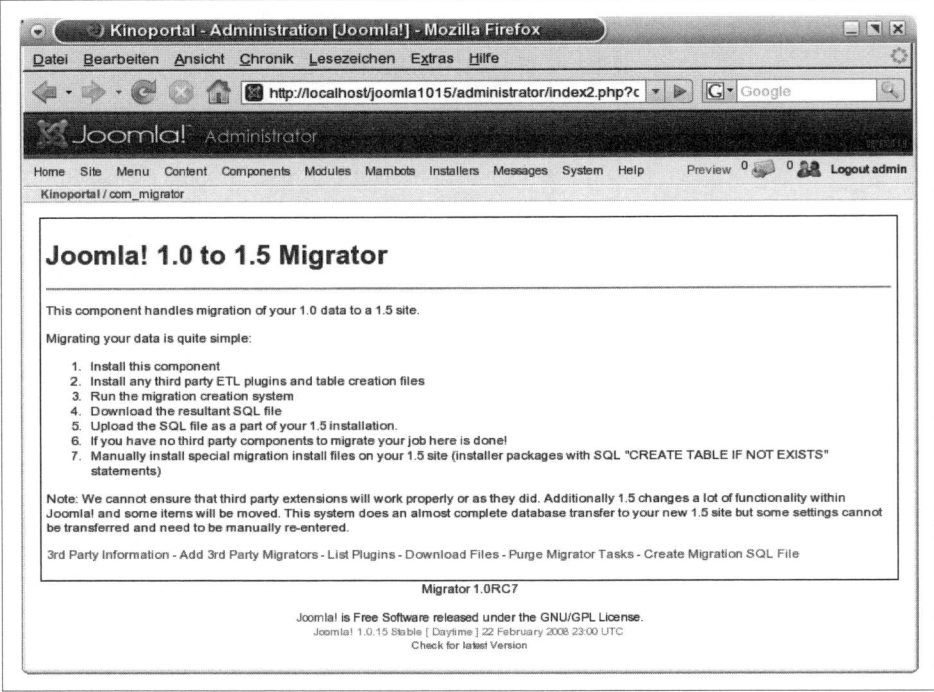

Abbildung 19-2: Der Hauptbildschirm der Migrator-Komponente

Die Migrator-Komponente mit den installierten Erweiterungen bekannt machen

Jetzt wird es etwas kniffelig: Die Migrationskomponente überträgt von Haus aus lediglich die Joomla!-eigenen Inhalte. Daten von Erweiterungen bleiben folglich gnadenlos auf der Strecke. Es sei denn, deren Entwickler helfen der Migrator-Komponente über ein kleines Plugin auf die Sprünge.

Werfen Sie deshalb einen Blick auf die in Schritt 1 erstellte Liste mit den von Ihnen eingesetzten Erweiterungen. Deren Webseiten gilt es nun abzugrasen und dort nach Migrations-Plugins zu fahnden, den sogenannten *ETL-Plugins*.

Allerdings ist nicht für jede Erweiterung ist ein solches Plugin notwendig. Dies trifft in erster Linie auf alle Module und Komponenten zu, die keine zusätzlichen Daten speichern, sondern nur auf den von Joomla! gepflegten Bestand zurückgreifen. Allerdings lässt sich aus dem Fehlen eines ETL-Plugins nicht automatisch schließen, dass für die entsprechende Erweiterung keines benötigt würde. Im Zweifelsfall sollten Sie beim jeweiligen Entwickler oder in einem entsprechenden Forum um Hilfe bitten.

 Falls Sie eigene Joomla!-Erweiterungen entwickelt haben und ein Plugin dafür anbieten möchten, sollten Sie einen Blick in das Verzeichnis */administrator/components/com_migrator/plugins* werfen. Dort steckt in jeder Datei genau ein Plugin, das wiederum als Vorlage oder Beispiel für einen eigenen Ableger dient.

Falls ein ETL-Plugin existiert, laden Sie es sich herunter und klicken dann auf ADD 3RD PARTY MIGRATORS am unteren Rand des Migrator-Bildschirms (siehe Abbildung 19-2). Klicken Sie im neuen Schirm auf DURCHSUCHEN..., und wählen Sie die Plugin-Datei aus, die schließlich UPLOAD PLUGIN in die Migrator-Komponente einimpft. Damit weiß Letztere endlich, wie sie die Daten der entsprechenden Erweiterung konvertieren muss.

 Welche Komponenten und Erweiterungen der Migrator derzeit kennt (und somit deren Daten überträgt), verrät die Aufstellung hinter LIST PLUGINS.

Backup der Datenbank erstellen

Sind alle ETL-Plugins in die Migrator-Komponente eingepflegt, wird es endgültig ernst. Damit keine Besucher während der Konvertierung Daten in die Datenbank schreiben, sollten Sie sie in der globalen Konfiguration (hinter SITE → GLOBAL CONFIGURATION) auf dem Register SITE vorübergehend *offline* schalten.

Wechseln Sie nun zur Migrator-Komponente (COMPONENTS → MIGRATOR) zurück, und klicken Sie dort auf CREATE MIGRATION SQL FILE. Das Hilfswerkzeug zeigt Ihnen daraufhin eine Liste mit allen Elementen, die es gleich für die neue Version aufbereitet. Möchten Sie beispielsweise die Weblinks von der Übertragung ausschließen, entfernen Sie den Haken vor *Weblinks ETL Plugin*.

Im Normalfall behalten Sie einfach alle Vorgaben bei und klicken auf START MIGRATION am unteren Bildrand. Es dauert nun eine kleine Weile, während der sich mehrere Bildschirme abwechseln. Die erfolgreiche Fertigstellung kündigt die Migrator-Komponente durch die Meldung in Abbildung 19-3 an.

Die gesamte Datenbank wurde nun für Joomla! 1.5 aufbereitet, und das Ergebnis wurde anschließend in eine Datei exportiert – in Abbildung 19-2 trägt sie den Namen *joomla_20080313_180627.sql*. Diese sogenannte *Migrationsskript*-Datei enthält somit gleichzeitig ein Backup der Datenbank.

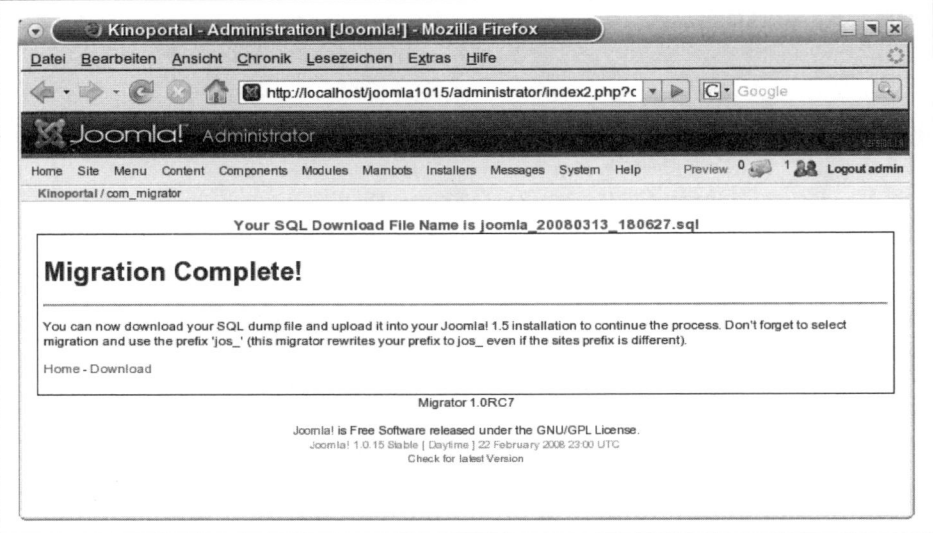

Abbildung 19-3: Die Datenbank wurde für Joomla! 1.5 aufbereitet, und das Ergebnis wurde in der Datei »joomla_20080313_180627.sql« abgelegt.

Die Migrator-Komponente selbst ändert (noch) nichts an der Datenbank. Dies passiert erst im nächsten Schritt bei der Installation von Joomla! 1.5 mithilfe der gerade erzeugten Datei.

Allerdings lagert sie im Moment noch auf dem Server. Um das Migrationsskript herunterzuladen, klicken Sie auf DOWNLOAD (alternativ können Sie auch auf der Hauptseite der Migrator-Komponente auf DOWNLOAD FILES klicken.). Sie landen damit in einer Liste mit allen bisher erstellten Migrationsskripten – im Moment ist dies nur eines. Klicken Sie auf DOWNLOAD ganz rechts neben dem Dateinamen, und speichern Sie die Datei mit der Endung *.sql* an einem sicheren Ort auf Ihrer Festplatte – sie wird in wenigen Momenten wieder gebraucht.

 Sie können durchaus mehrere Konvertierungsdurchgänge anstoßen und somit mehrere Migrationsskripten erstellen. Ob dies jedoch überhaupt sinnvoll ist, müssen Sie selbst für Ihre Situation entscheiden. Immerhin gehen einmal erstellte Datenbankkonvertierungen nicht verloren, sondern landen übersichtlich in dieser Liste – es sei denn, Sie löschen sie explizit via DELETE auf der rechten Seite.

3. Schritt: Joomla! 1.5 installieren

Bevor Sie als Nächstes Joomla! 1.5 installieren, sollten Sie sich kurz überlegen,

- in welches Verzeichnis Sie die neue Version installieren möchten und
- welche Datenbank sie künftig nutzen soll.

Theoretisch könnten Sie Joomla! 1.5 einfach in das bereits bestehende Joomla!-Verzeichnis installieren und die schon vorhandene Datenbank nutzen. Dies hätte jedoch den Nachteil, dass Sie Ihre alte Version komplett verlieren würden – es gäbe dann im Fall der Fälle kein Zurück mehr, und Sie müssten auf das Komplettbackup aus Schritt 1 zurückgreifen.

Kopieren Sie keinesfalls einfach die neue Joomla!-Version 1.5 über eine alte! Diese Mischung führt nicht nur zu einem Chaos, sondern mit hoher Wahrscheinlichkeit auch zu einem nicht mehr funktionierenden System.

Aus diesem Grund sollten Sie der neuen Version ein eigenes Verzeichnis, wie beispielsweise *joomla15* und eine eigene Datenbank, zum Beispiel unter dem Namen *joomla15* spendieren. Sollte irgendwann etwas schieflaufen, können Sie dann schnell zwischen Ihrer alten und der neuen Installation hin- und herspringen.

Der Wechsel kann auf mehrere Arten geschehen. So bieten viele Provider an, die Internetadresse auf ein Verzeichnis umzubiegen. Alternativ können Sie eine statische HTML-Eingangsseite erstellen, die Besucher auf das entsprechende Angebot weiterleitet.

Erst wenn die Migration abgeschlossen ist, löschen Sie die alte Installation und die zugehörige Datenbank. Einige Webspace-Provider gestatten dummerweise nur den Einsatz einer einzigen Datenbank. In diesem Fall müssen Sie in den sauren Apfel beißen und den Parallelbetrieb abschreiben.

Steht der Name für das Joomla!-Verzeichnis und die Datenbank fest, dürfen Sie endlich zur Installation von Joomla! 1.5 schreiten. Folgen Sie dazu einfach den Schritten aus Kapitel 2, stoppen Sie aber bei der Einrichtung der Datenbank in Schritt 4. Dort sollten Sie vor dem Formular aus Abbildung 19-4 stehen.

Im Bereich BASISEINSTELLUNGEN tragen Sie die gewohnten Werte ein.

Wenn Sie hier unter DATENBANKNAME den Namen der alten Joomla!-Installation verwenden (müssen), löscht Joomla! 1.5 im nächsten Schritt die darin enthaltenen Tabellen. Den alten Datenbestand holen Sie anschließend über das Migrationsskript wieder zurück. Sollte dabei jedoch etwas schiefgehen, sind Ihre alten Daten futsch. Deshalb folgt an dieser Stelle noch einmal der Rat, wenn möglich hier einen anderen Datenbanknamen zu vergeben.

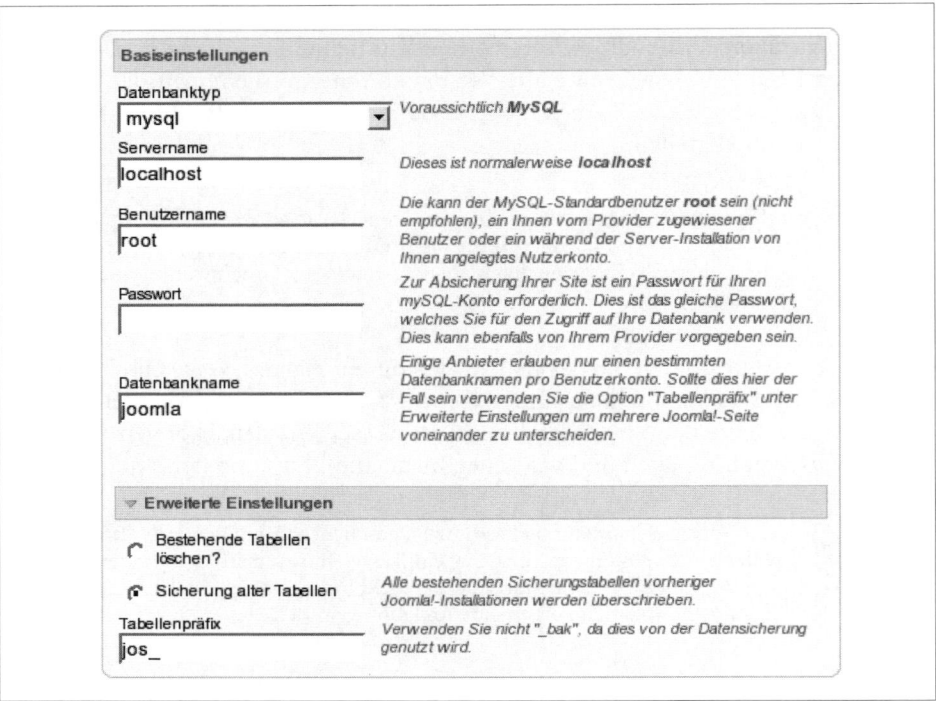

Abbildung 19-4: Bei der Einrichtung der Datenbank sind insbesondere die Angaben unter »Erweiterte Einstellungen« wichtig.

Klappen Sie anschließend die ERWEITERTEN EINSTELLUNGEN mit einem Klick auf das grüne Dreieck auf. Stellen Sie hier sicher, dass SICHERUNG ALTER TABELLEN aktiviert wurde und dass beim TABELLENPRÄFIX *jos_* steht. Letzteres verlangt die Migratorkomponente (zum Zeitpunkt der Drucklegung dieses Buches stand noch offen, ob spätere Versionen der Migrator-Komponente hier auch andere Präfixe erlauben werden).

 Die SICHERUNG ALTER TABELLEN sorgt dafür, dass Joomla! 1.5 gleich den vorhandenen alten Datenbestand nicht vollständig über Bord wirft, sondern ihn vorher in extra dafür abgestellte Tabellen verschiebt (siehe Kapitel 2). Im Fall der Fälle sind damit die Beiträge und Artikel zwar nicht gänzlich verloren, Sie müssen sie jedoch recht umständlich dort von Hand wieder herauskopieren – beispielsweise über die Oberfläche phpMyAdmin (siehe Kapitel 18). Es kann daher einfacher sein, das Komplettbackup aus dem ersten Schritt einzuspielen. Für alle, deren Provider jedoch nur eingeschränkten Zugriff auf die MySQL-Datenbank gestatten, stellt dieses zusätzliche Backup jedoch eine wertvolle Hilfe dar.

Folgen Sie nun wieder der Installationsanleitung aus Kapitel 2, bis Sie im Schritt 6 (der *Konfiguration*) landen. Dort finden Sie im unteren Bereich das Formular aus Abbildung 19-5.

Abbildung 19-5: Mit diesen Einstellungen übertragen Sie die Daten aus der alten Installation in die neue unter Joomla! 1.5.

Aktivieren Sie hier als Erstes den Punkt LADE MIGRATIONS-SKRIPT, wodurch Joomla! 1.5 die anderen Felder freischaltet. Werfen Sie nun einen Blick auf den Hinweis neben MAXIMALE UPLOADGRÖßE:

- Ist Ihr Migrationsskript größer als der hier angegebene Wert, müssen Sie die Datei manuell auf Ihren Server hieven. Dort speichern Sie sie unter dem Namen *migrate.sql* im Ordner *installation/sql/migration* des Joomla! 1.5-Verzeichnisses. Abschließend setzen Sie noch im Formular ein Kreuzchen vor ICH HABE DEN MIGRATIONS-SKRIPT BEREITS HOCHGELDEN (Z.B. VIA FTP/SCP).

- Bleibt der Umfang des Migrationsskripts unterhalb der maximalen Uploadgröße, klicken Sie auf DURCHSUCHEN... und wählen die auf *.sql* endende Datei aus.

In jedem Fall machen Sie noch ein Häkchen bei DIESER SKRIPT IST EIN JOOMLA! 1.0 MIGRATIONS-SKRIPT und tragen unter TABELLENPRÄFIX DER ALTEN WEBSEITE eben jenes Präfix ein. Dies ist genau dasjenige Präfix, das Sie sich im ersten Schritt notiert hatten. Die ebenfalls im ersten Schritt gemerkte Zeichenkodierung stellen Sie unter

ZEICHENKODIERUNG DER ALTEN WEBSEITE ein. Normalweise ist die Vorgabe ISO-8859-1 korrekt.

Eine falsch gewählte Zeichenkodierung äußert sich später in fehlenden Umlauten und merkwürdig anmutenden Sonderzeichen. Im Gegensatz zu seinen Vorgängern benutzt Joomla! 1.5 übrigens ausschließlich den modernen UTF-8-Standard (siehe *http://unicode.org/* und *http://de.wikipedia.org/wiki/Unicode*).

 Erscheint am unteren Rand der schwarze Text *Einige Pfade könnten schreibgeschützt sein*, so fehlen Joomla! 1.5 die Schreibrechte auf die Verzeichnisse *tmp* und *installation/sql/migration*. Korrigieren Sie dies unbedingt, bevor Sie fortfahren – andernfalls verweigert das Content-Management-System den Import des Migrationsskripts.

Abbildung 19-6: Die in Joomla! 1.0.15 mitgelieferten Beispieldaten vor...

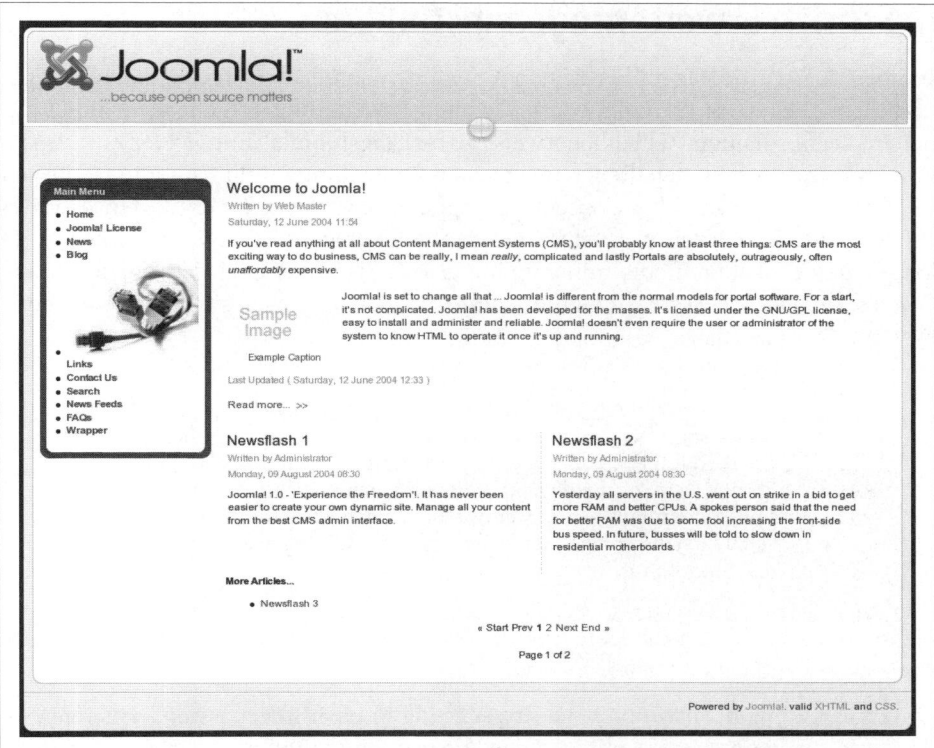

Abbildung 19-7: ... und nach der Migration

Klicken Sie nun auf HOCHLADEN UND AUSFÜHREN. Jetzt heißt es alles oder nichts: Joomla! 1.5 übernimmt die alten Daten mithilfe des Migrationsskripts. Sobald eine Erfolgsmeldung erscheint, dürfen Sie aufatmen, andernfalls wird ein Griff zum Backup nötig – es sei denn, Joomla! verweigert die Ausführung des Migrationsskripts komplett (beispielsweise weil dem Content-Management-System Zugriffsrechte auf bestimmte Verzeichnisse fehlen). In diesem Fall müssen Sie das in der Fehlermeldung genannte Problem abstellen und dürfen die Integration anschließend noch einmal versuchen.

Schließen Sie nun die Installation so ab, wie in Kapitel 2 beschrieben wurde. Die migrierte Seite sieht anschließend allerdings reichlich merkwürdig aus, wie die Abbildungen 19-6 und 19-7 beweisen.

Dieses merkwürdige Verhalten liegt daran, dass Joomla! 1.5 lediglich die Datenbankinhalte übernommen hat. Alles andere, wie die Erweiterungen und insbesondere das Template muss man nun noch nachinstallieren beziehungsweise anpassen. Dabei legt Ihnen das Content-Management-System – Sie ahnen es sicherlich schon – wieder einmal ein paar Steine in den Weg.

4. Schritt: Erweiterungen installieren

Joomla! 1.5 wurde gegenüber seinen Vorgängern unter der Haube radikal umgekrempelt. Dies hatte zur Folge, dass alle alten Erweiterungen nicht mehr unter der neuen Version laufen. Glücklicherweise haben die Joomla!-Entwickler ein kleines Hintertürchen offen gehalten: Im sogenannten Kompatibilitätsmodus, englisch Legacy Mode, gaukelt das Content-Management-System den vergreisten Erweiterungen vor, sie würden noch unter einer alten Version von Joomla! laufen. Dies klappt jedoch leider nicht immer reibungslos. Als Faustregel gilt: Je tiefer eine Erweiterung in das System eingreift, desto wahrscheinlicher streikt sie im neuen System.

 Unter Umständen können Sie Ihre Joomla!-Installation auf diese Weise sogar zerstören. Vergewissern Sie sich daher mit einem Blick auf die Homepage der jeweiligen Erweiterung und in das Joomla!-Forum (*http://forum.joomla.org/*), dass keine Probleme zu erwarten sind. Andernfalls heißt es entweder »Augen zu und durch«, oder Sie verzichten auf Ihren alten Datenbestand und steigen auf ein Konkurrenzprodukt um.

Nehmen Sie sich daher die Liste mit allen von der alten Seite verwendeten Erweiterungen vor, und gehen Sie wie folgt vor:

- Prüfen Sie zunächst, ob es die Erweiterung in einer angepassten, neueren Version für Joomla! 1.5 gibt. Achten Sie jedoch unbedingt darauf, dass diese Neufassung in der Lage ist, die bestehenden Daten zu nutzen.

- Können Sie keinen aktualisierten Ersatz auftreiben, bleibt Ihnen zwangsweise nur noch der Kompatibilitätsmodus. Dazu rufen Sie im Administrationsbereich den Menüpunkt ERWEITERUNGEN → PLUGINS auf. Suchen Sie in der erscheinenden Liste nach dem Plugin *System - Legacy*, und aktivieren Sie es (beispielsweise mit einem Klick auf sein Kreuzchen in der Spalte AKTIVIERT). Das Legacy-Plugin kümmert sich ab sofort um alle älteren Komponenten und stellt somit eine Art Pflegedienst für ausrangierte Erweiterungen bereit. Dass der Kompatibilitätsmodus aktiv ist, sehen Sie an der Meldung *Vorgängerversion: 1. 0* in der Menüleiste rechts oben.

Abschließend können Sie Ihre Erweiterung wie in Kapitel 15 beschrieben installieren.

 Egal ob die Erweiterung an Joomla! 1.5 angepasst wurde oder im Kompatibilitätsmodus läuft: Sie darf bei ihrer Installation den bestehenden Datenbestand unter keinen Umständen löschen – ansonsten wäre die mühsame Übertragung Ihrer alten Daten vollkommen umsonst gewesen. Wenn nötig, probieren Sie die Installation an einer Kopie Ihrer Seite aus.

5. Schritt: Anpassen von Templates und von selbst geschriebenen Erweiterungen

Auch alte Templates und selbst geschriebene Erweiterungen lassen sich unter Umständen im Kompatibilitätsmodus betreiben. Während für die Erweiterungen der vorherige Abschnitt gilt, lassen sich die Templates auf zwei Wegen an Bord holen:

- Entweder installieren Sie die Vorlage wie gewohnt über ERWEITERUNGEN → INSTALLIEREN/DEINSTALLIEREN,

- oder Sie kopieren das zum Template gehörende Unterverzeichnis aus dem *template*-Ordner Ihrer alten Joomla! 1.0.x-Installation mit all seinen Inhalten in das *template*-Verzeichnis Ihrer neuen Joomla! 1.5-Version. Möchten Sie beispielsweise das Template *rhuk_solarflare_ii* weiternutzen, kopieren Sie den Ordner *rhuk_solarflare_ii* aus dem Verzeichnis *joomla1015/templates* nach *joomla15/templates* – dabei liegt die alte Joomla!-Installation im Verzeichnis *joomla1015*, die neue unter *joomla15*.

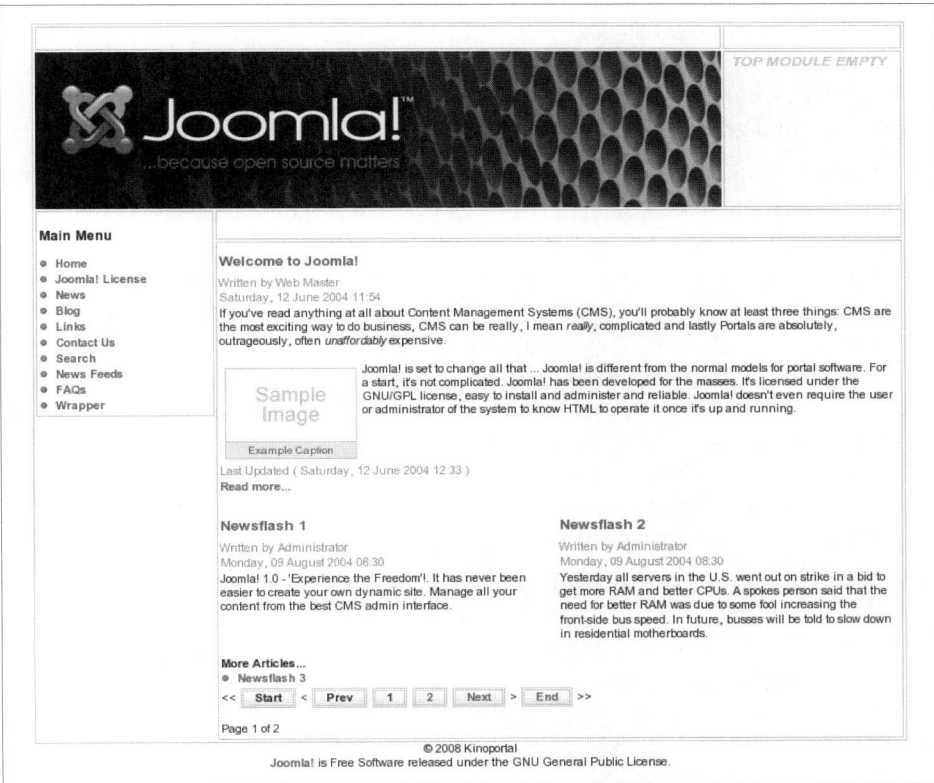

Abbildung 19-8: Das alte Template läuft im Kompatibilitätsmodus unter Joomla! 1.5.

In jedem Fall taucht das alte Template anschließend unter ERWEITERUNGEN →
TEMPLATES auf, wo Sie es wie gewohnt aktivieren können.

 Sollten Sie ein altes Template nutzen und dabei (aus Versehen) den
Kompatibilitätsmodus deaktivieren, finden die Besucher auf Ihrer
Homepage nur noch eine nichtssagende Fehlermeldung vor.

Der Kompatibilitätsmodus ist von den Joomla!-Entwicklern ausschließlich als
Behelf gedacht. Sie sollten daher dringend darüber nachdenken, sowohl das Template als auch ihre selbst geschriebenen Erweiterungen an die neue Version anzupassen. Dabei helfen Ihnen die Ausführungen in den Kapiteln 13 und 15. Sofern Sie
das Template aus dem Internet bezogen haben, sollten Sie dessen Ersteller um eine
aktualisierte Fassung bitten.

Wichtige Symbole und ihre Bedeutung

Kleine wichtige Symbole

 Fährt man mit der Maus über dieses Symbol, erscheint ein kleiner Hilfstext (Tooltipp).

 Diese Einstellung oder das Textfeld sind mit Vorsicht zu behandeln. Fährt man mit der Maus über das Symbol, erscheint ein entsprechender Warnhinweis.

 In vielen Listen darf man die Reihenfolge der einzelnen Zeilen über kleine Eingabefelder ändern. Mit einem Klick auf dieses Symbol wendet Joomla! die neue Reihenfolge an.

 Führt zu einer Liste mit allen zu diesem Menü gehörenden Menüpunkten.

Symbole in der Werkzeugleiste

 Bricht einen Vorgang ab.

 Aktiviert das Element, wie zum Beispiel ein Modul oder ein Plugin. Auf ein aktives Element weist ein grüner Haken ✓ in der Listenansicht hin.

 Die bereits vorgenommenen Änderungen werden angewendet, der Bearbeitungsbildschirm wird aber noch nicht geschlossen.

 Die ausgewählten Beiträge wandern ins Archiv.

 Die ausgewählten Beiträge werden wieder aus dem Archiv geholt.

 Das gewählte Element wird bearbeitet. Dazu öffnet sich in der Regel ein entsprechender Bildschirm.

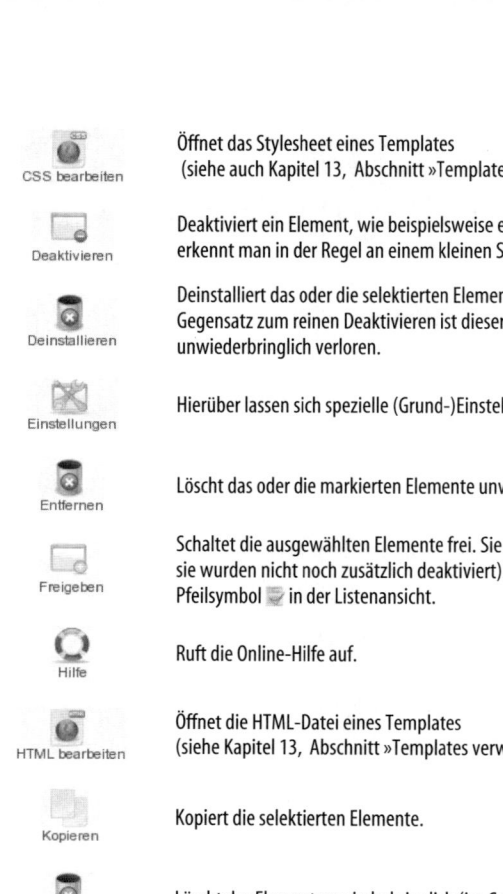

CSS bearbeiten
Öffnet das Stylesheet eines Templates
(siehe auch Kapitel 13, Abschnitt »Templates verwalten« auf Seite 313).

Deaktivieren
Deaktiviert ein Element, wie beispielsweise ein Modul oder ein Plugin. Ein deaktiviertes Element erkennt man in der Regel an einem kleinen Symbol ⊘ in der Listenansicht.

Deinstallieren
Deinstalliert das oder die selektierten Elemente, wie zum Beispiel ein Modul oder ein Template. Im Gegensatz zum reinen Deaktivieren ist dieser Schritt endgültig, das Element also anschließend unwiederbringlich verloren.

Einstellungen
Hierüber lassen sich spezielle (Grund-)Einstellungen anpassen.

Entfernen
Löscht das oder die markierten Elemente unwiederbringlich (im Gegensatz zum Papierkorb).

Freigeben
Schaltet die ausgewählten Elemente frei. Sie erscheinen damit auf der Homepage (vorausgesetzt, sie wurden nicht noch zusätzlich deaktiviert). Ein freigegebenes Element erkennt man an einem Pfeilsymbol 🗸 in der Listenansicht.

Hilfe
Ruft die Online-Hilfe auf.

HTML bearbeiten
Öffnet die HTML-Datei eines Templates
(siehe Kapitel 13, Abschnitt »Templates verwalten« auf Seite 313).

Kopieren
Kopiert die selektierten Elemente.

Löschen
Löscht das Element unwiederbringlich (im Gegensatz zum Papierkorb).

Menüs
Führt zu einer Liste mit allen Menüpunkten des selektierten Menüs.

Neu
Erstellt ein neues Element.

Papierkorb
Wirft die ausgewählten Elemente in den Papierkorb.

Parameter
Hierüber lassen sich spezielle (Grund-)Einstellungen anpassen.

Schließen
Schließt die derzeitige Ansicht. In der Regel kehrt man zur Listendarstellung zurück. Zuvor gemachte Änderungen gehen dabei verloren.

Senden
Verschickt die Nachricht (siehe Kapitel 9, Abschnitt »Das interne Nachrichtensystem« auf Seite 256).

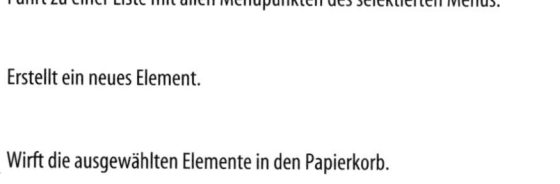

Speichern

Speichert sämtliche Änderungen und schließt die derzeitige Ansicht. In der Regel kehrt man zur Listendarstellung zurück.

Sperren

Nimmt die selektierten Elemente von der Homepage. Um sie dort wieder sichtbar zu machen, muss man sie wieder FREIGEBEN.

Standard

Weist Joomla! an, die gewählte Sprache oder das gewählte Template standardmäßig zu benutzen.

Verschieben

Bei einem Beitrag wird dieser in eine andere Kategorie oder einen anderen Bereich verschoben. Ein Menüpunkt wandert in ein anderes Menü.

Vorschau

Öffnet eine Vorschau.

Weiter

Wechselt zum nächsten (Installations-)Schritt oder Bildschirm.

Wiederherstellen

Holt die ausgewählten Elemente wieder aus dem Papierkorb.

Zurücksetzen

Setzt Werte zurück, wie beispielsweise die Suchstatistik.

Symbole des Control Panels (Einstiegsseite des Administrationsbereichs)

(Von links oben nach rechts unten)

Erstellt einen neuen Beitrag
(siehe Kapitel 4).

Führt zur Übersicht aller Beiträge
(siehe Kapitel 4.

Führt zur Übersicht mit allen Beiträgen, die auf der Startseite erscheinen
(siehe Kapitel 4, Abschnitt »Startseite« auf Seite 118).

 Führt zur Übersicht mit allen Bereichen. Mit ihrer Hilfe lassen sich Beiträge logisch gruppieren (siehe Kapitel 4, Abschnitt »Bereiche« auf Seite 90).

 Führt zur Übersicht mit allen Kategorien. Mit ihrer Hilfe lassen sich Beiträge logisch gruppieren (siehe Kapitel 4, Abschnitt »Kategorien« auf Seite 100).

 Ruft die Medienverwaltung auf. Über sie lassen sich beispielsweise Bilder bequem auf den Server laden und später in Beiträge integrieren (siehe Kapitel 5).

 Führt zum Verwaltungsbildschirm für Menüs (siehe Kapitel 8).

 Führt zur Verwaltung der installierten Sprachpakete (siehe Kapitel 12).

 Führt zur Benutzerverwaltung. Über sie lassen sich neue Benutzerkonten anlegen und die Zugriffsrechte einstellen (siehe Kapitel 9).

 Führt zu den globalen Einstellungen des Joomla!-Systems (siehe Kapitel 10).

Der TinyMCE Editor

Joomla! bringt von Haus aus zwei Editoren mit: den *TinyMCE 2.0* und den *No Editor*. Sie kommen immer dann zum Einsatz, wenn längere Texte eingegeben werden müssen, wie zum Beispiel bei der Erzeugung eines neuen Beitrags (siehe Kapitel 10).

Mit den Elementen aus der Symbolleiste erlaubt der *TinyMCE* Editor das komfortable Formatieren der Texte. Die folgenden Listen geben einen kleinen Überblick darüber, welche Funktion sich hinter welchem Symbol verbirgt. Im Wesentlichen entsprechen sie Funktionen einer handelsüblichen Textverarbeitung. Dem alternativen *No Editor* fehlen übrigens derlei Möglichkeiten.

Oberste Reihe, von links nach rechts:

Bold	**B**	Formatiert den Text fett.
Italic	*I*	Formatiert den Text kursiv (Schrägschrift).
Underline	U	Unterstreicht den Text.
Strikethrough	ABC	Streicht den Text durch.
Align left	≣	Der Text wird linksbündig ausgerichtet.
Align centre	≣	Der Text erscheint zentriert.
Align right	≣	Der Text wird rechtsbündig ausgerichtet.
Align full	≣	Richtet den Text als Blocksatz aus.
Style	– Styles – ▼	Aktiviert eine Stilvorlage.

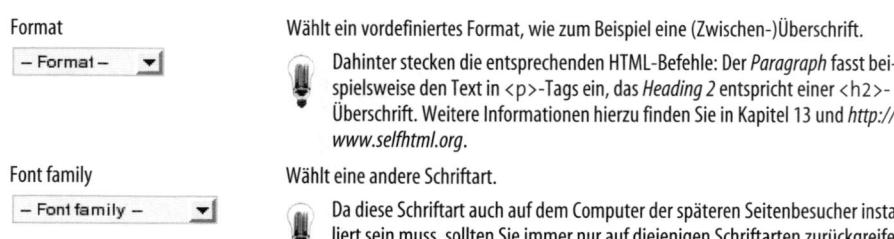

| Format
– Format – ▾ | Wählt ein vordefiniertes Format, wie zum Beispiel eine (Zwischen-)Überschrift.

💡 Dahinter stecken die entsprechenden HTML-Befehle: Der *Paragraph* fasst beispielsweise den Text in <p>-Tags ein, das *Heading 2* entspricht einer <h2>-Überschrift. Weitere Informationen hierzu finden Sie in Kapitel 13 und *http://www.selfhtml.org*. |
| Font family
– Font family – ▾ | Wählt eine andere Schriftart.

💡 Da diese Schriftart auch auf dem Computer der späteren Seitenbesucher installiert sein muss, sollten Sie immer nur auf diejenigen Schriftarten zurückgreifen, die auf möglichst vielen Betriebssystemen vorhanden sind. Hierzu zählen beispielsweise *Arial*, *Helvetica*, *Courier* und *Times*. |

Mittlere Reihe, von links nach rechts:

Unordered list		Erstellt eine (nichtnummerierte) Aufzählung, wobei jedem Punkt der Liste ein Aufzählungspunkt vorangestellt wird.
Order List		Erstellt eine nummerierte Aufzählung.
Outdent		Macht eine Einrückung wieder rückgängig (Ausrückung).
Indent		Rückt den Text um einen Schritt nach rechts ein.
Undo		Nimmt die letzte Aktion zurück.
Redo		Wiederherstellen; nimmt ein durchgeführtes »Rückgängig" wieder zurück.
Insert/edit link		Fügt einen Link ein.
Unlink		Wandelt einen Link wieder in normalen Text um.
Insert/edit anchor		Fügt einen Ankerpunkt ein (weitere Informationen zum Konzept der Ankerpunkte finden Sie beispielsweise unter *http://de.selfhtml.org/html/verweise/projektintern.htm#anker*).
Insert/edit image		Fügt ein Bild ein.
Clean up messy code		Sofern HTML-Befehle im Text auftauchen, sucht diese Funktion nach Fehlern.
Edit HTML Source	HTML	Zeigt den Text als HTML-Quellcode an, also mit allen seinen Befehlen. Im dazu neu geöffneten Fenster darf man selbst in diesen Quellcode eingreifen und so beispielsweise HTML-Befehle einfügen, die der TinyMCE Editor nicht kennt.
Find		Sucht nach einem Begriff.
Find/Replace		Ersetzt im gesamten Text ein Wort durch ein anderes.
Insert date		Fügt das aktuelle Datum ein.

Insert time		Fügt die aktuelle Zeit ein.
Emoticons		Fügt einen Smiley beziehungsweise ein sogenanntes Emoticon ein.
Insert/edit embedded media		Bettet Mediendaten in den Text ein.
Direction left to right		Die Schreibrichtung verläuft von links nach rechts.
Direction right to left		Die Schreibrichtung verläuft von rechts nach links (im europäischen Sprachraum ungebräuchlich).
Insert new layer		Fügt einen neuen Layer ein (einen frei platzierbaren Textkasten).
Move forward		Setzt den gerade aktivierten Layer vor einen anderen.
Move backward		Setzt den gerade aktivierten Layer hinter einen anderen.
Toggle absolute positioning		Legt fest, ob der Layer frei platziert werden darf oder ob er sich in den Text integriert (er verhält sich dann ähnlich wie ein normales Zeichen).
Select text color		Wählt eine neue Zeichenfarbe.

Untere Reihe, von links nach rechts:

Insert horizontal ruler		Fügt eine waagerechte Linie ein.
Remove formatting		Entfernt eine Formatierung wieder aus dem Text.
Toggle guidelines/ invisible Elements		Zeigt alle unsichtbaren Elemente an beziehungsweise versteckt sie wieder.
Subscript	x_2	Stellt ein Zeichen tiefer.
Superscript	x^2	Stellt ein Zeichen hoch.
Insert custom character	Ω	Fügt ein benutzerdefiniertes Zeichen ein. Ein Beispiel sind die griechischen Buchstaben oder das Copyright-Zeichen.
Horizontal rule		Fügt eine waagerechte Linie ein, dessen Aussehen der Benutzer jedoch beeinflussen darf.
Insert a new table		Fügt eine Tabelle ein.
Table row properties		Ändert die Eigenschaften einer Tabellenzeile.
Table cell properties		Ändert die Eigenschaften einer Tabellenzeile.
Insert row before		Fügt eine Tabellenzeile vor der aktuellen ein.

Insert row after		Fügt eine Tabellenzeile nach der aktuellen ein.
Delete row		Löscht die aktuelle Tabellenzeile.
Insert column before		Fügt eine Tabellenspalte vor der aktuellen ein.
Insert column after		Fügt eine Tabellenspalte nach der aktuellen ein.
Remove column		Löscht die aktuelle Tabellenspalte.
Split merged table cells		Spaltet eine verschmolzene Tabellenzelle wieder auf.
Merge table cells		Verschmilzt zwei Tabellenzellen zu einer einzigen.
Toggle fullscreen mode		Schaltet in den Vollbildschirm-Modus um.
Edit CSS Style		Erlaubt es, das Aussehen einer Tabelle zu verändern (indem man die CSS-Eigenschaften der Elemente einstellt).

Index

Über den Autor

Tim Schürmann ist selbständiger Diplom-Informatiker und derzeit hauptsächlich als freier Autor unterwegs. Seine zahlreichen Artikel erscheinen in führenden Zeitschriften und wurden bereits in mehrere Sprachen übersetzt. Seine Steckenpferde sind die Programmierung, Algorithmen, freie Software, Computergeschichte, Schokoladeneis und ganz alltäglicher Wahnsinn. Die Entwicklung von Joomla! verfolgt er nicht nur seit dessen Anfängen, sondern folterte das Content-Management-System selbstverständlich auch schon in der Praxis mit schwer verdaulichen Inhalten.

Kolophon

Das Design der Reihe *O'Reillys Basics* wurde von Hanna Dyer entworfen, das Coverlayout dieses Buchs hat Michael Oreal gestaltet. Als Textschrift verwenden wir die Linotype Birka, die Überschriftenschrift ist die Adobe Myriad Condensed und die Nichtproportionalschrift für Codes ist LucasFont's TheSansMono Condensed.